中国社会科学院创新工程学术出版资助项目

反腐败的
刑事法治保障

THE CRIMINAL SAFEGUARD
OF
ANTI-CORRUPTION

中 国 社 会 科 学 院 刑 事 法 论 坛

刘仁文　主编

社 会 科 学 文 献 出 版 社
SOCIAL SCIENCES ACADEMIC PRESS (CHINA)

司法解释的变更而变更，因而我们原则上保留各篇论文的原貌，只在必要的地方作了少量修改和补充说明，相信读者能理解我们的这种处理方式。当然，具体到规范层面，毫无疑问，应当以正式颁行的《刑法修正案（九）》和前述司法解释为准。为此，我们把《刑法修正案（九）》中有关反腐败的内容摘录出来，连同“两高”《关于办理贪污贿赂刑事案件适用法律若干问题的解释》一并附录于书后，供读者查阅和对照。

最后要说明的是，本书各章节作者在文中的观点并不必然代表主编的观点，本主编对各作者观点和研究倾向上的差异也无意作强求统一，因为对同一问题提出不同的看法不仅是学术研究中的正常现象，甚至还是学术研究所应倡导的展开方式。

感谢社会科学文献出版社刘骁军编审，五年前创新工程刚启动时，你我摸着石头过河，合议创办“中国社会科学院刑事法论坛”，如今这套丛书已经出版到第五本了。现在，每当创新工程出版资助结果出来，就有别的出版社来联系我，希望我把书放在他们那里出，我都解释了为什么不能“背叛”社科文献出版社的理由。他们一听也觉得合情合理，遂不再勉强。感谢这些出版社的朋友们的理解。

现代社会是一个专业社会，作为刑事法学人，我们只能从我们的专业出发，为国家的反腐事业贡献自己的微薄之力。记得去年夏天，新加坡国立大学两位反腐专家来访社科院法学所，所领导考虑到我的项目组正在开展反腐败的刑事法治保障研究，就让我们项目组接待一下。让我有点吃惊的是，两位专家告诉我，在新加坡的反腐法律体系中，刑法占的比重很小，他们认为最重要的是严密的财会制度。这提醒我们，反腐败是一项系统工程，刑事法只是其中的一个环节而已。要真正使反腐防腐取得理想效果，还需要其他各个环节都发挥出专业精神，相互配合，相互协调，共同促成反腐倡廉制度的完善、风清气正氛围的形成。刑法是反腐的最后一道防线，我们要切忌把刑法挺在其他制度的前面，而忽略甚至遮蔽了其他制度的构建（这些制度往往更具基础性）。当然，扎紧刑事法反腐的篱笆，发挥好刑事法对其他法的保障作用，其重要性同样不言而喻，这也正是本书立项和写作的初衷。

刘仁文

2016 年 4 月 20 日

目　录

第四章　腐败犯罪的定罪

第五章　腐败犯罪的量刑

第六章　腐败犯罪的追诉程序

第七章　防治腐败犯罪的国际视野

第八章　腐败犯罪研究的多维视角

附　录

第一章

反腐败刑事立法概览

第一节

反腐败刑事法治的最新发展*

从1979年全国人大通过第一部刑法典到1997年全国人大全面修订刑法典，经历了18年；1997年新刑法典颁布后，到2015年《刑法修正案（九）》（以下简称《刑九》）的出台，又经历了18年。[①] 在后一个18年里，全国人大常委会已对刑法作了10次局部修改，包括1998年的一个单行刑法[②]和此后陆续颁布的9个刑法修正案（不包括13个立法解释[③]）。

从2006年《刑法修正案（六）》开始，每次刑法修正都涉及对腐败犯罪刑法规制的修改完善，直至《刑法修正案（九）》达到高潮。[④] 诚如主持《刑九》的全国人大常委会法工委副主任郎胜所言，《刑九》的"整个立法过程是深刻领会中央政策精神的过程"，认真贯彻落实党中央的有关

---

* 本节的写作完成于最高人民法院、最高人民检察院2016年4月18日发布《关于办理贪污贿赂刑事案件适用法律若干问题的解释》之前，特此说明。

① 在立法机关召集的《刑九》初期讨论会上，就有专家学者以这个时间段为由头，提出到了对刑法典再进行一次系统修改的时候了，立法机关表示，目前为了应急，还是先搞《刑九》，但系统修改刑法典的意见值得重视。

② 即全国人大常委会《关于惩治骗购外汇、逃汇和非法买卖外汇犯罪的决定》。

③ 立法解释其实也含有"立法"的性质，而且由于其时间效力还可溯及既往，因而也很值得关注。如2014年4月全国人大常委会就一次性通过了4个刑法解释案，由于当时这几个刑法解释案与《刑九》草案同时征求部分专家学者的意见，与会专家学者对其中哪些内容可以放到立法解释里、哪些内容应归入《刑九》，不是没有争议。

④ 前面的几次刑法修正鲜有涉及反腐的内容，主要是因为1997年的新刑法已经在这方面做了大量工作，如将1988年全国人大常委会《关于惩治贪污罪贿赂罪的补充规定》和当时最高人民检察院起草的《反贪污贿赂法》的有关内容进行整合，在刑法分则中专门设立了"贪污贿赂罪"一章，除了将原来规定在侵犯财产罪一章里的贪污罪和规定在渎职罪一章里的贿赂罪并入本章并对其定罪量刑的数额进行修改外，还增加了私分国有财产罪、私分罚没财物罪等罪名以及将斡旋受贿以受贿论等规定。参见刘仁文主编《贪污贿赂犯罪的刑法规制》，社会科学文献出版社，2015，第25页以下。

要求“是这次刑法修改始终坚持的指导思想”。[①] 我们知道，十八届三中全会提出健全反腐倡廉法律制度体系，四中全会进一步提出完善惩治贪污、贿赂犯罪法律制度的明确要求，在此背景下，《刑九》对腐败犯罪的相关规定作出一系列的修改完善，自是意料之中。

这次《刑九》对腐败犯罪主要作了三个大的方面的修改和补充：

一是对贪污受贿罪的定罪量刑作出重要修改，这主要体现在对刑法第383条的修改上：[②] 第一，修改了贪污受贿犯罪的定罪量刑标准，取消了原来的具体数额标准，采用数额加情节的标准；第二，进一步补充了对贪污受贿犯罪从轻、减轻、免除处罚的条件；第三，增加规定了对被判处死缓的重特大贪污受贿犯，在死缓执行二年期满依法减为无期徒刑后，不得减刑、假释的终身监禁制度；第四，在贪污受贿犯罪量刑相对较轻的档次中增加规定了并处罚金刑，使并处财产刑贯穿到贪污受贿罪的全部量刑档次；第五，把原来的四个量刑档次修改为现在的三个量刑档次；第六，压缩了交叉刑；第七，删除了原来条款中的行政处分内容。

二是严密行贿犯罪的刑事法网，加大对行贿犯罪的打击力度，如增设“对有影响力的人行贿罪”，以与《刑法修正案（七）》设立的“利用影响力受贿罪”相呼应；修改行贿罪的特殊自首制度，对行贿人在被追诉前主动交待行贿行为的减轻处罚或免除处罚作了从严规定；对行贿罪、对单位行贿罪、介绍贿赂罪等增设罚金刑，并将单位行贿罪的罚金刑扩大至直接

---

① 参见郎胜主编《〈中华人民共和国刑法〉的理解与适用》，中国民主法制出版社，2015，第2页。

② 刑法第383条本来是对贪污罪处罚的规定，但由于刑法第386条规定受贿罪依照第383条的规定处罚，因而对贪污罪处罚的修改也等于对受贿罪处罚的修改。当然，在《刑九》讨论过程中，包括笔者在内的一些学者主张将受贿罪的处罚与贪污罪的处罚分开来规定，因为两罪在侵犯的具体客体、社会危害程度、行为方式、不同情节（如数额）在量刑中所应占的权重等方面都存在不同之处，将二者捆绑在一起共用同一罚则，无法体现出贪污受贿罪质的差异。例如，有学者就指出，这次《刑九》对贪污受贿罪确立的从宽处理制度，立法者的意图在于促使这些犯罪嫌疑人尽早如实供述自己的罪行，这对受贿犯罪可能是有意义的，因为受贿犯罪嫌疑人的供述对案件的侦破有重要作用，但在贪污案件的侦破中，口供的重要性与其他刑事案件无异，远不及受贿案件，因此，对贪污案件的犯罪嫌疑人在提起公诉前如实供述自己罪行的，完全可以适用刑法总则中坦白这一法定从宽情节，无须另外作出特别规定。（参见赖早兴《贪污贿赂犯罪规定修正述评》，载《学习论坛》2015年第4期）

负责的主管人员和其他直接责任人员。①

三是完善腐败犯罪的预防性措施，增设从业禁止的规定，即对因利用职业便利实施犯罪或者实施违背职业要求的特定义务的犯罪而被判处刑罚的，人民法院可以根据犯罪情况和预防再犯罪的需要，禁止其自刑罚执行完毕之日或者假释之日起三至五年内从事相关职业（其他法律、行政法规对其从事职业另有禁止或限制性规定的，从其规定）。虽然该条款的适用范围应不限于腐败犯罪，但可以肯定地说，对腐败犯罪的预防是其出台的重要动因，这可以从立法机关负责人在作草案说明时把其归入“加大对腐败犯罪的惩处力度”这一部分得到证明。②

鉴于本次《刑九》对贪污受贿定罪量刑所作的系列修改，不仅在理论上提出了终身监禁等一些崭新的课题，在实务上也亟须对如何适用数额加情节、如何适用从宽处理制度等予以明确，同时，也考虑到篇幅和主题的相对集中，本节着重就第一个方面，即贪污受贿罪的定罪量刑之修改作一解读与评析。

一　优化罪量要素配置：罪刑标准的重大调整

将贪污受贿的定罪量刑标准由原来的固定数额修改为概括性数额加情节，这被有的司法界人士认为是此次《刑九》的“最大亮点和最大要点”，

① 要否加大对行贿犯罪的打击力度，学界争议很大。有人担心这样做会刺激行贿人与受贿人达成同盟，或者担心被重罚而不愿配合检察机关的工作，从而不利于查处受贿犯罪。甚至有人干脆质疑：谁会脑子进水随便拿自己的钱财送给官员？［参见曾粤兴、曾凌《〈刑法修正案〉（九）有关腐败犯罪规定评述》，载《法治研究》2016 年第 2 期］笔者不同意这种观点，主张加大对行贿犯罪的打击力度。（参见刘仁文、黄云波《行贿犯罪的刑法规制与完善》，载《政法论丛》2014 年第 5 期）

② 参见全国人大常委会法工委主任李适时 2014 年 10 月 27 日在全国人大常委会会议上所作的《关于〈中华人民共和国刑法修正案（九）草案〉的说明》。关于该条款的性质，有人认为是保安处分，我认为是资格刑。另外，关于其适用对象，有学者认为：“从业禁止的适用是为了对于具备一定人身危险性的犯罪人采取有针对性的犯罪预防。”（参见于志刚《从业禁止制度的定位与资格限制、剥夺制度的体系化》，载《法学评论》2016 年第 1 期）笔者认为，把从业禁止的适用对象限定为“具备一定人身危险性的犯罪人”，既不符合立法原意，也不符合文义解释。换句话说，像贪污受贿犯这类理所当然属于其规制对象的犯罪人，却是不具备人身危险性的。当然，笔者也同意前述论者的一个观点，那就是在我国目前已经存在相当严厉的前科制度的情况下，如何实现从业禁止的立法初衷仍有现实难题需要解决，因为前科已经使得几乎所有因犯罪受过刑罚处罚的人都被限制或剥夺了各种职业资格。

"体现了立法的敢于担当和积极作为"。[①] 这种评价是否准确另当别论（在我看来，也许削减死刑才是最大亮点），但无疑道出了该问题受社会关注的程度。为什么会这样？我想原因主要有二：一是贪污受贿犯罪数额与量刑之间出现"尴尬"的困局由来已久，无法实现罪刑均衡，[②] 即在贪污受贿数额达到额度后，犯罪数额与量刑之间无明显的正比关系，贪污受贿数额差异对量刑不产生实质性影响，在不判死刑立即执行的情况下，犯罪数额越大，行为人获得的潜在量刑利益就越大。[③] 二是在改与不改以及如何改的问题上，很长一段时间内争议很大，一方面有人担心改变数额标准就必然要提高贪污受贿犯罪入罪的数额标准，而提高数额标准很容易让社会公众产生党和国家要放松打击腐败力度的误解；另一方面司法机关也担心，一旦立法取消了贪污受贿犯罪的定罪量刑数额标准，那么司法机关就得通过司法解释来解决这个问题，而司法解释如果提高了入罪标准并因此引起社会公众的质疑的话，将使司法机关很难承担起这个政治责任。[④]

关于为什么要改，让我们先来回顾一下贪污受贿罪定罪量刑标准的演变。1979 年刑法并没有规定具体的定罪量刑数额标准，在实际执行中，司法机关反映不够具体，不好掌握，各地标准不一。于是，1988 年全国人大常委会通过的《关于惩治贪污罪贿赂罪的补充规定》，根据当时的社会经济发展水平，总结司法实践经验，采取数额化的方式，对贪污受贿罪规定了四个量刑档次，其中最低的一档为二千元（二千元构成犯罪，不满二千元但情节较重的也构成犯罪），最高的一档为五万元（五万元以上处十年以上有期徒刑或无期徒刑，情节特别严重的处死刑）。1997 年全国人大全面修订刑法时，又根据当时的社会经济发展状况和司法实践情况，对上述

---

① 参见胡云腾《〈刑法修正案（九）〉的理论与实践创新》，载郎胜主编《〈中华人民共和国刑法〉的理解与适用》，中国民主法制出版社，2015，第 12 页。

② 本节中"罪刑均衡"与"罪责刑相适应"大体在同一个含义上使用，仅根据语境不同而用不同的表述。

③ 参见赵秉志《贪污贿赂犯罪定罪量刑标准问题研究》，载《中国法学》2015 年第 1 期。

④ 参见胡云腾《刑法修正案（九）的理论与实践创新》，载郎胜主编《〈中华人民共和国刑法〉的理解与适用》，中国民主法制出版社，2015，第 12 页。应当说，司法机关在这个问题上是纠结的，开始时他们希望和呼吁调整定罪量刑的标准，以便在刑罚的具体裁量中更好地实现罪刑均衡，但等到立法草案公布后，面对社会的广泛质疑声，他们又希望立法机关来明确数额标准（光就数额这一点而言，肯定是要提高的），以免自己来承担压力。

数额标准作了调整，把原来的最低一档由二千元提升到五千元（五千元构成犯罪，不满五千元但情节较重的也构成犯罪），最高一档由五万元提升到十万元（十万元以上处十年以上有期徒刑或无期徒刑，情节特别严重的处死刑）。这一修改在当时看来，似乎有其积极意义，“为打击贪污受贿犯罪提供了具体明确的数额标准，解决了司法机关执法的实际需要，有利于法制的统一，避免了法律适用上的随意性”[①]。但随着实践的发展，这种明确规定数额标准的法定刑方式也愈来愈暴露出一些问题，其中最突出的体现是贪污受贿十万元以上的即处十年以上有期徒刑或无期徒刑的规定，对于犯罪数额为一二十万元的案件和一二百万元甚至更多的案件，往往只能判处刑期相近的十年有期徒刑，造成量刑的严重不平衡，无法做到罪责刑相适应，也无法体现刑罚公平的原则，很容易在社会上造成贪污受贿数额大的犯罪人占便宜的印象，影响惩治贪污受贿犯罪的法律效果和社会效果。此外，鉴于这类犯罪情况复杂，情节差别很大，单纯“计赃论罪”，难以全面反映具体个罪的社会危害性，因为贪污受贿行为的社会危害性大小不仅仅体现在数额的大小上，还体现在国家工作人员滥用职权或者给国家利益造成重大损失等情节上。在有些案件中，行为人个人虽然贪污受贿数额不大，但其给国家利益造成的损害以及通过行为所表现出来的主观恶性却很大；反之，在另一些案件中，虽然行为人贪污受贿的数额相对要大，但其给国家利益造成的损害以及通过行为所表现出来的主观恶性却相对较小，此时单纯考虑数额，也欠科学。[②]

正因为上述原因，这次《刑九》将贪污受贿犯罪由原来的只依据具体数额定罪量刑，[③] 修改为根据数额或情节定罪量刑，即原则规定数额较大或者有其他较重情节、数额巨大或者有其他严重情节、数额特别巨大或者有其他特别严重情节三种情况，相应规定三档刑罚。此外，还对数额特别巨大并使国家和人民利益遭受特别重大损失的，规定最高刑可处死刑（与

① 参见郎胜主编《〈中华人民共和国刑法〉的理解与适用》，中国民主法制出版社，2015，第703页。

② 例如，在受贿罪中，有时受贿的多少不一定就能准确反映出受贿人的主观恶性大小，还取决于行贿人的经济实力和行贿人根据受贿人权力资源的大小而给出的估价。又如，受贿人为他人谋取的利益是否正当也会直接影响其社会危害性的大小。

③ 原来也有情节的规定，如第一档情节特别严重的处死刑，第二档情节特别严重的处无期徒刑，等等，但不是与数额并列，而是在该档数额的基础上。

无期徒刑选择适用)[①]。

《刑九》自2015年11月1日施行以来，由于最高人民法院至今没有出台司法解释对前述数额和情节作出解释，引发实务中的一些问题。据“刑法实务”微信公众号统计，《刑九》实施之后，全国各地这方面的判决并不多见，这大概与各地都在等司法解释有关。例如，有的法院在审理这方面的案件时，就以“需进一步等待关于职务犯罪的具体数额、情节标准的司法解释的规定出台”为由，依照刑事诉讼法第200条第1款第4项的规定（由于不能抗拒的原因），裁定“中止审理”。[②] 另据前述“刑法实务”微信公众号的统计，在公开的判决书中，有关法院对数额较大、数额巨大、数额特别巨大的认定也很不一致，虽然都较之原来把数额提高了，[③]但量刑不平衡的现象还是非常明显，如广西〔2015〕桂刑经终字第23号判决书显示：上诉人廖某某受贿3000余万元，判处有期徒刑15年，并处没收个人财产700余万元；河北〔2015〕唐刑初字第51号判决书显示：被告人静某某受贿2600余万元，判处无期徒刑，并处没收个人全部财产。

之所以司法解释迟迟出不了台，肯定是最高人民法院和最高人民检察院遇到了难题，但尽快出台司法解释也是不可回避的事情。这方面，需要解决好以下几个问题。

首先，必须明确此次修改贪污受贿罪定罪量刑标准的最大原因是原来

---

① 按照刑法原来的规定，贪污、受贿十万元以上，“情节特别严重的，处死刑，并处没收财产”，这是一种绝对确定的死刑。应当看到，即使达到“情节特别严重”的程度，在该程度内也还是有情节差异的，不加区分地一律处死刑，既有违罪责刑相适应和刑事责任公平的原则，也不利于司法机关合理地处理个案，当然也不利于限制和减少死刑。这次《刑九》将贪污罪和受贿罪的死刑规定修改为“数额特别巨大，并使国家和人民利益遭受特别重大损失的，处无期徒刑或者死刑，并处没收财产”，把绝对确定死刑改为相对确定死刑，使司法机关在无期徒刑和死刑之间有选择适用的空间，相比原来的规定，无疑要更加科学。

② 此案例来源于邱兴隆教授提供的一份刑事裁定书：〔2015〕株石法刑初字第72号，该裁定书落款日期为2016年2月24日。另据《新京报》记者采访司法实务界人士，目前对于涉案金额可能在变动范围内且尚在审理期限内的案件，都是采取“能等就等”的做法。（参见王梦遥《十八大后“大老虎”八成受贿获刑12－15年》，载《新京报》2016年2月26日）

③ 如根据原来刑法的规定，贪污或受贿十万以上就是十年以上有期徒刑，但浙江〔2014〕绍越刑初字第1139号判决书显示：被告人朱某某受贿45万元，被判处有期徒刑5年；广东〔2015〕湛遂法刑初字第137号判决书显示：被告人黄某某贪污26.7万元，被判处有期徒刑5年；广东〔2015〕佛三法刑初字第639号判决书更是显示：被告人杜某受贿12万余元，被判处有期徒刑三年，缓刑三年。

的十万元以上就要处十年以上有期徒刑这一规定严重不适应现实发展的需要。特别是对贪污受贿犯罪判死刑的越来越少，[①] 这样上面的不断往下压，压到十万元这里就没有退路了，致使贪污受贿金额悬殊的刑期却相当接近，如湖南省政协原副主席阳宝华受贿 1356 万余元、陕西省政协原副主席祝作利受贿 854 万余元均被判 11 年有期徒刑，云南省原副省长沈培平受贿 1615 万元、重庆市人大常委会原副主任谭栖伟受贿 1143 万元、江西省人大常委会原副主任陈安众受贿 810 万元均被判 12 年有期徒刑。[②] 因此，《刑九》后的数额特别巨大和数额巨大必须较之以前有大幅度的提升，如果只是微调，无法解决现在实践中暴露出来的某些案件罪责刑严重不相适应的问题。考虑到《刑九》在数额之外，还有情节的并列规定，也就是说，即便数额没有达到某个标准，但如果具备情节要求的，仍然可以在此幅度内量刑，因此将数额特别巨大和数额巨大这两档拉高，不仅是现实需要，也不会放纵犯罪。[③] 至于具体定多高，我觉得需要最高人民法院、最高人民检察院根据近年来的司法实际，按以下思路来确定，即全部刑事案件中最终判处 10 年以上有期徒刑以及 3～10 年有期徒刑的比重是多少，如果按这一比重，贪污受贿领域要把数额确定在多少才行。考虑到近年来全部刑事案件中重刑比例下降的趋势，我相信将贪污受贿的数额特别巨大和数额巨大这两档大幅度提高恐怕是不可避免的事情。即使重刑比例下降有危险驾驶罪等轻罪入刑的因素，但贪污受贿罪的量刑数额也不能与全部刑事案件的重刑比重拉得太开，因为它们毕竟都是非暴力犯罪。[④]

其次，可借鉴盗窃罪司法解释的思路，对各档的量刑数额规定一个幅

---

① 实际上，最高人民法院自 2013 年以来就已经没有再核准过一例贪污受贿犯罪的死刑（指立即执行，死缓还有，但死缓的核准权还在高级人民法院）。像周永康受贿 1.3 亿元，还有滥用职权罪和故意泄露国家秘密罪，最后也只被判处无期徒刑。

② 参见王梦遥《十八大后“大老虎”八成受贿获刑 12－15 年》，载《新京报》2016 年 2 月 26 日。

③ 为了防止数额提高引发公众对司法解释纵容腐败犯罪的质疑，可以考虑从司法解释的技术上作一些调整，即先规定虽未达到数额较大、数额巨大或者数额特别巨大（或者达到相应数额一半以上的），但具有“以下情节之一的”，在与数额较大、数额巨大或者数额特别巨大相应的法定刑档内量刑。接下来再规定数额较大、数额巨大以及数额特别巨大的数额起刑点幅度，以此来冲淡提高数额的视觉效果。

④ 虽然数额之外还有情节，不好简单地根据数额来确定其与全部刑事案件的刑量比例之协调，但至少可以解决如下问题：在不考虑情节的情况下，如果将某个数额作为某个量刑幅度的起点，其所导致的刑量比例要超过全部刑事案件的刑量比例，则该数额起点显然太低。

度。现行司法解释对盗窃罪中的数额较大、数额巨大、数额特别巨大分别认定为一千元至三千元以上、三万元至十万元以上、三十万元至五十万元以上，规定各地可根据本地区经济发展状况，并考虑社会治安状况，在前述规定的数额幅度内，确定本地区执行的具体数额标准，并报最高人民法院和最高人民检察院批准。贪污受贿罪的量刑数额标准也可以按此思路，规定一个可供各地选择的幅度（如十万元至五十万元为“数额巨大”；一百万元至五百万元为“数额特别巨大”；但“数额较大”的起点仍为五千元，理由如后）。这其中的道理是相似的，那就是各地的经济发展水平差异很大，如果不规定一个弹性的幅度，那么要么在经济发达地区数额标准太低，要么在经济欠发达地区数额标准太高，都会影响法律的执行及其效果。有人担心，一些贪官前后任职几个地方，有的贪污受贿发生在发达地区，有的则发生在不发达地区，最后适用法律时会遇到困惑，我认为这种担心没有必要，因为在盗窃罪中，也同样存在跨地区盗窃的情形，现行的司法解释和司法实务也较好地解决了这个问题。还有人认为，贪污受贿最主要的危害在于侵犯国家公职人员职务的廉洁性，而职务的廉洁性不会因地域不同而呈现出差异性，这种说法同样似是而非，这就像说盗窃罪的主要危害在于侵犯财产权，而财产权不会因地域不同而呈现出差异性一样。在这里，我们需要考虑的是受司法资源制约的法律的可执行性、受法不责众心理影响的法的实施效果、不同地方对不同数额的敏感程度及从中反映出来的公平感和社会危害性大小等。

再次，对作为定罪起刑点的“数额较大”应继续保留五千元这一标准。如前所述，本次修改的立法目的主要是解决贪污受贿十万元以上就要判十年以上这一明显与现实脱节的问题，但现在舆论的关注点却转移到此次修法是否要提高贪污受贿构成犯罪的门槛上来了。为了保证对贪污受贿犯罪的“零容忍”政策，[①] 我认为对构成犯罪的门槛不宜抬高，也就是说，

---

① 对于那种主张降低现有五千元定罪数额标准以真正做到“零容忍”的意见，笔者持否定意见，因为对贪污受贿五千元以下的，毕竟还可以用行政处分和纪律处分等达到惩处的目的和效果，况且通过降低数额标准来扩大该领域的犯罪圈，表面看似乎更为“零容忍”，实际上可能会因司法资源所限等，进一步弱化刑罚惩治和预防的功能。另外，“其他较重情节”的并列规定完全可以涵盖五千元以下的贪污受贿行为，因而不必担心放纵犯罪。参见刘仁文主编《贪污贿赂犯罪的刑法规制》，社会科学文献出版社，2015，第168页。

仍然以保留原来的五千元标准为妥（不管欠发达地区还是发达地区，都以五千元作为够罪起点，在此基础上，各地可在量刑时结合本地实际情况对数额有所调整[①]）。这样就可防止产生不必要的误会，不致对当前的高压反腐造成任何负面影响，保持民众对法律的认同。同时也应看到，《刑九》将数额较大的这一档刑罚规定为三年以下有期徒刑或者拘役，相比原来的贪污受贿五千元以上五万元以下处一年以上七年以下有期徒刑的规定，刑罚有所缓和，特别是三年以下就意味着可以判缓刑，这样既能做到在定性上“零容忍”，又能做到在量刑上有出口，可以取得较好的法律效果和社会效果。

第四，情节内涵如何明确？由于《刑九》采取了数额或情节的定罪量刑标准，使得司法解释在解决数额这个难题之后，还要解决情节这个难题。[②] 否则，就会导致以下两种不利后果：一是由于情节的标准不好把握，司法工作人员出于各种原因的考虑，不愿意使用或者无法使用，致使实践中仍然以数额作为贪污受贿定罪量刑的主要标准甚至是唯一标准，导致“情节”的标准虚置，从而使这项改革只停留在纸面，不能真正发挥作用；二是导致各地执法的不统一，有些案件在这里判了，但在别的地方就没判，反之亦然。[③] 那么，如何明确这里的情节内涵呢？我认为，有四个维度需要考虑：一是要借鉴刑法中已有罪名的“概括数额 + 其他犯罪情节”之量刑模式对情节的界定，刑法中这类罪名有盗窃罪、诈骗罪、聚众哄抢罪、侵犯著作权罪、虚开增值税专用发票罪、用于骗取出口退税和抵扣税款发票罪、故意毁坏财物罪等。如盗窃罪的司法解释规定，在具有曾因盗窃受过刑事处罚、一年内曾因盗窃受过行政处罚等情形之一的，“数额较

---

① 从五千元的“数额较大”到十万元至五十万元的“数额巨大”，再到一百万元至五百万元的“数额特别巨大”，亟须贪污受贿罪的量刑指导意见尽快出台，以便将贪污受贿罪的量刑纳入规范化的轨道。2014 年最高人民法院《关于常见犯罪的量刑指导意见》并没有包括贪污罪和受贿罪，这恐怕并不是因为贪污罪和受贿罪不是常见犯罪，而是出台这方面的量刑指导意见难度更大吧。

② 在立法讨论过程中，笔者曾提出法条表述中只用情节，将来司法解释时可以把数额作为情节的一种来加以认定，但没有被采纳。

③ 参见缪树权《中国反腐败刑事立法的重要完善——试析〈刑法修正案（九）〉对贪污贿赂犯罪的修改和完善》，载《刑事司法指南》2015 年第 3 期。关于“情节”标准虚置的问题，司法实践中已有先例，例如刑法原来规定，贪污受贿数额不满五千元，情节较重的，也要处刑，但实际上对贪污受贿数额不满五千元的，几乎没有听说处刑过。

大”的标准“可以按照前条规定标准的百分之五十确定”。[①] 二是要对实践中贪污受贿罪在裁判过程中被考量的情节进行总结，如有实证研究者指出，下面一些情节在实践中受到较多关注：（1）案件的基本事实及其可以对接的法律规范；（2）被请托行为的性质；（3）是否存在其他违法犯罪行为；（4）对公民、国家利益的损害程度；（5）追缴赃款的金额、退赃情况、认罪态度等；（6）公众和社会团体的呼声、作风问题的渲染等。[②] 三是要在实然和应然之间作出理性分析和判断。如前述公众和社会团体的呼声、作风问题的渲染等，虽然在客观上不同程度地对贪污受贿罪的裁判结果有影响，但这个恐怕只能作为法社会学视野中如何减少甚至避免这类问题发生的课题来研究，而不能在以刑法教义学为基础的司法解释中得到体现。四是应把定罪情节和量刑情节分开。像前述退赃情况、认罪态度等，宜作为量刑情节来考量，不宜作为定罪情节来设计。在综合以上维度后，可以对贪污受贿的情节采用“具有下列情形之一的为‘较重情节’”的模式来规定（“严重情节”和“特别严重情节”可在此基础上依次提升严重程度）。

需要指出的是，为了体现贪污、受贿罪质的差异，司法解释在界定“情节”时，可以通过对贪污、受贿的“情节”分别解释的方法来弥补立法的不足。虽然《刑九》仍然没有为受贿罪配置独立的定罪量刑标准，但在“情节”部分给予其一定的独立解释空间，是完全可以的。例如，对贪污罪的“其他情节”列举中，就可以将贪污救灾、抢险、防汛、防疫、优抚、扶贫、移民、救济款物及募捐款物、赃款赃物、罚没款物、暂扣款物等作为情节来考虑，而对受贿罪的“其他情节”的列举中，则可以将索贿、为他人谋取不正当利益等作为情节来考虑。当然，有些情节是共通的，如多次贪污、受贿的，曾因贪污、受贿受过党纪、行政处分或者刑事追究的，给国家、集体和人民利益造成损失的等。

最后，数额与情节共存时如何协调？在对数额标准和情节内涵作出进一步明确之后，仍然面临一个司法适用难题，那就是在数额与其他情节同等权重的情形下，如何协调处理数额与情节之间的关系。《刑九》修改了

① 参见2013年最高人民法院、最高人民检察院《关于办理盗窃刑事案件适用法律若干问题的解释》第2条。

② 参见孙超然《论贪污罪、受贿罪中的“情节”——以高官贪腐案件中裁判考量因素的实证分析为切入点》，载《政治与法律》2015年第10期。

以前贪污受贿罪主要以数额为主，即使在个别情况下考虑情节也是先数额再情节的适用次序，在定罪量刑方面赋予情节与数额同等的权重。数额与情节共同体现犯罪的轻重，司法机关适用法律时应对二者进行全面考量，综合适用。实践中，个案事实错综复杂，只存在数额或者只存在情节的情况微乎其微，在大多数情形下数额和情节是共存的。从理论上说，“数额＋情节”会产生“数额较大＋其他较重情节”“数额较大＋其他严重情节”“数额较大＋其他特别严重情节”“数额巨大＋其他较重情节”“数额巨大＋其他严重情节”“数额巨大＋其他特别严重情节”“数额特别巨大＋其他较重情节”“数额特别巨大＋其他严重情节”“数额特别巨大＋其他特别严重情节”“数额特别巨大，并使国家和人民利益遭受特别重大损失”等十种组合模式。情节与数额是否需要挂钩，如何挂钩，将直接关系到“数额＋情节”量刑标准的实践效果。如果适用不当，就可能会弱化情节在定罪量刑中的权重，消解《刑九》“数额＋情节”这种模式的进步性。

如果单从刑法关于“数额”或者“其他情节”的规定来看，情节似乎可以独立于数额，情节轻重的判断可以不依赖于数额大小。但考虑到犯罪数额在贪污、受贿罪的定罪量刑中目前仍具有基础性作用，[①]以及有些“其他情节”难以量化，[②]仅根据情节决定刑罚可能出现数额较小却判处过重刑罚的问题，同时也为了防止量刑上的随意性，有必要借鉴以往有关侵财犯罪司法解释的做法，采用情节与数额相结合的方式，使数额与情节实现必要的联结，比如，具备一定情节，数额标准将减半掌握。[③]

二　完善从宽处理制度：宽严相济的特别体现

刑法原来规定，对贪污、受贿数额在五千元以上不满一万元的，犯罪后有悔改表现、积极退赃的，可以减轻处罚或免于刑事处罚，这次《刑

---

① 除了数额排在情节前面而且因为好量化和操作导致实践中优先适用外，还可从第 383 条的其他一些规定中得到反映，如规定“数额特别巨大，并使国家和人民利益遭受特别重大损失的，处无期徒刑或者死刑，并处没收财产”，这里在数额特别巨大之外，只规定了“使国家和人民利益遭受特别重大损失”这一情节，其他情节即使再严重也不适用。又如，它保留了原来“对多次贪污未经处理的，按照累计贪污数额处罚”这一规定，虽然“多次贪污”本身就可以作为一个情节来考虑，但这种原封不动的保留仍然容易给人一种强调数额的印象。

② 有些是可以量化的，如贪污受贿的次数；有些却难以量化，如索贿。

③ 参见刘为波《贪污受贿罪“数额＋情节”如何把握》，载《中国审判》2015 年第 20 期。

九》专门规定一款（第 383 条第 3 款），对犯贪污、受贿罪，在提起公诉前如实供述自己罪行、真诚悔罪、积极退赃，避免、减少损害结果的发生的，可以从宽处罚（其中，对有数额较大或有其他较重情节这一情形的，可以从轻、减轻或者免除处罚；对有数额巨大或有其他严重情节、数额特别巨大或有其他特别严重情节、数额特别巨大并使国家和人民利益遭受特别重大损失这三种情形的，可以从轻处罚）。

把从宽处理从原来刑法第 383 条第 1 款第 3 项中的一种情形扩大到适用于贪污受贿犯罪的所有情形，这是值得肯定的，因为按照原来的规定，在同一种犯罪的中间情形插入一个从宽处理的规定，较之更高的不适用，较之更低的也不适用，从逻辑上来讲就有问题。如果说立法的本意是只对不严重的贪污受贿犯罪才适用从宽处理，那么也不好解释为何对不满五千元但情节较重这一最低档却反而没有规定适用该制度。[①] 有的学者认为没有必要专设这样的从宽处理制度（包括行贿罪的从宽处理制度），而是完全可以适用刑法总则关于自首、坦白和立功的规定。[②] 在立法讨论中，我曾提出不宜在分则中专门针对贪污受贿罪设立这样的从宽条款，而是最好在总则中针对包括盗窃罪在内的所有财产犯罪设立积极退赃、避免和减少损害结果的发生可以从宽处理的制度，这样可以防止社会上产生法律唯独对贪官网开一面的误读，但没有被采纳。这可能是因为这次毕竟是全国人大常委会通过的刑法修正案，而不是由全国人大对刑法典进行系统修改，所以尽可能不触动总则，另外，对盗窃罪等其他财产犯罪的从宽处理制度也还缺乏体系性的研究。当然，对贪污受贿罪专门设立这样的从宽处理制度，也反映出立法者在这次刑法修正中对惩治贪污受贿罪的格外重视，以致给人造成一种就事论事的印象。也有的学者认为，贪污受贿犯罪特别是受贿犯罪，取证难、口供依赖度高，作此规定与行贿罪中的特殊自首相结合，有利于解决检察机关追诉难的问题。[③] 如果这是立法理由，则我认为将来的完善方向应是在我国刑事诉讼法中建立污点证人制度，而不是在刑法中专门针对分则的贪污受贿罪设立这样的从宽制度和在行贿罪中设立特

---

① 这事实上导致了不满五千元但情节较重这一最低档在实践中的落空。

② 参见叶良芳《行贿受贿惩治模式的博弈分析与实践检验》，载《法学评论》2016 年第 1 期。

③ 参见张兆松《论〈刑法修正案（九）〉对贪污贿赂犯罪的十大重大修改和完善》，载《法治研究》2016 年第 2 期。

殊自首制度。[①]

《刑九》对贪污受贿罪的从宽处理制度较之过去，究竟是从严了还是从宽了，不好一概而论。一方面，从宽处罚的条件较之过去要更加严格了，过去只要有悔改表现、积极退赃就可以，但现在需要同时符合以下条件：一是在提起公诉前；二是行为人必须如实供述自己的罪行、真诚悔罪、积极退赃；三是避免、减少损害结果的发生。另一方面，由于这一从宽处罚的条款被扩大适用到贪污受贿的所有情形，包括可以判处死刑的情形，这表明从宽处理的面更宽了，不仅对较轻的贪污受贿罪在符合条件时可以从宽处理，而且对严重的贪污受贿罪也可以在符合条件时从宽处理（只不过从宽处理的程度不同罢了，第一项是从轻、减轻或免除处罚，第二项和第三项是从轻处罚）。即使在贪污受贿数额特别巨大，并使国家和人民利益遭受特别重大损失的情形下，如果行为人满足前述从宽处罚的条件，也可以从轻处罚，这意味着，当贪污受贿行为人面临死刑的惩处危险时，他一定会借此来换取免死的结果，这无疑使得判死刑的概率大为下降。立法之所以要作此规定，主要是为了体现宽严相济的刑事政策。[②]

在适用该款时，有些问题还需要明确，如"提起公诉前"这一时间限制是仅适用于"如实供述自己罪行"还是包括"真诚悔罪""积极退赃"甚至"避免、减少损害结果的发生"在内？有人认为"提起公诉前"仅限制在"如实供述自己罪行"为妥，也就是说，"真诚悔罪"、"积极退赃"和"避免、减少损害结果的发生"可以不受"提起公诉前"的限制，在审判阶段犯罪嫌疑人"真诚悔罪、积极退赃"和"避免、减少损害结果的发生"的，也可认定具有该情节。我认为，这种观点是不对的，要适用这一从宽处理条款，必须在提起公诉前同时具备"如实供述自己罪行"、"真诚

---

① 这次《刑九》对行贿罪中的特殊自首从宽制度作了一定的限制，体现了从严打击行贿犯罪的立法政策，但遗憾的是，仍然在一个分则的个罪中保留了这样一种特殊自首制度。按笔者的观点，行贿罪的特殊自首制度应当取消，统一适用刑法总则中的一般性自首和立功的规定。同时，为分化、瓦解行贿与受贿的同盟关系，应确立刑事诉讼中的污点证人作证豁免制度，即在必要的情况下，有犯罪污点的证人为控方作证可以免受刑事追究或给予从轻、减轻处罚。这样一种制度不仅可以适用于行贿犯，也可适用于受贿犯，还可适用于其他犯罪，关键看控方追诉犯罪时有无此需要。参见刘仁文主编《贪污贿赂犯罪的刑法规制》，社会科学文献出版社，2015，第132～134页，以及第200～202页。

② 参见郎胜主编《〈中华人民共和国刑法〉的理解与适用》，中国民主法制出版社，2015，第703页。

悔罪”、“积极退赃”和“避免、减少损害结果的发生”，如果有的是到了审判阶段才具备，那么即使此种情况下按照刑法总则有关法定情节和酌定情节的规定，可以从宽处理，也要区别于这里的从宽处理，即在从宽幅度上应小于“提起公诉前”。①

如何处理该从宽条款与总则中自首、坦白与立功的关系？这里可能存在一个避免重复评价的问题。首先，在贪污受贿犯既具有本款的从宽处理，又具有立功情节时，该款与立功情节的从宽处理应分别独立适用，即先按照刑法第 383 条第 3 款的从宽处理规定确定从宽处理的幅度，再按照刑法第 68 条关于立功的从宽处理规定确定从宽处理的幅度，最后把两者合并到一起，来确定最终从宽处理的幅度。其次，在贪污受贿犯既具有本款的从宽处理，又具有坦白情节时，应只适用本款的规定。因为本款实际上已经包含了坦白情节（如实供述自己罪行）。当然，如前所述，要适用本款必须同时满足三个条件，假如被告人只有如实供述自己罪行，或者在如实供述自己罪行之外还具备本款规定的其他情形之一部分，则由于其没有同时满足三个条件而不能适用本款，此时可以适用总则关于坦白从宽处理的规定，对其他情形则作为酌定量刑情节加以考虑。再次，在贪污受贿犯既具有本款的从宽处理，又具有自首情节时，应在适用本款的基础上，再给予被告人一定的量刑优惠（但要小于自首所给予的优惠）。因为按照刑法第 67 条的规定，一般自首要求是犯罪以后自动投案、如实供述自己罪行的，特殊自首（以自首论）要求被采取强制措施后的被告人如实供述的罪行必须是与司法机关已掌握的罪行属不同种罪行的。而本款规定的在提起公诉前如实供述自己罪行的，应是指被采取强制措施后而且供述的又是与司法机关已掌握的罪行属同种罪行的情形。可见，不像坦白与本款，完全是被包含与包含的关系，自首与本款的关系属于交叉关系，在如实供述自己罪行这一点上，二者有重合，但对于一般自首的自动投案和特殊自首的供述不同种罪行，本款并不能包含进去，因此应在适用本款从宽处理的基

---

① 如实供述自己罪行可能发生在侦查阶段、审查起诉阶段，也可能发生在审判阶段。一般认为，犯罪嫌疑人如实供述的时间越早，表明其认罪态度越好。其中，在“提起公诉前”犯罪嫌疑人如实供述自己罪行的，我们一般称之为坦白，而在审判阶段，被告人如实供述自己罪行的，我们一般称之为当庭自愿认罪。最高人民法院于 2014 年起施行的《关于常见犯罪的量刑指导意见》中规定坦白最高可获得基准刑 30% ~50% 的从宽优惠（因如实供述自己罪行，避免特别严重后果发生的），而当庭自愿认罪只有 10% 以下的优惠。

础上，再结合自首的从宽处理加以适当考虑。同时，由于本款已经考虑了如实供述自己罪行，因此在考虑自首从宽处理时必须有所折扣。

三　增设终身监禁：法教义学与社科法学的对比观察

这次《刑九》意外地在最后一次审议时增加规定了对重特大贪污受贿犯的终身监禁制度，即对贪污受贿数额特别巨大，并使国家和人民利益遭受特别重大损失因而被判处死缓的，人民法院根据犯罪情节等情况可以同时决定在其死缓执行二年期满依法减为无期徒刑后，终身监禁，不得减刑、假释。之所以说它有点意外，是因为该内容直到第三次审议稿才出现，而对于这样一个既新颖又重大而且争议很大的制度，在没有经过充分讨论和研究的情况下，仅经过全国人大常委会的最后一次审议就交付表决，以致有学者质疑这样一种程序是否符合《立法法》规定的“列入常务委员会会议议程的法律案，一般应当经过三次常务委员会会议审议后再交付表决”的要求。①

从刑法教义学的角度来看，对贪污受贿这种没有人身危险性的非暴力犯罪人设置不得减刑、假释的终身监禁，确实有违刑法教义学的一般原理。首先，与刑罚教育改造人的理念相悖。无论是联合国的有关公约还是我国的监狱法，都将教育改造罪犯作为刑罚的一个重要理念。终身监禁将使罪犯因看不到希望而自暴自弃，增加监狱改造罪犯的难度。其次，从报应论的角度看，对贪污受贿罪设置终身监禁，有违罪刑均衡原则。根据我国目前的刑法规定，对于暴力性犯罪人，尚且只有限制减刑制度。在这种背景下，对非暴力犯罪的贪污受贿犯却设置终身监禁制度，与罪刑均衡原则的要求相悖。再次，从特殊预防的角度来看，对贪污受贿罪设置终身监禁，也没有必要。实际上，由于贪污受贿犯都会被开除公职，再也没有贪污受贿的机会，因而终身监禁对特殊预防显得多余。第四，从一般预防的角度看，在贪污受贿的死刑仍然保留的情况下，多出一个终身监禁，很难说在边际效应上会增加什么威慑效果，如此而言，“这完全是将有限的行

① 参见赵秉志主编《〈中华人民共和国刑法修正案（九）〉理解与适用》，中国法制出版社，2016，第 48 页。当然，就刑法修正案而言，对于《立法法》所称的法律案是指整个刑法修正案还是同时包含修正案的重要内容，目前还不甚明确，但笔者同意对于重要内容，还是要经过三审。

刑资源浪费在了不具有危险控制必要性的犯罪类型上和犯罪人身上”[①]。最后，从学理上看，终身监禁只有在保安处分意义上才有适用余地，即对通过累犯等形式表现出具有特殊人身危险性的暴力性罪犯，为保障社会安全需要将其与社会隔离，才将终身监禁作为刑事政策上的最后一个紧急措施加以使用，而且即便在此种情形下，仍然需要通过人身危险性的定期评估和审查来决定是否需要继续监禁下去。[②] 难怪有的学者批评这是一种“情绪性的立法”。[③]

尽管如前所析，《刑九》关于终身监禁的立法在程序上存在“太匆匆”的瑕疵，与刑法教义学也存在显而易见的冲突，但如果我们从社科法学的角度来看，[④] 也许事情并没有我们想象的那么坏，甚至还“歪打正着”，可以把坏事变成好事。

设立终身监禁源于贪污受贿罪在实践中适用死刑越来越少，[⑤] 而近年来贪官不正当地通过减刑和假释提前出狱的现象引起社会和高层领导的关注，“有的贪污受贿犯罪分子利用过去拥有的权力、影响、金钱和社会关系网，通过减刑、假释、保外就医等途径，实际在狱内服刑期较短，严重妨碍了司法公正，社会反映强烈”。[⑥] 立法作为一项公共决策，它本身就是各种声音和力量的博弈，而不可能是纯教义学的产物。在党中央反腐败的强烈政治信号下，立法作出此种回应，“以防止在司法实践中出现这类罪犯通过减刑等途径服刑期过短的情形”，是否也可以从法政治学的解读中获得某种理解呢？

为什么会出现暴力犯罪只是限制减刑而贪污受贿这类非暴力犯罪反而

---

① 参见车浩《刑事立法的法教义学反思——基于〈刑法修正案（九）〉的分析》，载《法学》2015 年第 10 期。

② 参见刘仁文主编《废止劳教后的刑法结构完善》，社会科学文献出版社，2015，第 312 页。

③ 参见刘宪权《刑事立法应力戒情绪——以刑法修正案（九）为视角》，载《法学评论》2016 年第 1 期。

④ 社科法学是与法教义学相对应的一个概念，是指运用社会科学的理论和方法来分析法律问题的研究方法。它强调让立法更符合社会实际，让法律实施手段更具有现实性，对不同理论和方法采取实用主义的态度。参见陈柏峰《社科法学及其功用》，载《法商研究》2014 年第 5 期。

⑤ 实际上，最高人民法院自 2013 年以来就已经没有再核准过一例贪污受贿犯罪的死刑，因此即使不设立贪污受贿罪的这一终身监禁制度，也不会影响贪污受贿犯罪最终取消死刑的走向。

⑥ 参见郎胜主编《〈中华人民共和国刑法〉的理解与适用》，中国民主法制出版社，2015，第 704 页。

设置终身监禁这类更严重的刑罚制度呢?[①] 表面上看，这似乎确实不合逻辑。但如果我们稍加深入，就会发现，强奸、抢劫、绑架、放火、爆炸、投放危险物质或者有组织的暴力性犯罪目前无论在我国的立法还是司法中，短期内还不可能弃用死刑，也就是说，对于这类犯罪，如果情节达到特别严重的程度，是要判处死刑（立即执行）的，而贪污受贿领域，死刑立即执行已经事实上不存在了，为了应对民意，需要寻找一种替代性措施。将终身监禁解读为死刑（立即执行）的一种替代性措施，并以此作为安抚民意的一种手段，我们可以从全国人大法律委员会《关于〈中华人民共和国刑法修正案（九）（草案)〉审议结果的报告》中得到支持："法律委员会经同中央政法委等有关部门研究认为，对贪污受贿数额特别巨大、情节特别严重的犯罪分子，特别是其中本应当判处死刑的，根据慎用死刑的刑事政策，结合案件的具体情况，对其判处死刑缓期二年执行依法减刑为无期徒刑后，终身监禁的措施，有利于体现罪刑相适应的刑法原则，维护司法公正，防止在司法实践中出现这类罪犯通过减刑等途径服刑期过短的情形，符合宽严相济的刑事政策。"事实上，立法部门编写的著作也明确指出："这里规定的'终身监禁'不是独立的刑种，它是对罪当判处死刑的贪污受贿犯罪分子的一种不执行死刑的刑罚执行措施。从这个意义上讲，也可以说是对死刑的一种替代性措施。"[②] 这也可用来解释最高人民法院《关于〈中华人民共和国刑法修正案（九)〉时间效力问题的解释》的第八条："对于2015年10月31日以前实施贪污、受贿行为，罪行极其严重，根据修正前刑法判处死刑缓期执行不能体现罪刑相适应原则，而根据修正后刑法判处死刑缓期执行同时决定在其死刑缓期执行二年期满依法减为无期徒刑后，采取终身监禁，不得减刑、假释可以罚当其罪的，适用修正后刑法第三百八十三条第四款的规定。根据修正前刑法判处死刑缓期执行足以罚当其罪的，不适用修正后刑法第三百八十三条第四款的规定。"该司法解释出台后，也引发是否违反刑法溯及力"从旧兼从轻"原则的讨

① 尽管立法机关强调此次针对贪污受贿罪设立的终身监禁不是独立的刑种（这也是为其寻找合法性理由，因为一旦承认独立的刑种，全国人大常委会的刑法修正案就没有这个权力了），而是死缓的一种执行方式，但实际上对于贪污受贿罪而言，无异于创制了一种新的刑种，即介于死刑与"假无期徒刑"之间的"真无期徒刑"。

② 参见郎胜主编《〈中华人民共和国刑法〉的理解与适用》，中国民主法制出版社，2015，第705～706页。

论，我认为，只有把这里的“根据修正前刑法判处死刑缓期执行不能体现罪刑相适应原则”理解为本来应该判处死刑立即执行、为限制死刑立即执行才适用终身监禁，才能合理解释该司法解释没有违反“从旧兼从轻”的原则。

按此思路，终身监禁制度的设立事实上意味着贪污受贿犯罪死刑（立即执行）的名存实亡。从《刑八》和《刑九》这两次立法上取消死刑罪名的经验来看，往往是一个罪名在司法实践中多年不用死刑或者很少适用死刑后才可以讨论其立法上能否取消死刑。有了终身监禁这一替代性措施，我们有理由相信，目前这种最高人民法院不核准贪污受贿罪死刑的做法将会一直延续下去，而且地方法院也越来越不会对贪污受贿罪判处死刑立即执行。照此发展下去，再过若干年，到刑法修正案（十）或刑法修正案（十一）（当然下一次刑法修订也有可能是由全国人大来系统修改刑法典），从立法上取消贪污受贿罪的死刑也是完全可能的。等到贪污受贿罪的死刑从立法上取消后，那时再来讨论废除此种不得减刑、假释的终身监禁，也许更符合法律制度演进的逻辑。

对重特大贪污受贿犯判处终身监禁是一个新生事物，如何适用还需要在实践中不断摸索。由于《刑九》后贪污受贿罪已无绝对确定的死刑，因此在何种情况下判处无期徒刑、何种情况下判处死刑（死缓），以及何种情况下判处终身监禁型的死缓，按照目前的司法惯例，恐怕下一步还需要出台相应的司法解释。需要指出的是，并不是所有贪污受贿罪犯被判处死缓的都要终身监禁，是否终身监禁，应由人民法院根据犯罪情节等情况来综合考虑。如前所述，只有贪污受贿数额特别巨大，并使国家和人民利益遭受特别重大损失的，才有可能判处死刑（死缓）。而且，只要在提起公诉前如实供述自己罪行、真诚悔罪、积极退赃，避免、减少损害结果的发生，就可以从轻处罚。[①] 因此，真正适用终身监禁型死缓的比例应当是相当低的。另外，判处终身监禁的时间应是被判处死刑缓期执行的同时，而不是在死缓执行二年期满以后减刑时。根据刑事诉讼法第 254 条的规定，只有被判处有期徒刑和拘役的罪犯才可以暂予监外执行，因此不得减刑、

① 虽然用的是“可以”，但我认为，这里的“可以”宜理解为“原则上应当”，否则如果说把“可以”理解为完全中性的可以从轻也可以不从轻，那法律就太弹性化了，会影响执行的效果。

假释的终身监禁也不得暂予监外执行。①

四 协调处罚优化布局：严密法网的衔接删补

除以上三项重要修改，本次《刑九》对贪污受贿罪的修改还涉及以下内容：

一是增加了罚金刑，使财产刑覆盖到贪污受贿罪的每个量刑档次。在原来对贪污受贿罪按数额大小由大到小排列的四个量刑档次中，只在量刑较重的第一、二个档次规定了没收财产刑，而在量刑较轻的第三、四个档次却没有设立财产刑，这次《刑九》本着加大对贪污贿赂犯罪处罚力度的理念，对于贪污受贿和行贿犯罪都大幅增加了并处罚金的内容，② 具体到刑法第 383 条，原来第 1 款第 3、第 4 项是没有财产刑的，只在第 1、第 2 项规定有没收财产刑，而且没收财产刑还分“并处”和“可以并处”两种规定方式，这次《刑九》将财产刑覆盖了贪污受贿的所有量刑档次，而且一律是“并处”，摈弃了“可以并处”的立法模式，针对不同的量刑情形，分别设置了“并处罚金”“并处罚金或者没收财产”“并处没收财产”。虽然我国刑法中的财产刑立法还存在诸多值得改进的地方，③ 但在整个立法格局没有调整的情况下，对贪污受贿罪的所有量刑情形实行财产刑的全覆盖，有利于保持立法逻辑的一致（针对此种犯罪的逐利性特点，加大经济上的打击力度）。

二是把原来的四个量刑档次调整为三个量刑档次。原来的四个量刑档

---

① 我对刑诉法第 254 条的这一规定是有所疑问的，如果无期徒刑罪犯病得很重，难道也不能保外就医吗？这是否违背了设立保外就医的初衷呢？当然，即便在现有法律框架内，对此类病重者，虽然不能予其制度意义上的保外就医，但予其措施意义上的“出外就医”，即到监狱之外的医院治疗，应该是可以在解释上说得通的。相应地，这种解释也适用于不得减刑、假释的终身监禁。

② 强化对行贿犯罪的打击力度也是这次《刑九》强化反腐的一个重要内容，其中就包括对行贿罪的三个量刑档次都增加并处罚金的内容，当然，也包括对行贿犯罪的特殊自首制度作了从宽处理的限定。

③ 例如有学者指出：我国的财产刑与自由刑并科的比重太大，而不是将财产刑作为自由刑的替代刑或减轻自由刑的替代措施，这样非但违背了刑罚轻缓化的立法初衷，反而雪上加霜，使刑罚更趋严厉；附加于死刑的没收财产刑，更是过度的刑罚，无辜的犯罪人家属被法律剥夺了继承权，而这种继承权的剥夺与犯罪的惩治和预防没有任何关系。参见李洁《论中国罚金刑的改革方向》，载《吉林大学社会科学学报》1997 年第 1 期；李洁《质疑：死刑并科财产刑的实质根据》，载《净月学刊》2012 年创刊号。

次主要按数额分为十万元以上、五万元以上不满十万元、五千元以上不满五万元、不满五千元情节较重，修改后的三个量刑档次分别为数额较大或者有其他较重情节、数额巨大或者有其他严重情节、数额特别巨大或者有其他特别严重情节，与此相对应，每个量刑档次内的刑罚幅度也有所调整，如原来的是从高到低：第一个量刑档次为十年以上有期徒刑或者无期徒刑，可以并处没收财产（情节特别严重的，处死刑，并处没收财产），第二个量刑档次为五年以上有期徒刑，可以并处没收财产（情节特别严重的，处无期徒刑，并处没收财产），第三个量刑档次为一年以上七年以下有期徒刑（情节严重的，处七年以上十年以下有期徒刑；数额在五千元以上不满一万元，犯罪后有悔改表现、积极退赃的，可以减轻处罚或者免予刑事处罚，由其所在单位或者上级主管机关给予行政处分），第四个量刑档次为二年以下有期徒刑或者拘役（情节较轻的，由其所在单位或者上级主管机关酌情给予行政处分）。现在的则从低到高：第一个量刑档次为三年以下有期徒刑或者拘役，并处罚金；第二个量刑档次为三年以上十年以下有期徒刑，并处罚金或者没收财产；第三个量刑档次为十年以上有期徒刑或者无期徒刑，并处罚金或者没收财产（数额特别巨大并使国家和人民利益遭受特别重大损失的，处无期徒刑或者死刑，并处没收财产）。实事求是地讲，原来的规定内在结构有点凌乱，分档也太多，尤其是前三档均档内含档更加剧了这一混乱的局面（其中第三档竟然又包含了三种情形），相比而言，修改后的逻辑要更加严谨一些，层次也更加分明一些，这对于便利司法的适用应当有积极的作用。

三是压缩了交叉刑。按原来刑法第383条的规定，第1款第1~4项所规定的法定刑均存在刑罚交叉现象：第一档和第二档在十年以上有期徒刑、无期徒刑部分交叉；第二档和第三档在五年以上十年以下有期徒刑部分交叉；第三档的一年以上有期徒刑与第四档的二年以下有期徒刑有交叉；同时，第一档的法定最低刑为十年有期徒刑，第三档的法定最高刑也为十年有期徒刑。对于此种交叉刑的立法方式，尽管学界也不乏肯定的声音，[①] 但笔者更倾向于反对的声音，即这种交叉式立法模式弊多利少，其弊端主要表现

① 如周光权教授认为："法定刑档次之间互有交错，给司法活动留有的余地更大，在今后的立法中，应当注意适当增加类似规定。"参见周光权《法定刑研究——罪刑均衡的构建与实践》，中国方正出版社，2000，第187~188页。

在：违背罪责刑相适应原则和刑法平等原则的要求，破坏贪污受贿刑罚结构的梯度性，导致法官的自由裁量权不适当地扩大。① 确实，既然设立了不同的量刑档次，每个量刑档次之间又有较大的弹性，那就还是以彼此衔接的法定刑立法模式为好，否则就会造成不同的量刑档次之间缺少必要的刑罚幅度和梯次之分。这次《刑九》对这种交叉式的法定刑立法方式进行了较大调整，原则上不同量刑档次之间不再交叉（第一档为三年以下，第二档为三年以上十年以下，第三档为十年以上），② 我认为是可取的，有利于理顺不同量刑档次之间的条理和逻辑，也更加便于法律的适用。当然，《刑九》也并没有彻底废除贪污受贿罪的交叉刑，而是在第 1 款第 3 项将无期徒刑作为该项两种情形的交叉刑来规定，这主要是由于《刑九》把原来贪污受贿罪的绝对确定死刑改为相对确定死刑，因而增加了一个无期徒刑的选项。将来在制定具体的量刑规范化指南时，恐怕还要解决如下问题：如何在两项不同的情形下处理无期徒刑的交叉适用？我的基本思路是：为了贯彻罪责刑相适应的原则，既然情形更严重的后者可以适用无期徒刑，那么情形相对轻一些的前者就要尽量少用无期徒刑。

四是删除了原来条款中的行政处分内容。原来规定，个人贪污受贿五千元以上不满一万元，犯罪后有悔改表现、积极退赃的，可以减轻处罚或免于刑事处罚，由其所在单位或者上级主管机关给予行政处分；个人贪污受贿不满五千元，情节较轻的，由其所在单位或者上级主管机关酌情给予行政处分。之所以这样，是因为在《刑九》草案的起草和审议过程中，有意见认为，给予行政处分的内容不是刑法调整的范围，将行政处分写入刑法，不利于对贪污受贿犯罪的打击。③ 我赞成这一思路，让刑法的归刑法，行政法的归行政法，④ 以免给人一种可以用行政处分来出罪的错觉，甚至

---

① 参见张兆松《“交叉式”法定刑不利于司法公正》，载《中国社会科学报》2015 年 3 月 9 日。

② 顺便说一句，原来的量刑档次是由高到低，这次《刑九》改为由低到高，我觉得后者更符合定罪判刑的逻辑，即首先从起刑点看是否构成犯罪和是否需要处刑，然后再逐次根据数额的升高决定刑罚的上涨幅度。

③ 参见郎胜主编《〈中华人民共和国刑法〉的理解与适用》，中国民主法制出版社，2015，第 703 页。

④ 由刑法来规定行政处分内容确实有点不伦不类，因为行政处分的主体、程序和救济途径等完全是另一套规制。例如，刑法规定“酌情给予行政处分”就不合适，要否给予行政处分，不应由刑法来酌情，而应根据有关行政处分的法律法规来定。

事实上造成这样一种后果。而且，删除这种规定也不妨碍有关单位或者上级主管机关按照行政法律法规的规定来对相关责任人给予行政处分。

余 论

尽管这次《刑九》对贪污受贿罪罪刑规范作了前述多处修改，但仍然有些讨论多年且司法实践中也面临的问题没有解决，有的虽然草案列进去了，但最终仍然拿掉了。例如，我国刑法迄今仍将贿赂犯罪的对象范围限定为“财物”，但司法解释早已对“财物”作了扩大解释，将其包括财产、财物之外的可以直接用货币计算的财产性利益，如干股、免费旅游等。[①]而目前的共识是：即使将财物扩大解释为财产性利益也难以应对新的贿赂方式（如性贿赂、解决升学就业等），应以《联合国反腐败公约》中的“不正当好处”来取代之，与此同时，将我国刑法中受贿罪“为他人谋取利益”的构成要件改为“以作为公职人员在执行公务时作为或者不作为的条件”。[②] 可想而知，一旦将“财物”改为“不正当好处”，受贿罪的量刑标准就势必去数额化，也就必然要与贪污罪的量刑标准相分离，而这样一个牵一发而动全身的修改，对于略显仓促的《刑九》来说，实难完成。[③]

与此相关的另一个问题是，在保留受贿罪“为他人谋取利益”的构成要件的前提下，立法者曾经想增加一个“非法收受礼金罪”，即对国家工作人员利用职务上的便利，收受主管范围内的下属或者管理、服务对象的现金、有价证券或者支付凭证，数额较大的，以犯罪论处。这一立法设想在现有立法格局下有其合理性，因为司法实践中要么对不具备“为他人谋取利益”要件的收受礼金行为非犯罪化处理，要么就是在一些案件中突破“为他人谋取利益”要件的限制，把只要是利用职务之便收受的一切礼金都算作受贿。因此，在受贿罪法定要件中有“为他人谋取利益”的情况下，将那些没有为他人谋取利益的非法收受礼金行为予以犯罪化，并设置

---

① 2014 年 4 月，几乎在与《刑九》草案研拟的同时，全国人大常委会通过了 4 个刑法解释案，当时包括笔者在内的一些学者建议至少通过立法将财物扩大解释为财产性利益，以提升司法解释的合法性，但没有被采纳。

② 参见刘仁文、张晓艳《〈联合国反腐败公约〉与中国刑事法律的完善》，载赵秉志主编《联合国公约在刑事法治领域的贯彻实施》，中国人民公安大学出版社，2010，第 607 页以下。

③ 学界的共识不一定就已经成为立法者的共识，这中间还有不短的一段距离。

相对受贿罪轻一些的刑罚，是比较可取的。但该罪名最后并没有在《刑九》中得到确立，这可能与社会上断章取义的炒作不无关系，这种声音认为中国是一个人情社会，设立“非法收受礼金罪”是对传统文化的破坏，不近人情。实际上，从该罪草拟法条内容来看，它并没有将正常的人情往来犯罪化。当然，另外也有人担心，在目前公务员待遇没有得到显著提高、现实中又送礼成风的情况下，这个罪名确立后可能很难执行，我个人是不同意这种看法的，其也明显不符合对腐败“零容忍”的态度。①

同时，如本节前面所及，《刑九》提出了包括贪污受贿罪在内的不少刑法理论和刑法适用的新问题。如刑法可否在总则没有规定终身监禁的情况下，直接在分则规定这样一种制度?② 尤为吊诡的是，对于有的修改内容，竟然有不同甚至截然相反的解读，如对于终身监禁，有的认为是对贪官从严打击的表现，但有的认为，它是作为死刑的一种替代措施而设置的，因而是一种宽；又比如，对从宽处理制度，有的认为这是贯彻宽严相济的宽的一面，但另有的认为，相比《刑九》前，对贪污受贿罪的从宽处理制度更严了。

本节的结论是：《刑九》总的来讲还是体现了对贪污受贿等腐败犯罪的严惩态度，这既体现在其废止 9 个死刑罪名但未触及贪污受贿罪的死刑问题上，也体现在增设不得减刑、假释的终身监禁制度上，③ 不过，严惩也不是单线的，更不是任性的，它还要受到其他一些价值追求的制约，如减少死刑是国际上大势所趋，也是十八届三中全会的要求，④ 所以这次把贪污受贿的绝对死刑条款改成了相对死刑条款。又如，宽严相济是目前的一项基本刑事政策，所以在从严的同时，还要考虑从宽。再比如，一方面要对腐败“零容忍”，另一方面还要考虑法律的可执行性和罪责刑相适应的原则，在有限的刑罚幅度内，必须结合贪污受贿发案的数额现实、经济社会的发展等因素，提高贪污受贿“数额巨大”和“数额特别巨大”两个

---

① 当然，我是赞成对公务员队伍进行裁员和提薪的。

② 总则中的减刑、假释并没有作例外规定。

③ 如前所述，最高人民法院近年来已经没再核准过贪污受贿罪的死刑（立即执行），在这种情况下，再增设不得减刑、假释的终身监禁制度，还是一种严惩。当然，这种严惩又可以给民意一个交代，有利于巩固贪污受贿罪事实上废止死刑的局面，并为最后从立法上取消贪污受贿罪的死刑创造条件。

④ 十八届三中全会明确提出要“逐步减少适用死刑罪名”，而贯彻落实三中全会精神也是这次刑法修改的一个重要指导思想。

量刑档的数额起点。当然，由于刑法修正案的局限性，我们也可以从本节对贪污受贿罪的修改解读中看到刑法立法的碎片化现象。在新刑法典已经颁行 19 年、对这部刑法典的局部修改已达 10 次之多的情况下，建议立法机关把启动对刑法典的系统修改列入工作议程，以进一步理顺刑法体系，创新刑法制度，优化刑罚结构。

（中国社会科学院法学研究所研究员　刘仁文）

第二节

腐败治理模式与中国选择

中国在步入现代化发展阶段后，腐败问题久治难愈，立法更新缺乏创新理念指导，立法“活性化”与犯罪膨胀化的矛盾日益尖锐，反腐立法向何处去，成为国家刑事法治构建中的重要问题。党的十八大以来，中国反腐已经进入加快推进反腐败立法的新时期。2015 年 8 月 29 日《刑法修正案（九）》设置了贪贿犯罪死缓犯的终身监禁制度、严格了行贿犯罪特别自首的适用条件，进一步加大了对腐败犯罪的刑事惩治力度，被认为“适应了当前我国反腐败形势，落实了宽严相济的刑事政策，回应了人民群众的呼声”。[①] 然而，立法修正并没有根本扭转中国腐败治理的基本模式，中国腐败治理依然任重道远。探寻现代化进程中的腐败根源与反腐败模式，确立积极治理主义理念，更新立法理论基础，是实现中国腐败犯罪治理立法“从困境中突围”的关键。

一　现代化进程中的腐败：类型与根源探析

（一）现代化生成模式与腐败类型化分析

国家现代化的模式直接决定着特定国家经济利益分配的基本模式以及与之紧密相关的利益冲突解决机制，并对一国特定时期腐败犯罪的发生与发展产生影响。根据各国现代化模式的不同，可以将现代化进程中的腐败划分为两种基本类型：

1. 根源于经济支配政治的腐败

这种腐败犯罪类型，一般存在于国家以“内生型”模式进入现代化的

① 周斌、李豪：《刑法修正案（九）：终身监禁切断严重贪腐犯罪退路》，法制网，http：//www. china. com. cn/legal/2015 - 09/07/content_36520778. htm，2015 年 9 月 8 日访问。

起步阶段。“内生型现代化”国家，通常是传统性与现代性兼容程度较高的国家，其现代化起步于因工业革命所引发的经济迅猛发展，以及由此引发的工业化、城市化进程。经济优先于政治获得更为快速的发展，为寻求政治权力庇护及获取更多经济利益，经济主体向政治主体施加压力或直接渗入政治集团，为腐败犯罪发生与蔓延提供了条件，产生了区别于传统腐败犯罪的新形式。17 世纪末至 19 世纪中叶是英国现代化的起步阶段，工业革命推进、刺激了经济的迅猛发展，使得社会新型经济资源与财富呈成倍增长之势，尽管政府规模小，但作为掌握资源分配权的主体，便成为新生利益集团利益腐蚀的对象，由此使得经济支配政治型腐败成为英国现代化之初最突出的犯罪形式。

2. 根源于政治支配经济的腐败

这种腐败犯罪类型，源自国家对经济的主动干预，主要存在于采用“应激型现代化”模式的国家。“应激型现代化”模式的国家，“由于内部的传统性与外部的现代性之间的兼容关系较弱，难以从社会内部产生推动现代化的强大动力，而是在外部的刺激或压力下，开始自己有组织的现代化长征，国家被寄予重望”。对于后发现代化的国家而言，国家将面临更严峻的现实，“为尽快缩短差距，追赶先进，国家不仅不能只扮演一个消极的‘守夜人’，更应成为一位积极的组织者，正是出于这种考虑，许多后发国家选择了有计划的社会主义。尽管这种模式因过于推崇‘国家万能’而遭受败绩，但国家具有的巨大的积极作用却是不应也被否认的”。[①]许多西欧及其他一系列采“应激型”模式进入现代化的国家，在进入现代化阶段后，其腐败的发生多呈现政治支配经济的特征。当然，对于早期已经进入现代化的“内生型”国家而言，在 20 世纪中叶以后，伴随着国家权力对经济活动干预的扩大化，同样也出现了政治支配经济的腐败。美国在 20 世纪初经济危机下采取凯恩斯主义作为经济发展的支柱理论，国家权力的扩张已经逐步走上了与“应激型现代化”国家类似的道路。19 世纪 60 ~ 70 年代，基于腐败的严重性及腐败类型变化，美国新自由主义学派提出了“寻租理论”，进而成为世界腐败治理中的一项重要理论。

（二）现代化进程中腐败的根源性分析

从现代化角度，腐败被认为是现代化过程中制度供给不足的后果。作

① 郑永流：《法的有效性与有效的法（下）》，载《法制与社会发展》2002 年第 2 期。

为集现代腐败理论之大成者，美国政治学家塞缪尔·P. 亨廷顿提出“腐败程度与社会和经济迅速现代化有关”的论判，[①] 认为现代化带来的各种社会变迁如果没有及时制度化，就容易产生腐败。现代化为何成了刺激腐败加速发展的催化剂？现代化进程中腐败产生的根源何在？是法学、政治学、社会学乃至经济学所共同关注的问题。

在笔者看来，现代化进程中的腐败，是一定历史转型与发展过程中制度发展滞后于社会经济发展的消极产物，具有历史的必然性。现代化是人类社会组织机体的进化发展，全面覆盖于社会各方面，但其首先是经济的现代化，无论是“经济支配政治”的腐败，还是“政治支配经济”的腐败，均以市场经济的现代崛起为逻辑起点。腐败是公共权力与生俱来的遗传基因，经济发展作为现代化的原动力，在促进与调控社会经济发展的同时，也增加了政府支配公共资源权力实施腐败的风险，而现代化中体制性的制约权力机制建设滞后，进一步加大了腐败发生的可能性。现代化是以经济的发展为首要目标的社会进步运动，由于在社会经济发展中政府所承担的导向与决策功能，其对经济资源在国内的分配与调剂享有绝对支配的功能，利益主体为获得特定稀缺资源的使用或分配权，必然会发生以经济利益去腐蚀公共权力的内在需求，特别是在国家强力刺激经济发展的背景下，由国家调整、支配或控制的经济资源范围广泛、规模庞大，公职者享有广泛的自由裁量权，这些均为腐败的发生提供了条件，也使得根源于政治支配经济的腐败成为现代国家腐败的主要类型。

二　现代化进程中的反腐败：国家腐败治理模式选择

不同国家的现代化路径不同，但均面临现代化初期腐败滥发的严重困扰以及腐败治理模式的更新选择问题。据此，在传统腐败治理基础上形成了国家腐败治理的两种基本模式。

（一）腐败消极治理模式

在现代化转型初期，由于国家权力结构及公共管理机制尚未健全，加之社会形态更替过程中的惯性依赖，国家将腐败治理目光停留于刑事惩治

① 〔美〕塞缪尔·P. 亨廷顿：《变化社会中的政治秩序》，王冠华、刘为等译，生活·读书·新知三联书店，1989，第45页。

层面，被动性地回应社会转型阶段的腐败现象，从而形成了消极治理模式。该模式具有以下特征：

1. 单一化的治理理念

重视刑事惩治的功能，强调单一化的“直接打击”，是消极治理模式的理念特征。在传统社会中，统治者对腐败根源缺乏深入认识，治理理念较为原始，国家又缺乏有效的腐败治理工具，刑罚基于短期见效快之优势而易成为统治者青睐的治理手段，导致传统社会腐败治理依赖于重刑主义，以刑罚之“威”，遏腐败之“恶”，形成了针对腐败行为人的“直接打击”模式。在现代化转型初期，基于过渡时期的制度惯性和习惯上的路径依赖，转型初期国家通常会延续以往腐败治理理念。如，俄罗斯历史上有“重刑反腐”的传统，彼得大帝曾吊死过贪腐的西伯利亚总督加加林，并对贪污官员处以酷刑，1922 年苏联颁布《布尔什维克党内条例》以重刑整肃贪腐官员。[①] 苏联解体后，俄罗斯继续延续以刑制腐的传统，但无法遏制腐败现象的泛滥，因为“国家法律制度的疲软甚至缺陷是腐败滋生和泛滥的主要原因”。[②]

2. 容忍化的治理立场

对腐败具有较高的容忍度而进行选择性治理，是消极治理模式的重要特征。在传统社会中，“反腐败惩罚是作为统治者分辨出高忠诚度的与低忠诚度的两类官员的充要条件，进而以维护其统治地位和优化自身的效用水平，但未必会降低腐败水平”。[③] 在必要时候，君王与属臣的腐败共谋，本身就是维系统治的一种方式。现代化转型过程中，君臣之间的腐败合谋演化为权力群体内部合谋。如，为打击 18 世纪愈演愈烈的贿选议员问题，英国 1729 年反贿赂法规定候选人在选举令公布之后如用金钱贿赂选民，取消其候选人资格，并罚款 5000 英镑，但立法本身就是既得利益者之间妥协的产物，存在明显的漏洞，即，在选举令公布之前用金钱贿赂选民和以非金钱方式收买选票的行为不在禁止之列。[④]

---

① 方亮：《俄罗斯腐败的空皮囊》，载《人民文摘》2014 年第 1 期。

② 刁秀华：《俄罗斯的腐败与反腐败及其对经济社会的影响》，载《国外社会科学》2014 年第 2 期。

③ 许建明：《制度性腐败的机制》，2006 年上海中国留美经济学年会入选论文，http://www.aisixiang.com/data/18219.html，2015 年 9 月 10 日访问。

④ 季正矩：《英国经济高速发展过程中腐败例举》，载《中国监察》2001 年第 10 期。

3. 静态化的治理机制

国家配置了相关腐败治理要素，但各反腐要素之间缺乏衔接配合，造成腐败治理机制的静态化，是消极治理模式的又一重要特征。在现代化转型过程中，“应激型”现代化国家往往有“补课”的内在需求，容易导致新增立法的功利化，影响制度预防功能的发挥。东欧剧变之后，罗马尼亚为了加入欧盟，依据欧盟标准对本国反腐预防立法进行了紧急性修补，在2000年之后陆续通过了《预防、发现和惩治腐败法》《自由获得公共信息法》《政党筹资与竞选运动》等系列反腐立法，但腐败治理效果仍然不尽如人意，甚至被认为是“越反越腐”，“执政党高层领导反腐败的愿望和意志不够，入盟前制定的许多反腐败措施，入盟后不久就被议会和政府有意搁置”。[①] 功利性的立法目的使得现代化转型国家倾向于简单、快捷地搬抄域外经验，而不考虑立法本土适应性及系统性，是导致腐败治理机制运行障碍的重要原因。

4. 被动化的治理反应

以腐败已经产生的现实后果作为立法根据，立法“因恶而生”而具有被动性，是消极治理模式的重要特征。自工业革命以来，经济转型是国家现代转型的先驱形式，在经济发展优先政策的影响下，国家对传统腐败形式之外“增量腐败”的敏感度较低，腐败治理远远滞后于腐败发生的时间与规模。受到亚当·斯密自由经济政策的支配，18 世纪英国政府和议会对经济活动较少进行干预，无视各种基于市场经济关系而衍生的新型腐败行为。1889 年英国颁布世界上首部反腐法——《公共机构腐败行为法》，该法仅规定了公共部门的腐败，直到 1906 年《预防腐败法》将犯罪主体扩大至“代理人”之后，腐败惩治的范围才从公共部门扩大至私营部门。美国 1977 年《反海外贿赂法》的颁布，也是 1972 年“水门事件”暴露出严重的政治腐败而引发国内舆论压力所致。

（二）腐败积极治理模式

现代国家经过一段时间现代化进程的尝试后，深刻感受到腐败给现代化带来的灾难，普遍建立起以规范公共权力运行、监督公共权力行使、惩罚公共权力滥用为核心的体系化的法律体系，由此促进了积极治理模式的

---

① 参见夏纪媛《罗马尼亚转型期的腐败现象及其治理》，载《廉政文化研究》2014 年第 2 期。“Corruption in Romania：In Denial”，*The Economist*，2008（7）：3.

形成。积极治理模式具有以下特征：

1. 复合化的治理理念

强调“间接打击为主、直接打击为辅”的复合化治理，是积极治理模式的理念特征。从战争战略角度，战胜对手的方式有两种，一种是直接打击，消灭敌人；另一种是间接打击，避免与敌人正面硬拼，巧妙采取各种方式，让敌人在心理上和物质上失去平衡而获胜。[①] 在腐败治理理念上，同样也存在“直接打击”和“间接打击”两种类型。前者依赖于刑事惩治，通过严厉惩治，达到一般预防目的；后者强调腐败预防，通过构建预防制度，达到改造腐败滋生环境、消除腐败动因的目的。消极治理模式采用单一的直接打击理念，而积极治理模式则兼顾两种理念的合理性，以预防为主、惩治为辅。英国在现代化中期以后，通过现代文官制度、竞选制度、审计制度等确立了严密的预防体系，而刑事惩治法较为沉寂，1916 年修订《预防腐败法》（刑事法）之后，在近百年时间内未对反腐刑事法再进行过修正。当然，这并不意味着英国放弃了“直接打击”，当腐败犯罪的频度与比例明显提高时，刑事立法也会有所反应。英国 2010 年《贿赂法》不仅扩大了贿赂犯罪的规制范围，而且还将贿赂犯罪监禁刑的法定最高刑期从 7 年提高至 10 年，同时规定了无限额罚金制。

2. “零容忍化”的治理立场

坚持“零容忍”的治理立场，是积极治理模式的重要特征。基于对公共权力在“内生型现代化”过程中被经济所支配，从而偏离公共权力准则实施腐败的具体情况，美国建立了以“利益冲突”为核心的公职人员行为规制体系，在权力运行环节设置了“零容忍”标准。1961 年美国颁布了第 10939 号行政令，提出了公共官员不得在与其利益有关的事情上采取任何行动、在政府以外的活动不得与其公共责任相冲突等七项规则，明确将防止利益冲突作为美国现代公共道德管理的核心规则。[②] 1978 年《政府道德法》确立了“利益冲突”规则在反腐体系中的核心地位。如，一名官员拥有戴尔公司的 1000 股股份，而其又负责为本机构购买 20 台台式电脑，在这种情况下，就绝对不能购买戴尔电脑，即使其购买不会影响戴尔公司的

---

① ［英］李德·哈特：《战略论》，钮先钟译，内蒙古文化出版社，1998，第 2 页。

② Robert N. Roberts and Marion T. Doss, Jr., *From Watergate to Whitewater, The Public Integrity War*, Westport, Connecticut, London: Greenwood Publishing Group, Inc., 1997, pp. 49 – 50.

股票价值。[①]“利益冲突”规则禁止公职人员实施具有利益冲突可能性的行为，在腐败预防中贯彻了“零容忍”标准，建构了“潜在腐败”与“现实腐败”之间的防火墙，从而及时遏制潜在犯罪人的腐败动因，有效防止腐败行为的实际发生。

3. 动态化的治理机制

以腐败治理机构、规范的协同性为核心，加强不同反腐主体权力运行协同、预防法与惩治法协同、实体法与程序法协同，是积极治理模式的另一重要特征。作为亚洲最为清廉的国家，新加坡以其高效的、动态化的腐败治理机制，为积极治理模式提供了最好注释。新加坡确立了综合式的反贪战略，将反贪腐工作提升到权威有力、规范有序的制度反腐、立法反腐、社会反腐的高层次运作轨道，有效调动社会各方面的力量和资源集中惩治贪腐。在高薪养廉、精英治国、社会监督等软性反腐之外，新加坡建立了严密的腐败规制体系：《防止贪污贿赂法》《没收贪污腐败法》《公务员守则和纪律条例》《公务员惩戒行程序规定》等立法相互协作、紧密联系，形成了一张反腐大网，高效而独立的反腐调查局（CPIB）更被认为是一把悬在头上的“达摩克利斯之剑”，时刻威慑和警示着潜在的腐败者。[②]

4. 主动化的立法反应

积极寻求立法原理之更新，创建新型规制模式，以预防“增量腐败”，是积极治理模式的重要特征。腐败犯罪刑法立法建立在传统罪责理论基础上，个体行为与罪责是立法规制的边界和基础，然而，以个体为中心的传统理论无法解决腐败生成的系统环境问题。对此，英国 2010 年《贿赂法》第 7 条规定了“商业组织预防贿赂失职罪”，规定商业组织对于疏于构建行贿预防机制而导致行贿行为发生承担必要的刑事责任，[③] 创造性地改变了传统消极治理模式下的个人责任原理，确立了刑事领域中的组织责任原理，实现了刑法防卫基点的前置化，加强了对腐败犯罪的预防性治理。

消极治理模式与积极治理模式反映出国家现代化转型以来国家治理腐败犯罪的两种不同的治理理念选择。消极治理模式反映了国家以刑事惩治为手段，以稳定社会秩序为本位的价值选择，可称为“消极治理主义”；

---

① 周琪：《解决利益冲突，着手反腐败》，载《中国新闻周刊》2006 年 6 月 5 日。

② 金波：《新加坡的制度反腐经验》，载《国际关系学院学报》2009 年第 4 期。

③ Bribery Act 2010, sec. 7（5）.

积极治理模式反映出国家以综合性预防为手段，以塑造清廉社会环境为本位的价值选择，也可称为“积极治理主义”。消极治理主义和积极治理主义反映出国家对腐败衍生及治理原理在认识程度上的区分差异，一个国家在现代化转型过程中可能会渐次性地经历上述两种不同的治理模式，如英国、美国、新加坡等国家在腐败治理上均是由消极治理主义过渡到积极治理主义。

三　积极治理主义与中国惩治腐败犯罪立法创新

中国属于典型的“应激型”现代化国家，腐败主要源自行政权力对经济的干预支配，既往腐败治理偏重于事后追究，且过度依赖于刑法的惩治功能，对预防功能关注度不足，难以有效遏制腐败。因此，以现代国家腐败治理角度，确立积极治理主义的治理理念，加强规范的预防能力，是当下中国惩治腐败犯罪立法创新的重点。

（一）中国现代化进程中的腐败与腐败治理

1. 中国现代化进程中的腐败

20 世纪 70 年代末的改革开放，标志着真正意义上的中国现代化发端。中国现代化转型属于“应激型”模式，根源于政治对经济支配关系的腐败成为中国腐败的主要类型。为确保经济秩序和社会秩序的稳定性，改革开放之后国家采取“双轨制”经济模式，不同经济体系下价格的巨大差异，导致“官倒型”腐败泛滥。1992 年之后加快市场经济建设，但国家仍保留大量的市场资源分配权，引发“寻租型”腐败大量滋生，行政审批、公共工程、政府采购、国企经营等领域，均成为腐败新的重灾区。自 20 世纪以来，“中国式”腐败又出现了新特征：一是经济主体与政治主体加速形成了腐败共同体，出现了相互渗透的趋势，经济主体谋取政治主体身份、政治主体安排利益关系人进入经济主体体系，直接参与政治利益与经济利益的共享与分赃，加剧了“政治生态”和“经济生态”的恶化；二是腐败从过去的“独狼式”演变为区域性、系统性、塌方式、家族式腐败，腐败的危害性已经超越了经济秩序，而威胁到国家政治安全。

2. 中国现代化进程中的腐败治理

面对中国现代化进程中的腐败现象，在消极治理主义的刑事政策影响下，国家腐败治理经历了从“应对性治理”向“制度性治理”的过渡发展。

（1）“应对性治理”阶段。以刑事惩治为中心，通过“运动式”治理方式，加大对腐败犯罪的刑事惩治力度，是“应对性治理”的集中体现。从传统社会走来，1982 年全国人大常委会《关于严惩破坏经济的罪犯的决定》迅速将受贿罪的法定最高刑恢复至死刑，并与 1988 年《关于惩治贪污贿赂罪的补充规定》和 1995 年《关于惩治违反公司法的犯罪的决定》共同构建了从自然人到单位，从国家工作人员到公司、企业工作人员的腐败犯罪刑事惩治体系。同时，从 1982 年开始，国家先后发动了四次大规模的反腐运动，“从重从快”查处了一大批腐败犯罪案件。然而，腐败治理的效果却并未得到明显提升，腐败犯罪数量逐年攀升。

（2）“制度性治理”阶段。基于对“应对性治理”的反思，以 1992 年中共十四大提出“廉政建设要靠教育，更要靠法制”为标志，中国腐败治理开启了“制度性治理”的现代化历程。一方面，反腐刑事立法的规制范围进一步扩张。1997 年刑法典以专章形式规定了“贪污贿赂罪”，并陆续修正了非国家工作人员贿赂犯罪（2006），增设了利用影响力受贿罪（2009），对外国公职人员、国际公共组织官员行贿罪（2011），刑法规制体系更为严密。另一方面，预防性立法逐步构建。国家先后制定颁布了《行政监察法》（1997）、《招投标法》（2000）、《政府采购法》（2003）、《公务员法》（2005）等系列立法。立法的繁荣表明中国似乎已进入“制度反腐”的新时期。然而，根据全国检察机关办理贿赂案件立案总量的统计，1998 ~ 2012 年贿赂犯罪数量呈明显上升趋势。① 十八大以来两年多时间内涉嫌腐败犯罪的省部级以上高官达 68 名，平均每年有 34 名高官被查，年均落马高官数量为十八大之前的十多倍，② 而截至 2015 年 3 月 20 日，中纪委打“虎”满百，百名副省部军级以上官员落马。③ 近期腐败治理取得的显著成效，恰表明正是以往立法治理能力的不足而导致腐败长期潜伏。

---

① 孙国祥、魏昌东：《反腐败国际公约与贪污贿赂犯罪立法研究》，法律出版社，2010，第 115 页；《中国检察年鉴》，2010 ~ 2012，方正出版社。

② 参见吴高庆、钱文杰《“打虎”大数据：传递哪些信息》，载《检察日报》2015 年 1 月 13 日，第 5 版。

③ 参见朱利《百虎入笼，反腐将走向何方?》，载“人民日报客户端”，http://ucwap.ifeng.com/news/dalu/news? aid = 98187924&uc_param_str = cpdnvefrpfssntbi，2015 年 4 月 28 日访问。

（二）积极治理主义下中国惩治腐败犯罪立法创新

1. 确立以积极治理主义为导向的刑事政策

国家倡导制度反腐的同时，腐败严重程度却不断提升，导致这一悖论现象的核心原因在于腐败治理理念的陈旧化，“制度性反腐”仍停留于传统的消极治理主义层面，缺乏治理理念更新，相关政策、制度及立法之间就存在无序化、局部化、冲突化的严重问题，制度之间的对立，足以扼杀资源本应具有的腐败治理能力，造成总体资源效益的“零”收益结果，而新增“预防性”立法并非基于腐败预防目的而设置，更主要的是针对以往公法体系缺漏的修正弥补，属于立法“欠账”的偿还，立法本身的腐败预防功能并不足。因此，尽管从形式上看，中国腐败治理已经进入了“制度性反腐”阶段，但由于腐败治理的价值选择仍停留于消极治理主义阶段，核心预防制度并未真正构建，制度预防能力也未被实际激活。

在中国反腐新时期，在“不能腐”已经成为国家反腐战略关键步骤的前提下，应当及时更新反腐刑事政策的价值导向，从以“秩序维护”为本位的消极治理主义转向以“塑造清廉环境”为本位的积极治理主义，确立以积极治理主义为导向的“防惩结合”刑事政策。积极治理主义源自英美等“内生型”现代化国家腐败治理的经验，指“以腐败所赖以生存的本原性要素、内生性环境改造为治理重点，降低社会对腐败的容忍限度，增加权力滥用障碍，意在构建提高腐败追究可能与预防机会的机制，以多元化法律体系构建为制度框架，针对腐败犯罪形成更具主动性、进攻性、策略性的治理理念与机制”。[①] 其核心主旨在于，立基于权力的生成与运行过程，围绕权力限制、透明与滥用惩治积极建构全面、系统的腐败治理体系，重点在于构建有效的腐败预防机制，实现由“惩治法”向“预惩协同型”立法的转型。

2. 刑法立法完善

在积极治理主义政策导向下，预防法是反腐立法建设的重点对象，刑事立法已不再是腐败治理体系的核心内容，但是，激发刑事立法的腐败治理功能，使其承担起惩治与预防功能，也是积极治理主义的应有之义，特别是在中国当下反腐“坚持标本兼治，当前要以治标为主，为治本赢得时

---

① 参见魏昌东《积极治理主义提升立法规制腐败的能力》，载《社会科学报》2014 年 10 月 31 日，第 A6 版。

间”的战略思想指导下，更应当在积极治理主义之下，及时完善刑法立法，强化刑事立法对腐败的预防性治理功能。尽管《刑法修正案（九）（草案）》对贪贿犯罪的数额要素、罚金刑、行贿人自首等问题进行了修正，但尚未触及贪贿犯罪积弊之根本，也无助于彻底解决目前贪贿犯罪刑法立法规制能力不足的问题，因此，建议对相关腐败犯罪刑法条文进一步修正，具体包括：

（1）构建贿赂犯罪的“对称性”治理结构。行贿罪多数情形下是受贿罪的上游犯罪，但刑法立法对其惩治较轻，这是导致贿赂犯罪难以遏制的重要原因。据此，应对行贿罪和受贿罪的构成要件要素进行对应性调整，在删除受贿犯罪“为他人谋取利益”要素的前提下，删除行贿犯罪“谋取不正当利益”要素；在刑法典第388条之下增设“向特定关系人行贿罪”，与利用影响力受贿罪相对应［《刑法修正案（九）（草案）》已规定］；取消行贿罪中“因被勒索给与国家工作人员或者其他从事公务的人员以财物，没有获得不正当利益的，不是行贿”之规定，将此种情况作为行贿罪的法定减轻情节［《刑法修正案（九）（草案）》仅是严格了行贿罪特别自首的适用条件，未取消特别自首的责任阻却条款］；设置受贿犯罪特别自首制度，规定适当严于行贿罪特别自首的成立条件，通过法律“制造”贿赂者之间的冲突，以解决攻守同盟问题。

（2）增加具有预防功能的新罪名。消极治理主义通常只将权力滥用归入实施者（自然人与公共组织）个体的自主选择，对权力结构设计与运行的监督责任关注不多。有必要在积极治理主义的指导下，以有效遏制犯罪机会为目标，将防卫基点从行为环节向监管环节前置，延伸刑法干预场域，破解“环境性腐败共同体”之难题，在行贿罪下增设预防行贿失职罪，将故意或过失构建单位行贿预防机制而导致单位成员为单位利益实施行贿的行为规定为犯罪，并根据罪过的不同，设置轻重有别的梯级刑罚处罚标准，同时规定单位也可以构成该罪；在《公务员法》增加国家工作人员对于贿赂犯罪的法定报告义务的前提下，应在受贿罪之下增设“怠于报告贿赂罪”，将国家工作人员在履行职务过程中获知他人贿赂犯罪事实而不报告的行为，情节严重的，规定为犯罪。①

---

① 参见钱小平《积极治理主义与匈牙利贿赂犯罪刑法立法转型》，载《首都师范大学学报（哲社版）》2014年第6期。

(3) 完善腐败犯罪的法定刑体系。完善贪污、贿赂犯罪的法定刑标准，取消法定刑裁量中的数额规定，增加情节规定；合理增设腐败犯罪的资格刑，考虑增加剥夺特定职业的权利以及剥夺犯罪单位荣誉称号、禁止一定期限内从业资格、停业整顿、刑事破产等资格刑，实现资格刑分立制，规定资格刑剥夺的权利可以分解适用，可以剥夺多项资格；合理增设腐败犯罪的罚金刑，根据“对称性”原理，在受贿犯罪中增设罚金刑，对贪污罪、职业侵占罪、挪用公款罪等主要腐败犯罪也应增设罚金刑，[①] 目前《刑法修正案（九）（草案）》就贪贿犯罪的罚金刑进行了规定，但其他腐败犯罪并未涉及。

3. 预防性立法重点构建

以积极治理主义为导向的“防惩结合”刑事政策的重点是构建核心预防立法。具体考虑完善以下立法：一是“阳光政府”立法。中国应加快制定以《政务公开法》《公共听证法》《公职人员财产申报法》为核心的“阳光政府”立法体系。二是制定《防止利益冲突法》。防止利益冲突对于腐败预防的关键作用，已被多数国家视为有效预防腐败的前瞻性、战略性措施，也是国家廉政体系建设的支柱。中国目前涉及防止利益冲突精神的法规和规范性文件大致有 229 件，[②] 但基本属于党内规范，法律位阶低、适用范围狭小，尚未能形成独立的禁止利益冲突规范体系。可将利益冲突规范从党内法规中剥离，制定独立的《防止利益冲突法》。三是制定《公共问责法》。问责体现了对公权力的制约监督，是“阳光政府”的重要保障。目前《行政许可法》《公务员法》《中国共产党党内监督条例》等法规零散规定了问责制度，立法存在分散性、单一性等弊端。可考虑参考国外经验，制定独立的《公共问责法》。

（上海市社会科学院法学研究所研究员、刑法室主任　魏昌东）

① 参见赵秉志《我国反腐败刑事法治尚待改革完善》，载《检察日报》2015 年 6 月 11 日，第 3 版。

② 中共中央纪委办公厅：《中央和国家机关各单位关于防止利益冲突的法规和规范性文件目录》，载《中纪办通报》2012 年 3 月 7 日。

第三节

中国贿赂犯罪的刑法立法

刑事法学界众首翘盼的《刑法修正案（九）》（以下简称《刑九》）于2015年8月29日由第十二届全国人民代表大会常务委员会第十六次会议审议通过，并于2015年11月1日正式生效实施。《刑九》根据党的十八届三中全会对完善惩治腐败法律规定的要求，对贪贿犯罪的罪刑规范进行了四个方面的集中修正，重点关注了贪贿犯罪刑罚设置的科学化问题，通过删除贪贿犯罪具体数额、设置贪贿犯罪死缓犯的终身监禁制度等立法修正，进一步加大了腐败惩治力度，成为本次立法修正的七大亮点之一。[①] 然而，遗憾的是，此次立法修正仍旧是对既往立法漏洞的补缺或仅是形式意义上的修正，并未改变传统贿赂犯罪的刑法治理理念，对公职刑法的体系化革新也难以产生实质性影响。在加快推进反腐败立法的时代背景下，中国亟待改变传统刑法事后性治理的路径依赖，以积极治理主义为主导，推进贿赂犯罪刑法立法在预防领域的适度扩张，构建应对环境型、群体性腐败的刑法治理体系，以有效提高公职刑法的腐败治理能力。

一 消极治理主义及其贿赂犯罪的刑法立场

在漫漫历史长河中，腐败一直与人类社会发展紧密相连。公元前1700年前的《汉谟拉比法典》已对惩治贪污贿赂等腐败行为作出规定，而中国周朝颁布了中国第一部腐败惩治法——《吕刑》，表明当时官吏腐败已经成为一种社会现象而为封建统治者所否定。受帝王政治、农业经济、文化传统等多种因素影响，封建国家的腐败治理具有因事、因人而治的应对

① 陈丽平：《刑法修正案（九）七大亮点》，法制网，http：//www. legaldaily. com. cn/locality/content/2015 -08/31/content_6246826. htm？node =37232，2015年9月5日访问。

性、被动性和个体化特征。在现代国家腐败治理中上述特征仍然延续存在，并集中体现为国家受制于腐败发生而加以治理的“后发式”治理理念。对此，本节将其概括为“消极治理主义”。消极治理主义，是以刑事惩治为核心，将腐败定义为权力滥用的结果，从结果本位角度构建腐败治理路径和方式的治理理念。以消极治理主义为指导，传统贿赂犯罪刑法立法治理呈现以下基本立场。

（一）事后型的犯罪化立场

消极治理主义将腐败定义为权力滥用的结果，立足于对权力滥用进行事后评价，形成了以权力交易为基础的贿赂行为犯罪化立场。以权力交易作为评价基点，腐败治理的对象限于已然的权力交易事实，相对于权力交易之前的预防而言具有事后性，以此建构的贿赂犯罪立法具有两个方面特征。一是罪状设计上的对向性。紧密围绕权钱交易关系，个罪在收受贿赂与实施或不实施职责、谋取利益等要素之间构建起对应关系。二是立法体系上的对向性。立法紧密围绕权力的交易性，对于交易性之外的其他腐败行为并不关注，贿赂犯罪立法罪名数量较少且对应整齐。如，俄罗斯刑法典中的贿赂犯罪仅包括第 290 条受贿罪和第 291 条行贿罪；法国刑法典第 433 条“由个人实施的行贿、受贿罪”同时规定了受贿、行贿两种行为。

（二）单一性的行为立场

消极治理主义坚持传统个体行为理论，贿赂犯罪被限定为以作为方式实施的行为。大陆法系国家刑法对危害行为有作为与不作为的类型划分。前者指行为人实施了法所禁止实施的行为，是犯罪的基本模式；后者指行为人没有实施法所期待的行为，是犯罪的特殊模式。通常而言，仅对国家法益、公共法益以及重大人身法益才设置（纯正）不作为犯的规定，以期在对重大法益进行刑法保护的同时，不过分干预公民的权利自由。20 世纪 90 年代之前“世界各国的现行刑法都是以作为犯的基本形态为标准而制定的”。[①] 基于对传统刑法原理的遵守和贿赂交易性特征的坚持，消极治理主义仅评价与权力交易直接相关的非法利益收受、承诺收受等“作为”，而排除了交易行为之外可能影响贿赂实施的“不作为”。即，在消极治理主义之下，作为是贿赂犯罪唯一的行为类型。

---

① 黎宏、大谷实：《论保证人说》，载《法学评论》1994 年第 2 期。

（三）选择性的可罚性立场

在惩治范围上，消极治理主义严厉打击严重腐败，容忍轻微腐败，形成了选择性的犯罪可罚性立场。欧陆刑法中“可罚的违法性理论”认为，“虽然（行为）确实产生了法益侵害结果，但若非具有处罚价值（要罚性），则作为尚未达到必须处罚的程度的违法性，而认为其不可罚”。[①] 可罚性标准包括了立法定罪与立法定量两个方面，可罚性标准越高，定罪或定量的构成表述越多，罪名规制范围越小，立法对腐败的包容程度越高；反之，可罚性标准越低，定罪或定量的构成表述越少，罪名规制范围越大，立法对腐败的包容程度越低。在消极治理主义之下，立法在行为定性评价中规定了较多的定性因素。如，中国刑法典在受贿罪上规定了“利用职务上的便利”“为他人谋取利益”等定性要素，俄罗斯刑法典第290条受贿罪也有“为了他人利益”“利用职务便利”等类似规定。[②] 在行为定量评价之中，立法又以数额大小作为犯罪定量依据。如，越南刑法典第279条将受贿罪的数额定量标准规定为“价值在五十万盾以上”，[③] 也有国家虽未规定数额的入罪定量标准，但规定了数额较低的除罪化标准，如，奥地利刑法典第304条“官员收受礼品罪”第4款规定了“只是索要、收受或让他人许诺给予少量财产利益的，不以本条第2款处罚，但职业性地实施该行为的，不在此限”。[④] 尽管较高的可罚性标准在刑事犯罪和普通违法之间构筑了缓冲带，避免了刑罚的过度严厉化，但以放弃轻微贿赂行为治理为代价，同时也存在着导致刑法介入时间滞后及犯罪容忍度同步提高的问题。

（四）“非对称型”的刑事处遇立场

强调对实施亵渎公职犯罪的行为人双方采取区别化的刑事处遇政策，是消极治理主义的又一基本立场。消极治理主义认为，无论是贿赂双方积极达成的交易，还是在某种程度上存在受贿者与行贿者之间结构不平衡的交易，只要贿赂行为现实地发生，公权力的不可收买性即已受到严重的侵害，权力的廉洁性才是贿赂行为最直接的受损对象，而导致公权廉洁性受

---

① 〔日〕西田典之：《日本刑法总论》，刘明祥、王昭武译，中国人民大学出版社，2007，第155页。

② 《俄罗斯联邦刑法典》，黄道秀译，中国法制出版社，2004，第157页。

③ 《越南刑法典》，米良译，中国人民公安大学出版社，2005，第125～126页。

④ 《奥地利联邦共和国刑法典》，徐久生译，中国方正出版社，2004，第115页。

到侵害的原因在于权力支配者（受贿者）本身，由此，形成了以权力支配者为重点的犯罪治理结构，受贿行为是刑法重点打击的对象。以中国刑法为例，作为对向犯的受贿罪与行贿罪在犯罪构成要素及刑罚配置上并非处于完整的对向关系，行贿罪的入罪标准更为严格，且其刑罚配置远轻于受贿罪，前者法定最高刑是无期徒刑，后者是死刑；而在追诉机制上，立法更是重点打击受贿者，对行贿者设置“特别自首制度”作为专属的特殊出罪规定，也是消极治理主义国家贿赂犯罪的立法传统。①

（五）“二元化”的主体立场

秉持严惩腐败之刑事政策，确立法人贿赂犯罪之刑事责任，是消极治理主义的重要立场。随着市场经济的发展，法人成为最为重要的市场经济主体，法人贿赂成为贿赂犯罪泛滥的一个重要原因。基于犯罪惩治的功利性要求，消极治理主义轻松突破了传统自然人犯罪之理论禁锢，直接确认了法人刑事责任，并以自然人为参照，构建了法人贿赂犯罪的罪名体系，如，中国刑法典第 387 条规定的单位受贿罪、第 393 条规定的单位行贿罪，由此形成了自然人、法人的“二元化”模式。当然，必须指出的是，基于单一化的行为责任立场和罪责自负原则，消极治理主义之下的法人贿赂犯罪仅限于由法人实施的行为，对于法人之外又无共犯关系的贿赂行为，即使与法人存在直接利益关系，法人也不必为此承担刑事责任。

（六）统一化的身份立场

在法定情节设置上采用不区分公职人员职务高低的“无差别主义”，是消极治理主义的又一基本立场。基于传统的职务犯罪身份观念，消极治理主义将贿赂犯罪定位为真正的身份犯，不考虑在公职人员体系内的身份差异对刑事责任大小的影响。消极治理主义强调，无论是高级公职人员还是低级公职人员，无论是与法律公正性关系更为紧密的司法公职人员，还是普通公职人员，其贿赂行为均侵害到公职行为的廉洁性，没有必要在立法上再进行更为详细的区分。在消极治理主义之下，基于公职人员身份的统一性、概括性和无差别化的身份立场，排除了身份作为贿赂犯罪法定量刑要素的可能性。

---

① 参见《俄罗斯刑法典》第 291 条（附注）、《波兰刑法典》第 229 条第 6 款、《保加利亚刑法典》第 306 条、《斯洛文尼亚刑法典》第 262 条第 3 款。

（七）重刑化的刑罚立场

强调重刑威慑，是消极治理主义的另一基本立场。由于在犯罪构成上设置了较高标准，刑法规制范围较窄，选择以惩治之“严”取代规制之“严”，通过提高刑罚严厉度增强刑法威慑力，成为消极治理主义的重要选择。消极治理主义认为，自由刑甚至生命刑具有最为严厉的威慑效果，因而将其作为刑事责任实现的主要途径。如，中国、泰国、越南刑法典中受贿罪的法定最高刑均为死刑；保加利亚、古巴刑法典中受贿罪的法定最高刑分别达到30年、20年，生命刑、自由刑及罚金刑之外的其他刑罚措施则不受重视。

二 积极治理主义及其贿赂犯罪的刑法立场

消极治理主义源自人类最早与腐败斗争的实践，其实质在于对腐败后果的事后惩治，立法因“法据恶生”而存在被动性与事后性。然而，腐败犯罪产生的根源既存在于“人性本恶”的前提推断，也可归结于社会制度免疫能力的不足，将腐败治理纳入社会公共治理系统，以对腐败行为的预防与控制为治理目标，建构完备而科学的反腐立法体系，为现代腐败治理的核心所在。较之传统腐败治理，现代腐败治理体现出治理措施在腐败预防及腐败环境治理上的积极扩张，本节将这种扩张所体现的治理理念称为“积极治理主义”，即，以预防治理为核心，根据权力的生成与运行的客观规律，围绕权力限制、透明与滥用惩治进行立法构建的腐败治理理念。作为一种全新的腐败治理理念，积极治理主义萌芽于20世纪20年代的英国而流行于90年代的欧美，已经成为主导腐败治理产生明显成效国家立法发展的基本理念。在积极治理主义之下，尽管刑法已不再被认为是贿赂犯罪治理的核心内容，但激发刑事立法的预防功能，仍是这一治理理念的应有之义。在积极治理主义之下，贿赂犯罪刑法治理呈现以下特征。

（一）事前型的犯罪化立场

基于预防性治理的理念导向，积极治理主义拓展了贿赂犯罪的社会危害性根据，将刑法规制范围从事后转向事前，倡导建立“利益冲突型”的刑事规范。利益冲突原理最早产生于19世纪后期的美国，后逐步成为美国公职履行和公务员管理中的核心制度。“利益冲突”的指导理念在于，“人性本恶，任何人无论有多么高的道德水平，都会受到私人利益的诱惑，当决策人的个人利益与公共利益存在潜在的冲突时，其决策可能与公共利益不符”。[①] 为防止权力滥用，就必须在发生利益冲突时予以及时控制。据此，美国在行政领域中确立利益冲突制度的同时，也将其引入刑事立法之中，构建了“利益冲突型”的刑事规范。1909 年《刑法法典化、校订与修正法案》（An Act to Codify, Revise and Amend the Penal Law of the United States）第一次对贿赂犯罪进行大规模的成文法编撰时，即在第 109 条规定了利益冲突的刑事责任，1962 年结合相关行政立法规定进一步整合形成了第 18 主题第 11 章“贿赂、贪污与利益冲突”的基本内容。在利益冲突原则影响下，贿赂犯罪刑法立法进一步扩张。一是扩大了贿赂犯罪的犯罪主体范围。利益冲突原则的基础在于委托—代理关系，突破了公职人员身份限制，将诸如“政府顾问这些临时性的政府雇员包括进来”；[②] 同时，利益冲突原则强调个人利益与公共利益的冲突，无论这种冲突发生在公职履行之前或之后，继而形成了防止公共权力的递延化和期权化之理念，从而将贿赂犯罪的主体扩展至有公职人员资格之前或之后的情形。[③] 二是构建了“利益冲突型”贿赂犯罪规范。禁止利益冲突的行为特征在于，公共雇员不应当有任何可能造成利用官职来谋取私利的表现，因而无须存在对价交易关系。[④] 据此，在贿赂犯罪之外，美国在 1962 年系统规定了“利益冲突型”贿赂犯罪，将公职人员在申请、决定、合同、争议、控告等任何程序中涉及部分、直接或实质与美国利益有关的事项时，直接或间接地（同

---

① 周琪：《美国的政治腐败与反腐》，中国社会科学出版社，2009，第 63 页。

② 1962 年司法委员会通过的 HR. 8140 号法案，第 7 页。

③ 参见 1962 年 U. S. Code 第 18 主题第 11 章第 201 条第 1 款：“公共官员”包括国会成员、居住地代表，包括具有资格之前或之后的情形；为美国政府或部门或代理人或政府分支机构的利益，经过这些部门、代理人或政府分支机构的授权或授权之下，实施政府功能的官员或雇员或普通人。

④ 美国普通贿赂犯罪要求具有钱权交易的目的，并要求行为有“腐败性”特征。如，受贿罪：直接或间接地，腐败性地给予、提供或承诺任何有价之物给公共官员或已经被选为公共官员的；或向任何公共官员或已经被选为公共官员提出或承诺给予第三人或实体任何有价之物，具有以下目的：（1）意图影响任何官方行为；（2）意图影响官员或已经被选为公共官员的人实施或帮助实施，或共谋实施任何针对美国政府的欺诈；（3）意图引诱上述官员或已经被选为公共官员的人员实施或不实施任何违反其法律职责之行为。行贿罪：作为公共官员或已经被选为公共官员的人员，直接或间接地，为自己或第三人腐败性地要求、索要、接受或同意接受任何有价值之物，以作为以下交换：（1）使其官方行为受到影响；（2）实施、帮助实施、共谋实施或允许实施任何针对美国政府的欺诈或制造欺诈机会；（3）被引诱实施或不实施任何违反其职责的行为。参见 1962 年 U. S. Code 第 18 主题第 11 章第 201 条第 2 款、第 3 款。

意）接受或索取报酬的行为犯罪化。[1] 该罪与贿赂犯罪相比，无须特定的交易性犯罪目的，只要具有违反利益冲突的行为即可。此外，美国法典第18主题第11章第205条“与美国政府有关诉讼中的利益冲突”、第208条“影响个人经济利益的行为”、第209条“政府官员和雇员的资薪支付”等也属于典型的“利益冲突型”贿赂犯罪规范，即在符合利益冲突的前提下，任何收受费用、股份、工资、捐赠、薪水补充或其他利益的行为都属于犯罪，由此将“在事件发生之前阻止罪恶发生，针对潜在的损害”[2] 的禁止利益冲突原则延伸至刑事领域，创新了贿赂犯罪治理原理，在世界反腐刑事治理领域内确立了事前型的犯罪化立场。

（二）“二元化”的行为类型立场

确立以作为为主、不作为为辅的“二元化”行为类型模式，是积极治理主义下贿赂犯罪原理的重要创新。传统贿赂犯罪属于单一的作为型犯罪，这种模式足以打击“独狼式”的贿赂犯罪，但是，随着腐败程度的加剧，以“利益共同体”为基础，出现了群体腐败、族群腐败，腐败呈现“生态化”“环境化”现象。对此，传统贿赂犯罪的行为模式则缺乏规制能力。为解决这一困境，积极治理主义根据事前预防的犯罪化原理和体系化治理的基本立场，引入保证人责任原理，将公职人员定位为维护权力廉洁运行的保证人，加以监督体制内腐败的积极义务，进而突破了传统贿赂犯罪立法的作为犯模式，增加了不作为型的贿赂犯罪。匈牙利刑法典在此方面进行了初步尝试。2001年匈牙利CXXI法案第255条B款新增规定，“任何公务员通过可靠的来源知悉某一尚未被发现的贿赂行为（第250~255条），但未及时向有权机关报告的，构成轻罪，处2年以下监禁、公益劳动或者罚金”。[3] 2012年匈牙利新刑法典第297条（知贿不报罪）（misprision of bribery）规定：“公务人员应当知晓未被发觉的贿赂行为，却没有立刻向权力机关报告的，构成重罪，判处3年以下有期徒刑。”匈牙利刑法明确将公职人员举报贿赂犯罪设定为其法定义务，确立了公职人员对环境系统内的公职廉洁性的保证责任，创新了传统贿赂犯罪的行为理论，体

① 参见1962年U. S. Code第18主题第11章第203条。

② Robert N. Roberts, *White House Ethics: the History of the Policies of Conflict of Interest Regulation*, New York: Greenwood Press, 1988, p. 17.

③ 2001. évi CXXI. Törvény. 为有效限制刑法的不当适用，匈牙利刑法在同一条第2款规定，“对贿赂犯罪行为的近亲属，不应根据第1款的规定追究刑事责任”。

现出明显的刑法预防性治理之理念。

（三）“零容忍”的可罚性立场

积极治理主义认为，刑法对轻微腐败行为的长期容忍具有风险性，不仅会使行为人对腐败毫无“罪感”，造成腐败犯罪的实际发生率提高，还会导致社会对腐败容忍度的恶性扩张，忽视、容忍或原谅中小型腐败将使得对腐败的判断标准变得模糊，最终导致社会腐败文化的泛化，因此，作为对不法行为最为严厉的谴责方式，刑法应当立足于“无差别”的可罚性立场，确立“零容忍”的刑事可罚标准，严密刑事法网，将犯罪控制在初级阶段，以避免更为严重的腐败。以《联合国反腐败公约》《关于打击国际商业交易中行贿外国公职人员行为的公约》为代表的一系列国际条约都积极倡导贿赂治理的“零容忍”政策，而欧美等国更是坚决在刑事立法中贯彻“零容忍”政策，具体体现为：（1）犯罪构成中无数额要求，即使是数额极低的贿赂也会构成犯罪；（2）贿赂犯罪以非法利益为标准，包括了性贿赂这些灰色领域内的非法利益，犯罪对象最为广泛；（3）贿赂犯罪构成要件无冗余要件要素，只要因职务关系或实施职务行为等而索取接受或者约定利益即属犯罪，就应受到刑罚制裁；（4）删除了特定情形下的主观要素，规定了贿赂犯罪的严格责任。如，2010 年英国《贿赂法》（Bribery Act）将普通受贿罪划分为四种类型：一是行为人索取、同意收受或实际收受经济或其他利益，意图由本人或他人不正当履行相关职责或行为；二是行为人只要有索取、同意收受或实际收受经济或其他利益的行为，即构成不正当履行相关职责或行为；三是行为人索取、同意收受或实际收受经济或其他利益，作为不正当履行相关职责或行为的酬谢；四是出于对索取、同意收受或实际收受经济或其他利益的预期或后果，行为人本人或其要求、同意或默许第三人不正当履行相关职责或行为。[①] 上述情况的区别在于第一种情形下需要证明行为人对不正当行为的“明知”或“确信”，而后三种情况采取严格责任，无须证明主观意图。《澳大利亚联邦刑法典》在贿赂犯罪之下又设立提供腐败利益与收受腐败利益等罪名（第 142.1 条），对不能证明犯罪人的主观意图但可以认定其行为对公职人员履行职责产生影响的犯罪行为进行处罚。[②]

---

① Bribery Act 2010, sec. 2 (2).

② 《澳大利亚联邦刑法典》，张旭等译，北京大学出版社，2006，第 6 页。

（四）“对称型”的刑事处遇立场

从犯罪源头治理角度出发，加强对行贿行为的打击，消除行贿与受贿刑事治理结构的差异性，形成贿赂犯罪“对称型”治理，是积极治理主义的又一重要立场。美国、德国、意大利、西班牙等国在国内立法中采取行贿与受贿同罚制度，这一模式也为《欧洲委员会反腐败公约》和《联合国反腐败公约》等国际反腐公约所积极倡导。[①] 德国在区分受贿罪（第 331 条）和加重处罚的索贿罪（第 332 条）的同时，将行贿犯罪区分为“为公务员提供利益的”行贿罪（第 333 条）以及加重处罚的导致公务人员违反公职的行贿罪（第 334 条），[②] 从而在贿赂犯罪加重行为犯上也建立起了对称治理模式。此外，积极治理主义还倡导在追诉机制上应贯彻对称治理模式。虽然并非所有贿赂关系均呈现出对向状态，但在多数情况下，受贿者和行贿者之间存在着一种近似于要约与承诺的“契约”关系，行为人之间有着各自的利益需求并彼此依赖，形成“攻守同盟”，具有较之单向行贿或索贿更强的抗拒侦查能力。对此，传统贿赂犯罪立法治理确立了“单边型”特别自首制度，赋予行贿人一方特别自首的刑事处遇政策，以调动其积极作用，提升其在揭发受贿犯罪中的积极性。然而，“单边型”特别自首不符合对贿赂犯罪源头性治理之要求，缺乏彻底瓦解贿赂双方信任关系的功能。为此，积极治理主义基于“囚徒困境”理论，倡导建立“双边型”特别自首制度，增加受贿人的特别自首制度，“人为”制造出受贿者与行贿者内在紧张关系，从而达到迅速瓦解内部同盟，实现腐败根源性治理之目的。对此，一些国家已经进行了立法尝试。如，2012 年匈牙利新刑法典规定了“双边型”特别自首制度，对于行贿人而言，只要“行为人亲

---

① 《欧洲委员会反腐败公约》第 2 条行贿罪（积极贿赂）为：“直接或间接向任何公职人员许诺给予、提议给予或者实际给予该公职人员或者其他人员任何不正当的好处，以使该公职人员在执行公务时作为或者不作为。”第 3 条受贿罪（消极贿赂）为：“公职人员为其本人或者其他人员直接或间接索取或者收受不正当好处，或接受提议或就不当利益做出承诺，以作为其在执行公务时作为或者不作为的条件。”《联合国反腐败公约》第 15 条规定：行贿罪为“直接或间接向公职人员许诺给予、提议给予或者实际给予该公职人员本人或者其他人员或实体不正当好处，以使该公职人员在执行公务时作为或者不作为”；受贿罪为“公职人员为其本人或者其他人员或实体直接或间接索取或者收受不正当好处，以作为其在执行公务时作为或者不作为的条件”。就行贿罪和受贿罪的构成要素看，两部反腐国际公约均呈现较为整齐的对应关系，可称之为“平行立法模式”。

② 《德国刑法典》，徐久生、庄敬华译，中国法制出版社，2000，第 227 ~228 页。

自向权力机关坦白犯罪行为，揭发犯罪情况的"，均"可以无限制减刑或者经特别考虑撤销案件"；对于受贿人而言，只要"行为人亲自向权力机关坦白、上缴所得的所有形式的非法利益并且揭发犯罪情况的"，均"可以无限制减刑，特殊情况下，可以撤销案件"。[①] 葡萄牙刑法典第372条第2款也创新性地规定了"受贿人退出机制"，即行为人在实施违背职业义务之前，自愿拒绝接受曾经答应接受的利益或承诺，或者将该利益予以退还的，免除刑罚处罚。[②]

（五）复合型的主体责任立场

基于预防性治理之要求，增加组织监督责任，形成复合型的主体责任体系，是积极治理主义的又一基本立场。积极治理主义认为，现代贿赂衍生已经不再是权力支配者的个人独立行为，而与组织结构内部权力运行、监督不均衡有密切关系，后者对于贿赂行为的鼓励、放纵、默许或监督不足，是导致贿赂现象泛滥的重要原因。对此，有必要将权力结构个体责任原理修正为权力组织结构理论，将针对实行行为的封闭式治理转化为针对组织管理的开放式治理，实现贿赂犯罪立法防卫基点由行为环节向监管环节的前置化革新。根据权力结构组织理论，行为监管者应承担对权力组织体内成员的监督责任，怠于行使责任而放任贿赂发生的，须承担刑事责任。据此，英国2010年《贿赂法》第7条创新性地规定了"商业组织预防贿赂失职罪"，规定商业组织对于疏于构建行贿预防机制而导致行贿行为发生承担必要的刑事责任。[③] 英国法律委员会认为，商业企业处于减少甚至消除因贿赂容忍而带来的巨大危害的最佳地位，而目前无论是刑事还是民事诉讼都难以有效地打击那些将贿赂作为建立、扩张其商业地位而倾向于允许其雇员贿赂的经济实体。与其忽视这一现象，不如选择一种有效的规范模式，这对于确保将一个高的商业道德标准贯彻于所有商业实体是必不可少的。[④] 对于不承认法人犯罪的国家，也有加强监督者（自然人）责任的类似规定。如，匈牙利尽管不承认法人犯

① 参见钱小平《积极治理主义与匈牙利贿赂犯罪刑法立法转型》，载《首都师范大学学报（哲社版）》2014年第6期。

② 《葡萄牙刑法典》，陈志军译，中国人民大学出版社，2010，第163页。

③ Bribery Act 2010, sec. 7 (5).

④ Monty Raphael, *Blackstone's Guide To: The Bribery Act 2010*, Oxford: Oxford University Press, 2011, p. 57.

罪，但2001年第CXXI法案则另辟蹊径地将法人管理者怠于行使预防行贿的行为犯罪化，即，法人负责人或有决定权、控制权的法人内部主体可以为在其授权下的法人行贿行为承担责任，但其能证明已经履行了控制与监督义务的除外，该规定被2012年匈牙利新刑法典所吸收，成为行贿罪下的一种特殊类型。①

（六）“权责制”的身份责任立场

在同样具备公职资格身份的前提下，不同层级或不同类型职业的公职人员的贿赂行为对于公职廉洁性的危害性大小有所不同，应当在立法上给予区分对待。据此，积极治理主义坚持“权责制”的身份责任立场，对特殊公职人员规定了更为严厉的刑事责任。如，考虑到司法公职人员贿赂行为损害到司法公正性与国民对法的信赖，较之普通贿赂更为严重，挪威刑法典（第114条）、荷兰刑法典（第364条）、希腊刑法典（第237条）等均规定了独立的司法贿赂罪，而德国刑法典第331～333条也将法官和仲裁员的贿赂作为加重情节处理。② 此外，匈牙利刑法则区分了高级公职人员和普通公职人员的身份差异，规定：普通公职人员受贿的法定基本刑为1～5年监禁刑；高级公职人员受贿的法定刑为2～8年监禁刑；高级公职人员受贿并违反职责的法定刑为5～10年监禁刑，进一步突出了对高级官员的重点惩治，体现了“严中从严”的更为积极的刑事惩治立场。③

（七）多元化的刑罚立场

摆脱重刑主义处罚的路径依赖，建立包括刑罚在内的多元化处罚制度，提升处罚合力作用的威慑效果，是积极治理主义的又一重要立场。传统贿赂犯罪的刑事责任承担形式为监禁刑和财产刑，该两种刑罚仅是对犯罪人及其犯罪行为的基本评价，未能进一步考虑到腐败犯罪对社会政治、

---

① 根据2012年新刑法典第293条行贿罪第4、5款之规定，“经济组织的负责人、受雇于或代表经营者并被授予经营控制或监督权的任何人，未能适当履行控制与监督义务，致使受雇于或代表经营者的人为了或代表经营者利益而实施了第1至3款所规定犯罪的，应承担刑事责任，依照第1款规定处罚”。“经济组织的负责人、受雇于或代表经营者并被授予经营控制或监督权的任何人过失实施了第4款规定之罪的，构成轻罪，处2年以下监禁刑。”

② 《德国刑法典》，徐久生、庄敬华译，中国法制出版社，2000，第227～228页。

③ 参见钱小平《积极治理主义与匈牙利贿赂犯罪刑法立法转型》，载《首都师范大学学报（哲社版）》2014年第6期。

经济所产生的负面影响。积极治理主义从更为严格的角度，要求犯罪人承担贿赂产生的各种不利后果，提高犯罪的政治与经济成本，进一步加强刑罚的威慑与预防效果。如，西班牙、捷克、意大利刑法典等规定了剥夺贿赂犯罪主体从事职业或担任公职的资格；挪威、芬兰刑法典规定了开除公职处罚。此外，以《联合国反腐败公约》为代表的国际公约倡导建立腐败利益取消、被害人损失赔偿等制度，前者是在法律程序中将腐败视为废止或者撤销合同、取消特许权或撤销其他类似文书或者采取其他任何救济行动的相关因素，依法剥夺第三方从腐败行为中获得的利益；后者是指因腐败而遭受损失的主体向责任人提出损害赔偿的请求。尽管两项制度并不属于典型意义上的刑罚制度，但是从保护社会整体利益角度出发，以特定的经济制裁方式修复因贿赂而受损的社会关系，属于广义上的犯罪矫正制度，具有明显的积极治理主义特征。

三　中国贿赂犯罪刑法治理理念选择及立法完善

（一）新中国贿赂犯罪刑法治理之审视

1. 新中国贿赂犯罪刑法立法演进

新中国成立之后，1952 年 4 月 21 日《中华人民共和国惩治贪污条例》以单行刑法方式首次规定了贪污罪（受贿罪仅作为贪污罪的一种行为类型）和行贿、介绍行贿罪，还规定了包庇贪污罪（包括受贿行为）等后续行为，确立了中国贿赂犯罪刑法立法的基本范式与体系结构，成为中国贿赂犯罪刑法立法生成的基本标志。1979 年刑法典实现了受贿罪与贪污罪的分立，受贿罪开始成为一个独立罪名被规定于法典中。立法首次将“利用职务上的便利”引入犯罪构成要件，并改变了贪污罪与受贿罪同罚模式，对二者设定不同法定刑幅度，其中，贪污罪最高法定刑为死刑，受贿罪最高法定刑为 5 年以上有期徒刑，刑罚强度趋缓。

改革开放之后，由于贿赂犯罪蔓延、扩张之势明显，犯罪形势的恶化，促使中国贿赂犯罪刑法立法进入调整与变动最为活跃的时期。在 20 世纪八九十年代，犯罪化和重刑化是贿赂犯罪刑法立法修正的主要内容。1982 年 3 月 8 日全国人大常委会《关于严惩破坏经济的罪犯的决定》，将索贿规定为受贿罪的独立行为类型，将受贿罪的法定最高刑提升至死刑，并恢复了贪污罪与受贿罪的异罪同罚模式。1988 年 1 月 21 日全国人大常委会《关于惩治贪污贿赂罪的补充规定》，将“为他人谋取利益”规定为受贿罪的构成要素，区分索贿与普通受贿不同的构成要件，并对索贿规定了从重处罚；将犯罪情节与数额并列，共同作为法定刑的选择条件；规定了给予、收受回扣、手续费的“商业型”贿赂；增设了单位行贿罪与单位受贿罪。1995 年 2 月 28 日全国人大常委会《关于惩治违反公司法的犯罪的决定》，增设公司、企业人员受贿罪的独立罪名，将贿赂犯罪惩治拓宽到非公领域和非国家工作人员，标志着中国贿赂犯罪立法以身份为核心构建二元腐败犯罪惩治体系的开端。1997 年刑法典继承了上述规定，将公共领域中的贿赂犯罪集中规定在刑法分则第八章“贪污贿赂罪”，在受贿罪中增设“斡旋受贿”的行为类型，[①] 并新增对单位行贿罪；而非公共领域中的贿赂犯罪则被规定于刑法分则第三章“破坏社会主义市场经济秩序罪”第三节“妨害对公司、企业的管理秩序罪”之中。

进入 21 世纪，中国分别于 2000 年 12 月和 2003 年 12 月签署了《联合国打击跨国有组织犯罪公约》（2003 年 10 月在国内生效）和《联合国反腐败公约》（2005 年 10 月在国内生效），上述两项国际公约对中国贿赂犯罪立法完善起到了促进作用。这一时期，中国进一步保持了犯罪化势头，通过《刑法修正案（六）》（2006）扩大了非国家公职人员贿赂犯罪的主体范围，并将贪污贿赂犯罪规定为洗钱罪上游犯罪；通过《刑法修正案（七）》（2009）增设了利用影响力受贿罪、《刑法修正案（八）》（2011）增设对外国公职人员、国际公共组织官员行贿罪、《刑九》（2015）增加了向特定关系人行贿罪。

2. 消极治理主义下中国贿赂犯罪刑法治理之困境

尽管中国不断加大反腐刑法立法资源投入，并长期保持犯罪化的高压态势，但由于立法理念的保守性，刑法立法干预仍停留于腐败犯罪衍生的后端场域，具有消极治理主义之特征。消极治理主义并非意味着国家在腐败治理上采取消极不作为、听之任之的态度，而是在腐败类型已经发生重要变化的前提下，腐败治理战略依然因循守旧的一种保守状态，即，延续传统的腐败犯罪的事后性惩治，不关注腐败犯罪前端场域的预防性治理。在消极治理主义之下，过度的刑法资源投入导致刑法立法的功能饱和及边

---

① 第 388 条规定：“国家工作人员利用本人职务或者地位形成的便利条件，通过其他国家工作人员职务上的行为，为请托人谋取不正当利益，索取请托人财物或者收受请托人财物的，以受贿罪论处。”

际效益递减，造成贿赂犯罪刑法立法不断扩张而犯罪治理效果却未有对应性提升的怪圈现象。根据全国检察机关办理贿赂案件立案总量的统计，1998～2012年贿赂犯罪数量呈明显上升趋势。[①] 由于缺乏针对腐败滋生环境的预防性刑法治理，刑法立法修正往往“治标不治本”，重视打击“存量腐败”，却怠于预防“增量腐败”，在清算旧账时，新账也同时产生，立法出现了“打击犯罪”与“放纵犯罪”并存的矛盾格局，是造成目前贿赂犯罪治理举步维艰的主要原因。[②]

2015年8月通过的《刑九》是自1997年以来关于贿赂犯罪的最大规模修正。此次立法修正在增设向特定关系人行贿罪之外，重点关注了贪贿犯罪的刑罚改革问题，确立了腐败犯罪的“并处罚金”、设置了贪贿犯罪死缓犯的“终身监禁”制度、严格了行贿犯罪的特别自首制度。然而，由于消极治理主义的基本立场未能扭转，此次立法修正并未对中国贿赂犯罪刑法立法进行实质性调整，立法修正的实际功效较为有限。如，立法删除了受贿罪的具体数额规定，将具体的数额犯改为“抽象数额犯 + 情节犯”模式，但抽象数额作为犯罪构成要件要素的法律地位并没有改变，被取消的具体数额仍可以通过司法解释借以“还魂”，对于塑造“零容忍”腐败环境并无积极作用。再如，立法严格了行贿罪特别自首的适用条件，以防止特别自首的滥用，从而达到加强打击行贿犯罪的目的，然而，这样的修正却并没有改变行贿人与受贿人之间的追诉机制不均衡的现象，从根本上仍无法有效遏制作为受贿罪上游犯罪的行贿犯罪。可以认为，尽管《刑九》部分解决了公职刑法以往存在的一些问题，但多属于形式性问题，未能触及立法规制能力不足的核心问题。

（二）积极治理主义下中国贿赂犯罪刑法治理之抉择

自中国共产党的十八大以来，中国掀起了一场以“斩虎首”“杀虎威”“虎蝇齐打”为最大亮点的“中国式”反腐，疾风暴雨、无禁区、无上限的严打整治，促成了“不敢腐”局面的初步形成。[③] “中国式”反腐已经进入历史的转折点，诸多新问题正成为战略选择的重点，而最为重要的是

① 参见孙国祥、魏昌东《反腐败国际公约与贪污贿赂犯罪立法研究》，法律出版社，2011，第115页；《中国检察年鉴》，2010～2012，方正出版社。

② 参见孙国祥、魏昌东《反腐败国际公约与贪污贿赂犯罪立法研究》，法律出版社，2011，第179页。

③ 参见张磊《步伐不变，方能致远》，载《中国纪检监察报》2015年3月17日，第1版。

立法理念的反思与选择。为破解环境性腐败的困局，构建清廉政府和社会风气，中国应确立以预防为导向的积极治理主义，在《刑九》的基础上，展开中国公职刑法立法的革新性构建，具体包括：

1. 继续保持“二元化”的立法体系

消极治理主义与积极治理主义之间并非绝对的对立关系，积极治理主义仍是建立在消极治理主义基础上的观念修正，消极治理主义仍有其合理性的部分，对此，必须加以肯定。就中国刑法而言，目前贿赂犯罪罪名有7个（不包括非国家工作人员的贿赂犯罪），从犯罪主体身份上可以分为自然人贿赂犯罪和单位贿赂犯罪两类，单位贿赂罪包括第387条规定的单位受贿罪、第393条规定的单位行贿罪。将单位作为与自然人等同的贿赂犯罪主体并规定独立的罪名，系我国刑法立法的一大创新，在严密刑事法网的同时，有助于加强对单位腐败的整体治理，这种“主体二元化”的贿赂犯罪惩治模式应当予以肯定。此外，刑法典第392条规定了介绍贿赂罪，尽管该罪在司法实践中适用不多，但具有切断行贿与受贿连接关系的基本功能，属于具有预防功能的罪名，也应当予以肯定。

2. 既有罪刑规范之修正

在消极治理主义影响下，贿赂犯罪刑法立法存在规制范围过窄、规制效果不经济、规制手段失当等问题。从积极治理主义角度，上述问题已经对刑法规制能力构成了瓶颈式障碍，难以通过简单修补的方式加以解决，必须采取“外科手术”方式进行全面改造。

（1）删除冗余的贿赂犯罪构成要素，进一步扩大公职刑法的规制范围。贿赂犯罪中的“为他人谋取利益”“利用职务上的便利”等构成要素并不直接反映贿赂犯罪的社会危害性特征，却导致立法防卫阵线的后移，缩小了刑法规制范围，应当予以删除。将“行为＋职责不当履行”作为贿赂犯罪的基本构成，只要行为人提出、同意收受或实际收受财产利益的，以作为履行或不履行其职责条件的，即构成受贿罪，而“利用职务上的便利”或“为他人谋取利益”，则属于贿赂犯罪的加重构成。此外，应进一步删除贿赂犯罪的数额要素。对于贿赂犯罪是否应当保留数额的规定，有不同的观点。“肯定说”认为，中国目前缺乏“零容忍”的社会氛围、缺少执行资源支持以及刑法理论支持，推行“零容忍”政策不符合实际情况，是对刑罚作用的过分迷信，并将导致腐败的“泛犯罪化”，由此应当保留数额，并通过立法或司法解释提高成罪数额的方式来解决立法效益不足的问题。[①]《刑九》即持此种观点立场。“否定说”认为，对于贿赂犯罪，如果惩治力度轻，不足以达到预防和遏制贿赂犯罪频发时，贿赂犯罪便出现“破窗”式的多米诺效应，因此，对贿赂犯罪应采取“零容忍”态度，删除数额。[②] 笔者认为，数额大小与公职行为廉洁性是否受到侵害无关，数额的存在是导致司法产生“选择性打击”的重要原因。因此，应当在《刑九》的基础上进一步删除数额要素，以体现国家严厉打击贿赂犯罪的“零容忍”立场。但是，考虑到腐败治理的阶段性及司法操作的实际问题，故而在一定时期内仍应以司法解释将数额作为犯罪情节的一个参考因素加以明晰化，入罪数额标准不宜过高，以免与积极治理主义的“零容忍”理念相冲突。

（2）采取“对称型”的刑事处遇原则，加强对行贿犯罪的刑法治理。一是基于行贿罪与受贿罪的对向关系，对行贿犯罪构成要件要素进行对应性调整，在删除受贿犯罪“为他人谋取利益”要素的前提下，删除行贿罪、对单位行贿罪的“谋取不正当利益”要素。二是提升单位行贿罪的刑罚力度，等于或大致接近于行贿罪的法定刑，以确保对行贿行为社会危害性的普遍性评价。三是建立“双边型”的特别自首制度，取消行贿罪中“因被勒索给与国家工作人员或者其他从事公务的人员以财物，没有获得不正当利益的，不是行贿”之规定，而将此种情况作为行贿罪的法定减轻情节；在《刑九》基础上进一步增加受贿犯罪的特别自首制度，其适用条件要严格于行贿人特别自首。

（3）采取“权责制”的身份责任原理，确立“严中从严”的治理策略。在贿赂犯罪刑事责任体系构建中引入“责权相适应”原理，根据公职人员的级别高低及公权性质差别，设置不同的罪刑体系。一是区分公职性质，将司法贿赂犯罪独立成罪，设置更重的法定刑，从严打击司法腐败。二是区分高级公职人员和普通公职人员的法定量刑身份，将“高级公职人员受贿”及“向高级公职人员行贿”分别规定为受贿罪与行贿罪的法定加重情节。

（4）采取“预防化”的处罚原理，建立综合性的刑事处罚机制。在积

---

① 孙国祥：《我国惩治贪污贿赂犯罪刑事政策模式的应然选择》，载《法商研究》2010 年第 5 期。

② 王秀梅：《贿赂犯罪的破窗理论及零容忍惩治对策》，载《法学评论》2009 年第 4 期。

极治理主义导向下，中国贿赂犯罪的刑罚设置不应简单地停留于以自由刑为中心的刑事惩治所产生的惩罚性效果，而应建立多元化惩罚措施以提升立法的预防效果。具体应当建立对受贿人设置剥夺公职并禁止恢复的资格刑、对行贿人设置禁止市场准入的资格刑、规定基于贿赂而订立的合同无效以及腐败资产追回制度。当然，在世界死刑废止改革浪潮之影响下，中国已经开启了死刑废止之路，但对于腐败犯罪死刑的废止，仍有诸多来自于官方和民意的阻力，“在目前腐败现象还比较严重的情况下，短时间内即废止其死刑，会与国家基本的政治形势不相符合”。[①]《刑九》新增了贪贿犯罪死缓犯的终身监禁制度，具有重要的死刑替代功能。因此，结合死刑改革的整体步骤，在未来条件成熟时，可以考虑及时废止贪贿犯罪的死刑。

3. *新增罪名*

积极治理主义主张对贿赂行为采取严厉的“机会遏制”，要求刑法积极介入“前端犯罪场域”，形成源头治理、事中监控与事后严惩紧密结合的一体化“场域”，最大限度地提升刑罚威慑效果及治理效益。基于积极治理主义之立场，合理借鉴国外立法之规定，应考虑在刑法中增加规定下列具有腐败预防功能的犯罪。

（1）新增“利益冲突型”贿赂犯罪。基于权力交易理论，普通受贿罪被定义为“行为＋职责不当履行”模式，然而，这一模式仍然属于事后惩治范畴，具有滞后性，缺乏事前预防功能，难以应对那些违反利益冲突的腐败行为，如逢年过节、生病嫁娶收受的礼金等。事实上，禁止利益冲突原则已经在中央相关文件中有了规定，如，《中国共产党党员领导干部廉洁从政若干准则》第 1 条规定，禁止“在公务活动中接受礼金和各种有价证券、支付凭证”，即是防止利益冲突原则的体现。党的十八大报告的一个重要精神，就是重申要“防止利益冲突，更加科学有效地防治腐败”。基于积极治理主义立场，应在刑事领域引入禁止利益冲突规则，只要公职人员及其配偶、子女有接受或索取利益的行为，且这种行为导致公共利益与私人利益发生冲突，即构成犯罪。当然，与普通受贿罪不同的是，此类犯罪不要求有特别的交易性犯罪目的，但有一定的数额标准要求，以避免刑法介入国民生活过度。

---

① 赵秉志：《论中国非暴力犯罪死刑的逐步废止》，载《政法论坛》2005 年第 1 期。

（2）增设单位预防行贿失职罪。反腐实践已经证明，市场经济中大量行贿行为并非行贿人单纯的自发行为，而与其单位利益有密切联系，因单位内部控制的薄弱与不足而导致行贿行为的发生，单位及其负责人负有不可推卸的监督责任，这也是企业社会责任的重要内容。2004 年《联合国全球契约》提出了“企业应反对各种形式的腐败，包括敲诈勒索和行贿受贿”。将预防行贿责任法定化和犯罪化，使企业管理者充分认识到预防责任所在，对于落实企业社会责任、加强贿赂犯罪的源头治理，都是非常有必要的。因此，建议增设单位预防行贿失职罪，规定因疏于构建单位内部行贿预防制度而导致单位成员为单位利益向他人行贿的，单位及其主管人员承担监督过失的刑事责任。该罪为单位犯罪，同时处罚直接主管人员及其他直接责任人员。

（3）借鉴“二元化”的行为类型理论，适时增设怠于报告贿赂罪。公务员基于特定的职务及法定身份要求，被赋予确保公职人员群体廉洁性的“保证人”地位，对贿赂犯罪具有特别监督义务，不履行监督义务等同于纵容犯罪，侵害了公职行为的廉洁性，具有刑事可罚性依据。因此，在《公务员法》增加国家工作人员对于贿赂犯罪的法定报告义务的前提下，也可考虑在受贿罪之下增设“怠于报告贿赂罪”，将国家工作人员在履行职务过程中获知他人贿赂犯罪事实而不报告的行为，情节严重的，规定为犯罪。由此，将防卫基点从行为环节向监管环节前置，延伸刑法干预场域，遏制贿赂犯罪机会，以破解“环境性腐败共同体”，塑造清廉的政治环境。

（东南大学法学院副教授　钱小平）

第四节

反腐败刑事法治的六大现实问题

一 引言

反腐败是当代世界各国、各地区普遍关注的重大政治、法治和社会问题。反腐败也为中国所高度关注。党的十八大以来，我们党和政府把反腐败工作提到了前所未有的高度予以重视和对待。

在法治中国的建设中，现阶段反腐败作为我们党和政府必须常抓不懈的极其重要的工作领域，需要法律的支持和制度的保障。而其中重要的一环，就是要不断改进和完善我国反腐败刑事法治，实现反腐败斗争与刑事法治建设的良性互动，从而将反腐败斗争引向深入，并保证反腐败斗争取得良好的法律效果、社会效果和政治效果。反腐败刑事法治是法治中国之现代法治事业的重要方面，事关国家反腐败的力度、相关法治的发展完善和公民的基本权益。深入研讨当下中国反腐败刑事法治的重大现实问题，既是我国法律学人尤其是刑事法学者的使命和应有的担当，也是积极致力于我国反腐败刑事法治发展完善，把反腐倡廉建设引向深入的重要举措。因此，研究中国反腐败刑事法治的重大现实问题，具有重要的理论价值和实践意义。

本节在概览国际社会反腐败潮流与趋势的基础上，立足于中国反腐败刑事法治发展的现状及其进步的需要，拟选择关涉当前我国反腐败刑事法治完善和进步的几个重要问题予以剖析，着力揭示其中所存在的问题，并就相关制度的改革完善略抒己见。

二 反腐败是当代国际社会的潮流与共识

腐败是依附于国家政权的寄生虫，是社会的毒瘤，亦是当前困扰全球各国经济发展和社会进步的重大现实问题。它严重破坏公共权力的运行秩序，侵害社会公平正义，损害国家和政府的威信与公信力，阻碍经济健康有序发展，对社会稳定构成现实的危害与威胁，历来为社会公众所深恶痛绝。对国家和政府而言，反腐败乃是提高行政效率、提升国家和政府形象以及争取民众支持的重要手段，也是维护其合法性的重要根基所在。因此，无论是外国还是中国，反腐败始终都是国家和政府工作的重要方面。

（一）当代域外反腐败概览

环视域外，反腐败是当代世界各国所普遍担负的一项重大任务，也是国际社会面临的共同课题，因而无论是发达国家还是发展中国家，无不重视反腐败工作。从 20 世纪 60 年代新加坡的“反贪风暴”到 90 年代意大利的“清廉运动”，再到 20 世纪末保加利亚的“清洁的手”以及韩国的“实名制”，在强劲的反腐败风暴中，多少个国家的总统、总理、部长等国家领导人和政府要员因腐败而丢掉乌纱帽，甚至被绳之以法、定罪判刑；被革职查办的政府官员更是不计其数。及至 20 世纪 90 年代，全世界已形成围剿腐败之势，几乎每一个国家都将反腐败列为国策，甚至作为炫耀其开明、廉洁和现代化的标志。[①] 21 世纪初以来，国际舞台上反腐倡廉运动更是风起云涌，各国纷纷推出各种举措，大力整肃公职人员的贪腐行为，努力铲除滋生腐败现象的温床。在瑞典，不管是政府高官还是普通公务员，都要按照法律规定，将购买房屋等大宗家庭资产的情况“广而告之”；就是连聘请保姆、缴纳电视费等这样“花小钱”的事情，也必须接受监督；2006 年该国刚担任贸易大臣不到一周的博雷柳丝，就因雇佣保姆不缴雇主税、连续几年滞纳电视费、出售股票未及时向金融监管部门报告、隐瞒住宅所有权等事情，先后被举报而被迫引咎辞职。[②] 当年号称“亚洲四小龙”之一的韩国，于 2002 年就出台了《反腐败法》，2003 年又公布了《公务员保持清廉行动纲领》，成立了直属总统的反腐败委员会，确立国家综合反腐败中心框架，大力开展肃贪反腐工作，取得了令世人瞩目的反腐败成果，如晚近 20 余年来该国总统因腐败沦为阶下囚或者自杀，韩国总统

---

① 参见江西省社科院、省社科联课题组《当前国际国内形势对反腐倡廉建设带来的新影响》，载《红旗文稿》2009 年第 12 期。

② 参见刘克梅《有感于“透明水晶官员”》，载《大河报》2006 年 11 月 20 日。

一家因腐败而受到惩处的屡见不鲜。[①] 再如，近年来掀起强劲反腐风暴的俄罗斯，早在2008年7月31日，时任总统梅德韦杰夫签署了《反腐败国家计划》，同年12月25日出台了《俄罗斯联邦反腐败法》，规定公务员及其配偶、子女必须提交收入与财产信息；2010年4月13日，梅德韦杰夫总统又签署了《反腐败国家战略》与《2010—2011年国家反腐败计划》的总统令，从国家发展前途的战略高度来对待反腐问题。[②] 为了表示反腐决心，在该国总统和总理的率领下，其政府的各位副总理、部长集体在俄罗斯政府网上公布个人与家庭财产情况，接受公众监督。[③] 在俄罗斯这一轮强劲反腐风暴中，包括俄罗斯国防部原部长谢尔久科夫在内的多名高官因腐败问题纷纷落马，俄罗斯的反腐败取得了显著效果。

其实，除了一些国家在本国领域内开展反腐行动外，各国际和地区性组织也在向腐败开战，国际社会对于遏制和打击腐败普遍高度重视，广泛开展反腐败的国际合作。毕竟，腐败是一个世界性的痼疾，单靠一国或一地区之力，断然难以疗治人类社会的这一顽疾，因而需要国际社会形成反腐败的合力。从20世纪90年代开始，国际社会便开始寻求反腐败的国际合作途径和措施。

一方面，通过缔结一系列公约以奠定反腐败国际合作的法制基础。如拉美国家于1996年3月通过了《美洲国家组织反腐败公约》；欧盟于1997年5月通过《欧洲委员会打击欧洲共同体官员和欧洲联盟成员国官员腐败公约》，其后又分别于1999年1月和11月进一步签署了《欧洲委员会反腐败刑法公约》《欧洲委员会反腐败民法公约》；非洲联盟于2003年7月通过《非洲联盟预防和打击腐败公约》；在2001年11月于东京举行的第二次亚太地区反腐败会议上，亚太地区部分国家制定了《亚太地区反腐败行动计划》。而在反腐败国际合作中扮演着重要角色的联合国，则于2000年11月第五十五届联合国大会通过《联合国打击跨国有组织犯罪公约》，对各缔约国政府在预防、调查和惩治公职人员腐败方面的措施、惩治腐败机构的设立及运作、腐败行为的定罪处罚等问题作了全面的规定；鉴于腐败

① 参见颜颖颛《韩国总统腐败怪圈》，载《新京报》2009年4月26日。

② 参见《总统带头网上晒收入：俄罗斯劲刮反腐风暴》，载《中国青年报》2009年4月15日。

③ 参见储信艳《俄罗斯总统普京高调反腐 前防长等多名高官落马》，载《新京报》2012年12月5日。

犯罪的严峻形势与反腐败国际合作的迫切需要，第五十八届联合国大会又于2003年10月31日通过了《联合国反腐败公约》这一独立的、全面指导国际反腐败斗争的法律文件。《联合国反腐败公约》于2005年12月14日正式生效，除“序言”外，包括“总则”“预防措施”“定罪和执法”“国际合作”“资产的追回”“技术援助和信息交流”“实施机制”“最后条款”等八章，确立了预防机制、刑事定罪和执法机制、国际合作机制、资产追回机制、技术援助和信息交流机制、履约监督机制等六大反腐败机制，对于各国加强国内的反腐败行动、提高惩治和预防腐败犯罪的成效以及促进反腐败国际合作，都具有重要意义。

另一方面，各国各地区也在不断通过制定与完善相关法律以及积极的司法实践，来贯彻《联合国反腐败公约》等相关国际法律文件的要求，开展广泛的反腐败国际合作。例如，《联合国反腐败公约》对防止利益冲突问题作出规定以来，许多国家就积极借鉴和吸收这一反腐败制度的人类文明成果，积极完善制度设计，建立健全了防止利益冲突制度，形成了以防止利益冲突原则为核心、更加重视事前预防的反腐败体系以及制度导向，从而大大减少了腐败现象的发生。再如，作为反腐败领域国际合作的重要机构与平台，2006年10月25日，国际反贪局联合会正式成立。[①] 国际反贪局联合会是全球性的、独立的、非政治性的反腐败组织，其重要宗旨之一就是促进《联合国反腐败公约》的实施，并加强各国反贪腐机构在打击腐败犯罪方面的国际合作，中国最高人民检察院在国际反贪局联合会中一直承担了主要领导者的角色。迄今为止，国际反贪局联合会已召开了七届研讨年会，其在推动强化国际反腐败领域合作，促进各国各地区更加有效地惩治和预防腐败犯罪，建设廉洁、公正、和谐、稳定的国际社会诸方面，发挥了积极的作用。例如，2013年11月23～24日，国际反贪局联合会第七次年会暨会员代表大会在巴拿马首都巴拿马城召开，来自97个国家和地区负责预防、调查、起诉腐败犯罪的机构和8个国际组织的400多名代表出席（笔者也应邀参加了此次盛会）。这次会议以“法治与反腐败：挑战与机会”为主题进行了深入探讨，会议对以法治方式治理腐败形成广泛共识，并发表了《巴拿马宣言》，呼吁各国高度重视法治在反腐败中的

---

① 参见杨维汉、魏武《国际反贪局联合会正式成立　贾春旺当选首任主席》，载《检察日报》2006年10月26日。

重要性，加强反腐败法治信息交流，完善相关法治建设，全面提升惩治和预防腐败犯罪的能力，注重发挥社会和公众力量积极参与惩治和预防腐败的工作。[①]

（二）当今中国反腐败概览

回视国内，处于转型期的现阶段中国社会，腐败现象还较为严重，在一些领域和部门易发多发。总部位于柏林的非政府组织“透明国际”于2012年12月5日发布的一年一度的“全球清廉指数”（CPI）显示，在参与调查的176个国家（地区）中，中国的排名从2008年的第72位下降到2012年的第80位，[②] 下降了8位，可见我国的反腐败任务依然十分艰巨。面对这一现实，我们党和政府一贯高度重视反腐败工作，改革开放特别是进入21世纪以来，深入开展党风廉政建设和反腐败斗争，坚持标本兼治、综合治理、惩防并举、注重预防的方针，建立健全惩治和预防腐败体系，在严肃查处腐败案件的同时，更加注重治本，注重预防和制度建设，拓展从源头上防治腐败的工作领域，不断铲除滋生腐败犯罪的土壤，取得了有目共睹的明显成效，走出了一条适合中国国情、具有中国特色的反腐倡廉道路。目前我国反腐败呈现出系统治理、整体推进的良好态势，通过深入开展党风廉政建设和反腐败斗争，有力地惩处了一大批腐败分子，国家利益、公共利益和公民个人利益得到有效维护，改革发展稳定的局面不断巩固，在廉洁政治建设上迈出了坚实步伐。总的来说，近年来我国反腐败的成绩是显著的，人民群众对国家反腐败工作的满意度也是平稳上升的。“国家统计局的民意调查结果显示，2003～2010年，中国公众对反腐败和廉政建设成效的满意度平稳上升，从51.9%提高到70.6%；公众认为消极腐败现象得到不同程度遏制的比例，从68.1%上升到83.8%。国际社会也给予积极评价。”[③]

党的十八大以来，新一届中央领导集体高举反腐败大旗，更加科学有力地防治腐败，坚定不移把党风廉政建设和反腐败斗争引向深入，响亮地

---

① 参见简闻之《加强深化反腐败法治建设交流合作 共同推动国际反腐败事业纵深发展》，载《检察日报》2013年11月24日第1版；简闻之《曹建明再次当选国际反贪局联合会主席》，载《检察日报》2013年11月26日第1版。

② 参见侯涛《全球腐败指数报告发布 阿富汗朝鲜索马里倒数第一》，载《环球时报》2012年12月6日。

③ 国务院新闻办公室：《中国的反腐败和廉政建设》，载《人民日报》2010年12月30日。

提出要“把权力关进制度的笼子里”，要求反腐败坚持“老虎”“苍蝇”一起打，有腐必反、有贪必肃，不断铲除腐败现象滋生蔓延的土壤，吹响了中国新一轮反腐败的号角。2013 年 8 月 27 日召开的中共中央政治局会议明确强调，全党要把思想和行动统一到中央对反腐败斗争的形势判断和要求部署上来，把坚决遏制腐败蔓延势头作为重要任务和工作目标，坚持“老虎”“苍蝇”一起打，严肃查处党员干部违纪违法案件，充分发挥震慑力。[①] 与此同时，会议还审议通过了《建立健全惩治和预防腐败体系 2013—2017 年工作规划》，力倡在坚决惩治腐败的同时更加科学有效地防治腐败。2013 年 11 月 12 日，中共十八届三中全会通过的《中共中央关于全面深化改革若干重大问题的决定》，更是提出坚持用制度管权管事管人，让人民监督权力，让权力在阳光下运行。必须构建决策科学、执行坚决、监督有力的权力运行体系，健全惩治和预防腐败体系，建设廉洁政治，努力实现干部清正、政府清廉、政治清明。要形成科学有效的权力制约和协调机制，加强反腐败体制机制创新和制度保障，健全改进作风常态化制度。[②] 可以说，十八届三中全会的上述《决定》从多个方面对健全我国反腐败领导体制和工作机制做出了科学部署，对新形势下的反腐倡廉建设提出了新要求。对于十八届三中全会的《决定》涉及的这一重大问题和重要举措，习近平总书记在介绍中央的考虑时表示，反腐败问题一直是党内外议论较多的问题，目前的问题，主要是反腐败机构职能分散、形不成合力，有些案件难以坚决查办，腐败案件频发却责任追究不够。习近平总书记强调，十八届三中全会的《决定》对加强反腐败体制机制创新和制度保障所作的重点部署，都是在总结实践经验、吸收各方面意见的基础上提出来的。[③] 十八届三中全会《决定》中的有关健全反腐败领导体制和工作机制的部署，已在我国掀起了新一轮强劲的反腐败浪潮，对新时期的反腐败工作正在产生重大而深远的积极影响，我国反腐败和廉洁政治建设的前景必将是光明的。

---

① 参见《中央政治局会议决定 11 月召开十八届三中全会》，载《人民日报》2013 年 8 月 28 日。

② 参见《中共中央关于全面深化改革若干重大问题的决定》（2013 年 11 月 12 日中国共产党第十八届中央委员会第三次全体会议通过）。

③ 参见习近平《关于〈中共中央关于全面深化改革若干重大问题的决定〉的说明》，载《人民日报》2013 年 11 月 17 日。

当然，在看到反腐败斗争取得成绩的同时，也必须清醒地认识到，我国的反腐败工作形势依然严峻，还面临不少新情况、新问题，与党和国家的要求及人民群众的期待相比，仍有较大差距，可谓任重而道远。“由于我国正处于并将长期处于社会主义初级阶段，腐败现象滋生蔓延的土壤和条件在短期内难以消除，特别是一些领域的体制机制制度还不健全，当前的反腐败斗争呈现出有利条件与不利因素并存、成效明显与问题突出并存的总体态势”①，惩治和预防腐败在我国将是一个长期的过程和艰巨的任务。

在反腐败斗争中，刑事法治的力量和作用举足轻重。通过刑事法治开展的反腐败斗争，具有特别的威慑力和特殊的严厉性，当然也是最后的手段。在刑事法治领域，经过多年来不断的修改完善，迄今我国的刑事法律已经基本上涵盖了腐败犯罪的各种类型，相关刑事处罚日益文明，刑事程序渐趋公正，我国反腐败刑事法治逐渐呈现出现代化、科学化和国际化的面貌与趋势。与此同时，我国在反腐败刑事法治领域也还存在一些不容忽视的问题，如反腐败的刑事法治理念有待更新、反腐败的刑事法网不甚严密、腐败犯罪的定罪量刑标准设置不甚合理、反腐败的刑罚设置还不够科学等等，需要我们根据反腐败新形势、新任务的需要，予以认真研究、清醒认识并施以良策，以促使我国反腐败刑事法治事业不断发展进步，并对国际社会反腐败刑事法治的发展完善和反腐败的国际司法合作做出我们应有的贡献。

在反腐败斗争中，建立健全惩治和预防腐败体系具有重大意义，是我们党和政府在新形势下对反腐倡廉工作作出的重大战略决策，是防治腐败的根本举措。作为惩治和预防腐败体系中重要的一环，刑事法治是惩治腐败最为严厉的手段，需要积极而慎重、稳妥地适用。同时，刑事法治也应当根据我国反腐败新形势、新任务的需要，科学、合理地加以完善。反腐败刑事法治，从内涵上说，应涵括惩治腐败、注重预防、彰显公正、保障人权等内容；就外延而言，则主要包括反腐败刑事实体法治和反腐败刑事程序法治两个基本方面。反腐败刑事法治的重大现实问题，是反腐败刑事法治中最为关键和影响巨大乃至从整体上制约反腐败刑事法治发展进步的

---

① 姜洁：《中央纪委召开专家学者座谈会　贺国强强调当前反腐形势仍然严峻》，载《人民日报》2007 年 12 月 15 日。

一些重大理论和实务问题，对其深入研究和正确解决往往是促成反腐败刑事法治乃至整个刑事法治发展进步的重要契机。

三　高官腐败犯罪问题

（一）高官腐败犯罪及其查处概况

在腐败犯罪中，高官[①]腐败犯罪占有一定的比重；高官腐败犯罪的状况在一定程度上反映了我国现阶段腐败犯罪的整体变化趋势和特点，具有特别的代表性和典型性。应当说，我国党和政府改革开放以来特别是近年来十分重视对高官腐败犯罪的惩治和防范，并采取了一系列有针对性的惩贪防腐措施，取得了有目共睹的成效。

新中国成立后的前30年，因为腐败而被查处的省部级高官几乎一个没有。[②] 20世纪80年代改革开放以后，查处省部级高官的帷幕才渐次拉开，其中尤为值得一提的是，1987年4月，江西省原省长倪献策因犯徇私舞弊罪被判处有期徒刑2年，成为第一个因腐败犯罪而被追究刑事责任的高官。2000年3月8日，江西省原副省长胡长清因犯受贿、行贿、巨额财产来源不明罪，经最高人民法院核准被执行死刑，成为改革开放以来第一个因为腐败犯罪而被执行死刑的省部级领导干部。2000年9月14日，全国人大常委会原副委员长成克杰因犯受贿罪被北京市第一中级人民法院判处死刑，成为新中国成立以来被处决的官位最高的腐败分子。2003年4月23日，山东省政协原副主席潘广田因犯受贿罪被山东省济南市中级人民法院一审判处无期徒刑，成为全国第一个因腐败犯罪而被查处的执政党外的省部级高级干部。改革开放以来查处的属于党和国家领导人行列的腐败犯罪

---

① 本节所称的高官是指省部级副职及以上的党和国家干部，以及相同级别的军队将领、国有企业负责人等。1979年11月13日，中共中央、国务院联合颁布的《关于高级干部生活待遇的若干规定》就明确规定："本规定适用于各省、自治区、直辖市党委书记、副书记，人大常委会主任、副主任，政府省长（主席、市长）、副省长（副主席、副市长），政协主席、副主席等高级干部。"由此可以看出，在中国高级干部主要是指副省（部）级及以上领导干部。

② 1952年2月，毛泽东主席曾"挥泪斩马谡"，批准枪毙了革命战争年代屡立战功的大贪污犯——原天津地委书记刘青山、天津地区行署专员张子善，因原天津地区隶属河北省，所以刘青山、张子善并不属于省部级干部，而只是厅局级干部。"刘青山、张子善特大贪污案"被称为新中国成立以来反腐肃贪第一案，影响巨大，老百姓说，这两个人头换来了中国官场上至少20多年的廉政。

高官至2013年已有4人，他们分别是：1995年被查处的中共中央政治局原委员、北京市委原书记陈希同，2000年被查处的全国人大常务委员会原副委员长成克杰，2006年被查处的中共中央政治局原委员、上海市委原书记陈良宇，2012～2013年被查处的中共中央政治局原委员、重庆市委原书记薄熙来。可以说，新中国的发展史，同时也是一部波澜壮阔的反腐倡廉史。特别是近年来，我国党和政府深入开展党风廉政建设和反腐败斗争，整饬吏治，严肃法制，成就斐然，谱写了一曲曲反腐倡廉的壮丽篇章。中央纪委向中国共产党十七大的工作报告显示，仅在2002年12月～2007年6月这段时间，中央纪委查办的腐败案件中，省部级领导干部就占了98人。① 其中，涉嫌腐败犯罪移送司法机关处理的人数也不在少数。另据最高人民检察院年度工作报告披露的数字，在1993～1997年，涉嫌腐败犯罪被查处的省部级高官为7人；在1998～2002年，这一数字为19人；在2003～2007年，这一数字为35人；在2008～2012年，也有30人（2008年4人、2009年8人、2010年6人、2011年7人、2012年5人）被立案侦查。② 2013年10月22日，最高人民检察院曹建明检察长向全国人大常委会所作的反贪污贿赂工作情况报告显示，2008年1月～2013年8月，全国检察机关立案侦查的省部级以上国家工作人员有32人。③ 另据媒体报道，党的十八大以来（2012年11月～2015年8月底），因腐败相继落马的省部级高官（含军队少将以上军官）已有126人（包括已被中纪委“双规”但尚未移送司法机关的省部级高官）。党的十八大以前，身居党和国家领导人高位的薄熙来也因严重腐败犯罪被查处，最终于2013年9月22日被判处无期徒刑；④ 党的十八大以前已开始被查处的铁道部原部长刘志军，则因被认定受贿达6460万余元，在其具备多种从宽情节的情况下，在

---

① 参见贺国强《坚持惩防并举 更加注重预防 深入推进党风廉政建设和反腐败斗争——中共中央纪律检查委员会向党的第十七次全国代表大会的工作报告》，2007年10月21日中国共产党第十七次全国代表大会通过。

② 参见最高人民检察院1994～2013年工作报告，载1994～2013年的《最高人民检察院公报》。

③ 参见王治国《曹建明向全国人大常委会作反贪污贿赂工作情况报告》，载《检察日报》2013年10月23日。

④ 参见《薄熙来案二审宣判 山东高院裁定维持一审无期徒刑判决》，载《人民日报》2013年10月26日第4版。

2013 年 7 月 8 日被依法判处死缓。[①] 毋庸讳言，当前我国高官腐败犯罪总体上仍呈现出上升趋势，高官腐败犯罪现象易发多发的状况仍未根本改变，一些官高位显的腐败犯罪分子，还在不断被深挖出来，反腐败斗争形势依然严峻，任务仍然艰巨。

高官腐败犯罪具有严重的社会危害性。由于高官位高权重，身处地方和部门权力金字塔的顶端，有的甚至是党和国家领导人，从政根基深厚，关系网庞大，占有大量的体制内外资源，干扰办案的能量较强，因而其被揭露、发现和查处的概率相对较小。在权力高度集中且缺乏有效监督制约的背景下，他们的腐败犯罪行为给社会带来的危害更大，破坏力更强，不仅严重损害执政党和政府的声誉与威信，玷污执政党和政府在人民群众中的光辉形象，而且会直接削弱执政党的群众基础，危及政权的根基，影响社会稳定。有学者甚至认为："进入 21 世纪以来，省部级高官腐败这一社会极其丑恶的现象，已成为中国经济的致命问题和中国的头号问题。"[②] 这一判断虽然未必妥当，但高官腐败犯罪危害严重而广泛，更容易触动社会敏感的神经，更易为国内外所广泛关注，则是不争的事实。

（二）惩治高官腐败犯罪的法治意义

坚决遏制高官腐败犯罪滋生蔓延的态势，坚定不移地依法追究和惩处高官腐败犯罪分子，具有以下几方面的重要法治意义：

第一，彰显中央反腐败的决心和力度。一件件反腐大要案不断被揭露，一个个高官腐败犯罪分子纷纷落马，不仅极大地震慑了潜在的腐败犯罪分子，维护了党纪国法的严肃性，而且有力地彰显了中央反对腐败的决心和力度。在十八届中央纪委二次全会上，习近平总书记深刻指出，反腐败要坚持"老虎""苍蝇"一起打，既坚决查处领导干部违纪违法案件，又切实解决发生在群众身边的不正之风和腐败问题。[③] 习近平总书记上述提到的"老虎"，其实主要是指这些贪腐数额巨大，又往往位高权重，危害党和国家利益的腐败犯罪高官。检验反腐败决心、意志和力度的一个重要标尺，就是看打不打"老虎"，敢不敢动"老虎"。可喜的是，近年来，

① 参见《法治精神的彰显》，载《人民日报》2013 年 7 月 9 日第 5 版。

② 参见欧伟贞《我国高官腐败现象的法理分析》，载《湖北成人教育学院学报》2011 年第 2 期。

③ 参见《习近平誓言科学有效反腐败　坚持"老虎"、"苍蝇"一起打》，载《人民日报》（海外版）2013 年 1 月 23 日。

中央从事关党和国家生死存亡、关系改革开放事业成败的高度认识反腐败问题，以坚定的决心和非凡的勇气深入开展党风廉政建设和反腐败斗争，坚决惩处高官腐败犯罪分子，对这些有来头、有背景、有能量的“老虎”，敢于一打到底，决不姑息迁就，正在用一个个惩治高官腐败犯罪的事实诠释“反腐败没有特区”的现代刑事法治精神。

第二，贯彻法律面前人人平等的法治原则。依法治国，是我们党和政府领导人民治理国家的基本方略，是国家长治久安的重要保证。坚决惩治高官腐败犯罪，破除腐败犯罪高官“刑不上大夫”的侥幸，既是落实从严治党治吏（官）的根本要求，也是维护我国社会主义法治的必然之举。不管是什么人，官有多大，位有多高，权有多重，只要他的行为危害了国家和人民的利益，触犯了国家的刑事法律，构成了犯罪，就毫无例外地要受到国家的依法审判和应有的惩罚；法律面前人人平等，制度约束没有例外，反腐败没有“豁免权”，决不能允许有凌驾于党纪国法之上的“特殊党员和官员”。高官虽然位高权重，有的还忝居党和国家领导人行列，既往也可能有显著业绩乃至突出贡献，但都没有超越法律的特权，任何人触犯法律都将依法受到严肃追究，决不能允许其犯罪后逍遥法外。因而坚决惩治高官腐败犯罪，严肃查处贪腐“老虎”，有效地彰显了法律面前人人平等的现代法治原则和平等适用刑法的我国刑法之基本原则。

第三，顺应人民群众反腐的新要求和新期待。当前，人民群众对国家反腐倡廉工作总的来说是比较满意的，全国反腐倡廉民意调查结果也表明，人民群众对党近年来开展的反腐倡廉工作给予积极评价。腐败问题，“说到底是一个脱离群众、滥用权力、以权谋私、损害广大人民群众利益的问题。只要党内存在腐败现象，党和群众的关系就会遭到破坏和削弱。”① 特别是对于高官腐败犯罪，其潜伏期长、危害大、影响广，如果不对其严肃查处和严厉惩治，而放任这些“老虎”肆无忌惮、有恃无恐地腐败，那么，就难以满足人民群众反腐败的正当要求和新的期待，党和政府就会丧失民心，这必然会影响党的执政地位和国家政权的权威。相反，如若在打腐败“苍蝇”的同时，对腐败“老虎”更严惩不贷，以反腐败的实际成效取信于民，那么，就可以大大增强人民群众对反腐败斗争的信心，

---

① 参见江西省社会科学院课题组《充分发挥人民群众在反腐倡廉建设中的作用》，载《红旗文稿》2010 年第 16 期。

消除人民群众关于反腐败是“只打苍蝇不打老虎”“选择性反腐败”“柿子拣软的捏”的错觉和误解。

四 腐败犯罪的刑事推定问题

所谓腐败犯罪的刑事推定，是指在腐败犯罪案件的诉讼中，如果控方能够证明被控告人客观上实施了具体的腐败犯罪行为（如收受贿赂、徇私谋利等），除非被控告人提供反证，否则就推定该行为具有腐败犯罪的性质或者行为人具备腐败犯罪主观方面要素（如明知、故意或者目的等）的诉讼证明方法。能否适用以及如何适用推定问题一直是困扰我国反腐败司法实践的难点问题，是否确立刑事推定规则，关乎腐败犯罪的认定和对腐败犯罪的惩治力度。

（一）查处腐败犯罪确立刑事推定的意义

在腐败犯罪案件中，确立刑事推定规则的理论与实践，主要有以下几个方面：

第一，有助于破解腐败犯罪证据收集的困境。由于腐败犯罪本身的特殊性，特别是腐败犯罪手段的隐蔽化、智能化、复杂化发展趋势，使得腐败犯罪的证据收集较为困难。特别是随着我国加入《联合国反腐败公约》，惩治和预防腐败犯罪发展到了一个新的阶段。在缺乏足够证据确认事实的情况下，腐败犯罪立案难、查证难、定罪难的情况时有发生。针对犯罪手段、犯罪情况的新变化，如果仍然固守传统做法，采用保守的证据收集方法、侦查手段去惩治腐败犯罪，时常难以侦破案件和查实罪行。因此，在当前我国惩治腐败犯罪任务艰巨、腐败犯罪证据搜集困难的形势下，立足于我国司法实际，在腐败犯罪案件证明中确立刑事推定规则尤为必要。

第二，有利于提高诉讼效率，节约司法资源。确立腐败犯罪的刑事推定规则，基于基础事实与推定事实之间存在的常态联系，通过对基础事实进行举证和证明，转移对推定事实举证和证明的困难，使一些无法通过直接证据加以证明的要素得以确认，无疑有利于更快地查清案件事实，减少司法资源投入，提高诉讼效率。

第三，契合当前严惩腐败犯罪之刑事政策的需要。严肃查处腐败案件，增强反腐力度，保持惩治腐败的高压态势，是深入开展反腐败斗争的客观要求。但应当看到，“现在反腐败在法律、政策层面上都面临很多的难题，有些确实需要从刑事政策指导立法、司法的方面上去解决”[①]。其中，腐败犯罪案件刑事推定规则的缺漏和不足，是亟须解决的一个重要问题。确立腐败犯罪的刑事推定规则，适当降低控诉方证明腐败犯罪的难度，会增强惩治腐败犯罪的力度，有利于更好地惩治腐败犯罪，也契合了当前我国严厉惩治腐败犯罪之刑事政策的需要。

（二）我国刑法中关于腐败犯罪刑事推定的规定及其缺憾

其实，我国刑事立法中已有关于腐败犯罪刑事推定的规定。如刑法典第395条规定的巨额财产来源不明罪，就是一种推定型罪名，实行举证责任倒置，国家工作人员的财产或者支出明显超过合法收入，差额巨大，本人不能说明其来源是合法的，差额部分的财产则推定为“非法所得”。此外，有关司法解释中也有关于腐败犯罪刑事推定方面的规定，如1998年5月9日最高人民法院颁布的《关于审理挪用公款案件具体应用法律若干问题的解释》第6条就规定：“携带挪用的公款潜逃的，依照刑法第382条、第383条的规定定罪处罚。”而刑法典第382条、第383条是关于贪污罪的规定。也就是说，在“携带挪用的公款潜逃”这一基础事实成立的情况下，可以推定行为人主观上具有非法占有公款的目的，进而以贪污罪论罪科刑。另外，就司法实践中腐败犯罪案件之刑事推定运用的实际情况看，司法机关在办理腐败犯罪案件的过程中，也时常自觉不自觉地运用了刑事推定，如对近亲属“共同受贿”故意的推定、腐败犯罪款物去向的推定、“以借为名”受贿的推定，等等。

应当说，上述我国刑事立法中关于腐败犯罪刑事推定的规则还是不完善的，存在一些缺憾：第一，推定的程序性规则缺乏。腐败犯罪刑事推定的实体性规则已在一定程度上确立和适用，但程序性规则目前尚付诸阙如，而后者是腐败犯罪刑事推定得以合理运用的重要保障。第二，推定适用范围狭窄。立法规定的能运用刑事推定的腐败犯罪案件有限，基本上限于巨额财产来源不明罪以及前述的转化型贪污罪，而对于其他渎职类或者贿赂类腐败犯罪则没有明确规定。第三，推定适用的对象有限。腐败犯罪刑事推定适用的对象，主要限于特定腐败犯罪“非法所得”的推定以及“非法占有目的”的推定，而对于其他故意、明知等腐败犯罪主观方面要素和某些特定案件事实是否可以推定则没有明确规定。

① 游伟：《反腐败与当前职务犯罪的刑事政策》，载《华东刑事司法评论》2003年第1期。

（三）我国惩治腐败犯罪刑事推定的立法完善

关于我国腐败犯罪刑事推定的立法完善，可考虑从以下几个方面着手：

第一，关于巨额财产来源不明罪法条中“非法所得”的推定。一是建议将刑法典第 395 条第 1 款中的“可以责令说明来源”改为“应当责令说明来源”。作上述修改，不仅更符合刑法逻辑严格性的要求，充分体现立法的本意，而且也是有效保障行为人反驳权的客观需要。众所周知，立法用语之“可以”并非强制性的义务，是否“责令说明来源”由司法机关自由裁量，不责令说明来源情况下作出推定虽不违法，但对行为人却影响重大，即此种情况下剥夺了行为人对刑事推定的反驳权，不但难以保证推定的有效性和可靠性，而且也危及刑法的人权保障机能，同时亦与刑法典第 395 条第 1 款的立法初衷不符。二是建议将“不能说明来源的”改为“本人拒不说明来源或者作虚假说明的”。“不能说明来源的”表述较为模糊，易生歧义，实践中情形也多种多样，有的是故意不说明来源，也有的是因客观原因无法说明来源，应当分清情况区别对待。对于因身体、精神疾病等客观原因而无法说明来源合法的，不宜认定为“不能说明来源的”情形。因而建议对立法作上述修改，这样既可以增强条文的可操作性，便于司法实践中准确把握，也可以更好地反映立法原意，限定刑罚的打击范围，从而有助于保障行为人的合法权益。

第二，关于腐败犯罪主观要素的推定。除了转化型贪污罪中非法占有的目的的推定（即将“携带挪用的公款潜逃”推定为行为人具有非法占有目的）之外，建议参照《联合国反腐败公约》第 28 条的规定，[①] 适度扩大推定和举证责任倒置的适用范围，将腐败犯罪中某些确实难以证明的主观构成要素，如以非法占有为目的、故意、明知等要素，根据实际情况实行刑事推定。

第三，关于贿赂行为的推定。主要涉及司法实践中行为性质的认定问题，而非贿赂数额问题。可参考和借鉴国外有关贿赂行为推定的立法规

① 《联合国反腐败公约》第 28 条的标题是“作为犯罪要素的明知、故意或者目的”，其法条内容为：“根据本公约确立的犯罪所需要具备的明知、故意或者目的等要素，根据客观实际情况予以推定。”参见外交部条约法律司编译《联合国反腐败公约及相关法律文件》，法律出版社，2004，第 18 页。

定，设立贿赂行为的推定规则。如可考虑在刑事诉讼法中作如下规定："当国家工作人员被证明索取或者收受了与其公务有联系者的财物，而利用职务上的便利为其谋取利益，除非能提出有效的反证，否则该行为即应推定为受贿行为。"适用这一推定规则的首要条件，是要有确实、充分证据证明以下基础事实的存在：（1）国家工作人员索取或者收受了与其公务有联系者的财物；（2）国家工作人员利用职务上的便利为给付其财物者谋取利益。与此同时，该国家工作人员不能提出反证或者其反证不能成立。

五　腐败犯罪的异地审判问题

（一）腐败犯罪异地审判及其必要性

近年来，随着中央反腐败力度的不断加大，①一些腐败分子接连落马，实践中腐败犯罪审判管辖也出现了一些新的情况，集中采取异地审判的案件也越来越多。如中央政治局原委员、重庆市委原书记薄熙来在山东受审，中央政治局原委员、上海市委原书记陈良宇在天津受审，贵州省政协原副主席黄瑶在四川受审，北京市原副市长刘志华在河北受审，广东省政协原主席陈绍基在重庆受审，深圳市原市长许宗衡在河南受审，等等。"法律虽然没有明文规定什么情况下可以异地审判，但一般是省部级（或厅局级）干部犯罪才异地审判。"②也就是说，我国司法实践中已大体形成了一般是中高级干部腐败犯罪案件才实行异地审判的惯例。其中，省部级以上高官腐败犯罪案件异地审判最为典型和最具代表性。据有关媒体报道，近年来，"我国对90%以上的高官腐败案件实行了异地审判，形成了一道司法史上罕见的、非常独特的风景线"。③高官腐败犯罪案件异地审判肇始于2001年轰动全国的辽宁"慕马案"（因辽宁省原副省长慕绥新、沈阳市原常务副市长马向东涉案而得名）。此前的许多高官腐败犯罪案件，大都是在犯罪地、工作地或者居住地审判的。如全国人大常委会原副委员长成克杰受贿案，在北京市第一中级人民法院审理；江西省原省长倪献策

① 如我国检察机关2008～2012年查处的受贿、行贿犯罪人数比前5年分别上升了19.5%和60.4%。（参见王治国《曹建明向全国人大常委会作反贪污贿赂工作情况报告》，载《检察日报》2013年10月23日。）

② 参见宋伟《高官异地审判制度初露端倪》，载《政府法制》2007年第2期（上）。

③ 王继学：《高官异地审判：中国司法史上独特的风景线》，载《民主与法制时报》2006年12月31日。

徇私舞弊案，在江西省南昌市中级人民法院审理；中央政治局原委员、北京市委原书记陈希同贪污、玩忽职守案，在北京市高级人民法院审理；青海省原副省长韩福才受贿案，在青海省西宁市中级人民法院审理；中央原候补委员、浙江省委原常委暨宁波市委原书记许运鸿滥用职权案，在浙江省杭州市中级人民法院审理；湖北省原副省长孟庆平受贿案，在湖北省武汉市中级人民法院审理；等等。自辽宁“慕马案”后，省部级高官腐败犯罪案件基本上实行了跨省异地审判。实践证明，这些年来对中高级官员尤其是高级官员腐败犯罪案件实行异地审判，取得了较好的法律效果和社会效果。

现阶段，我国对腐败犯罪案件尤其是高官腐败犯罪案件实行异地审判的必要性和意义，主要有两个方面：首先，是为了排除非法干扰，确保腐败犯罪案件追诉和审判的公正。因为腐败犯罪官员尤其是腐败犯罪高官在一个地方经营多年，他们为了确保既得的权势和谋取更大的利益，必然要利用其职权，在重要部门包括公安司法机关安插亲信和培植势力，编织盘根错节的关系网，结成利益共同体，一荣俱荣、一损俱损，构筑一道牢固的保护层。一旦东窗事发，其庞大的关系网便可能发挥作用，使得办案机关查办案件时，时常会遇到意想不到的困难和阻碍。而对腐败犯罪案件实行异地审理，跳出了腐败犯罪官员的“势力范围”，有效地防止了地方保护和不当干预，较好地排除了地缘人际关系网的束缚，为保证追诉和审判活动不受关系干扰奠定了基础，能够最大限度地确保司法公正，使腐败犯罪官员受到应有的法律制裁，从而切实维护法律的权威。其次，也是为了消除部分社会公众对于追诉和审判公正的担忧与误解，以进一步增强司法公信力和权威性。因为有些腐败犯罪官员可能曾经是当地司法机关的顶头上司，由被领导者查处领导者的案件，难免会让公众对追诉和审判的公正性产生怀疑。而实行腐败犯罪案件尤其是高中级官员腐败犯罪案件的异地审判，则可以有效消除公众对于追诉和审判可能不公正的担忧，获得其对司法的认同和信任，从而理性地对待诉讼，合理地看待审判结果，更好地实现法律效果与社会效果的高度统一。

（二）腐败犯罪异地审判存在的问题

对腐败犯罪案件尤其是高中级官员腐败犯罪案件异地审判存在的问题，主要包括以下几方面：

第一，异地审判缺乏具体的评判标准。虽然对腐败犯罪案件实行异地审判具有法律依据，但由于刑事诉讼法第26条关于指定管辖的规定比较原则，导致在司法实践中指定异地审判的裁量权缺乏有效约束，如异地是否包括曾经工作地、出生地、籍贯地等，哪些情况、什么样的案件可以实行异地审判，指定异地审判的主体包括哪些层级的法院，被指定地是否特定化，可否进行二次指定，等等，均缺乏具体的评判标准，更没有一项完善的制度可供遵守执行。[①] 事实上，实践中的做法也并不一致。比如，安徽省原副省长王怀忠受贿、巨额财产来源不明案，安徽省原副省长何闽旭受贿案，安徽省政协原副主席王昭耀受贿、巨额财产来源不明案，均指定山东省有关法院异地审判，结果是王怀忠受贿517万余元，在3人中受贿数额最小，因其有恶劣情节而被判处死刑立即执行，而王昭耀、何闽旭分别受贿704万余元和841万余元，都比王怀忠受贿数额大，却都被判处死缓，而恰巧王昭耀、何闽旭又都是山东人（王怀忠系安徽人），社会上对此议论纷纷，颇有微词。特别是对于何闽旭受贿案，最高人民法院偏偏将其交由何闽旭家乡所在的临沂市中级人民法院审理，难免有人质疑，这是纯属巧合呢，还是刻意安排？

第二，异地审判耗费较多的司法资源。对腐败犯罪实行异地审判是一个较为复杂的工程，不是一个简单的指定管辖问题，而要统筹兼顾多方面的因素。除了异地审判，还涉及异地侦查、异地取证、异地羁押和异地起诉等问题，这些无疑需要综合考虑。按照我国起诉对应审判管辖的规定，异地审判必定需要异地调查取证、异地羁押和异地起诉，而这些无疑需要耗费大量的司法成本。

第三，异地审判影响司法效率的提高。公正与效率是21世纪我国最高人民法院所强调的法院审判工作的两大主题，也是当代司法所追求的两大价值目标。司法效率追求的是通过充分、合理地运用司法资源，尽可能地缩短诉讼周期，简化诉讼程序，力求在法定期限内尽早结案，确保当事人的合法权益得到及时保障，社会公平正义得到及时有效的维护，以取得最大、最佳的法律效果和社会效果。西方有句著名的法谚云：“迟到的正义等于非正义！”因此，我们的司法制度设计以及司法活动的开展，在尽力

① 在美国，进行异地审判时应考虑的因素，主要包括：（1）公正审判的可能性；（2）当事人以及证人等参加诉讼的便利性；（3）迅速审判的可行性等。参见〔美〕伟恩·R.拉费弗等著《刑事诉讼法》，卞建林等译，中国政法大学出版社，2003，第892页。

维护司法公正的同时，也应当注重提高司法效率。否则，司法效率的丧失、无尽的讼累，不仅会损害当事人的合法权益，难以实现司法公正，而且最终也会削弱司法的权威和公信力。对腐败犯罪尤其是中高级官员腐败犯罪案件进行异地审判，诚然可以更好地维护司法公正，增强司法公信，但不容否认的事实是，异地审判程序相对较为复杂，涉及上级协调、指定管辖、跨地办案、异地取证等问题，往往耗时久远、周期较长，也会在一定程度上拖延办案时间、降低司法效率。这也是腐败犯罪异地审判实践中面临的一个不容忽视的问题。当然，尽管如此，腐败犯罪异地审判仍然不失为一种以相对牺牲司法效率来换取司法公正的科学制度设计，是在当前我国司法环境不甚理想的情况下权衡利弊后做出的一种正确选择，是在坚持“公正优先、兼顾效率”原则的前提下追求司法公正的合理代价。

第四，异地审判与检察机关异地侦查、起诉的衔接协调问题。腐败犯罪异地审判的顺利进行，不仅仅是法院一家的事情，离不开与检察机关的异地侦查、起诉的衔接协调。尽管上级法院可以指定下级法院将案件移送其他法院审判，但这只是对法院系统和审判环节有效，并不能直接影响到检察机关对腐败犯罪的侦查管辖和起诉管辖。但问题恰恰在于异地审判运转顺畅的关键是检、法两家的有效衔接和协调，因为审判必须以起诉为前提，没有检察院的异地起诉，就没有法院的异地审判。但是，无论是《刑事诉讼法》还是《人民检察院刑事诉讼规则》，都没有规定检察院在案件侦查终结后可以改变案件的管辖权。[①] 加之，《刑事诉讼法》及有关司法解释均未对指定管辖和指定侦查的具体情形、改变案件管辖权的具体程序等加以明确，因而导致改变管辖案件标准不一，法、检程序各异，造成法、检两家在腐败犯罪异地侦查、起诉和审判工作上的不协调。

（三）腐败犯罪异地审判的制度完善

那么，我们应当如何进一步完善我国对腐败犯罪的异地审判这一举措呢？建议从以下几个方面入手：

第一，实现对腐败犯罪案件异地审判的制度化和规范化。鉴于异地审判的法律依据较为原则和笼统，具体评判标准不明确，实践中的适用有一定的随意性，已难以适应腐败犯罪异地审判制度发展完善的需要，建议尽

---

① 参见胡良智《异地审判与管辖规定的冲突与完善》，载《学习月刊》2008 年第 3 期（下）。

快实现对腐败犯罪案件异地审判的制度化和规范化：一是要明确异地审判中“异地”的含义。根据我国刑事案件审判地域管辖的相关规定，结合我国腐败犯罪异地审判的实际情况，从尽可能维护司法公正的角度考虑，笔者主张对异地审判中的“异地”作严格限定，应当是指犯罪地、工作地、被告人居住地、出生地、户籍所在地以及与被告人身份或者职务有密切关系地方以外的国内其他地方。二是要规定异地审判的条件和标准。即对腐败犯罪异地审判的原则、具体条件、适用范围、评判标准等进行必要的细化和具体化。包括哪些腐败犯罪案件应当进行异地审判，哪些腐败犯罪案件可以进行异地审判，哪些情形下可以不进行异地审判，涉及共同腐败犯罪的情况下如何处理等，都能找到相应的依据和标准，从而便于司法适用。三是要完善指定异地审判的程序。要明确异地审判程序的启动、操作、变更、中止和终结等具体程序，合理确定指定异地审判的主体层级，严格禁止二次指定，设置指定异地审判的异议和救济程序等，从而增强指定异地审判程序的透明度与可操作性。四是要健全异地审判的相关配套措施。重点是要加强对腐败犯罪案件异地审判的人、财、物的保障，并统筹协调好异地羁押、证人保护等工作，确保腐败犯罪案件异地审判的顺利进行。

第二，探索针对特定主体腐败犯罪案件的集中管辖。其实，针对特殊主体而实行集中管辖的审判模式，《刑事诉讼法》也是明确认可的。比如，基于现役军人的特殊身份，《刑事诉讼法》第27条以及最高人民法院《关于执行〈中华人民共和国刑事诉讼法〉若干问题的解释》第20、21条规定“现役军人（含军内在编职工）犯罪，应由军事法院管辖”，确立了针对军人的集中管辖制度。考虑到地方党政主要领导尤其是县处级①以上地方党政主要负责人位高权重，在其权力范围内影响力较大，因而建议对《刑事诉讼法》进行再修改时，进一步健全和完善我国的刑事审判管辖制度，增加对担任一定级别领导职务（具体应是担任地方党政县处级主要领导职务以上）的官员腐败犯罪案件实行集中管辖②的相关内容。考虑到我

① 在司法实践中，地方党政县处级（含）以上主要干部腐败犯罪案件即为要案。

② 《中共中央关于全面深化改革若干重大问题的决定》（2013年11月12日中国共产党第十八届中央委员会第三次全体会议通过）在“九、推进法治中国建设”部分提到要“探索建立与行政区划适当分离的司法管辖制度”。这里的司法管辖显然包括司法机关的地域管辖和案件管辖，本节建议对特定主体腐败犯罪案件进行集中管辖，在一定意义上，也是对探索与行政区划适当分离的司法管辖制度的积极尝试。

国目前的司法体制和实际情况，笔者的初步设想是：其一，对于党和国家领导人（包括已卸任的）腐败犯罪案件，因涉及中央层面的高级领导人，在国家政治生活和国家事务决策中具有特殊性，社会影响大，国内外广泛关注，可考虑由最高人民法院直接进行管辖，[①] 或者由最高人民法院根据案件及被告人情况指定某一高级人民法院（或解放军军事法院）作一审管辖。其二，对于省部级官员（包括地方、中央部委、军队、国有企事业单位、人民团体中的省部级官员）腐败犯罪案件，一般情况下，可由首都北京市的中级法院[②]管辖（北京市的除外）；北京市的省部级官员腐败犯罪案件，可由天津、上海或者重庆这三个直辖市的中级法院管辖。当然，从长远来看，较为理想的做法是，确立大的审区对省部级官员腐败犯罪案件进行集中管辖。具体来说，建议将全国划分为东北、西北、华北、华东、华南、中南、西南七大审区。每个大的审区选择一个省（自治区、直辖市）省会所在地的中级人民法院作为一审管辖，该省（自治区、直辖市）高级法院作为二审管辖，该省（自治区、直辖市）的高官腐败案件则选择该大审区内另一省管辖。如中南地区的省部级官员腐败犯罪案件，可统一由武汉市中级法院一审管辖，湖北省高级法院二审管辖；而湖北省的省部级高官腐败犯罪的案件则交由郑州市中级法院一审管辖、河南省高级法院二审管辖。其他六大审区的省部级高官腐败犯罪案件的管辖则均作类似的制度设计和安排。同时还可考虑，确立的集中管辖本审区内省部级官员腐败犯罪案件的中级人民法院，并不是一成不变的，可根据实际情况进行调整，如可与省

---

① 如对于“林彪、江青反革命集团案”，因涉及特殊历史环境和条件下曾窃居党和国家重要领导职务的诸多被告人，1980 年 9 月 29 日第五届全国人民代表大会常务委员会第十六次会议通过了《关于成立最高人民检察院特别检察厅和最高人民法院特别法庭检察、审判林彪、江青反革命集团案主犯的决定》，专门成立最高人民法院特别法庭审理该案。

② 之所以建议将一般的省部级官员腐败犯罪案件（北京市的除外）统一归北京市的中级法院管辖，主要是考虑到：其一，近年来特别是中共十六大以来，对于省部级高官腐败案件的惩处已经形成了一个相对固定的模式，均由中纪委直接查办（执政党外干部除外），中纪委查处后再移送最高人民检察院。中纪委、“两高”等均在首都北京，高官腐败犯罪案件由北京市相关法院管辖，不仅方便办案，有助于提高办案效率和降低司法成本，而且还能有效切断高官的关系网干扰，确保审判公正。其二，腐败犯罪高官判刑后（判处死刑立即执行除外），其“最后归宿”基本上是关押在秦城监狱，而秦城监狱坐落在北京市昌平区。可见，腐败犯罪高官刑罚执行也实现了属人管辖，均由秦城监狱统一执行。其三，高官腐败犯罪案件影响大，社会关注度高，中央领导也很重视，统一集中在首都北京审理更为适宜。其四，近年来，北京市的中级法院审理了不少高官腐败犯罪案件，积累了丰富的实践经验，而且北京法官素质相对较高，能保证案件质量。

区党委政府换届同步实行五年一轮换。例如，中南地区的省部级官员腐败犯罪案件，武汉市中级法院和湖北省高级法院集中管辖五年以后，也可以根据情况调整为长沙市中级法院和湖南省高级法院管辖。其三，对于厅局级官员腐败犯罪案件，非省会城市的以及省直机关、企事业单位、人民团体的厅局级官员腐败犯罪案件统一由省会城市的中级人民法院管辖；省会城市的官员腐败犯罪案件，则可确定由本省省会城市以外的某一审理腐败犯罪经验丰富的市的中级人民法院管辖。其四，对于地方县处级主要官员的腐败犯罪案件，一般由地级市党委政府所在区的人民法院管辖；所在区的县处级干部，则可确定由本市辖区内的另一区县人民法院管辖（上述两种情形下，如属于可能判处无期徒刑、死刑的，则由该地级市的中级人民法院管辖）。

第三，完善腐败犯罪异地审判法、检以及纪委与司法的衔接协调机制。为避免在腐败犯罪异地审判问题上上级人民法院指定审判管辖与上级人民检察院指定侦查管辖、起诉管辖工作方面的不协调，应当进一步理顺腐败犯罪异地审判与异地侦查、异地起诉之间的关系，建立法院与检察院之间关于腐败犯罪案件指定管辖的常态协调机制。与此同时，从我国腐败犯罪案件办理的实际情况出发，还要进一步完善纪委与司法机关在指定异地审判程序中的沟通和协调机制。一方面司法机关要积极支持、配合纪委在履行反腐败工作中的组织协调职责，尊重纪委对司法机关查处、审判腐败犯罪案件的合理关切，加强沟通协调，及时向纪委通报案件查处、审判的有关情况，自觉接受监督；另一方面，司法机关又应当依法独立行使检察权、审判权，不能丧失刑事司法的独立品格，决不能搞所谓的“联合办公”，成为纪委的附庸。

六　性贿赂应否犯罪化的问题

（一）关于性贿赂应否犯罪化的争论

所谓性贿赂，顾名思义就是权色交易，主要是指利用女色贿赂男性国家工作人员，以使其利用职务之便，为自己或他人牟取不正当利益的行为。近年来，随着国家反腐败力度的不断加大，一些腐败官员连续被曝光，隐藏在这些官员背后的“性贿赂”屡屡见诸报端，特别是前段引发舆论高度关注的重庆雷政富案和铁道部原部长刘志军案，由其案件衍生出的“性贿赂”是否应当入罪的问题，再次成为媒体和公共空间热议的焦点话题。对于“性贿赂”如何打击、能否犯罪化，社会上一直争议不断。其实，早在 1997 年刑法典修订前夕，就有人建议把“性贿赂”犯罪化，但至今历次刑法修订和颁布的司法解释，一直未将“性贿赂”纳入“贿赂”的范围，“性贿赂”问题也始终未成为司法机关定罪量刑的依据，这在一定程度上引发了公众质疑，社会上呼吁立法制裁“性贿赂”的呼声此起彼伏。

性贿赂是否犯罪化，实际上涉及贿赂的范围问题。我国刑法典有关规定是将贿赂表述为“财物”。对于贿赂的范围，刑法理论界也形成了“财物说”“财产性利益说”和“利益说”三种观点。目前，我国刑法学界较为通行的观点是“财产性利益说”，即贿赂应当是指具有价值的有体物、无体物和财产性利益，而性贿赂等非财产性利益不属于贿赂。这一观点，也被最高人民法院、最高人民检察院于2008年11月20日联合出台的《关于办理商业贿赂刑事案件适用法律若干问题的意见》所采纳。该《意见》第7条规定：“商业贿赂中的财物，既包括金钱和实物，也包括可以用金钱计算数额的财产性利益，如提供房屋装修、含有金额的会员卡、代币卡(券)、旅游费用等。具体数额以实际支付的资费为准。”

应当说，无论古今中外，性贿赂的现象都是存在的，[①] 权色交易在官场在所难免，也确实有一些国家对“性贿赂”进行刑法规制，并且不乏针对性贿赂进行定罪科刑的案例。如在我国古代，《左传·昭公十四年》中记载了邢侯因叔鱼收受雍子提供的美色贿赂而将二人定罪处死的案例；《唐律·职制篇》和《清律》中也有将官员娶当事人的妻妾女规定为犯罪并加重处罚的法条。[②] 在国外，也有将“性贿赂”入罪的立法例。例如，日本《刑法》第197条规定：“公务员或仲裁人关于职务上的事情，收受、要求或约定贿赂的是受贿罪。”其贿赂的范围在司法实践中定义十分广泛，包括“满足人们需求、欲望的一切利益”“艺伎的表演艺术”“男女亲密交往”[③] 等内容，从而将“性贿赂”纳入了刑事制裁范围。值得注意的是，虽然各国多有主张以刑法打击性贿赂的呼声，但多数国家和地区并未将性

① 如被我国民间传说誉为中国古代“四大美女”的西施、貂蝉、杨玉环、王昭君的故事，也多多少少都带有些“性贿赂”的影子。以居“四大美女”之首的西施为例，其就是越王勾践为了腐化吴王夫差献上的“美人计”，可以说是中国古代“性贿赂”成功的典型，西施以其“沉鱼落雁之容，闭月羞花之貌”使吴王夫差神魂颠倒、荒废朝政，最终导致其国破身亡。

② 参见张有义《中国性贿赂调查：已成行贿犯罪普遍手段》，载《法制早报》2006年10月29日。

③ 参见李慧翔《国外有无“性贿赂”，怎么治理?》，载《新京报》2012年12月22日。

贿赂入罪，这也代表了国际社会的主流。多数国家之所以不将性贿赂犯罪化，主要是不希望以感性的道德谴责替代理性的刑事法制裁理。

（二）关于性贿赂应否犯罪化的基本主张

毋庸置疑，权色交易式的性贿赂确实具有较为严重的社会危害性。性贿赂直接侵犯公职人员职务的廉洁性和纯洁性，导致公权力滥用，损害政府威信和公共利益，极大地败坏社会风气；而且性贿赂比较隐蔽、难以查处，行贿与受贿都容易逃避罪责追究，其诱惑力和危害性有时超过一般的财物贿赂。近年来很多落马的腐败官员，大都存在权色交易的勾当，与多名女性发生或保持不正当性关系，有的甚至到了胆大包天的地步，惹得天怒人怨，老百姓非常愤慨，要求予以打击。在我国生效的《联合国反腐败公约》第 15 条也规定："各缔约国均应当采取必要的立法措施和其他措施，将下列故意实施的行为规定为犯罪：（一）直接或间接向公职人员许诺给予、提议给予或者实际给予该公职人员本人或者其他人员或实体不正当好处，以使该公职人员在执行公务时作为或者不作为；（二）公职人员为其本人或者其他人员或实体直接或间接索取或者收受不正当好处，以作为其在执行公务时作为或者不作为的条件。"[①] 可见，从贿赂的对象看，《公约》上述关于贿赂的规定是"不正当好处"，"不正当好处"的范围显然要大于"财物"，"不正当"是"好处"的修饰语，是出于贿赂行为而得出的评价。"好处"也就是某种利益，除了财物或财产性利益以外，它还可以指性交易这种非财产性利益。不难发现，我国刑法典对贿赂的规定，与《公约》对贿赂范围的界定还是存在一定差距的，立法上应考虑妥善解决这个问题。如果我国对受贿罪等腐败犯罪采取更为严厉打击的刑事政策，就可以考虑将"性贿赂"作为贿赂对待。当然，我国刑法立法上最终是否将"性贿赂"犯罪化，除了需要考虑中国刑事政策的反应外，还有其他一些制约因素，需要我们认真予以理性思考和对待。如在中国的传统观念中，"男女关系问题更多是道德问题，难以用一个统一的法律标尺来界定这种行为的性质"；[②] "权色交易"难以用财物

---

① 参见外交部条约法律司编译《联合国反腐败公约及相关法律文件》，法律出版社，2004，第 14 页。

② 参见《性贿赂争议 17 年入罪难　专家：可定义为不正当好处》，载《京华时报》2013 年 7 月 22 日。

衡量，给定罪量刑带来一定难题；[①] 性贿赂存在取证困难，“交易”双方死不认账就难以证实；[②] 等等。

笔者认为，结合现代刑法的科学性、合理性、可操作性要求以及性贿赂的复杂情况来考虑，我国刑法不宜将性贿赂犯罪化；但是对于可转化为金钱或者财物来衡量的性贿赂，则可以考虑纳入贿赂的范围，进行刑法规制。

首先，刑法规范应当具有明确性，这是性贿赂不宜犯罪化的主要原因。明确性原则是罪刑法定主义对刑事法治的基本要求，如果某一刑法规范不明确，内容模棱两可或者含混不清，不具有预测可能性，那就既不能有效制约刑罚权的恣意行使，也会有损刑法的安定性。性贿赂并非法律用语，没有明晰的边界，尤其是不能确定其“量”，无法对其进行量化和计算。如果将性贿赂犯罪化，在具体的司法实践中，必然会遇到认定模糊、可操作性较弱和取证困难等问题，法律适用和司法认定都存在难以克服的技术障碍。刑法立法若对性贿赂进行规制，动机虽好，短期内也许会对性贿赂这种形式的权色交易腐败行为起到震慑作用，但其造成的问题却不容忽视，由于不具有明确性的刑法规范，难以遏制刑罚权行使的恣意，势必会损害刑法的人权保障机能，有违罪刑法定主义的基本精神。

其次，刑法应当具有谦抑性，也是性贿赂不宜犯罪化的重要原因。刑法作为惩治犯罪的手段，具有特别的威慑力和特殊的严厉性，是防卫社会的最后一道防线。这就从根本上决定了刑法不能过于广泛地介入社会生活，而只能慎重、限制地适用于必要的范围内，以保持应有的谦抑。对于能用道德、党纪、政纪或者民事行政法律来调整和约束的行为，就不能将某种行为在刑法中加以规定或者动用刑罚。在社会生活中，性贿赂往往与腐败分子“生活作风不好”“腐化堕落”“道德败坏”“性泛滥”等交织在一起，涉及伦理、道德、情感、隐私、纪律、法律等多个方面的因素，有的是自己直接去进行“性贿赂”，有的是被雇佣以“性交易”的形式行贿，有的是“包二奶”或“养情人”，有的是“性贿赂”后发展成为男女朋友

---

① 参见马岳君《“性贿赂”是否应该写入刑法？道德 VS 法律》，载《法制日报》2008 年 9 月 1 日。

② 参见张有义《中国性贿赂调查：已成行贿犯罪普遍手段》，载《法制早报》2006 年 10 月 29 日。

甚至夫妻关系，等等，所以，要搞清楚究竟哪些是性贿赂，哪些是男女关系问题，等等，往往会非常困难。性贿赂是否犯罪化，该不该上升到刑法规制的高度，说到底也涉及一个道德与法律的博弈问题。我国刑法没有把通奸或者“包二奶”等行为规定为犯罪，而且主张将法律与道德分开，将刑事问题与非刑事问题分开，这是我国刑事立法先进性与科学性的体现。而性贿赂一旦入罪，必然会面临道德与法律而且是最严厉的刑法的交织和碰撞问题。若能积极建立健全惩治和预防腐败体系，形成不敢腐的惩戒机制、不能腐的防范机制、不易腐的保障机制，通过党纪、政纪、道德或者一般的法律制裁就能约束或处罚这种行为，又何必要上升到刑法的高度予以最为严厉的制裁呢？这是一个需要深入思考和理性对待的问题。

再次，我国刑法典将贿赂限于财物并规定了相应的数额标准，虽然与《联合国反腐败公约》的有关规定相比有一定差距，但标准相对较为明确，可操作性强，在司法实践中比较容易把握，总的来说是合理的。当然，对于可转化为金钱或者财物来衡量的性贿赂，我们建议在进一步研究的基础上考虑将其适当纳入贿赂的范围，进行刑法规制。因为这种形式的性贿赂，与一般的钱财贿赂或者财产性利益贿赂并无本质上的区别，而且不存在法律适用或者司法认定上的问题。如行贿人通过支付或者许诺一定数额的金钱或者财物给特定女性或者男性，以此作为代价，使其与国家公职人员进行性交易；那么，这种情况下进行的性贿赂，就是可以转化为用金钱或者财物来衡量的，应认定为贿赂。国家公职人员接受这一性贿赂进而利用职务便利，为行贿人谋取利益的，应以受贿罪论处。例如，在铁道部原部长刘志军案中，2003～2009年，刘志军先后在豪华酒店、高消费娱乐场所与山西女商人丁书苗出资安排的多名女性嫖宿。[①] 丁书苗出资安排对刘志军进行的性贿赂，就是可以转化为用金钱来衡量的性贿赂，其出资额就可以考虑认定为贿赂的数额。

七　腐败犯罪人员的境外追逃问题

（一）相关基本情况

近年来，我国腐败分子外逃现象屡见不鲜。尽管因统计标准、统计口径设置不同等因素，外逃腐败分子的准确人数仍是待解之谜，但从以往披

---

① 参见《丁书苗曾数次出资安排多名女性供刘志军嫖宿》，载《新京报》2013年9月8日。

露情况[①]分析，显然不会是一个小数目，这从一个侧面说明我国腐败分子外逃情况的严重性。腐败分子外逃，不仅阻碍我们国家对其刑事追诉的进行，起到“反向激励”的作用，影响我国惩治腐败犯罪的成效，而且也降低我国司法威慑力，损害我国司法权威和法治尊严。因此，做好腐败分子境外追逃工作，尽快将其缉捕回国就十分必要。这是新形势下深入开展反腐败斗争的迫切需要，也有利于消除腐败分子逃避法律制裁的幻想，更好地维护我国国家利益和法治尊严，增强人民群众对反腐败斗争的信心。此外，腐败分子的外逃对逃入国也会带来负面影响，其携带的巨额资金的涌入，往往会给逃入国的金融市场、房地产市场等带来虚假的繁荣，产生泡沫现象，给当地经济带来不稳定因素。[②] 由此而论，腐败分子逃入国配合逃出国的追逃工作，不仅是对逃出国的支持和履行其国际司法合作的义务，而且也是维护其本国经济和法治秩序的需要。

对于腐败分子外逃猖獗的现象，我们党和国家一贯高度重视，积极建立健全防范腐败分子外逃、境外缉捕的工作机制。中国政府至今也已签署和参加了包括《联合国反腐败公约》在内的多项双边、多边国际公约，先后与 57 个国家缔结了 111 项各类司法协助类条约。[③] 最高人民检察院作为在《联合国反腐败公约》框架下开展国际司法协助的中国中央联络机关，也先后与外国司法检察机关签署了一百多个双边合作协议或司法合作备忘录。[④] 2011 年 6 月 22 日，时任中央纪委副书记、新闻发言人的吴玉良在新闻发布会上表示，中国政府高度重视腐败分子外逃的问题，大力开展境外的追逃和追赃工作，逐步建立防逃网络，特别是针对近年来出现的腐败分子利用外国投资移民政策获取身份、转移赃款等问题加强了防范工作。近

---

① 据《南方周末》2003 年 9 月刊登的一篇报道所引用商务部的《离岸金融中心成中国资本外逃中转站》报告显示，改革开放 30 余年来，有超过 4000 名中国外逃贪官在国外“自由主义”的天空下接受“荫护”，最保守有超过 500 亿美元的资金被他们卷走。中国社科院近年的一份调研报告则显示，20 世纪 90 年代中期以来，外逃党政干部，公安、司法干部和国家事业单位、国有企业高层管理人员，以及驻外中资机构外逃、失踪人员数目高达 16000 ~ 18000 人，携带款项达 8000 亿元人民币。参见李松《外逃贪官人数仍是待解之谜　中央出台规定再紧篱笆》，载《瞭望》2010 年 5 月 24 日。

② 参见邵俊《试论在〈联合国反腐败公约〉框架下经济职务犯罪人引渡问题》，载《当代经理人》2006 年第 4 期。

③ 参见徐日丹《加强国际司法合作：编织跨国界反腐“天网”》，载《检察日报》2012 年 10 月 22 日。

④ 参见郭洪平《打击贪官外逃不放松　境外追逃追赃》，载《检察日报》2010 年 11 月 5 日。

几年已经通过引渡、遣返和司法协助、警务合作等国际执法合作的方式，将一批逃往国外的腐败分子缉拿归案。[①] 如近年来社会影响较大的云南省交通厅原副厅长胡星、中国银行广东开平支行原行长余振东等一批外逃腐败分子先后被缉捕归案。上述这些追逃成功的案例，充分展示了我国政府和司法机关惩治腐败的坚强决心，极大地震慑了企图潜逃的腐败分子，维护了我国法治的尊严。

（二）境外追逃存在的问题

从近年来境外追逃的实践看，我国境外追逃工作取得了不少成绩，但也存在一些问题，亟待研究解决。第一，境外追逃困难。由于各国政治制度、文化传统、价值观念和法律体系上的差异，在我国反腐追逃的实践中，面临着条约前置主义、死刑不引渡、政治犯不引渡以及对我国刑事司法制度缺乏足够信任等问题，使得大量的引渡或者遣返请求等被外国拖延、搁置甚或拒绝，这已在相当程度上影响了我国境外追逃的效果。第二，境外追逃成本高昂。高昂的追逃成本也成为制约我国境外追逃工作的一大瓶颈。相比于国内追逃，境外追逃因涉及公务往返、双方谈判、证人出庭、调查取证等众多程序，其追逃成本显然与境内是不可同日而语的。第三，境外追逃技术条件有待提高。长期以来，我国检察机关境外追逃之所以存在较大难度，境外追逃工作总体成效离党和人民群众的要求还存在一定差距，应当说与检察机关运用技术侦查手段有限和技术装备不足存在密切关系。第四，境外追逃经验还不丰富。虽然我国与外国缔结了大量涉及引渡、刑事司法协助等事项的条约，但司法机关引用这些国际条约的概率却很低。其中，重要的原因是我国一些地方的办案机关对境外的情况、法律制度等了解不够，追逃主动性和积极性均不高，表现出一定的畏难情绪，这给我国境外追逃工作造成了很大障碍。须知，境外追逃在很多时候较量的是智慧、意志和经验。

（三）境外追逃工作的改善

为进一步改善和强化新形势下我国对腐败分子的境外追逃工作，建议要着力抓好以下几个方面的工作：

第一，加快与《联合国反腐败公约》有关要求的衔接，破解境外追逃的法律障碍。一是要灵活处理死刑不引渡问题。在目前我国不太可能废除

---

① 参见《中纪委发言人：中国政府高度重视贪官外逃问题》，http：//news. jschina. com. cn/system/2011/06/22/011067301. shtml，2013 年 7 月 26 日访问。

贪污贿赂等腐败犯罪死刑的情况下，建议采取灵活处理的方式，适时在双边引渡条约或者司法个案合作中规定保证不判处被引渡人死刑或者作出不判处死刑的量刑承诺，从而以积极的姿态面对国际反腐追逃工作。二是要修改《引渡法》等国内立法，使之与《公约》在政治犯不引渡、双重犯罪原则、本国国民不引渡等问题上的规定和要求相衔接，从而为成功追捕外逃贪官、排除国际司法合作中的法律障碍创造条件。

第二，境外追逃与境外追赃双管齐下，发挥反腐追逃的整体合力。境外追逃和追赃都是开展国际反腐合作的重要组成部分，两者密切关联、相辅相成。一方面，既要高度重视境外追逃工作，加大合作力度，提高国际刑事司法合作水平，把缉捕潜逃境外腐败分子作为对外司法合作的重点工作，综合运用引渡、遣返、劝返等方式，增强打击跨国、跨区域腐败犯罪的实效；另一方面，又要积极开展追缴和返还腐败资产的国际合作。通过追缴境外腐败犯罪资产，以此摧毁腐败分子在境外生存生活的物质基础，挤压其生存空间，截断腐败分子的退路，迫使腐败犯罪分子愿回国自首，或最终被强制遣送回国，以此实现追赃促追逃的效果。

第三，实行关口前移，进一步健全防范腐败分子外逃的工作机制。与追逃、追赃相比，预防腐败分子潜逃，积极健全防范腐败分子外逃的工作机制更是一项治本之策。要强化防逃意识，增强防逃工作的主动性和预见性，依法果断采取相应的防控措施，尽最大可能将腐败分子控制在境内。要统筹部署和推动腐败分子防逃工作，加强检察与纪检、公安、法院、海关、工商、审计和外交等部门的合作和信息沟通，完善相关制度，逐步建立起防逃网络。要完善官员配偶和子女移居海外、出国留学等的报告和备案制度，防止领导干部当“裸官”进而演变为“贪官”，坚决遏制腐败分子外逃现象的滋生蔓延。

第四，继续深化司法改革，树立司法公正形象。西方社会对我国的司法公正往往存在偏见和疑虑，因此每当我国提出引渡或遣返请求时，根据我国国内法，本已是证据确凿的重大案犯，但被请求国仍会就被请求人是否受到公正的司法待遇问题展开一系列的评估，等等。评估结果直接影响被请求人能否顺利引渡或遣返回国。[①] 可见，树立国内司法公正形象对于

① 参见田晓萍《我国引渡外逃经济罪犯的法律障碍和对策——以赖昌星遣返为视角》，载《行政与法》2007 年第 5 期。

能否成功引渡或遣返外逃腐败分子十分重要。而要树立司法公正形象，增强外国对我国刑事司法制度的信心和信任，就应当继续深化司法改革，严格规范司法行为，进一步优化司法权力配置，更好地尊重和保障人权，不断提高执法办案水平和司法公信力。

第五，加强检察机关境外追逃的技术力量。腐败分子境外追逃要有较先进的技术条件和装备作保障。要深入实施科技强检战略，大力加强检察机关境外追逃的技术力量，推进追逃技术装备的现代化，重点加强移动定位设备、电信监控设备、视听技术装备等高科技装备建设，探索对数据存储介质检验、录音录像资料识别、数据恢复固定、心理测试等技术侦查手段的探索使用，把增强检察机关境外追逃的技术力量作为提高反腐追逃成效的重要途径。

八 腐败犯罪外移资产的追回问题

（一）腐败犯罪资产外移的危害及其追回的意义

近年来，腐败分子携款潜逃现象已成为腐败犯罪的一个突出特点，引起了世界各国的共同关注。腐败分子携款潜逃或者通过其他方式实施资金跨境转移，具有严重的危害性，表现在经济、政治、社会等多个方面，其不仅增加了受害国打击腐败犯罪、追缴违法所得的难度和成本，助长腐败蔓延趋势，破坏经济发展，而且还会危害社会和谐稳定，损害党和政府在人民群众中的威信，严重影响国家的国际形象。正是因为腐败犯罪资产跨境转移形势严峻，对本国经济社会发展危害严重，深入开展反腐败国际合作，最大限度地追回海外腐败犯罪资产，成为各国、各地区反腐败执法机构的共同愿望和迫切要求。

腐败犯罪外移资产追回的意义，主要体现在以下几个方面：第一，有利于挽回国家巨额经济损失。跨境转移的腐败犯罪资产，若不能及时追回，必将给国家造成巨大经济损失，在一定程度上削弱国家的财政力量，严重影响经济发展。第二，有助于挤压腐败分子的生存空间。非法资产是腐败分子在境外生活的经济基础，通过最大限度地对腐败犯罪资产及收益进行有效的追回，摧毁腐败分子在境外生存生活的物质基础，可以有效地挤压其生存空间，迫使其自愿回国自首或最终被追捕回国。第三，有助于震慑潜在腐败分子。资产追回是国际合作打击腐败最重要的环节和手段，客观上有利于对潜在腐败分子起到预防和威慑的作用。对受到腐败犯罪诱惑的人来讲，腐败犯罪资产的追回可使其认识到搞腐败携款潜逃可能会暂时得到好处，但最终会化为乌有，促使其及早醒悟，消除实施腐败犯罪的意念。

（二）对我国腐败犯罪外移资产追回实践的分析

境外腐败犯罪资产的追回，关键在于没收程序的运用。2012 年 3 月 14 日十一届全国人大五次会议对《刑事诉讼法》进行了修订，在立法中增补规定了“犯罪嫌疑人、被告人逃匿、死亡案件违法所得的没收程序”。① 这是针对犯罪嫌疑人、被告人逃匿、死亡案件违法所得及其他涉案财产的处理，不以对犯罪嫌疑人、被告人定罪为前提，是一种相对独立的对物的特别程序，主要解决的是如何及时追缴犯罪所得的问题。该特别程序的增设，实现了与《联合国反腐败公约》有关资产追回规定的衔接，是本次刑事诉讼法修正的一大突出亮点，其进步意义显著。在确立“违法所得没收程序”之前，我国刑事诉讼立法未专门针对腐败犯罪资产追回问题进行规定。我国检察机关对因潜逃或死亡的腐败犯罪嫌疑人追赃的工作，在法律上存在一定障碍。在检察机关办理的腐败犯罪案件中，凡涉及犯罪嫌疑人失踪、潜逃的案件，基本上是采取长期查封、冻结或扣押措施，直到犯罪嫌疑人归案并交付审判。如果失踪、潜逃的犯罪嫌疑人无法归案，或者生死不明的，那么赃款赃物将一直处于无法处置的状态。② 在腐败分子因死亡、失踪或潜逃等不能到案的情况下，人民法院也不能对其腐败犯罪资产的处置问题进行判决。③ 确立“违法所得没收程序”之后，检察机关可以更加有效地开展在逃腐败犯罪嫌疑人的资产追回工作。对于涉及境外追赃案件，检察机关取得了相关证据证明系腐败犯罪所得的，可以向人民法院提出没收违法所得的申请，人民法院可以据此作出刑事没收裁定，并通过刑事司法协助的渠道，请求相关国家承认与执行中国刑事没收裁决。当然，检察机关也可先行启动刑事司法协助程序，请求相关国家查封、冻结或扣押被腐败犯罪嫌疑人转移到境外的资产；在此基础上，再启动违法所得没收程序和刑事司法协助程序，从而追回境外腐败犯罪资产，实现境外

① 参见 2012 年新修订的《刑事诉讼法》第五编第三章（第 280 ~ 283 条）。

② 参见《境外追赃令贪官无处可逃》，载《济南日报》2012 年 6 月 28 日。

③ 参见最高人民法院《关于建议设置刑事诉讼缺席判决程序问题的答复》，载最高人民法院网，http：//www.court.gov.cn/gzhd/mygtxx/myfkzl/wpgz/201009/t20100907 _ 9178.htm，2010 年 9 月 7 日访问。

追赃的最终目的。

在境外追赃实践中，我国通过建立健全涉案资产追回和返还等工作机制，根据国际公约以及双边司法协助条约和协定，[①] 综合运用直接追回资产、民事诉讼追回资产等多种手段，有效追回了大量涉案的腐败犯罪资产，取得了明显成效，充分展示了国家惩治腐败犯罪的决心，有力地震慑了腐败犯罪分子。如2008～2012年五年间，全国检察机关加强反腐败国际司法合作，完善境内外追赃机制，会同有关部门追缴赃款赃物计553亿元。[②] 其中，境外追回的赃款赃物占有相当比例。[③] 再如，北京市检察机关近年来不断加大腐败犯罪境外追赃、追逃以及劝返工作力度，成功从境外追缴赃款5000余万元，就取得了显著效果。[④]

（三）我国腐败犯罪外移资产追回机制的完善

完善我国腐败犯罪外移资产追回机制，应着重考虑以下几点：

第一，确立以"违法所得的没收程序"为主体的多元资产追回机制。一方面，要以"违法所得的没收程序"这一特别程序为主体，进一步强化资产追回的履约能力，深化双边、多边务实合作，积极给力腐败犯罪资产的追回；另一方面，又要大力探索和丰富资产追回国际合作方式和渠道，综合运用直接追回资产、民事诉讼追回资产、促使犯罪嫌疑人配合追缴资产等多种手段，最大限度地对腐败资产、犯罪收益进行有效的追缴和返还。

第二，组建一支境外追赃的跨部门的特别侦查队伍。鉴于境外追赃的知识性、专业性和国际性较强，不仅要熟悉本国的法律制度、追赃诉讼程序，还要了解和研究相关国家的法律制度、追赃的民事和刑事程序，并且熟练掌握刑事司法协助或国际合作的业务。相关工作涉及检察、审判、外交、公安、司法行政、财政、国资委等部门，因此建议在国家层面组建一支由检察、纪检监察、审计、公安、外交、财政、国资委等部门组成的跨部门的境外追赃特别侦查队伍。境外追赃特别侦查队伍的基本任务是，组

---

① 截至目前，我国已与50个国家签订了双边刑事司法协助条约或协定，广泛开展国际合作打击腐败犯罪资产的跨境转移。参见赵阳《国际合作打击犯罪资产跨境转移》，载《检察日报》2013年11月9日。

② 参见《曹建明作最高人民检察院工作报告》，载《人民日报》2013年3月22日。

③ 数据来源于中国法学会《中国法治建设年度报告（2011）》，新华出版社，2011。

④ 参见肖玮等《北京近年从境外追赃5000余万元》，载《检察日报》2012年6月28日。

织、指挥、指导针对我国公职人员在境外拥有违法所得，以及我国在境外投资的国有资产项目被挥霍或非法转移的案件进行侦查、调查，办理境外追赃调查取证、司法协助事务等，由其形成的侦查终结或调查结论，可转交相关职能部门，或由司法机关采取刑事诉讼追缴或国际合作追赃措施，或由行政机关依法采取其他措施予以处置，除依法返还被害人或单位外，一律上缴国库。

第三，进一步发挥检察机关在腐败犯罪境外追赃工作中的主要职能作用和主渠道作用。检察机关不仅是我国国内反腐败的重要力量，也是反腐败国际合作的重要力量。建议最高人民检察院进一步重视和主动承担腐败犯罪境外追赃的工作任务，切实履行好我国实施《联合国反腐败公约》中央机关的职能，在中央纪委的指导和协调下，以及公安、外交、司法行政等部门的密切配合下，依据我国的法律、国际条约或公约，或国际合作互惠原则，积极认真地开展好腐败犯罪境外追赃工作。

第四，确立我国境外追缴腐败犯罪资产的分享机制。转移到境外的腐败犯罪资产的追回，离不开资产流入国的配合和支持。在腐败犯罪资产追回国际司法合作中，不必故意回避“资产分享”问题。作为一项追赃国际合作的激励措施，一些国家通过缔结条约的方式，相互间开展追赃国际合作，效果很好。因此，我国司法机关追缴境外腐败犯罪资产应采取务实的办法，坚持原则性和灵活性相结合的方针，确立境外追缴腐败犯罪资产的分享机制，合理运用“资产分享”制度来处理赃款赃物，从而最大限度地维护我国国家利益。不久前，我国与加拿大就签署了中国刑事司法史上第一个犯罪资产返还与分享的协定。[①] 当然，需要注意的是，确立分享机制的同时，要坚持国家主权原则、被害人权益和保护合法所有人财产所有权原则，坚持遭受犯罪侵害的被害人明确的财产必须全面无条件返还、不得分享的原则，并要严格界定分享的条件和范围。

九 结语

反腐败刑事法治的若干重大现实问题，除上述六个问题外，还有其他若干重大问题也值得关注，如反腐败刑事法治理念方面的偏差及其纠正，

---

① 参见《中国已与50个国家签订双边刑事司法协助条约或协定 国际合作打击犯罪资产跨境转移》，载《法制日报》2013年11月9日。

反腐败刑事法网的缺漏及其弥补，腐败犯罪定罪量刑标准方面的重大问题及其调整，惩治腐败犯罪刑罚制度方面的缺陷及其完善，以及腐败犯罪中的“特定关系人”问题，腐败犯罪的死刑适用问题，等等。[①] 当然，若以刑事诉讼法学或者其他刑事学科（如犯罪学、刑事政策学、犯罪心理学等）为主要视角，则反腐败刑事法治领域也还有其他诸多重大问题值得关注。

时代的变迁、社会的进步和反腐的深入，已经成为中国反腐败刑事法治发展进步最内在的原动力。同时，也只有立足于我国反腐败的实际情况和发展完善需要，在对现行的反腐败刑事政策、刑事立法和刑事司法进行深刻反思的基础上，以现代刑事法治理念为指导，理性、稳妥地推进反腐败刑事法治的改革创新，才能实现中国反腐败刑事法治的现代化、科学化和国际化。

中国反腐败刑事法治建设是一项任重道远的事业，刑事法学者基于自己的事业使命感和社会责任感，无法回避这一课题，而应积极关注和参与研究，从而为我国反腐败刑事法治的改革完善注入正能量。我们坚信，随着社会、政治、经济、法治的整体提升，我国反腐败斗争将进入一个更加高效的时代，我国反腐败的刑事法治建设也必将不断取得更大、更加令人瞩目的成就！

（北京师范大学刑事法律科学研究院暨法学院教授　赵秉志）

---

① 2015年8月29日第十二届全国人民代表大会常务委员会第十六次会议通过的《刑法修正案（九）》对贪污受贿犯罪的定罪量刑标准进行了修改，确立了严重贪污受贿犯罪死缓犯的终身监禁制度，对行贿犯罪严密法网并加大了处罚力度，在相关腐败犯罪中增设了罚金刑，并且完善了反腐败的预防性措施。反腐败刑法的这些新进展，需要进一步结合相关司法实践进行专门而深入的研究。

第五节

反腐败刑事立法的变迁与发展

新中国成立以来，党和国家一直高度重视用刑罚手段同贿赂等腐败犯罪作斗争，多次通过立法，调整贿赂犯罪刑法制度。贿赂犯罪刑法制度立法调整的次数之多和幅度之大，是刑法中任何一类犯罪制度都无法相比的。新中国惩治贿赂犯罪刑法制度的变迁和发展，是党和国家长期坚持用刑罚手段同腐败犯罪作斗争的重要标志。

一　新中国第一个惩治贿赂犯罪的刑法规范

新中国成立之初，面对已经出现的腐败犯罪，中央人民政府于 1952 年 4 月 21 日制定公布了《中华人民共和国惩治贪污条例》（以下简称《惩治贪污条例》），这是新中国第一个惩治腐败犯罪的刑法规范，其中关于贿赂犯罪的规定有以下特征：

1. 把索取、收受贿赂的行为规定为贪污罪

《惩治贪污条例》第 2 条规定，一切国家机关、企业、学校及其附属机构的工作人员，凡强索他人财物，收受贿赂以及其他假公济私违法取利之行为，均为贪污罪。在《惩治贪污条例》中，索贿、受贿犯罪不是独立的罪名，属于贪污犯罪行为，至 1979 年刑法典颁布实施，我国的贿赂犯罪一直是按照贪污罪定罪处罚的。

2. 索取、收受贿赂犯罪的主体比较宽泛

《惩治贪污条例》第 2 条规定，一切国家机关、企业、学校及其附属机构的工作人员，均可构成索取、收受贿赂犯罪的主体。

3. 没有将“利用职务便利”和“为他人谋取利益”规定为犯罪构成要素

在《惩治贪污条例》文本中，构成索贿、受贿犯罪，没有明文要求必须是“利用职务便利”和“为他人谋取利益”的行为，只表述为犯罪行为

人实施了“强索他人财物、收受贿赂”的行为，达到法定犯罪数额标准的，即构成犯罪。

4. 规定了犯罪的具体数额标准，并规定法定最高刑为死刑

《惩治贪污条例》第 3 条，对个人贪污不同的数额，分别作了不同的处罚规定，并明确规定个人贪污（受贿）人民币一亿元（相当于现在的一万元）以上者，判处十年以上有期徒刑或无期徒刑，其情节特别严重者判处死刑。

5. 行贿、介绍贿赂犯罪参酌受贿犯罪的规定处罚

《惩治贪污条例》第 6 条规定，一切向国家工作人员行使贿赂、介绍贿赂者，应按照其情节轻重参酌贪污、受贿犯罪的规定处罚，其情节特别严重者，并得没收其财产之一部或全部；其彻底坦白并对受贿人实行检举者，得判处罚金，免予其刑事处分；凡胁迫或诱惑他人收受贿赂者，应从重或加重处罚；凡因被勒索而给予国家工作人员以财物并无违法所得者，不以行贿论，其被勒索的财物，应追还原主。

6. 领导人员对下属人员的犯罪行为负有纠举的责任

《惩治贪污条例》第 13 条规定，一切国家机关、企业、学校及其附属机构的领导人员，凡发觉其所属工作人员贪污而故意包庇或不予举发者，应依其情节轻重，予以刑事处分或行政处分。

《惩治贪污条例》对贪污、贿赂犯罪的规定比较具体，可操作性比较强；为当时以及其后的一个时期惩治腐败犯罪，提供了刑法规范。

二 新中国第一部刑法典中的贿赂犯罪规定

1979 年 7 月，第五届全国人大第二次会议颁布了新中国第一部刑法典（以下简称“1979 年刑法典”），是新中国刑法制度的重要里程碑，其中的贿赂犯罪规定有以下主要特征。

1. 第一次将受贿罪、行贿罪规定为独立罪名

如前所述，1952 年 4 月颁布的《惩治贪污条例》没有把贿赂犯罪作为独立罪名规定，而是作为贪污罪定罪处罚。1979 年刑法典第 185 条明确规定了受贿、行贿行为的定罪处罚，第一次以立法，并且是以法典的方式，将受贿罪、行贿罪，设定为独立的刑法罪名。

2. 受贿罪主体为“国家工作人员”

1979 年刑法典第 185 条规定的受贿罪主体为“国家工作人员”；第 83

条对“国家工作人员”作了具体界定，是指一切国家机关、企业事业单位和其他依照法律从事公务的人员。这表明，受贿罪的主体范围仍比较宽泛。

3. 受贿罪客观方面要求“利用职务便利”

1979年刑法典把“利用职务便利”作为受贿罪构成的条件，严格了受贿犯罪的构成。没有利用职务便利收受他人财物的行为，不构成受贿罪。

4. 立法没有规定贿赂犯罪数额标准

1979年刑法典在盗窃、诈骗、抢夺罪等侵犯财产犯罪规定中，构成犯罪的要求是“数额较大”的行为；但对贪污罪、受贿罪，没有规定“数额较大”，也没有规定具体的犯罪数额标准。

5. 受贿罪法定最高刑为有期徒刑15年

1979年刑法典规定，受贿罪的法定最高刑为有期徒刑15年，而同时规定的贪污罪法定最高刑为死刑。这说明，1979年刑法典把受贿罪作为较之贪污罪轻的犯罪，也说明当时的受贿犯罪不突出。

6. 对行贿罪规定了较轻的刑罚

1979年刑法典规定，向国家工作人员行贿的，处3年以下有期徒刑或者拘役。法定最高刑为3年有期徒刑，属于轻罪。而1952年的《惩治贪污条例》规定，行贿犯罪比照受贿犯罪处罚。

1979年刑法典是最高国家权力机关制定颁布的，是新中国第一个关于犯罪、刑事责任和刑罚的全面系统的刑法制度，也是第一个把贿赂犯罪作为独立罪名的刑法规范。

三　改革开放初期对受贿犯罪刑法规定的调整

1979年刑法典颁布实施不久的1982年初，面对严重的经济犯罪、腐败犯罪形势，中共中央政治局于1982年4月10日召开会议专题研究打击经济犯罪问题，邓小平同志在会议上指出：“我们要有两手，一手就是坚持对外开放和对内搞活经济的政策，一手就是坚持打击经济犯罪活动。”[①]中共中央、国务院于1982年4月13日发出《关于打击经济领域中严重犯罪活动的决定》。其间，全国人大常委会于1982年3月8日作出《关于严惩严重破坏经济的罪犯的决定》（以下简称《决定》）；其中，对1979年刑

① 见《邓小平文选》第2卷，人民出版社，1994年10月第2版，第404页。

法典规定的贿赂犯罪作出重要修改和补充:

1. 增加了索贿的规定

1979 年刑法典中，没有索贿的规定，《决定》增加了“索贿”的规定。索取他人财物的犯罪，比收受他人财物的行为更恶劣，索贿有别于一般受贿。

2. 提高了受贿罪的法定刑

《决定》将 1979 年刑法典规定的受贿罪法定最高刑 15 年，改为国家工作人员索取、收受贿赂的，比照刑法第 155 条贪污罪的规定，定罪处罚；情节特别严重的，处无期徒刑或者死刑。这是对 1979 年刑法典受贿罪规定的一项重大修改。

3. 对受贿罪共犯问题作了规定

《决定》规定，国家工作人员及其亲属或已经离职的国家工作人员，犯包庇、窝藏罪或毁证、伪证罪等罪行，事前与受贿、索贿行为人通谋的，以共同犯罪论处。这一规定要求受贿罪共犯必须具备三要件：一是犯罪主体是国家工作人员及其亲属或已经离职的国家工作人员；二是犯有包庇、窝藏罪或毁证、伪证罪；三是事前与受贿、索贿行为人通谋。这一规定对认定受贿、索贿罪共犯的要求比较严格。

1979 年刑法典刚刚实施两年多，全国人大常委会就作出《决定》，以国家立法的方式调整刑法关于贿赂犯罪的规定，加重对贿赂犯罪的惩罚，反映了当时贿赂犯罪的严重情况和国家用刑罚手段严厉惩治贿赂犯罪的态度。

四 社会主义市场经济建设起步初期对贿赂犯罪刑法规定的调整

1984 年 10 月召开的党的十二届三中全会，通过了《中共中央关于经济体制改革的决定》，作出了关于建设社会主义市场经济的部署。随着经济体制改革的深入发展和社会主义市场经济建设的起步，贪污贿赂犯罪出现了一些新情况、新特点。为此，全国人大常委会于 1988 年 1 月作出《关于惩治贪污罪贿赂罪的补充规定》(以下简称《补充规定》)，后于 1995 年 2 月作出《关于惩治违反公司法犯罪的决定》，对贿赂犯罪刑法规定作了较大幅度的补充和调整。

1. 构成受贿罪要“为他人谋取利益”

《补充规定》第 4 条规定，法定受贿罪主体“利用职务上的便利，索取他人财物的，或者非法收受他人财物为他人谋取利益的，是受贿罪”。就是说，非法收受他人财物，但没有实施“为他人谋取利益”行为的，不构成受贿罪，即俗称“收钱不办事的不构成受贿罪”。此前的刑法文本中没有这样规定。这样规定，严格限定了受贿犯罪的范围。

2. 明确规定了受贿罪共犯

《补充规定》第4条第2款规定：“与国家工作人员、集体经济组织工作人员或者其他从事公务的人员勾结，伙同受贿的，以共犯论处。”即构成受贿罪共犯，不一定是国家工作人员；是国家工作人员的，不要求利用职务便利；只要与法定受贿罪主体勾结，伙同受贿的，就以受贿罪共犯论处。

3. 收受回扣、手续费的以受贿论处

《补充规定》第4条第3款规定：“国家工作人员、集体经济组织人员或者其他从事公务的人员，在经济交往中，违反国家规定收受各种名义的回扣、手续费，归个人所有的，以受贿论处。”这里的“违反国家规定”，是指违反全国人大及其常委会制定的法律、国务院制定的行政法规和行政措施、发布的决定和命令。

4. 明确规定受贿犯罪数额标准

根据《补充规定》，个人受贿数额2000元以上或不满2000元情节较重的追究刑事责任；受贿数额5万元以上，情节特别严重的，处死刑；受贿数额1万元以上，使国家利益或者集体利益遭受重大损失的，处无期徒刑或者死刑。这是改革开放以来，第一次立法明确规定贪污、受贿犯罪数额标准。

5. 明确规定单位索贿、受贿罪

《补充规定》第6条规定：“全民所有制企业事业单位、机关、团体，索取、收受他人财物，为他人谋取利益，情节严重的处罚金，并对其直接负责的主管人员和其他直接责任人员，处五年以下有期徒刑或者拘役。”刑法制度首次对单位索贿、受贿罪行为作出定罪处罚规定。

6. 提高行贿罪法定刑

《补充规定》第8条规定，犯行贿罪，情节特别严重的，处无期徒刑，修改了1979年刑法典行贿罪法定最高刑为三年有期徒刑的规定，加大了对行贿犯罪的惩治力度。

7. 规定巨额财产来源不明罪

《补充规定》第 11 条规定，国家工作人员的财产或者支出明显超过合法收入，差额巨大的，本人不能说明其来源是合法的，差额部分以非法所得论，处五年以下有期徒刑或者拘役。这是新增加的一个罪名。

8. 将非国家工作人员职务犯罪区别于国家工作人员

全国人大常委会于 1995 年 2 月作出《关于惩治违反公司法犯罪的决定》，对非国家工作人员职务侵占罪、受贿罪、挪用公司资金罪作出了新规定，规定公司董事、监事或其他职员的职务侵占罪、受贿罪法定最高刑为有期徒刑 15 年，使非国家工作人员的职务侵占罪、受贿罪，有别于国家工作人员的贪污罪、受贿罪。

五　1997 年修订刑法典中的贿赂犯罪制度

1997 年召开的中国共产党第十五次全国代表大会，提出了依法治国，建设社会主义法治国家的要求；并提出到 2010 年形成中国特色社会主义法律体系。这一年 3 月召开的第八届全国人民代表大会第五次会议，对刑法进行了全面修订。修订刑法典对贿赂犯罪规定的调整主要有以下特征：

1. 将贪污罪贿赂罪在刑法分则中单设一章

1979 年刑法典分则设八章，即把犯罪行为分为八类，是按照犯罪行为侵害的法益进行分类的。改革开放以来，全国人大常委会修改刑法的决定、补充规定，不是按照刑法分则的分类进行的，常常把刑法分则不同分类的罪名放在一个决定、补充规定中。例如，1988 年作出的《关于惩治贪污罪贿赂罪的补充规定》，就将 1979 年刑法典分则第五章规定的贪污罪与第八章规定的受贿罪放在一个规定里。1997 年修订刑法，将《补充规定》的做法移入法典，改变了 1979 年刑法典分则的犯罪分类体系，将贪污罪贿赂罪单设一章。这样，虽然突出了贪污贿赂犯罪的规定，但也改变了刑法分则犯罪分类规则的同一性。

2. 突出了贿赂等职务犯罪主体为国家机关工作人员的规定

修订刑法典第 385 条规定的受贿罪主体虽然仍表述为“国家工作人员”，但已不同于 1979 年刑法典第 83 条关于“国家工作人员”是指“一切国家机关、企业、事业单位和其他依照法律从事公务的人员”的规定。修订刑法典第 93 条第 1 款规定：“本法所称国家工作人员，是指国家机关中从事公务的人员。”第 2 款规定：“国有公司、企业、事业单位、人民团体中从事公务的人员和国家机关、国有公司、企业、事业单位委派到非国有公司、企业、事业单位、社会团体从事公务的人员，以及其他依照法律从事公务的人员，以国家工作人员论。”突出了国家机关工作人员为受贿罪主体的问题。

3. 调高了贪污受贿犯罪数额标准

修订刑法典，把贪污、受贿犯罪数额五千元以上，或不满五千元，情节较重的，确定为追究刑事责任的标准；规定十万元以上，情节特别严重的，处死刑，提高了1988年《补充规定》确定的贪污、受贿犯罪数额标准。

4. 规定了斡旋受贿犯罪

修订刑法典第388条规定，国家工作人员利用本人职权或者地位形成的便利条件，通过其他国家工作人员职务上的行为，为请托人谋取不正当利益，索取请托人财物或者收受请托人财物的，以受贿论处。这是刑法第一次把斡旋受贿行为规定为犯罪。

5. 规定了向单位行贿犯罪

修订刑法典第391条规定，为谋取不正当利益，给予国家机关、国有公司、企业、事业单位、人民团体以财物的，或者在经济往来中，违反国家规定，给予各种名义的回扣、手续费的，处三年以下有期徒刑或者拘役。单位犯前述罪的，对单位判处罚金；对直接负责的主管人员和其他直接责任人员，依照前述规定处罚。

6. 规定了单位向个人行贿犯罪

修订刑法典第393条规定，单位为谋取不正当利益而行贿，或者违反国家规定给予国家工作人员以回扣、手续费，情节严重的，对单位判处罚金，并对其直接负责的主管人员和其他直接责任人员，处五年以下有期徒刑或者拘役。

1997年修订刑法是中国刑法制度的一次重大全面调整，是中国刑法制度的一个新的里程碑。其中，对贿赂犯罪规定的调整，是适应当时惩治贪污贿赂犯罪的需要的。

六　进入21世纪后的贿赂犯罪刑法制度建设

2002年11月，中国共产党召开的第十六次全国代表大会提出全面建设小康社会的要求，并提出“坚决反对和防止腐败，是全党一项重大的政治任务”[①]。2005 年 1 月中共中央印发了《建立健全教育、制度、监督并重的惩治和预防腐败体系实施纲要》，2008 年印发了《建立健全惩治和预防腐败体系 2008—2012 年工作规划》。进入 21 世纪，我国在反腐败刑法制度建设方面也采取了一些新举措。

1. 签署并批准了《联合国反腐败公约》

《联合国反腐败公约》是国际社会反腐败法律文件，是国际社会形成的反腐败共识。我国高度重视《联合国反腐败公约》，在“公约”形成过程中，积极地进行了工作。2003 年 12 月 10 日，中国政府签署了《联合国反腐败公约》。2005 年 10 月 27 日，全国人大常委会作出批准《联合国反腐败公约》的决定。中国签署并批准《联合国反腐败公约》，表明了中国反腐败的积极立场和态度，也对反腐败刑法制度的调整提出了新的要求。

2. 《刑法修正案（六）》修改了刑法有关贿赂犯罪的规定

2006 年 6 月，全国人大常委会通过的《刑法修正案（六）》第 7 条，对修订《刑法典》第 163 条的规定作了修正，增加了“其他单位的工作人员”的规定，扩大了非国家工作人员受贿犯罪主体的范围。

3. 《刑法修正案（七）》增加了利用影响力受贿罪的规定

2009 年 2 月，全国人大常委会通过的《刑法修正案（七）》规定，国家工作人员的近亲属或者其他与该国家工作人员关系密切的人，通过该国家工作人员职务上的行为，或者利用其职权或者地位形成的便利条件，通过其他国家工作人员职务上的行为，为请托人谋取不正当利益，索取或收受请托人财物，数额较大或有其他较重情节的；离职的国家工作人员或者其近亲属以及其他与其关系密切的人，利用该国家工作人员原职权或者地位形成的便利条件，实施前述行为的，均规定为利用影响力受贿罪。这是我国刑法修正案作出的新的受贿犯罪的规定。

4. 《刑法修正案（七）》修改了巨额财产来源不明罪的法定最高刑

《刑法修正案（七）》对修订刑法典规定的巨额财产来源不明罪法定最高刑 5 年，进行了修改调整，修改为“巨额财产来源不明，差额特别巨大的，处五年以上十年以下有期徒刑”，加大了对巨额财产来源不明罪的惩治力度。

---

① 见党的第十六次全国代表大会报告，人民出版社，2002 年 11 月第 1 版，第 55 页。

七 《刑法修正案（九）》对贿赂犯罪制度的修改

第十二届全国人大常委会第十六次会议，于2015年8月29日审议通过了《刑法修正案（九）》，这是我国刑法制度的又一次重大调整。其中对1997年刑法典规定的贪污、贿赂犯罪数额标准以及原刑法制度中的有关贿赂犯罪的规定，作了重大修改：

1. 对修订刑法典规定的犯罪数额标准作了重大修改

《刑法修正案（九）》取消了1997年刑法典第383条规定的贪污受贿数额十万元以上、五万元以上不满十万元、五千元以上不满五万元、不满五千元等具体数额标准的规定，分别修改为“数额较大”“数额巨大”“数额特别巨大”三种数量标准，将1997年修订刑法典规定的犯罪具体数额标准的四个档次，调整为三个档次。

2. 对贪污受贿犯罪情节的定罪量刑作了新规定

《刑法修正案（九）》之前的刑法制度中，“犯罪情节”没有作为贪污受贿犯罪独立的构成犯罪条件，只是作为提高量刑规格的条件。如，刑法典第383条，对个人贪污受贿犯罪数额在十万元以上的，规定处十年以上有期徒刑或无期徒刑，并规定“情节特别严重的，处死刑”；对五万元以上不满十万元的，规定处五年以上有期徒刑，并规定“情节特别严重的，处无期徒刑”；对五千元以上不满五万元的，规定处一年以上七年以下有期徒刑，并规定“情节严重的，处七年以上十年以下有期徒刑”。《刑法修正案（九）》在分别规定犯罪数额较大、数额巨大、数额特别巨大的同时，分别规定“或者有其他较重情节的”“或者有其他严重情节的”“或者有其他特别严重情节的”，作为入罪、定罪处罚的条件。

3. 调整了贪污受贿犯罪数额标准的顺序

1997年刑法典第383条规定的贪污受贿犯罪数额标准共有四项，从第一项至第四项是按照先重后轻的顺序，依次规定贪污受贿犯罪数额标准和刑罚规格，将犯罪数额标准和刑罚规格由高到低分为四个档次。而《刑法修正案（九）》则改为由低到高的顺序，规定三个数量方面的档次和刑罚标准。在刑法典中，法定最高刑为死刑的罪名，刑罚规格顺序的排列也有不同，如刑法第232条规定的故意杀人罪，刑罚的顺序排列是“处死刑、无期徒刑或者十年以上有期徒刑”，由重到轻；而刑法第115条规定的放火、决水、爆炸等以危险方法危害公共安全罪，刑罚的顺序排列则是“处十年以上有期徒刑、无期徒刑或者死刑”，由轻到重。这次《刑法修正案（九）》，将原来由重到轻的犯罪数额标准和刑罚规格，改为由轻到重的数量标准和刑罚规格。

4. 对提起公诉前的认罪、悔罪、退赃等行为从轻、减轻、免除处罚作了新规定

《刑法修正案（九）》对犯贪污罪、受贿罪，在提起公诉前如实供述自己罪行、真诚悔罪、积极退赃，避免、减少损害结果的发生，属于贪污受贿数额较大或者有其他较重情节的，可以从轻、减轻或者免除处罚；属于贪污受贿数额特别巨大或者有其他特别严重情节的，可以从轻处罚。这样规定，有利于鼓励贪污受贿犯罪行为人在提起公诉前，如实供述自己的罪行，促使其真诚悔罪、积极退赃。

5. 对犯贪污罪（受贿罪）判处死缓的，增加终身监禁的规定

《刑法修正案（九）》规定，对犯贪污罪（受贿罪）被判处死刑缓期二年执行的，在其死刑缓期执行二年期满，依法决定减为无期徒刑后，人民法院根据犯罪情节等情况，可以同时决定终身监禁，不得减刑、假释。

6. 对行贿、介绍贿赂犯罪的规定作了修改补充

《刑法修正案（九）》还对刑法第 390 条、第 391 条、第 393 条规定的行贿犯罪、第 392 条规定的介绍贿赂罪作了修改补充规定，并在第 390 条之后增加一条关于行贿犯罪的规定，作为第 390 条之一。这些修改，使行贿犯罪的定罪处罚更加完善，加大了对行贿犯罪的惩罚力度。

《刑法修正案（九）》是全国人大常委会对贪污、受贿犯罪数额标准等问题做的又一次重大修改调整。

八 贿赂犯罪刑法的发展完善

贿赂犯罪刑法规定的频繁调整，发挥了刑法防治和惩治贿赂犯罪的积极作用。但同时要看到，贿赂犯罪还相当严重地存在，如何进一步调整和修改完善贿赂犯罪刑法规范，更好地发挥刑法在反贿赂犯罪斗争中的作用，仍是一个重要课题。

1. 受贿犯罪数额数量标准问题

1952 年的《惩治贪污条例》明确规定了贪污、贿赂犯罪的数额标准。1979 年刑法典对贪污罪、受贿罪没有规定数额标准，也没有像盗窃罪那样要求“数额较大”；当然情节显著轻微危害不大的不认为是犯罪。1988 年《补充规定》，规定贪污受贿二千元为追究刑事责任的起点，不满二千元

（实践中掌握应当是接近二千元）的要求是情节较重的。1997 年刑法将二千元改为五千元，并相应调整了其他有关贪污受贿数额标准的规定。《刑法修正案（九）》取消了 1997 年修订刑法典确立的贪污受贿犯罪的具体数额标准的规定，用“数额较大”“数额巨大”“数额特别巨大”三个数量标准，作为定罪量刑的规格尺度。实践中，对刑法要不要规定贪污受贿犯罪的具体数额标准，认识并不一致。有一种意见认为，应当修改并提高 1997 年刑法典规定的数额标准，主要理由是，刑法的这个标准已经有十七八年了，经济发展了，物价水平也提高了，实践中贪污受贿犯罪数额很大，五千元的定罪标准已经基本上不适用了；修改刑法适当提高定罪标准，有利于缩小打击面、集中力量办大要案、降低司法成本。也有一种意见认为，立法提高受贿犯罪数额标准，并非有利于遏制贪污受贿犯罪，贪污受贿大案往往是从小案逐渐发展形成的，立法对贪污受贿犯罪应当从严，不应当提高刑法规定的定罪数额标准。也有人主张，“立法管定性，司法管定量”，立法不应规定贪污受贿犯罪的具体数额标准，应恢复 1979 年刑法典关于贪污贿赂犯罪立法的表述，法律不规定具体数额标准，有利于预防、遏制受贿犯罪；法律要保持稳定，地区经济发展不平衡，法定犯罪数额标准在各地的实际执行也有不同；甚至对法律规定数额标准没有严格执行。不规定具体数额标准，有利于各地在司法实践中区别对待。《刑法修正案（九）》作出了新规定，不规定具体数额标准，规定了数额较大、数额巨大、数额特别巨大三个数量标准。从 1952 年《惩治贪污条例》规定具体数额标准，到 1979 年刑法典不规定具体数额标准，再到 1988 年《补充规定》恢复具体数额标准的规定，到 1997 年刑法典提高具体数额标准，再到《刑法修正案（九）》取消具体数额标准的规定，用“较大”“巨大”“特别巨大”三种弹性数量标准，数额标准问题经历了多次变迁。现在的问题，一是需要对“数额较大”“数额巨大”“数额特别巨大”的立法表述，依法作出进一步解释。二是要不要对数额较大、数额巨大、数额特别巨大，分别规定一个幅度，授权地方在这个幅度内确定地方的具体数额标准。三是同为刑法条文中的“数额较大”“数额巨大”“数额特别巨大”，在不同的罪名下出现，其具体的数额标准是否可以不同？如，刑法第 264 条规定的盗窃罪，规定了“数额较大”“数额巨大”“数额特别巨大”，与《刑法修正案（九）》对刑法第 383 条修改后规定的“数额较大”“数额巨大”“数额特别巨大”，文字表述完全相同，是否因为罪名不同，可以是不同的具体数额标准？无论是立法具体规定贪污受贿的犯罪数额标准，还是立法对贪污受贿数额标准不作规定，还是像《刑法修正案（九）》这样规定，贪污受贿犯罪的数额标准问题，都是一个需要长期研究的课题。

2. 国家机关作为单位受贿罪主体问题

刑法第30条把“机关”规定为单位犯罪主体，第387条把“国家机关”规定为单位受贿罪主体。这样规定既不合适，也不便于执行。因为，刑法对单位犯罪实行“双罚制”，对直接负责的主管人员和其他直接责任人员判处刑罚，对单位判处罚金；而国家机关的经费来自国库，罚金也是交国库，由国家出钱交罚金给国家，意义何在？同时，涉及政府、法院、检察院等国家机关构成单位受贿罪时，很难查处。应当修改对国家机关判处罚金的规定，国家机关以单位名义受贿构成犯罪的，应当对直接负责的主管人员追究刑事责任，依法没收单位收受的财物。

3. “为他人谋取利益”作为受贿罪构成条件问题

1979年刑法典第185条规定的受贿罪，没有“为他人谋取利益”的规定；是1988年《补充规定》和1997年修订刑法增加了“为他人谋取利益”的规定。“只收受他人财物而没有为他人谋取利益的，不能构成犯罪。”① 刑法规定“受贿罪的保护法益是国家工作人员职务行为的不可收买性，也可以说是国家工作人员职务行为与财物的不可交换性”。而行为是否侵犯了这种法益，关键在于国家工作人员索取或者收受的财物，是否与其已经实施的、正在实施的、将来实施的或者许诺实施的职务行为之间具有对价关系，即国家工作人员所索取或者收受的财物，是否为其职务行为（包括已经实施的、正在实施的、将来实施的或者许诺实施的）的不正当报酬。②“本罪的客体是国家工作人员的职务廉洁性”。③ 可见，不论实际上是否“为他人谋取利益”，都侵害了刑法保护的法益。刑法文本上明文规定受贿罪要“为他人谋取利益”，严格了受贿罪构成。实践中，收钱不办事的大有人在，也严重影响国家公职人员的廉洁性。有人认为，应当规定：国家

---

① 高铭暄、马克昌主编、赵秉志执行主编《刑法学》，北京大学出版社，2010年1月第4版，第710页。

② 张明楷：《刑法学》，法律出版社，2007年8月第3版，第873页。

③ 高铭暄、马克昌主编、赵秉志执行主编《刑法学》，北京大学出版社，2010年1月第4版，第709页。

公职人员不得在任何时候、任何情况下，本人或通过他人，或伙同他人收受财物，收者以受贿论；但情节显著轻微的不构成犯罪。这样规定，有利于体现公职人员“为人民服务的宗旨”，有利于预防、遏制受贿犯罪。

4. 受贿犯罪内容为财物问题

1979年刑法典和1982年3月8日人大常委会《决定》，对受贿罪的内容均表述为“收受贿赂的”，没有用“财物”作表述，“贿赂”的外延应当比“财物”宽泛。1988年《补充规定》和1997年修订刑法把“收受贿赂”改为“收受他人财物”。权威学者认为，“这里的财物，是指具有价值的可以管理的有体物、无体物以及财产性利益”。[①]“贿赂除包括金钱和可以用金钱计算的财物外，还应当包括其他物质性利益。”[②]既然对“财物”作这样的解释，就应当将“收受他人财物”改为“收受他人财物、接受财产性利益和其他可以计算的物质性利益”，这样既严格明确了法律规定，体现罪刑法定原则，也有利于惩治受贿犯罪。

5. 受贿罪死刑问题

1979年刑法典中受贿罪的法定最高刑为15年有期徒刑。1982年3月全国人大常委会的《决定》，修改了1979年刑法典的规定，将受贿罪法定最高刑规定为死刑。这表明当时国家对惩治受贿犯罪从严的态度。近年来，鉴于法治的发展、社会的进步和欧洲发达国家废除死刑、相当一部分国家废除了非暴力犯罪死刑的做法，我国也在逐步减少死刑。《刑法修正案（八）》取消了13个罪名的死刑，《刑法修正案（九）》取消了9个罪名的死刑，实践中对适用死刑进行了比较严格的控制。有人主张废除非暴力犯罪死刑，包括贪污罪、受贿罪的死刑。虽然1997年修订刑法典规定个人贪污或受贿10万元以上，情节特别严重的处死刑。但实践中，受贿数百万元、上千万元甚至上亿元的案件，多未判处死刑立即执行。在目前受贿犯罪还相当严重和人们普遍期望从严惩治腐败犯罪的背景下，废除贪污罪、受贿罪死刑是不现实的。但立法应对贪污罪、受贿罪适用死刑的条件作进一步明确规定；实践中，应当从严控制死刑的适用。

6. 受贿罪共犯问题

1952年的《惩治贪污条例》第12条规定，非国家工作人员勾结国家

---

① 张明楷：《刑法学》，法律出版社，2007年8月第3版，第875页。

② 高铭暄、马克昌主编、赵秉志执行主编的《刑法学》，北京大学出版社，2010年1月第4版，第710页。

工作人员伙同贪污（受贿）的，参照有关国家工作人员的规定予以惩治。1979 年刑法典第 185 条受贿罪的规定中，没有受贿罪共犯的特别规定。1982 年 3 月的人大常委会《决定》规定：犯索贿、受贿罪，事前“通谋的，以共同犯罪论处”。1988 年 1 月的全国人大常委会《补充规定》对贪污罪、受贿罪的共犯问题作了特别规定，受贿罪的共犯要求是：“与国家工作人员、集体经济组织工作人员或者其他从事公务的人员勾结，伙同受贿的，以共犯论处。”（贪污罪共犯也有特别规定）。1997 年修订刑法典保留了 1988 年《补充规定》关于贪污罪共犯的规定，删去了关于受贿罪共犯的规定。对此，有一些不同认识：一是有人认为，贪污罪侵害的法益主要是公共财物的所有权；非法定主体，没有利用职务便利而侵害公共财物所有权，可以构成盗窃、诈骗等犯罪；对与国家工作人员勾结、伙同贪污的，规定以贪污共犯论处是明示性规定；而受贿罪不存在定盗窃、诈骗等罪名问题，不需要再作明示性规定。二是有人认为受贿罪是权钱交易型犯罪，没有职权或有职权而没有利用职务便利的人，不构成受贿罪，不应当再明确规定其构成受贿罪共犯；如果行为人没有职权或没有利用职权，构成介绍贿赂罪、斡旋受贿罪、利用影响力受贿罪，依照有关罪名定罪处罚。三是实践中，受贿多是由配偶、子女、情妇或其他特定关系人收受财物，受贿行为人是通过这些特定关系人实现、完成受贿的，这些人与行为人有法定夫妻关系，或有血缘关系，或有某种特定关系，是否属于受贿罪共犯？实践中有的定了共犯，有的没有定共犯，立法似应明确。四是受贿案件中“掮客”的刑事责任问题。有媒体说：“权力掮客串起腐败链条”，“行、受贿经纪人助推了腐败”。问题是“权力掮客”的行为，不是立法上的介绍贿赂罪，一般也没有作为受贿罪共犯来处理。这种贿赂犯罪中的“职业行为”——“权力掮客”，立法似应将其有别于介绍贿赂罪、行贿罪，明确其严格的刑事责任。

立法已经对贿赂犯罪作了多次调整，犯罪主体、犯罪行为、构成犯罪的条件已经相当复杂。贿赂犯罪当前仍然相当突出，腐败犯罪治理应将贿赂犯罪治理作为重点，防治和惩治贿赂犯罪的立法研究、司法研究和理论研究，都面临新的课题。

（中国人民大学法学院教授　戴玉忠）

第二章

腐败犯罪的设罪考量

第一节

贪污罪数额标准的修改

我国 1997 年刑法第 383 条明确而详细地规定了贪污罪的数额及法定刑，并且将犯罪数额和法定刑档次直接一一对应。这种明确规定数额的立法方式，以及所确定的具体的定罪、量刑数额，一直以来颇有争议。《刑法修正案（九）》（以下简称《刑九》）采纳了多数人的意见，将明确数额改为模糊数额，将定罪量刑的具体数额留待司法解释确定。但定罪、量刑数额到底该如何确定，在《刑九》之后必将继续争论。笔者赞成模糊数额的立法模式，并认为定罪、量刑具体数额的确定应以当前我国反腐败的刑事政策为指导。

一　贪污罪数额立法规定方式的修改

关于贪污罪法定刑标准的确定，在刑法修订过程中曾有长期讨论和较大争议。一种观点认为，各地发展水平不同，经济发展速度也很快，为了保持刑法的稳定性，建议不规定具体的数额标准，只规定“数额较大”“数额巨大”，由司法机关根据实际情况作司法解释。另一种观点则认为，为更有效地遏制并惩治腐败犯罪，刑法应当对贪污罪规定具体的数额标准。后来在具体的刑法修改稿的拟定过程中，曾反复采用这两种观点。例如，1988 年 9 月的刑法修改稿采纳了第一种建议，为贪污罪设置了三个档次的法定刑：对于基本犯，处 5 年以下有期徒刑或拘役；数额巨大、情节严重的，处 5 年以上有期徒刑；数额特别巨大或者情节特别严重的，处无期徒刑或者死刑。但是 1996 年以后的修改稿则采纳了第二种观点，并且这一做法一直延续到 1997 年刑法。[①] 可见，1997 年刑法采取明确规定数额的

① 参见高铭暄《中华人民共和国刑法的孕育诞生和发展完善》，北京大学出版社，2012，第 602 页。

立法方式，是立法者长期深思熟虑、反复研讨的结果。但是为何采取这种立法方式，据高铭暄先生说，是“为更有效地遏制并惩治腐败犯罪”。这一理由并不具有太多的说服力，因为明确规定数额并不一定“更有效”，否则对其他数额型犯罪也应当以此立法方式明确规定数额。

1997 年刑法通过以后，依然有不少学者对明确规定数额的立法方式提出质疑。例如有学者明确提出：“对于贪污、受贿罪定罪量刑的规定不宜规定具体数额，可用‘数额较大’、‘数额巨大’、‘数额特别巨大’等相对模糊的词语。”① 张文显教授也曾建议取消贪污罪受贿罪的数额规定，将“数额较大或者有其他严重情节”等作为定罪量刑标准。②《刑九》采纳了模糊数额的立法方式，将贪污罪的数额规定为三个档次，分别为“数额较大”“数额巨大”“数额特别巨大”。笔者赞成如此修改，具体理由如下：

第一，明确规定数额与贪污罪的本质不符。在 1979 年刑法中，贪污罪与受贿罪并非独立成章，而是分别规定于刑法分则第五章“侵犯财产罪”的第 155 条和第八章“渎职罪”的第 185 条。1979 年刑法沿袭了“文革”之前的《惩治贪污条例》及各种刑法立法草案。在这些条例及草案中，贪污罪一直被视为侵犯公共财产所有权的犯罪。当然，这一定位也与当时的经济基础有关，因为在新中国成立初期，物资极度匮乏，绝大多数财产是公有财产，刑法草案第 22 稿和第 33 稿中，贪污罪也都是依据保护“神圣不可侵犯的公共财产”这一精神而制定的。1979 年刑法制定时，一方面经济基础并未发生大的变化，另一方面也是在仓促之间制定，因而立法者依然将贪污罪的本质认定为侵犯财产的犯罪。随着 1988 年《关于严惩贪污罪贿赂罪的补充规定》的通过，应当说立法者对贪污贿赂犯罪本质的认识已经发生了变化，不再将二者分别规定于刑法典不同章节，而是以单行刑法的形式将二者统一进行规定，表明立法者认为二者本质上具有相同之处，不仅仅是侵犯财产的犯罪。在 1997 年刑法通过之后，对贪污罪性质（客体）依然有不同认识，但已经很少有人认为此罪本质上是侵犯财产的犯罪。当前，绝大多数学者认为，贪污罪和受贿罪的客体是复杂客体，其中主要客体是国家公职人员职务行为的廉洁性（不可收买性），次要客体则是公共财物的所有权。

---

① 赵云昌：《贪污受贿罪量刑数额规定不是越细越好》，载《检察日报》2008 年 11 月 17 日，第 6 版。

② 参见徐日丹《建议取消关于受贿罪的数额规定》，载《检察日报》2008 年 3 月 17 日。

贪污罪的本质不是侵犯公共财产所有权，贪污数额也不是衡量贪污罪社会危害程度的唯一指标，否则司法实践中就不会出现贪污数额相差无几，但所判处的刑罚却差别巨大，或者贪污数额差别巨大，但所判处的刑罚却相差无几的现象。既然如此，就不宜将贪污罪的数额置于特别突出的地位，更不宜在立法条文中明确规定贪污罪的数额，并将其与法定刑一一对应。实际上，刑法中那些纯粹的财产性犯罪也没有如此突出财产数额对定罪量刑的直接对应关系。例如，对盗窃罪、诈骗罪、侵占罪等财产性犯罪，刑法典也只是规定“数额较大”“数额巨大”等模糊数额，而没有像贪污罪那样在立法条文中直接规定数额。

第二，明确规定数额已经不适应司法实践的要求。法律的明确性与法官的自由裁量权之间注定是相互矛盾的。为了限制法官的自由裁量权，刑法必须保持必要的明确性，尽量避免模糊不清、模棱两可的规定。但是在丰富多彩、瞬息万变的当今社会，立法者永远只能追随现实情况的发展步伐，很难超越现实。换言之，立法者对现实情况的认识是有限的，必须要为司法者预留必要的自由裁量的空间。对于贪污罪而言，立法明确规定犯罪数额为司法实践带来了一系列困惑。其一，绝对明确的数额导致表面公平而实质上不公平。同样是 10 万元钱，在不同时间、不同地点，其意义是不同的。正如很多学者及司法实务工作者所认识到的，1997 年刑法修订通过时，10 万元对大多数人来说绝对是“特别巨大”的数额，而如今，即便对普通的工薪阶层来说，10 万元也不再是遥不可及的天文数字。然而，立法既已认定 10 万元是“数额特别巨大”，司法官就不能任意解释变通，如没有其他减轻处罚情节，只能判处 10 年以上有期徒刑、无期徒刑甚至死刑。再如，由于我国经济发展地域不平衡，同样是 10 万元，在经济发达地区和经济落后地区，其意义有天壤之别，因而同样贪污受贿 10 万元，其对社会的危害程度也不相同。其二，现实中有很多贪污行为，其数额已经达到犯罪标准，但是考虑到很多情况，并没有作为犯罪处理。尽管法律规定，贪污罪的起刑点数额为 5000 元，但是各地司法机关均不约而同地在 5000 元之上另外确定一个不成文的起刑点数额，并且不同地方这些数额差别也很大。在中西部地区，一般以 1 万元为起刑点数额，而在京、津、沪、江、浙等经济比较发达的地区，这一数额被抬升到 5 万元。这是普遍事实，2009 年时任最高法院副院长的张军也曾在一次学术性研讨会上对此坦言。其三，数额和情节的关系难以协调。本来数额和情节都是贪污罪的定罪量刑标准，但是由于法律明确规定了数额，就使得司法官过分关注数额，而轻视甚至忽略了其他情节。同样，社会公众一般也都仅根据数额来判断贪污罪的危害程度，一旦贪污数额相同但量刑不同，公众就会认为司法不公。

第三，模糊数额不违背罪刑法定原则的明确性要求。罪刑法定原则要求法律的明确性，但明确不是僵化，也不是绝对表面统一。事实上，在刑法中涉及数额的犯罪中，仅有贪污罪等极少数犯罪明确规定数额，而其他绝大多数数额型犯罪并没有明确规定具体数额，而只是规定诸如“数额较大”“数额巨大”等模糊性数额，然而并没有人质疑这些立法规定方式违背了罪刑法定原则。例如，与贪污罪的性质极为相近的挪用公款罪，其数额的规定方式也不是直接在立法条文中直接明确规定数额，而是规定“数额较大”等模糊数额。

刑法立法条文中不直接规定详细数额，并非说对贪污罪不要求数额。相反，贪污数额是衡量其社会危害性程度的重要指标。对贪污罪的数额也可以采取与其他数额型犯罪相同的立法方式，仅在条文中规定“数额较大”“数额巨大”“数额特别巨大”等模糊数额。具体何为“数额较大”“数额巨大”，由司法机关根据不断变化的社会经济情况解释确定。

当然，不明确规定数额也可能会有其他弊端。其一，中国是人情社会，国家工作人员尤其具有惊人能量，能利用其在位时攒下的“人情”，将自己的违法犯罪行为化为无形。立法明确规定贪污数额，或许有利于防止这一不正常现象，从而更好地遏制及惩治腐败犯罪。其二，立法明确规定贪污受贿数额，有利于限制地方司法机关随意抬高起刑点。在立法明确规定的情况下，这一现象已经显现，可以想象，如果将起刑点数额交与司法机关解释确定，起刑点数额很可能会随之上涨。这显然不利于严密惩治贪污贿赂犯罪，不利于“打早打小”。显然，这些问题不是立法本身所能解决的，因为“徒法不足以自行”。

二　贪污罪起刑点数额的修改

《刑九》将贪污罪的起刑点数额修改为“数额较大”。[①] 很显然，在

① 《刑九》第39条第1款第1项的规定是：“贪污数额较大或者有其他较重情节的，处三年以下有期徒刑或者拘役，并处罚金。尚不构成犯罪的，由其所在单位或者上级主管机关给予处分。”由此可见，即使数额没有达到较大程度，但其他情节较重的，也应当定罪处罚。但这并不表明《刑九》采取的是绝对“零容忍政策”。

《刑九》通过之后，最高司法机关还将面临一个重要的任务，就是具体确定“数额较大”等的范围。这并不是一个非常容易的任务，围绕这一问题，理论界和实务界长期争论不休，至今难有定论。

我国1979年刑法没有明确规定贪污罪的起刑点数额，也没有要求数额较大才定罪处刑。1985年“两高”在《关于当前办理经济犯罪案件中具体应用法律的若干问题的解答（试行）》中，首次明确贪污罪的一般起点数额为2000元，但同时规定“个人贪污不满2000元的，并不是都不追究刑事责任”。1986年最高检在《人民检察院直接受理的经济检察案件立案标准的规定（试行）》中，则将贪污罪的起刑点数额定为1000元。1988年《关于惩治贪污罪贿赂罪的补充规定》再次将贪污罪的起刑点数额定为2000元（贪污数额不满2000元，情节较轻的，由其所在单位及上级主管机关酌情给予行政处分）。1997年刑法将贪污罪的起刑点数额提高至5000元（原则上不满5000元，但情节较重的，也可追究刑事责任），这一数额在立法上一直沿用至今。

然而，5000元的起刑点数额是否应随着社会经济的发展而调整，引起了较为激烈的争论。总而言之，有提高说、浮动说、降低说及保持不变说等不同观点。

提高说认为贪污罪的起刑点数额应当提高，其所持理由一般有两点，即经济的发展和司法实践的倒逼。例如，有学者认为：“从1997年10月1日起施行修订的《刑法》至今，我国城镇居民人均可支配收入和农村居民人均纯收入均有了大幅增长。我国城镇居民人均可支配收入从1997年的5160元增长至2012年的24565元，增长了4.76倍；我国农村居民人均纯收入从1997年的2090元增长至2012年的7917元，增长了3.79倍。虽然城镇居民人均可支配收入与农村居民人均纯收入属于不同的类别，但是二者相辅相成、密不可分。把二者的增长倍数4.76倍与3.79倍结合起来计算，平均增长了4.28倍。需要说明的是，自1997年施行修订的《刑法》以来，我国的通货膨胀现象较为严重，物价上涨指数也不止4倍。”鉴于此，该学者建议，贪污、受贿罪的量刑标准也应当在现行标准数额的4倍基础上予以调整。[①] 河南省人民检察院检察长蔡宁认为，应当取消当前立

① 参见史秀永《贪污、受贿罪的量刑标准亟待调整》，http：//cyhqfy. chinacourt. org/article/detail/2013/08/id/1050690. shtml，2014年6月6日访问。

法明确规定数额的方式，仅规定“数额较大”“数额巨大”等模糊数额，由司法解释确定具体的定罪量刑数额标准。蔡宁建议当前贪污罪起刑点数额应当提高至2万元。[①] 于志刚教授则以另一种方式建议提高贪污罪的起刑点数额。他一方面认为，贪污贿赂犯罪的定罪数额应当严守当前的立法标准，抬高贪污贿赂犯罪的定罪数额可能会释放出错误的立法信号，但另一方面又认为，贪污贿赂罪的数额应坚持“罪刑法定原则下的与时俱进”。在经过大量统计数据的列举和计算后得出结论：经济发展，物价水平降低，1997年时的5000元所代表的社会财富的实际价值远远高于现在的5000元；同时，全国城镇居民人均可支配收入也在不断地提高，说明定罪数额所体现的社会危害性也必然发生变化。因此，综合考虑以上两种数据结果，在目前的时代背景和司法形势下，建议将贪污贿赂犯罪的司法定罪数额设置为2万元。[②]

提高说的另一个根据是实践的倒逼。虽然当前立法规定贪污罪的起刑点为5000元，但是现实中基于各种原因，各地司法机关都会根据实际情况提高起刑点数额，有的地方定为1万元，有的地方甚至定为5万元。尽管这都没有正式的文件依据，但是在司法机关这已是普遍现象。不管理由如何，司法机关擅自提高起刑点的做法都是对法律的违背。正如张军副院长所言，这“本身就缺乏社会公正性”。正是基于此，与其由司法机关擅自提高起刑点，还不如立法主动做出反应，以适应司法的现实需要。

浮动说可谓一种变相的提高说。持此说者认为，我国经济发展迅速，而立法应保持必要的稳定。为了解决这一矛盾，应由各地区根据其经济发展水平，以收入水平、物价水平、GDP、消费水平、通货膨胀等经济因素为基础来计算贪污罪的起点数额，这一数额是随着经济的发展而浮动变化的。[③]

降低说则认为当前贪污罪的起刑点应适当降低甚至取消。持此说者一般是将贪污罪与盗窃、诈骗等纯粹财产性犯罪相比较而得出这一结论。例如，李希慧教授认为：“贪污罪的起点数额是五千元，盗窃罪的起点数额

---

① 参见隋笑飞、邹伟《蔡宁建议修订贪污罪受贿罪量刑标准》，http：//news. xinhuanet. com/politics/2010 - 03/08/content_13123434. htm，2014年6月6日访问。

② 参见于志刚《贪污贿赂犯罪定罪数额的现实化思考》，载《人民检察》2011年第12期。

③ 参见江永《贪污受贿罪的数额与刑事责任》，华南理工大学2013年硕士学位论文，第17页。

是五百至二千元，贪污罪不仅侵害了财产所有权，还侵害了职务行为的廉洁性，社会危害性更大。社会危害性更大的犯罪的起点数额更高违背了罪责刑相适应原则，因此应当降低贪污罪的起点数额。”① 这一观点很具有代表性。

还有一种较为极端的降低说，即取消起刑点数额，原则上贪污一分钱也构成贪污罪。持此说者一般基于“破窗理论”和“零容忍”对策，认为对贪污受贿犯罪应“零容忍”，不再设起刑点的数额限制，数额只是量刑的依据。②

在提高说和降低说之外，还有学者认为贪污罪的起刑点应保持不变。例如，有学者认为，“贪污贿赂罪起刑点不能只算经济账”，“如果把政治、文化、社会等方面的账与经济账一起算，就不应该得出调高贪污贿赂犯罪起刑点的结论。恰恰相反，随着政治文明、精神文明和社会文明的全面进步，国家和社会对贪污贿赂等腐败现象的容忍度应该越来越低，不说是因此应该把起刑点进一步调低，至少也应该坚持现有的底线决不后退。”③

应当说，以上诸说均有理有据，如果仅限于立法技术和数额本身很难做出非此即彼的判断。对此，我们必须站在刑事政策高度审视，因为“刑事立法是一套记录刑事政策内容与过程的符号体系与规范准则，刑事政策的价值选择决定着刑事立法的模式建构”。④

当前，随着改革开放的深入和经济的全面发展，各种腐败犯罪呈现日益严重的态势。同时，中央严厉打击腐败犯罪的态度也是一贯而坚决的。习近平总书记在第十八届中纪委二次全会上指出，全党要“坚持标本兼治、综合治理、惩防并举、注重预防方针，更加科学有效地防治腐败，坚定不移把党风廉政建设和反腐败斗争引向深入”。要坚持“老虎”“苍蝇”一起打，既坚决查处领导干部违纪违法案件，又切实解决发生在群众身边的不正之风和腐败问题，由此形成了“老虎苍蝇一起打”的反腐败策略思想。“老虎苍蝇一起打”意味着反腐败既要抓大案要案，也要严密惩治小贪小贿。应当说，“老虎苍蝇一起打”是我们党和国家反腐败的一贯策略，

① 李希慧：《贪污罪研究》，知识产权出版社，2004，第 79 页。

② 参见王秀梅《论贿赂犯罪的破窗理论与零容忍对策》，载《法学评论》2009 年第 4 期。

③ 参见邓清波《贪污贿赂罪起刑点不能只算经济账》，载《中国改革报》2009 年 11 月 6 日。

④ 参见姜涛《刑事政策视域下我国腐败犯罪立法的重构》，载《南京师范大学学报》2011 年第 6 期。

只是在后来的司法实践中，有逐渐走偏之嫌。

1979年刑法中，贪污罪并没有明确的数额要求，原则上任何贪污不论数额大小，都应当作为犯罪处理。不过，自20世纪80年代以后，由于腐败犯罪高发，我国对腐败犯罪处理出现了“抓大放小”的趋势，侧重抓大案要案，目的是展示其反腐败的力度和决心。[①] 1988年实施的《关于惩治贪污罪贿赂犯罪的补充规定》首次在立法中明确规定，贪污数额不满2000元，情节较轻的，由所在单位或者上级主管部门给予行政处分。1997年刑法典则进一步将此数额提高至5000元。立法者将贪污罪的起刑点数额提高至5000元，纯粹是一种“抓大放小”的实用主义思维。但是腐败案件无论大小都侵犯了公务行为的廉洁性和政府的公信力，况且犯罪金额与腐败的危害性没有水涨船高的正比关系，对那些涉案金额虽小，但危害严重、性质恶劣的案件同样必须严厉打击，不可姑息。[②] 正如赵秉志教授指出的：“从现代法治的要求看，这两种倾向（‘抓大’‘放小’）不利于反腐败刑事法治建设的长远发展，应当加以调整。”[③]

对贪污贿赂犯罪采取“抓大放小”的策略并没有更合理的理论依据，相反，从犯罪学理论分析，这一做法不利于预防腐败犯罪。犯罪学的“破窗理论”认为，如果轻微的违法犯罪没有被及时严厉制止，则向社会传递一种错误信号，即表明该区域社会控制较弱，或者人们可以容忍这些行为，最终成为严重犯罪的诱因。“破窗理论”对腐败犯罪刑事政策的最大启示是，要消除腐败犯罪现象，必须把轻微的腐败行为纳入犯罪圈。[④]“破窗理论”的直接逻辑结论是，应当对腐败犯罪采取“零容忍”政策和严而不厉的立法策略，将所有贪污受贿行为不论数额大小，一律作为犯罪处理。

有学者从菲利的“犯罪饱和”理论出发，认为应当对腐败犯罪采取有限容忍政策。[⑤] 论者仅以腐败犯罪不可能绝对彻底消灭为由，就得出我们

① 参见赵秉志《论我国反腐败刑事法治的完善》，载《当代法学》2013年第3期。

② 参见叶林华《〈联合国反腐败公约〉与我国反贪刑事政策的完善》，载《法学》2007年第11期。

③ 参见赵秉志《论我国反腐败刑事法治的完善》，载《当代法学》2013年第3期。

④ 姜涛：《刑事政策视域下我国腐败犯罪立法的重构》，载《南京师范大学学报》2011年第6期。

⑤ 参见赵亮《当代中国防止腐败犯罪刑事政策新论》，载《人民论坛》2014年第2期。

要有限容忍腐败犯罪的结论，并没有回答为何要容忍腐败犯罪，或者说容忍腐败犯罪到底对社会秩序维护或者实现公平正义有何益处。实际上，我国当前正处在反腐败的关节点，任何腐败犯罪都无法容忍。也有不少学者认为，提高贪污受贿犯罪的起刑点数额，并不意味着对轻度贪污受贿不加任何处理，而是对轻微的贪污受贿犯罪采取行政处罚或行政处分的方式。这一观点貌似合理，但是与当前我国反腐败的刑事政策相违背。当前，各种腐败行为严重损害国家和人民利益，人民群众对腐败现象深恶痛绝。在这种社会背景下，任何腐败都不是轻微违法，而应当予以严厉刑事处罚。纪检监察反腐败应当是刑事反腐败的领导、辅助和前奏，而不应当包揽或替代所谓轻微腐败的处理。

因而，从理论上说，贪污罪的起刑点数额不仅不应当提高，而且以“零容忍”政策为指导，应取消起刑点数额，任何贪污行为都应以犯罪论处。然而，这只是理想化的图景，现实中根本不具有可行性。不要说贪污特别小数额的公共财物本身不具有可罚的违法性，就是在司法实践的操作上对这种特别小数额的贪污行为追究刑事责任也是不现实的。因而考虑到司法实践的可行性，必须要对贪污罪的起刑点数额进行必要的限制。然而限制到什么程度合适？这是一个比较难以定夺的问题，因为这无法根据 GDP 或其他经济指标的增长或降低计算出一个合适的结果。我们认为，尽管贪污罪本质上不是侵犯财产的犯罪，但的确又因为侵犯财产而构成犯罪，犯罪人的目的也和其他财产犯罪一样是占有财产，并且公众一般也容易将贪污罪和其他侵犯财产的犯罪相对比来判断贪污罪的危害程度。因而我们建议，可以比照盗窃、诈骗、抢夺等侵犯财产犯罪的起刑点数额作为贪污罪的起刑点数额，从而将那些数额特别小，不值得以刑罚惩罚的贪污行为排除在犯罪圈之外。根据最新司法解释，当前，盗窃罪的起刑点数额（2013 年解释）为 1000～2000 元，诈骗罪的起刑点数额（2011 年解释）为 3000～10000 元，抢夺罪的起刑点数额（2013 年解释）为 1000～3000 元。据此，笔者建议《刑九》中贪污罪的定罪数额“数额较大”可以确定为 2000～3000 元。

三 贪污罪量刑数额的修改

与定罪数额相似，《刑九》也将贪污罪的量刑数额修改为“数额巨大”“数额特别巨大”。同样，“数额巨大”“数额特别巨大”也需要司法机关根据实际情况具体解释确定。关于贪污罪的量刑数额，我国学者也有较为激烈的争论。对量刑数额的争论主要围绕贪污的数额与法定刑尤其是宣告刑之间的不对等关系展开。

按照刑法规定，贪污10万元以上，处10年以上有期徒刑或者无期徒刑，情节特别严重的，处死刑。10万元是法定最高刑的起点数额，10万元以上再没有数额限制，几千万元甚至上亿元也属于10万元以上，其法定刑也是10年以上有期徒刑、无期徒刑或死刑（死刑的适用逐渐减少）。这就导致这样一种现象：贪污数额不满10万元的，每1万元对应1年有期徒刑；贪污数额为10万元以上的，基本上每100万元对应1年有期徒刑。[①]并且数额越大，对量刑的影响意义越小。例如，贪污1000万元和贪污6000万元，尽管绝对数额相差5000万元，但是量刑可能没有差别，特殊情况下还可能出现逆向差别，即贪污1000万元的宣告刑高于贪污6000万元。尽管这一现象是合法的，甚至也是合理的，因为数额并非决定宣告刑的唯一标准，但是当刑法明文规定数额的立法方式已经将公众的注意力全部集中在数额上时，公众就会认为这种量刑是不公正的。

产生这一现象的原因在于刑法对贪污罪的数额规定随着经济的发展越来越显得没有拉开距离。在1997年新刑法通过时，在人们心目中，10万元已经算是数额特别巨大了。而如今，即便对普通的工薪阶层，10万元也不再是遥不可及的天文数字。当人们见惯了动辄上千万甚至上亿的贪污受贿案件时，再将10万元作为贪污罪法定最高刑的起点数额，确实显得不能"与时俱进"。

对于贪污罪数额与法定刑之间的不平衡，已有不少学者及实务工作者进行了思考并提出若干建议。例如，有法官根据1997～2012年间我国城镇居民人均可支配收入和农村居民人均纯收入均增长4倍多，建议将贪污受贿罪的起刑点数额和法定最高刑起点数额均提升4倍，即将法定最高刑对应的数额提高至40万元。[②] 河南省检察院蔡宁检察长则建议将个人贪污50万～100万元作为"数额特别巨大"的起点标准。[③]

---

① 2013年刑法学研究会天津年会上，最高人民法院刑二庭裴显鼎庭长作主题发言时对此有较为详细的分析。

② 参见史秀永《贪污、受贿罪的量刑标准亟待调整》，中国律师网，http：//cyhqfy. chinacourt. org/article/detail/2013/08/id/1050690. shtml，2014年6月6日访问。

③ 参见隋笑飞、邹伟《蔡宁建议修订贪污罪受贿罪量刑标准》，http：//news. xinhuanet. com/politics/2010－03/08/content_13123434. htm，2014年6月6日访问。

笔者认为，贪污罪量刑数额当前确实需要调整，但调整的依据不仅应考虑到 GDP 及其他经济指标的增长，同时更应考虑到刑事政策和刑罚目的要求。笔者总的设想是，应使贪污罪的量刑数额拉开距离，以更好地体现宽严相济的刑事政策精神以及严而不厉的刑事立法策略。一方面降低起刑点数额，另一方面则较大幅度提高量刑数额。

宽严相济刑事政策要求，总体上对贪污受贿等腐败犯罪应当严密法网，严厉惩罚，[①] 但是在贪污受贿犯罪的范围内，依然应当区别对待，将严厉的刑罚重点针对那些数额特别巨大、情节特别严重的重特大贪污案件；同时，对那些当前看来数额不是特别巨大并且情节不是特别严重的贪污案件，应尽量降低处罚的强度。大幅提高量刑数额与集中精力办大案的刑事司法实践要求相符。同时，大幅提高量刑数额，也就等于降低了刑罚的强度。对那些数额不是特别巨大、没有特别严重情节的贪污受贿犯罪的预防，关键不是依靠刑罚的严厉性，而是靠刑罚的必定性，让行为人彻底摆脱侥幸心理。易言之，降低起刑点数额并大幅提高量刑数额还符合严而不厉的刑事立法策略。

提高量刑数额，既要考虑当前经济发展程度，也应有一定的超前意识，因为即便司法解释也不能朝令夕改，随意变动。已有人统计出我国城镇人均可支配收入自 1997 年到 2012 年增加了 4 倍左右，而当前我国经济发展平稳，完全可以预测，在未来的 10 年内，城镇人均可支配收入及其他各项经济指标可继续增加 2 ~ 3 倍，即达到 1997 年的 10 倍左右。在此基础上，我们建议再“大幅”提高量刑数额，可以再提高一倍。因此，我们的建议是，着眼于当前及未来 10 年左右时间内，我国贪污受贿犯罪的法定最高刑起点数额的“数额特别巨大”可以调整为 100 万 ~ 200 万元，相应地，作为法定刑加重的量刑数额的“数额巨大”可以调整为 10 万 ~ 50 万元。当然，这一数额并非唯一的量刑依据，还必须结合其他情节最终确定宣告刑。

需要说明的是，即便这样调整，对于那些数额上千万甚至上亿元的贪污受贿犯罪，依然无法显示出数额和刑罚的均衡比例关系。这也是正常的，不仅贪污受贿犯罪存在这一问题，其他所有犯罪也都存在这一问题。

---

① 参见最高人民法院《关于贯彻宽严相济刑事政策的若干意见》第 8 条；最高人民检察院《关于在检察工作中贯彻宽严相济刑事司法政策的若干意见》第 6 条。

四 结语

贪污受贿等腐败犯罪社会危害性严重，不应有限容忍，而应当采取相对“零容忍”政策，“老虎”要狠狠打，“苍蝇”也不应放过。然而还应当认识到，腐败犯罪的发生有复杂的社会和制度原因，单纯靠刑罚的力量不可能根治腐败犯罪。绝大多数国家工作人员本质上是好的，只是由于制度上缺乏监管经济利益的诱惑、攀比和从众心理驱使等，才逐渐走上腐败道路，但是也不排除极个别人将国家公权力作为攫取个人财富的手段，腐化堕落，唯利是图，贪污数额特别巨大或者造成了特别严重的社会危害。对此类人也应体现出区别对待的原则，充分贯彻宽严相济的刑事政策精神。基于此，在贪污罪数额及其与法定刑对应关系的设计上，也应朝两极化方向发展：一方面降低入罪数额门槛，严密刑事法网，绝不姑息养患，提高刑罚的必定性，并降低刑罚的严厉性；另一方面则大幅提高最高法定刑起点数额，将严厉的刑罚集中针对少数数额特别巨大、情节特别恶劣的腐败“大老虎”。总之，笔者认为《刑九》采取模糊数额的立法方式更具合理性。在具体数额的确定上，要兼顾“老虎苍蝇一起打”的“零容忍”政策和宽严相济的刑事政策，“抓大”但不“放小”。

（河南大学法学院副教授　张亚平）

第二节

行贿犯罪立法的现实考量与完善路径

长期以来，我国的反腐败工作形成了“重惩治受贿、轻打击行贿”的格局。十八届三中全会以来，我国不断加大反腐败的力度，中共中央提出“老虎、苍蝇一起打”[①] 等策略，显示出对腐败分子强烈的“零容忍”态度。刑法修正审时度势，不仅修改了贪污受贿犯罪的定罪量刑标准，增加“终身监禁”的规定，还加大了对行贿犯罪的处罚力度。公众舆论对此多加“点赞”。学界也有批评声音，称修正案解决的问题形式多于实质。加重处罚行贿不如废除行贿罪以提高受贿的处罚概率。[②] 笔者认为本次刑法修正固然不够完善，但不可否认这是自 1997 年以来对于贪贿犯罪最大规模的一次修法，意义非凡。与以往历次法律调整只重视受贿犯罪、忽略行贿犯罪不同，行贿犯罪处罚的调整成为本次修法的显著亮点。本节尝试解读这一立法新动向，并结合当前行贿犯罪法治“宽严相悖”的现实提出若干解决途径，以期为提高反腐效能作出些许贡献。

一　行贿犯罪的立法新动向

《刑法修正案（九）》（下文简称《刑九》）立足于加大对行贿行为的惩处力度，主要从增加罚金刑、严格从宽处罚条件和扩大行贿犯罪圈三个方面做了修改。

（一）增设罚金刑

一直以来，我国对行贿犯罪偏重自由刑的适用。现行刑法典关于行贿犯罪的刑罚配置情况分别是：行贿罪（第 390 条）规定了自由刑和没收财

---

① 周滨主编《十八届中央纪委二次全会精神学习读本》，国家行政学院出版社，2013，第 50 页。

② 参见姜涛《废除行贿罪之思考》，《法商研究》2015 年第 3 期。

产，没收财产仅限于“情节特别严重”的情形，并且是“可以没收财产”，而非必须没收。行贿罪的普通情形和“情节严重”情形，均只能适用自由刑，缺乏财产刑处罚；介绍贿赂罪（第392条）只有自由刑；对单位行贿罪（第391条）和单位行贿罪（第393条）中对单位作为犯罪主体的设置了罚金刑，而对相关责任人员则仍只有自由刑；对非国家工作人员行贿罪和对外国公职人员、国际公共组织官员行贿罪（第164条），对单位可判处罚金，对自然人作为犯罪主体的则只在“数额巨大”的情形下适用“并处罚金”，“数额较大”的情形也只能处自由刑。

上述刑罚配置中大部分没有罚金刑，自由刑是以3年或5年以下有期徒刑或者拘役为主，对于行贿人而言，犯罪成本较低，而行贿获取的不正当机会往往能带来丰厚的回报，犯罪收益较高，巨大的利益空间驱使行贿人积极主动实施行贿。本次刑法修正最大的变化即是对行贿犯罪人增加规定罚金刑。《刑九》通过第10、45、47、48和49条对全部行贿犯罪一一增加“并处罚金”。而且，《刑九》第45条还规定，行贿罪情节特别严重的，或者使国家利益遭受特别重大损失的，在判处10年以上自由刑之外，并处罚金或者没收财产。

行贿是一种典型的贪利型犯罪，用各种方式收买权力，以期谋取不正当利益。原有的处罚规定存在刑罚种类单一的缺陷，经济制裁手段严重欠缺。因此，此次修正案对行贿犯罪全面增设罚金刑意义重大。罚金刑的增加，将有效弥补行贿犯罪财产刑缺位的法律漏洞，使犯罪分子在受到人身方面处罚的同时，也丧失经济上的“好处”，让行贿人意图获取经济收益的目的落空。

（二）严格从宽处罚条件

依刑法规定，行贿人享有从宽处罚的“特权”，即刑法第164条第4款、第390条第2款和第392条第2款——学界称其为“特别自首”——对行贿人和介绍贿赂人在被追诉前主动交代行贿、介绍贿赂情节的，均“可以减轻或者免除处罚”，这与自首和立功制度相比较，无论是在适用前提上，还是在从宽空间上，都显得更为宽大。在适用前提上，行贿犯罪“特别自首”无须满足“自动投案”的条件，已被采取强制措施之后也可以构成，如实供述只要在被追诉之前即可。在从宽空间上，它没有区分减轻处罚和免除处罚的适用情形，无论罪轻罪重，也不论交待的线索属于重大案件抑或一般案件的线索，均可减轻或者免除处罚，司法裁量的余地较大。而一般的自首，必须是犯罪较轻的，才能免除处罚；立功必须是具有重大立功表现的，才可以免除处罚。

2013 年施行的最高人民法院和最高人民检察院《关于办理行贿刑事案件具体应用法律若干问题的解释》（下文简称《解释》）第 7 条明文规定对因行贿人被追诉前主动交待而破获相关受贿案件的，可以突破刑法总则自首与立功的限制规定，直接适用刑法第 390、392 条的特殊从宽条款。司法实践中，行贿人“特别自首”条款的适用甚至延伸至“被追诉后”，即在被追诉后主动交待的，也可以酌情从轻处罚。①

《刑九》严格了对行贿犯罪从宽处罚的适用条件。该修正案第 45 条将刑法典原来的“减轻处罚或者免除处罚”细分为两种从宽的量刑幅度：一是“可以从轻或者减轻处罚”，二是“可以减轻或者免除处罚”。如果行贿人在被追诉前主动交待行贿行为而无其他情形的，就依案件情况考虑适用一般的从轻或者减轻处罚。而减轻或者免除处罚的，必须是在主动交待之外，犯罪较轻的，同时，检举揭发行为对侦破重大案件起关键作用，或者行贿人有其他重大立功表现的。这一修改使行贿人的“特别自首”比刑法总则的自首制度更为严格。总则规定了自首人犯罪较轻的，可以免除处罚，而行贿人构成“特别自首”的，不仅要满足“犯罪较轻”的条件，还必须检举立功，才能免除处罚。此次修法对行贿罪“特别自首”条款作出重大修改，严格适用条件，细分处罚空间，无疑是对司法自由裁量权的限制，以减少对特别自首条款的滥用，重申行贿罪的从宽处罚不能宽大无边。

不过，值得指出的是，《刑九》仅仅是在第 45 条对构成行贿罪或者单位行贿罪的行贿人严格了“特别自首”的适用，对于构成对非国家工作人员行贿罪，对外国公职人员、国际公共组织官员行贿罪的行贿人和介绍贿赂罪的介绍人仍然维持立法现状，即只要行为人在被追诉前主动交待行贿行为或者介绍贿赂行为的，可以减轻或者免除处罚。

---

① 1999 年最高人民法院、最高人民检察院《关于在办理受贿犯罪大要案的同时要严肃查处严重行贿犯罪分子的通知》要求查处行贿犯罪案件既要从严惩处，又要体现政策，对于具有法定的从宽处罚的依法从宽，即使是不符合法定从宽要求，但在“被追诉后”如实交待行贿、介绍贿赂行为的，也可以酌情从轻处罚。这隐含了“打击行贿服务于查处受贿”的政策。参见李少平《行贿犯罪执法困局及其对策》，《中国法学》2015 年第 1 期。该文作者为最高人民法院副院长，二级大法官。

（三）扩大行贿犯罪圈

增设对有影响力人的行贿罪是《刑九》严密行贿犯罪打击法网的一个重要举措。屡屡发生的腐败案件反映出，国家工作人员的近亲属或者其他关系密切人作为权力的“外围”，往往是行贿的“重灾区”。虽然此前刑法已经增设了利用影响力受贿罪，扩大了受贿犯罪承担刑事责任的主体范围，有力地打击外围受贿行为，但是尚不能追究对有影响力人行贿者的刑事责任。由于相关罪名缺失，行贿者可以利用法网漏洞、堂而皇之地通过贿赂“外围”进而向权力“求租”，破坏社会公平公正，不利于真正遏制贿赂犯罪。因此，《刑九》第 46 条严密了惩治行贿犯罪的法网，在刑法典第 390 条后增加一条，作为第 390 条之一，规定：为谋取不正当利益，向国家工作人员的近亲属或者其他与该国家工作人员关系密切的人，或者向离职的国家工作人员或者其近亲属以及其他与其关系密切的人行贿的，构成犯罪。最低处拘役，最高处 10 年有期徒刑，同时并处罚金。这与《刑法修正案（七）》增设的利用影响力受贿罪相呼应，将对有影响力的人的行贿行为纳入犯罪圈，有效矫正原来在受贿人、行贿人之间严重倾斜的法律天平，回应了惩治受贿也不放纵行贿的“零容忍”反腐新政。

二　行贿犯罪法治从严与从宽的悖论及其破解

从《刑九》看，行贿犯罪的立法是“从严”取向，但相关司法却一直是朝着“宽宥”的方向进行的。如果对贿赂犯罪的侦查水平不提高，依然严重依赖行贿人的配合与指证，那么贿赂犯罪发现难、立案难、取证难、处理难和追逃难的“五难”问题将仍然缺乏充分有效的应对，司法实践将仍然会向着“宽宥”行贿人的方向变通，“严惩行贿”的立法可能被架空或虚置。笔者认为，有必要厘清行贿犯罪法治存在的逻辑悖论，并探索悖论的破解之道，以改变立法与司法不协调的尴尬局面。

（一）从立法因果论出发应当严惩行贿

立法因果论的主要内容是，没有行贿，就没有受贿，行贿是“因”，受贿是“果”。行贿是诱发受贿的源头，从源头治理腐败犯罪，必须坚决打击行贿。所以，严惩行贿是立法因果论的基本立场。[①] 在刑法理论上，行贿和受贿，是一种对合关系。行贿是受贿的先行行为，无行贿，则无受

① 参见姜涛《废除行贿罪之思考》，《法商研究》2015 年第 3 期。

贿。如果注重打击受贿而放纵行贿，无异于舍本逐末，放任腐败的根源。正确的选择是，从源头入手，加大对行贿行为的打击力度，增强刑法的威慑效应，斩断贿赂犯罪滋生的因果链条，以达到刑法一般预防的目的。

纵观行贿犯罪立法变迁历史，可见立法者对于上述理论的认同。早在20世纪50年代初，成文法稀少，反腐领域出台了《惩治贪污条例》，规定了一个范围广大的“贪污罪”，囊括贪污、受贿、挪用等多种腐败行为。其中第6条明确将行贿、介绍贿赂纳入刑罚打击对象圈。自那时起，行贿开始被犯罪化。该条例对“情节特别严重者”和坦白检举者规定了不同力度的惩罚，并且没有设置诸如“为谋取不正当利益”的主观要件。① 之后，1979年《刑法》、1988年《关于惩治贪污贿赂犯罪的补充规定》和1997年《刑法》都规定了相应的行贿罪名。

相较于受贿，立法对于行贿配置的刑罚更轻。这招致了一些异议。“行贿与受贿是一种对合性犯罪，二者之间具有相互依存、互为因果的密切联系。在通常情况下，没有行贿就没有受贿，并且是先有行贿而后有受贿……为了从源头上遏制腐败犯罪，有必要重新评价行贿行为的危害性”。② 还有学者呼吁从立法和司法两个层面均要加大对行贿罪的惩治，因为对行贿犯罪打击不力，必然有损法律公正，并会给社会造成“行贿无罪”的错觉。③ 实务界人士也指出，“今后，我们应当大力倡导‘惩办行贿与惩办受贿并重’原则，修正行贿犯罪的刑法规范，并努力提升查办贿赂犯罪的执法能力，切实遏制行贿犯罪”。④

（二）从司法效果论出发则需要宽宥行贿

司法效果论的基本内容是：行贿人与受贿人存在天然的“攻守同盟”关系，出于分化瓦解犯罪分子的目的，主动放弃对部分行贿人刑事责任的追究，是必要的执法代价，以便更有效地查处受贿犯罪。行贿与受贿“一对一”，极具隐蔽性。受贿人占主导地位，反侦察能力较强，查处难度高，

---

① 1952年颁布的《中华人民共和国惩治贪污条例》第6条原文是：“一切向国家工作人员行使贿赂、介绍贿赂者，应按其情节轻重参酌本条例第3条的规定处刑；其情节特别严重者，并得没收其财产之一部或全部；其彻底坦白并对受贿人实行检举者，得判处罚金，免予其他刑事处分”。

② 张智辉：《受贿罪立法问题研究》，《法学研究》2009年第5期。

③ 参见谢望原、张宝《从立法和司法层面加大对行贿罪的惩治力度》，载《人民检察》2012年第6期。

④ 李少平：《行贿犯罪执法困局及其对策》，《中国法学》2015年第1期。

如果没有相关人员与司法机关里应外合，很难发现此类犯罪的存在，即使发现了蛛丝马迹也难以获取充分的证据。为了查处受贿，往往不惜以对行贿人进行轻罚或者免除处罚为交换条件，如此“宽宥行贿”是司法“抓大放小”而实施的策略。这是一种典型的“唯效果论”的执法思路。

1999年“两高”《关于在办理受贿犯罪大要案的同时要严肃查处严重行贿犯罪分子的通知》（下文简称“《通知》”）要求严肃查处受贿犯罪大要案中的严重行贿犯罪分子，“潜台词”是受贿大要案中的非严重行贿人和一般的、普通的受贿犯罪案件中的行贿人则可成“漏网之鱼”。《通知》明确突破立法对于行贿人特别自首的时空限制，将“被追诉前”一度扩大至“被追诉后”。2013年“两高”《解释》突破刑法总则的有关规定，确立了行贿人“特别自首”条款可直接适用的司法地位。其实，立法对行贿人设立“特别自首”制度，目的就是要分化瓦解贿赂犯罪共同体，减少侦破困难，节约司法资源，不过，司法没有严格受制于立法，而是将这种“宽宥”政策发挥到极致，甚至已经“异化”为不经法院审理，直接由检察机关放弃追诉的程度。2000年，最高人民检察院曾针对行贿犯罪有案不立、久侦不结、起诉率较低等问题专门发布通知予以纠偏。①

从一些统计数据看，经法院审理的受贿和行贿两类犯罪案件数量的差距超出人们的合理预期，后者案件数远远低于前者，为数众多的行贿人没有被追究刑事责任。2009～2013年，全国范围内一审四种受贿犯罪案件数总计53843件，已生效的判决人数48163人；同期，一审五种行贿犯罪案件总数达到12821件，已生效的判决人数12364人。虽然行贿犯罪比受贿犯罪的罪名还多一种，但是前者收案数仅为后者的24%，被判决的行贿人数仅为受贿人数的26%。② 2015年最高人民检察院的工作报告显示，2014年全年，各级检察院查办受贿犯罪14062人，行贿犯罪仅为7827人。公开报道的腐败大案要案中，贪官被判死刑、行贿人不受任何惩罚的现象也屡

① 2000年最高人民检察院《关于进一步加大对严重行贿犯罪打击力度的通知》。

② 参见李少平《行贿犯罪执法困局及其对策》，《中国法学》2015年第1期。统计数据所指“行贿犯罪”包括5种具体罪名，即行贿罪，对单位行贿罪，单位行贿罪，对公司、企业人员行贿罪和对外国公职人员、国际公共组织官员行贿罪，其中对外国公职人员、国际公共组织官员行贿罪尚无进入审判程序的案件。本节所论“受贿犯罪”包括4种具体罪名，即刑法第385条规定的受贿罪、刑法第387条规定的单位受贿罪、刑法第388条之一规定的利用影响力受贿罪和刑法第163条第1款规定的非国家工作人员受贿罪。

见不鲜。如郑筱萸被判死刑（已执行），而向其行贿的8家企业及相关人员却没有被追究刑事责任。杭州市原副市长许迈永被判死刑（已执行），而主动向其行贿巨额财物的多名企业负责人未被追究刑事责任。湖南郴州曾锦春受贿被判处死刑，当地某商人向其行贿近20次，累计200多万元，未承担任何刑事责任。

即使是被追究了刑事责任的行贿人，也存在轻罚现象。有人通过对北大法宝数据库里所有的行贿罪判决书进行抽样分析，得到148个被告人的量刑分布结果：被处以无期徒刑有3人，占2%，其中1人还被判处没收财产；被处以10～15年有期徒刑有8人，占5.4%；被处以5～10年有期徒刑有20人，占13.5%；被处以6个月至5年有期徒刑有41人，占27.7%；被处以有期徒刑缓刑有48人，占32.4%；被处以拘役有7人，占4.7%；被处以拘役缓刑有4人；占2.7%；被定罪免刑有17人，占11.5%。判处5年以上有期徒刑直至无期徒刑的较少，累计31人，占20.9%，而被定罪免刑、适用缓刑、判处5年以下有期徒刑等则有117人，占79%。[①] 可见量刑结果以轻缓为主，缓免刑近半数。

（三）破解行贿犯罪法治从严与从宽的悖论之道

如何消除行贿罪立法从严与司法从宽的悖论，目前有两类意见：一类是认为司法从宽的做法不妥当，应严格执法，改变“重受贿、轻行贿”的传统刑事打击策略，加大对行贿犯罪的惩处力度。支持“从严”论者的具体主张略有不同：有主张行贿罪与受贿罪实行同罚的“同罚论”[②]，还有“轻受贿、重行贿”的刑事政策论[③]。《刑九》虽然没有采纳“同罚论”和“轻受贿、重行贿”论两种主张，但显然赞成从严的立法取向。另一类意见是反对严惩行贿，因严惩行贿将加剧贿赂双方利益共同化，使发现和查处贿赂犯罪更加困难，应贯彻宽宥行贿的司法策略，加大对行贿者的宽宥空间，将贿赂者置于“囚徒困境”。支持从宽论者的意见也可细分：一种认为应将刑法关于行贿罪的特别从宽条款（第390条第2款）“可以减轻处罚或者免除处罚”、修改为“不以犯罪论处”或者“不追究刑事责

---

① 参见董桂文《行贿罪量刑规制的实证分析》，《法学》2013年第1期。

② 参见卢建平、张旭辉《美国反海外腐败法解读》，中国方正出版社，2007，第73页。

③ 参见刘大生《试论加大对行贿犯罪打击力度的反腐战略》，《上海市政法管理干部学院学报》2002年第1期。

任”[①]；另一种主张废除行贿罪。[②] 笔者认为这两类意见都有一定的道理，但是各自有失片面。

第一，行贿罪的社会危害性与受贿罪不可同日而语，不可同罚，更不能对二者颠倒打击重点。行贿比受贿的社会危害性更小。被动行贿的社会危害性显著轻微，立法已经将其排除犯罪圈，而主动行贿的，必须通过受贿人的受贿行为才会产生社会危害，这种危害是间接的。[③] 假如受贿人不接受贿赂，或者接受了贿赂也不滥用职权，对社会的危害也不会发生。只有受贿人收受贿赂后利用职务之便为其谋取不正当利益，才会对社会造成现实的危害。另外，行贿与受贿异罪同罚，恐怕难为社会大众所接受。行贿人处于相对弱势地位，多数的行贿都是迫不得已而为之。权力缺乏有效制衡和监督，是滋生行贿的体制性因素。如果国家不从体制上化解腐败的首要原因力，而将行贿这一外部刺激作为重点惩治对象，那么将有悖于大众的认知，欠缺正当性。

第二，不能废除行贿罪。理由是：（1）废除行贿罪违背刑法责任主义原则。行贿人以收买职务行为的不正当手段谋取非法利益或者不确定利益，无论是否达到目的，均具有明显的主观恶性和道义上的可谴责性，特别是主动“围猎”的行贿行为对于公权力具有很强的腐蚀性，并且行贿与受贿之间是一种对合关系，不应该在刑法评价上形成一方无罪、另一方有罪的巨大差别。（2）“行贿去罪化”将混淆法律价值导向。从本质上讲，行贿与受贿都侵害了公平、公正的社会秩序，是对机会均等和法律面前人人平等的侵犯。行贿无罪、受贿有罪的立法设计必将使刑法导向一种“道德无底线”抑或“不道德”——先收买权力、再出卖贪官的“厚黑学”。（3）“行贿去罪化”也不能打破原有的“攻守同盟”。主张废除行贿罪的目的主要是激励行贿人揭发受贿人，提高查处受贿概率，产生“行贿人虽积极行贿，但受贿人不敢受贿”的结果，从而实现一般预防的目标。然而，在我国“熟人社会”的基本国情下，这种预测无法实现，行贿无罪的立法未必能促进反腐，很有可能加重腐败。

这一点从已有的立法教训中得到了印证。2009 年增设了利用影响力受

---

① 参见张明楷《置贿赂者于囚徒困境》，《法学家茶座》第 5 辑，第 11 页。

② 参见姜涛《废除行贿罪之思考》，《法商研究》2015 年第 3 期。

③ 参见卢勤忠《行贿能否与受贿同罚》，《人民检察》2008 年第 14 期。

贿罪，当时没有同时增设对有影响力人行贿罪，以致查处的许多案件显示，行贿人大肆“围猎”国家工作人员身边的有影响力的人，却不必担心案发被牵连而承担刑事责任。所以，行贿非罪化不仅未能提高行贿人检举揭发的积极性，反而让行贿人缺乏指控受贿的动力。因为行贿不为罪，行贿人虽没有负担刑事责任的“后顾之忧”，但也没任何促使其主动交待的“动力”，反而有着无形的“压力”，即主动交待将堵塞未来继续行贿谋利的通道，遭受来自被揭发人、被检举人打击报复的风险。国人自古就有人情即法、情重于法的观念，[①] 人情在社会生活中所处的地位极为重要。很难想象国人会因法律规定行贿无罪而主动出卖受贿人。

笔者认为，行贿犯罪法治“从严与从宽”的悖论之解决，不是简单地顺应立法从严、否定司法从宽，或者相反。一味地批评司法轻纵行贿、要求立法加大处罚力度，既没有认清我国贿赂案件的侦查水平，也没有顾及刑罚轻缓化的历史趋势和腐败犯罪刑事政策“严而不厉”的主流共识，最终让反腐的目的落空，并不可取。当然，一味地强调提高受贿犯罪查处概率，将行贿行为去犯罪化，也是片面的，不仅没有全面认识影响受贿犯罪取证难的复杂原因，还会无意识地落入偏重“口供”办案的陷阱。破解行贿罪立法与司法间悖论之道，需要立足于腐败犯罪治理的刑事政治高度，对立法和司法的“宽与严”进行整体协调，使二者具有一致性。以下部分将提供若干建议。

三　行贿犯罪法治完善的实体与程序路径

《刑九》试图对司法“重受贿、轻行贿”的策略予以纠偏，加大了对行贿行为的处罚力度，从一定程度上完善了行贿犯罪立法。但是，这还不能破解司法与立法“宽严相悖”的矛盾关系。面对腐败形势严峻而查处水平较低的现实，司法“宽宥行贿”的策略势必继续推行，如果不能对贿赂犯罪查处困境提供一定“出路”，行贿与受贿追诉不均衡局面将继续存在，严惩行贿的立法很可能被“束之高阁”。鉴于目前司法反腐实践对于贿赂犯罪“一手硬、一手软”的做法引起了公众不满，笔者认为，《刑九》对行贿犯罪立法从严有一定的必要性，但若要更好地解决贿赂犯罪查处难的问题，则需要从实体和程序两方面做进一步的完善，以增强司法惩处贿赂的有效性。

---

① 参见马小红《中国古代社会的法律观》，大象出版社，2009，第63、70页。

（一）调整行贿犯罪处罚结构

本次修正案对罚金的适用方式没有采用“选处制”，而是“必并制”。这一立法模式最大的优点是不给执法留下“选择性”空间，使每一个被定罪的行贿人在自由刑之外都承担罚金刑，刑罚的力度得以加大。而它的缺点是增加了执法的机械性，罚金刑对于不以经济性的收益为目标的行贿行为（如跑官买官、荣誉资格评定、职称晋升等）缺乏针对性。行贿的动机是多样的，有的是为了获得经济利益，有的则是为了人事管理上的职务升迁、职称晋升、资格授予等。对于后者，适用罚金刑并不能使行贿人的犯罪目的落空（行为人行贿本来就是以金钱换“功名”），也会因数额标准难以确定而存在一定的适用困难。因此，除罚金刑外，资格刑和非刑罚处罚措施也应重视，以完善其处罚结构。

1. 增设资格刑

资格刑具有惩罚、警戒、防卫与评价四大功能，在我国刑事法律体系中尚未受到足够重视。虽然行政法中有类似处罚方法，如责令停业停产，吊销许可证、营业执照等，在一定程度上可以起到资格刑的处罚效果，刑法似无增设资格刑的必要。① 但是，笔者以为还是有必要增设资格刑，理由如下：首先，顺应法治化进程中警察权限缩、司法权扩张的趋势。我国在违法犯罪治理上采取的是行政制裁与刑事制裁并存的二元体制。“相比于行政权（警察权），刑事司法应对犯罪的能力与水平具有相对优势。”② 对于限制或剥夺公民基本权利和自由的制裁内容，罪刑法定更显公平和必要。既有立法政策也表明刑罚和行政处罚是以并罚为原则，“吸收、折抵”是例外，而且只有功能相同的惩罚决定可进行“执行”上的折抵，而非惩罚“决定”本身的折抵。③ 其次，适应刑法“轻刑化”的世界趋势。随着人类文明不断演进，刑罚总体上是由严酷趋向轻缓。资格刑具有轻微性、非物质性、经济性（执行成本小，符合刑罚经济原则）。在当今犯罪门槛不断下降、刑法防线前移、治安犯不断升格为刑事犯的法定犯时代，资格刑无疑具有广泛的应用潜力，而且通过剥夺行为人实施某种行为的资格和能力，可以彰显、实现刑罚特殊预防的独特功能。

---

① 参见吴振宇《行政处罚与刑罚交错适用之困境与出路》，《当代法学》2013 年第 5 期。

② 卢建平：《犯罪门槛下降及其对刑法体系的挑战》，《法学评论》2014 年第 6 期。

③ 参见胡建森《行政法学》（第三版），法律出版社，2010，第 300 页。

目前，我国刑法规定可适用于本国公民的资格刑只有剥夺政治权利，种类单一，政治色彩过浓，惩罚针对性不强，无法满足现代社会治理犯罪的需要，有必要增加一些对经济权利和社会权利的限制与剥夺的资格刑，如职业资格、市场准入资格等的禁止。对行贿犯罪增设资格刑，将有效剥夺其通过行贿犯罪所取得的利益和再次实施犯罪的能力。《刑九》第 1 条已经增加职业禁止的规定。这是一个进步，但还存在可完善空间。

从体系安排上看，《刑九》将其置于刑法第 37 条之一，定性为非刑罚处罚措施。从内容和功能上看，类似于资格刑，与剥夺政治权利有包含关系。从适用方式上看，以“被判处刑罚”为适用前提，不能独立适用。这一特点又使其与附加刑、非刑罚处罚措施存在差别。附加刑是可以独立适用的。非刑罚处罚措施则是以“不需要判处刑罚，可以免予刑事处罚”为适用条件的。因此，新增职业禁止的条款在体系范畴与内容规定上没有形成严密对照，存在逻辑矛盾。而且“被判处刑罚”的适用前提使其未能摆脱公务员法第 24 条第 1 项规定的局限性（虽被追诉、构成犯罪，但被免予刑事处罚者仍可担任公职），“三至五年”的期限也与党的十八届四中全会关于法律职业终身禁止的规定精神不相符。① 笔者认为最关键的问题是，刑法总则增设了职业禁止的处罚，分则没有同时增设，依据罪刑法定原则，行贿犯罪仍然无法适用资格刑，其他腐败犯罪和职务犯罪也是如此。因此，应在行贿犯罪中增设资格刑，将法律职业禁止拓展到公职、医疗卫生等特殊职业领域，规定较长时期的或终身的职业禁止和市场准入禁止，既能丰富刑罚种类，又能提升刑罚合力作用的威慑效果，有利于严密法网，符合当前立法价值取向和制度反腐的要求。

2. 加强非刑罚处罚措施适用

适用非刑罚处罚措施剥夺行贿犯罪所得的一切财产性利益和非财产性利益，可以对行贿行为的惩治起到很好的补充作用，其威慑力超过一定的轻刑。如由主管部门取消招投标资格，使行贿人行贿的目的落空，预期利

① 根据公务员法第 24 条第 1 项规定，对“曾因犯罪受过刑事处罚”的人员不得录用为公务员。据此，对于虽因渎职犯罪而受到指控和审判，但最终被免予刑事处罚的行为人，由于未“受过刑事处罚”，因此仍可保留公职，从而仍具有再犯此类犯罪的条件。2014 年 10 月 28 日发布的《中共中央关于全面推进依法治国若干重大问题的决定》规定，对因违法违纪被开除公职的司法人员、吊销执业证书的律师和公证员，终身禁止从事法律职业，构成犯罪的要依法追究刑事责任。

益不可实现，其带来的损失和痛苦远超过少量的罚金和拘役等刑罚。另外，非刑罚处罚措施一般适用于犯罪情节轻微、可免予刑事处罚的情形。笔者认为，刑法可以规定对于行贿人独立或附加适用一定的非刑罚处罚措施，无论是否追究刑事责任，只要构成行贿罪，都追缴或责令退还犯罪所得财产性利益，或者要求主管部门和业主单位对其职务晋升、信誉等级等非财产性利益进行相应处置。《联合国反腐败公约》倡导建立腐败利益取消、被害人损失赔偿等制度，就是从保护社会整体利益出发，不局限于典型意义上的刑罚手段，以多元化的方式修复因贿赂而受害的社会关系。事实上，从充分预防行贿犯罪考虑，非刑罚处罚措施可以转化为一定的常规制度，从刑法之外防控腐败。[①]

3. 刑罚梯度设计标准更新

合理的处罚结构离不开合理的刑罚梯度。当前我国刑法对行贿罪的刑罚梯度区分是以情节是否严重为标准。依《解释》规定，情节严重与否主要是根据行贿数额的多少来判断，行贿对象或领域居于判断的次要位置。随着市场经济的发展和社会心理承受能力的提高，行贿数额与日俱增。以数额为标准的立法和司法必遭受“屡屡修改”的挑战，有损于法的安定性，也会遭遇来自不同经济地位阶层的诘难。国外已有对公职人员分层级、分类型规定相应刑事责任的先例。挪威、荷兰、希腊均规定了独立的司法贿赂罪，德国则将法官和仲裁员的贿赂作为加重情节处理。[②] 匈牙利区分普通公职人员和高级公职人员，规定了不同年限的监禁，体现了“权责制”的身份责任立场。[③] 笔者建议，可以借鉴外国立法例，不再依数额而定刑罚梯度，而针对行贿对象或领域的重要程度的不同来安排。向公检

---

① 如2006年最高人民检察院建立并推行“行贿犯罪档案查询系统”，对职务犯罪和商业贿赂起到了良好的防控效应。行贿查询已经扩大到包括建设、金融、医药卫生、教育、政府采购在内的社会所有领域，有关主管部门和业主单位对经查询有行贿犯罪记录的单位和个人作出限制准入、取消投标资格、降低信誉分或资质等级、中止业务关系等处置。但是，行贿查询结果对于当事人的影响是不确定的，因为行贿查询不是行政执法、行政审批、拨付资金、招投标及人事组织管理的必经程序，那么对行贿人的规制作用也不必定发生。笔者建议，政府应将行贿查询规定为社会管理和市场竞争中主管机关的必经程序。

② 《德国刑法典》，徐久生、庄敬华译，中国法制出版社，2000，第227～228页。

③ 参见钱小平《积极治理主义与匈牙利贿赂犯罪刑法立法转型》，《首都师范大学学报（社会科学版）》2014年第6期。

法机关的工作人员行贿试图影响执法和司法公正的，向安全生产监管、食品、药品、环保系统行贿而危害民生的，属于刑罚最重的层次；在经济、人事组织管理活动中为获取工程项目开发、跑官卖官而行贿的，属于刑罚较重层次；其余为普通刑罚层次。

（二）严密行贿犯罪打击法网

《刑九》增设了对有影响力人员行贿的新罪。这一修法扩大了行贿犯罪的主体范围，适应了严惩行贿的现实需要。众所周知，直接贿赂国家工作人员较难，更多是通过贿赂其近亲属和关系密切人员来完成。但是，《刑九》延续了“谋取不正当利益”为犯罪构成主观要件必备要素的立法模式。而这正是学界和实务界一致诟病之处，它使得入罪门槛较高，是导致对行贿犯罪打击不力的重要原因。依据现行刑法，行贿类犯罪每个具体罪名的构成要件均要求目的要素，即主观方面必须具备“为谋取正当利益”或者“为谋取不正当商业利益”。实践表明，目的要素诉讼证明困难，并且“正当”与“不正当”的界限时常比较模糊，难以厘清。虽然《解释》已将在经济、组织人事管理领域谋取竞争优势，认定为“谋取不正当利益”，但在“礼贿交织”较为普遍的情况下，“不正当”的认定仍会遇到困难。所以，笔者赞同多数人的呼吁，立法应删除“为谋取不正当利益”的要件。

为真正严惩行贿犯罪，笔者还建议统一行贿罪与受贿罪的立案标准、单位与个人不同主体行贿的立案标准，以及行贿罪和单位行贿罪的对自然人主体的处罚标准。依据 1999 年《关于人民检察院直接受理立案侦查案件立案标准的规定（试行）》，受贿罪是 5 千元；行贿罪是 1 万元；单位行贿罪是 20 万元。与受贿罪相比，行贿罪立案标准更高，这会导致 5 千至 1 万元之间的受贿行为定罪，而行贿行为不为罪，不利于对行贿罪的打击。用公款行贿相比自掏腰包行贿，社会危害性更大，而单位行贿立案数额却提高至 20 万元，如此差别待遇只会纵容公款行贿，十分不合理。犯罪客体是决定犯罪社会危害性程度的首要条件，单位行贿罪的犯罪客体是国家工作人员职务活动的不可收买性，无论犯罪主体是单位还是个人，构成该罪时都造成对国家工作人员职务活动的不可收买性的侵犯，不会仅仅因为行贿的数额大小而有所不同。在具体的司法实践中，假冒单位名义行贿和单位实际行贿的行为往往交织在一起，难以区分。并且，在一些案例中，存在分批动用公款实施行贿行为，所以很有必要把对单位行贿罪的立案起点数降至和个人行贿罪相同的水平。

在量刑标准方面，据刑法第 390 条的规定，个人向个人行贿的，最高可处无期徒刑并没收财产；而单位向个人行贿的，按照刑法第 393 条的规定，法定最高刑仅为 5 年有期徒刑。单位行贿罪在犯罪结果上，与个人行贿罪是一样的，个人行贿罪的处罚最高可至无期徒刑，单位行贿的处罚显然过低。现实是，由于单位行贿罪量刑过轻，使许多单位对于行贿犯罪无所畏惧。如在竞争国家投资项目时，很多地方政府特别将投资额的 5% ~ 10%，作为“活动经费”。社会管理者行贿成风，必然导致公民“上行下效”。笔者建议，单位行贿罪的处罚要适度提高，特别是对于国家政府职能部门的单位，必须严惩实施单位行贿的相关责任人员。

（三）构建腐败犯罪“污点证人豁免制度”

腐败犯罪污点证人豁免，是指在腐败犯罪追诉过程中，司法机关为获取关键证据或追究较重犯罪，对于“污点证人”（同一案件或者其他案件中罪行较轻的犯罪嫌疑人或被告人）承诺其如实作证后，将部分或全部免除其刑事责任的一种特殊证人制度。学界已有诸多论述论证了构建腐败犯罪污点证人豁免制度的必要性和可行性。[①] 重要理由之一是，可以通过该制度化解腐败犯罪取证困境和提高腐败犯罪查处效率。污点证人豁免制度在本质上是一种司法交易，是国家为获取充分证据、惩罚较重罪犯而豁免较轻罪犯的“次好”选择。[②]

我国现行立法和刑事政策中并非没有鼓励犯罪嫌疑人与国家合作的“激励”机制，相反，自首、立功、行贿人特别自首和相对不起诉制度等发挥着与污点证人豁免制度相似的功能，在提高打击贿赂犯罪效率方面起了很大作用，但这些制度不能承载污点证人作证豁免制度的全部功能（如保障人权）。实践中，行贿人“特别自首”制度的适用由检察机关主导，随意性较大，有的甚至“师出无名”。如行贿人在“被追诉之后”交待罪行既不属于免除刑事责任的法定情形，也不属于相对不起诉情形。从宽“实惠”的不确定性也使得行贿人主动交待的积极性不高。如不确立污点证人豁免制度，这些特殊的诉讼参与人，虽实际上扮演配合国家追诉犯罪

---

① 参见周国均、刘蕾《贿赂犯罪案件污点证人权利之保护》，载《比较法研究》2005 年第 5 期；屈新、梁松《建立我国污点证人豁免制度的实证分析——以贿赂案件为例》，《证据科学》2008 年第 6 期；彭新林《中国特色腐败犯罪污点证人作证豁免制度构建要论》，《法治研究》2014 年第 11 期。

② 参见汪海燕《建构我国污点证人刑事责任豁免制度》，载《法商研究》2006 年第 1 期。

的“污点证人”角色，却因为不具备证人的法律地位而无法得到证人保护制度的保障。

《刑九》对于行贿犯罪特别自首条款的修改，本质上是对司法自由裁量权的限制，对于实现严惩行贿的立法目的而言，作用有限。行贿犯罪惩处率低的症结并不在于法院对特别自首制度的滥用，而在于检察机关追诉的缺位。这种缺位是功利性的人为选择——取证困难和案件考核的两种压力使然。一方面，贿赂犯罪的较低发现率和“攻守同盟”关系导致控方难以获取充足的证据，在侧重打击受贿犯罪的政策下，为获得行贿人对受贿人的指证而放弃对行贿犯罪的追究是一种不得已的“辩诉交易”。另一方面，检察机关内部对于职务犯罪的案件不起诉率和撤案率有严格限制（一说是10%以内）。① 办案人员既要查处腐败，又要应付严格的绩效考核，所以往往对行贿人不立案以获得其配合侦查。最后结果是只有少量的行贿案件进入诉讼程序，大部分案件未立案。

为了保障严惩腐败的立法目的不成“一纸空文”，真正提高查处腐败犯罪的概率，应当尽快构建腐败犯罪的“污点证人豁免制度”，不同于传统的只适用于行贿人的“单边型”特别自首制度，而相当于“双边型”特别自首制度，不仅行贿人可以做“污点证人”，受贿人也可以做“污点证人”，以有效破解行贿人与受贿人的“攻守同盟”；不仅已经被司法机关掌握的腐败分子可以做“污点证人”，未被发现掌握的腐败分子也可以做“污点证人”，使得参与腐败的各方都陷入“囚徒困境”。当然，需要法律从作证豁免的类型、对象、条件、程序、保障措施、惩戒、配套原则等各方面进行全面规定，才能构建一个行之有效的污点证人豁免制度。在刑事诉讼法修改以前，为适应新时期“零容忍”反腐的需要，可以履行《联合国反腐败公约》② 义务的名义对腐败犯罪的“污点证人”优先制定特别刑

---

① 参见肖洁《行贿犯罪查处困境与解决途径》，《中国刑事法杂志》2010年第8期。

② 《联合国反腐败公约》第37条建议缔约国构建相应的腐败犯罪污点证人作证豁免制度。该条第1款规定：“各缔约国均应当采取适当措施，鼓励参与或者曾经参与实施根据本公约确立的犯罪的人提供有助于主管机关侦查和取证的信息，并为主管机关提供可能有助于剥夺罪犯的犯罪所得并追回这种所得的实际具体帮助。”第2款规定：“对于在根据本公约确立的任何犯罪的侦查或者起诉中提供实质性配合的被告人，各缔约国均应当考虑就适当情况下减轻处罚的可能性作出规定。”第3款规定：“对于在根据本公约确立的犯罪的侦查或者起诉中提供实质性配合的人，各缔约国均应当考虑根据本国法律的基本原则就允许不予起诉的可能性作出规定。”

法，加以规范。

余 论

纵观我国反腐败的历程，对于行贿的惩处越来越重视。《刑九》从实体法加大对行贿处罚的力度，却还不能解决行贿和受贿追诉失衡的问题。鉴于反腐的复杂性和系统性，笔者主张，首先，必须抛弃“打击行贿服务于查处受贿”的传统反腐策略，实施“受贿行贿一起抓”的新策略，否则司法必将法外施恩，人为“忽略”对行贿人的惩处。其次，“多管齐下”提高受贿案件查处概率，不能将全部希望寄托于行贿人的口供。受贿案件难以查处，既有受贿人与行贿人之间的“攻守同盟”因素，也有权力腐败“染缸效应”下“官官相护”的阻力，还有职务犯罪侦查水平跟不上犯罪形势的原因。所以促进权力的分散与制衡，改进侦查方式对于提高贿赂犯罪的打击率更为有效。再次，激励行贿人检举揭发，不需要在立法上将行贿去犯罪化，通过构建“污点证人豁免制度”也同样可以达到激励的效果。最后，必须认识到受贿屡禁不止的根源在于权力制约体系和权力监督体系的欠缺。权力具有腐败的天然倾向，不受制约的权力必然发生腐败。反腐不能倚重刑法，一切的刑法打击都是事后的，而事前的预防才是治本之策。

（江苏大学文法学院讲师　刘春花）

第三节

受贿罪中的“为他人谋取利益”要件

自中共十八大召开以来，特别是十八届四中全会通过的《中共中央关于全面推进依法治国若干重大问题的决定》中，明确提出要“完善惩治贪污贿赂犯罪法律制度”后，全社会对以刑事手段惩治腐败问题的关注与期待已经达到前所未有的程度。周永康、徐才厚、令计划、薄熙来等原中央高层官员的严重贪腐行为，让社会民众触目惊心，也更多地去思考腐败背后更深层次的原因，考虑应当如何完善预防腐败的体系，从而真正形成不敢腐、不能腐、不想腐的有效机制。“堤溃蚁穴，气泄针芒”，严重的腐败犯罪并非一日所造就，而正是因一次次“小节”上的疏于防范日积月累而成。因而，在有媒体报道称《中华人民共和国刑法修正案（九）草案》（以下简称《刑九草案》）中拟增设“收受礼金罪”后，关于非法收受礼金行为应否入罪的问题便立即成为社会上热议的话题。2014 年 11 月公布的《刑九草案》并未将非法收受礼金的行为作入罪化处理。但是，对于非法收受礼金行为的关注，不应止步于此，而是应对该行为是否可通过刑法进行规制以及如何进行规制予以充分的说理论证。这样，才能进一步有效地应对当前严峻的腐败形势。本节即针对上述问题进行评析，以就正于学界同仁。

一　关于非法收受礼金行为是否入罪之争

关于非法收受礼金行为拟入罪的消息，最早可见于《京华时报》对 2014 年大成律师事务所刑事辩护高峰论坛的报道。据该报道，在 2014 年大成律师事务所刑事辩护高峰论坛上，北京大学法学院陈兴良教授透露，《刑九草案》拟增设“收受礼金罪”以解决“感情投资”问题。该罪不同于受贿罪，认定时无须考虑是否利用了职务之便、是否为他人谋取了利益，只要国家工作人员收受了他人财物即可，量刑上也比受贿罪要轻。[①]此消息一出，立即引发了巨大的争议。一种观点认为，应当增设“收受礼金罪”；另一种观点则认为，不应当增设收受礼金罪。

主张增设“收受礼金罪”的学者认为：第一，当前国家工作人员收受礼金的问题日益严重，但由于大多数人虽然经常性地赠送大量财物，却从不向国家工作人员提出为其谋取利益的具体请托，造成国家工作人员的行为因欠缺“为他人谋取利益”要件，而无法依照受贿罪的规定定罪处罚，只能依据《中国共产党纪律处分条例》《国家行政机关及其工作人员在国内公务活动中不得赠送和接受礼品的规定》《国务院关于在对外公务活动中赠送和接受礼品的规定》等规定给予一定的党纪、政纪处分，使国家工作人员逃避了刑事责任的追究。[②] 因而，增设“收受礼金罪”可以避免对“感情投资”行为的纵容，填补这一漏洞。第二，由于我国是人情社会，有着礼尚往来的传统，如果通过删除受贿罪中的“为他人谋取利益”的方式打击非法收受礼金的行为，将导致大量收受礼金 5000 元以上的行为，被以受贿罪定罪量刑，从而导致刑法的打击面过度扩大。[③] 因而，增设“收受礼金罪”，将其与受贿罪相区别确有必要。第三，非法收受礼金的行为虽然侵犯了国家工作人员职务行为的廉洁性，但由于其没有利用职务便利为他人谋取利益，对国家的正常管理活动和职务行为公正性的社会危害较普通受贿行为要小，因而，增设“收受礼金罪”，将其刑罚规定得比受贿罪要轻，符合罪责刑相适应原则，区别对待理所应当。[④]

不主张增设“收受礼金罪”的学者则认为：其一，对国家工作人员非法收受礼金的行为，若本可以通过行政处罚等手段予以约束，却过早地通过刑罚手段介入，有违刑法的谦抑性。[⑤] 其二，若增设“收受礼金罪”，则其立法原意中当然不包含收受属于正常人际交往的礼金，那么，就除此之外的礼金而言，其本质上仍属于贿赂，而“明明是受贿，又不以受贿追

---

① 孙思娅、孙乾：《官员“礼尚往来”或入刑》，载《京华时报》2014 年 9 月 28 日第 7 版。

② 赵煜：《受贿认定疑难问题及立法完善》，载《法治研究》2014 年第 12 期。

③ 赵煜：《受贿认定疑难问题及立法完善》，载《法治研究》2014 年第 12 期。

④ 郝艳兵：《“收受礼金罪”不是口号立法》，载《检察日报》2014 年 10 月 13 日第 3 版。

⑤ 王群：《公职人员收受礼金入刑的冷思考》，载《理论与改革》2015 年第 2 期。

责，岂不自相矛盾”[1]？其三，增设“收受礼金罪”后，由于其入罪门槛较低，刑罚相较于受贿罪而言也较低，从而使得国家工作人员涉嫌受贿罪时，将符合受贿罪构成要件的犯罪行为以“收受礼金罪”进行辩护，逃避更严重的刑罚处罚，[2] 从而导致重罪轻罚，违背罪刑相当原则。[3] 其四，若增设“收受礼金罪”，则作为对向行为的奉送礼金行为是否也应纳入刑法规制范围，同时增设“奉送礼金罪”？若答案是否定的，则有违立法平等原则。[4] 其五，对于上述本质上属于贿赂的礼金，只需要删除受贿罪中的“为他人谋取利益”，就可以以立法封堵原有漏洞，将收受礼金后无为他人谋取利益表示的行为，收受礼金后无为他人实际谋取利益的行为，以及实际承诺、着手或者已经为他人谋取利益但面临举证困难的行为纳入刑法规制范围之中。[5]

通过对于是否应当增设“收受礼金罪”这一问题不同观点的梳理，可以看到，非法收受礼金行为是否入罪之争的焦点主要在于以下两个方面：(1) 非法收受礼金的行为是否应当被纳入犯罪圈中；(2) 若将非法收受礼金的行为纳入犯罪圈中，应当以何种方式对其予以刑法上的规制，是增设“收受礼金罪”并明确其构成要件，还是直接删除受贿罪中的“为他人谋取利益”这一要件，以打击非法收受礼金的行为。

二　非法收受礼金行为入罪的必要性

《礼记·曲礼》有云：“太上贵德，其次务施报。礼尚往来；往而不来，非礼也；来而不往，亦非礼也。”礼作为中国传统文化的核心，使得中国传统文化形成了和谐、圆通的体系，也使得崇尚、重视人情成为中国传统法的特色之一。[6] 而“中国汉字中的‘礼’不但表示规范，而且也兼有馈赠的含义，故送人情等于送礼。这是中国人交换行为上‘情’和

① 舒圣祥：《警惕“收受礼金罪”带来反腐新漏洞》，载《新华每日电讯》2014 年 9 月 29 日第 3 版。

② 王群：《公职人员收受礼金入刑的冷思考》，载《理论与改革》2015 年第 2 期。

③ 赵秉志、刘志伟、彭新林：《努力完善惩治腐败犯罪立法建设——“我国惩治腐败犯罪的立法完善问题学术研讨会”研究综述》，载《法制日报》2015 年 4 月 8 日第 9 版。

④ 但未丽：《增设“收受礼金罪”需三思》，载《检察日报》2014 年 10 月 13 日第 3 版。

⑤ 但未丽：《增设“收受礼金罪”需三思》，载《检察日报》2014 年 10 月 13 日第 3 版。

⑥ 马小红：《礼与法：法的历史连接》，北京大学出版社，2004，第 76～77、251 页。

‘礼’的合一”[①]。礼物也正是在关系和人情这种文化基础上构建而成的。因此，从古至今，送礼在中国社会这种差序格局的关系中，被作为一种日常交往方式用以维系人际关系。也正是基于此，在论及非法收受礼金行为入罪时，会有人产生刑法打击面过大的隐忧。

但是，持担忧观点的学者忽略了这样一个事实：中国的人情关系是一种交换行为，“每当人际交换开始后，受惠的人总是变一个花样加重分量去报答对方，造成施惠的人反欠人情，这就又使施惠的人再加重分量去归还。如此反复，人情关系便建立起来了。”[②] 因而，这种正常人际交往情况下的收受礼金行为，并不会被纳入刑法规制范围之内。而经常性地赠送大量财物，却从不向国家工作人员提出为其谋取利益的具体请托的行为，则显然已经超出了正常的人际交往范围，才是刑法应当予以规制的。这是因为，施惠者在未受惠的情况下仍始终施惠，同时，又无亲属关系等正当理由，所以其行为明显不属于正常的人际交往范畴。需要指出的是，要特别注意区分是否拥有亲属关系等正当理由，因为在特殊情况下，可能也存在始终施惠却从来不求受惠的情况，但这一般只出现在有血缘关系、亲属关系的情形中，对于无血缘关系、亲属关系却始终受惠的，一般可以认定为非法收受礼金行为。但现在面临的尴尬是，从1997年《中华人民共和国刑法》的规定中来看，即使认定为非法收受礼金的行为，也难以追究刑事责任，因为1997年刑法第385条关于受贿罪的规定中要求，非法收受他人财物的，以为他人谋取利益为要件，而非法收受礼金的行为往往欠缺这一要件。因此，对于非法收受礼金的行为，有必要通过立法将其直接纳入犯罪圈当中。

至于认为将非法收受礼金行为入罪有违刑法谦抑性的观点，则明显系片面地理解了刑法谦抑性的内涵。刑法的谦抑性不仅要求在必要的场合才应当发动刑法对违法行为处以刑罚，同时也要求对于应当予以规制的行为，应及时发动刑法予以刑事处罚，否则，将同样违背刑法谦抑性。而且，刑法的非犯罪化是相对于刑法的过度犯罪化而言的。就我国现行关于贿赂犯罪的规定来看，则显然不是过度犯罪化了，而是过度的“厉而不严”。譬如，在我国现行关于腐败犯罪的法网中，规定了受贿罪、单位受

① 翟学伟:《人情、面子与权力的再生产》，北京大学出版社，2013，第104页。

② 翟学伟:《人情、面子与权力的再生产》，北京大学出版社，2013，第104页。

贿罪、斡旋受贿、利用影响力受贿罪、非国家工作人员受贿罪与行贿罪、对单位行贿罪、单位行贿罪、对非国家工作人员行贿罪、对外国公职人员及国际公共组织官员行贿罪等，但是，只规定了对外国公职人员、国际公共组织人员行贿罪和利用影响力受贿罪，却没有将这两个犯罪的对向性行为纳入刑法规制的范围；同时，对腐败犯罪这种贪利性、职务性犯罪，刑罚最高设置至死刑。[①] 除此之外，对于非法收受礼金的行为，实践中只能依据《中国共产党纪律处分条例》第 74 条的规定，对中共党员给予警告、严重警告、撤销党内职务、留党察看、开除党籍等处分；依据《国家行政机关及其工作人员在国内公务活动中不得赠送和接受礼品的规定》第 6 条的规定、《国务院关于在对外公务活动中赠送和接受礼品的规定》第 12 条的规定，对国家行政机关工作人员给予警告、记过、记大过、降级、撤职处分。这些党纪、政纪处分不利于对非法收受礼金行为的规制，对腐败分子的惩治，以及对当前严峻的腐败形势的应对。可以看到，在当前严厉惩治腐败行为的大背景下，违规收受礼金的现象仍然十分严重。据中共中央纪委、中华人民共和国监察部的通报，自 2012 年底《关于改进工作作风密切联系群众的八项规定》实施以来，截至 2014 年 12 月 31 日，全国查处违反中央八项规定精神问题案件 77606 起，其中收送节礼 1175 起，占总数的 1.51%。[②] 而自 2015 年以来，截至 2015 年 5 月 31 日，全国查处违反中央八项规定精神问题案件 10797 起，其中违规收送礼品礼金就有 1188 起，占了总数的 11.00%。[③] 违规收送礼品礼金的案件数不降反升，并且 2015 年不到半年时间查处的案件就比前两年一共查处的案件数量还多，这一现象不得不引起高度的关注。也正基于此，对于非法收受礼金的行为，有必要予以更严厉的惩治，通过立法将其直接纳入犯罪圈当中，而这也并不会违背刑法的谦抑性。

在我国古代，对于非法收受财物的行为，律例中也早有规定。《唐律

① 赵秉志：《论我国反腐败刑事法治的完善》，载《当代法学》2013 年第 3 期。

② 中央纪委、监察部：《2014 年 12 月全国查处违反中央八项规定精神问题 4238 件》，载中央纪委监察部网站，http://www.ccdi.gov.cn/jdtp/201503/t20150320_53612.html，2015 年 6 月 6 日访问。

③ 中央纪委、监察部：《2015 年 5 月全国查处违反中央八项规定精神问题 3141 起》，载中央纪委监察部网站，http://www.ccdi.gov.cn/xwtt/201506/t20150616_57950.html，2015 年 6 月 17 日访问。

疏议》卷 11《职制律》“受所监临财物与乞取监临财物”条规定，“诸监临之官，受所监临财物者，一尺笞四十，一匹加一等；八匹徒一年，八匹加一等；五十匹流二千里。与者，减五等，罪止杖一百。乞取者，加一等；强乞取者，准枉法论。”该条疏议解释：“监临之官，不因公事而受监临内财物”，即监临官非因公事上的请求而收受他人财物，而仅凭借其自身所处的位置而接受他人财物。这一规定表明：在唐律中，公职人员在未接受任何请托，并且未向行贿人提供任何好处，只接受了行贿人财物的行为，属于受贿罪规制的范畴。后《宋刑统》卷 11《职制律》“受所监临脏”条也作出了类似规定。由此观之，在我国古代，就有将非法收受财物行为规定为犯罪的传统，而立法借助本土资源的重要性就在于，“这是法律制度在变迁的同时获得人们的接受和认可，进而能有效运作的一条便利的途径，是获得合法性——即人们下意识的认同——的一条有效途径。”[①]因而，有必要将非法收受礼金的行为通过立法纳入刑法规制范围之内。

就当代其他国家刑事法律而言，对于收受礼金的行为，也有相关的规定。2015 年 3 月 3 日，《禁止收受不当请托和财物的法案》在韩国国会通过，并将于 2016 年 10 月正式施行。该法案又称《金英兰法》，是由韩国首名女性大法官、时任国民权益委员会委员长的金英兰向国会提出的。该法案规定，公务人员一次性接受他人 100 万韩元（约合人民币 5600 元）以上的现金、等值物或招待的，或者一次性收受不满 100 万韩元的现金、等值物或招待，并且与职务无关，但在一年内从同一对象处合计收到超过 300 万韩元的现金、等值物或招待的，将被处以 3 年以下有期徒刑或收受金额 5 倍以上的罚金；如果一次性收受不满 100 万韩元的现金、等值物或招待，但与职务相关的，将被处以收受金额 2 ~ 5 倍的罚金。其中，公务人员包括公务员、媒体记者、编辑、私立学校理事会成员和教师。另外，该法案还详细列举了不正当请托的 15 种类型，如直接或间接向公务人员请托处理许可和执照、减免罚款惩处等行政处罚、介入人事采用和晋升、介入学校入学成绩评定等。[②]《金英兰法》系为打击韩国国内严峻的腐败形势而出台，目前也已经有效地震慑了贪腐行为，逐渐使韩国形成清正廉洁的社

① 苏力：《法治及其本土资源》，北京大学出版社，2015，第 17 页。

② 万宇：《韩国通过“最严厉”反腐败法立法过程饱经坎坷》，载环球网，http：//world.huanqiu.com/exclusive/2015 - 03/5809708.html，2015 年 6 月 6 日访问。

会风气。而作为邻邦的我国，在历史渊源、文化传统和社会现状等方面均与韩国存在相似之处。自隋唐时期起，高丽因与我国频繁的经贸往来和文化交流而深受中国传统礼教的影响，形成与中国十分相似的官僚体系和社会风气。官吏之间的权钱交易与权力斗争，民间百姓的轻律法、重人情，较之我国古代而言，有过之而无不及。因而，韩国在贪腐问题的历史根源上与我国存在着相似性。自进入近现代以来，韩国经历了运动反腐和权力反腐两大阶段，至20世纪90年代初，金泳三政府上台之后，正式开始了制度反腐的进程。因而，韩国在反腐进程上较我国要快，这对我国反腐败刑事惩治有一定的借鉴性。所以，在我国这样一个人情社会，为加大力度打击官员腐败行为，借鉴韩国《金英兰法》，将非法收受礼金的行为纳入犯罪圈中，是符合时代需要且可行的。

综上所述，将非法收受礼金的行为纳入犯罪圈中，实属必要。

三　非法收受礼金行为入罪的方式——删除受贿罪中的“为他人谋取利益”

在分析了将非法收受礼金行为纳入犯罪圈的必要性后，还应当明确非法收受礼金行为入罪的方式。

笔者认为，通过增设“收受礼金罪”将非法收受礼金的行为纳入犯罪圈，存在诸多问题。首先，设立新罪应当坚持慎重性原则。这里的慎重，除了要考虑到刑法谦抑性以外，还应当顾及立法的经济性。换言之，只有在刑法原有条文确实无法涵盖某种危害行为时，才能设立新罪，否则，只需通过对原有条文的修改即可。就非法收受礼金的行为而言，完全可以通过删除受贿罪中的“为他人谋取利益”要件的方式，将其纳入刑法规制范围内，而没有必要增设一个新罪，因为收受礼金的行为本质上仍属于受贿。其次，增设“收受礼金罪”确实容易导致重罪轻罚，违背罪刑相当原则。这是因为，若增设了“收受礼金罪”，则只要行为人具有收受他人财物的行为并达到一定数额，就构成犯罪，而无须行为人利用职务上的便利和为他人谋取利益。那么，相应地，对“收受礼金罪”的刑罚就要规定得比受贿罪轻，因为只有这样，才能对二者通过刑罚予以区分。但这也就容易造成国家工作人员在涉嫌受贿罪时，将符合受贿罪构成要件的犯罪行为以“收受礼金罪”进行辩护，逃避更严重的刑罚处罚。巨额财产来源不明罪即为一相似的例证。巨额财产来源不明罪的设立，本是为了惩治部分官员贪腐巨额财物却无法查明其真实来源的情形，是为作为贪污罪、受贿罪等犯罪的重要补充而增设的犯罪。但未曾想，因为其刑罚相对贪污罪、受贿罪而言较低（最高刑期为10年有期徒刑），证明自己无罪的责任又归于行为人，所以就造成行为人故意不说明财产来源，便于以巨额财产来源不明罪定罪，逃避更严重的刑罚处罚的情形。因此，为了避免同样尴尬的局面，不应增设“收受礼金罪”。最后，若增设“收受礼金罪”，则对赠送礼金的对向行为也应增设为新罪名，而这显然再次造成了立法资源上的浪费。所谓对向犯，指以二人以上的互相对向行为为成立条件的犯罪，具体又可分为三种类型：一是双方都构成犯罪，且法定刑和罪名完全相同，如重婚罪；二是双方都构成犯罪，但罪名与法定刑不同，如受贿罪和行贿罪；三是法律只规定一方为犯罪，对另一方未作规定，如贩卖淫秽物品牟利罪。[①] 因为“收受礼金罪”与受贿罪、赠送礼金的犯罪与行贿罪属于同一罪群，罪质上也基本相同，所以“收受礼金罪”及其对向犯罪当属第二种类型。因而，将赠送礼金的行为也增设为新罪，会再次面临增设“收受礼金罪”所涉及的问题。但若是通过删除受贿罪中“为他人谋取利益”要件的方式，则只需相应地删除行贿罪中“为谋取不正当利益”要件即可。

综上所述，将非法收受礼金的行为纳入刑法规制的范围内，不能通过增设“收受礼金罪”的方式。删除受贿罪中的“为他人谋取利益”要件，则是最优的方案。

第一，从“为他人谋取利益”的立法沿革过程来看，其并非一开始就作为受贿罪的构成要件之一，设立的初衷是为了更严厉地打击贿赂犯罪行为，但是，就其设立后在司法实践中的效果来看，却并未达到所预想的结果。

在新中国成立初期，政务院通过行政法规将贪污贿赂行为一律规定为贪污罪，受贿行为以贪污罪构成要件的形式出现在该罪中，但并未将“为他人谋取利益”作为该罪的构成要件。1979年刑法才第一次将受贿行为以独立的罪名设罪，但仍未将“为他人谋取利益”作为该罪的构成要件。及至20世纪80年代，随着我国改革开放政策的逐步施行，贪污贿赂犯罪日渐严峻，最高人民法院和最高人民检察院1985年《关于当前办理经济犯罪案件中具体应用法律若干问题的解答（试行）》首次将“为他人谋取利益”作为受贿罪构成的要件之一，全国人大常委会后于1988年《关于惩

---

① 黎宏：《刑法学》，法律出版社，2012，第281页。

治贪污罪贿赂罪的补充规定》（以下简称“《补充规定》”）中首次通过立法将“为他人谋取利益”确立为受贿罪的构成要件要素。而在1997年《刑法》的修订研拟中，关于“为他人谋取利益”要件的保留和删除存在着争议，但最终立法机关维持了《补充规定》的写法，将“为他人谋取利益”保留了下来，作为非法收受财物构成受贿罪的必备要件。[①]

在司法实践中，公诉机关要证明国家工作人员构成收受财物型受贿罪，一是要证明国家工作人员利用职务之便收受了财物，二是要证明国家工作人员为他人谋取了利益。但是，实践中常见的情况是，国家工作人员在收受财物时，不直言会为行贿人谋取利益；或者是国家工作人员收受财物时，虽表示会为行贿人谋取利益，但案发时未为行贿人谋取利益；再或者是国家工作人员收受财物时，行贿人未提出任何请托事项，只作为“感情投资”。对于上述情形，公诉机关很难直接证明行为人“为他人谋取利益”，因而导致审判机关无法认定其行为构成受贿罪。对此，最高人民法院在2003年11月13日的《全国法院审理经济犯罪案件工作座谈会纪要》中规定，“为他人谋取利益包括承诺、实施和实现三个阶段的行为。只要具有其中一个阶段的行为，如国家工作人员收受他人财物时，根据他人提出的具体请托事项，承诺为他人谋取利益的，就具备了为他人谋取利益的要件。明知他人有具体请托事项而收受其财物的，视为承诺为他人谋取利益”。这一规定虽然为化解“为他人谋取利益”在司法实践当中适用时面临的尴尬局面起到了一定的作用，但是其并未能完全解决上述问题。因为依据这一规定，只能解决上述第一、二种情形，对于第三种情形仍无法认定为“为他人谋取利益”。在现行刑法框架下，对“为他人谋取利益”的解释，实际上仍以“具体请托事项”为基础；如果没有“具体请托事项”，接受“感情投资”者仍难以成立受贿罪。[②] 并且，从这一规定本身的内容来看，也存在着诸多问题，有类推解释之嫌。[③] 而直接删除受贿罪中的“为他人谋取利益”，则能够有效避免上述问题的发生。

第二，“如果我国的受贿罪保护客体是国家公职人员职务行为的廉洁

---

① 高铭暄：《中华人民共和国刑法的孕育诞生和发展完善》，北京大学出版社，2012，第608页。

② 李少平：《行贿犯罪执法困局及其对策》，《中国法学》2015年第1期。

③ 左坚卫、王帅：《走得太远的司法与理论——对受贿罪“为他人谋取利益”解读的反思》，载赵秉志主编《刑法论丛》2013年第4期，法律出版社，2013，第259页。

性，只要行为人收受了贿赂，其廉洁性就已经受到了现实的侵害，即使我国的犯罪成立条件具有量的要求，这种要求也应当表现为收受贿赂的数量以及渎职的性质与程度。”“至于公职人员是否为他人谋取了利益，只是表明行贿人的预期利益是否实现，而与公职人员的职务行为廉洁性是否受到侵害没有直接关系。”[①] 因此，从受贿罪的保护客体角度来看，也没有必要将“为他人谋取利益”作为受贿罪的构成要件要素加以规定。

第三，我国于 2003 年 12 月 10 日签署了《联合国反腐败公约》（以下简称“《公约》”），并于 2005 年 10 月 27 日由全国人大常委会批准加入，自 2006 年 2 月 12 日对我国开始生效。《公约》第 15 条规定，各缔约国均应当采取必要的立法措施和其他措施，将公职人员为其本人或者其他人员或实体，故意实施直接或间接索取或者收受不正当好处，以作为其在执行公务时作为或者不作为的条件的行为规定为犯罪。换言之，《公约》并未要求受贿罪的成立以“为他人谋取利益”为条件。所以，为了适应《公约》的要求，履行《公约》的义务，从而更有力地开展国际刑事司法协助，应当删除受贿罪中的“为他人谋取利益”要件。

总之，就受贿罪中的“为他人谋取利益”而言，其设立已导致诸多问题，有必要将其删除。加之将非法收受礼金行为入罪确属必要，所以，直接删除受贿罪中的“为他人谋取利益”是将非法收受礼金行为入罪的最佳方案。当然，需要指出的是，删除“为他人谋取利益”的要件，并不意味着只要国家工作人员利用职务之便收受了他人财物，就成立犯罪。因为我国刑法既定性又定量，在判断行为是否构成犯罪时，不仅要依据分则的具体规定，还需要结合 1997 年刑法第 13 条“但书”的规定，将“情节显著轻微危害不大的”行为不以犯罪论处。另外，还可以依据 1997 年《刑法》第 37 条的规定，对犯罪情节轻微不需要判处处罚的行为，免予刑事处罚。

（北京师范大学刑事法律科学研究院教授　王志祥
北京师范大学刑事法律科学研究院博士研究生　柯明）

① 李洁：《为他人谋取利益不应成为受贿罪的成立条件》，载《当代法学》2010 年第 1 期。

第三章
腐败犯罪的刑罚配置

第一节

“行贿与受贿并重惩罚”的法治逻辑悖论

电影《肖申克的救赎》(The Shawshank Redemption) 中有这样一段具有思想穿透力的经典台词:“监狱里的高墙实在是很有趣。刚入狱的时候,你痛恨它;慢慢地,你习惯了生活在其中;最终你会发现自己不得不依靠它而生存。这就是体制化 (Institutionalization)。”这里所谓的“体制化”,简单地说,意指人对特定事物逐步适应依赖并内化为自我生存方式的过程。其实,人的发展就是一段段体制化与反体制化交相作用的悖论性经历。在现实社会,被体制化的又何尝只是监狱的犯人!权力腐败这个当下我国最严峻的社会问题,是否也在呈现体制化特征?是否也正在成为一些群体或个人的生存方式呢?这是国家需要警惕的重大问题。新一届政府对腐败惩治的力度、广度、深度皆史无前例,赢得了积极的法治和社会效果。“行贿与受贿并重惩罚”的政策就是在这一社会背景下提出的,而且该思想已影响到最新的刑法修正。法律和刑事政策都是特定社会的产物,当下强调“行贿与受贿要并重惩罚”是否符合法治理性?国家的反腐战略与(主要是惩治贿赂犯罪)刑事政策是否有必要转型?本节将围绕这些问题,提出一己之见。

行文之前,以下问题特别说明:(1)文中所言的“严惩行贿”“行贿与受贿并重惩罚”“惩办行贿与惩办受贿并重”基本同义,出于表达习惯或需要,时常交互使用。(2)所谓“行贿与受贿并重惩罚”,大体可能存在两种含义:一是指立法对行贿、受贿采取同样的立场,刑罚配置不作区分;二是立法在对两者刑罚进行区分的情况下,司法机关应采取同样严格的法律适用立场。换句话说,反对国家在刑事司法政策层面只强调严惩受贿,而对行贿实行宽宥处罚。提倡“行贿与受贿并重惩罚”政策的学者,有的可能主张该政策应包括前者含义，但囿于我国立法的实际，主要意在后者。(3) 本节主要在刑事政策的宏观层面一般性回答行贿与受贿究竟是并重惩罚还是区别对待的问题，笔者坚持传统“重受贿轻行贿”的处罚政策，但并不否定司法实践中可能存在严惩行贿或宽大受贿的个案。

一 “严惩行贿”：刑事政策的转向

在理论上，行贿与受贿属于对偶犯（亦称对合犯）。两者究竟是应同等处罚还是区别对待，各国刑法立场不尽一致。[①] 新中国成立后的两部刑法典都采取的是“重受贿轻行贿”的处罚结构。1979 年刑法第 185 条第 3 款规定：“向国家工作人员行贿……处三年以下有期徒刑或者拘役。”而对于受贿罪，刑法则规定一般情况下处五年以下有期徒刑或者拘役；致使国家或者公民利益遭受严重损失的，处五年以上有期徒刑。改革开放带来了社会的快速发展，1979 年刑法关于行贿罪规定过于简单的问题很快凸显。而且，鉴于实践中行贿行为的危害越来越大，[②] 1988 年全国人大常委会通过的《关于惩治贪污罪贿赂罪的补充规定》（以下简称“《补充规定》”）对行贿罪刑罚作了重大修改，[③] 即对行贿情节特别严重的，增处无期徒刑，并处没收财产。另外，为了体现对行贿的宽大政策，《补充规定》规定：“行贿人在被追诉前，主动交代行贿行为的，可以减轻处罚，或者免予刑事处罚。”现行刑法基本上沿袭了《补充规定》的条款设置，只是在刑罚方面，适度柔和了处罚力度。[④]

从司法实践的做法看，过去这些年，虽然最高人民法院和最高人民检

① 比如我国香港地区采取的是同等处罚的立法例，俄罗斯刑法则采取的是区别对待的立场。《联合国反腐败公约》并没有就此问题对缔约国作出统一性要求。

② 参见李淳、王尚新《中国刑法修订的背景与适用》，法律出版社，1998，第 528 页。

③ 《补充规定》规定：“对犯行贿罪的，处五年以下有期徒刑或者拘役；因行贿谋取不正当利益，情节严重的，或者使国家利益、集体利益遭受重大损失的，处五年以上有期徒刑；情节特别严重的，处无期徒刑，并处没收财产。”“行贿人在被追诉前，主动交代行贿行为的，可以减轻处罚，或者免予刑事处罚。”“因行贿而进行违法活动构成其他罪的，依照数罪并罚的规定处罚。”

④ 现行刑法第 390 条规定：“对犯行贿罪的，处五年以下有期徒刑或者拘役。因行贿谋取不正当利益，情节严重的，或者使国家利益遭受重大损失的，处五年以上十年以下有期徒刑；情节特别严重的，处十年以上有期徒刑或者无期徒刑，可以并处没收财产。”“行贿人在被追诉前主动交待行贿行为的，可以减轻处罚或者免除处罚。”

察院（以下简称“两高”）也时常强调要加大惩治行贿犯罪的力度,[①] 但严惩的对象主要是多次行贿、行贿数额巨大等场合，国家对贿赂犯罪整体上采取的是“重受贿轻行贿”的惩治思路，有的办案机关甚至采取查处行贿服务于打击受贿的策略。近来，越来越多的学者开始对传统“重受贿轻行贿”的政策提出批评，认为该政策导致了不好的法治效果，如大量行贿人未被追究刑事责任，法院审理的行贿犯罪案件数远远低于受贿犯罪案件数，行贿案件刑罚适用量过低，缓免刑适用率过高，不利于惩治腐败等。[②] 党的十八大以来，中央反腐力度、深度、广度空前强化，“惩办行贿与受贿并重”政策随即提出并被实践。2014 年，最高人民检察院部署打击行贿犯罪专项行动，查办行贿犯罪 7827 人，同比上升 37.9%。2015 年 1 ~ 3 月，全国检察机关立案侦查行贿犯罪 1891 人，同比上升 6.1%。[③] 2015 年 1 月 15 日，最高人民检察院曹建明检察长主持召开最高检党组会议，在传达学习十八届中央纪委五次全会精神时，明确要求坚决打击行贿犯罪。[④] 4 月 29 日，曹建明检察长再次强调，要深刻认识行贿犯罪的严重危害性，切实防止和纠正“重受贿轻行贿”的司法观念，采取积极有效措施，进一步加大依法打击行贿犯罪力度，减少行贿犯罪存量，有效控制行贿犯罪增量，特别是要严厉惩处主动行贿、多次行贿、行贿数额巨大、长期“围猎”干部的行贿犯罪。各级检察机关要坚持行贿与受贿统筹查办。[⑤] 与此同时，最高人民法院也表达了同样的立场，第十二届全国人大第三次会议上，周强院长在最高人民法院工作报告中指出：“在严厉打击受贿犯罪的同时，进一步加大对行贿犯罪的惩治力度，减少腐败犯罪。”

对于“两高”的态度转变和司法实践近期做法，正如我国学者所评价的，这些迹象都充分表明，我国最高司法机关正在调整惩治腐败犯罪的策略：从过去的“重受贿轻行贿”“打击行贿服务于查处受贿”等政策，转

---

① 比如，1999 年最高人民法院、最高人民检察院《关于在办理受贿犯罪大要案的同时要严肃查处严重行贿分子的通知》中明确强调了严惩行贿的立场。提出对严重行贿犯罪分子，要依法严肃惩处，坚决打击。

② 参见李少平《行贿犯罪执法困局及其对策》,《中国法学》2015 年第 1 期，第 5 ~ 7 页。

③ 参见《重击权力“买方”　铲除腐败土壤》,《法制日报》2015 年 6 月 11 日第 5 版。

④ 参见《牢记主体责任　全面落实从严治党要求　强化责任担当　坚定不移推进反腐败斗争》,《检察日报》2015 年 1 月 16 日第 1 版。

⑤ 参见《加大依法惩治行贿犯罪力度　有效遏制贿赂犯罪蔓延势头》,《检察日报》2015 年 4 月 29 日第 1 版。

变为当下的“惩办行贿与惩办受贿并重”政策。[①]《中国法学》2015 年第 1 期刊载的最高人民法院副院长李少平的论文——《行贿犯罪执法困局及其对策》，无疑属于支撑当前这一政策转向的重要理论言说。“两高”和社会上“严惩行贿”的声音不可避免地会影响最近刑法的修正，《刑法修正案(九)》（以下简称《刑九》）第 45 条第 2 款规定：“行贿人在被追诉前主动交待行贿行为的，可以从轻或者减轻处罚。其中，犯罪较轻的，对侦破重大案件起关键作用，或者有其他重大立功表现的，可以减轻或者免除处罚。”较之于此前规定，《刑九》收紧了对行贿宽大处罚的立场。

归纳“行贿与受贿并重惩罚”政策的根据与理由，大致有以下主要方面：（1）腐败现象作为一个整体考察，大部分情况下呈现都是行贿是“因”，受贿是“果”；没有行贿就没有受贿。所以，遏制贿赂犯罪必须从惩治行贿犯罪入手；行贿犯罪惩治效果之好坏，对于国家反腐大局具有至关重要的意义。[②]（2）行贿免责将会导致负向激励。有的学者形象地指出，受贿与行贿，是一根藤上结出的“并蒂毒花”。对行贿与受贿同罚，既寄寓了公众的公平诉求与正义期许，也体现在了司法设计中。严惩受贿却宽纵行贿，如此反腐跟开着水龙头拖地毫无两样。受贿落马，行贿免责，只会造成负向激励，也侵蚀反腐制度的肌体。[③]（3）“重受贿轻行贿”政策和做法损害了公众的普遍道德感。反对传统“重受贿轻行贿”做法的学者认为，在当前我国市场经济条件下，行贿者多为无孔不入的“权力寻租者”，是国家肌体的腐蚀者。这些人为谋取不正当利益，先是千方百计地收买国家工作人员手中的权力，事后又“积极地”予以“检举揭发”，以求得自身解脱或从宽处罚。这是一种“背信弃义”之举。对此不义之举，我们过去不是予以严厉打击，而是从党纪、行政、司法等多个渠道“给政策”“给出路”，使其轻而易举地逃脱法律制裁甚至纪律制裁，此种做法与公众普遍道德观相抵牾。（4）提倡并重惩罚的论者还指出，行贿与受贿在功能上具有对向性，即双方行为主体分别实施各自的行为，两者彼此补充，相互呼应，形成统一的整体；在成罪条件上，两者具有依存性，即一

---

① 参见苗有水《为什么提倡“惩办行贿与惩办受贿并重”》，《人民法院报》2015 年 5 月 8 日第 6 版。

② 参见苗有水《为什么提倡“惩办行贿与惩办受贿并重”》，《人民法院报》2015 年 5 月 8 日第 6 版。

③ 参见《行贿免责的负向激励》，《华西都市报》2013 年 5 月 27 日。

方行为的实施或完成，以另一方的存在为条件。行受贿双方的对合关系，要求立法者对两者配置大致相当的刑罚量，也要求执法者对两者一视同仁，否则即背离了刑罚平衡理念和公平正义原则。[①]

要解决问题，必须首先知道问题所在。无论是立法上还是刑事政策执行层面，要回答行贿与受贿究竟是应并重从严处罚，还是如以往那样严惩受贿而宽宥行贿，都须依赖于科学解释行贿受贿互生机理。若果真如“并重惩罚”论者所言，行贿是因，受贿是果，行贿引起了受贿，那么，将行贿与受贿并重惩罚，甚至惩罚行贿胜于受贿，都无不妥。因此，科学揭示行贿与受贿这个开在一藤之上的两支“并蒂毒花”的生成机理，便成为回答“行贿与受贿并重惩罚”政策是否具有正当性的先决性问题。

二　行贿的生成机理：一个政治哲学视角的整体性解释

贿赂是权力的附生物，任何社会和国家都不可能完全避免，只是国家需竭力将其控制在社会可以容忍的限度内。贿赂行为发生的原因是复杂和多方面的，个人道德和社会制度都难脱干系。但正如哲学家罗素所言：“当一个普遍性问题被人提出来时，哲学就产生了。”[②] 现实社会，当贿赂现象超越个人、群体、职业和行业的范围，日益成为具有一定普遍性的社会行为模式时，从制度层面进行整体性解释，不仅是必要的，也是必需的。其实，无论是行贿还是受贿，都代表的是个人在获取社会资源时表现出的行为倾向或模式。而人作为群体性存在物，其行为倾向和选择不仅受社会资源的约束，也要受其他人选择的影响。[③] 在笔者看来，现实社会官僚制度的宿弊、权力监督体系的扭曲和阙如以及人们合作中的“囚徒困境”在很大程度上催生和塑造了行贿的行为模式。孟德斯鸠曾言：“要特别注意法律应如何构想，以免法律和事物的性质相违背。”[④] 刑事政策的设计也同样要尽可能与事物的性质相吻合，简单地强调“行贿与受贿并重惩罚”的刑事政策，期望以此有效遏制腐败，既偏离了事物的性质，也难以取得理想的法治效果，具体分析如下。

---

① 参见苗有水《为什么提倡“惩办行贿与惩办受贿并重”》，《人民法院报》2015 年 5 月 8 日第 6 版。

② 〔英〕波特兰・罗素：《西方的智慧》，崔权醴译，文化艺术出版社，2005，第 5 页。

③ 参见张维迎《博弈与社会》，北京大学出版社，2013，第 1 页。

④ 〔法〕孟德斯鸠：《论法的精神》（下），张雁深译，商务印书馆，2002，第 300 页。

1. 官僚政治的宿弊与行贿

对于传统官僚政治，学者孙越生先生指出，它是一种特权政治。特权政治下的政治权力，不是被用来表达人民的意志、图谋人民的利益，反而是在“国家的”或“国民的”名义下被运用来管制人民、奴役人民，以达成权势者自私自利的目的。孙先生将官僚政治从技术与社会两个层面进行说明，[①] 根据孙先生的归纳，我国传统官僚政治具有延续性、包容性和贯彻性三个方面的特殊性。[②]

随着新中国的建立，我国政治体制发生了根本性变革，传统官僚政治得以体制性纠正。从道理上讲，人民的时代绝不能容许任何特权性的官僚政治的存在。[③] 但面对现实，亦如学者们所言，一切社会在某种意义上都是过去历史的产物。研究中国政治必须参照历史，因为这些历史因素笼罩着中国政治的进程。中国人的概念框架令人惊异地具有自我中心和历史特性。[④] 新中国成立后，毛泽东虽然一直怀有根除中国几千年官僚政治的美好初衷，但由于那时国家建设主要以苏联的执政模式为样板，最终出现了大规模的官僚中央集权化，导致该时期新中国的官僚主义比中国历史上任何时期都更广泛、更深入地渗透于整个社会。[⑤] 改革开放后，国家大力推进民主政治建设和社会主义市场经济体制改革，邓小平明确指出：“进行政治体制改革的目的，总的来讲是要消除官僚主义，发展社会主义民主，调动人民和基层单位的积极性。”[⑥] 但在以经济建设为中心的国家战略下，民主和法治建设严重滞后于经济社会发展，特别是我国的经济社会发展是由政府主导的，不同于欧美的网络驱动模式。该模式下，公权力体系

---

① 参见孙越生《重读王亚南著〈中国官僚政治研究〉》，《社会科学战线》1979 年第 4 期。

② 具体是：(1) 延续性，即中国官僚政治延续期间的悠久，它几乎悠久到同中国传统文化史相始终。(2) 包容性。指的是中国官僚政治所包摄范围的广阔，即官僚政治的活动，同中国各种社会文化现象如伦理、宗教、法律、财产、艺术等等方面，发生了异常密切而协调的关系。(3) 贯彻性。指的是中国官僚政治的支配作用有深入的影响，中国人的思想活动乃至他们的整个人生观，都拘囚锢蔽在官僚政治所设定的樊笼中。参见孙越生《重读王亚南著〈中国官僚政治研究〉》，《社会科学战线》1979 年第 4 期。

③ 参见王亚南《中国官僚政治研究》，中国社会科学出版社，1981，第 192 页。

④ 参见〔美〕詹姆斯·汤森、布莱特利·沃马克：《中国政治》，顾速、董方译，江苏人民出版社，2010，第 23、6 页。

⑤ 转引自张兴国、张兴祥《再论王亚南的中国官僚政治研究》，《政治学研究》2007 年第 3 期。

⑥ 《邓小平文选》（第三卷），人民出版社，2001，第 177 页。

庞大，国家掌握着社会重要资源及其分配机制，对经济具有决定性影响力，国家透过国有企业或与国家关系密切的企业进行运作，透过对这些企业的控制介入经济。国家政权在经济社会发展中具有中心地位，确定经济优先发展方向和目标，引领经济体制向符合市场需求的方向发展。[①]而且，在众多的社会经济领域，政府等公权力机关拥有市场准入权、审批权和资源分配处置权，社会主体对很多社会经济资源尤其是稀缺性资源并非可以通过自由市场竞争获取，而多依赖国家公权力机关的配置和审批。

政府主导的经济社会发展模式当然具有优越的方面，该体制下政府强势、集中高效，可以有效地动员社会资源，保证符合国家利益的战略和政策得以高效执行，该模式很快促成了一个世界第二大经济体的形成。但犹如任何事物都有正反两面性，政府主导经济社会发展模式也存在明显的弊端，该模式具有浓厚的政府管理色彩，本质上是一种自上而下的管理型社会经济发展模式。人作为世界上最纠结利益的动物，其行为具有强烈的趋利性特征。常言道："机会产生意念，意念催生欲望，欲望引起行动"，在公权力机关握有巨大资源分配权力和缺乏有效监督的体系下，在官民关系尚不合理的政治结构中，社会主体必然挖空心思地寻求与权力接近并谄媚权力的机会。向公权力机关行贿，便在所难免。

2. 民主监督机制的阙如与行贿

如果认为自上而下的管理型经济社会发展模式为行贿发生提供了体制性便利或可能性，那么，政治实践中政府等公权力机关缺乏来自民众权利的有效监督，则使得行贿发生由可能走向现实。

人是一个一体化的、有组织的整体，但本质上是一种不断产生需求的动物。[②] 行贿是人在获取社会资源时的一种行为抉择，个中反映着行为人的需求和动机。经济学中的激励理论认为，不论是个体还是社会，我们做出任何选择取决于我们的偏好。但是，对于决定我们生产和消费具有同样重要作用的因素是激励。如果一个因素影响了我们的选择，那它就是一种激励。有的激励是市场的一部分，例如价格，其他激励则来自施加的外部

① 参见王辉耀《中国模式的特点、挑战及展望》，《中国市场》2010年第16期。

② 参见〔美〕亚伯拉罕·马斯洛《动机与人格》，许金声译，中国人民大学出版社，2012，第1、9页。

力量。[①] 政府（广义的概念，泛指国家公权力机关）是由一个个活生生公民组成的有机集合体，政府的行为（实际表现为政府公务人员的行为）同样需要激励，只是政府作为公共利益的代表者，与一般市场交易主体不同，民主社会对政府行为的激励机制并非直接来自利益诱惑，主要靠的是对权力的制约监督。政府主导的经济社会发展模式虽然为行贿的发生提供了制度性便利，但任何便利或可能性只有在具备现实土壤时才可以生长发育。所以，我们绝不能武断地认为政府主导经济社会发展模式注定会带来行贿行为的猖獗与泛滥，而且，实践证明，采取政府主导经济社会发展模式的日本、韩国和新加坡等国，政府同样保持了高度清廉洁净。所以，决定两者之间关系的还有一个重要变量，即作为资源分配主体的公权力机关能否很好地自我节制或是否存在有效的外部监督激励机制。

谈及对政府等公权力机关监督的必要性，美国《独立宣言》起草人杰斐逊曾指出，“没有人民的监督，政府便会蜕化变质，人民是自己政府唯一可靠的看守人”。但在政治实践中，对政府的有效监督却是个普遍性难题。原因在于，一方面，现实社会中的政府是作为民众的公共代理人存在的。与普通代理关系不同的是，这种代理具有“一仆多主”和链条式的特性。也就是说，政府是由多个委托人授予权力，而不是只有一个委托人。不同委托人要求同一政府官员做的事情可能是替代性的，也可能是互补性的或相同的。在多人委托的情形下，难免产生委托人“搭便车”现象。而且，更为棘手的问题是，一旦委托人之间发生利益对立或冲突，将转移他们对作为公共代理人政府或官员的监督。另一方面，政府的工作具有多重特征，即便某一部门或官员的职责是单项的，对其进行业绩度量也并非容易之事，对此，正如学者们形象描述的：一个官员整天坐在办公室里，你没有办法知道他是在想着怎样腐败还是怎么反腐败。[②] 况且，政府一旦成立，便成为独立实体，具有自身利益，政府自身的利益未必总是与委托人利益相一致。政府与其委托人——民众争利是各国政治实践中的常见现象。

归纳现代民主国家对公权力机关监督激励机制的形态，大体上可以分

① 参见〔美〕罗伯特·C. 盖尔《经济学：基本原理与热点问题》，邹薇等译，武汉大学出版社，2007，第7~8页。

② 参见张维迎《博弈与社会》，北京大学出版社，2013，第289~290页。

为内、外两种，即公共权力机关自身的洁身自好、自我节制和来自公权力机关外部的约束。前者的关键是要建立“贤能政府”，后者涉及权力有效监督的问题。从历史传统看，我国有贤能政府的思维习惯，在如何保证政府等公权力机关为社会服务的问题上，儒家意识形态强调的是好人而不是制度化的限制是好政府的保证。为了确保公权力机关决策的公正和明智，我国的政治传统一直是高度重视为官者的个人素质，而不是依靠规则或体制结构。[①] 而在西方社会，对该问题的回答与我国传统思维是明显相悖的。哲人亚里士多德在《政治学》中很早就警示人们，“将权威赋予人等于引狼入室”。近代经典政治理论更以无赖政府的假设为前提，强调为了保证公权力不变质，必须对权力进行分立与相互监督，如孟德斯鸠写道：“一切有权力的人都容易滥用权力，这是万古不易的一条经验。有权力的人们使用权力一直到遇有界限的地方才休止。”“从事物的性质来说，要防止权力滥用，就必须以权力约束权力。”[②]

若从我国宪法的原则性规定看，国家早已摒弃了贤人政治体制。宪法明确规定：“中华人民共和国的一切权力属于人民。”“人民依照法律规定，通过各种途径和形式，管理国家事务，管理经济和文化事业，管理社会事务。”随着国家强调推进治理体系和能力的现代化，“将权力关进笼子”的观念也日渐深入人心。而且，在现实政治实践中，也不能说我国没有对各级政府或官员的行之有效的监督激励机制，在很多方面，现有的对政府的监督机理机制不少是相当高强度的，甚至是扭曲性的，比如弥漫于社会各个环节的绩效考核文化，大的方面如国家和各级政府对 GDP（国内生产总值）的要求，细微的地方如公安机关以逮捕罪犯的数量来考核警察的业绩，各级教育管理部门以教师或科研人员发表论文或取得项目研究资金作为工作考核根据等。但现实社会既有的五花八门的监督激励机制带有明显的“自上而下”的特征，实践中往往是通过“上级压下级，一级压一级”的方式运转的，本质上仍然是国家实现社会管理的途径，更多属于权力体系内上级机构对下级机构的单方面要求，这种自上而下的管理型监督体系大大排挤了民主社会公民对政府应有的“权力”。如果民众不能对官员的

① 参见〔美〕詹姆斯·汤森、布莱特利·沃马克《中国政治》，顾速、董方译，江苏人民出版社，2010，第 32 页。

② 〔法〕孟德斯鸠：《论法的精神》（上），张雁深译，商务印书馆，2002，第 154 页。

行为形成有效监督，官员的官僚主义作风势必盛行，就会造成官强民弱的倒挂体制。而且，权力的行使总是伴随着任性与傲慢，权力过大或者臃肿的官僚机构会倾向于低效率和抗拒变革，[①] 在法律规定当为或应为的事项中，公权力机关往往倾向于拖沓和低效率。激励理论有一个重要的结论：如果你不能监督他（政府或官员），就只能“贿赂”他。[②] 其中，就包括使用刑法禁止的行贿这一非法手段。

3. “囚徒困境”与行贿

社会是为着共同的目标进行合作的一群人的组合，[③] 良好的社会必须解决好人与人之间的协调与合作问题。如果国家制度设计处理不好人与人之间的合作协调关系，不能协调好人的个体理性与集体理性以及事前理性与事后理性的问题，将会导致民众合作陷入“囚徒困境”。[④] 行贿与受贿根本上反映的是公民之间的不合作问题。

经济学理论一般是这样展示囚徒困境形成原理的。一个由 A 和 B 组成的社会中，在每一活动中，A 和 B 都可以选择合作，也可以都选择不合作。如果双方合作，每人都能够分享合作的红利；如果两人都不合作，两者就会陷入霍布斯所谓的人与人战争状态，那么，两人都会损失。如果一人选择合作，另外一人选择不合作，则选择合作的一方就会吃亏，选择不合作的一方就会受益最大。从两个人利益总量即所谓的集体利益看，无疑 A 与 B 选择合作是最优的。但是，如果 A 和 B 在行为时都只是考虑自己利益最大化，这一最优的结果就不会出现。[⑤] 而人的自私本性决定了，若没有制度保证，A 与 B 都会倾向于做出自己利益最大化的行为选择（即基于个体理性的选择），对于社会来说，这将是最糟糕的结果（即不可能出现集体理性）。为了解决人类合作方面的“囚徒困境”，康德曾这样设想制定社会制度：“一群有理性的生物为了保存自己而在一起要求普遍的法律，但是他们每个人又秘密地倾向于把自己除外；他们应该是这样的安排建立

① 参见〔美〕詹姆斯·汤森、布莱特利·沃马克《中国政治》，顾速、董方译，江苏人民出版社，2010，第 6 页。

② 参见张维迎《博弈与社会》，北京大学出版社，2013，第 290 页。

③ 参见〔英〕罗素《罗素的道德哲学》，唐译编译，吉林出版集团有限责任公司，2013，第 42 页。

④ 参见张维迎《博弈与社会》，北京大学出版社，2013，第 338 页。

⑤ 参见张维迎《博弈与社会》，北京大学出版社，2013，第 6～7 页。

他们的制度，以至于尽管他们自己私下的心愿是彼此相反的，却又如此之彼此防范这一点，从而在他们的公开行动中其结果又恰好正像他们并没有任何这类恶劣的心愿一样。”① 我国著名经济学家张维迎教授写道：“法律和社会规范第一个功能是提供激励，诱导人们相互合作。……我们知道，社会合作面临的重要问题是囚徒困境所导致的个体理性和集体理性的矛盾。在这种情况下，法律和社会规范可以通过改变博弈的支付结构，为人们提供一种激励，使得个人效率和社会效率保持一致，从而实现帕累托最优。”②

从逻辑上讲，人类社会有合作的地方，就会发生“囚徒困境”。具体到现代民主政治实践而言，“囚徒困境”不仅存在于民众和作为民众公共代理人的政府的合作中，也发生于被代理人（民众）之间。民主政治的初衷是人民联合起来监督政府以保证政府为人民服务，避免政府与人民之间合作的难题，但吊诡的是，现实政治中，民众在很多场合，不是团结起来制约和监督政府，相反，却在私下恶斗，互相恶性竞争，结果使得民主制度的效能大大削弱。如果一种制度能够保证，对于每个人来说，事前的理性选择也是事后理性的选择，我们就可以大大缓解“囚徒困境”的问题。但是，当下民主政治的实践在我国仍处于生长和完善中，我们距离现代民主政治和自由市场经济还有较远的路要走。在政府主导经济和社会发展模式下，政府等公权力机关除了具有优越强势地位外，也没有建立完善透明的行政程序和制度，民众无法形成对决策公正性的信赖。在人性欲望的支配下，每个主体为了最大限度地攫取自己的利益，都会难以避免陷入囚徒困境的行为选择模式，甚至不惜采用向官员行贿这种非法的方式。在经济学上，信息对称被认为可以在很大程度上缓解“囚徒困境”这一人类合作中的尴尬，因为一个公正透明的法律程序，不仅可以保证决策主体最大限度地做出公正的决定，③ 也可以大大排除对决策主体的不信赖和民众之间不合作的可能性。但在我国当下“一心向上”的官僚体系下，在国家公权力机关行为缺乏完善程序规范以及国

---

① 转引自张维迎《理念的力量》，西北大学出版社，2014，第25～26页。

② 张维迎：《博弈与社会》，北京大学出版社，2013，第338页。

③ 参见〔英〕尼尔·麦考密克、奥塔·魏因贝格尔《制度法论》，周叶谦译，中国政法大学出版社，2004，第262页。

家尚没有形成严密的维持合作的事后惩罚规则的情况下，行贿注定是个很难得到满意解决的问题。

4. 小结

英国学者尼尔·麦考密克等指出：“合理的思想，无论是关于做什么或关于是什么的思想，必须表现出跨越时间的不变性和适应各种情况的普遍性，而且必须是有系统的。”① 国家的刑事政策本质上反映的是国家预防和惩罚犯罪的思想，亦必须是理性和系统的。这种系统性不仅来自对形成政策基础性事实和因素的系统考虑，而且政策自身也必须具有系统性。通过以上分析，我们不难窥见行贿在我国当下的普遍存在具有制度性根基。国家权力是法律秩序的效力和实效，民主本质上意味着在国家的法律秩序中所代表的那个“意志”等于国民的意志，② 从而保证每个人成为自己命运的主宰。人作为利益纠结的功利性动物，行为选择往往出于一定的具有激励性的动机。但在缺乏对权力有效监督的体制下，民主的理念就会被倒挂，结果不是权力服务民众，而是民众去讨好权力，行贿便难以避免。滥用和任性是权力的本性，公权力并非总是为人民利益而行动，这是现代民主法治社会公民应当具有的常识。对于权力与生俱来的滥用动机，罗素从道德哲学的角度曾有如下独到的解释：“当人们温饱的需要得到满足后，除非他们因此而变得懒惰，否则，他们就会拥有一些其他的欲望，比如贪婪、竞争、虚荣和权力欲。……而且，权力和虚荣一样是贪得无厌而无法满足的。……在权力欲这一动机的驱使下，人更热衷于施加痛苦而不是使人快乐。如果你在一些正当的时候，向你的老板请假离开办公室，那么，其欲望使他从拒绝而非同意中得到更大的满足。如果你申请建筑许可证，那些有关的低级官员明显地能从‘不行’而非‘可以’中获得更多的快乐。正是这样的事情，使权力欲成为一种危险的动机。”③ 在行贿和受贿的对合关系中，我们不否认有些场合，是行贿者的行为启动了受贿者的受贿意念，但作为事物的一般属性，特别是将行贿、受贿关系做整体性考察时，我们便会发现，眼下社会上形形色色的行贿具有被塑造的性质，权力

---

① 参见〔英〕尼尔·麦考密克、奥塔·魏因贝格尔《制度法论》，周叶谦译，中国政法大学出版社，2004，第233页。

② 参见〔奥〕凯尔森《法与国家的一般理论》，沈宗灵译，商务印书馆，2013，第404页。

③ 参见〔英〕罗素《罗素的道德哲学》，唐译编译，吉林出版集团有限责任公司，2013，第20页。

与生俱来的滥用性动机决定了国家应当将对受贿行为的预防和惩治置于刑事政策的中心地位。

人是理性的存在，但人不可能仅靠理性和逻辑生存，权力更不可能是完全按照理性与逻辑运转。包括贿赂在内的权力腐败问题在我国当下十分严峻，国家已没有了继续拖延治理的空间。但权力腐败是历史和现实种种因素聚合的复杂性存在，它的蔓延根本上与国家权力缺乏有效拘束有关，与当下国家采取的政府主导经济社会发展模式有关，与市场经济发展中法治缺失和严重滞后有关。[①] 学者汪玉凯指出，我国存在的腐败问题，在一定程度上带有明显的体制性特征，治理腐败必须从体制上下手。在汪教授看来，从体制上抑制腐败必须解决三个核心问题，即构筑用权力制约权力的体系，促进权力结构的分化和整合以及建立严格的党政领导干部责任机制。[②] 但任何体制问题的解决都涉及国家制度的全身，并非一时之功。另外，体制改革的实质是改革和限制政府等公权力机关的权力，这又牵涉割除政府等公权力机关的特殊利益，这对公权力机关而言，犹如一个人拿刀子割自己的肉一样困难。在这种情况下，面对腐败的高压形势，国家最有可能的选择便是在尽可能保证政府等公权力机关既定利益最大化前提下，诉诸刑法，希望以刑罚吓阻、警醒权力者慎用权力，以扭转严峻的腐败形势。[③] 这种解决腐败的战略必然日益强化刑法介入腐败治理的强度和深度。回顾过去30多年刑法对腐败的打击，这种趋势是明显的：刑法从打击核心权力的腐败行为，到规制核心权力的周边行为（如刑法增设利用影响力受贿罪）；从打击权力者本人，延伸至规制权力者的近亲属、关系密切人、特定关系人；从打击典型的钱权交易行为，扩大至处罚社会发展中新类型和变相的钱权交易行为。这样看来，而今国家将刑事政策的矛头扩张对准至权力腐败的相对方，并非意外之举动。所以，如果将“重刑反腐”看作是国家反腐基础性制度和体系缺失状态下一种不得已的选择和填充手段，[④] 那么，当下“两高”强调“行贿与受贿并重惩罚”的刑事司法政策，则是国家倚重刑法反腐的不可避免的结果。

---

① 参见何荣功《“重刑反腐”与刑法理性》，《法学》2014年第10期。

② 参见汪玉凯《巨贪产生的制度反思》，载《炎黄春秋》2015年第6期。

③ 参见何荣功《“重刑反腐”与刑法理性》，《法学》2014年第10期。

④ 参见何荣功《“重刑反腐”与刑法理性》，《法学》2014年第10期。

三 “严惩行贿”的问题：法治逻辑的悖论与风险

法律的制定是为了惩罚人类的凶恶悖谬，所以其本身必须最为纯洁无垢。[①] 制度有病，我们不能让行贿人吃药。在当下具有塑造行贿行为模式的经济社会体制下，国家如果不直面问题，不把对腐败问题治理的重点集中于既有制度的改良与完善，而是将矛盾的焦点转移，无疑是“鸵鸟心态”的做法。受贿与行贿的对合关系决定了受贿的完成无法离开行贿行为，严惩行贿增加了行贿者的违法犯罪成本，当然可以在一定程度上预防和减少贿赂案件的发生，但亦如前文分析，这种做法由于偏离了问题中心，不可能取得好的法治效果。而且，实践中一旦过度强调“行贿与受贿并重惩罚”的刑事政策，还可能导致以下方面问题。

第一，转移国家治理腐败的中心。很明显，新一届政府为惩罚腐败倾注了良苦用心，针对性地提出了种种新的惩治思路。如强调“反腐永远在路上”，坚持“老虎苍蝇一起打”，提出治理腐败，要重视“减存量、遏增量”，要注重机制建设，形成“不敢腐、不能腐、不想腐”的体制机制和政治氛围。最新的反腐行动也鲜明地表明了中央的反腐没有“固定节奏”，没有“高低潮”，日趋常态化。[②] 在盛赞过去这段时间国家反腐成绩的同时，我们不能忽视的客观事实是，当前的反腐仍然难脱“运动式”治理的色彩。对于我国的社会治理，美国学者詹姆斯·汤森等人在研究后曾给出这样的结论，即自从毛泽东逝世后，中国面临着一种制度化运动的悖论，即改革意味着中国生活的常规化，但它却是以动员的方式进行的。[③] 囿于社会资源总量和国家治理能力的限制，运动式反腐的做法不可能在短时期内销声匿迹。如果说人的精力是有限的，做事总需专注，避免三心二意，国家的司法资源也同样是有限的，应当尽可能将有限的司法资源集中于最需要解决的社会问题和问题的最核心部分。运动式社会治理最大的弊端在于对社会问题的解决具有即时性、间歇性特点，属于表面化社会治理方式，难以彻底解决问题，最终导致的是社会资源的低效率配置使用。具体

---

① 〔法〕孟德斯鸠：《论法的精神》（下）张雁深译，商务印书馆，2002，第301页。

② 参见国平《反腐没有休止符》，央视网，2015年7月24日。

③ 参见〔美〕詹姆斯·汤森、布莱特利·沃马克《中国政治》，顾速、董方译，江苏人民出版社，2010，第117页。

到贿赂犯罪惩治策略的设计而言，既然受贿是权力腐败的核心所在，国家应当将治理的视线集中于对该问题的解决上，当前提出的“行贿与受贿并重惩罚”的政策，如果把握不好，将会导致有限的司法资源和社会对腐败的关注转移至处理行贿问题上。这种偏移问题中心的做法，将分散国家反腐合力，最终影响反腐的效果。所以，表面上看，“行贿与受贿并重惩罚”的政策似乎是严密了刑事法网，但实践中却存在转移国家对腐败核心问题治理的巨大风险。腐败的本质是权力滥用，任何不以切实减少和规范国家权力为中心的反腐战略或举措，在很大程度上都只是属于“顾左右而言他”的做法。

第二，引起刑法适用的道义难题。法律本乎人情、人性，必须具有德行，法律若离开了公众舆论的支持，将是丝毫没有力量的。法学家哈特也指出，法律的“本质”在于它同道德或正义原则的一致，而不在于它是命令与威胁的结合。① 如前文所言，主张“行贿与受贿并重惩罚”政策的重要理由在于认为当下社会普遍存在的行贿者的“背信弃义”行为与传统“重受贿轻行贿”做法有直接关系。不可否认，作为合作性的动物，人类的存在需要人之间的诚信与忠诚。正因为如此，哲人塞内加说：“忠诚是人们心目中最神圣的美德。”在这个意义上，背信弃义不仅是对人类美德的背叛，也可以认为是对人类合作制度的背叛。但问题的关键还在于，任何东西配称为美德的，必须是一种善或正义。正所谓“金钱买来的忠诚一定会被金钱所收买”，事前行为人为了谋取利益，阿谀奉承，想尽办法收买接近权力，一旦东窗事发，出于自保本能和争取法律的宽大处理，又“积极地”对官员的行为“检举揭发”，这类现象很难简单地评价为属于背信弃义之举。因为缺乏道德和善良的行为，没有褒奖为“义举”的正当性。在法治国家和倡导正义的社会，我们有必要理性看待“盗亦有道”的存在空间。另外，倡导“行贿与受贿并重惩罚”政策论者提出的所谓“背信弃义”的做法与公众普遍道德观相抵牾，其究竟是基于调研得出的结论，还是论者强加给社会公众的？笔者持强烈怀疑态度。如果现实社会的国家权力构架本身置行贿者于“求人”的尴尬和宿命境地，如果行贿与受贿双方对贿赂发生的因果力存在重大差别，国家对此不仅不从制度的层面积极化解，反而在司法政策上同等看待，这种简单化的做法，在笔者看

① 参见〔英〕哈特《法律的概念》，张文显等译，中国大百科全书出版社，2003，第8页。

来，才真正存在不道义之嫌。

第三，弱化宽严相济的刑事政策的执行。宽严相济刑事政策的提出是我国刑事政策走向成熟与现代化的重要标志。宽严相济刑事政策要求国家在处理犯罪问题上要坚持区别对待的原则。从逻辑上讲，任何类型的犯罪，由于具体情形复杂多样，都会存在适用宽严相济刑事政策的余地。比如刑法中最严重的罪行——故意杀人罪，刑法第 232 条并没有简单地做出笼统性规定，而是区别了基本犯罪构成与情节较轻的情形，对后者的场合，刑法设置了“处三年以上十年以下有期徒刑”的宽大法定刑。实践中，为了限制死刑的适用，对于那些即便不属于情节轻微的案件，当具备特定情节时（比如对于那些因婚姻家庭、邻里纠纷等民间矛盾激化引发的故意杀人犯罪，对于被害人一方有明显过错或对矛盾激化负有直接责任的故意杀人案件），国家也积极贯彻宽严相济的刑事政策，尽可能限制死刑立即执行的判处。[①] 又如黑社会性质组织犯罪历来是国家打击的重点，司法实践中秉持的是“打早打小的刑事政策”，但现行立法同样区分了首要分子、积极参加者和一般参加者，对于一般参加者采取了宽大处理的做法。“重受贿轻行贿”的处罚策略体现了区别对待的思想，与宽严相济的刑事政策实质是契合的。如果罔顾事理，在严惩腐败的名义下，突兀地改采并重惩罚的策略，将导致宽严相济的刑事政策在贿赂犯罪适用空间上的大大排挤。

最后，笔者还有必要指出的是，提倡“行贿与受贿并重惩罚”政策的具体根据与理由，也是经不起推敲的。比如，如前指出，主张并重惩罚论者认为，立足于事物的因果关系，行贿是“因”，受贿是“果”，没有行贿就没有受贿，还形象地将严惩受贿宽纵行贿称为开着水龙头拖地。这种看法明显过于形式化地理解事物因果关系的构造。事物的因果关系本质是决定与被决定关系，具有决定或引起地位的属于“因”，处于被决定或被引起地位的则是“果”。贿赂犯罪表象上呈现的是“行贿人提供财物在前，受贿人收受财物在后”，而且，的确实践中不乏一些案件属于行贿引起了受贿的情形。但作为一种普遍的社会现象，如前分析，在我国现实制度下，行贿与受贿在整体上呈现的是体制性倒挂形态，表象化理解并不符合

① 关于该问题的具体内容，可参见 1999 年《全国法院维护农村稳定刑事审判工作座谈会纪要》。

行贿与受贿关系的实际。而且，既然并重惩罚论者认为是行贿引起了受贿，为何不主张严惩行贿而宽大受贿呢？又如，主张“惩办行贿与受贿并重”论者根据行贿和受贿对合关系的结构，强调立法者只有对两者配置大致相当的刑罚量，一视同仁看待，才是符合了刑罚平衡理念和公平正义原则的。这种认识明显是不符合我国立法实际的。刑法中具有对合关系的犯罪类型并不限于行贿罪与受贿罪，重婚罪和挪用公款罪等也都呈现出一定的对合关系。根据刑法规定，在挪用公款罪的场合，刑法只是处罚挪用公款者一方，一般并不处罚公款的使用者。可见，对合犯场合，刑事立法关于对合两方的刑罚配置，从来都不是简单地一视同仁对待。刑事政策如何对待行贿，事关刑法的正义问题，“一种精确的正义理论必然表明，在很多情况下，从某种角度看，某些事情似乎是公正的，而在更严密的调查下和考虑到更多有关观点时，就证明是不公正的。……观察的片面性和过于仓促的表态往往是关于正义的错误判断的源泉。”① 当下强调“行贿与受贿并重惩罚”的论者忽视了行贿在我国产生的制度基础，过于表面化地理解了两者之间的因果关系，观察的片面性决定他们自然难以得出正义的结论。

四 结论：传统处罚立场的重申与立法展望

哲人柏拉图很早就指出，国家组织应该像宇宙和个人有德行的灵魂一样，那就是说，理性应该在其中占统治地位。② 刑法的目的是除非去恶，禁民为非，维护正义。国家刑事政策制定事关刑法的方向和国家司法资源的调整与分配，必须是基于缜密的理性分析，不能冲动无立场。回顾过去一个时期国家对腐败犯罪的刑事政策，虽然整体上秉持着严惩态度，但政策具体适用中却明显具有运动式、漂移性特征。常言道，勿忘初心，久久为功。对于腐败的治理必须厘清针对问题，专心致志，任何忽左忽右的漂移立场都将削弱国家刑事政策应有之效能。腐败是官僚政治的痼疾，是权力扭曲变性的结果，解决权力腐败问题的关键在于从体制上颠覆传统官僚政治的遗弊，加强对公权力的监督，建设法治国家，这是国家反腐战略和

---

① 参见〔英〕尼尔·麦考密克、奥塔·魏因贝格尔《制度法论》，周叶谦译，中国政法大学出版社，2004，第 250 页。

② 参见〔美〕梯利《西方哲学史》，葛力译，商务印书馆，2000，第 74 页。

刑事政策永远不能忘记的“初心”。偏移问题的中心而在权力的周围“打打杀杀”，对于解决腐败而言，永远只是空虚无补的。行文至此，笔者不禁想起20世纪20年代胡适先生在《请大家来照照镜子》一文中关于制度改造及其意义的论述。他写道：“人性是不容易改变的，公德也不是一朝一夕造成的。故救济之道不在乎妄想人心大变，道德日高，乃在乎制定种种防弊的制度。……故有公平的考试制度，则用人可以无私；有精密的账簿与审计，则账目可以无弊。制度的训练可以养成无私舞弊的新习惯。”①而在此前的《非个人主义新生活》一文中，胡适先生更是明确表达了其对制度改造重要性的独到认识，“要知道个人是社会上种种势力的结果。……社会上的‘良好分子’并不是生成的，也不是个人修炼成的，——都是因为造成他们的种种势力里面，良好的势力比不良的势力多些。反过来，不良的势力比良好的势力多，结果便是‘恶劣分子’了。……改造社会的下手方法在于改造那些造成社会的种种势力——制度、习惯、思想，教育，等等。……改造社会即是改造个人。”胡适先生生活的时代与今日已不可同日而语，但制度改进完善与人的发展关系的问题并没有改变。

当下，国家刑事立法仍然在为有效解决腐败问题而挖空心思，在当前社会特别是“两高”鼓吹“严惩行贿”的背景下，《刑九》对于行贿行为的处罚力度呈现向前跃步的倾向，但整体上看，仍然采取的是“重受贿轻行贿”的立法结构，所以，单就立法而言，尚可妥协性接受。但我们必须警惕“严惩行贿”的思想和政策在立法和司法实践中的进一步膨胀（尤其在后者领域），立法抑或司法将惩治贿赂的中心转移至（或包括）行贿行为，都难以认为是明智之举。当然，法律和刑事政策都应适应社会关系的发展变化，随着我国社会的快速进步和法治社会的真正建立以及官民倒立体制的完全纠正，那时，国家改采“行贿与受贿并重惩罚”的政策，既具有道德基础，又具有制度根据，自然是无可厚非的事。

（武汉大学法学院副教授　何荣功）

① 胡适：《容忍与自由》，金城出版社，2013，第184页。

第二节

贿赂犯罪特别自首制度

“特别自首制度是在一般自首的基础上，对刑法分则中具体犯罪的自首所作的特别规定。”① 根据我国刑法规定，贿赂犯罪特别自首制度②可以适用于以下四个罪名：“对非国家工作人员行贿罪”“对外国公职人员、国际公共组织官员行贿罪”“行贿罪”“介绍贿赂罪”。具体而言，有 3 个条款：刑法第 164 条第 4 款：“行贿人在被追诉前主动交待行贿行为的，可以减轻处罚或者免除处罚。”第 390 条第 2 款：“行贿人在被追诉前主动交待行贿行为的，可以减轻处罚或者免除处罚。”第 392 条第 3 款：“介绍贿赂人在被追诉前主动交待介绍贿赂行为的，可以减轻处罚或者免除处罚。”

一　贿赂犯罪特别自首制度之肇始及其立法理由

1979 年刑法是新中国的第一部刑法典，由于当时的立法技术不够成熟，该法典不可能把各种犯罪类型规定得完备与具体。就贿赂犯罪而言，1979 年刑法只规定了一个条文，即第 185 条：“国家工作人员利用职务上的便利，收受贿赂的，处五年以下有期徒刑或者拘役。赃款、赃物没收，公款、公物追还。犯前款罪，致使国家或者公民利益遭受严重损失的，处五年以上有期徒刑。向国家工作人员行贿或者介绍贿赂的，处三年以下有期徒刑或者拘役。”不过，随着社会的发展，该法典的不足逐渐显现，由

① 赵秉志、王志祥等：《刑法学》（第 2 版），北京师范大学出版集团、北京师范大学出版社，2013，第 373 页。

② 需要注意的是，在我国刑法总则中也规定了一种特别自首制度，即“准自首”或者“余罪自首”，是指被采取强制措施的犯罪嫌疑人、被告人和正在服刑的罪犯，如实供述司法机关还未掌握的本人其他罪行的行为（参见高铭暄、马克昌主编《刑法学》第 5 版，高等教育出版社、北京大学出版社，2011，第 270 页）。本节的研究对刑法总则中的特别自首制度不予涉及，仅以贿赂犯罪特别自首制度为研究对象，特此说明。

于规定得过于原则与笼统，司法机关对于罪与非罪的界限、量刑标准难以准确把握。因此，1979 年刑法颁布之后，全国人大常委会根据社会形势变化和打击犯罪的需要，又制定了一系列的决定和补充规定，对 1979 年刑法进行了修改与补充。1988 年全国人大常委会颁布《关于惩治贪污罪贿赂罪的补充规定》对贪污贿赂犯罪进行了详细规定。其中，第 8 条规定："对犯行贿罪的，处 5 年以下有期徒刑或者拘役；因行贿谋取不正当利益，情节严重的，或者使国家利益、集体利益遭受重大损失的，处 5 年以上有期徒刑；情节特别严重的，处无期徒刑，并处没收财产。行贿人在被追诉前，主动交代行贿行为的，可以减轻处罚，或者免予刑事处罚。因行贿而进行违法活动构成其他罪的，依照数罪并罚的规定处罚。"贿赂犯罪特别自首制度在单行刑法中得以初步确立。

此后在对刑法典修订研拟过程中，立法者对于刑法典是否需要继续规定职务犯罪的特别自首制度，曾经表现出犹豫的态度。在 1996 年 8 月 31 日的刑法修改稿中，立法工作机关曾删除了《贪污罪贿赂罪补充规定》中对主动交待行贿行为的予以从宽处理的规定。不过，在 1996 年 10 月 10 日的修订草案（征求意见稿）中，立法工作机关又恢复了《贪污罪贿赂罪补充规定》中对贿赂犯罪特别自首制度的写法。这一写法为之后的多个修订草案所沿用。贿赂犯罪特别自首制度最终得以在刑法典中正式确立。①

有学者研究指出，从国外的相关立法情况来看，特别自首制度主要有两种类型：一种是针对职务犯罪的外围犯罪人的特别自首制度；另一种则是针对职务犯罪者本人的特别自首制度。前者是世界各国刑法所采用的通例。因为，职务犯罪通常具有较强的隐蔽性，查处难度较大，对于具有对合性的职务犯罪而言，一般可以将其分为主罪与从罪，例如受贿犯罪与行贿犯罪，就主罪而言，由于犯罪人通常是掌握国家权力的公职人员，在对合性犯罪过程中往往起着主导作用。在现实生活中，这类人往往还具有较强的反侦察能力，想要从这类人身上寻找职务犯罪侦破的突破口难度较大。因此，在刑事立法上为从属于职务犯罪而存在的"从罪"（如行贿罪）设立特别自首制度，给予此类"从罪"的犯罪人更为宽缓的处罚制度，或者说是给予自首的"从罪"犯罪人以更高的立法奖励，可以有效地达到尽

① 高铭暄：《中华人民共和国刑法的孕育诞生和发展完善》，北京大学出版社，2012，第 613 页。

早发现严重犯罪或者严厉打击危害严重的相关主犯罪的目的。[①] 我国刑法为行贿犯罪等罪名设置特别自首制度同样是基于以上考虑，即为了分化、瓦解行贿受贿利益共同体而设置这一从宽处理的规定。[②]

法律不能忽视成本与效率，完全忽视成本与效率的法律，即使能够在一定程度上确保公正价值的实现，也不太可能全面实现立法目的。从理论层面来看，在确保基本公正的前提下，立法者为了更好地节约司法成本与实现法律的效率，在刑法中为某些特殊的犯罪类型设置一些特殊处置措施是有其合理性的。例如，我国刑法总则中规定的自首制度与立功制度均是基于这一考虑。这些制度“一方面有利于分化瓦解犯罪势力，争取犯罪人的绝大多数，感召、激励和促使他们悔过自新……另一方面可以减少侦查机关破案的困难，有利于犯罪案件的及时处理，节省司法资源，从而获得有利于国家、社会的预防犯罪效果”[③]。在我国刑法分则中，除了贿赂犯罪特别自首制度这类规定外，也存在其他基于司法成本和效率考虑的立法设置。如刑法第241条第6款规定：“收买被拐卖的妇女、儿童，按照被买妇女的意愿，不阻碍其返回原居住地的，对被买儿童没有虐待行为，不阻碍对其进行解救的，可以不追究刑事责任。”[④] 立法者之所以作这一规定，原因就在于司法实践中要成功解救被收买的妇女、儿童存在诸多困难，对被拐卖的妇女、儿童的解救工作常常难以开展。例如，“有法官称自己和公

---

① 参见李文燕、于志刚《论职务犯罪中的特别自首制度》，载《国家检察官学院学报》2002年第1期，第30页。

② 参见高铭暄《中华人民共和国刑法的孕育诞生和发展完善》，北京大学出版社，2012，第613页。

③ 高铭暄、马克昌主编《刑法学》（第5版），高等教育出版社、北京大学出版社，2011，第270页。

④ 这一规定已被《刑法修正案（九）》修改为：“收买被拐卖的妇女、儿童，对被买儿童没有虐待行为，不阻碍对其进行解救的，可以从轻处罚；按照被买妇女的意愿，不阻碍其返回原居住地的，可以从轻或者减轻处罚。”有学者认为，这一规定对于潜在收买人的威慑效果是非常小的，妇女、儿童的买方市场很难由此得到遏制；相反，这一规定对于实施犯罪之后的现实收买人却可能产生反向激励的效果，使其做出更加不利于被收买的妇女或儿童的选择［参见车浩《刑事立法的法教义学反思——基于〈刑法修正案（九）〉的分析》，载《法学》2015年第10期］。笔者非常赞同该学者的分析。刑法第241条第6款的规定，立法目的主要不在于威慑，而在于更好地保护和解救被收买的妇女或者儿童。虽然该规定对收买被拐卖的妇女、儿童的犯罪并未起到多大的遏制效果，但是对于解救工作的顺利开展却还是能够起到一定帮助作用的。因而，笔者认为，立法者当初的选择是有其合理性的。

安干警解救被拐卖的孩子或妇女时的狼狈样就像‘鬼子’进村，要‘悄悄进村’，‘打枪的不要’（这些都是电影《平原游击队》中日本鬼子的话），一旦找到了拯救对象，他们会‘连滚带爬’地跑出来。”[①] 为了实现对被拐卖妇女、儿童的顺利解救，为了更好地保障被害人权益，立法者不得不出此“下策”，在刑法上给“犯罪人”以优惠条件，以换取“犯罪人”的配合或者不阻碍。

二 贿赂犯罪特别自首制度的存废之争

在1997年刑法正式确立贿赂犯罪特别自首制度以后的较长时期内，这一制度并未引起学者们的关注，刑法学界对于这一制度进行研究的论文并不多。不过近些年来，这一制度开始引发学者们较大的研究兴趣，由此产生了关于贿赂犯罪特别自首制度的两种不同观点，即完善论与废止论。

完善论者一方面认为贿赂犯罪特别自首制度有其存在的必要，另一方面则认为这一制度的设置存在一定缺陷因而需要对其加以完善。如有学者认为，我国刑法所规定的特别自首制度存在适用范围狭窄的问题，由此导致司法实践中因这一制度而产生巨大的尴尬。比如特别自首制度对于自然人行贿犯罪可以适用，但对于单位行贿罪中行贿人“在被追诉前主动交待行贿行为的”却不能适用。[②] 另有学者指出，贿赂犯罪特别自首制度在司法实践中被广泛适用，免除行贿人的刑事处罚的情况大量存在，这在无形中让行贿人产生了一种“行贿是不会被判刑的”错觉。因此，需要对特别自首制度进行修改完善，提高行贿者的成本，加大对行贿犯罪的处罚力度，进一步严格对行贿犯罪从宽处罚的条件。[③]

根据学者们对特别自首制度修改完善的具体意见之间的区别，完善论又可以被细分为两种观点，第一种观点认为：在现实生活中，有很多犯罪都具有隐蔽性强、组织程度高、危害性大的特征，对于这些犯罪，如果没有内部人员与司法机关的主动联系和配合，将很难发现此类犯罪的存在，即使发现了蛛丝马迹也很难获取主要的证据。我国刑法不应将特别自首制

---

① 苏力：《送法下乡——中国基层司法制度研究》（修订版），北京大学出版社，2011，第31页。

② 参见赵秉志主编《刑法总则要论》，中国法制出版社，2010，第635~636页。

③ 孙乾、孙思娅：《受贿罪拟删除以金额定罪　行贿罪从宽处罚将更严格》，载《京华时报》2014年10月28日第8版。

度局限于行贿犯罪与介绍贿赂罪，而应将这一制度总则化，使之成为刑法总则中自首制度的第三种类型，而且还应扩大其适用范围，将其适用于与贿赂犯罪具有相似性质的其他犯罪，如毒品犯罪、危害国家安全罪、黑社会性质的组织犯罪、恐怖组织犯罪等等。[①] 第二种观点则是2015年8月29日公布的《刑法修正案（九）》所采用的做法。这种观点既不主张扩大特别自首制度的适用范围，也不主张将这一制度予以废止，而是主张在我国刑法原有规定的基础上对其进行完善。具体而言，《刑法修正案（九）》是将特别自首制度的原有规定"行贿人在被追诉前主动交待行贿行为的，可以减轻处罚或者免除处罚"修改为："行贿人在被追诉前主动交待行贿行为的，可以从轻或者减轻处罚。其中，犯罪较轻的，对侦破重大案件起关键作用的，或者有重大立功表现的，可以减轻或者免除处罚。"简言之，《刑法修正案（九）》就是将特别自首制度分为"可以从轻或者减轻处罚"与"可以免除处罚"两种情形，其目的在于从法律上对司法人员适用特别自首制度的权力予以一定的限制，希望以此降低司法实践中特别自首制度被滥用的可能性。

废止论是刘仁文教授和笔者所持的观点。我们认为，我国刑法设置贿赂犯罪的特别自首制度"弊大于利"，应当将其取消，对贿赂犯罪应统一适用刑法总则中的一般性自首、立功规定。原因在于：首先，特别自首制度本身就是"重受贿轻行贿"思想的产物；其次，特别自首制度在分化、瓦解行贿、受贿利益共同体方面的作用有限，而且存在被滥用的风险；再次，特别自首制度可能产生鼓励行贿的消极影响。[②]

三　贿赂犯罪特别自首制度应当废除

以上是我国刑法学界关于贿赂犯罪特别自首制度的两种不同观点。虽然所采取的是对特别自首制度予以完善的做法，但是，笔者对这一修改却并不认同。除了《行贿犯罪的刑法规制与完善》一文所阐述的几点理由之外，笔者认为，还有以下两方面因素决定了贿赂犯罪特别自首制度应当废止。

---

① 参见赵秉志主编《刑法总则要论》，中国法制出版社，2010，第637～638页。

② 参见刘仁文、黄云波《行贿犯罪的刑法规制与完善》，载《政法论丛》2014年第5期，第70～71页。

一方面，从立法理由和司法实践情况来看，贿赂犯罪特别自首制度不应继续存在。

我国刑法设置贿赂犯罪特别自首制度主要是基于功利考虑。其实，这些“在被追诉前主动交待行贿行为的”行贿人的行为并非不构成犯罪，而是为了使司法实践中的办案人员能够获得行贿人的主动配合，立法者才为其另行设置出罪机制。即是说，这些行贿人其实本来是应当构成犯罪的，但立法者基于特殊考虑而将其予以出罪。因此，就实质而言，贿赂犯罪特别自首制度其实是在没有更优选择的情况下，立法者所采取的一种不得已的做法。正如前文所言，笔者认为在确保基本公正的前提下，基于功利考虑而设置特别自首制度是有其合理性的。但需要指出的是，如果说当初立法者认为设置贿赂犯罪特别自首制度有其合理根据，那么，后来的事实已经证明，支持这一制度的所谓合理根据其实根本就不能成立。因为，自特别自首制度在刑法典中正式确立以来，贿赂犯罪多年来一直呈上升趋势。我国最高人民法院与最高人民检察院早在 1999 年就曾经发布《关于在办理受贿犯罪大要案的同时要严肃查处严重行贿犯罪分子的通知》，强调应当加大对行贿犯罪人的打击力度。但直到 2014 年，在“全国检察机关反贪部门重点查办行贿犯罪电视电话会议”上，最高人民检察院仍然在强调检察机关应进一步加大惩治行贿犯罪力度。① 这一事实可以从侧面反映出，我国司法机关在贿赂犯罪的治理问题上取得的成效并不明显，特别自首制度在贿赂犯罪的治理上并没有发挥其预期的作用。立法者设置贿赂犯罪特别自首制度，本来是希望通过一定程度的公正价值之牺牲以换取功利价值更大程度上之实现的。但是，如今，一方面贿赂犯罪特别自首制度将本应构成犯罪的行贿人予以出罪，使刑法的公正性由此而打了折扣；另一方面贿赂犯罪特别自首制度所追求的功利性目的并未因此而实现。立法者最初所预设的是以公正换功利的目标，但结果产生的却是“双输”的效果。从实践效果来看，很显然，这一制度的设置是非常失败的。

基于上述考虑，笔者认为完善论中的第一种观点不具有可行性。在贿

---

① 与贿赂犯罪治理情况不同的是，贪污案的年立案数已经低于贿赂案件，并继续呈现减少的趋势［参见钱小平《中国惩治贪污贿赂犯罪立法运行宏观效果考察》，载《暨南学报（哲学社会科学版）》2012 年第 6 期］。因此，近些年我们已经几乎听不到最高司法机关强调应加大对贪污犯罪治理力度的声音。

赂犯罪特别自首制度本身已经存在诸多弊病的情况下，再贸然将其扩大到其他犯罪类型，不仅不能解决该制度本身所存在的问题，而且会使这一制度所可能产生的消极影响扩大化。而对于完善论中的第二种观点，笔者认为，《刑法修正案（九）》的这一修改依然是“重受贿轻行贿”思想的体现，并不能改变特别自首制度鼓励行贿的消极影响；这一修改与刑法总则中的自首、立功规定并无实质区别，而且可能会进一步削弱特别自首制度在分化瓦解犯罪人方面的作用；这一修改对于防止权力滥用、增进行贿人对办案人员的配合程度并不会产生实质性的改善。[①] 因此，《刑法修正案（九）》对贿赂犯罪特别自首制度的“小修小补”，并不能从根本上解决该制度所存在的问题，企图以这种修改解决贿赂犯罪特别自首制度所存在的问题是行不通的。

另一方面，从“破窗理论”来看，贿赂犯罪特别自首制度也不应继续存在。

哈佛大学教授詹姆斯·威尔逊（James Q. Wilson）指出：“如果一栋建筑的一扇窗户破了且无人修理，其他窗户很快也会被破坏……一扇未修补的破窗，代表那里无人在意，打破更多窗户也无所谓。”这就是著名的“破窗效应”。这一理论之于犯罪学的意义就是，不受管理和约束的失序行为，会向民众传递出“此处不安全”的信号。严重犯罪总在失序行为未受约束的区域滋生。不受控制的乞丐，实际上就是第一扇破窗。抢劫犯和强盗，不论是临时起意还是以此为生，都相信如果在潜在受害者已经备受各种骚扰的街上行凶，他们被逮到甚至被认出的机会就比较小。如果一个区域无法让扰人的乞丐远离行人，窃贼可能会认为，如果发生抢劫，更不可能有人报警抓人或干预了。[②] 因此，如果能够采取措施恢复秩序，犯罪率也会相应逐渐减少。并且，“我们有愈来愈多的理由相信，秩序维护行动确实能对指标犯罪和较轻微的失序行为产生重大影响。”[③]

笔者认为，虽然“破窗理论”原本只是一项警务政策，但对于贿赂犯罪的治理同样具有重要的借鉴意义。长期以来，由于受礼尚往来传统习俗

① 参见刘仁文、黄云波《行贿犯罪的刑法规制与完善》，载《政法论丛》2014 年第 5 期。

② 参见〔美〕乔治·凯林、凯瑟琳·科尔斯《破窗效应：失序世界的关键影响力》，陈智文译，生活·读书·新知三联书店，2014，第 23 ~ 24 页。

③ 〔美〕乔治·凯林、凯瑟琳·科尔斯：《破窗效应：失序世界的关键影响力》，陈智文译，生活·读书·新知三联书店，2014，第 239 页。

的影响，我国民众对送礼行为已经习以为常，社会上送礼蔚然成风。就这一点来看，我国社会并不存在有效治理贿赂犯罪的有利环境。因为，送礼与行贿行为在我国的社会观念中根本就不存在明确的界限，民众对送礼习以为常，对行贿行为当然也就见怪不怪。更为关键的是，本来我国刑法已经为送礼行为与行贿犯罪之间划定了一条明确的界限，但由于立法者为贿赂犯罪设置了特别自首制度，而且这一制度在司法实践中被广泛适用，大量行贿人的刑事责任由此得以免除，民众因此而产生了“行贿是不会被判刑的”这样一种错觉，送礼行为与行贿犯罪之间的法律界限被逐渐模糊化。因而，就“破窗理论”来看，我国要治理行贿犯罪，关键在于纠正民众“行贿是不会被判刑的”错误观念，使其明确送礼行为与行贿犯罪之间的法律界限，进而实现刑法对行贿犯罪的一般预防作用。“破窗不及时修复的结果滋生了社会的无序，无序、违法和犯罪三者之间有着必然的联系，游手好闲之徒打破窗户的结果是大厦的地上建筑物遭到毁损和破坏，其结果就不是大厦窗户的破损，而是大厦根基的动摇与大厦的坍塌。”① 行贿行为是受贿犯罪产生的一个重要根源，② 受贿犯罪的治理必须从行贿犯罪的治理着手。对行贿犯罪有效治理的前提条件则是明确送礼行为与行贿犯罪之间的界限，而要实现这一目的，首先要做的就是将贿赂犯罪特别自首制度予以废除。

四　贿赂犯罪证人作证豁免制度之构建③

“学术批判是一种破坏性的工作，旧有的理论一旦遭到致命的批判，便必然崩塌为一块废墟。然而，理论的真空成不了人类的精神家园。在既

① 王秀梅：《论贿赂犯罪的破窗理论与零容忍惩治对策》，载《法学评论》2009 年第 4 期。

② 参见刘仁文、黄云波《行贿犯罪的刑法规制与完善》，载《政法论丛》2014 年第 5 期。

③ 需要说明的是，就域外的立法例来看，鉴于证人作证豁免制度具有“以放弃对犯罪人的追诉为代价”这一特性，对于这一制度的适用案件范围一般会有所限制。就各国情况来看，证人作证豁免制度只能适用于危害性强、隐蔽性强的犯罪类型。例如，德国将其限于严重危害国家安全的恐怖组织犯罪，澳大利亚将其限于危害国家安全的犯罪与证券领域的犯罪，菲律宾则将其限于贿赂犯罪。鉴于我国当前严峻的反腐形势，笔者主张在我国刑事诉讼法中引入这一制度，并将其适用于贿赂犯罪。至于证人作证豁免制度引入后，能否也将其适用于其他犯罪类型，以及应当将其适用于何种犯罪类型，由于这些问题较为复杂，需要谨慎对待，非区区本节所能解决，因此，本节只从贿赂犯罪的角度讨论证人作证豁免制度的构建。

存的理论全盘崩溃而新的理论却付诸阙如的情况下，人类的精神将无以寄托。”① 对于制度的批判同样如此。当某一制度从根本上被否定，如果没有其他制度承担原有制度已有的和应有的功能，那就不如保持原有制度存在的状态。因此，在对贿赂犯罪特别自首制度进行否定之后，我们还需要寻找更好的制度予以代替。笔者认为，能够取代特别自首制度，解决贿赂犯罪司法实践中存在的“线索发现难”与“取证难”这两大困难的更好办法就是，在我国刑事诉讼法中设置可以适用于贿赂犯罪的证人作证豁免制度。

证人作证豁免制度，又称“污点证人制度”。根据《布莱克法律词典》的解释：证人作证豁免，是指政府承诺对证人免于刑事追诉，以换取其提供证据。由于这些证据不得再用来指控证人，因而政府可以不受（美国）宪法第五修正案中“不得自证其罪”的规定的约束，可以强迫证人作证。② 该制度是在证据不充分的情况下，为了达到追诉较重罪犯的目的，国家承诺对犯罪人罪行予以豁免以换取其供述或证言的一种国家与犯罪人之间的交易形式。由于“污点证人本身是犯罪的参与者，了解案件的真实情况，如果通过作证豁免，换取其真实的证言，无疑将有助于法庭查明案件事实真相”③。因此，证人作证豁免制度能够起到分化、瓦解犯罪分子攻守同盟或者利益共同体的作用，有利于提高司法效率，节约司法资源。

证人作证豁免制度主要有两种类型：罪行豁免和证据使用豁免。罪行豁免是指如果某人对某事提供了证据，或者在与此案相关问题上作过证，则永不再就此事对证人提起刑事诉讼；证据使用豁免是指，经许诺豁免而取得的证言或其他证据材料，以及以此为线索找到的其他证据，不得在将来任何刑事诉讼中作为于他不利的证据使用。④ 在证据使用豁免的情形下，证人所提供的证据不得用于指控证人本身，但是证人的罪行能否被彻底豁免却仍处于不确定状态。因为，检控方可能会以证人的证言为线索去收集其他证据，达到指控证人的目的。贿赂犯罪特别自首制度的司

① 邱兴隆：《刑罚的哲理与法理》，法律出版社，2003，第16页。

② Bryan A. Garner Editor in chief, *Black's Law Dictionary*, Eighth Edition, Thomson West, 2004, p. 2193.

③ 徐静村、潘金贵：《“污点证人”作证豁免制度研究》，载《人民检察》2004年第4期。

④ 参见王以真主编《外国刑事诉讼法学参考资料》，北京大学出版社，1995，第430页。

法实践效果不佳，其中一个重要原因就是这种制度的适用具有很大的不确定性，行贿人常有“后顾之忧”，因为即使已经主动配合办案人员，仍有可能被追究刑事责任，所以行贿人主动配合办案人员的积极性一般不大。由此，笔者认为，我国的证人作证豁免制度应当采用罪行豁免形式，彻底免除证人的相关刑事责任，为其提供确定的“优惠”以免除其“后顾之忧”，从而防止再次出现特别自首制度中行贿人与办案人员之间不信任的情况。

需要注意的是，证人作证豁免制度的设置目的在于通过豁免轻罪行来惩罚重罪行。这里的轻罪行与重罪行只是一个相对概念。轻重只能是在证人作证豁免制度所适用的犯罪类型之间的一个比较，应当是针对具体案情所作的判断。换言之，法律在设置证人作证豁免制度的适用范围时，已经进行了一次犯罪类型的选择。那么，在具体案件中选择豁免对象时，就只需考虑罪行的轻重，而对于犯罪的种类无须再次考虑。因此，我国在针对贿赂犯罪适用作证豁免制度时，应当避免再次出现“重受贿轻行贿”现象，应当对行受贿双方平等适用。具体而言，只应考虑行受贿双方在犯罪过程中的地位和作用，将作证豁免适用于在犯罪中处于次要地位、罪行较轻的犯罪人，而不能因行贿人或受贿人的身份有所区别。

关于证人作证豁免制度的具体程序，学界主要存在“检察决定论”“法院决定论”以及“过渡论”三种不同主张。其中，“检察决定论”主张由检察机关拥有豁免的决定权，侦查机关先提出豁免的初步意见，报同级人民检察院审查同意后，逐级上报省级人民检察院审查批准，重特大案件中的作证豁免应当呈报最高人民检察院审查批准；“法院决定论”主张将作证豁免的决定权赋予人民法院，人民检察院根据具体情况向不同级别的人民法院提出豁免请求，人民法院审查后作出是否豁免的决定；“过渡论”是“检察决定论”与“法院决定论”二者的结合，这种观点主张，应当根据我国现实情况，在一定时期内先由检察机关行使决定权，在我国建立司法审查机制后，再过渡为法院决定。①

① 参见徐静村、潘金贵《“污点证人”作证豁免制度研究》，载《人民检察》2004 年第 4 期；陈泽宪主编《〈联合国反腐败公约〉与中国刑事法制的完善》，中国检察出版社，2010，第 102 ~ 103 页；樊崇义、王建明主编《〈联合国反腐败公约〉与我国职务犯罪侦查研究》，中国方正出版社，2011，第 308 ~ 309 页。

笔者认为，就贿赂犯罪而言，我国检察机关作为贿赂犯罪的主要侦查机关，其在侦查过程中已经享有很大权力，如果让侦查主体自己决定作证豁免权的适用，将难以避免权力被滥用，有可能会重蹈特别自首制度的覆辙。因此，“检察决定论”本身存在着较大的权力滥用风险。从防止权力滥用的角度来看，在对贿赂犯罪适用证人作证豁免制度时，采用“法院决定论”更为合适。因为法院作为超然的第三方，相比作为侦查机关和诉讼一方的检察机关，更有优势维护公共利益，防止检察机关错误地引诱“污点证人”或进行权钱交易。

与贿赂犯罪特别自首制度相比，将证人作证豁免制度适用于贿赂犯罪存在以下优势：第一，证人作证豁免制度对行贿人与受贿人可以平等适用，纠正了“重受贿、轻行贿”的错误；第二，证人作证豁免制度给予犯罪人的“优惠”更为确定，免除了犯罪人的“后顾之忧”，犯罪人将更为积极地与办案人员配合，更有利于在贿赂双方之间形成“囚徒困境”,① 分化、瓦解行贿受贿利益共同体方面的作用将更为明显；第三，证人作证豁免是办案机关的权力，而非证人的权利，证人可以向办案机关提出豁免请求，但对已经获得的豁免不能放弃，证人经豁免后，如果仍拒绝作证，必要时可以对其进行强制,② 可以对已经豁免的罪行重新追诉，对虚假作证的还可以伪证罪追究其刑事责任,③ 这对证人本身也是一种限制，对证据的获取更为有利；第四，作证豁免的决定权由法院行使，有利于防止直接办案人员的权力滥用；第五，对贿赂犯罪的嫌疑人适用证人作证豁免制度并非法律的常态，证人作证豁免制度的适用只能是在别无他法的例外情况下方能使用，因而，这一制度的构建不会产生贿赂犯罪特别自首制度所引发的模糊送礼与行贿之间界限的消极影响，不会因贿赂犯罪人逃脱了法律的严惩而产生“破窗效应”。

---

① “囚徒困境”的主旨是，囚徒们彼此合作，坚不吐实，可为全体带来最佳利益（证据不足，无罪释放），但在无法沟通的情况下，出卖同伙可为自己带来利益（缩短刑期或免于处罚），而同伙如果把自己招出来则可为他带来利益，因此，虽然彼此出卖违反了最佳共同利益，但自己的利益却得到了最大化。有关“囚徒困境”更为详细的内容可以参见李伯聪、李军《关于囚徒困境的几个问题》，载《自然辩证法通讯》1996 年第 4 期。

② 根据英美国家作证豁免的制度设置，对这种情况还可以按藐视法庭处置。如果我国引入证人作证豁免制度，在刑法上还需考虑设置相应的罪名，对经豁免后仍拒绝作证的证人进行处罚。

③ 参见徐静村、潘金贵《“污点证人”作证豁免制度研究》，载《人民检察》2004 年第 4 期。

基于以上理由，笔者主张，取消我国刑法所规定的贿赂犯罪特别自首制度，在刑事诉讼法中设置证人作证豁免制度，将其适用于贿赂犯罪，可以更好地解决司法实践中贿赂案件所面临的困难。

（北京师范大学刑事法律科学研究院博士研究生　黄云波）

第三节

贪污受贿犯罪终身监禁制度

《刑法修正案（九）》的出台引起了社会各界的热议，其中死刑罪名的减少、妇女儿童人身权益保障的加强、对恐怖活动打击力度的提高等热点问题更是备受关注。在诸多热点话题中，对特大贪污受贿犯罪分子可在其死刑缓期执行考验期满减为无期徒刑后适用终身监禁且不得减刑、假释的规定，在反腐背景下显得尤为抢眼。不同于普通民众对于此规定中反腐的聚焦，法学研究者大多着眼于“终身监禁”这一刑事评价。附随于死刑存废问题的终身监禁及其合理性与可行性等问题，在刑法学界争论已久。此次刑法修改对于终身监禁的规定是否意味着我国有关该问题的争论将要尘埃落定？笔者以为，在此阶段认为终身监禁问题出现定论尚属遥远，相反，有关终身监禁以及死刑存废的争论才刚刚开始。因为，相关问题将以此为契机而从理论争鸣走向立法与司法实践，诸多问题有待商榷与检验。

一 终身监禁的提出及其法律定性

第十二届全国人民代表大会常务委员会第十六次会议审议通过的《中华人民共和国刑法修正案（九）》第 44 条规定：“将刑法第三百八十三条修改为……犯第一款罪，有第三项规定情形被判处死刑缓期执行的，人民法院根据犯罪情节等情况可以同时决定在其死刑缓期执行两年期满依法减为无期徒刑后，终身监禁，不得减刑、假释。”至此，“终身监禁”在经过多年讨论后终于以贪污罪的法定处罚方式进入我国刑法。不仅如此，鉴于我国刑法中有关受贿罪的法定刑配置完全参照贪污罪进行适用，因此，此后对于特大贪污受贿犯罪分子均可适用“终身监禁”进行相应处罚。

考察终身监禁制度在西方国家的发展历史可以发现，虽然在西方古代法典中也有关于终身监禁的规定，但现代意义上的终身监禁制度则源于启蒙运动中对死刑制度的批判。启蒙思想家贝卡利亚、边沁等人主张在废除死刑的同时，通过建构终身监禁刑的方式来取代死刑可能具有的惩罚功能。然而，终身监禁最初却并非以死刑替代措施的姿态见诸法律之中。“它并不是死刑的取代物，而是与死刑相并存。这从世界上第一部资产阶级刑法典1810年法国刑法典的有关规定中显而易见，该法典并未废除死刑，但同时又规定了无期徒刑（无期重惩役）。”① 及至今日，随着人权观念逐渐深入人心，许多国家废除了死刑制度并以终身监禁作为替代刑种。虽然名称与实际执行的刑期各不相同，但有一点大致相似，即终身监禁大多被作为独立刑种进行适用。

以此反观我国《刑法修正案（九）》有关“终身监禁”的规定，可以认为我国的终身监禁还不能称其为一种独立的刑罚种类。其原因在于：首先，刑罚种类由刑法总则进行规定，此次刑法修改并未关涉总则中刑罚种类部分；其次，将其认定为独立刑种将与我国既有刑罚体系发生重叠与冲突；最后，立法者明确宣示该制度仅为刑罚执行方式。②

二　贪污受贿犯罪终身监禁的意义探寻

（一）弥补刑罚体系与刑罚执行的漏洞

根据我国刑法规定，除因累犯和法定八类重罪之外而被判处无期徒刑的犯罪分子在实际执行13年后即可获得假释，该类犯罪人即使被判处死缓，若其在死缓考验期内无故意犯罪行为，则在实际执行15年后（包括考验期）仍得假释；就包括被判处死缓的累犯与八类严重犯罪在内的所有犯罪来说，其减刑后实际执行刑期的下限为27年（包括考验期）。据此，我国刑法对无期徒刑的刚性规定距离真正的“无期徒刑”相去甚远。如此，在我国的死刑与无期徒刑之间以及死刑立即执行与死刑缓期执行之间存在着极大的衔接缝隙，这也为司法腐败创造了温床。贪污受贿案件犯罪分子由于受到入职资格审查等限制，一般不存在累犯情形，而其经济犯罪与职务犯罪性质决定了其关涉暴力犯罪的可能性较小，因此，该类犯罪分

① 邱兴隆、许章润：《刑罚学》，群众出版社，1988，第196页。转引自张新甦《终身自由刑替代死刑制度研究》，吉林大学2013年博士学位论文，第19页。

② 具体参见全国人大常委会法律工作委员会刑法室副主任臧铁伟在新闻发布会上所作的立法说明。

子在不被适用死刑立即执行的情况下大多具备减刑假释资格。在审判阶段，由于无期徒刑、死刑缓期执行相对于死刑立即执行来说，其严厉程度存在巨大跨度，因此，审判人员在适用刑罚时面临两难境地：对于犯罪情节及其严重程度介于无期徒刑与死刑立即执行甚至介乎死刑缓期执行与死刑立即执行之间的犯罪分子，对其判处无期徒刑甚至死刑缓期执行则难免过轻，对其判处死刑立即执行又会失之过重。即便如此，囿于既有法律规定的局限性，犯罪人也不得不承担过重或过轻的刑罚处罚。在此情况下，审判人员具有极大的自由裁量权力，司法腐败也会在生与死的裁量中产生。在刑罚执行阶段，由于减刑、假释等刑罚执行制度的存在，贪污受贿犯罪分子依然具有“可操作”的空间。他们或利用任职期间的关系影响或以贪污受贿所得资本腐蚀监管人员，在监管较短时间后通过多次减刑很快出狱，而未经监管即径行回归社会者也屡见报端。这在进一步造成监狱系统腐败的同时也对社会公众甚至办案人员造成不良冲击。

面对上述问题，《刑法修正案（九）》中有关特大贪污受贿犯罪分子可在死刑缓期执行期满并依法减为无期徒刑后适用终身监禁且不得减刑、假释的规定，可以视为良好发端。因为，此规定首先以司法裁量的方式弥补了立法中有关刑罚配置的不足，在保持既有刑罚体系不变的情况下通过具体罪名探索终身监禁的可适用性。其次，终身监禁且不得减刑、假释的规定解决了实际刑罚畸轻畸重的问题，审判人员得以摆脱进退维谷的尴尬处境，司法腐败问题也会在一定程度上得到遏制。最后，鉴于刑事诉讼各阶段之间的相互制约作用，被审判机关决定适用终身监禁的犯罪分子在刑罚执行过程中将很难再有操作空间，这在保证刑罚执行严肃性的同时也减少了监狱系统面临的干扰因素。

（二）探索替代机制，推动死刑废除进程

“死刑由于其所具有的天然特性，能广泛地满足执政阶层和普通民众的政治需求、报复情感和心理要求，因而具有至为久远的生命力。”[①] 但是，自 18 世纪欧洲启蒙运动时期开始的死刑废除运动在人权观念逐渐深入人心的背景下也取得了丰硕成果。据统计，截至 2009 年 4 月 30 日，废除死刑的国家较之 1988 年死刑废除运动开展之初，其数量增加了近一倍，在

① 高铭暄、楼伯坤：《死刑替代位阶上无期徒刑的改良》，载《现代法学》2010 年第 6 期，第 89 页。

102 个废除死刑的国家中有 94 个国家完全废除了死刑，另有 8 个国家废除了针对普通刑事犯罪的死刑。[①]

我国作为世界上保留和实际执行死刑较多的国家之一，在死刑废除的呼声日益高涨的情况下也逐渐走上死刑废除之路。继《刑法修正案（八）》取消 13 个经济性非暴力犯罪的死刑之后，《刑法修正案（九）》再次取消 9 个死刑罪名。但是，目前我国刑法中仍有 46 个罪名存在死刑适用。究其原因，这固然与我国人口基数大、社会转型期犯罪形势有所恶化以及长期以来的重刑主义思想等因素有关，但刑罚体系不均衡、轻重衔接不良等因素也是死刑迟迟不得废除的重要原因。由于我国生刑惩罚度较低等因素的存在，我国普通民众乃至司法人员形成了对死刑的高度依赖。

面对此种情况，早有学者提出以延长自由刑乃至适用终身监禁等方式来实现对死刑的替代。但是，死刑论者认为，适用终身监禁不仅会造成资源的浪费并使服刑者因看不到释放的希望而实施越狱或其他暴力行为，而且也不符合现有的社会安全心理需求。考察其诸种理论基础可以发现，这些观点仅是其基于主观想象而得出的当然结论，并无相关证据支持。有研究者认为对非侵害生命的犯罪行为适用死刑虽然具有有效性，但可能并不具有有益性，而且，我们为剥夺一个死刑犯的再犯能力可能会以付出枉杀几个甚至几十个不具有再犯可能的罪犯为代价。[②]

从加拿大在 1976～1983 年的统计数据来看，在取消死刑并以终身监禁（可假释）进行替代的 8 年时间内，其犯罪率总体趋于下降，其对被判处终身监禁服刑人员的研究也表明，该群体并不比其他罪犯更顽固、更残暴。[③] 以国内视角来考察，在被问及用不可减刑、假释的终身监禁来替代死刑是否可接受时，在 3381 个被访者中有 62.2% 的人回答可以接受。[④] 因此，以终身监禁来替代死刑无论从效益分析还是从民意基础来看，都已经具备了较为成熟的条件。而且，以终身监禁替代死刑还可以为我们在国际

---

① 〔英〕罗杰尔·胡德著《死刑废止之路新发展的全球考察》，付强校译，高铭暄点评，载《法学杂志》2011 年第 3 期，第 135～136 页。

② 邱兴隆：《死刑的效益之维》，载《法学家》2003 年第 2 期，第 58～63 页。

③ 〔加〕理查德·M. 朱布里克著《加拿大的长期监禁》，林遐译，叶逊校，载《环球法律评论》1985 年第 6 期，第 48～49 页。

④ 袁彬：《我国民众死刑替代观念的实证分析——兼论我国死刑替代措施的立法选择》，载《刑法论丛》2009 年第 4 卷，第 161～162 页。

司法协助、错案纠正等方面留有余地。考量诸多因素后，笔者认为，《刑法修正案（九）》对于特大贪污受贿犯罪分子可以在其死刑缓期执行减为无期徒刑后适用终身监禁且不得减刑、假释的规定，是立法者在顾及民众反腐情绪的基础上为死刑废除打开的实验窗口，而此次立法指引也将会加快我国的死刑废除进程。

（三）宽严相济，扩大反腐效果

在反腐语境下出台的《刑法修正案（九）》，其中关于贪污受贿犯罪的规定将对反腐工作产生何种影响受到社会各界的广泛关注。考察社会反应可以发现，民众对特大贪污受贿犯罪者可被适用“终身监禁”似乎抱有两种截然相反的价值期许。一方面，社会各界认为对特大贪污受贿犯罪分子适用终身监禁是对以往刑罚执行过于轻缓的补充；另一方面，此次修改又被认为是废除死刑的前期探索，这可以被看作对贪污受贿犯罪人的宽缓化处理。笔者认为，终身监禁看似矛盾的双重期待，其实是对既有法定刑配置的一次折中，其整体上有利于反腐工作的继续深入：

首先，终身监禁的设置是以犯罪人应当适用死刑为前提，在死刑缓期执行减为无期徒刑后实际执行刑期被延长的背景下，以往将被判处死刑立即执行的部分犯罪人将会得到生刑处置，这对于降低办案人员侦办及审讯难度较为有利。

其次，以往因生刑与死刑跨度过大而被过于轻缓化处理的部分犯罪人将会得到更为严厉的刑期配置，这对于震慑潜在犯罪人进而遏制犯罪将会产生积极效果。

再次，此次刑法修改在加大惩处力度的同时也为犯罪人留有出路，修改后的刑法第50条第1款规定，被判处死刑缓期执行的犯罪分子如果确有重大立功表现，两年期满以后减为二十五年有期徒刑。如此，涉案人员在重刑压力及立功奖励面前必将积极表现，这也有利于窝案及其他案件的及时发现和处理。

最后，终身监禁在为死刑废除做准备的同时可以保留必要的证据线索，为此后其他案件的侦办提供便利。

三 贪污受贿犯罪终身监禁的问题探究

对特大贪污受贿案件犯罪分子适用终身监禁作为一项新的制度探索，在具备诸多优势的同时也不可避免地存在一些问题。终身监禁的死刑替代价值期许与其死刑依赖的悖论问题、终身监禁的适用标准问题、适用终身监禁后的监禁人员累积问题、终身监禁与总则的协调问题等都将对该制度的未来适用和进一步发展产生影响。

（一）“终身监禁”规定并未脱离死刑桎梏

在死刑废除论者为《刑法修正案（九）》新增终身监禁规定而欢呼时，却忽略了此项规定仍然是以死刑的适用为前提的。依据修改后的刑法条文，只有被判处死刑并缓期执行的犯罪人才有可能被适用终身监禁，这意味着既有的终身监禁对于死刑具有极强的依赖性。立法者可能出于废除死刑的目的而以死刑缓期执行作为终身监禁的实验基点，但其对该制度此后的发展路径却有欠考虑。对死刑缓期执行减为无期徒刑后的犯罪人适用终身监禁固然有利于死刑废除的舆论准备并在一定程度上可以考察无期徒刑适用终身监禁的效果，但是，于一般民众看来，被监禁人所背负者仍然为死刑罪名，这对将来死刑废除的舆论引导作用并不太大。而且，终身监禁的适用以死刑判决作为前提，对将来死刑废除后终身监禁的定性及其自处问题也将产生极大困扰。

此外，虽然此次修改看似将无期徒刑与死刑均纳入试点，但作为独立刑种的无期徒刑与死刑却并未被实质囊括，若将来以终身监禁涵盖双方，必然会招致重刑论者与轻刑论者的同时批判，进而增加死刑废除的难度。

（二）“终身监禁”的立法程序存在重大瑕疵

考察《刑法修正案（九）》有关特大贪污受贿犯罪的法律修改过程可以看到，“终身监禁”的立法程序存在重大瑕疵。根据我国《立法法》第53条的规定，法律的修改和废止程序参照适用立法程序。《立法法》第27条关于全国人大常委会对法律案的审议程序规定，列入常务委员会会议议程的法律案，一般应当经三次常务委员会会议审议后再交付表决。然而，从全国人大常委会法律工作委员会刑法室副主任臧铁伟在新闻发布会上所作的立法说明来看，终身监禁规定是在二审审议时被提出并在三审时才见诸议案，虽然《立法法》第28条的相关规定可以为其提供一定依据，[①] 但仍有许多问题值得探讨。

首先，所谓“部分修改”存在质与量的双重考量。量的考量自不必多

---

① 注：《立法法》第28条规定，“部分修改的法律案，各方面的意见比较一致的，也可以经一次常务委员会会议审议即交付表决”。

言，就质的角度而言，此次“终身监禁”的确立即存在违反程序之嫌。笔者认为，“终身监禁”并非对刑法的部分修改，因为此项修改在改变贪污受贿犯罪具体刑罚的同时也对我国的减刑、假释制度乃至无期徒刑和死刑制度造成了冲击。从该层次来看，“终身监禁”的确立可以说是对我国刑罚体系和刑事政策进行的重大改变。故此，将其认定为是对我国刑法的“部分修改”实属勉强。

其次，我国《立法法》第 28 条规定法律案在经过常务委员会会议两次审议或一次审议后即可交付表决存在一个重要前提：各方面对该法律案的意见比较一致。但是，从“终身监禁”规定出台至今的各方反应来看，很难说各方已就该制度达成较为一致的意见。

最后，从我国宪法和立法法有关全国人大及其常委会的立法职权规定来看，涉及公民基本权利的民事、刑事法律的制定和修改应由全国人大负责，仅在全国人大闭会期间才可由其常委会代行部分修改权。据此，对于全国人大常委会修改基本法律的程序和权限应当从严掌握，而非采取部分学者所主张的基于反腐需要的“事贵从权”态度。如此，我们才能以法治态度进行腐败问题的法治治理。

此外，考虑到我国立法“宽进严出”的一贯传统，在未经充分论证的情况下即表决通过关涉公民终身自由的刑事法律，难免过于草率。

（三）终身监禁适用标准尚未明晰

《刑法修正案（九）》根据我国经济社会发展状况及司法实践需要，对贪污受贿犯罪的定罪量刑标准作出了适时调整。修改后的刑法条文将贪污受贿犯罪的定罪量刑标准由原来的具体数额变更为原则性规定，即数额较大或者情节较重、数额巨大或者情节严重、数额特别巨大或者情节特别严重三个层次。不仅如此，对于贪污受贿数额特别巨大并使国家和人民利益遭受特别重大损失而被判处死刑缓期执行的犯罪分子，人民法院可以根据犯罪情节等情况同时决定在其缓期两年期满减为无期徒刑后终身监禁，不得减刑和假释。在此，法律赋予法官以较大的司法裁量权，但毫无参照与限制的司法裁量必然会导致司法腐败。因此，最高人民法院、最高人民检察院等相关部门应当对其参照标准作出规定，以明确情节较重、严重、特别严重的区分标准。而且，对刑法第 383 条第 3 项判处十年以上有期徒刑、无期徒刑、死刑缓期执行、死刑缓期执行且终身监禁、死刑立即执行的标准应当做进一步细化，以增加该条的可操作性，消除司法腐败的土壤。

（四）终身监禁与追诉时效宗旨相互冲突

我国刑法第 87 条规定，“犯罪经过下列期限不再追诉：（一）法定最高刑为不满五年有期徒刑的，经过五年；（二）法定最高刑为五年以上不满十年有期徒刑的，经过十年；（三）法定最高刑为十年以上有期徒刑的，经过十五年；（四）法定最高刑为无期徒刑、死刑的，经过二十年。如果二十年后认为必须追诉的，需报请最高人民检察院核准。”

根据学界通说，在犯罪行为经过法定追诉期后，如果行为人在追诉期内没有再次实施犯罪，就表明其人身危险性已经消除，为了避免扰乱犯罪发生后既已形成的社会状态，再次引起不必要的纠纷，司法机关即不再对犯罪行为进行追诉。不仅如此，法律对于严重犯罪行为亦留有追诉余地，即对于经过二十年仍有追诉必要的犯罪行为，可报最高人民检察院核准。与此宗旨相对应，我国自由刑的执行一般不会超过二十五年，对于限制减刑的死刑缓期执行等少数可能超过二十五年刑期的刑罚也大多通过减刑、假释等执行方式来缩短其实际刑期。然而，修改后的刑法中关于终身监禁且不得减刑、假释的规定将打破这一设定宗旨，其合理性问题值得研究。对于贪污受贿犯罪分子，无论从其社会危害性还是人身危险性视角来考察，其可处罚性远低于暴力犯罪等恶性犯罪。但是，暴力犯罪者在作案之后若安全度过追诉期且被认为没有追诉必要时即不再接受刑事处罚，不仅如此，此类犯罪人在没有被适用死刑立即执行的情况下均有重返社会的希望。与此相反，贪污受贿犯罪人即使是因案发而被迫停止犯罪，但其经过十几年甚至几十年的监禁改造仍不得重返社会，则不免给人一种刑事处罚畸轻畸重的感觉，这与罪责刑相适应原则以及刑法的平等性要求也相去甚远。为此，有关终身监禁的“出口”问题亟须进一步明确，以保证我国刑法体系的整体协调。

（五）终身监禁将会增加监狱系统压力

科学立法是当今社会的主要立法导向，坚持立法的系统性和综合性将是实现科学立法的重要举措。然而，就我国历次立法、修法实践来看，对犯罪行为的定罪量刑一直占据主导地位，作为刑罚执行机关的监狱系统则被当然忽略，此种情况也是导致我国监狱系统备受诟病的重要原因。从未来实践来看，作为自由刑的主要执行机关，《刑法修正案（九）》对贪污受贿犯罪分子作出可以适用终身监禁且不得减刑、假释的规定之后，监狱系统将面临前所未有的压力与挑战：

首先，虽然如前所述，对犯罪人适用终身监禁所消耗的社会成本要低于死刑成本，但是监狱系统作为成本支出的直接承担者必将面临巨大的财政压力。在我国当下监狱财政已然吃紧的状况下，该问题的解决方案应该尽快明确以确保“终身监禁”的顺利实施。

其次，终身监禁的适用必将造成监狱内人员的持续累积，此种现象的长期发展也会影响终身监禁的后续探索。

再次，随着终身监禁的推广适用，各种相关问题如被监禁人员的医疗救助问题等也会随之而来，因此，与终身监禁相配套的社会支持体系建设也应做进一步探索。

最后，鉴于我国监狱系统一直将教育改造犯罪分子并帮助其回归社会作为指导方针，在贪污受贿犯罪分子将被适用终身监禁且不得减刑、假释的背景下，其传统的劳动改造和教育矫正模式也会受到挑战与质疑。

四　贪污受贿犯罪终身监禁的未来展望

对贪污受贿犯罪分子适用终身监禁措施作为一项新的制度探索，其未来发展导向对该制度的稳步推进至关重要。具体而言，其在以后发展过程中需要注意以下几点：在法律定位上，应当注重对既有刑种的改造而非致力于新刑种的确立；在罪名适用上，应当将终身监禁向暴力性犯罪扩展；在刑罚出口上，应当以赦免制度作为终身监禁的救济途径；在监狱系统问题上，应该坚持“重重轻轻”的政策以减轻监狱压力；此外，终身监禁不应具有溯及既往的效力。

（一）改造无期徒刑制度以涵盖“终身监禁”

对比国外终身监禁制度来看，无论其是绝对终身监禁还是裁量终身监禁，抑或是可减刑、假释的终身监禁与不可减刑、假释的终身监禁，在刑种类别上与我国的无期徒刑制度都极为类似。不仅如此，在理论研究中亦有部分学者将国外的终身监禁制度与我国的无期徒刑制度等同视之，统称其为终身自由刑。①

基于此种考虑并关照我国实际情况，终身监禁的未来发展以改造现有无期徒刑为导向可能更为合适。相反，将其定位为独立的终身监禁制度可

---

① 参见李贵方《终身自由刑比较研究》，载《吉林大学社会科学学报》1991 年第 6 期，第 20～25 页。

能会产生新的问题。在诸多问题之中，最为现实也是为学者诟病最多的即是其与既有的无期徒刑如何契合的问题。有学者指出，所谓独立终身监禁不过是通过限制减刑、假释或者延长服刑期限而对无期徒刑进行的改造而已，排除具体执行方式后其与无期徒刑并无本质区别。[①] 因此，以既有的无期徒刑为建构基础可能更为符合我国实际。但是，此次刑法修改并未使终身监禁跳出死刑的樊篱，为此，笔者认为此后的探索中可在保持既有做法的同时将终身监禁作为无期徒刑的一种执行方式，进而使我国的无期徒刑细化为可得减刑、假释的无期徒刑与不得减刑、假释的无期徒刑。如此，我们就可以在保持既有刑法体系稳定性的同时涵盖终身监禁的相关举措，这也可以弥补我国既有无期徒刑名不副实的缺点。

（二）终身监禁的罪名适用范围应当进行转变

此次刑法修改在考虑到反腐需要以及民众反响等因素的基础上，选择了司法实践中实际执行死刑较少但犯罪率较高的贪污受贿犯罪作为终身监禁的试点罪名。在反腐工作如火如荼的背景下，这种做法确实可以在防止民意反弹的基础上实现对废除死刑的舆论引导。但是，笔者认为在以后的探索过程中将其他关涉暴力的犯罪行为纳入试点考虑范围内也未尝不可。从我国此次有关贪污受贿犯罪的改革试点来看，我国立法机关对死刑废除采取了极为审慎的态度，在保留具体罪名死刑可能的背景下仅以死刑缓期执行作为实验基点。依此思路展开，将终身监禁适用于其他罪名也不会引起太大的民意反弹。因为，此种模式并非直接废除死刑而以终身监禁作为替代，其是在保留死刑的背景下进行的终身监禁试点。虽然是具体罪名的差别，但其对社会舆论的引导功能却不可同日而语。而且，《刑法修正案（八）》中业已规定对于因累犯或者系因实施八种严重暴力犯罪而被判处死刑缓期执行的犯罪分子可以限制减刑，对于具备该情形而被判处十年以上有期徒刑、无期徒刑者禁止假释。此规定也为终身监禁罪名适用范围的转变奠定了基础。此外，考察国外已经废除死刑的国家，其终身监禁作为死刑废除后的最严厉刑罚，也大多仅适用于一级谋杀、叛国罪等严重犯罪。因此，实现终身监禁适用罪名对象的转变将是我们未来为之努力的方向之一。

---

① 李立丰：《终身刑：死刑废止语境下一种话语的厘定与建构》，载《刑事法评论》2012年第1期，第436~437页。

（三）赦免制度应当成为“终身监禁”的救济途径

主要立足于报应主义之上的“终身监禁”措施在获得社会公众认可的同时也受到了诸多质疑，其中对于终身监禁且不得减刑、假释的规定质疑之声尤甚。笔者认为，从该制度的长远发展及法治建设的一般规律来看，过于绝对且无救济措施的刑罚举措并不可取。为此，笔者建议以赦免制度作为终身监禁的救济途径。

首先，以赦免制度作为“终身监禁”的救济途径符合刑罚经济化原则。美国著名法律经济学家波斯纳认为，“判断行为和制度是否正义或善的标准，就在于它们能否使社会财富最大限度化。这种态度容许效用、自由以至平等这些相互竞争的伦理原则之间的协调……”① 因此，对于因贪污受贿而被适用“终身监禁”的犯罪人，在对其进行刑罚报应的同时也要进行相应的经济和利益考量。就该群体来说，其在被剥夺公职之后即已丧失了再犯能力，刑罚的特别预防目标即已实现，如果在其经过较长时间的监禁服刑和教育矫正后仍不得重返社会，这在违背刑罚经济化原则的同时也会受到人权论者的诟病。而且，终身监禁不得减刑、假释的规定在不留出口的情况下也会将犯罪群体的养老、医疗等成本转嫁于国家财政。为此，笔者建议借鉴国外做法，赋予犯罪人以赦免请求权，以此来避免“终身监禁”矫枉过正的弊端。

其次，以赦免制度作为“终身监禁”救济途径符合国际公约的要求。《公民权利和政治权利国际公约》第 6 条第 4 项规定：“任何被判处死刑的人应有权要求赦免或减刑。对一切判处死刑的案件均得给予大赦、特赦或减刑。”因此，给予被判处死刑者以赦免请求权是国际公约的义务要求。我国在 1998 年 10 月 5 日签署了《公民权利和政治权利国际公约》且未对该条款作出保留规定，因此，我国目前虽未正式批准该公约，但依据签署国不得违背公约宗旨的国际惯例亦应赋予因贪污受贿被判处死刑缓期执行且被终身监禁者以赦免请求权。

最后，以赦免制度作为“终身监禁”的救济途径可以为我国赦免制度的改造和重建提供契机。考察我国有关赦免的法律规定可以发现，我国赦免制度仍未脱离传统赦免的范畴。相较于国际通行的大赦、特赦、一般减

---

① 波斯纳：《正义的经济学》，哈佛大学出版社，1981，第 115 页。引自沈宗灵《论波斯纳的经济分析法学》，载《中国法学》1990 年第 3 期，第 55 页。

刑和复权规定，我国仅在《宪法》《刑法》与《刑事诉讼法》中对赦免制度有所提及。与国外的精细化规定不同，我国赦免制度的规定极为抽象和模糊，对于赦免的程序、对象、赦免法律形式、一般赦免与特别赦免等问题均未涉及。此次刑法修改中有关“终身监禁”的规定，对赦免制度的适用提出了现实需求。故此，以该制度作为终身监禁的矫正出口在推动终身监禁措施趋于完善的同时也必将对赦免制度尤其是特赦制度的发展完善有所助益。

（四）实现刑事判决与刑罚执行的蜕变

面对《刑法修正案（九）》所做出的终身监禁且不得减刑、假释的规定，我国刑事判决与刑罚执行应当作出适当改变。具体而言，首先在刑事判决与刑事政策理念上要坚持和贯彻“重重轻轻”的两极化政策。对于轻微刑事犯罪在符合法律规定的情况下更多适用缓刑、社区矫正等非羁押措施，如此，在符合轻刑化与非监禁化要求的同时减轻因适用终身监禁而给监狱等刑罚执行机关带来的压力。

其次，监狱系统应该探索新的教育改造模式，因为即使允许被判终身监禁者通过赦免程序而重返社会（这仅是一种可能性），仍有部分服刑人员因为不符合相应条件而被监禁终身。对于将被终身囚禁者，监狱系统应当在给予其必要的羁押警戒的同时改善其监内处遇，为此可以建立一些分阶激励机制，给表现较好的服刑人员以适度自由或者与社会接触的机会，如特定情形下的监外执行等，从而实现其人身羁押与情绪稳定的平衡。

最后，监狱系统应该与社会建立起对接机制，从而为服刑人员的医疗保障、暂予监外执行、长期羁押后回归社会的过渡性监管等提供支持。

（五）“终身监禁”不应具有溯及既往的效力

刑法的溯及力是刑法理论的基本问题，“所谓刑法的溯及力，是指新的刑事法律是否适用于它生效以前发生的、未经审判或者判决尚未确定的行为，如果能够适用，就具有溯及力；如果不能适用，就没有溯及力。”[①] 根据我国刑法第 12 条有关溯及力的规定，我国采取的是“从旧兼从轻”的溯及力原则，即原则上适用行为时的法律定罪处罚，但新法不认为是犯罪或者处刑较轻时即适用新法。据此检视此次刑法修改，可以认为“终身

① 刘宪权：《我国刑法中溯及力相关问题探论》，载《政治与法律》2007 年第 3 期，第 112 页。

监禁”不应当具有溯及既往的效力。其原因在于：

首先，否定“终身监禁”的溯及力符合“从旧兼从轻”原则的实质要求。我国贪污受贿犯罪虽然仍保留有死刑适用，但自2012年后已无死刑执行的案例出现。因此，根据修改前我国刑法有关死刑缓期执行及无期徒刑的规定并从其实际执行情况来看，此次“终身监禁”的规定实质上是对贪污受贿犯罪刑罚严厉程度的提高。故此，依据“从旧兼从轻”原则以及从有利于犯罪人的角度出发，对2015年11月1日前实施但尚未经过处理或者判决尚未确定的行为，“终身监禁”规定原则上不应具有溯及效力。

其次，否定“终身监禁”的溯及力有利于保证我国刑事法律的整体协调。在《刑法修正案（八）》对因累犯或者实施法定的八类严重暴力犯罪而被判处十年以上有期徒刑、无期徒刑的犯罪分子作出禁止假释的规定后，《最高人民法院关于〈中华人民共和国刑法修正案（八）〉时间效力问题的解释》第8条即规定：“2011年4月30日以前犯罪，因具有累犯情节或者系故意杀人、强奸、抢劫、绑架、放火、爆炸、投放危险物质或者有组织的暴力性犯罪并被判处十年以上有期徒刑、无期徒刑的犯罪分子，2011年5月1日以后仍在服刑的，能否假释，适用修正前刑法第八十一条第二款的规定。”与此相对应，对于在《刑法修正案（九）》生效以前即已被判处死刑缓期执行的贪污受贿犯罪分子，在其死刑缓期执行减为无期徒刑时即使《刑法修正案（九）》已经生效，也不可据此禁止其减刑、假释。如此，才可保证我国刑法体系的整体协调。

最后，否定“终身监禁”的溯及力可以避免法律程序与法律适用的矛盾。对于已经进入刑事司法程序但尚未判决或者已经进入死刑缓期执行考验期的贪污受贿犯罪分子，其侦查、起诉乃至审判阶段均是以修改前的法律即数额标准为依据，在对其进行刑罚裁量或者刑罚执行时却以修改后的“终身监禁”为参照，难免有“选择性司法”之嫌。此外，此种以法律为政策性工具的做法也不利于我国法治环境的建设。

（上海政法学院刑事司法学院教授　姚建龙
上海政法学院硕士研究生　李乾）

第四节

贪污贿赂犯罪的死刑存废

贪污贿赂犯罪的死刑问题主要涉及贪污罪和受贿罪这两个罪名，为了从严惩治贪污贿赂犯罪，我国刑法对这两个罪名的法定刑配置了死刑。这一处罚规定，在《刑法修正案（九）（草案）》中并未作出修改，这意味着短期内难以从立法上废除贪污贿赂犯罪的死刑规定。但是，在立法上已经开启废止死刑进程的大背景下，贪污贿赂犯罪的死刑规定是否还有必要继续保留，却有必要作出理性的审视。

一　贪污贿赂犯罪死刑存废的理论争议

理论上对贪污贿赂犯罪死刑问题的关注是随着死刑研究的深入而展开的，形成了以下几种代表性的观点。

（一）贪污贿赂犯罪死刑保留论

持这一观点的学者认为，贪污贿赂犯罪的死刑规定应当予以保留。例如，有学者主张搞一次专门针对贪官的严打，认为在死刑把握上应当将贪官与杀人犯同等看待，个人贪贿 10 万元以上且情节特别严重的，一般都应判处死刑。[①] 保留论者提出的理由主要有：基于惩治和预防犯罪、维护国家政权的需要；全力发展生产力的需要；确保国家、社会、民众的财产权益不受犯罪侵害的需要；有利于刑罚报应功能的实现；保留死刑更加经济；废止死刑未必会减少贪官外逃等。[②]

（二）贪污贿赂犯罪死刑暂时保留论

持这一观点的学者虽然认为贪污贿赂犯罪的死刑应当废除，但认为中

---

① 夏勇：《搞一次专门针对贪官的严打》，载《方圆法治》2006 年第 5 期（下），第 75 页。

② 屈学武：《贪污受贿死刑，废还是留》，载《人民论坛》2006 年第 7 期，第 45 页。

国现阶段不宜废除贪污贿赂犯罪的死刑规定。例如，有学者一方面认为中国应当考虑在适当的时候及时废止贪污罪受贿罪的死刑，但另一方面却认为贪污贿赂犯罪的死刑废止问题，要放在非暴力犯罪废止死刑的最后阶段来考虑，对此，既要积极，也要慎重。[①] 还有的学者明确提出，“贪污贿赂犯罪在今后较长一段时期内不宜废除死刑”[②]，更有学者断言“贪污、贿赂罪死刑在30年内都不会取消”[③]。

（三）贪污贿赂犯罪死刑废除论

虽然理论上不乏支持贪污贿赂犯罪死刑的观点，但越来越多的学者注意到了贪污贿赂犯罪死刑规定存在的问题与不足，并在理性分析的基础上提出了贪污贿赂犯罪死刑规定应当废除的观点。例如，有学者认为，贪污贿赂犯罪的死刑应当废除，其理由包括：（1）贪污贿赂犯罪的产生和存在具有必然性；（2）贪污贿赂犯罪是一种“社会综合症”；（3）“杀鸡儆猴”的功能收效甚微，刑罚的一般预防功能无从体现；（4）不符合国家潮流，对贪污贿赂犯罪适用死刑，与国际通行的“死刑不引渡”原则格格不入，反而更加不利于对严重贪污贿赂犯罪的打击。[④] 还有的学者认为，无论是基于其他国家和地区的通行做法，还是基于罪刑均衡原则、死刑的效益性原则、刑罚的人道主义精神进行分析，在我国都应该废除贪污贿赂犯罪死刑。[⑤]

应该看到，对于上述三种代表性观点，彻底坚持保留贪污贿赂犯罪死刑规定的观点在学界极为少见，但这一观点在社会层面具有广泛的民众基础，不少民众认为对贪污贿赂犯罪应当严厉惩治，包括适用死刑。但从理论层面来看，学界对贪污贿赂犯罪死刑的理解则理性得多，对于贪污贿赂犯罪死刑规定存在的问题和不足也大都予以认可，上述第二种观点和第三种观点的主要分歧并不在于贪污贿赂犯罪的死刑规定要不要废除，而在于什么时候废除。因此，理论上主要的争议点在于贪污贿赂犯罪的死刑规定

---

① 赵秉志：《死刑改革之路》，中国人民大学出版社，2014，第117～118页。

② 储槐植、王强军：《为什么较长时期内不宜废除贪污贿赂犯罪死刑》，载《检察日报》2010年9月9日第3版。

③ 杜萌：《中国三十年内不会取消贪污贿赂罪死刑》，载《法制日报》2010年9月3日，第4版。

④ 马晓炜：《贪污贿赂犯罪死刑的限制与废止》，载赵秉志、〔加〕威廉·夏巴斯主编《死刑立法改革专题研究》，中国法制出版社，2009，第557～562页。

⑤ 尹强明：《贪污贿赂犯罪死刑废除的刑法学思考》，载《南华大学学报（社会科学版）》2006年第6期，第44页。

什么时候废除、废除的具体步骤等，简而言之，就是中国现阶段能不能废除贪污贿赂犯罪的死刑规定。笔者认为，废除贪污贿赂犯罪的死刑规定虽然存在不少现实障碍，但却有着充分的事实依据和理论根据，应当废除我国刑法中贪污贿赂犯罪的死刑规定。

二　废除贪污贿赂犯罪死刑的事实依据

从事实层面考察，死刑规定并没有带来贪污贿赂犯罪的大幅减少，其对遏制腐败犯罪行为所发挥的作用极为有限。更为重要的是，司法层面对贪污贿赂犯罪死刑适用的具体做法在一定程度上已经背离了刑法的规定，立法上的死刑规定带来了实践层面的负面效果，严重冲击刑法的权威。

（一）死刑规定并未有效遏制腐败犯罪

对贪污贿赂犯罪规定和适用死刑，其初衷在于严厉惩治腐败犯罪。但是，一方面是严厉的刑法规定，另一方面却是贪污贿赂犯罪的持续高发、多发。最高人民检察院的工作报告显示，1997 年《刑法》施行以来，1998～2003 年 5 年间全国共立案侦查贪污贿赂、渎职等职务犯罪案件 207103 件，其中贪污、贿赂、挪用公款 100 万元以上大案 5541 件，涉嫌犯罪的县处级以上干部 12830 人。而到了 2014 年，全年查办贪污、贿赂、挪用公款 100 万元以上的案件 3664 件，同比上升 42%。查办涉嫌犯罪的原县处级以上国家工作人员 4040 人，同比上升 40.7%，其中厅局级以上干部 589 人，[①] 2014 年一年查处的大要案数量就已经接近前述 5 年的数量。随着经济社会的发展，贪污贿赂犯罪还呈现出诸多典型特点，比如大案、要案、窝案、串案多发等，事实证明，刑法中关于贪污贿赂犯罪死刑的规定并未有效遏制我国腐败犯罪的蔓延。

（二）死刑规定导致反腐国际合作受限

对贪污贿赂犯罪的惩治，离不开国际社会的广泛深入合作，特别是由于国内不少腐败犯罪分子潜逃境外，对这些人要依法适用我国刑法追究刑事责任，更是离不开国际合作，如需要就罪犯的遣返、引渡以及赃物处置等问题进行合作。但是，受制于“死刑犯不引渡”的国际规则，不少国家以我国刑法规定了贪污贿赂犯罪死刑为由，拒绝将外逃腐败犯罪分子引渡

① 曹建明：《最高人民检察院工作报告》，http：//www.spp.gov.cn/gzbg/201503/t20150324_93812.shtml，2015 年 6 月 25 日访问。

回国，从而使这些人员长期逍遥法外，刑法纵有严厉规定却也鞭长莫及。这既大大降低了腐败犯罪的犯罪成本，又使刑法不能够及时有效惩治犯罪行为。因此，刑法关于贪污贿赂犯罪死刑的规定已经成为我国开展反腐败国际合作的重要障碍。

（三）死刑适用情况导致刑法权威受损

贪污贿赂犯罪的死刑规定在实践层面同样存在比较突出的问题。一方面，是导致贪污贿赂犯罪与其他犯罪的量刑的外部不协调。在《刑法修正案（八）》废除盗窃罪的死刑规定之前，同为侵犯财产的犯罪，盗窃罪可以适用死刑的条件中，盗窃金融机构数额巨大的标准是 3 万元至 10 万元以上，而贪污贿赂罪可以适用死刑的数额却是 10 万元以上且情节特别严重。两罪在死刑适用的标准上存在较大的差异，导致人们对刑法适用的平等性产生怀疑。这一现象虽然随着盗窃罪死刑的废除而不复存在，但贪污贿赂犯罪与其他财产类犯罪相类比同样存在这样的问题。另一方面，是贪污贿赂犯罪个案的不同判决导致量刑的内部不协调。对于贪污贿赂犯罪，按照刑法规定是数额在 10 万元以上且情节特别严重时适用死刑，但量刑实践中却是，这一规定究竟怎么理解和适用在不同的案件中呈现出比较大的差异。同样是贪污贿赂犯罪，有的案件涉案过亿元仍然未适用死刑，而有的案件涉案几百万元就已适用死刑，从而导致死刑适用标准的不确定性。更为重要的是，涉案金额几千万甚至过亿的案件没有适用死刑的案件大有所在，刑法规定的 10 万元数额在一定意义上可以说已经被虚置，理论上有学者认为贪污贿赂犯罪存在着“宽严皆失”的量刑失衡现象。[①] 这种实践层面的情况，导致刑法权威受到严重损害，而这些问题的出现，其立法层面的原因就在于我国刑法关于贪污贿赂犯罪的死刑规定。

三　废除贪污贿赂犯罪死刑的理论根据

贪污贿赂犯罪作为国家工作人员实施的犯罪，其对国家廉政制度会造成严重的侵犯，具有严重的社会危害性。但是，有危害不等于一定要适用死刑。事实上，从理论层面考察，废除贪污贿赂犯罪的死刑规定具有充分的理论根据。

---

① 孙国祥：《宽严皆失：贪污贿赂犯罪的量刑失衡之乱象及纾解》，载《甘肃政法学院学报》2009 年第 5 期，第 27 页。

（一）贪污贿赂犯罪的实质属于贪利性犯罪

死刑作为剥夺犯罪人生命的极刑，对其适用条件应当予以严格限制。对此，《公民权利和政治权利国际公约》第6条明确规定："在未废除死刑的国家，判处死刑只能作为最严重的罪行的惩罚。"从而确立了"最严重的罪行"这一死刑适用的标准。至于最严重罪行的内涵，《关于保证面对死刑的人的权利的保护的保障措施》的界定是"造成致死或者其他极其严重的后果的故意犯罪"。我国《刑法》第48条也将死刑适用的条件严格限定为"罪行极其严重"。无论是国际公约中的"最严重的罪行"，还是我国刑法中的"罪行极其严重"，都体现了对死刑适用标准进行严格限定的基本精神，即死刑只能适用于最严重的犯罪。然而，从其本质上而言，贪污贿赂犯罪属于一种贪利性犯罪，是经济犯罪的一种具体类型。行为人实施这类犯罪主要是为了追求财产或财产性利益的满足，纵使它会严重侵犯国家的廉政制度，但它并不直接侵害人的生命和健康，因而不属于最严重的犯罪，对其规定和适用死刑缺乏正当性根据。同时，由于经济犯罪和贪利性犯罪往往能够给犯罪人带来极大的利益满足，因而"死刑对经济犯罪的预防作用实在微乎其微，靠死刑是无法遏制的"。[①]

（二）死刑对贪污贿赂犯罪的预防作用有限

死刑虽然可以从肉体上消灭犯罪人，能够在短期内对民众和潜在的犯罪人造成强烈的心理冲击。但是，死刑对于犯罪预防的作用是十分有限的，试图通过适用死刑等严刑峻法来实现对犯罪的有效防控简直就是一个神话。对此，正如贝卡里亚所说："对于犯罪的最强有力的约束力量不是刑罚的严酷性，而是刑罚的必定性。"[②] 就贪污贿赂犯罪而言，规定死刑固然可以在立法上作出强烈的宣示，对潜在的犯罪人也会造成一定的心理冲击和震慑。但是，这种立法上的严厉规定对犯罪预防所能带来的积极作用是短期的、有限的。从历史层面来看，中国古代刑法中不乏严厉惩治贪污贿赂犯罪的规定，但贪污贿赂犯罪却屡禁不绝。例如，在明代开国之初，在朱元璋厉行吏治的情况下，其法律规定不可谓不严，其执法不可谓不严，甚至一度将《明大诰》列为科举考试的内容之一，但贪污贿赂犯罪并未得到有效遏制，在朱元璋执政后期就已经出现反弹，而在朱元璋死后则

---

① 陈兴良：《刑法哲学》，中国政法大学出版社，2004，第399页。

② 〔意〕贝卡里亚：《论犯罪与刑罚》，黄风译，中国法制出版社，2002，第68页。

更加严重。从现实层面来看，有的国家工作人员虽然一直存在违法犯罪行为，但却一直得不到追究。例如，在陈良宇受贿案中，从 1988 年其担任上海市黄浦区区长起，到 2006 年在市委书记任上被查处，其违法犯罪的时间跨度长达 18 年。对于这些国家工作人员而言，其不可能不知道贪污贿赂犯罪死刑的规定，也不可能不知道有的国家工作人员因贪污受贿被判处了死刑，但仍然实施贪污受贿行为，足见死刑规定和适用对腐败犯罪的遏制作用是十分有限的。

（三）死刑有违贪污贿赂犯罪的生发规律

死刑更多的是着眼于事后的犯罪行为，而对犯罪行为的发生并不关注。试图通过简单地适用死刑来应对贪污贿赂犯罪，实在是一种过于简单的想法。事实上，贪污贿赂犯罪的发生，有其特定的内在规律。当前我国贪污贿赂犯罪之所以呈现出高发、多发的态势，与体制机制不健全尤其是权力的监督制约机制不健全密不可分。在体制机制不健全的背景下，潜在的犯罪人对犯罪行为有着较高的利益期待，而其因犯罪被惩治等带来的犯罪成本又较低，这就为其形成犯罪心理提供了相应的外在动因。正如阿克顿所说，“权力导致腐败，绝对权力导致绝对腐败”[①]。要有效控制贪污贿赂犯罪的发生，最根本的措施在于建立起行之有效的权力监督制约机制，使国家工作人员从“不敢腐”到“不能腐”。对贪污贿赂犯罪规定和适用死刑，突出了死刑对犯罪的威慑，却忽视了对犯罪生成环境的消除，有违贪污贿赂犯罪的生发规律，难以从源头上治理腐败。

四　废除贪污贿赂犯罪死刑的现实障碍

虽然废除贪污贿赂犯罪的死刑规定具有充分的事实依据和理论根据，但应当理性地认识到，要在我国当前废除贪污贿赂犯罪的死刑规定，还面临不少的现实障碍。这些障碍成了阻碍我国死刑废止进程的重要因素，正如有学者所说，在贪污贿赂犯罪中废除死刑是较为敏感和棘手的。[②] 正是由于存在这样的现实障碍，使得理论上不少学者虽然赞同废除贪污贿赂犯

① 〔英〕阿克顿：《自由与权力：阿克顿勋爵论说文集》，侯健等译，商务印书馆，2001 年，第 342 页。

② 王明高、牛天明：《论废除我国贪污贿赂型犯罪中的死刑规定》，载《湘潭大学学报（哲学社会科学版）》2006 年第 5 期，第 41 页。

罪的死刑规定，但也不得不迁就于这样的现实障碍而认为现阶段还不能废除，甚至有学者认为，现实还没有出现适宜探讨这个问题的环境及时机。[①]是什么原因阻碍了我国贪污贿赂犯罪死刑规定的废除？或者说贪污贿赂犯罪死刑废除过程中主要面临的障碍有哪些？理性分析废除贪污贿赂犯罪死刑所面临的现实障碍，能够使我们有针对性地去解决其中存在的困难，从而推动贪污贿赂犯罪死刑废除的最终实现。

（一）政治影响方面的障碍

从政治方面考量，从严治党和反腐败是党和国家一直高度强调的政策，甚至于将反腐败上升到“事关党和国家生死存亡”的高度来予以对待。在这样的政策导引之下，刑法中关于贪污贿赂犯罪的死刑规定具有重大的政治意义，是从严治党和反腐败政策在刑法中的具体表现。因此，如果废除贪污贿赂犯罪的死刑规定，可能会有人产生怀疑，将其理解为是对从严治党政策的松动，是对腐败犯罪的容忍，或者认为是对国家工作人员犯罪行为的宽纵。立法者面对这样的质疑，难免会存在政治上的顾虑，进而为了避免产生不利的政治影响而不废止贪污贿赂犯罪的死刑规定。

（二）民众心理方面的障碍

从民众心理方面考量，由于当前我国正处于社会转型期，改革发展过程中还存在不少体制机制上的不完善问题，因此各种社会矛盾比较凸显。民众在情感上对腐败犯罪存在明显的痛恨心理，面对贪污受贿犯罪行为，民众往往从朴素的情感出发而主张适用重刑乃至大量适用死刑。而另一方面，民众对反腐败的举措则广泛认同和支持，例如党的十八大以来，中央大力推进反腐工作，坚持“老虎”和“苍蝇”一起打，赢得了民众的好评和赞扬。同时应当看到，民众在死刑废除的问题上还存在明显的非理性因素，他们对死刑过于推崇，将死刑视为解决犯罪问题的灵丹妙药。这一点，在近期发生的要求将拐卖儿童行为一律处死刑的网络意见传递活动中得到了淋漓尽致的展现。[②] 民众对死刑的废除问题原本存在明显的非理性因素，而对于贪污贿赂犯罪的死刑废除问题，就更为抵触乃至反对，从而

---

① 杜萌：《中国三十年内不会取消贪污贿赂罪死刑》，载《法制日报》2010 年 9 月 3 日第 4 版。

② 从 2015 年 6 月 17 日开始，微信朋友圈疯传一条信息：“建议国家改变贩卖儿童的法律条款。拐卖儿童判死刑！买孩子的判无期！”虽然后来证实这是某婚恋网站的营销活动，但相关话题还是引发了社会各界的广泛关注和讨论。

形成了强大的民意力量，这是立法者所不得不考虑的现实问题，也是废除贪污贿赂犯罪死刑面临的重要现实障碍。

（三）传统文化方面的障碍

在中国传统文化中，廉洁奉公被视为一种美德，清官成为人们广泛赞誉的对象。与之相应，在中国古代刑法中，历来都体现了“重典治吏”的政策取向，由此形成了在治理贪污贿赂犯罪问题上的重刑主义倾向。这种重刑主义思想，往往能够得到社会的认同，正如有学者所说，“重刑的思想和制度在中国存在了几千年，实有极为深刻的文化背景和社会根源，尤其值得重视的重刑之在中国，不仅受到历代统治者的青睐，而且在国民心理上也有很大的认同度。”① 传统文化中的重刑主义倾向在当下中国仍然具有强大的生命力和影响力，使人们在面对贪污贿赂犯罪时，自然而然地首先想到要用重刑惩治，甚至不惜大开杀戒，试图通过严刑峻法来肃清吏治。在如此强大的传统文化氛围之下，主张废除贪污贿赂犯罪的死刑规定，是不可能得到广泛认同的，这也注定了贪污贿赂犯罪的死刑废止进程将是非常艰辛和困难的。

五　废除贪污贿赂犯罪死刑的具体构想

当前我国坚持严格控制死刑的政策，在立法上也正积极推进削减死刑罪名的进程，这为废除贪污贿赂犯罪的死刑规定提供了良好的契机。因此，对于废除贪污贿赂犯罪死刑规定所可能面临的现实障碍我们固然要理性面对，但不能因为存在现实障碍就止步不前，而应积极引导人们形成对贪污贿赂犯罪的理性认识，逐步消解人们对贪污贿赂犯罪死刑问题存在的认识偏差。为此，笔者主张废除我国刑法中贪污贿赂犯罪的死刑规定。当然，由于《刑法修正案（九）》对此并未涉及，可以预见的是，在立法上真正实现对贪污贿赂犯罪死刑规定的废除，肯定尚需时日。考虑到这一实际情况，笔者虽然主张在立法上废除，但在此之前，司法层面也应积极作为，即通过停止贪污贿赂犯罪的死刑适用，为立法上的最终废除奠定基础。

（一）司法上停止贪污贿赂犯罪的死刑适用

司法层面对死刑的停止适用可以为立法上废除死刑提供必要的缓冲和

① 高绍先：《法之思》，法律出版社，2015，第 62 页。

准备。在立法废除贪污贿赂犯罪的死刑规定之前，司法层面应全面停止贪污贿赂犯罪的死刑适用，对所有贪污贿赂犯罪行为，不论其属于什么情形，一律不再适用死刑，包括不适用死刑缓期两年执行。同时，在此期间要加快推进废除贪污贿赂犯罪死刑的立法修改进程，同时做好宣传引导工作，为最终实现立法上的完全废除提供充分的准备。

（二）立法上废除贪污贿赂犯罪的死刑规定

由《刑法修正案（八）》开启的死刑罪名削减进程，在《刑法修正案（九）》中得到了进一步的延续，因此，在立法机关对刑法典作出全面修订之前，通过刑法修正案的形式废除有关罪名的死刑规定将会是最基本的做法。在贪污贿赂犯罪的死刑问题上，笔者建议纳入下一次刑法修正内容，由全国人大常委会通过刑法修正案，在其中明确废除贪污贿赂犯罪的死刑规定。

（三）完善废除贪污贿赂犯罪死刑的配套机制

废除贪污贿赂犯罪的死刑规定，并不意味着对腐败犯罪的容忍和宽纵，而是更加注重对腐败犯罪的科学治理。贪污贿赂犯罪的发生具有复杂的社会因素和体制机制方面的原因，要有效预防和控制其发生、蔓延，仅靠刑法是难以实现的，诚如有学者所言，“预防犯罪的关键，在于改变产生犯罪的社会制度，消除犯罪的社会根源，而不是对犯罪人判处刑罚，更不是死刑所能解决的问题。”① 在废除了贪污贿赂犯罪的死刑规定之后，要更加注重对贪污贿赂犯罪的犯罪治理，完善相应的配套机制。一方面，要加强法的实施，让刑法所规定的贪污贿赂犯罪受到现实的惩罚，而不能让犯罪人逍遥法外，从而实现刑法的必定性，增加贪污贿赂犯罪的违法成本。另一方面，要建立健全权力监督制约机制，确保权力在阳光下行使，从源头上预防和控制腐败犯罪。

（西南政法大学法学院副教授　胡江）

① 张文等：《十问死刑——以中国死刑文化为背景》，北京大学出版社，2006，第14页。

第四章
腐败犯罪的定罪

第一节

贪污罪定罪疑难问题

贪污罪是一种严重蚕食一个国家经济基础的犯罪，古今中外的刑律无一不对其高度关注并施以重罚。我国现行刑法以及相关司法解释虽然对贪污罪的定罪量刑问题进行了较为全面的规制，但随着经济体制改革的不断深入、市场主体的多元化、公共财产形态的多样性以及犯罪手段越来越隐蔽，在司法处理贪污罪的过程中，仍然存在或不断出现一些疑难问题，制约着对腐败分子的查处和打击。本节立足于我国当前的立法、修法及司法解释，对贪污罪的相关问题进行分析，希冀对该罪的立法完善、定罪量刑有所助益。

一　关于对贪污手段、方式的理解

刑法第382条在罪状中列举了实施贪污犯罪的四种行为方式，而在具体案件中，可能行为人只使用了其中一种行为手段，也可能同时使用了两个以上的行为手段，这就要求在司法文书中对其手段类型进行精准的表述。

1. 关于侵吞

学界对于贪污罪中“侵吞”存在的争议，主要是对公共财物究竟是通过何种方式占有，以及在什么条件下可以称为侵吞。笔者认为，对于“侵吞”，可以比照侵占罪中的“侵吞”进行限定，只要将本人管理、经营、使用的公共财物，利用职务上的便利变为自己所有，即为侵吞，其与一般侵占罪的共同特点就是将合法占有变为非法拥有。实践中常见的方法是自己管理的公共财物隐匿不交、应入账而不入账、将自己保管的公共财物直接予以挥霍等。一般这种占有是基于本人职权而产生的对一定财物有持有、管理、控制的权限，并且对特定财物进行侵吞时，只需要利用本人职权所形成的便利、按照本人的意愿即可将公共财产占为己有，而不需要借助他人或依靠他人的行为即可单独完成。虽然行为人代表单位持有的财物可能来自违法罚款、套取的预算外资金等，但其持有这些财物的行为并没有使本单位受损，仍然应当是一种合法的状态，其之所以被评价为犯罪行为的条件，就是利用职务便利将持有的、本属于本单位所有的财物非法地占为己有。对于侵吞的方式，有人指出：侵吞的方式没有限制，既可以是秘密侵吞，也可以是公然进行，比如将自己控制下的财物私自进行处理，或将自己管理、控制的单位财物公然地直接非法占有。[①] 我们认为，是否属侵吞，并非取决于是暗中处置还是公开占有，而是看其非法占有的公共财物原本是否已经在行为人的持有控制之下，非法占有行为是否具有直接性。对于以秘密方式对自己控制的财物进行的直接处分，就是通常所指的“监守自盗”，属于侵吞的行为方式。我国刑法第 253 条规定的邮政工作人员私自开拆或者隐匿、毁弃邮件、电报而窃取财物的行为，实际上就是一种秘密的直接侵吞行为，理应按照贪污罪定罪处理，而刑法却规定按照盗窃罪从重处罚，实属不妥。

2. 窃取

对于贪污罪中的“窃取”，在理论及实务上也存在争议，主要争议点就在于“窃取”行为的范围，目前可以概括为三种说法：第一种说法认为，贪污罪中的“窃取”指的是“监守自盗”这种情形，即通过秘密窃取方式，把自己合法管理、经手的财物变为己有的情形，除此之外再无其他；第二种说法认为，贪污罪中的“窃取”，不仅包括把自己合法管理、经手的财物窃为己有，还应该包括将与他人共同管理、经营、控制的公共财物窃为己有的情形；第三种说法则认为，此处的“窃取”只能是将与他人共同管理、经营、控制的公共财物窃为己有，因为监守自盗的情形可以归入“侵吞”中去。笔者认同第三种说法，即贪污罪中的“窃取”，是行为人自认为与其共同管理公共财物的他人不知情，而利用职权将其非法占有。其与一般的盗窃罪相比，除了在行为主体、是否利用职务便利上的区别外，就是对作为犯罪对象的一定的公共财物是否还有其他人共同管理。在认定行为人将与他人共同管理、经营、控制的公共财物通过秘密方式窃为己有的情形，需要注意以下两点：

---

① 董邦俊：《贪污罪新论》，中国方正出版社，2004，第 134 页。

（1）行为人对相关公共财物具有事实上的部分而非全部的管理、控制、经营的权限。如果在职权上没有任何管理、使用、控制的便利，而对他人全权保管的公共财物进行秘密窃取，只能是利用工作便利的盗窃犯罪，而非利用职务便利的窃取。

（2）将公共财物非法占有时之所以采取秘密的方式，不是针对本单位这一人格化的所有人，而是针对负有共同监管职责的其他公职人员的。这种案件如果不能被破获，很可能被嫁祸于人、殃及无辜。如，一个单位的财务室同时有两个财务人员共同管理一笔巨款，行为人乘另一财务人员暂时离开之际抽取了其中的一部分予以隐藏，就属于利用职务便利的窃取行为。

3. 骗取

骗取的方式较为特殊，一般意义上的骗取，往往采取的是虚构事实、隐瞒真相的方式，使得他人陷入错误认识而处分自己的财产。但将其适用在贪污罪中的“骗取”时，则出现了分歧。分歧点主要在于：行为人所骗取的财物，是否必须是自己支配、管理、控制的财物以外的财物；是否包括本人与他人共同支配、控制下的财物。一种观点认为，骗取是利用职务便利将其他工作人员管理的公共财物骗取到手，进而据为己有。与侵吞、窃取方式相比，前者是先骗后占，后者是先占后骗。[①] 第二种观点则认为，骗取的对象既可以是他人持有的公共财物，也可以是自己持有的公共财物。[②] 我们认为，从贪污罪非法占有公共财物的本质特征看，骗取与侵吞、窃取等行为手段都是行为人利用职务便利将公共财物非法占有，其本质都是把本单位的财物变为己有。在实务中把握贪污罪中的“骗取”，应当包括以下两种情形：

（1）此处骗取的最主要表现形式就是国家工作人员假借职务上的合法形式，通过虚构事实、隐瞒真相的方式，使对公共财物具有审批、决策、管理、处分权限的国家工作人员陷入错误认识，自愿地按照行为人的要求处理财务、处置财产，行为人从中取得自己所直接控制、支配、管理的财物以外的公共财物。如，涂改、更换票据，伪造工资、奖金发放表，通过

① 参见赵秉志主编《贪污贿赂及相关犯罪认定处理》，中国方正出版社，1999，第 59 ~ 60 页。

② 参见孙国祥《贪污贿赂犯罪疑难问题学理与判断》，中国检察出版社，2003，第 33 页。

欺骗财务人员获取并非公务开支的费用。

（2）贪污罪中的骗取还可以表现为行为人将已经合法持有的公共财物，通过虚假报销、折抵冲账等方式，欺骗单位主管人员或财务人员，变合法持有为非法占有。如，行为人在办理公务时从单位预支公共款项，但却利用虚假支出的票据，欺骗单位领导或财务人员给予报销平账，非法占有预支的公共财产。行为人持有这笔公共款项的行为是合法的，采取欺骗之前也已在自己的控制之下，行为人只是通过虚构事实、隐瞒真相的方式，使其他共同管理人陷入错误认识，进而取得了公共财物。

4. 其他手段

刑法第 382 条在列举了常见的以上三种具体贪污手段后，为了严密法网，不至于挂一漏万，而在罪状中规定了兜底性、概括性的“其他”可能存在的犯罪方式。根据司法实践，作为兜底性条款的“其他手段”，表现形式主要有：

（1）国家工作人员在国内公务活动或者对外交往中接受礼物，应当交公而不交公。该情况规定在我国刑法第 394 条。

（2）将公款支付给对方又以回扣名义索回占为己有。

（3）利用计算机网络进行贪污。

（4）擅自决定将公款、公物赠与他人。

（5）擅自将公共不动产权登记为私人所有。

（6）“挪用型”贪污。根据 2003 年 11 月 13 日最高法院《全国法院审理经济犯罪案件工作座谈会》，该类贪污主要是指挪用公款转化为贪污的四种情形。

（7）低价非法转让国有股份等。

5. 关于单位“小金库”的司法认定

实践中，很多单位都存在“小金库”现象。单位设立“小金库”，是一种表现为单位意思和意志的违法行为，也是与贪污相关联的一种特殊的犯罪手段，需要予以特别的关注。所谓“小金库”，一般是指设置在单位内部、一般为单位相关领导所知情并直接管理的预算外资金或收入，其存在往往是为了本单位全部或部分员工的额外福利。“小金库”是一种违法的资金管理组织。国家有关部门也开展了打击“小金库”行动。资料显示，2011 年全国开展“小金库”治理工作，已在全国党政机关、事业单位、社会团体和国有企业共发现“小金库”逾 4 万个，涉及金额超过 200

亿元。[①] 从刑法学角度，“小金库”现象的存在，带来了定罪方面的困难，主要问题就在于其究竟构成贪污罪还是私分国有资产罪或其他犯罪。笔者认为，对于“小金库”所带来的问题，要结合实际情况具体分析：

（1）看资金来源。如果所发放的“小金库”中的资金系截留本单位或上级财政拨款，则该款项属于国有财产，向本单位全体员工非法发放有可能构成私分国有资产。而如果资金来源于本单位收入，只是采取了收入不入账方式，如果该资金被单位少数人占有则有可能构成贪污罪。

（2）看“小金库”的服务性质。如果小金库的存在，仅仅是为某几个主管人员服务的，则结合资金的来源，相关主管人员可以构成贪污罪或职务侵占罪，如果小金库的存在是为了本单位全体员工的福利待遇，则依然按照资金来源性质而区分为贪污罪或私分国有资产罪。

二　贪污罪的既遂、未遂问题

我国刑法规定的贪污罪，首先属于以非法占有为目的的财产性腐败犯罪；其次属于以作用于一定公共财物为对象的数额犯，定罪量刑的根据是法定的“个人贪污数额”。一般而言，对于以非法占有为目的的数额犯，从犯罪构成条件齐备的既遂标准看，应当是以行为人是否实际控制一定数额的公共财物作为未遂与既遂的区分界限。但对于贪污罪这一比较特殊的犯罪，对于其是否存在未遂以及如何判断未遂，则存在一定的争议。

1. 贪污罪是否存在未遂形态的争议

（1）否定说。该说认为，虽然作为数额犯的结果犯可以区分既遂和未遂，但是就贪污罪来说，这种区分是毫无意义的，因为贪污罪必须表现为基于非法占有的目的而侵占公共财物，一旦发生事实上的占有行为，则犯罪就告成立。另外，我国刑法第 383 条已经对贪污罪的起刑数额进行了较为详细的规定，贪污罪是以一定违法数额作为犯罪构成的必要条件，这一要件不齐备，说明不构成犯罪，同样也不可能存在犯罪的未完成形态。[②]

（2）肯定说。该说认为，贪污罪显然是存在未遂形态的，理由有两个：首先，贪污罪本身就属于结果犯，而结果犯就是按照发生犯罪结果即

---

① 新浪网，finance. sina. com. cn/china/hgjj/20110129/15169330434. shtml，2015 年 8 月 25 日最后访问。

② 刘光显、张泗汉：《贪污贿赂罪的认定与处理》，人民法院出版社，1996，第 158 页。

既遂的标准来认定的，有结果发生为既遂，无结果发生则为未遂；[①] 其次，刑法总则部分所设置的预备、未遂、中止都是针对故意犯罪而设立的，而贪污罪只能由故意构成，因此也要受刑法总则的约束，基于此，应当存在未遂形态。

我们认为，贪污罪应当存在未遂形态。按照主客观相一致的原则，当主客观构成要件齐备时，犯罪即告成立。而犯罪未遂，虽然不具备完整的犯罪构成，由于刑法总则对未遂、中止作了规定，因此其仍然具有可罚性，符合修正的犯罪构成要件。对于贪污罪而言，即便没有实际占有到公共财物，其社会危害性仍然是存在的，可罚性并不欠缺。另外，对于贪污罪是否存在未遂的问题，可以参考盗窃罪等一般的财产犯罪。盗窃罪同样以非法占有为目的，并且我国刑法对一般盗窃罪主要还是以数额作为定罪依据，但这并不能排除盗窃罪未遂的存在。只不过对于贪污数额较小的，由于其情节轻微、社会危害性较小，可以不作为犯罪处理。而对于行为人本欲贪污数额较大的公共财物，但由于意志以外的原因而未能完成犯罪的，可以按照未遂进行处理。

贪污罪未遂典型案例：被告人徐华和罗永德属于国有公司负责人，在该国有公司进行产权制度改革过程中，通过虚报负债方式要求资产评估人员对该债务进行确认，而后进行企业改制的其他手续，手续办理未成功之前，徐华、罗永德的虚报负债行为被发现，导致案发。最终，台州市路桥区人民法院认定二人构成贪污罪（未遂），对徐华判处有期徒刑三年，对罗永德判处有期徒刑一年，缓刑一年。[②]

2. 贪污罪既遂与未遂形态划分的标准

对于如何判断贪污罪既遂与未遂的标准，理论和实务界存在以下三种观点：

（1）失控说。该观点认为，要判断贪污罪是既遂还是未遂，只需要判断公共财物是否已经失去所有人的控制，如果公共财物所有人已经丧失了对公共财物的控制权，则认定行为人构成既遂，如果尚未丧失对公共财物的控制权，则认定为未遂。不过有学者认为“失控”应该是指受害人完全

① 赵秉志主编《渎职犯罪疑难问题司法对策》，吉林人民出版社，2000，第 48 ~ 49 页。

② 最高人民法院《刑事审判参考》，法律出版社，2012，第 46 ~ 53 页。

失控，而不是暂时的或者不完全的失控。[①]

（2）控制说。该说认为，只有当行为人实际控制了公共财物时，才能够认定贪污罪既遂，否则，只能按照未遂进行处理。

（3）占有说。该说较为极端，认为只有行为人取得了公共财产的所有权时，贪污罪才能认定为既遂；未能取得所有权时，只能认定为未遂。

笔者认为，控制说是比较妥当的。失控说使得贪污罪的入罪门槛大大降低，而占有说则不利于对公共财物的保护。控制说既考虑到了行为人对公共财物控制的事实，也反映了公共财物所有权单位对财物权利的失控状态。因为贪污罪作为结果犯，其既遂未遂的标准就是看行为人的行为及结果是否符合犯罪构成要件，即行为人是否对公共财物取得了实际上的非法支配和占有，如果其已经非法控制、占有了公共财物，就认定为既遂，未能非法取得公共财物的控制权时，则为未遂。此外，对于“控制”的理解不能太过狭隘，控制并不等于占为已有，行为人实质上已经控制并能够处分该公共财物，虽没有供本人所有，但其行为已经表明对公共财产达到了实际控制的状态，就能够认定为贪污罪既遂。控制说是目前我国刑法理论中的通说，也被司法实务部门所接受。2003 年最高人民法院印发的《全国法院审理经济犯罪案件工作座谈会纪要》（以下简称“《纪要》”）指出：“贪污罪是一种以非法占有为目的的财产性职务犯罪，与盗窃、诈骗、抢夺等侵犯财产罪一样，应当以行为人是否实际控制财物作为区分既遂与未遂的标准。”为了进一步区分控制与否的具体判断标准，《纪要》同时又指出：“对于行为人利用职务上的便利，实施了虚假平账等贪污行为，但公共财物尚未实际转移，或者尚未被行为人控制就被查获的，应当认定为贪污未遂；行为人控制公共财物后，是否将财物据为己有，不影响贪污罪既遂的认定。”

在 2015 年 11 月 1 日已经生效施行的《刑法修正案（九）》中，已经将贪污罪的定罪量刑标准，规定为数额加其他情节的模式，即在刑法条文中规定数额较大、数额巨大、数额特别巨大三个入罪、加重法定刑的数额等级，同时规定在贪污行为没有达到前述数额标准，但具有其他较重情节、其他严重情节、其他特别严重情节时，也可以按照数额较大、数额巨大、数额特别巨大的标准定罪量刑。这种数额加其他情节的定罪量刑模

① 孙国祥：《贪污贿赂犯罪疑难问题学理与判解》，中国检察出版社，2003，第 127 页。

式，可以准确地反映贪污罪的实际危害程度和行为人的主观恶性，即在贪污达到一定数额的基础上，同时考虑其他情节的轻重，就可以作出同数额不同罚的个别化裁判。这种打破贪污罪唯数额的立法模式是可取的，但这并不能改变贪污罪基本犯的既遂，仍是表现为一定数额结果犯的形态。即使按照《刑法修正案（九）》，贪污罪的既遂标准仍然适用控制说的通行标准。

三　贪污罪的数额与情节问题

实际上，1997 年刑法在关于贪污罪的定罪量刑方面，也并非仅考虑数额而不考虑其他情节，修正之前的刑法第 383 条在关于贪污罪的定罪量刑方面也同时考虑了数额、情节两个事实，但二者结合得不紧密，给人以若即若离的感觉。《刑法修正案（九）》对贪污罪的定罪量刑标准，只规定了原则性的数额较大或其他较重情节、数额巨大或其他严重情节、数额特别巨大或其他特别严重情节，而把具体数额的确定和情节的表现情形，交由最高司法机关根据社会经济发展的水平和犯罪发展的态势，通过灵活适时的司法解释文本予以界定。关于数额与情节的关系，结合现行刑法和 2016 年 4 月 18 日“两高”《关于办理贪污贿赂刑事案件适用法律若干问题的解释》（以下简称《解释》），讨论以下几点：

（1）根据现行刑法关于贪污罪入罪标准的规定，贪污罪在一般情况下属于单纯的数额犯，即贪污公共财物价值 3 万元以上的成立犯罪。但同时依据刑法第 383 条规定，贪污数额满 1 万元不满 3 万元，但具有以下其他较重情节之一的：“（1）贪污救灾、抢险、防汛、优抚、扶贫、移民、救济、防疫、社会捐助等特定款物的；（2）曾因贪污、受贿、挪用公款受过党纪、行政处分的；（3）曾因故意犯罪受过刑事追究的；（4）赃款赃物用于非法活动的；（5）拒不交待赃款赃物去向或者拒不配合追缴工作，指使无法追缴的；（6）造成恶劣社会影响或者其他严重后果的。”仍然可以按照贪污罪进行定罪，这是关于贪污罪基本犯的数额加情节的定罪模式。据此，我国现行刑法对贪污罪入罪的规定，并非单纯的数额犯模式，而属于数额加情节的标准。现在的问题在于，目前将原来 5000 元入罪数额修改为 3 万元是否合理。5000 元的入罪标准，在我国已经实行了近 30 年，我国的社会经济发展已经发生了翻天覆地的变化，各个地区的经济发展水平更是差异悬殊，仍然固守这一几十年不变的具体数额，确实违背了与时俱进的改革精神，严重滞后于时代发展的现实状况。为了保持法律的稳定性，也使贪污罪的入罪数额标准能够反映社会危害性的时代特征，将原来刑法第383条规定的具体的5000元入罪标准修改为“数额较大”并赋予司法解释权，不但是立法技术的提升，也是一种理性的立法选择。

正是考虑到贪污罪是一种特殊的财产犯罪，也为了更好地界定犯罪与违纪行为的界限，修正案和《解释》仍然坚持贪污罪入罪应当有一定的起刑数额。在《刑法修正案（九）》的起草讨论期间，有学者基于严厉打击贪污犯罪、对腐败犯罪实行零容忍的目的，认为应当取消贪污罪的起刑点数额。我们认为，这样做是有害的。首先取消贪污罪入罪起刑的基础数额，实际把贪污罪变成了纯粹的行为犯或情节犯，就可能以刑法代替了一切其他可以适用的党政纪处罚，扩大了贪污罪的犯罪圈，违背刑法的谦抑性；其次，取消入罪的基本数额标准，实际上改变了贪污罪作为以非法占有为目的的财产犯罪的基本样态，对其以滥用职权罪取代更为合适，贪污罪实际上已经没有继续存在的必要。并且纵观世界各国，在其刑事立法中都对贪污罪设置了起刑数额。根据我国《刑法修正案（九）》的立法精神以及《解释》的规定，贪污数额3万元或数额达到1万元且其他情节较重的，应当按照贪污罪进行处理，而对于数额在3万元以下且其他情节较轻的贪污行为，就没有必要进行刑法干预。

（2）关于贪污罪加重法定刑的处罚标准。根据修正案和《解释》的规定，数额较大或有其他较重情节的贪污行为，其基本的法定刑是3年以下有期徒刑或者拘役，并处罚金。贪污罪的加重法定刑分别是3年以上10年以下有期徒刑，并处罚金或者没收财产；10年以上有期徒刑、无期徒刑或者死刑，并处罚金或者没收财产。后两个量刑档次所对应的数额标准分别是20万元以上不满300万元（数额巨大）、300万元以上（数额特别巨大）。但《解释》同时规定，如果数额不满上述数额巨大、数额特别巨大的标准，但达到其起点一半，同时具有入罪情节的六种情形之一的，应认定为“严重情节”“特别严重情节”。即在适用更高法定刑处罚贪污犯罪人时，也是适用数额加情节的量刑标准。在这次的修正案中取消了原来刑法第383条中“个人贪污数额”这一限定条件。以“个人贪污数额”作为限定条件，容易引起狭隘的理解，贪污罪可能是单个人所为，也可能是共同犯罪。在共同犯罪的场合，对于个人贪污数额，也有着以参与数额为准、以分赃数额为准、以犯罪总额为准以及以平均数额为准等观点。根据最高法院2003年《纪要》的规定，对于个人贪污数额，在共同犯罪案件中应当理解为个人参与或者组织、指挥共同贪污的数额，不能只按个人分得的数额进行认定。在实际定罪量刑时，还要考虑行为人在共同犯罪中的地位、作用，分赃多少，自首、坦白、立功、退赃，给受害单位造成的间接损失等情节。

在关于贪污罪适用死刑问题上，《解释》第4条设定了最高标准的数额和情节，严格控制判处死刑立即执行的适用。《解释》规定，只有对那些数额特别巨大、犯罪情节特别严重、社会影响特别恶劣、给国家和人民利益造成特别重大损失的，才可以判处死刑。即使应当判处死刑，但具有自首、立功，如实供述自己罪行、真诚悔罪、积极退赃，或者避免、减少损害结果的发生等情节，可以判处死缓，同时决定终身监禁，不得减刑、假释。在关于适用死刑问题上，《解释》要求特别巨大的数额和特别严重的情节同时存在，并且还附加了特别严重的恶劣影响和特别重大的损失，从而极大地限制了死刑立即执行的适用空间。如果单纯考虑数额，而不设定其他特别严重的情节，就难以达到控制死刑的目的。可见，数额加情节的量刑标准，在对严重贪污罪犯的行为评价和实际处罚方面，达到了最全面最严格的体现。

（3）贪污后将赃款用于单位业务的数额扣除问题。司法实践中，常有贪污罪犯罪嫌疑人辩解其将所贪得款项用于单位的公务支出，并据此要求对相应数额予以扣除。事实上，对于贪污后赃款的用途及其是否影响量刑问题，理论及实务中都存在较大的分歧，目前的两种处理意见如下：

其一，行为人在非法控制了公共财物后，其贪污行为已经完成，贪污罪的构成要件已经齐备，至于事后将所贪污财物用于何处，在所不问。因此，赃款用于公务从轻处罚没有法理依据，且大多数情况下也不能认定赃款用于公务，赃款用于公务从轻处罚的观点应当慎重。

其二，对待赃款应当进行区分，如果有证据证明其的确通过合法手段将赃款用于公务，则应当对相应款项的数额进行扣除，否则便难以符合罪责刑相适应原则，同时也不利于赃款的追缴工作，最终只能使公共财产遭受损失。

《解释》第16条基本上采取的是以上第二种观点，《解释》规定：国家工作人员出于贪污的故意，非法占有公共财物之后，将赃款赃物用于单位公务支出或者社会捐赠的，不影响贪污罪的认定，但量刑时可以酌情考虑。对于社会捐赠行为，可能是行为人个人进行的捐赠，也可能是代表本单位进行的，对于后者应当认定为是为单位公务支出。问题是《解释》仅规定了对赃款赃物单位开支、社会捐赠的，在量刑时“可以酌情考虑”，没有指明是考虑从宽还是从严、是考虑从轻还是减轻，从而留下了较大的自由裁量余地。我们认为，行为人贪污后将赃款赃物用于单位开支或社会捐赠，毕竟没有供自己消费和挥霍，给本单位或社会公益事业做出了一定贡献，其主观恶性减弱，应当规定为其他情节较轻的情形之一，从而明确在相应法定刑幅度内“可以酌情考虑予以从轻处罚”。但是，在认定行为人是否将赃款赃物用于单位公务开支问题上，要从以下方面进行严格把握：

首先，将赃款用于公务行为必须经过批准。一般情况下，公务活动所需资金都需要进行专门的申请，并经过相关领导审批后才可以进行，基于此，如果该公务行为根本未经过审批，只是行为人私自决定将其用于公务，则不能够认定其将赃款用于公务。在其本人就是主管领导的情形下，则以本单位相应财务会计人员及其他领导人员是否明确知情作为判断依据。

其次，行为人必须为从事公务活动的适格主体。行为人所进行的公务活动必须与其职位、工作性质紧密相关。若行为人基于逃避法律制裁的目的，在不具有相关权限的前提下，将所贪污公款私自为单位购买办公用品，则不能够认定其将赃款用于公务。

最后，赃款只能用于单位的正常公务活动。如果行为人将赃款用于单位的不正常支出，即便其是代表单位所进行的相应活动，由于其不具备合法性，因此对这部分赃款数额，不但不能从宽处理，还应根据其行为具体情况，裁断其是否构成其他犯罪。

（郑州大学法学院教授　刘德法）

第二节

受贿犯罪定罪疑难问题

《道德经》云："有无相生，难易相成，长短行形，高下相倾倒，音声相合，前后相随。"权力的滥用导致贪腐犯罪的滋生。贪污贿赂问题，已经成为危害政府公信力、困扰社会发展的严重问题。受贿犯罪是贪污贿赂犯罪一大组成部分，严厉打击受贿犯罪，是当前我国的一大要务。我国1997年刑法规定了受贿罪和单位受贿罪，2006年《刑法修正案（六）》扩大了公司、企业人员受贿罪的主体范围，增加"其他单位的工作人员"，并将罪名修订为"非国家工作人员受贿罪"，2007年《刑法修正案（七）》为弥补原有受贿犯罪规制范围的不足，增设"利用影响力受贿罪"。2015年通过的《刑法修正案（九）》，对腐败犯罪着墨较多，其中既涉及对原有罪名贪污罪、行贿罪、对单位行贿罪、介绍贿赂罪、单位行贿罪的修订，还增设了新罪名"利用影响力行贿罪"。具体到受贿犯罪领域，包括对受贿犯罪定罪量刑标准和刑罚的修订。到目前，我国受贿犯罪的罪名体系基本形成，包括受贿罪、单位受贿罪、非国家工作人员受贿罪和利用影响力受贿罪。总的来说，受贿犯罪是一个比较复杂的类罪，贿赂范围问题、数额问题、共犯与罪数问题，以及主体的认定，"利用职务上的便利""为他人谋取利益"的性质与认定问题，索贿的特征与形式问题以及离职后受贿的性质、受贿款的去向认定问题等等，给受贿犯罪的司法认定带来了不小的挑战。鉴于受贿犯罪的复杂性，我们只是选取几个方面的疑难问题加以研究：一是贿赂范围的界定；二是受贿犯罪受贿数额起点以及情节因素的考量；三是利用影响力受贿罪的司法认定分析。

一　贿赂范围

贿赂是权力的滋生物，是公权与私利的交换中介。随着社会的发展，贿赂犯罪的形式不断变化，贿赂范围也呈现出鲜明的多样性时代特色。而贿赂范围直接决定着贿赂犯罪的犯罪圈大小，反映着打击贿赂犯罪的力度，有着重要的标尺作用，需要予以准确规划与认定。对于贿赂犯罪的贿赂范围，我们有以下认识。

（一）目前贿赂范围宜限定为“财产性利益”

新中国成立后，在 1952 年《惩治贪污条例》、1979 年《刑法》和 1988 年《关于惩治贪污罪贿赂罪的补充规定》中，我国将贿赂范围认定为“财物”，《关于惩治贪污罪贿赂罪的补充规定》还将经济受贿条款纳入其中。[①] 在 1997 年刑法的修订中，“财产性利益”入罪的呼声较高，但是为了防止因界定面过宽所导致的打击面过大，[②] 1997 年刑法还是将贿赂的范围限定为“财物”。之后我国刑法经过八次修正，贿赂范围未做变动。贿赂范围限定过窄，已经成为当前刑法理论界的共识。但是如何解决贿赂犯罪过窄的问题，理论界有不同的观点。

有观点主张仿照国际公约的规定，将贿赂范围扩大至“任何好处”。理由是：贿赂犯罪，本质上是制度缺失下的权力寻租，以权谋私，只要符合权力寻租的行为都可以认定为是受贿行为。基于此考虑，从应然角度来说，贿赂范围可以扩大到任何好处。《联合国反腐败公约》也将贿赂范围界定为“任何好处”，出于在国际反腐中掌握主动权，实现与国际无障碍接轨的考虑，贿赂范围应该扩大到“任何好处”。[③] 有观点认为不能将伦理规范任意地上升为刑法规定，主张将贿赂范围界定为“财产性利益”。还有的观点主张，贿赂的范围应该限定为财产性利益，并且在有限的范围内承认部分非财产性利益（如信息、资格、学位等）的贿赂性质，相应地设立“非财物贿赂罪”。

当前，坚持原有的狭义贿赂范围，会放纵大量的犯罪行为，严重危害政府公信力。我们赞成将贿赂范围扩大到财产性利益，非财产性利益则不宜纳入贿赂范围中。

一方面，我国当前贿赂范围的确限定过窄，有待扩宽。随着社会的

① 高铭暄：《中华人民共和国刑法的孕育诞生和发展完善》，北京大学出版社，2012，第 607 页。

② 曹坚、吴允峰：《反贪侦查中案件认定的疑难问题》，中国检察出版社，2010，第 132 页。

③ 《性贿赂应入籍刑法》，载《检察日报》2001 年 3 月 9 日。

多样化发展，贪腐犯罪的犯罪方式向着更为多样性、隐蔽性和新颖性的方向发展，贿赂内容亦是如此，贿赂的表现形式日渐多样性，给刑事立法与司法实践带来了不小的挑战。我们需要对贿赂的形式和内容，或者说对贿赂的范围进行重新认识与把握。贿赂范围的完善，也是在反腐国际协作中掌握主动权的要求。2013 年，《联合国反腐败公约》实施情况审议组抽签确定对我国的实施情况进行审议，这给我国贿赂犯罪贿赂范围的调整提出了新的紧迫要求。当前贿赂范围的“财物”标准限定过窄已经是不争的事实，我们需要对其做一定的扩充，具体来说，当前贿赂的范围，可以考虑扩大到“财产性利益”。其实，当前我国相关的部门立法和司法解释，就已经将贿赂范围扩大到财产性利益。2007 年 7 月 8 日“两高”联合公布的《关于办理受贿刑事案件适用法律若干问题的意见》，列举了大量的新型贿赂犯罪，这一意见的出台实际上已经将贿赂的范围扩大到其他财产性利益。[①] 2008 年 11 月 20 日“两高”联合发布的《关于办理商业贿赂刑事案件适用法律若干问题的意见》，同样将“一些可以用货币来衡量的财产性利益”纳入贿赂范围之中。而且，贿赂犯罪扩大到财产性利益也便于促进司法实践工作的展开，同时确保了我国反腐体系、架构、机制的基本稳定，并且在一定程度上严密了我国的刑事法网，“有效区分刑事犯罪与一般违法违纪行为之间的界限，突出刑事打击重点”。

其次，贿赂范围的扩大，不能无限制地扩大到“任何好处”。贿赂范围决定着贿赂犯罪的犯罪圈大小。出于刑法谦抑性的原则和刑法的保障法、后盾法的地位考虑，刑法规制的范围不宜过宽，尤其是在我国人情社会的大环境下，贿赂犯罪需要予以严格限制。中国社会是一个有着几千年发展历史的人情社会，人与人之间的交往，很大程度上以人情为交换的媒介，馈赠礼物、访问拜会是人与人之间维持特定关系的重要手段。人情文

---

① 2007 年 7 月 8 日，“两高”《关于办理受贿刑事案件适用法律若干问题的意见》对十种新型的收受贿赂犯罪问题进行了具体的规定与阐释，具体地说，也就是对以交易形式收受贿赂问题、收受干股问题、以开办公司等合作投资名义收受贿赂问题、以委托请托人投资证券、期货或者其他委托理财的名义收受贿赂问题、以赌博形式收受贿赂问题、特定关系人“挂名”领取薪酬问题、由特定关系人收受贿赂问题、收受贿赂物品未办理权属变更问题、收受财物后为掩饰犯罪而退还或者上交问题，以及在职时为请托人谋利、离职后收受财物问题等的新型贿赂的形式作了规定。

化这一社会文化，根深蒂固且相对稳定，甚至已经成为一种社会心理，影响深远。作为社会个体的人，深受这一文化的影响。国家工作人员亦是如此，其不可避免地融入了人情文化这个中国传统的特色文化中来。在人情社会中，好多“人情”的性质与贿赂的区分并不明显，如果将贿赂扩大到“任何好处”，会出现打击面过宽而过度侵入公民私生活的嫌疑，与影响我国几千年的人情文化和人情社会心理也不相符合，可能会导致社会生活与司法实践的混乱。另外，虽然出于刑法国际化和与国际接轨的考量，我们需要对我国贿赂犯罪的贿赂范围进行调整，但是也需要在尊重我国当前国情的基础上转化成国内法的形式，而不是生搬硬套。出于避免刑法打击面过宽而侵犯公民私生活的考虑，当前贿赂范围，应该扩大到“财产性利益”，而不能将“所有好处”涵括。对于其他，可以考虑由相关行政法律法规等加以规范。

（二）“性贿赂”是否入罪

从古代的美人计，到现今为获取利益而提供不正当的性行为、性服务的现象，一直存在。随着近几年来“性贿赂”事件的不断暴露，“性贿赂”是否入罪的问题，在刑法理论界备受关注。支持性贿赂入罪的学者，认为性贿赂并不违背贿赂犯罪的本质，而且基于当前性贿赂的泛滥之势，其需要刑法规制，而且性贿赂入罪也有广泛的群众基础。否定论者主要从刑法的谦抑性和司法实践角度入手，予以否定，认为“性贿赂”是属于道德范畴的一种社会失范行为，对这种失范行为应该与犯罪行为有所区分。

我们认为当前我国的“性贿赂”行为的确比较多发，但是现阶段“性贿赂”不宜列入贿赂犯罪的贿赂范围。理由如下：首先，性贿赂入罪会带来司法实践上的操作难题，而且极易导致司法腐败的产生。“性贿赂”的隐蔽性特质使得其在认定、取证上存在极大困难。而且在实践中“性贿赂”的情况往往并不是那么纯粹，有的兼有两情相悦的情人关系，或者是存在转化现象（先有“性贿赂”后发展成“两情相悦”的情人关系，或是先有“两情相悦”情人关系后感情平淡而出现“性贿赂”），这些比例的判定、时间点的界定等复杂情况，给司法实践的认定带来了极大的困难。退一步讲，性贿赂即便入罪，但是由于其缺乏具体标准而在司法实践中会难以规范操作，自由裁量权过大将给贿赂犯罪的司法腐败埋下隐患。而且，性贿赂往往涉及个人隐私，根据我国刑事诉讼法的规定，此类案件不公开审理，更有可能造成司法腐败。其次，承认“性贿赂”还侵犯了女性的尊严。如果承认性贿赂的成立，那么是否意味着变相承认性的可买卖呢？这是对女性尊严的一种变相的蔑视和侵犯。我们认为，现阶段性贿赂不宜入罪。当前，用党纪政纪来规范限制权力，就能在一定程度上处罚限制“性贿赂”，而不必一定要将其入罪。而且，在实践中，“性贿赂”往往与其他犯罪糅合在一起，“性贿赂”更多地表现为一种手段，刑法对“性贿赂”的规制，可以通过处罚相关犯罪行为实现。

二　受贿数额问题

与国外不少国家采用的定性的刑事立法模式不同，我国采用的是既定性又定量的立法模式，刑法中的许多罪名通过刑事立法或司法解释，对“量”进行了规定。“数额较大”“数额巨大”“数额特别巨大”或“数量较大”“数量巨大”“数量特别巨大”的立法和司法规定，是衡量不少犯罪的社会危害性和程度的重要指标。受贿犯罪亦是如此。下面我们以受贿罪为例，对受贿罪的受贿数额问题进行分析。《刑法修正案（九）》出台之前，刑法中受贿罪采用了援引贪污罪法定刑的方式，“对犯受贿罪的，根据受贿所得数额及情节，依照本法第三百八十三条的规定处罚”。具体来说，现行刑法对受贿罪根据情节轻重，分“个人受贿数额在十万元以上的”“个人受贿数额在五万元以上不满十万元的”“个人受贿数额在五千元以上不满五万元的”和“个人受贿数额不满五千元，情节严重的”四个档次分别定罪量刑。随着《刑法修正案（九）》的出台，贪污贿赂的数额不再局限于“在十万元以上的”“五万元以上不满十万元的”“五千元以上不满五万元的”“不满五千元，情节严重的”简单规定，而是修订为“数额较大”“数额巨大”“数额特别巨大”，同时对贪污贿赂犯罪定罪量刑时，也要求注意综合考虑情节要素和数额因素来确定行为人的社会危害性。

（一）受贿犯罪数额起点的认定

首先我们要明确的问题是：何谓数额？数额与数量是否存在区别？我们认为，数额与数量是存在区别的。从我国刑事立法中可以看出，在针对不同对象时，立法者分别选择数额和数量予以表示，如，在经济犯罪、财产性犯罪以及贪利性犯罪中，采用“数额”的计量单位，更加强调经济价值的大小；而在毒品犯罪中，则采用“数量”的计量标准，客观反映数目的多少。数额与数量在法律上的意义与重点有所区别，在刑法上，数额不能包括数量。[①]

受贿罪作为一种贪利性的财产性犯罪，贿赂数额是衡量其社会危害性的主要因素之一，极大地影响着受贿罪的罪质程度和刑罚的轻重。现行刑法规定受贿罪依照贪污罪进行处罚。刑法第383条第1款规定，“个人贪污数额不满五千元，情节较重的，处两年以下有期徒刑或者拘役；情节较轻的，由其所在单位或者上级主管机关酌情予以行政处分。”在这里，如何理解“不满五千元”和“情节较轻”在受贿罪中的罪与非罪问题呢？我们认为，这是对受贿罪在犯罪构成上的适度限制，受贿罪作为一种财产性犯罪，受贿数额是衡量其社会危害性的一个重要因素。贿赂数额存在一个由量变到质变的过程，量的积累最终达到质的变化，倘若完全不对数额进行限制会导致刑罚的泛化，而且与我国的社会文化和背景不相适应。近年来，随着社会与经济的发展，关于贿赂犯罪的起刑点，即起刑数额是否需要调整成为社会关注的重点问题。在刑法学理论界，对于此问题，有肯定说与否定说。如上文所述，受贿罪，分“个人受贿数额在十万元以上的”“个人受贿数额在五万元以上不满十万元的”“个人受贿数额在五千元以上不满五万元的”“个人受贿数额不满五千元，情节严重的”四个档次分别定罪量刑。但是近年受贿罪定罪量刑数额标准的合理性问题越来越受到刑法理论界和实务界的关注。有学者主张受贿罪的起刑点应该随着社会经济的发展有所提高，也有的学者坚持对贪腐持“零容忍”的态度。支持贿赂犯罪起刑点提高的观点认为，随着社会经济的发展，当前发现的受贿犯罪呈现出犯罪金额特别巨大的特点，动辄几千万元甚至上亿元，如果完全按照5000元标准定罪量刑，问题也是明显的。[②] 当前受贿犯罪的起刑点应该提高到3万~5万元更为适宜，[③] 对于起刑点以下的受贿行为，可以考虑以行政处罚等方式予以处理。

---

① 刘华：《论我国刑法上的数额与数量》，载陈兴良主编《刑事法评论》（第二卷），中国政法大学出版社，1998。

② 当前在贿赂犯罪的司法实践中，存在着贿赂数额十万元以下，一万元对应一年刑期，在贿赂数额十万元以上，几万元甚至几十万元对应一年刑期的情况，罪责刑不相一致。

③ 曾凡燕、陈良伟：《贪污贿赂犯罪起刑数额研究》，载《法学杂志》2010年第3期。

反对提高受贿犯罪起刑点的观点认为，提高起刑点对于遏制贪污犯罪不利，甚至会助长该类犯罪的气焰，反腐必须慎重对待廉洁“红线”。甚至有论者基于“破窗理论”提出对贪腐犯罪的“零容忍”政策，主张将任何腐败行为都消灭在萌芽阶段。也有学者在对极端化的“零容忍”进行调和的基础上提出“有限容忍”政策。[①]

我们认为，对受贿犯罪采用“零容忍”政策，是一个良好的态度而非一个理性的认识。刑法是一种法律社会现象，刑法必须对社会现实和社会需要有所反应。反腐问题要避免矫枉过正。受贿犯罪的定罪量刑标准，应该全面考虑社会体制与政策因素、社会经济和伦理文化因素、法律内部协调问题。总的来说，在当前反腐的大背景下，原则上我们要把住刑法的底线，同时，结合特定地区具体经济发展水平以及具体犯罪情节，对一定数额以下且具备特定从宽处罚情节的受贿犯罪给予司法上的非犯罪化处理，也不失为一种很好的对策。[②]《刑法修正案（九）》将该标准修改为数额较大或有其他较重情节。改变了过去“一刀切”的做法。

（二）引申问题——贿赂犯罪的定罪量刑标准

关于受贿罪的定罪量刑标准，理论界有不同的看法。唯数额论者将数额作为受贿罪定罪量刑的唯一标准，将数额完全量化。更多的学者对此持否定的态度，数额标准在受贿罪定罪量刑中具有一定的合理性，但是数额并不是决定贿赂行为社会危害性的唯一变量。

我们认为，受贿数额仅仅表明受贿人收了多少钱，并不能显示受贿人出卖了什么权力，造成了什么危害和负面后果，情节因素在受贿罪的定罪量刑中同样有着不可替代的积极作用。对于受贿犯罪，应该建立“数额＋情节”的评价体系，数额与情节共同作用，进而实现在罪刑法定和罪责刑相适应基础上的问罪与追责。目前，在刑事法立法中，对于受贿犯罪的起刑点进行了明确的规定，这种过于绝对的规定使得灵活性不足。而且立法和司法解释中，对情节因素的重视程度不够，怎样解决这一问题呢？我们认为，当前比较可行的方式在于立法模式上的修改。在立法上，我们应该放弃对起刑点等数额的具体规定，建立情节和数额的共同评价体系。以受

---

① 赵亮：《当代中国防止腐败犯罪刑事政策新论——有限容忍之提倡》，载《当代中国的社会转型与刑法调整》（下卷），第1157页，中国人民公安大学出版社，2013。

② 于志刚：《贪污贿赂犯罪定罪数额的现实化思考》，载《人民检察》2011年第12期。

贿罪为例，立法上规定对受贿罪的处罚，根据受贿所得数额及情节，予以处罚，可以考虑分为受贿数额较大或情节较重、受贿数额巨大或情节严重的、受贿数额特别巨大或情节特别严重等不同情况予以规范。新出台的《刑法修正案（九）》对此有所考虑，《刑法修正案（九）》改变了原刑法“个人贪污数额在十万元以上的”“个人贪污数额在五万元以上不满十万元的”“个人贪污数额在五千元以上不满五万元的”“个人贪污数额不满五千元，情节严重的”量刑档次和基准，修订为“贪污数额较大或者有其他较重情节的”“贪污数额巨大或者有其他严重情节的”“贪污数额特别巨大或者有其他特别严重情节的”量刑档次和基准，删去了具体数额的规定，增加了“较重情节”“严重情节”“特别严重情节”的规定，将1997年修订刑法典规定的犯罪具体数额标准的四个档次调整为三个档次，放弃了对起刑点等数额的具体规定，改单一的数额标准为“数额＋情节”的共同评价体系。这一修订，解决了长期困扰我国司法的“唯数额”的做法，在司法适用中更加灵活，操作性增强。

三 利用影响力受贿罪之“影响力”的认定

随着社会的发展，权力寻租的方式呈现出更加复杂化的特点，国家工作人员“身边人”的受贿现象屡见不鲜，甚至成为国家工作人员躲避法律制裁敛财的主要手段。2007年《刑法修正案（七）》增设“利用影响力受贿罪”，将一直游离于犯罪边缘的“裙带关系”纳入刑法规制的范围，严密了受贿犯罪的犯罪体系。但是我国“人情社会”的社会特色给该罪的司法适用带来了不小的难题，与其他的受贿犯罪相比，利用影响力受贿罪的相关条文规定过于模糊，对离职的国家工作人员、近亲属、关系密切人的规定过于笼统，对该罪的共犯认定和与其他犯罪的区别规定不甚清晰，这些都影响到了利用影响力受贿罪的司法适用。如何在尊重社会文化和心理、契合法律精神、遵守罪刑法定原则的前提下，实现该罪在刑事司法实践中的良好适用，是我们需要着重考虑的一个问题。在这里，我们主要从“影响力”的角度入手，对包括“国家工作人员的近亲属”“其他关系密切人”“离职的国家工作人员”在内的概念予以界定，进而对“影响力”进行认定。

（一）利用影响力犯罪之主体界定

利用影响力受贿罪的犯罪主体为“国家工作人员的近亲属或者其他与

该国家工作人员关系密切的人”“离职的国家工作人员或者其近亲属以及其他与其关系密切的人”。但是成文法背景下法律语言的原则性、简洁性特征，使得该罪犯罪主体和“利用影响力”的界定与具体操作，存在不小的难题，也给司法实践中的具体把握带来了不小的挑战。

1. 国家工作人员近亲属的界定

对国家工作人员近亲属的界定，分解来看，包括对国家工作人员与近亲属两个概念的界定，国家工作人员是近亲属的一个限制性定语。刑法总则93条对“国家工作人员”做了解释：“本法所称国家工作人员，是指国家机关中从事公务的人员。国有公司、企业、事业单位、人民团体中从事公务的人员和国家机关，国有公司、企业、事业单位委派到非国有公司、企业、事业单位、社会团体中从事公务的人员以及其他依照法律从事公务的人员，以国家工作人员论。”在这里的问题主要体现在对“近亲属”范畴的把握上。

亲属，一般是指具有血缘或者婚姻关系的人。何为近亲属？近亲属的这一概念，在不同部门法中都有所涉及，但规定并不一致。我国现行刑诉法将近亲属规定为“夫、妻、父、母、子、女、同胞兄弟姊妹”。最高人民法院1988年发布的《关于执行〈民法通则〉若干问题的意见（试行）》将民法中的近亲属解释为“配偶、父母、子女、兄弟姐妹、祖父母、外祖父母、孙子女、外孙子女”。现行行政法将近亲属规定为“配偶、父母、子女、兄弟姐妹、祖父母、外祖父母、孙子女、外孙子女和其他具有抚养、赡养关系的亲属”。由于不同部门法对近亲属的解释不同，刑法在适用中选择哪一解释，或者刑法对近亲属的认定倾向于哪一解释，在刑法学界有不同的见解。当前比较多的学者主张，刑法中近亲属的认定，范围不宜过窄。我们也持上述观点。《刑法修正案（七）》增设“利用影响力受贿罪”，对游离于犯罪边缘的“裙带关系”加以规制，目的在于惩治特定人员利用影响力受贿的行为。从打击利用影响力受贿罪的现实需要考虑，刑诉法中近亲属的范围需要适当扩大。而且在刑法适用中，近亲属的认定，需要与我国传统的文化和观念相符合，这是现实合理性的要求。而现行刑诉法对近亲属——“夫、妻、父、母、子、女、同胞兄弟姊妹”的限定，范围明显过窄，不符合我国传统的伦理观念，现实合理性较差，范围需要适当扩大。具体来说，目前“近亲属”的范围，可以考虑扩大到民法对近亲属的界定上，即利用影响力犯罪中，国家工作人员的近亲属，应该涵括国家工作人员的配偶、父母、子女、兄弟姐妹、祖父母、外祖父母、孙子女、外孙子女。

2. “其他与该国家工作人员关系密切的人”之认定

“其他与该国家工作人员关系密切的人”是一个兜底的条款，是对除国家工作人员近亲属以外的利用影响力受贿的犯罪主体的兜底规定。刑法学界有学者对这一表述有所批判，“将关系密切的人这样具有巨大解释余地和空间的模糊性术语写入刑法，容易导致犯罪圈的弹性过大，这会是司法实践所面临的一个巨大问题”[①]。密切是对关系的程度的限制，那么如何认定“密切”关系呢？

“密切关系”是一种社会关系，并不存在合法与非法的区分，例如情人关系这一不道德关系，事实上就可以认定为密切关系。“密切关系”的认定，重点还在于对密切程度的把握上。密切，是一个社会学上的概念，缺乏量化的标准，在认定上有一定的难度，需要结合具体的外在环境和客观条件予以具体把握。到目前为止，立法解释和司法解释并没有对“关系密切人”做出相应的解释。只是对类似的概念——“特定关系人”进行了界定。2007 年“两高”联合发布的《关于办理受贿刑事案件适用法律若干问题的意见》将“特定关系人”界定为与国家工作人员有近亲属、情妇（夫）以及其他共同利益关系的人。有学者认为，“关系密切人”外延大于“特定关系人”，“凡是与国家工作人员有血缘、亲属关系，或者情妇（夫）关系，或者彼此是同学、战友、老部下、老上级或者老朋友，关系甚密，能够对国家工作人员形成影响的，都应当认定为关系密切的人”[②]。我们认为，利用影响力受贿罪设立的初衷，在于对不具有国家工作人员身份的“影响力”寻租行为予以规制。“关系密切人”的范围，应该大于“特定关系人”的范围。如图 1 所示，其他关系密切人的范畴包括但是大于特定关系人的范畴。

当然，对关系密切人的把握，还应该根据具体情况，予以实质分析：第一，根据当事人的身份进行判断。当事人是否具有某种身份，可以作为是否具有密切关系的推定或者证据线索。需要注意的是，我们要对身份关

① 于志刚：《关于“关系人”受贿的定罪规则体系的思考》，载《人民检察》2009 年第 4 期。

② 孙国祥：《贿赂犯罪的学说与案解》，法律出版社，2012，第 610 页。

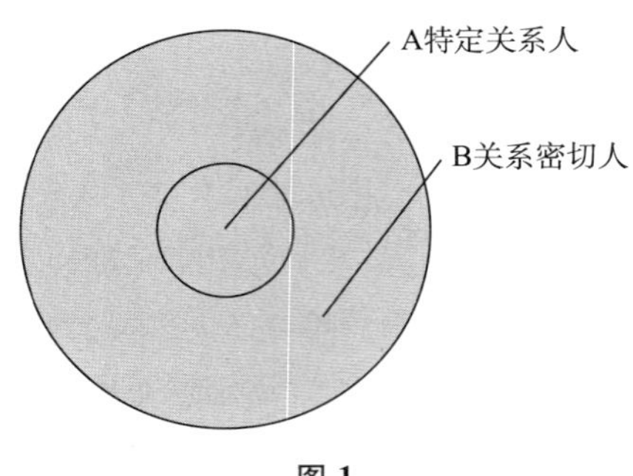

图 1

系进行分类认定，如具有共同经济利益的关系，通常情况可以推定为具有密切关系，而其他的身份关系，如同学关系、地缘关系等，则只能作为一个证据线索，而不能直接推定；第二，密切关系的认定，即亲属关系的认定，需要从交往的具体情况和程度入手，综合考虑相互交往关系的情况、信任程度以及利益方面的关联等，予以评判和把握；第三，从行为反推，即从是否为请托人谋取不正当利益加以判断，如果国家工作人员事实上实施了为请托人谋取不正当利益的行为，不论结果如何，则可以判定关系的密切。

3. “离职的国家工作人员”

离职的国家工作人员，有着两层的限制：第一层，其原本属于国家工作人员的范畴，即在上文所述的国家工作人员范畴之内；另一层，该工作人员是离职的工作人员，其离职的方式不论，既可以是退休、离休，也可以是辞职、被辞退，也不论其离职时间的长短，只要其离职之前有一定的职务，是国家工作人员，即构成本罪所说的“离职的国家工作人员”。同时需要注意的是，该犯罪主体只有在其离职之后，利用其在职时所形成的影响力受贿，才构成利用影响力受贿罪，否则，不宜认定为此罪。

（二）“影响力”的判断

如果说国家工作人员直接利用职权受贿是一种刚性的权力腐败，那么利用影响力受贿可以说是一种软权力寻租。利用影响力受贿罪，该罪把握的重点，在于影响力的客观存在且犯罪行为人利用了该影响力。

1. “影响力”是一种事前的客观判断

影响力，是“一个人在与他人交往过程中，影响或改变他人心理和行为的一种能力”。[①] 关于“影响力”的判断，我们首先需要明确的问题是，影响力的判断是主观判断还是客观判断，是事前判断还是事后判断？

我们认为，影响力的判断，是一种客观的事前判断。首先，“影响力”的判断，是一种客观判断。《联合国反腐败公约》中就规定了影响力交易罪。在关于影响力的表述中，采用了一种客观的判断模式，规定影响力是“实际”或者“被认为具有”，而且这一客观判断不以当事人的主观意志为转移。利用影响力受贿罪之所以被规定为犯罪，根源在于具有“议亲”嫌疑的该行为严重的社会危害性。在社会公众的心目中，国家工作人员的近亲属或其他与该国家工作人员关系密切的人这一特殊群体，本身就因其与国家工作人员的特殊关系而成为一个有着特殊能力的特殊群体，这不取决于犯罪行为人主观上是否意识到其影响力的存在，也不要求行贿人主观上意识到，这种影响力是一种总的客观的存在。当然，尽管这一影响力是客观存在的，其判断，仍需要一定的判断主体的存在，我们认为，以社会上一般人的立场进行判断即可。其次，“影响力”判断是一种事前判断。影响力是一种客观存在的能力。影响力判断是对“密切关系”的一种深化理解，行为人在被认定为“密切关系人”之时，事实上已经做出了肯定影响力存在的判断。也就是说，行为人的影响力是客观存在的，并且处于一种待启动的境地。总的来说，影响力的判断，是一种事前的可能判断，而不是事后的认定。

2. “影响力”的判断需要具体问题具体分析

根据现行刑法对利用影响力受贿罪的界定和描述，在该罪中，利用影响力的情况，可以具体分为三类：一类是国家工作人员的近亲属的影响力判断，一类是其他关系密切的人的影响力判断，另一类是离职的国家工作人员的影响力判断。这三类人员影响力的认定标准和程度有所差异，在实践中要予以具体把握。一般来说，基于亲情、血缘关系的国家工作人员近亲属可以说具备“当然”的影响力；“其他关系密切的人”的影响力的判断，要求具体特定的身份和特定的关系；离职的国家工作人员的影响力，要求其在任时职务或职位等，给其离职后提供了一定的便利条件，且影响力“足够”。

《刑法修正案（九）》对受贿犯罪的修订，进一步完善了对腐败犯罪的

---

① 李德民：《非正式组织和非权力性影响力》，载《中国行政管理》1997年第9期。

刑事惩治，被认为“适应了当前我国反腐败形势，落实了宽严相济的刑事政策，回应了人民群众的呼声”。① 但是，徒法不足以自行。立法的简洁性给司法解释提出了更高的要求。司法解释中要注意刑事立法条文的具体解释，以便增强可操作性。

（北京师范大学刑事法律科学研究院特聘教授　高铭暄
北京师范大学刑事法律科学研究院博士研究生　张慧）

① 周斌、李豪：《刑法修正案（九）：终身监禁切断严重贪腐犯罪退路》，法制网，http：//www. china. com. cn/legal/2015 –09/07/content_36520778. htm，访问日期：2015 年 9 月 28 日。

第三节

受贿数额的司法判断标准

引 言

2015年8月29日第十二届全国人民代表大会常委会通过的《刑法修正案（九）》将我国刑法第383条贪污罪和受贿罪的处罚标准修订为数额较大、数额巨大以及数额巨大三个定罪量刑档次。虽然这一修订使受贿罪由数额犯变为了情节犯，但受贿数额作为法官评价受贿事实的根据，对受贿罪的定罪乃至量刑都发挥着重要的作用。本节正是在此基础之上，讨论受贿数额争议较突出的几种犯罪类型：（1）收受古玩、字画等收藏品的受贿（即“雅贿型”受贿）；（2）干股受贿；（3）房产交易型受贿。虽然这些犯罪类型在2007年最高人民检察院、最高人民法院《关于办理受贿刑事案件的适用法律若干问题的意见》（以下简称“《意见》”）中已有具体适用标准，但司法实务中对此三类犯罪受贿数额的计算时间及计算标准等问题仍存在争议。

一 受贿数额的内涵

我国刑法并未对“数额”一词作明确界定，学界对“数额”概念的理解各不相同，主要有以下几种主张：（1）经济价值说。该说认为“数额”是指刑法明文规定以一定经济价值量或者行为对象的物理量作为犯罪构成要件的一类犯罪。[①]（2）构成要件说。该说认为“数额”是犯罪成立的条件，如果不具备犯罪的数量要素，不能构成犯罪。因此，犯罪的数量要素属于犯罪构成要件。由于犯罪数额具有客观性，因此应将其归入犯罪的客

---

① 唐世月：《数额犯论》，法律出版社，2005，第22页。

观要件。[①]（3）数量说。该说认为“数额”是事物本身的数量，是犯罪所指向的金钱和物品的数量，这种数量指的是数学意义上的数量，并且是按照一定标准来衡量的。[②]（4）处罚条件说。该说认为“数额”是客观的处罚条件。客观处罚条件本身不是犯罪的构成要件，缺乏客观的处罚条件，犯罪仍可能成立，仅为不产生刑罚效果而已。[③]（5）限制刑罚条件说。该说认为“数额”是限制刑罚的要件之一。认为构成犯罪需要具备科处刑罚程度的质和量的规定性，其实质在于以某种客观条件的具备与否来限制刑罚权的发动，而犯罪数额就是客观的刑罚处罚要件之一。[④]（6）犯罪结果衡量说。该说认为“数额”是对犯罪结果进行衡量的一个数量概念，不仅包括直接指向的犯罪对象的损失和危害，而且包括间接导致的损失和危害，不仅包括物品的数目、财物的金额而且包括衡量诸如人员伤亡等危害后果的数量。[⑤]（7）罪量要件说。该说认为“数额”属于犯罪定量因素之一，作为与罪体、罪责相并列的独立的构成要件。罪量要件说建立了“罪体—罪责—罪量”的犯罪构成理论，是陈兴良教授在我国传统犯罪论的基础上提出。其中，罪体相当于犯罪构成的客观要件，罪责相当于犯罪构成的主观要件，两者是犯罪的本体要件。罪量是在罪体与罪责的基础上，表明犯罪量的规定性的犯罪成立条件。[⑥]（8）既遂形态定量因素说。该说认为“数额”是数额犯既遂形态的犯罪构成中量的构成要件要素，达到一定数额是数额犯成立既遂形态对行为侵犯法益程度的要求。因为刑法分则是以犯罪的既遂模式而规定的，故齐备包括数额在内的所有犯罪构成要件要素是数额犯成立既遂的标准；未达到数额要求的行为只是缺乏成立犯罪既遂的要件，虽不成立犯罪，但可能成立犯罪的未完成形态。再者，犯罪构成既然是表明行为“侵犯法益的质的构成要件要素”与“表明行为侵犯法益的量的构成要件要素”的统一，那么就完全有理由将“数额”这种犯罪构成的定量因素作为相对独立的量的构成要件要素予以对待。[⑦]

---

① 陈兴良：《规范刑法学》，中国政法大学出版社，2003，第 96 页。

② 童伟华：《数额犯若干问题研究》，载《华侨大学学报（人文社科版）》2001 年第 4 期。

③ 陈兴良：《规范刑法学》，中国政法大学出版社，2003，第 96 页。

④ 吴振兴：《犯罪形态研究精要》，法律出版社，2005，第 203 页。

⑤ 肖业忠：《数额犯中数额认识错误的评判》，载《政法论丛》2014 年第 4 期。

⑥ 陈兴良：《作为犯罪构成要件的罪量因素——立足于中国刑法的探讨》，载《环球法律评论》2003 年第 3 期。

⑦ 王志祥：《数额犯基本问题研究》，载《中国刑事法杂志》2007 年第 2 期。

学者们以不同的角度和立场界定“数额”一词，虽有分歧却各有所长，并无绝对的是非，限于篇幅原因，不一一作评述。笔者认为，“数额”在刑法条文中有四个机能：第一，衡量被侵害法益的经济价值；第二，确定行为是否符合法定的构成要件而成立犯罪；第三，限制处罚的范围；第四，提供量刑的依据。鉴于刑法分则是以既遂犯罪模式而定，因此在界定“数额”的概念时应兼顾犯罪形态的要素，即“既遂形态定量因素说”较为妥当。

另外，受贿内容的司法认定影响着受贿数额的认定。从我国刑法第385条受贿罪的表述可以看出：国家工作人员收受或索取他人财物，利用职务之便为请托人谋取利益，即符合受贿罪的构成要件。因此，对“他人财物”外延的认定即为贿赂内容，这一认定也决定了受贿数额。然而，学界对受贿罪中“他人财物”的外延看法不一，这主要会影响贿赂的范畴。主要包括三种学说。第一，财物说。该说认为“他人财物”仅仅是指可以用金钱衡量的财物，故而对受贿罪的处理采取“计赃论罪”的原则，若非可以用金钱衡量的有体物或无体物就难以定罪。① 第二，财产性利益说。该学说认为“他人财物”除了财物外，还包括可用金钱衡量的财产性利益。② 按照该说理论，请托人为受托人谋取的只要是物质性利益、可用金钱衡量的财产性利益均属此范畴。例如，提供房屋装修、含有金额的会员卡、代币卡（券）、旅游等。③ 其本质是只要请托人行贿的利益与受托人为请托人谋取的利益之间形成合理的对价，即符合受贿罪的构成要件。第三，利益说。该学说在财产性利益说范畴的基础上，将非物质性利益纳入“他人财物”的范畴，认为凡是符合人的物质和精神需求的一切利益，无论是有形还是无形、物质还是非物质的财产性利益，都应当视为贿赂，解决招工指标、提升晋级，乃至提供色情服务等。④ 支持该说的学者认为贿赂罪不是财产犯罪，而是侵犯国家法益的犯罪，故而贿赂的内容除了财物、财产性利益之外，还包括其他非财产性利益。⑤ 笔者赞同财产性利益说。因为受贿行为侵害的法益是公务人员的不可收买性，任何贿赂行为都

① 高铭暄主编《中国刑法学》，中国人民大学出版社，1989，第603页。

② 肖介清：《受贿罪的定罪与量刑》，人民法院出版社，2000，第89页。

③ 张明楷：《刑法学》（第四版），法制出版社，2011，第1025页。

④ 魏平雄、王然翼：《贪污贿赂罪的认定与对策》，群众出版社，1992，第51页。

⑤ 张明楷：《外国刑法学纲要》（第二版），清华大学出版社，2007，第737页。

会侵犯这种法益。从我国刑法的规定来看，贿赂行为的本质是权钱交易，所收受的财物一定是用金钱可以衡量并具有交换价值的财产性利益，故非财产性利益不在“他人财物”的解释范围之内。

二　“雅贿”型受贿的数额认定

利用古玩、字画等收藏品进行贿赂俗称“雅贿”，是近年来较热门的贿赂官员方式。其实，“雅贿”并非新兴的贿赂方式，早在明清两朝就有“冰敬”“炭敬”一说。每逢夏季和冬季，各地官员都有行贿六部官员的惯例，行贿时绝口不提“钱”字，以“夏季送冰消暑”“冬季送炭取暖”的名义向官员行贿。贿赂的内容除了大量钱财外，还有各种奇珍异宝、绝世古玩等。“雅贿”内容很广，价格浮动较大，不仅包括古玩、字画等收藏品，还包括天价香烟、名酒，甚至还包括限量版名表、名包等奢侈品，其商品价值因时因地而异。争议最大的问题是：当受贿人收受的收藏品为赝品时，到底是以行贿人实际花费金额认定，还是以司法机关鉴定的实际价格认定？

例如，在2009年重庆的“文强案”中，对重庆市公交治安总队原副总队长赵利明行贿给文强的一幅《蜀山携琴访友图》真伪以及是否值364.12万元人民币存在争议。国家文物局、国家文物鉴定委员会对这副作品鉴定后，认为该画“笔墨粗俗、款字浮弱”，为一般仿品（即赝品）。由此，重庆检方控告的文强夫妇共同受贿的金额从1625万余元降为1200余万元。[①] 支持将赝品的实际价值作为认定数额的主要原因是：其一，受贿罪客观上表现为索取或非法收受他人财物。即受贿犯罪的对象是他人的财物，是一种有价值和使用价值的特定物，因而应该以收受的物品反映出来的实际价值来认定其受贿数额。其二，赝品客观上具有实际价值，承认伪劣物品的价值与我国的立法精神也是不排斥的。其三，行贿人以真品的价格购得赝品，只能说明他没有识别真伪的能力，是受欺骗者，在办理案件时不能把这种欺诈交易的结果转嫁到受贿人头上，而以真品商品的价格来认定受贿数额。[②] 还有学者认为，对受贿物品价值的认识错误属于事实认

---

① 曹晶晶：《文强死刑——被控受贿、包庇纵容黑社会、巨额财产来源不明、强奸四罪》，《新快报》2010年4月15日。

② 丁玉中、曹征路：《受贿收到伪劣商品如何计算犯罪数额》，载中国职务犯罪预防网，2002年10月4日。

识错误中的对象错误。[①] 所谓对象错误，是指行为人对侵害对象存在认识错误。行为人在收受贿赂时侵害的法益并不是所收受的财产，而是国家工作人员的不可收买性，故对受贿物品价值的认识错误不是对象错误。笔者认为，对受贿物品价值的认识错误是因果关系错误。因果关系错误是指行为人所预想的因果历程样态与实际发生的因果历程样态不一致而导致的认识错误。行为人对收受物品价值的认识错误并不影响受贿人利用职务上的便利为他人谋取利益，故而这种认识错误并不阻却受贿故意的成立。因此，“行为人收了赝品为他人牟利”与“行为人收了真品为他人牟利”是因果历程样态的不一致，故这种认识错误是因果关系错误。

笔者认为，对于收受赝品的受贿数额认定应以行贿人购买收藏品时实际花费数额的未遂犯进行认定。在得出这一结论前，首先需要解决的争议是：数额犯是否存在未遂？否定说认为数额犯不存在未遂，其理由是：“第一，在基本犯中，数额的功能在于出罪，将不具备数额标准的行为作为未遂处理违背立法宗旨；第二，承认数额基本犯处罚未遂行为与我国刑法改革方向存在矛盾，相当部分数额犯是为了明确犯罪与违法界限由情节犯修改而来，而情节犯没有未遂，修改数额犯后，若对数额犯未遂进行处罚，不符合刑法修改方向；第三，尽管总则有未遂的一般性规定，但是并不是所有犯罪不分情况都处罚未遂，不能得出我国刑法不分轻重一概处罚未遂行为的结论；第四，作为结果犯的数额也不应当处罚未遂行为，因为数额犯的结果与一般结果犯的结果不同，数额是对结果的限制，因而没有达到数额要求时即使发生财产被占有的结果，也不能作为犯罪处理。”[②] 肯定说认为数额犯存在未遂，其理由是：“刑法规定的某种犯罪以一定数额的危害结果的实际发生为构成要件，犯罪数额就是认定犯罪既遂的标准。如果由于行为人意志以外的原因，犯罪数额未达到标准，就是犯罪未遂。”[③] 折中说认为部分数额犯存在未遂，其理由是：“数额犯的未遂形态不能一概而论，应分为结果数额犯和行为数额犯两类讨论。犯罪未遂只存在于行为数额犯中，对于发生符合法定数额标准的结果作为犯罪构成要件的结果数额犯而言，是不存在犯罪未遂的。因为对于行为数额犯来说，法

① 郑俊：《对财物价值认知错误不影响受贿数额认定》，载《检察日报》2014 年 1 月 12 日。

② 唐世月：《数额初论》，法律出版社，2005，第 117～119 页。

③ 张勇：《犯罪数额研究》，中国方正出版社，2004，第 92 页。

定的定罪数额标准是既遂行为与未遂行为的共同标准。”①

在此，否定说扩大了“数额”对数额犯成立的作用，将“数额”作为成立犯罪的必要条件，从而忽视了犯罪形态的存在。而肯定说在一定程度上忽视了我国刑法第 13 条“情节显著轻微，危害不大的不认为是犯罪”但书的规定。多数情况下，数额没有达到法定刑的要求意味着行为没有达到法益侵害的程度，故而不成立犯罪而非犯罪未遂。折中说合理性的前提依赖行为数额犯与结果数额犯的划分，按照这种观点“实际损失的数额”和“违法所得的数额”是结果数额的标志。但是在我国刑法第 227 条第 2 款倒卖车票、船票罪中，折中说显然自相矛盾。② 根据最高法发布的《最高人民法院关于审理倒卖车票刑事案件有关问题的解释》对第 227 条“情节严重”的解释，票面金额在 5000 元以上的或者非法获利数额在 2000 元以上的均属于情节严重，从而成立犯罪。按照折中说，凡票面金额在 5000 元以上的即属于行为数额犯，而非法获利在 2000 元以上又属于结果数额犯，如此一来便自相矛盾。

就受贿罪而言，确有证据表明行贿人是以真品的价格购买赝品进行行贿时，可将其视为意志以外的原因而未能实际取得数额较大的收藏品。原因是：（1）受贿罪所侵害的法益是官员的不可收买性，其所利用职务便利与所收受的财物具有等价性。而受贿罪是短缩的二行犯，受贿人收受财物的时间即为着手犯罪的时间。换言之，从收受财物那一刻起不管行为人在受贿后是否为行贿人牟利，都已经开始侵犯受贿罪所保护的法益。（2）由于行贿罪与受贿罪是对向犯，因此在通常情况下行贿方与受贿方的行为均成立犯罪，司法机关不能仅处罚其中一方。③ 对同一贿赂行为的行贿数额和受贿数额的认定应当统一，因为行贿人花费高价购买赝品是一种客观事实而存在，至于该古董是真品还是赝品则与行贿人的认识相关，而这种认识并不能改变行贿人购买古董用以行贿实际花费的数额。基于以上两个原因，笔者认为对于收受赝品的受贿数额认定应以行贿人购买古董时实际花费数额的未遂犯进行认定。

---

① 刘之雄：《数额犯若干问题新探》，载《法商研究》2005 年第 6 期。

② 于志刚：《关于数额问题的反思》，载赵秉志主编《刑法论丛》（第 21 卷），法制出版社，2010，第 60～61 页。

③ 张明楷：《刑法学》（第四版），法制出版社，2011，第 1082 页。

另外，司法机关如何确定收藏品当地市场价格？国家计划委员会、最高检、最高法三机关颁布的《扣押、追缴、没收物品估价管理办法》第2条规定："人民法院、人民检察院、公安机关各自管辖的刑事案件，对于价格不明或者价格难以确定的扣押、追缴、没收物品需要估价的，应当委托指定的估价机构估价。"但该规定对于估价机构以及具体评估人的资质并无具体要求。笔者认为，对于收藏品鉴定的估价机构应当由考古文博单位、文物鉴定保护公司、古玩拍卖公司来认定，其具体评估师应至少拥有文物鉴定师资格或珠宝鉴定师资格。

三　干股受贿的数额认定

干股受贿是一种新兴的受贿方式，是指股东未出资而净获得股份的行为。对干股的理解，有两种看法。第一种观点认为干股是权力股，指行为人不投入股金、不参与经营、不承担风险，但对股份享有所有权并享受红利的股份。① 第二种观点认为干股是指行为人不出资而享受红利的股份，但不享有完全的股权。比如有学者认为干股属于分红股，是基于奖励或赠与而形成的，资金来源多是由其他股东转让或公司利润转化而来，其本质是不缴纳出资而享有公司股份，故干股持有者一般只享有依据干股份额获得红利的内部利润分配的权利，并不享有表决权、公司经营事务的参与权等股东的共益权，对股份也没有所有权。② 根据最高法、最高检《意见》对干股型受贿行为数额的认定：受贿数额按转让时股份价值计算，所分红利按受贿孳息处理；股份未实际转让，以股份分红名义获取利益的，实际获利数额应当认定为受贿数额。笔者认为，干股认定问题主要发生于有限责任公司，因为股份有限公司的股东资格主要以发行的股票为认定标准。由此，不管有无资本依托的分红，其本质都是进行权钱交易，故第一种观点较为全面。司法实务中，有争议的问题是：（1）行为人先获得有限责任公司的干股红利后正式登记受让干股的，其受贿数额是以登记转让前的价值来认定，还是以登记转让时的价值来认定？（2）干股产生的孳息是否应被计入受贿数额？对这两个问题，笔者有如下看法：

---

① 最高人民法院刑事审判第二庭：《国有公司经理在公司职工承包的下属经营部中搭干股并分红的行为如何定性》，载《人民法院报》2003年1月6日。

② 郭竹梅：《受贿罪新型暨疑难问题研究》，中国检察出版社，2009，第264页。

第一，行为人在有限责任公司的股份被转让前获得股份红利后才正式办理股权转让登记的受贿行为，其认定受贿数额的关键点是如何适用《意见》第2条。行为人获得干股的本质是无偿取得股东资格，包括原始取得和继受取得。其中，原始取得是指直接向公司认购股份，凡在公司成立时就因创办公司或认购公司首次发行的股份而获取股东资格，另外还包括公司成立后认购公司新增资本而取得股东资格；继受取得又称传来取得或派生取得，包括转让取得、继承取得、赠与取得和因公司合并而取得股东资格。[①] 转让取得股东资格是最常见的一种继受取得方式，通常所说的干股受贿即属此类。

基于股东资格取得的方式不同，实际转让股份的时间和登记转让股份的时间不同，在实践中往往会出现“先分红后正式转让股权”的情况。例如，甲在2014年2月1日欲行贿A公司15%的股份给乙，同年9月1日，办理股权变更登记。在此期间，乙分得红利6万元，这15%公司股份的价值由50万元升值到60万元。除了分得的红利以外，司法机关应认定这笔干股的受贿数额是50万元还是60万元？笔者认为，应分两种情况分析：第一种情形，如果出让人在2014年2月1日已通过股东会同意并签订股权转让合同，应认定受贿干股数额50万元。这是因为，股权转让登记是指公司变更股东名册记载登记，是股权变更登记的形式要件；股份实际转让是指出让股权的股东在出让前已经通过股东大会的同意并与受让人签订股权转让合同，是股权变更登记的实质要件。一般来说，股权实质转让的发生时间先于股权转让登记的发生时间，物权随着股权实质转让发生变动。所以，在股权实质转让后，出让人就丧失了股东资格，相应的股东权利应由受让人行使，因此应将签订股权转让合同的行为评价为股权实质转让的行为。第二种情形，如果出让人在转让股份登记之前并没有任何实质转让的行为，应以登记转让时股份的价值认定。

第二，干股的孳息是否应被计入受贿数额？有观点主张对于受贿的孳息不应认定为受贿数额。理由是股份的特点在于能够产生红利，红利对于股份具有依附性。对收受股份后再分得红利，不宜重复评价和认定。行为人在接受干股之后仍然收受红利，是整个干股受贿行为实施终了后股权利益的派生，收受股份产生的分红与收受银行卡内存储资金产生的利息在受

---

① 范健、王建文：《公司法》（第三版），法律出版社，2014，第306页。

贿行为层面没有本质区别，故不应当将红利与利息计入受贿数额，这是实践中处理原物与孳息计算犯罪数额时应坚持的基本原则。[①]

笔者不赞同该观点。首先，红利作为干股的孳息具有独立的财产价值，如果不将孳息计入受贿数额，就等于否认孳息的财产价值。从《意见》第2条“股份未实际转让，以股份分红名义获取利益的，实际获利数额应当认定为受贿数额”，也可看出孳息具有独立的财产价值。其次，即便承认红利对股份有依附性，将股份和红利看作一个整体，不将孳息计入受贿数额的做法会使干股的评估价值偏离实际市场价值，从而错误地导致受贿数额减少。这是因为红利在产生之时，已经脱离干股，所以这种利益并不是一种期待性利益，而是一种可以用金钱衡量的财产性利益。最后，将孳息计入受贿数额根本不涉及重复评价的问题。通常，司法中的禁止评价原则包括三个基本要求：一是在某种犯罪构成要素已被评价为一个犯罪的事实根据时，不能再将该因素作为另一个犯罪事实的根据；二是在某种严重或恶劣情节已作为犯罪构成要素予以评价时，不能再将该情节作为从重量刑的根据；三是在某种严重或恶劣情节已作为法定刑升格条件予以评价时，不能再将该情节作为在升格的法定刑内从重量刑的依据。[②] 将干股的孳息计入受贿数额并不违背上述三个原则。相反，如果不将孳息计入受贿数额将会导致对受贿事实认定的不充分。这是由于干股不同于其他财物，这是一种可期待性利益，行为人收受干股的目的是不投资、不经营而分得红利。因此从受贿行为的目的上来说，干股所产生的孳息应被计入受贿数额。

四 房产交易型受贿的数额认定

利用房产交易方式贿赂国家工作人员的犯罪类型近年屡见不鲜，较传统贿赂方式来说，这种贿赂方式的特点更加隐蔽。虽然《意见》第1条就规定了交易型受贿的具体认定，但不动产交易有别于动产交易，其所有权转移时间与动产所有权转移时间往往不同。司法实务中，在评估行为人收受房产的标准上，有两种不同意见：一是以房产登记过户时的价值来认定，二是以签订房屋转让合同时的价值来认定。由于房产市场价格浮动较

---

① 赵煜：《收受干股并获取分红其受贿数额如何计算》，载《中国纪检监察报》2015年1月13日。

② 张明楷：《刑法格言的展开》，法律出版社，2003，第310～311页。

大，究竟以哪个时间点计算房产价值是确定受贿数额的决定因素。房产交易形式的受贿通常情况下包括两种，受托人以明显低于市场价格购买房屋（即“低买型”受贿），或者以明显高于市场价格出售房屋（即“高卖型”受贿）。不管是“低买”还是“高卖”，其计算受贿数额的方法都是以交易时当地市场价值与实际支付价格的差额进行计算。

有观点主张“交易时”应作狭义解释，应将其界定为交易合同成立时，而非房屋交付或者登记时。原因是：首先，国家工作人员之前预订的房屋建成之后才交付，而交付时房屋价格与预订时房屋价格存在很大差距，在请托人未交付房屋的情况下，以交付时的房屋价格来认定受贿数额是不公平的。其次，国家工作人员出于畏罪考虑，收受房屋后未办理登记转而倒卖、出租的情况比较常见，以登记时为时点基准也缺乏可操作性。以交易合同成立时作为“交易时”，有利于揭发交易型贿赂犯罪腐败交易的犯罪合意和流程。[①]

笔者并不赞同上述观点。首先，房产作为一种可衡量的财产性利益与金钱不同，行为人收受的是房产的所有权。其次，房产登记过户的性质与房屋转让合同的性质不同，前者是一种物权变动，后者则是一种债权实现。从性质上而言，物权的客体原则上只能是物，包括独立物、特定物和有体物；债权的客体既不是物也不是债务人的人身，而是以“给付”或“不作为”为内容的一种行为。[②] 再次，根据《意见》第 1 条规定，交易型受贿所称的购买和销售行为都是转移物权的行为。而依据我国《民法通则》第 72 条之规定，按照合同或其他合法方式取得财产的，除法律另有规定或当事人另有约定外，财产所有权从财产交付时起转移。因此，我国不动产所有权变动采用登记主义，必须完成法定的公示形式才产生物权变动。最后，房产交易型受贿的财物是指明显高于市场价值的财产性利益，而获取这部分财产性利益通过不动产交易完成。因此，受贿数额应从交易完成时计算，而交易完成意味着双方的合同义务履行完毕，故不动产登记转让的时间即为交易完成的时间。

（中国政法大学刑事司法学院博士研究生　刘泽鑫）

① 王晓芳：《交易型受贿问题研究》，载《公民与法》2012 年第 7 期。

② 梁慧星、陈华彬：《物权法》（第 5 版），法制出版社，2010，第 21 页。

第四节

结构化金融产品与贿赂犯罪

我国从2013年开始债市反腐，随着调查的深入，金融服务领域的腐败行为开始展露并渐渐走进公众视野，其涉及数额之大、范围之广，令人震惊。2014年9月18日，因一起由银河证券发起设立的结构化信托产品，警方以滥用职权罪和职务侵占罪刑拘银河证券固定总监代某；时隔一年，2015年9月22日，陈君（化名）、叶某、胡某、孙某、侯某等9人因债券市场腐败窝案被提起公诉。从庭审公开的信息可以看出，这9位专业人员通过金融产品进行了职务侵占和利益输送的违法交易，牵扯到各类金融机构的各层员工。而为其打开职务侵占、利益输送之门的又是一款结构化理财产品——银行结构化金融产品。①

在反腐的浪潮中，结构化金融产品多次出现，不可否认，由于法制环境不够完善、金融从业人员不够自律，结构化金融产品成为职务侵占、利益输送的便利工具。那么，从刑法学的角度，提供结构化金融产品的投资机会是否能够构成刑法上的行贿罪或者向非国家工作人员行贿罪？接受投资机会是否能够构成受贿罪或者非国家工作人员受贿罪？目前贿赂的范围是否能够扩大到投资机会？这都是当前亟待解答的问题，遗憾的是，目前刑法学界几乎还没有针对此问题的专门研究。在本节中，笔者将从一个案例出发，对上述问题进行深入分析。

一　陈君（化名）涉嫌向非国家工作人员行贿案、宋宇（化名）涉嫌非国家工作人员受贿案②

2010年5月24日，东莞银行“玉兰金融”价值成长系列之债券5号

① 王培成、徐霄桐：《债市扫黑收网》，《财经》2015年10月12日。

② 案例介绍由笔者根据注释①中的文章整理。

（简称“玉兰五号”）的金融产品设立，期限一年。“玉兰五号”是一款结构化金融产品。具体到产品结构，根据权益分配的顺序、承担风险的大小、收益的高低，分为优先级和次级，优先级承担风险小、收益低，次级部分风险大、收益高。按照宏源证券内部业务分工，此类金融产品由券商资产管理部门负责发起和创设，债券销售交易部门负责债券自营业务和分销业务，公司内部两项业务有严格防火墙制度。2010 年 11 月 3 日，“玉兰五号”金融产品提前结束。

“玉兰五号”总募集金额 3 亿元，优先部分 2.7 亿元，次级部分 0.3 亿元。优先部分由齐鲁银行和甘肃农村信用合作社金融结算中心认购，分别认购 1.9 亿元、0.8 亿元。宏源证券陈君、叶某、胡某、周某以及近 20 名公司员工，东莞银行邓某、汤某、黄某，甘肃农村信用合作社金融结算中心主任宋宇，中国建设银行金融市场部总经理谷某等，分别以妻子、子女、父母等亲属的名义认购了次级份额。

为提升整个产品收益水平，陈君选择将其管理的债券自营账户和金融账户的债券卖出、买入，通过“过券”“代持”等手段规避关联交易，以此将宏源证券自营账户的利益输送到金融账户。陈君通过宏源证券资产管理部向“玉兰五号”发送投资建议书 93 份，涉及债券 18 只，交易 160 余笔，约 50 家金融机构提供了“过券”“代持”业务。“玉兰五号”实际发行 164 天，通过上述操控债券交易，“玉兰五号”获利 6872.52 万元，造成宏源证券利益损失超过 6000 万元，不到半年时间，次级部分收益率达到 205%。

“玉兰五号”成功操作之后，“玉兰六号”很快设立，发行规模 4.4 亿元，优先级、次级比例为 10∶1，优先级分别由兴业银行、湛江市商业银行认购，次级仍由陈君分配认购。产品存续期为一年，次级部分收益率达到 46%。

此后，在陈君的策划下，宏源证券北京资产管理公司与北京国际信托有限公司设立“丰实融信 6 号”“丰实融信 8 号”结构化信托产品，与中国对外经济贸易信托有限公司设立“汇鑫 3 号”结构化信托产品，三款产品分别募集资金 3 亿元、4.4 亿元、3 亿元，到期后次级部分收益率分别达 74%、99%、97%。

上述五款金融、信托产品在存续期内，共计发生 180 笔定向交易，让渡宏源证券利益资源交易 62 笔，输送利益 2241 万元。其中陈君获利 4982

万元、胡某获利 252 万元、周某获利 37 万元。共计造成宏源证券损失超过 1 亿元。

宋宇原任甘肃省农村合作金融结算中心主任。上述五款结构化金融产品，宋宇购买了其中四款产品的次级部分。

2011 年 5 月，"玉兰五号" 设立期间，由于宋宇所在的甘肃省农村合作金融结算中心认购 8000 万元优先级份额，作为交换，经陈君推荐，宋宇以其儿子宋某名义购买 150 万元次级份额。"玉兰六号" 建仓时，陈君分配给宋宇 1100 万元次级份额，宋宇与他人合伙通过个人贷款筹集资金认购次级份额，同时，宋宇指令下属员工，将甘肃省联社 5 只面值 4 亿元的债券，以低于中债估值的价格卖给 "玉兰六号"，以此输送利益，造成甘肃省联社损失近 660 万元。此后，宋宇继续向陈君索要次级份额，并于 2011 年 11 月、2012 年 1 月以非本人账户，分别认购 "丰实融信 8 号" "汇鑫 3 号" 的次级份额 500 万元、400 万元。

通过上述四笔交易，宋宇共计获利超过 1900 万元。

二　结构化金融产品的界定

从刑法学的角度来看，陈君和宋宇的行为是否构成犯罪？或者说，在结构化金融产品的发行中，给他人介绍次级金融产品投资机会的行为是否有可能构成行贿罪或者向非国家工作人员行贿罪？接受这种投资机会是否可能构成受贿罪或者非国家工作人员受贿罪（以下简称贿赂犯罪）？要回答上述问题，首先需要了解究竟何为结构化金融产品。

对结构化金融产品的概念，学界并没有统一、明确的定义，通常是根据所具有的特征对其进行界定。从当今国际金融市场的角度理解，结构化金融产品广义上可以概括为所有为客户量身定做的金融产品。一般来说，在发达金融市场中所有的场外交易的金融衍生品都可以称为结构化产品。他们之所以被称为结构化金融产品，是因为他们通常是将存款、零息债券等固定收益产品与各类金融衍生品组合起来从而构建成为一种新型金融产品。[①] 这些产品大多设计出优先级和次级（也存在于优先级与次级中增加夹层的产品），根据投资人的风险偏好以及承担风险能力的不同区分出优

---

① 甄红线：《结构化金融产品发展现状分析》，《金融教学与研究》2010 年第 6 期（总第 134 期）。

先级与次级，优先级获得固定收益，不会随着整个产品的收益率提高而有所提高，次级则需要与产品的管理者共享收益分成，如果产品出现亏损，劣后资金需要优先弥补优先资金的亏损。在不同的产品中还会出现一旦触发条件发生，由次级优先合伙人按照不低于优先级优先合伙人的出资本金和预期收益之和的收购价格，收购优先级有限合伙人的财产份额。通过这些规定降低了优先级资金所需承担的风险，同时也让追求高收益的次级资金有了高增值的机会，使得对风险持有不同偏好的投资者都得到了较为理想的选择。

在金融反腐中结构化金融产品之所以会被推上风口浪尖，充当利益输送的工具，是因为：首先，结构化金融产品的设计复杂多样，金融从业人员很容易通过巧妙的设计来规避监管规定；其次，结构化金融产品的设计具有隐蔽性，无须对外公开，一般情况下只有部分公司内部员工了解整个设计框架，局外人通常无法了解；再次，由于产品的高收益，金融从业人员很难抵制利益的诱惑；最后，金融监管不力以及相应法律法规的滞后给结构化金融产品中的不当行为提供了可乘之机。

前文案例中的陈君正是通过推荐宋宇购买次级金融产品的方式，让宋宇最终获得了巨额收益。这种输送利益的方式在金融领域虽秘而不宣但广为流行。

三　银行结构化金融产品能否构成贿赂犯罪中的“财物”

在金融市场中，按照上述方式让特定人购买次级金融产品的行为是否属于贿赂犯罪，取决于贿赂的范围如何确定。

1. 关于贿赂范围的学说

国外刑法理论中存在金钱估价说、有形利益说与需要说等不同观点。金钱估价说从量刑角度出发，把贿赂的目的物仅限于能够用金钱来估价的物质利益；有形利益说把贿赂看成有形的或者物质上的利益；而需要说则主张，凡是能够满足人的需要的一切有形的或无形的利益，都是贿赂的目的物。[①]

在我国刑法理论中，贿赂的范围也存在狭义说、广义说与最广义说等不同的观点。这些观点分别对应国外刑法理论中的金钱估价说、有形利益

---

① 高艳东：《“贿赂”范围的比较研究与新探》，《河北法学》2004 年第 2 期。

说与需要说。其中，狭义说将贿赂仅局限于“财物”，即以有形形体表现出来的金钱与物品，并将财产性利益排除在外。广义说认为，贿赂不应只限于财物，还应包括可以用金钱计算的财产性利益，如免费提供旅游、免费提供劳务，但不包括非财产性利益。最广义说则认为，贿赂既应包括财物和财产性利益，也应包括诸如提拔职务、招工提干、迁移户口甚至性服务等非财产性利益。[①] 在我国，财产性利益说由于能够囊括社会生活中的多数贿赂行为，操作性强，且符合我国“国情”，因而成为刑法理论与实践上的通说。

另外，根据最高人民法院、最高人民检察院（以下简称“两高”）发布的《关于办理商业贿赂刑事案件适用法律若干问题的意见》第 7 条规定，“商业贿赂中的财物，既包括金钱和实物，也包括可以用金钱计算数额的财产性利益，如提供房屋装修、含有金额的会员卡、代币卡（券）、旅游费用等。具体数额以实际支付的资费为准”。虽然两高的规定针对的是商业贿赂，但是由于刑法用语的统一性，且商业贿赂和非商业贿赂在标的物上并不应该具有范围上的区别，因此笔者认为此司法解释中对财物的理解应适用于所有的贿赂犯罪。

2. 提供购买金融产品的机会不能认定为财产性利益

如上文所述，为他人提供购买结构化金融产品的机会或者接受这种机会能否认定为贿赂犯罪取决于提供购买结构化金融产品的机会是否能够认定为一种财产性利益。

究竟何为财产性利益？根据张明楷的观点：“财产性利益，大体是指狭义（普通）财物以外的财产上的利益，包括积极财产的增加与消极财产的减少。例如，使他人负担某种债务（使自己或第三者取得某种债权），使他人免除自己的债务（不限于民法意义上的债务），使债务得以延期履行，如此等等。”[②] 根据上文“两高”的规定，财产性利益指的是可以用金钱计算数额的一种收益，如房屋装修、会员卡、代币卡、旅游费用等等。根据张绍谦、郑列的观点，“财产性利益通常表现为消费、享受、免除义务等利益，与具体有形的财物虽然在表现方式上不完全相同，然而，它不

① 姜代境：《关于贿赂罪几个问题的探讨》，《法学研究》1985 年第 5 期。

② 张明楷：《财产性利益是诈骗罪对象》，《法律科学》（西北政法学院学报）2005 年第 3 期。

但和财物一样对人们都意味着一定的利益，而且也是以财物为基础，需要以财物来换取的”。[①]

虽然上述几种表述不尽相同，但是基本内涵具有一致性，即财产性利益实质上与财物具有同质性，都是可以用金钱计算的物质上的好处。

结构化金融产品具有这样两个特点。首先，结构化金融产品并非一定赢利。结构化金融产品一般分为优先级和次级。优先级收益固定，风险低，一般通过银行、证券公司、基金公司来发行，不需要特别提供投资渠道，因此一般不可能构成行贿、受贿犯罪。而次级产品的设计是针对偏好高风险高收益的投资者，同时也是为了保护优先级投资者的利益，因此其风险较大，但是收益也较大，一般由公司内部员工购买。购买次级金融产品与其他投资一样，具有风险，并非一定获利。其次，虽然次级金融产品一般都由公司内部员工认购，但是非公司员工购买并不违反相关规定。

由于结构化金融产品的上述特点，介绍他人购买次级金融产品实际上只是给对方提供了一个可能获得高收益的机会。但是提供机会的行为并不属于刑法中的财产性利益，理由如下。

第一，如上文所述，提供的机会是否能够获利具有不确定性。贿赂本质上是一种财产性的收入，如果没有收益则根本不能成立贿赂。如果提供投资机会属于行贿，则行贿罪是否成立尚处于不确定的状态，要待投资结果出来才能认定，获利则构成行贿，不获利则不构成行贿。而是否获利并不能由行为人的主观心理状态及客观行为来决定，而是取决于其他行为人不能控制的因素，如经济形势、资本市场的好坏、违约行为等等。让犯罪成立与否处于不可控、无法预测的状态是完全不符合刑法罪刑法定原则的。

第二，行为人提供的仅仅是投资机会，这个投资机会对行为人来说只是基于行为人是公司员工的便利性，无须花费成本。无论是财物还是财产性利益，均隐含着一个条件，即行为人实际上花费了一定的成本来提供贿赂，如果将行为人无须特别花费成本的行为也包括在贿赂之中，则贿赂的范围扩充太大，也混淆了普通社交行为及行贿、受贿行为。张绍谦、郑列也持此种观点：“笔者主张需要对能够构成贿赂的财产性利益作出较为严格的限制，只有在具体案件中，行贿者确实为取得这种财产性利益支付了

---

① 张绍谦、郑列：《“财产性利益”型贿赂相关问题探讨》，《法学》2009年第3期。

相应的财物，从而能够使人们在这种财产性利益中清楚看到它和相应财物之间的对应关系，才能够将这种财产性利益认定为贿赂。”[①] 回到本节，如果投资机会非常稀缺，行为人需要花钱购买之后再提供给对方，则构成行贿无疑。但是实际情况并非如此。

第三，相对方实际支付了对价。在结构化金融产品中，相对方是以自有资金购买，支付了和其他投资者同等标准的投资款，获得的是投资收益。该投资款即使没有投入该结构化金融产品中，也可能有其他增值渠道。

综上，按照目前的刑法规定，还无法将提供或接受投资机会的行为认定为贿赂犯罪，这主要是由于贿赂犯罪的范围限制在财物及财产性利益所致。虽然如此，但是由于目前金融市场中，此种操作模式非常普遍，助长了金融领域的灰色收入及金融市场的暗箱操作，确实具有规制的必要。

3. 将贿赂范围扩充到不正当好处

由于我国目前贿赂范围的狭隘，扩充贿赂范围是惩治腐败、完善法治的现实所需。2003 年 10 月 31 日，联合国大会第五十八届会议通过了《联合国反腐败公约》（以下简称《公约》）。因为《公约》代表了大多数国家的反腐败诉求，是先进立法理念的代表，或许我们可以借鉴《公约》的立法表达。

根据《公约》第 15 条、第 16 条的规定，无论是行贿犯罪还是受贿犯罪，贿赂的范围均是“不正当好处”。根据《现代汉语词典》的解释，“好处”是指“使人有所得而感到满意的事物”，[②] 因而“不正当好处”的外延非常宽泛，完全可以涵盖财物、财产性利益、非财产性利益等一切能够使人感到满意的不应得的事物。可见《公约》规定的贿赂范围远远宽于我国现行刑法的规定。

将贿赂的范围界定为“不正当好处”具有合理性。无论是财物、财产性利益还是不正当好处，实质上都是行贿人通过某种方式满足了相对方的需要。而人的需要是多种多样的，可能需要金钱，也可能需要旅游、劳务、工作机会、学习机会。“不正当好处”可以很好地涵盖现实中可能发

---

① 张绍谦、郑列：《“财产性利益”型贿赂相关问题探讨》，《法学》2009 年第 3 期。

② 《现代汉语词典》，商务印书馆，1996，第 502 页。

生的贿赂行为，杜绝犯罪的灰色地带。或许有人会认为“不正当好处”范围太宽泛，判断起来太困难，不同的人有不同的理解，会造成法律适用上的难题，但是笔者认为，“不正当好处”并不是一个孤立的判断，而是要放在具体的犯罪构成之中，因为犯罪的成立是一个综合判断的过程，除了“不正当好处”之外还有其他构成要件的限制，如谋取不正当利益，为他人谋取利益等。同时再结合双方的交往历史，判断是否成立犯罪并不困难。

问题是，提供投资机会是否一定属于“不正当好处”？投资机会可能带来高额回报，给相对人的闲置资金带来增值的可能性，属于“好处”无疑。但是这种好处是否一定“不正当”？如上文所述，笔者认为应该放在具体的行为环境中去分析。以本节的案例而言，宋宇将甘肃省联社的债券以低于中债估值的价格卖给“玉兰六号”，输送利益，造成甘肃省联社的亏损和次级产品购买者的不法收入。综合全部情节，可以看出来，陈君通过提供投资机会让宋宇获利，宋宇利用自己的权力进行利益输送，宋宇所获之利实际上是自己滥用权力的报酬，可以认定为一种不正当好处。

但是如果宋宇并不存在将甘肃省联社面值 4 亿元的 5 只债券以低于中债估值的价格卖给“玉兰六号”或者其他违规行为，则笔者认为其行为并不构成不正当好处。因为甘肃农村信用合作社金融结算中心本身认购了大量优先级份额，此优先级份额如果没有甘肃农村信用合作社金融结算中心购买也还会有其他机构购买，处于宋宇所在的位置，定会知晓大量投资信息，购买次级份额的机会自然要多于其他人。

四　加强金融监管力度，完善金融法治

虽然将贿赂的范围扩大到“不正当好处”有利于贿赂犯罪的惩处。但是对于结构化金融产品中的反腐而言，刑法可能并不是最好的选择。这不仅是因为刑法的谦抑性和最后保障性，也是由金融领域的复杂性和封闭性决定的。结构化金融产品的架构及操纵往往非常复杂，除非深入调查，了解内部资料，非专业人员一般不会知晓获利方式及最终受益人。且结构化金融产品的操作基本处于相对封闭的空间，利益相关人员很容易形成合谋，这也增加了调查的困难。

针对结构化金融产品的上述特点，要杜绝其中的贿赂犯罪，最重要的

还是依赖于其他非刑法措施，如完善金融监管，设置次级金融产品的购买人资格限制，建立产品结构及购买人报备制度，加强从业人员的自律等等。通过采取这些措施，再结合刑法作为最后保障，相信结构化金融产品中的贿赂犯罪能够得到有效控制。

（中国社会科学院法学研究所博士研究生　万亚平）

第五章
腐败犯罪的量刑

第一节

贪污贿赂犯罪定罪量刑标准的完善

引 言

自1997年刑法典修订以来，立法机关对贪污贿赂罪的修改涉及以下四个方面：一是《刑法修正案（六）》修改刑法第163条、第164条规定，将非国家工作人员受贿罪的主体从“公司、企业的工作人员”扩大到“其他单位的工作人员”；二是《刑法修正案（七）》增设利用影响力受贿罪；三是《刑法修正案（七）》提高巨额财产来源不明罪的法定刑；四是《刑法修正案（八）》增设对外国公职人员、国际公共组织官员行贿罪。随着贪污贿赂犯罪特点的变化及我国反腐败力度的加大，现行贪污贿赂犯罪的立法规定越来越不适应反腐败的客观需要，修订势在必行。

2014年10月，第十二届全国人大常委会第十一次会议初次审议了《中华人民共和国刑法修正案（九）（草案）》。2015年6月，第十二届全国人大常委会第十五次会议对草案二次审议稿进行了审议。两次审议之后立法机关分别将《刑法修正案（九）（草案）》在中国人大网公布征求意见。2015年8月29日，经第十二届全国人大常委会第十六次会议第三次审议，会议以153票赞成、2票反对、4票弃权，表决通过了《中华人民共和国刑法修正案（九）》（以下简称《刑九》）。《刑九》对贪贿犯罪作出了一系列重大修改，加大了惩处腐败犯罪的力度，进一步完善反腐败的制度规定。本节就《修正案（九）》涉及的贪贿犯罪立法规定的重大进步加以阐述，并在此基础上对现行腐败犯罪立法仍存在的主要问题及解决方案提出洞见，以进一步推进我国反腐败犯罪立法。

一 《刑九》对贪贿犯罪的重大修改

（一）修改贪贿犯罪的定罪量刑标准，由单一的“数额”标准修改为“数额+情节”标准

现行刑法典对贪贿犯罪的定罪量刑标准规定了具体数额，即5千元、5万元、10万元三档。《刑九》第44条规定：“将刑法第三百八十三条修改为：‘对犯贪污罪的，根据情节轻重，分别依照下列规定处罚：（一）贪污数额较大或者有其他较重情节的，处三年以下有期徒刑或者拘役，并处罚金。（二）贪污数额巨大或者有其他严重情节的，处三年以上十年以下有期徒刑，并处罚金或者没收财产。（三）贪污数额特别巨大或者有其他特别严重情节的，处十年以上有期徒刑或者无期徒刑，并处罚金或者没收财产；数额特别巨大，并使国家和人民利益遭受特别重大损失的，处无期徒刑或者死刑，并处没收财产。对多次贪污未经处理的，按照累计贪污数额处罚。’”笔者认为，立法规定贪贿犯罪具体数额标准不科学，《刑九》删去数额规定是非常必要的。理由如下。

第一，贪贿数额在10万元以上的，已基本上没有数额量刑标准。根据现行刑法典规定，贪贿数额在10万元以上的，处10年以上有期徒刑或者无期徒刑，可以并处没收财产；情节特别严重的，处死刑，并处没收财产。笔者根据公开报道随机选取了2012～2013年全国各地判处的15个有期徒刑案例，对其进行分析发现，贪贿数额在10万元以上的，已基本上没有数额量刑标准（参见表1）。

表1　贪贿数额与量刑标准实例

量刑情况 / 被告人基本情况	量刑数额	量刑情节	判决结果
中科院空间科学与应用研究中心原副主任许安	受贿10万元	退清赃款	有期徒刑10年
贵州省阳朔县国土局原局长石宝春	受贿23万元	退赃6万元，未退赃17万元	有期徒刑10年
甘肃省陇东学院基建处原处长刘永峰	受贿51万元	全部退赃	有期徒刑10年
江西省赣州市宁都县房地产管理局原局长曾滨华	受贿113.4万元	全部退赃	有期徒刑10年

续表

量刑情况 / 被告人基本情况	量刑数额	量刑情节	判决结果
山西省临汾市尧都区公安分局原局长谢强	受贿人民币 182.8 万元，港币 60 万元	自首	有期徒刑 10 年
广州食品集团原董事长谢榕三	受贿 400 万	赃款已追缴	有期徒刑 10 年
四川省广元市检察院原检察长许鹤岷	受贿 181 万	坦白	有期徒刑 10 年 6 个月
内蒙古自治区巴彦淖尔市临河区原区长薛维林	受贿 293 万余元	自首	有期徒刑 11 年
安徽省长丰县人民医院原办公室主任邵朋	贪污 843 万余元，另有 80 余万元财产来源不明	坦白、全部退赃	有期徒刑 12 年 6 个月
海南省海口市演丰镇原镇长陈江	受贿 1102 万元	坦白、全部退赃	有期徒刑 13 年
广东省东莞市环保局原局长袁绍东	受贿 870 万元	坦白、全部退赃	有期徒刑 14 年
安徽省黄山市原市委常委、政法委书记汪建设	受贿 520 余万元	坦白、全部退赃	有期徒刑 15 年
海南高速原总经理陈波	受贿 701.5 万元	坦白、全部退赃	有期徒刑 15 年
河南省许昌市市委组织部原部长王国华	受贿人民币 1259.4 万元，美金 2000 元	自首、全部退赃	有期徒刑 15 年
河南省安阳市原副市长张胜涛	受贿人民币 1570 万元，美金 1.1 万元	坦白、立功	有期徒刑 15 年

上述实例表明：（1）受贿 10 万元与受贿几百万元没有任何区别（只要退清赃款都可以判处 10 年的起点刑）；（2）受贿 100 余万元与受贿上千万元区别不大（刑期也只相差几年）；（3）受贿 500 万元与受贿 1500 万元可以没有任何区别（只要坦白、退赃或有立功情节都可以判 15 年）。

第二，贪贿数额标准各档次之间轻重衔接不合理。现行刑法典对贪贿量刑数额与刑罚量之比，数额标准差距过小，而刑罚幅度差距过大。根据现行刑法典规定，个人贪贿数额在 5000 元以上不满 5 万元的，处 1 年以上有期徒刑；个人贪贿数额在 5 万元以上不满 10 万元的，处 5 年以上有期徒刑；个人贪贿数额在 10 万元以上的，处 10 年以上有期徒刑。即贪贿数额 10 万元与贪贿数额 5 万元、5000 元，数额差距小而量刑幅度悬殊。如一人受贿5万元，无法定减轻处罚情节，必须处5年以上有期徒刑；一旦受贿10万元，无法定减轻处罚情节，则应处10年以上有期徒刑。[①] 而贪贿数额在10万元以上的已基本没有数额量刑标准，这就导致司法实践中出现“受贿数额越小，刑罚处罚越重；受贿数额越大，刑罚处罚越轻”的不合理现象。加之我国现行贪贿犯罪数额标准是1997年规定的，由于物价指数的上涨和人民币的逐年贬值，贪贿犯罪数额标准与刑罚量的匹配已严重背离罪责刑相适应原则。

（二）修改行贿罪的处罚标准，加大对行贿罪的处罚力度

在惩治腐败的策略上，我国一直存在“重受贿轻行贿”现象。现行行贿犯罪特别自首制度为放纵行贿犯罪提供了立法依据。鉴此，《刑九》第45条规定：“将刑法第三百九十条修改为：‘对犯行贿罪的，处五年以下有期徒刑或者拘役，并处罚金；因行贿谋取不正当利益，情节严重的，或者使国家利益遭受重大损失的，处五年以上十年以下有期徒刑，并处罚金；情节特别严重的，或者使国家利益遭受特别重大损失的，处十年以上有期徒刑或者无期徒刑，并处罚金或者没收财产。行贿人在被追诉前主动交待行贿行为的，可以从轻或者减轻处罚。其中，犯罪较轻的，对侦破重大案件起关键作用的，或者有重大立功表现的，可以减轻或者免除处罚。’”上述规定严格了行贿犯罪从宽处罚的条件，原来规定是被追诉前主动交待的都可以减轻或免除处罚，现在则规定一般只能从轻或减轻处罚，只有犯罪较轻的，对侦破重大案件起关键作用的，或者有重大立功表现的，才可以免除处罚。

（三）增设对有影响力人员行贿罪，严密行贿犯罪法网

《刑九》第46条规定：“在刑法第三百九十条后增加一条，作为第三百九十条之一：‘为谋取不正当利益，向国家工作人员的近亲属或者其他与该国家工作人员关系密切的人，或者向离职的国家工作人员或者其近亲属以及其他与其关系密切的人行贿的，处三年以下有期徒刑或者拘役，并处罚金；情节严重的，或者使国家利益遭受重大损失的，处三年以上七年

① 如原北京理工大学后勤集团饮食中心教工食堂经理郭玉生在2008年4月～2009年3月间，利用职务便利，采用隐瞒不报、故意漏报、伪造财务报表等方式，私自截留食堂现金收入共计人民币5.8万余元，被北京市海淀区人民法院以贪污罪判处有期徒刑7年，参见高鑫、范静《北京理工大学教工食堂一经理私吞5.8万公款被判7年》，http：//news.jcrb.com/，2010年4月9日访问。

以下有期徒刑，并处罚金；情节特别严重的，或者使国家利益遭受特别重大损失的，处七年以上十年以下有期徒刑，并处罚金。单位犯前款罪的，对单位判处罚金，并对其直接负责的主管人员和其他直接责任人员，处三年以下有期徒刑或者拘役，并处罚金。'”

（四）增设财产刑，加大对贪贿犯罪的财产处罚力度

现行刑法典在对盗窃、抢劫等财产型犯罪普遍规定了并处或单处罚金刑时，《刑九》出台之前刑法第 8 章对贪贿犯罪却只规定了 3 处可以适用罚金（单位受贿罪 1 处和单位行贿罪 2 处），而且只能对单位适用，不能适用于单位犯罪中的主管人员和其他直接责任人员。现《刑九》在第 8 章新增设 11 处罚金刑，在第 3 章对非国家工作人员行贿罪增设 1 处罚金刑。这样不仅对单位犯罪中主管人员和其他直接责任人员可以适用罚金，而且对所有个人贪贿犯罪也都可以适用罚金，从而使财产刑在贪贿犯罪中得到了较为普遍的适用。

（五）基本废除了贪贿犯罪的交叉刑

现行刑法典在贪贿犯罪中专门规定了交叉刑，刑法第 383 条第 1～4 项所规定的法定刑，均存在刑罚交叉现象。第一档次的法定刑和第二档次的法定刑在 10 年以上有期徒刑、无期徒刑部分交叉重合；第二档次中的 5 年以上 10 年以下有期徒刑部分交叉重合；第四档次法定刑中的 1、2 年有期徒刑部分与第三档次交叉重合。同时，第一档次法定最低刑是 10 年，第三档次的法定最高刑是 10 年，两者均包含了第二档次所规定的 5 年以上 10 年以下部分。刑法学界对贪贿犯罪中规定交叉刑大多持肯定态度。“法定刑档次之间互有交错，给司法活动留有的余地更大，更有利于法官根据案件的具体情况选择适用……在今后的立法中，应当注意适当增加类似规定。”① “贪污罪、受贿罪特殊的交叉式法定刑规定模式，是中国刑法关于法定刑规定模式的一个特色……在修改刑法时有计划地设置一定数量的交叉式法定刑，改变一些犯罪种类中衔接式法定刑导致不公正处理结果的问题。”②

① 周光权：《法定刑研究——罪刑均衡的构建与实现》，中国方正出版社，2000，第 187～188 页。

② 于阳：《准确理解法定刑幅度的“交叉式”》，《中国社会科学报》2014 年 8 月 20 日第 A07 版。

笔者认为，贪贿犯罪“交叉式”法定刑模式弊多利少。其弊端表现在：违背罪责刑相一致的刑法原则，导致罪责刑失衡；违背刑法平等原则，损害刑法的权威性和公正性；破坏贪污受贿罪刑罚结构的梯度性，影响刑罚的威慑力；扩张法官的自由裁量权。[①] 我国交叉刑的立法规定最早见于1988年1月21日第六届全国人大常务委员会通过的《关于惩治贪污罪贿赂罪的补充规定》。1997年修订刑法时，除提高贪贿犯罪数额标准外，基本上沿用了《关于惩治贪污罪贿赂罪的补充规定》的相关条文。从立法过程看，贪贿犯罪交叉刑的规定，不是出于从严惩治贪贿犯罪的考虑，[②]而是立法草案不严谨、审议不仔细造成的，是一种立法上的失误，理当纠正。当然，《刑九》并没有彻底废除贪贿犯罪的交叉刑。《刑九》第44条规定：贪污数额特别巨大或者有其他特别严重情节的，处十年以上有期徒刑或者无期徒刑，并处罚金或者没收财产；数额特别巨大，并使国家和人民利益遭受特别重大损失的，处无期徒刑或者死刑，并处没收财产。这就意味着贪贿犯罪中无期徒刑的适用还有一定的重合。

（六）废除了贪贿犯罪中绝对确定的法定刑

现行刑法典对贪贿犯罪规定了绝对确定的法定刑：个人贪污数额在5万元以上不满10万元，情节特别严重的，处无期徒刑，并处没收财产；个人贪污数额在10万元以上，情节特别严重的，处死刑，并处没收财产。尽管在刑法条文中，并没有用明确的文字对什么是“情节特别严重”作出详细规定，但它仍属于绝对确定的法定刑范畴。在近代刑法发展史中，绝对确定的法定刑乃出于保障人权、实行严格的罪刑法定主义的产物，但各国的刑事司法实践表明，绝对地限制法官的自由裁量权反而有悖于罪刑法定主义的人权保障机能。正因为如此，现代各国刑法已普遍采用相对确定的法定刑，而将绝对确定的法定刑予以摒弃。[③] 根据《刑九》第44条的规定，贪贿犯罪数额特别巨大，并使国家和人民利益遭受特别重大损失的，处无期徒刑或者死刑，并处没收财产。同时删去“个人贪污数额在5万元以上不满10万元……情节特别严重的，处无期徒刑，并处没收财产”的

---

① 张兆松：《“交叉式”法定刑不利于司法公正》，《中国社会科学报》2015年3月9日第B02版。

② 高铭暄、赵秉志编《新中国刑法立法文献资料总览》（上），中国人民公安大学出版社，1998，第604页。

③ 赵秉志：《刑法改革问题研究》，中国法制出版社，1996，第216页。

规定，即将原贪贿犯罪中绝对确定的法定刑改为相对确定的法定刑。

（七）对贪贿犯罪增设死缓期满后适用终身监禁

《刑九》第44条第4款规定："犯第一款罪，有第三项规定情形被判处死刑缓期执行的，人民法院根据犯罪情节等情况可以同时决定在其死刑缓期执行二年期满依法减为无期徒刑后，终身监禁，不得减刑、假释。""终身监禁"首次入刑，意味着因贪贿犯罪被判处死刑缓期执行的人员，有可能不再有减刑、假释的机会，而面临"牢底坐穿"的严厉惩罚，这是我国刑法史上的一大突破。全国人大法律委员会强调，增设终身监禁刑罚措施，旨在"防止在司法实践中出现这类罪犯通过减刑等途径服刑期过短的情形，符合宽严相济的刑事政策"。

此外，《刑九》关于职业禁止规定对于贪贿犯罪也具有重要意义。《刑九》第1条规定："在刑法第三十七条后增加一条，作为第三十七条之一：'因利用职业便利实施犯罪，或者实施违背职业要求的特定义务的犯罪被判处刑罚的，人民法院可以根据犯罪情况和预防再犯罪的需要，禁止其自刑罚执行完毕之日或者假释之日起从事相关职业，期限为三年至五年。被禁止从事相关职业的人违反人民法院依照前款规定作出的决定的，由公安机关依法给予处罚；情节严重的，依照本法第三百一十三条的规定定罪处罚。其他法律、行政法规对其从事相关职业另有禁止或者限制性规定的，从其规定。'"贪贿犯罪是利用职务上的便利或者在从事职务活动的过程中实施的。近年来，不断出现贪贿犯罪行为人被判刑后又重新犯罪的案例。[①] 因此，对贪贿犯罪被告人在判处其自由刑、财产刑的同时，在一定期限内判处剥夺其担任特定职务的权利以示警诫，是非常必要的。

二 《刑九》对贪贿犯罪修改的不足及完善

自20世纪80年代初以来，随着腐败逐渐加剧和反腐败斗争形势的日益严峻，中国共产党不断积累经验、反复考量谋划，在经历了思想认识的发展、跃升和强化后，其反腐败的韬略已逐渐成熟，迈向了制度治腐之路。[②] 只有坚定地走运用法治思维和法治方式反腐败之路，才能实现对腐败的标本兼治。治本的关键在于有效设计制度的笼子，法治化反腐败需要

---

① 范跃红、仇健：《谁给了他"重操旧业"的机会》，《检察日报》2013年5月29日第8版。

② 许耀桐：《迈向制度治腐之路》，《社会观察》2014年第9期。

系统完备的法制作保障。党的十八届四中全会《关于全面推进依法治国若干重大问题的决定》强调指出："加快推进反腐败国家立法，完善惩治和预防腐败体系，形成不敢腐、不能腐、不想腐的有效机制，坚决遏制和预防腐败现象。完善惩治贪污贿赂犯罪法律制度。"

尽管《刑九》对贪贿犯罪作出了重大修改，但修改的力度和广度还远远不能适应当前反腐败的客观需要，一些亟待修改、应当修改的贪贿内容没有得到立法机关的重视，这突出表现在以下几个方面。

（一）关于二元罪名体系

目前，我国贪贿犯罪实行的是二元制罪名体系，即国家工作人员构成贪污罪、受贿罪和挪用公款罪，而非国家工作人员对应的罪名是职务侵占罪、非国家工作人员受贿罪和挪用资金罪。二元制罪名体系立法的缺陷主要有以下四点。（1）贪贿犯罪主体争议大，执法不统一。司法实践中，因对国家工作人员理解不一而发生罪名争议的案例大量增多。如 2002 年首都体育学院教师、国际级足球裁判员龚建平受贿案，检察机关以公司、企业人员受贿罪起诉到法院，但法院认定龚属于刑法第 92 条第 2 款规定的"其他依照法律从事公务的人员"，应以国家工作人员论，最终以受贿罪判处龚有期徒刑 10 年。判决生效后，该案还作为最高法的指导案例刊载在《刑事审判参考》2003 年第 2 辑上。十年以后，足坛又掀扫赌打黑风暴，但这次刑事审判对于裁判的性质认定却发生了重大变化。2012 年 2 月，"四大黑哨"陆俊、黄俊杰、周伟新、万大雪，分别被辽宁省丹东市中级人民法院以非国家工作人员受贿罪判处 5 年 6 个月、7 年、3 年 6 个月和 6 年的有期徒刑。[①] （2）非国家工作人员贪贿犯罪刑罚偏轻。职务侵占罪、挪用资金罪、非国家工作人员受贿罪的法定刑分别是 15 年、10 年、15 年有期徒刑，而贪污罪、挪用公款罪、受贿罪的法定刑分别是死刑、无期徒刑、死刑。对国家工作人员贪贿犯罪理当从严惩处，但两者的刑罚差距如此悬殊，则不尽合理，也不利于充分保护集体财产和非公有制财产。（3）农村基层组织人员贪贿犯罪认定难。如宁波市基层法院 2010 ~ 2014 年 5 年间所审理的 114 件农村基层组织人员职务犯罪中，检察院起诉罪名与法院判决认定的罪名不一致的有 9 件，占总数的 7.8%。因定性方面存

① 王地、赵铁龙等：《检察官披露"四大黑哨"堕落轨迹》，《检察日报》2012 年 3 月 31 日第 1 版。

在争议，检察院抗诉的案件有 5 件，被二审法院驳回抗诉、维持原判的有 4 件，被撤销原判、发回重审的有 1 件。这些基层组织人员客观上不是国家工作人员，平时也不享有国家工作人员的待遇，权责利的不平等，即使犯罪后按照立法解释被依法认定为贪贿犯罪，由于贪贿犯罪刑罚重，判刑后他们往往难以认罪服法，法律的公正性也得不到体现。（4）贪贿犯罪罪名不统一，严重影响刑事诉讼。司法实践中，基于非国家工作人员主体身份的多样性以及其职务行为的复杂性，司法机关对非国家工作人员的职务犯罪的定性往往存在争议，从而对以罪名和犯罪主体作为职能管辖分工依据的刑事管辖产生影响，造成管辖冲突。因管辖冲突，又会引起执法难题。所以，修改现行刑法关于贪贿犯罪二元制罪名体系十分必要，即取消职务侵占罪、挪用资金罪、非国家工作人员受贿罪三个罪名，将其内容统一纳入贪贿犯罪一章中。

（二）关于贪贿犯罪的主体

1997 年以前，我国贪污罪、受贿罪、挪用公款罪的主体是完全相同的。1997 年刑法修订时，刑法第 382 条第 2 款专门规定："受国家机关、国有公司、企业、事业单位、人民团体委托管理、经营国有财产的人员，利用职务上的便利，侵吞、窃取、骗取或者以其他手段非法占有国有财物的，以贪污论。"而刑法第 384 条、第 385 条则无此规定。这一立法规定导致贪污罪与受贿罪、挪用公款罪的主体不一样。受国有单位委托管理、经营国有财产的人员是否可以构成受贿罪、挪用公款罪？对此，最高人民法院 2000 年 2 月 16 日《关于对受委托管理、经营国有财产人员挪用国有资金行为如何定罪问题的批复》规定："对于受国家机关、国有公司、企业、事业单位、人民团体委托，管理、经营国有财产的非国家工作人员，利用职务上的便利，挪用国有资金归个人使用构成犯罪的，应当依照刑法第 272 条第 1 款的规定定罪处罚。"即受委托从事公务的人员不能成为挪用公款罪的主体。这就意味着受委托从事公务的人员不能构成受贿罪、挪用公款罪，而只能构成非国家工作人员受贿罪和挪用资金罪。

从司法实践看，将受托人员纳入贪贿犯罪的主体范围是非常必要的。第一，国家工作人员的本质特征在于"从事公务"。"从事公务"是指在国有单位中行使组织、领导、监督、管理职能的活动。受托人员与刑法第 93 条规定的国家工作人员一样，都具有"从事公务"的特征。第二，从现实情况看，由于社会、经济管理活动的日益复杂化、专业化，世界各国都普遍存在国有单位委托符合一定条件的组织或者个人行使职权的现象。随着我国经济管理体制和经营模式的改革，在国有公司、企业、事业单位中有一大批受委托从事管理活动的人员，把这些人员完全排除在贪贿罪主体之外显然是不合理的。第三，全国人大常委会于2002年12月28日通过的《关于〈中华人民共和国刑法〉第九章渎职罪主体适用问题的解释》规定："在依照法律、法规规定行使国家行政管理职权的组织中从事公务的人员，或者在受国家机关委托代表国家机关行使职权的组织中从事公务的人员，或者虽未列入国家机关人员编制但在国家机关中从事公务的人员，在代表国家机关行使职权时，有渎职行为，构成犯罪的，依照刑法关于渎职罪的规定追究刑事责任。"这一立法解释肯定了受托人员可以构成刑法第九章渎职罪的主体。最高人民法院、最高人民检察院于2012年12月7日公布的《关于办理渎职刑事案件适用法律若干问题的解释（一）》第7条规定："依法或者受委托行使国家行政管理职权的公司、企业、事业单位的工作人员，在行使行政管理职权时滥用职权或者玩忽职守，构成犯罪的，应当依照《全国人民代表大会常务委员会关于〈中华人民共和国刑法〉第九章渎职罪主体适用问题的解释》的规定，适用渎职罪的规定追究刑事责任。"该司法解释也肯定了受托从事国家公务的公司、企业、事业单位的工作人员可以构成渎职罪主体。既然这些人员可以构成渎职罪主体，也应当可以构成贪贿罪主体。但是将受托人纳入受贿罪、挪用公款罪的主体是增加新的犯罪主体，属于对原刑法的补充修改，宜采用刑事立法方式。

在犯罪主体问题中，刑法第382条第3款还规定："与前两款所列人员勾结，伙同贪污的，以共犯论处。"而刑法第384条、第385条则无此规定。这一立法规定存在的问题是：如果说这一规定是一种注意规定，即"对于一般公民与国家工作人员相勾结，伙同贪污的，也应当根据刑法总则的规定，以贪污罪的共犯论处"[①]，那么这一规定显属多余。如果说这是一种特殊规定，不仅有违共犯原理，而且导致内外勾结伙同挪用公款、受贿的，对非国家工作人员不能按挪用公款罪、受贿罪论处。这显然不利于惩治贪贿犯罪。所以及时删去刑法第382条第3款规定是立法的最佳选择。

（三）关于贿赂的范围

关于贿赂的范围，我国自1979年刑法到1988年的《惩治贪污罪贿

① 张明楷：《刑法分则的解释原理》，中国人民大学出版社，2004，第277～278页。

赂罪的补充规定》，一直到1997年刑法典，都把它限定为财物。从贿赂犯罪的实际情况看，随着我国对财物贿赂犯罪的打击，犯罪分子越来越狡猾，贿赂犯罪的手段、方式更加隐蔽，以各种财产性利益以及不便计算的非财产性利益实施贿赂已成为当前腐蚀国家工作人员的一种重要手段，危害严重。为了加大反腐败的力度，“两高”在总结司法实践经验的基础上，综合考虑我国的腐败现状和司法实务的可操作性，已将贿赂的对象扩大到财产性利益。“两高”2007年7月8日《关于办理受贿刑事案件适用法律若干问题的意见》将收受请托人提供的干股、向请托人“低买高卖”房屋汽车、不出资而与请托人“合作”开办公司、通过赌博方式收受请托人财物等10种新类型或者过去难以认定为受贿犯罪的行为明确规定要以受贿论处。两高2008年11月20日《关于办理商业贿赂刑事案件适用法律若干问题的意见》第7条明确规定：“商业贿赂中的财物，既包括金钱和实物，也包括可以用金钱计算数额的财产性利益，如提供房屋装修、含有金额的会员卡、代币卡（券）、旅游费用等。具体数额以实际支付的资费为准。”

自我国刑法颁布以来，对贿赂的范围，刑法学界就开展了深入的探讨，并形成以下三种观点：（1）财物说；（2）财产性利益说；（3）非财产性利益说。[①] 笔者认为，当前腐败犯罪的现实，要求立法机关必须对贿赂的范围，由现行司法解释所规定的财产性利益扩大到各种利益。理由如下。第一，从腐败的现实情况看。目前，腐败已由最基础的权钱交易，发展为权色交易（这里的“色”泛指一切非物质化的东西）、权权交易。这种权色交易、权权交易，一般很难查，而且法律条文上没有对照的惩罚条款。[②] 以各种财产性利益以及不便计算的非财产性利益实施贿赂（“软贿赂”“亚腐败”）已成为当前腐蚀国家工作人员的一种重要手段。[③] 与物质贿赂相比，非物质化贿赂的特点在于隐蔽性、温和性、多次性，其危害是“隐蔽性越来越深，潜伏期越来越长，投机性越来越强，对政策法律的规避和肢解越来越大，社会危害性越来越烈。”[④] 中国青年报社会调查中心的

---

① 赵秉志主编《刑法争议问题研究》，河南人民出版社，1996，第611~612页。

② 《李永忠与杨维骏共话反腐》，《新京报11周年特刊》2014年11月13日第216版。

③ 赵丽、古芳：《职务犯罪日趋隐蔽向“软贿赂”转型》，《法制日报》2011年12月2日第3版。

④ 李永忠、董瑛：《警惕腐败新变向》，《南风窗》2011年第8期。

调查显示，87.0%的受访者认为亚腐败对社会危害较大。[①] 行为具有严重的社会危害性是犯罪的本质特征。当某一种行为具有严重的社会危害性时，刑事立法理当作出回应。第二，贿赂犯罪的本质是“权”“利”交易，其社会危害性的本质是对国家工作人员职务廉洁性的破坏。国家工作人员以权谋私，无论所谋取的是财物还是其他不正当利益，都构成对国家工作人员职务廉洁性的侵犯。近年来，随着贿赂犯罪手段的多元化和隐蔽化，灰色收入的问题、非物质性利益立法的必要性已得到了有力的提倡。[②] 第三，从国外反腐败的立法潮流和国际公约看。随着腐败社会危害的不断加剧，世界各国普遍加大反腐败的力度。其中表现之一就是将其他非财产性利益纳入贿赂的范围。如意大利刑法典、德国刑法典、瑞士刑法典、泰国刑法典、加拿大刑法典、日本刑法典等。[③] 新加坡的《防止贿赂法》把“合法报酬以外的报酬”视为贿赂，同时对报酬的形式作了具体列举，包括：（1）金钱或任何礼品、贷款、费用、酬金、佣金、有价证券或其他财产或任何形式的财产性利益，不论是动产或不动产；（2）任何职务、就业或契约；（3）任何支持、免除、清还或清算任何贷款、责任或其他负债，不论其是否全部或部分；（4）任何其他服务，优惠或者任何其他形式的好处。《联合国反腐败公约》（以下简称“《公约》”）第15条、第16条将贿赂界定为“不正当好处”。“不正当好处” = “财物” + “财产性利益” + “非财产性利益”。我国作为已签署《公约》的国家有义务“采取必要的立法和其他措施”，使国内法达到《公约》的基本要求。否则，“将从根本上阻碍我国反腐败司法的推进，将损害中国作为一个负责任的大国的国际形象，也无法彰显我国政府一贯宣称的坚决与腐败作斗争的理念”。[④] 第四，1993年颁布的《中华人民共和国反不正当竞争法》将贿赂规定为“财物或者其他手段”；1998年颁布的《中华人民共和国执业医师法》已

---

① 王聪聪：《87.0%受访者直言亚腐败对社会危害大》，《中国青年报》2014年11月18日第7版。

② 赵秉志主编《刑法学各论研究述评（1978～2008）》，北京师范大学出版社，2009，第638页。

③ 如日本还通过刑事判例将贿赂解释为：1. 金融利益；2. 债务；3. 艺妓的表演；4. 性服务；5. 公私职务的有利条件；6. 参与投机事业的机会；7. 帮助介绍职业；8. 金额、履行期尚未确定的谢礼；9. 将来要建立的公司的股票；10. 其他能满足人的需要和欲望的一切利益。

④ 陈泽宪主编《〈联合国反腐败公约〉与中国刑事法制的完善》，中国检察出版社，2010，第45页。

将贿赂规定为“财物或者其他不正当利益”；1999年颁布的《招标投标法》将贿赂界定为“财物或者其他好处”；2002年颁布的《政府采购法》则采用“贿赂或者其他不正当利益”的表述。可见，将贿赂标的由“财物”修改为“不正当利益”，有利于刑法与其他部门法的协调一致，共同发挥治理贿赂犯罪的功能。

（四）关于受贿罪中的“为他人谋取利益”要件

我国1979年刑法未将“为他人谋取利益”作为受贿罪构成要件，1985年两高《关于当前办理经济犯罪案件中具体应用法律的若干问题的解答（试行）》首次将“为他人谋取利益”纳入受贿罪构成要件，《关于惩治贪污罪贿赂罪的补充规定》（以下简称“《补充规定》”）对“为他人谋取利益”作了限制性解释，规定索贿的不须以“为他人谋取利益”作为构成要件，而收受型受贿罪则要求必须同时具备“为他人谋取利益”要件。[①] 1997年刑法典第385条完全沿用《补充规定》的内容。将“为他人谋取利益”作为收受型受贿罪构成要件，给惩治受贿犯罪带来极大的影响。有记者曾在中国裁判文书网上检索2014年5月以来的裁判文书，发现共有相关裁判文书563份。其中有71起案件，辩护人对部分或者全部指控以“没有为他人谋利”作为辩护理由。从事反贪侦查工作的检察官坦言，实践中不乏行受贿双方不提具体请托、承诺事项，仅是“心知肚明”的情况。在没有收集到签字、打招呼等方面证据的情况下，基本上无法认定其“为他人谋取利益”。[②]

所以，应当尽快废除受贿罪中的“为他人谋取利益”要件。理由如下。第一，受贿罪的本质在于侵犯了职务行为的廉洁性。只要公职人员利用了职务上的便利收受贿赂，就构成收买职务行为的事实，至于“为他人谋取利益”意图有无以及行为实施与否，均不影响其实质。受贿罪的客体决定了其构成要件中不宜包括“为他人谋取利益”的要件。而且现行刑法典中，对“为他人谋取利益”在犯罪构成中的地位也不明确。如果属于客观要件，则行为人收受了贿赂，但尚未为他人谋取利益，或正在为他人谋

① 两高1989年11月6日《关于执行〈关于惩治贪污罪贿赂罪的补充规定〉若干问题的解答》第3条中强调规定：“非法收受他人财物，同时具备‘为他人谋取利益’的，才能构成受贿罪。”

② 徐霄桐、杜江茜：《专家争议：反贪法律武器要不要更严》，《中国青年报》2014年8月1日第3版。

取利益，但尚未成功，就难以追究其刑事责任；如果将其作为主观要件，则行为人根本不打算为他人谋取利益的行为，又被排除在刑法否定评价之外。第二，把“收钱”和“办事”有意分离开来，是当前一些贿赂犯罪的惯用手段。[①] 大量案例显示，“行为人均非在帮助他人‘办事’的前后短时间内收受他人贿赂款，行贿人往往在年节期间或一些特定的时机送礼送钱，且遵循‘小额多次’的潜规则，故意将‘办事’与‘收钱’分开，制造一种‘收钱’与‘办事’之间没有必然联系的假象”。[②] “收钱”和“办事”不在同一时间段进行，无论是在取证、办案、认定等方面都给司法机关造成诸多困难。取消受贿罪中的“为他人谋取利益”要件，检察机关只要证明行为人非法收受他人财物，而不需要拿出足够的证据证明受贿人为请托人谋取利益的事实，这样就减轻了检察机关的证明责任，大大节约司法资源，降低反腐败成本，提高办案效率。第三，《联合国反腐败公约》第 15 条所规定的“公职人员受贿罪”的客观方面表现为：“公职人员为其本人或其他人员或实体直接或间接索取或接受不正当好处，以作为其执行公务时作为或不作为的条件”的行为。它没有将“为他人谋取利益”作为受贿罪的基本构成要件。世界上绝大多数国家刑法的受贿罪也都没有规定“为他人谋取利益”这一构成要件。2014 年 9 月，北京大学法学院陈兴良教授曾透露，《刑九（草案）》拟设置“收受礼金罪”，以解决向官员进行情感投资的定罪问题。这一罪名是指国家工作人员收受他人财物，无论是否利用职务之便、无论是否为他人谋取了利益，都可以认定为此罪。收受礼金罪并不是受贿罪，量刑比受贿罪轻。[③] 此言一出即引起激烈争论，形成了两种截然相反的观点：赞成者认为收受礼金行为入刑，有助于扎牢反腐篱笆；反对者则认为增设“收受礼金罪”既无必要，又不具有可操作性，很容易沦为“口号立法”。[④] 但全国人大公布的《刑九（草案）》并未规定“收受礼金罪”条款，这表明立法机关并不赞同设立“收受礼金罪”。实际上只要取消受贿罪中的“为他人谋取利益”要件，利用职务之便收受

---

① 范传贵、吴锦江：《收钱不办事新型受贿案引发深层讨论》，《法制日报》2012 年 5 月 4 日第 10 版。

② 陈增宝：《新型受贿的裁判尺度与社会指引》，《浙江社会科学》2013 年第 1 期。

③ 陈宏光：《“收受礼金罪”是补丁还是漏洞》，《上海法治报》2014 年 10 月 13 日第 B08 版。

④ 郝艳兵：《“收受礼金罪”不是口号立法》，《检察日报》2014 年 10 月 13 日第 3 版。

礼金的行为即可纳入受贿罪范围，“收受礼金罪”所存在的问题和障碍都可迎刃而解。

（五）关于行贿罪中的“为谋取不正当利益”的要件

在惩处贿赂犯罪中，我国长期存在着“重受贿轻行贿”以及对行贿行为打击不力的问题。1999 年 3 月 4 日两高曾联合颁布《关于在办理受贿犯罪大要案的同时要严肃查处严重行贿犯罪分子的通知》。此后，最高检又多次发文或召开电话会议，要求各级人民检察院加大对行贿犯罪的惩治力度，[①] 但查处行贿犯罪始终“雷声大、雨点小”。2013 年 10 月 22 日，在第十二届全国人民代表大会常务委员会第五次会议上曹建明检察长指出：“2008～2012 年查处的受贿、行贿犯罪人数比前五年分别上升 19.5% 和 60.4%。”[②] 2014 年全国检察机关“针对不法分子为谋取不正当利益、行贿腐蚀干部的问题，部署打击行贿犯罪专项行动，查办行贿犯罪 7827 人，同比上升 37.9%。”[③] 但行贿犯罪总量仍然偏低。如 2011 年至 2014 年 6 月，广东省韶关法院受理各类一审贿赂犯罪案件 193 件 214 人，其中，介绍贿赂犯罪案件 1 件 1 人，受贿犯罪案件 160 件 175 人，行贿犯罪案件 32 件 38 人。行贿犯罪案件数量仅占全部贿赂犯罪案件数量的 16.58%，仅为受贿犯罪案件数量的 1/5。[④] 被称为新中国成立以来查处的最大卖官案的黑龙江省绥化市原市委书记马德受贿卖官案中，牵扯到的买官者有乡镇书记、镇长、县委书记、县长，以及各市、县、区内局委办各部门的一二把

---

① 2000 年 12 月 21 日，最高检颁布《关于进一步加大对严重行贿犯罪打击力度的通知》。2010 年 5 月 7 日，最高检又颁布《关于进一步加大查办严重行贿犯罪力度的通知》。2013 年 4 月 12 日，最高检专门召开电话会议强调：“对行贿与受贿犯罪统筹查处，加大对行贿犯罪的查处力度。要转变办案观念，调整办案思路，注重办案策略和方法，克服和纠正重视查处受贿犯罪，对行贿犯罪执法不严、打击不力的做法和倾向，坚持把查处行贿犯罪与查处受贿犯罪统一起来，做到同等重视、同步查处、严格执法，形成惩治贿赂犯罪高压态势，有效遏制贿赂犯罪的滋生蔓延。”2014 年 4 月 25 日，全国检察机关反贪部门重点查办行贿犯罪电视电话会议召开，最高检要求：“各级检察机关进一步加大惩治行贿犯罪力度，严肃查办行贿次数多、行贿人数多的案件，保持惩治行贿受贿犯罪高压态势，坚决遏制腐败现象滋生蔓延势头。”

② 曹建明：《最高人民检察院关于反贪污贿赂工作情况的报告》，《检察日报》2013 年 10 月 25 日第 2 版。

③ 曹建明：《最高人民检察院工作报告——2015 年 3 月 12 日在第十二届全国人民代表大会第三次会议上》，《人民日报》2015 年 3 月 21 日第 3 版。

④ 黄秋雄、陈东阳等：《严厉打击行贿犯罪、遏制腐败现象蔓延——广东省韶关市中级人民法院关于行贿犯罪的调研报告》，《人民法院报》2014 年 8 月 28 日第 8 版。

手，共计265人。马德每次卖官的价格基本上都高于10万元，最“贵”的一次卖官为50万元，最低的一次是收受绥化市交警支队支队长方某1万美元。但“涉案的265名干部，除少数‘影响恶劣的’，大都得到了从轻处理，严重一些的免职，其次是降级、记过、警告和单独谈话。目前，受处分的市直机关干部只有4人”[①]。广东茂名市委原书记罗荫国系列腐败案，涉案303名干部，其中涉及省管干部24人、县处级干部218人，整个官场几乎瘫痪，但立案查处的仅61人，移送司法机关仅20人。[②] 在向罗荫国行贿的44名官员中，只有3人进入司法程序（茂名市人大常委会原副主任朱育英；茂名市原市长助理雷挺；化州市原政法委书记兼公安局局长黄鸿），而这3人之所以被刑事追究，仍是因为他们还有收受巨额贿赂的问题。这种“高举轻放”的选择性反腐引起社会各界普遍质疑，人们期待茂名官场窝案重启调查。[③] 2014年8月，广东省委向中央第八巡视组反馈意见整改情况的通报中，公布了对茂名领导干部系列违纪违法案件中涉嫌行贿买官人员159人的组织处理结果：降职8人，免职63人，调整岗位71人，提前退休1人，诫勉谈话16人。[④] 这就意味着159个行贿买官者无一被追究刑事责任。广东执纪执法部门无意重启调查茂名“窝案”，特别是追究行贿者的刑事责任，主要还是存在立法上的障碍。尽管两高司法解释已对不正当利益作出扩张解释，[⑤] 但无论如何都不能将所有利益扩张解释为不正当利益。从行贿罪构成要件来看，对买官者而言难以认定其是“为

---

① 杨章怀：《马德卖官案轻罚：10万元成了行贿“腐败底线”》，《法制晚报》2005年4月8日第4版。

② 赵杨：《省纪委通报近两年查处的一批典型案件，罗荫国系列腐败案涉案303名干部》，《南方日报》2012年4月14日第A02版。

③ 周清树：《茂名官场窝案重启调查》，《新京报》2014年4月21日第A18版。

④ 刘江、蔡国兆、毛一竹：《鬻官之祸危于痘患——广东茂名腐败窝案警示录》，新华网，http://news.xinhuanet.com/politics/2014-08/16/c_1112102654.htm，2015年8月20日访问。

⑤ 两高1999年3月4日《关于在办理受贿犯罪大要案的同时要严肃查处严重行贿犯罪分子的通知》规定，“谋取不正当利益”是指谋取违反法律、法规、国家政策和国务院各部门规章规定的利益，以及要求国家工作人员或者有关单位提供违反法律、法规、国家政策和国务院各部门规章规定的帮助或者方便条件。两高2012年12月26日《关于办理行贿刑事案件具体应用法律若干问题的解释》第12条规定：“行贿犯罪中的‘谋取不正当利益’，是指行贿人谋取的利益违反法律、法规、规章、政策规定，或者要求国家工作人员违反法律、法规、规章、政策、行业规范的规定，为自己提供帮助或者方便条件。违背公平、公正原则，在经济、组织人事管理等活动中，谋取竞争优势的，应当认定为‘谋取不正当利益’。”

谋取不正当利益”。行贿罪的社会危害性并不在于谋取的利益是否正当，而在于其收买行为侵害国家工作人员职务行为的廉洁性。行贿与受贿是一对共生体，行贿不除，受贿难消。只有取消行贿罪的“为谋取不正当利益”的要件，才能保证行贿案件得以严格依法查处。

（六）关于受贿罪的法定刑问题

《刑九》对受贿罪依照贪污罪处罚的规定仍然没有作出修改。1979 年刑法对受贿罪规定了独立的法定刑，1982 年全国人大常委会《关于严惩严重破坏经济的罪犯的决定》对 1979 年刑法作了修改，规定受贿罪比照贪污罪论处；情节特别严重的，处无期徒刑或者死刑。1988 年《关于惩治贪污罪贿赂罪的补充规定》第 5 条规定：对犯受贿罪的按贪污罪处罚，受贿数额不满 1 万元，使国家利益或者集体利益遭受重大损失的，处 10 年以上有期徒刑；受贿数额在 1 万元以上，使国家利益或者集体利益遭受重大损失的，处无期徒刑或者死刑，并处没收财产。索贿的从重处罚。而 1997 年刑法第 386 条则完全沿用贪污罪的法定刑：“对犯受贿罪的，根据受贿所得数额及情节，依照贪污罪的规定处罚，索贿的从重处罚。”贪污罪具有渎职和侵犯公共财产所有权的双重属性，而受贿犯罪则是纯粹的渎职犯罪。贪污罪的社会危害性主要体现在数额上，而受贿犯罪的社会危害性集中表现在对国家工作人员职务行为的正当性、公正性和廉洁性的破坏上。中国企业改革与发展研究会副会长周放生在接受新华社记者采访时坦言，国企高管腐败 100 万元，平均要输送 1 亿元的交易额，背后存在的安全、环保、质量问题，给社会、国家带来难以估量的损失。[①] 海南省三亚市河道监察队原队长罗运敏等 3 名国家工作人员，利用职务之便收受非法砂场的好处费共计 1.4 万元，致国家河砂矿产资源损失达 1949.14 万元，同时非法采砂严重威胁到海南东环高铁的运行安全。但法院最终以受贿罪、滥用职权罪分别只判处 3 名行政执法人员 2 年 6 个月至 1 年 6 个月不等的有期徒刑。[②] 海南高速前总经理陈波，贱卖国有资产，非法多次收受他人财物 701.5 万元，将价值 46 亿元的项目以 440 万元卖出，为他人谋取利益，

① 杨烨：《国家正酝酿出台防止国有资产流失政策，国企改革将设政策“红线”》，《经济参考报》2014 年 11 月 13 日第 1～2 版。

② 邢东伟、张映忠、韩勇：《河道监察人员受贿致国家损失近 2000 万》，《法制日报》2013 年 12 月 12 日第 8 版。

但仅被判处有期徒刑 15 年。[①] 安徽省国土资源厅原正厅级巡视员杨先静在 2003～2012 年间，收受他人财物共计折合人民币 1653.0186 万元、港币 30 万元（其中索贿人民币 130 万元），并因滥用职权导致国家财产损失 18.9 亿元，情节特别严重，最终也就判处无期徒刑。[②] “在当前的受贿罪定罪量刑中，数额标准权重过高存在不合理性，同时也给受贿罪的准确定罪量刑带来诸多不利影响”。[③] 决定受贿行为社会危害性轻重的情节有很多，特别是因受贿给国家和人民利益遭受重大损失，是对受贿犯量刑必须考虑的重要情节之一，受贿罪简单地按贪污罪处罚，严重背离罪责刑相适应原则，也是导致当前渎职犯罪轻刑化的重要原因之一。受贿罪应当有独立的法定刑，而且处罚要重于贪污罪。

（七）关于受贿罪中的罪数问题

《关于惩治贪污罪贿赂罪的补充规定》规定：“因受贿而进行违法活动构成其他罪的，依照数罪并罚的规定处罚。” 1997 年修订刑法时删去了这一规定。虽然曾参与刑法典修订的同志认为，“现行刑法虽然删去了《关于惩治贪污罪贿赂罪的补充规定》规定的‘因受贿而进行违法活动构成其他罪的，依照数罪并罚的规定处罚’，并不是说对这种情况不适用数罪并罚的规定，而是因为刑法总则对数罪并罚已有规定，适用于任何分则所规定的犯罪，没有必要在分则的具体条文后再作规定”。[④] 这种观点值得商榷。第一，刑法总则规定的数罪并罚是典型的数罪，即具备两个以上独立的犯罪构成的数罪，而因受贿而进行违法犯罪构成其他罪的并非典型意义上的数罪。如果分则没有特别规定，直接适用总则数罪并罚，依据不足。第二，刑法第 399 条第 3 款专门规定：“司法工作人员贪赃枉法，有前两款行为的，同时又构成本法第三百八十五条规定之罪的，依照处罚较重的规定定罪处罚。” 该条明确规定司法工作人员受贿后徇私枉法的按一罪处罚。司法人员收受贿赂而枉法裁判是危害最严重的腐败行为，立法尚且规定按一罪处罚，对其他人员因受贿而进行违法活动构成其他罪的，司法中没有

---

① 吴侨发：《海南高速贪腐窝案起底：价值 46 亿元项目 440 万元卖出》，《经济观察报》2014 年 3 月 3 日第 30 版。

② 苗子健：《安徽省国土厅原巡视员杨先静致国家损失近 19 亿·一审被判无期》，http://ah.people.com.cn/n/2014/1104/c358266-22809751.html，2015 年 8 月 20 日访问。

③ 杜竹静：《受贿罪数额权重过高的实证分析》，《中国刑事法杂志》2014 年第 1 期。

④ 胡康生、李福成主编《中华人民共和国刑法释义》，法律出版社，1997，第 522 页。

充分理由对之数罪并罚。正由于对受贿且渎职的犯罪行为如何处罚，法律规定不明确，有的按数罪并罚处理，有的则适用“择一重罪处断”原则处理，造成司法实践中适用标准不统一。①

当前，受贿且渎职的犯罪已成为职务犯罪的一种常态和新趋势，其社会危害性远远大于单纯的受贿犯罪和渎职犯罪。为了统一定罪标准，最高人民法院 1998 年 4 月 29 日《关于审理挪用公款案件具体运用法律若干问题的解释》规定：“因挪用公款索取收受贿赂构成犯罪的，依照数罪并罚的规定处罚。”2001 年《最高人民法院刑事审判第一庭庭长会议关于被告人受贿后徇私舞弊为服刑罪犯减刑、假释的行为应定一罪还是数罪的研究意见》认为“受贿后徇私舞弊为服刑罪犯判刑、假释的行为，同时符合受贿罪和徇私舞弊减刑、假释罪的犯罪构成，应当认定受贿罪和徇私舞弊减刑、假释罪，实行数罪并罚”。两高 2012 年 12 月 7 日《关于办理渎职刑事案件适用法律若干问题的解释（一）》第 3 条规定：“国家机关工作人员实施渎职犯罪并收受贿赂，同时构成受贿罪的，除刑法另有规定外，以渎职犯罪和受贿罪数罪并罚。”但上述司法解释明显与立法存在冲突。为了更加有力打击受贿且渎职的犯罪行为，避免立法上对司法人员腐败行为网开一面，在受贿罪条文中应当恢复规定：“因受贿而进行违法活动构成其他罪的，依照数罪并罚的规定处罚”，同时删去刑法第 399 条第 3 款规定。

（八）贪贿犯罪酌定情节法定化和特别自首问题

量刑情节可以分为法定情节与酌定情节。我国刑法总则中所规定的免除、减轻、从轻处罚等法定量刑情节，是适用于所有犯罪的，在所有法定从宽情节中并没有“有悔改表现，积极退赃”的规定。司法实践中，“悔改表现，积极退赃”只是犯罪后的态度，属于酌定量刑情节，酌定量刑情节只能从轻处罚。而刑法第 383 条（第 386 条）规定，“个人贪污（受贿）数额在五千元以上不满一万元，犯罪后有悔改表现、积极退赃的，可以减轻处罚或者免予刑事处罚”。这一量刑规定是对贪贿犯罪的特别规定，只

---

① 如 2005 年 4 月 ~2011 年 4 月，被告人郑士平利用担任山东省临沂市人民防空办公室兰山办事处主任的职务之便，在为他人审批人防手续、减免人防易地建设费的过程中，多次收受他人现金及购物卡共计 30.2 万元，并为他人违规减免人防易地建设费 1344 万元。临沂市兰山区人民法院仅以受贿罪判处郑士平有期徒刑 10 年，参见余东明、王家梁《收 3000 元购物卡减免 341 万费用，人防办主任受贿 30 万一审获刑》，《法制日报》2012 年 2 月 20 日第 8 版。

有贪贿犯罪的被告人能享受这一“特权”。在其他犯罪中视为酌定从轻处罚情节的，在贪贿犯罪中却成为法定从轻处罚情节，这表明现行立法对贪贿犯罪网开一面。

根据刑法第 67 条规定，对于自首的犯罪分子，可以从轻或者减轻处罚。其中，犯罪较轻的，可以免除处罚。但刑法第 390 条却规定：“行贿人在被追诉前主动交待行贿行为的，可以减轻处罚或者免除处罚。”根据上述规定，一般自首只能从轻或者减轻处罚，犯罪较轻的，才可以免除处罚。而对于行贿人自首的，不管情节轻重，都可以减轻处罚或者免除处罚。司法实践中行贿之所以很少被追究刑事责任，与上述特殊自首制度的规定不无关系。

针对上述立法的缺陷，《刑九》作出了一定的修改，如第 44 条第 3 款规定：“犯第一款罪，在提起公诉前如实供述自己罪行、真诚悔罪、积极退赃，避免、减少损害结果的发生，有第一项规定情形的，可以从轻、减轻或者免除处罚；有第二项、第三项规定情形的，可以从轻处罚。”但《刑九》的规定仍没有完全摆脱“特权”立法的影子。贪贿犯罪中的“特权”立法，背离刑法平等原则，也与中央严惩腐败的精神相悖。笔者建议废除在贪贿犯罪中对如实供述自己罪行、真诚悔罪、积极退赃，避免、减少损害结果发生的，可以从轻、减轻或者免除处罚的规定，使其回归刑法总则中的一般性从轻量刑情节的规定；废除行贿和介绍贿赂犯罪中的特别自首制度，对其适用刑法总则中的一般性自首、立功规定。

（九）关于介绍贿赂罪问题

刑法第 392 条规定的介绍贿赂罪，是贪贿犯罪中非常有争议的罪名。《刑九》对介绍贿赂罪，除增设罚金刑外未作任何修改。笔者认为，介绍贿赂罪应当废除。理由如下。第一，介绍贿赂罪完全可以按行贿罪、受贿罪或利用影响力受贿罪和利用影响力行贿罪的共犯处理。1999 年 9 月 16 日起施行的最高人民检察院《关于人民检察院直接受理立案侦查案件立案标准的规定》规定，“介绍贿赂”是指在行贿人与受贿人之间沟通关系、撮合条件，使贿赂行为得以实现的行为。而根据刑法共犯理论，行为人明知对方行贿或受贿意图为其实施沟通、撮合等努力，实际上是行贿或受贿的帮助行为，都可以直接按照行贿或受贿的共犯处理。实践中，介绍贿赂者往往实际上都有一定的影响力，行为人利用影响力与“牵线搭桥”是交叉在一起的。《刑法修正案（七）》已增设利用影响力受贿罪，《刑九》又增设对有影响力人员行贿罪。由此可见，没有介绍贿赂罪不会放纵犯罪。第二，介绍贿赂罪刑罚过轻。根据刑法第 392 条规定，介绍贿赂，情节严重的，才处 3 年以下有期徒刑或者拘役，并处罚金。对介绍型犯罪，“只有立法者为了重处（或轻处）某种犯罪的共犯行为时，才可能将其规定为独立的犯罪”。[①] 如刑法第 359 条单独设立的介绍卖淫罪，法定刑是 5 年以下有期徒刑、拘役或者管制，并处罚金；情节严重的，是 5 年以上有期徒刑，并处罚金。而对介绍贿赂行为来说，如果认为刑法将其单列是为了加重这种行为的处罚，则显然不符合现行介绍贿赂罪的刑罚规定；而如果认为立法者是为了减轻该种行为的法定刑而作出特别的规定，则不符合我国现行的从严惩治贪贿犯罪的刑事政策。从司法实践看，介绍贿赂犯罪的社会危害性日益严重。如广东茂名窝案的特点之一是：茂名越来越多出现买官卖官“中介”。这些中间人与一把手关系较为密切，他们替买官者完成相关的联络工作，“买官者和卖官者根本不用见面，也减少了风险”。[②] 而现行 3 年以下有期徒刑的刑罚根本不足以严惩这些“卖官掮客”。此外，刑法第 392 条第 2 款关于“介绍贿赂人在被追诉前主动交待介绍贿赂行为的，可以减轻处罚或者免除处罚”的规定，也有“法外施恩”的嫌疑，影响反腐效果，理当废除。

综上所述，笔者认为，我国刑法典还应当对贪贿犯罪作出如下修改和完善。

1. 将刑法第 382 条第 1 款修改为：“以非法占有为目的，利用职务上的便利，侵吞、窃取、骗取或者以其他手段非法占有他人财物的，是贪污罪。”同时，修改刑法第 93 条规定，对国家工作人员的范围作出限制：即本法所称国家工作人员，是指国家机关工作人员。国家机关工作人员包括下列人员：（1）在国家机关中从事公务的人员；（2）受国家机关委派从事公务的人员；（3）受国家机关委托从事公务的人员；（4）其他依照法律规定从事公务的人员。在此基础上废除刑法第 382 条第 2 款“受国家机关、国有公司、企业、事业单位、人民团体委托管理、经营国有财产的人员，利用职务上的便利，侵吞、窃取、骗取或者以其他手段非法占有国有财物

① 张明楷：《受贿罪的共犯》，《法学研究》2002 年第 1 期。

② 刘德峰、刘志浩：《“窝案”不重查，怎能消除腐败》，《齐鲁晚报》2014 年 5 月 5 日第 B02 版。

的，以贪污论”和第 3 款“与前两款所列人员勾结，伙同贪污的，以共犯论处”的规定。

2. 将刑法第 383 条修改为：“国家机关工作人员利用职务上的便利，非法占有公共财物，数额较大或者有其他较重情节的，处 3 年以下有期徒刑或者拘役，并处罚金；数额巨大或者有其他严重情节的，处 3 年以上 10 年以下有期徒刑，并处罚金或者没收财产；数额特别巨大或者有其他特别严重情节的，处 10 年以上有期徒刑或者无期徒刑，并处罚金或者没收财产；数额特别巨大，并使国家和人民利益遭受特别重大损失的，处无期徒刑或者死刑，并处没收财产。”

“前款规定以外的人员，利用职务之便，非法占有本单位财物，数额较大或者有其他较重情节的，处 3 年以下有期徒刑或者拘役，并处罚金；数额巨大或者有其他严重情节的，处 3 年以上 10 年以下有期徒刑，并处罚金或者没收财产；数额特别巨大或者有其他特别严重情节的，处 10 年以上有期徒刑或者无期徒刑，并处罚金或者没收财产。”

同时，废除《刑九》第 44 条第 4 款关于“犯第一款罪，在提起公诉前如实供述自己罪行、真诚悔罪、积极退赃，避免、减少损害结果的发生，有第一项规定情形的，可以从轻、减轻或者免除处罚；有第二项、第三项规定情形的，可以从轻处罚”的规定。

3. 参照上述规定，对挪用公款罪也作出相应的修改。

4. 在对贪污罪、挪用公款罪作出上述修改的同时，废除刑法第 271 条、272 条关于职务侵占罪、挪用资金罪的规定。

5. 将刑法第 385 条第 1 款修改为：“国家机关工作人员或其他人员，利用职务上的便利，索取或者非法收受他人财物或者其他利益的，是受贿罪。”

6. 将刑法第 386 条修改为：“对国家机关工作人员犯受贿罪的，根据情节轻重，分别依照下列规定处罚：（一）受贿数额较大或者有其他较重情节的，处 5 年以下有期徒刑或者拘役，并处罚金。（二）受贿数额巨大或者有其他严重情节的，处 5 年以上 10 年以下有期徒刑，并处罚金或者没收财产。（三）受贿数额特别巨大或者有其他特别严重情节的，处 10 年以上有期徒刑或者无期徒刑，并处罚金或者没收财产；受贿数额特别巨大，并使国家和人民利益遭受特别重大损失的，可以判处无期徒刑或者死刑，并处没收财产。”

“前款规定以外的人员，索取或者收受他人贿赂，数额较大或者有其他较重情节的，处5年以下有期徒刑或者拘役，并处罚金；数额巨大或者有其他严重情节的，处5年以上10年以下有期徒刑，并处罚金或者没收财产；数额特别巨大或者有其他特别严重情节的，处10年以上有期徒刑或者无期徒刑，并处罚金或者没收财产。”

“索贿的从重处罚。因受贿而进行违法活动构成其他罪的，依照数罪并罚的规定定罪处罚”。同时，删去刑法第399条第3款关于“司法工作人员贪赃枉法，有前两款行为的，同时又构成本法第385条规定之罪的，依照处罚较重的规定定罪处罚”的规定。

7. 将刑法第389条第1款修改为：“为谋取利益，给予国家机关工作人员或者其他单位工作人员以财物或其他利益的，是行贿罪。”

8. 将刑法第390条修改为：“对犯行贿罪的，处5年以下有期徒刑或者拘役，并处罚金；因行贿谋取利益，情节严重的，或者使国家和人民利益遭受重大损失的，处5年以上10年以下有期徒刑，并处罚金；情节特别严重的，或者使国家和人民利益遭受特别重大损失的，处10年以上有期徒刑或者无期徒刑，并处罚金或者没收财产。因行贿而进行违法活动构成其他罪的，依照数罪并罚的规定定罪处罚。”

同时，废除《刑九》第45条第2款“行贿人在被追诉前主动交待行贿行为的，可以从轻或者减轻处罚。其中，犯罪较轻的，对侦破重大案件起关键作用的，或者有重大立功表现的，可以减轻或者免除处罚”的规定。

9. 在对受贿罪、行贿罪作出上述修改的同时，废除刑法第163条、第164条关于非国家工作人员受贿罪和对非国家工作人员行贿罪两个罪名。

10. 废除刑法第392条关于介绍贿赂罪的所有规定。

结　语

党的十八大以来，新一届中央领导集体重拳反腐、铁腕治贪，反腐力度前所未有，既打“老虎”，也打“苍蝇”，反腐成效赢得广大民众一致赞许，反腐败再次成为中国社会的热点问题。制度治腐，重点在于建立健全一套严密的预防和惩治腐败的制度体系。反腐败制度建设是一项系统工程，其中包括了惩治贪贿犯罪刑事法律制度的完善设计。《中共中央关于全面推进依法治国若干重大问题的决定》指出：“建设中国特色社会主义法治体系，必须坚持立法先行，发挥立法的引领和推动作用，抓住提高立法质量这个关键。”

“任何一次修改，都不能看成是一部法律发展的‘终点’，刑法也不例外。刑（九）虽然通过，许多期待仍在路上。”① 我们不能寄希望于一次刑法的修正就能解决所有贪贿犯罪问题，但我国反腐败之路在由治标向治本的转型过程中，制定出具有科学性、合理性、严密性、前瞻性和可操作性的贪贿犯罪立法具有十分重要的意义。反腐败犯罪立法仍然任重而道远。“建议国家立项为全面梳理刑法做准备”。全国人大常委会吴晓灵委员建议成立专题课题组，对刑法的全面修订进行一到两年的专题研究，然后作一次全面修订。我们深以为然。

（浙江工业大学法学院教授　张兆松）

---

① 郑赫南：《增设“终身监禁”，封堵贪官“越狱”之路》，《检察日报》2015 年 8 月 31 日第 5 版。

第二节

贪污受贿犯罪量刑定量与自由裁量*

加强反腐败制度保障，是《中共中央关于全面深化改革若干重大问题的决定》确定的未来我国深化改革的重大课题之一。由于刑法是制裁最严厉的部门法，因而加强反腐败制度保障，离不开刑法对贪污腐败犯罪的有效规制。作为最主要的腐败犯罪，贪污罪与受贿罪在反贪腐的刑法规制中一直扮演着重要角色，对之加以修改和完善无疑成为加强反腐败刑法保障的重中之重。2014 年 10 月，全国人大常委会首次审议的《刑法修正案（九）》（以下简称《刑九》）对贪污、受贿罪的量刑标准做了修改，即将量刑的一元标准修改为二元标准。这是否意味着贪污、受贿罪的量刑标准更为科学、合理呢？本节将以《刑九》对贪污、受贿罪的量刑标准修改为视角，结合国内外量刑改革的经验教训以及近年来我国司法解释等关于量刑的指导意见和规定，拟对量刑标准与量刑公正问题加以深入探究，期待为刑事立法与刑事司法提供参考。

一　二元标准难以充分发挥有效作用

近些年来，刑法修正案或者司法解释对量刑标准的设置，出现了一个较为显著的特征，即逐渐摈弃一元化标准，转而采取多元化标准。例如，对于盗窃罪、抢夺罪、敲诈勒索罪等的量刑标准，不再采纳单一的数额标准，而是采纳可选择性的二元或多元标准。《刑九》对贪污、受贿罪的修改延续了这一做法，将其量刑标准由“数额”范式修改为“数额或者情

* 本节是在《刑九（草案）》基础上展开讨论的，在一定程度上代表了当时学者们的认识，其学术价值并未随《刑九》通过而受到影响，故保留其原貌。

节”范式。对于这一修改，有学者给予高度评价：“《刑法修正案（九）（草案）》对贪污受贿犯罪定罪量刑标准的修改，无疑应受到高度评价，这一修正将为我国贪污受贿犯罪定罪量刑标准的科学化、合理化作出积极的贡献。”① 也有学者对此表示质疑：“鉴于当前社会转型与腐败态势的具体情况，现在就完全取消受贿罪犯罪构成的罪量标准并不明智。”② 不管是赞成还是质疑，《刑九》的相关修改说明了理论界与实务界对贪污、受贿罪的“数额或者情节”这种二元可选择性量刑标准的基本认可。“针对现行刑法主要根据受贿数额定罪量刑并且在相当程度上将数额标准绝对化的缺陷，法学界与实务界初步达成了取消现行刑法主要根据受贿数额定罪量刑的规定的共识，主张应当以受贿数额或者受贿情节作为定罪量刑的基本依据，同时取消现行刑法规定绝对确定的定罪量刑数额的做法，以相对概括的数额较大、数额巨大、数额特别巨大或者情节较重、情节严重、情节特别严重为定罪量刑的具体根据……这一共识在《草案》第 39 条的规定中得到了充分体现”③。

然而，在笔者看来，将量刑标准由纯粹的一元标准修改为可选择性的二元标准，对贪污、受贿罪的量刑而言，并非意味着更为科学、合理。通常，《刑九》修改量刑标准的前提，是现行刑法规定的数额标准存在问题，难以适应司法实践的需要，否则没有必要修改现有标准。就现有标准与存在问题之间的关系来说，具体可以表现为两种不同情形：一是问题完全由现有标准导致；二是现有标准只是导致问题存在的原因之一。在第一种情形下，只有修改现有标准才能解决问题；在第二种情形下，仅修改现有标准是不够的，还必须找到造成问题的其他原因并对症下药，才能有效解决问题。因此，必须先弄清司法实践中导致量刑出现问题的原因，才能判断《刑九》确立的二元标准是否能产生积极效果。通过对部分贪污受贿判例进行分析，笔者发现数额标准在贪污、受贿罪的量刑中发挥的作用并不大，更多的是数额之外的因素在无形中影响量刑。

早在 2007 年，有人通过对大量判例进行分析，得出如下结论：一是在

① 赵秉志：《贪污受贿犯罪定罪量刑标准问题研究》，《中国法学》2015 年第 1 期，第 42 页。

② 梁根林：《贪污受贿定罪量刑标准的立法完善》，《中国法律评论》2015 年第 2 期，第 164 页。

③ 梁根林：《贪污受贿定罪量刑标准的立法完善》，《中国法律评论》2015 年第 2 期，第 164 页。

我国贪污、受贿案件的量刑中，不均衡是绝对的、占主导的，均衡是相对的，占极少数的；二是我国贪污、受贿案件的量刑中存在贪污受贿数额大的量刑轻，贪污、受贿数额小的量刑反而重的违反罪责刑相适应原则和量刑规律、常识的严重情况；三是贪污、受贿案件的量刑中存在贪污受贿数额相同，量刑情况却差别较大和贪污、受贿数额相差不大，量刑却有天壤之别的情况；四是在我国贪污、受贿案件的量刑中，并没有严格遵循法律的规定，有一部分案件的判决突破了法律的界限，一些案件的判决保持了相当的克制和谦抑；五是在我国贪污、受贿犯罪案件的量刑中，人们无法预测贪污受贿多少会被判处无期、死刑或者死缓，我国的刑罚还保存着一种刑不可知则威不可测的神秘感。[①] 简单地说，司法实践中，贪污受贿案件量刑存在的问题主要是：量刑不均衡较为普遍，存在严重的违反罪责刑相适应原则和量刑规律、常识的现象，适用无期、死刑或者死缓具有不确定性，部分案件还突破数额界限，数额标准在其中起的作用并不大。既然数额发挥的作用不大，那只能说明数额之外的其他因素发挥主导作用。

其后，上述问题在司法实践中并没有得到有效解决。有学者对 2010 年陈绍基等 8 名省部级高官贪污受贿案的量刑加以研究，发现这些犯罪人均具备：没有法定的从宽量刑情节、受贿持续的时间长、案发后赃款大都被追缴、案发后大都能坦白自己的罪行、案发后认罪悔罪态度较好。这意味着，在其他情节基本类似的情况下，数额是决定量刑个别化的主要根据。然而，在涉案金额相差甚远的情况下，这 8 人却均被判处死缓。其中，陈绍基涉案金额最高，为 2959. 5 万元，米凤君涉案金额最低，为 628 万元，两者相差 4 倍有余。[②] 这表明，数额在这 8 起案件的量刑中几乎没有起到实质性作用，形同虚设。数额不同而量刑结果一致，只能说明其他因素（这些因素可能属于量刑情节，也可能并非量刑情节）影响了量刑。“立法对受贿犯罪体现的是严罚主义精神，受贿数额在 10 万元以上，就可以依法判处 10 年以上有期徒刑、无期徒刑，情节特别严重的，判处死刑。量刑与涉案数额相对应，具有非常刚性的量刑标准。但实务中，司法已通过一些

---

① 宋云苍：《贪污受贿案件量刑均衡问题研究》，《刑事法评论》第 19 卷，北京大学出版社，2007，第 372 ~ 379 页。

② 孙国祥：《受贿罪量刑中的宽严失据问题——基于 2010 年省部级高官受贿案件的研析》，《法学》2011 年第 8 期，第 139 ~ 141 页。

柔性的执法措施消减立法对贿赂犯罪量刑上的刚性，立法与司法脱节，形成对受贿犯罪量刑‘名严实宽’。”①

党的十八大以后，数额对贪污、受贿罪的量刑发挥的作用依旧十分有限。笔者通过对已判决的11起受贿案②加以分析，发现这些案件的犯罪情节大体相似，即存在如实交待犯罪事实，主动交待办案机关尚未掌握的部分受贿事实，配合办案机关追缴赃款，其受贿赃款全部或者大部分已追缴，在侦查、起诉、审判期间认罪态度好，有悔罪表现。在此情形下，数额理应与所判刑罚存在直接关系。遗憾的是，从裁判结果来看，很难得出所判刑罚与数额之间存在密切关联的结论（参见表1）。这主要表现在三个方面：一是涉案数额相近，量刑却差别很大。如王素毅涉案金额为1073万元被判处无期徒刑，李达球涉案金额为1095万元被判处15年有期徒刑，两者涉案数额相近，却连适用的刑种都不同，可谓差别巨大。二是涉案数额相差巨大，量刑却相同。如刘志军和周镇宏涉案数额分别是6460万元和2464万元，均被判处死缓；王素毅和刘铁男涉案金额分别为1073万元和3558万元，均被判处无期徒刑。三是涉案金额与量刑出现倒挂现象。如王素毅涉案金额为1073万元被判处无期徒刑，廖少华涉案数额1324万元却被判处15年有期徒刑；廖少华涉案金额为1324万元被判处15年有期徒刑，倪发科涉案金额却为1296万元被判处17年有期徒刑。

表1　十八大后11名省部级高官涉案金额及所判刑罚

姓名	年度	罪名	原职务	涉案数额	所判刑罚
黄胜	2013	受贿	山东省原副省长	1223万元	无期徒刑
刘志军	2013	受贿	铁道部原部长	6460万元	死缓
田学仁	2013	受贿	吉林省原常务副省长	1919万元	无期徒刑
王素毅	2014	受贿	内蒙古党委原常委	1073万元	无期徒刑
刘铁男	2014	受贿	国家发改委原副主任	3558万元	无期徒刑
周镇宏	2014	受贿	广东省委原常委	2464万元	死缓

① 孙国祥：《受贿罪量刑中的宽严失据问题——基于2010年省部级高官受贿案件的研析》，《法学》2011年第8期，第146页。

② 在这11起受贿案中，有的犯罪人可能涉嫌多个罪名。但是，笔者只统计判决中受贿数额、情节以及对受贿罪判处的刑罚，并不关涉其他犯罪，因而不影响本节的分析及观点和结论。

续表

姓名	年度	罪名	原职务	涉案数额	所判刑罚
李达球	2014	受贿	广西壮族自治区政协原副主席	1095 万元	15 年有期徒刑
廖少华	2015	受贿	贵州省委原常委	1324 万元	15 年有期徒刑
倪发科	2015	受贿	安徽省原副省长	1296 万元	17 年有期徒刑
季建业	2015	受贿	江苏省南京市原市长	1132 万元	15 年有期徒刑
陈安众	2015	受贿	江西省人大常委会原副主任	810 万元	12 年有期徒刑

弄清了司法实践中贪污、受贿罪量刑标准适用存在的问题后，就不难理解将情节增设为量刑标准并没有对症下药，因为司法实践适用数额外的量刑情节是一种普遍现象，在此情形下增设情节标准难以解决量刑不均衡等常见问题，其效果注定是有限的。相反，增设情节作为可选择性标准，将会进一步淡化数额在量刑中的作用。因为，在刑法以单一的数额作为量刑标准的前提下，贪污、受贿罪的量刑尚且时常置数额于不顾，那么将“情节”作为量刑标准，无疑为量刑的灵活性与弹性提供了法律依据，并告诉人们量刑可以突破数额限制。在司法实践中，其他因素对量刑的影响较之数额大，给人感觉量刑弹性有余而刚性不足，这也是贪污、受贿罪的量刑广泛被人们诟病的原因。例如，在司法实践中，职务犯罪判处缓刑比例高且随意的主要原因，就在于“人身危险性”和“社会危害性”缺乏刚性操作规则，导致法官的理解和掌握具有较大的随意性。① 如果说“草案使贪污受贿犯罪的定罪量刑标准具有较大的灵活性”②，那么实践表明这种灵活性完全没有必要，因为灵活性有余而原则性不足在司法实践中普遍存在。

二　不同类型量刑标准存在的问题及其根源

从司法实践中的情况来看，因量刑标准而滋生量刑公正问题的主要根源有二：一是量刑标准的绝对性；二是量刑标准的多样性与随意性。以单一的因素如数额等作为量刑绝对标准，会导致量刑刚性有余而弹性不足，难以充分实现量刑个别化，不能灵活适应司法实践的需要。以两个以上的

① 参见李琴、王小光《职务犯罪量刑轻缓化的实证分析——基于 24 个地区 34 家法院 210 份判决书样本的考察》，《中国刑事法杂志》2014 年第 4 期，第 123 页。

② 赖早兴：《贪污贿赂犯罪规定修正述评》，《学习论坛》2015 年第 4 期，第 76 页。

因素作为量刑标准意味着量刑标准具有多样性，且设置标准时可能出现随意性，导致量刑弹性有余而刚性不足，会滋生量刑不均衡与不一致，不利于实现量刑公正。

（一）一元绝对性标准存在的问题

所谓一元绝对性量刑标准，是指将某一因素作为量刑的绝对标准的情形。其特点是，量刑标准是唯一的、绝对的，量刑只能以之为依据，不具有可选择性。常见的一元绝对性量刑标准为数额、后果、损失等。《刑九》之前，以数额为量刑标准的贪污、受贿罪，采取的就是一元绝对性量刑标准。

学界对贪污、受贿罪量刑的数额标准，一直存在很大争议。不可否认，采取绝对的数额标准也是有其优点的，如为刑法规范解释和适用提供便利，并能增强司法的可操作性。[①] 但是，数额标准确实也存在不少问题：首先，数额标准会导致忽视其他因素在量刑中的作用，背离罪责刑相适应原则。“量刑标准难以准确、全面地反映犯罪的社会危害性，不利于实现刑罚公正。我国现行刑法典对贪污、受贿罪的不同量刑幅度大体上采用的是单纯数额标准，其他犯罪情节基本上没有在量刑上得到体现，这显然不利于法院在全面衡量犯罪的社会危害性程度的基础上准确量刑。”[②] “一般来说，对犯罪行为社会危害性的评价是综合性的，量刑是在对犯罪行为进行综合评价的基础上得出的判断，立法和司法上以犯罪数额作为评价贿赂犯罪社会危害性及刑罚适用的主要根据，忽视了影响评价贿赂犯罪社会危害性大小的其它因素，导致刑罚适用的不公正现象，因此，无法达到罪责刑相适应的原则要求。”[③] 其次，数额标准无法合理体现量刑差异。有学者认为，在单纯的数额标准下，无论是否提高起刑点都难以做到宽严相济。“这样规定存在标准单一、僵化，操作性不强等缺陷，量刑数额标准严重滞后于经济社会的发展，且没有考虑到经济发展水平的地区差异性，尤其是无法合理体现犯罪数额在量刑上的差别。”[④] 再次，数额标准可能导致变

---

① 参见赵秉志《贪污受贿犯罪定罪量刑标准问题研究》，《中国法学》2015 年第 1 期，第 35 页。

② 赵秉志：《论我国反腐败刑事法治的完善》，载《当代法学》2013 年第 3 期，第 54 页。

③ 焦占营：《贿赂犯罪法定刑评价模式之研究》，《法学评论》2010 年第 5 期，第 103 页。

④ 曾凡燕、陈伟良：《贪污贿赂犯罪起刑数额研究》，《法学杂志》2010 年第 3 期，第 133 页。

相抬高量刑标准。“由于司法实践变相抬高了贪污受贿定罪量刑的数额标准，致使‘有案不查、‘小案不立’现象在一定程度上广泛存在，出现了贪污受贿犯罪规制防线不断后移的尴尬局面，人民群众对此反应强烈，很难说有公平正义可言！”[①] 最后，数额标准不利于保障人权。贪污罪属于典型的贪利性的犯罪，如果在证明行为人是否构成犯罪的过程中，过于重视结果或者数额的大小，以致几乎无须证明行为人主观上非法占有的目的，则会滑向客观归罪，不利于保障人权。[②]

虽然说上述质疑的观点有过激之处，但总体而言是较为客观的。当数额在量刑中发挥绝对作用时，其数据化、格式化的要求确实会给量刑带来很多问题。在这方面，美国量刑指南的失败可谓教训深刻。在指南颁布后不久，联邦量刑指南的很多不足便体现出来。首先，量刑指南并没有得到有效遵循。从全国范围来说，背离指南量刑也很常见，甚至还呈现稳步增长态势。“在全国范围内，背离指南量刑范围的情形在过去的五年里稳步增长，现在大约占全部案件的36%。”[③] 其次，量刑过于刚性而导致罪刑失衡，因为量刑标准格式化、数据化会间接地导致忽视其他影响量刑的因素，对量刑公正反而造成消极影响。“该指南的基本设计，特别是它们的复杂度和刚度，将使得联邦量刑法律制度的创制与执行越来越失衡，抑制了更为公正、有效、高效的联邦量刑制度的发展。”[④] 再次，量化的量刑标准极大地限制了法官的主观能动性与创造性，导致作为“公证人”“会计”的法官逐渐沦落为机械执行法条的工具。“法官的作用在很大程度上局限在实际测定和基本的算术运算。……一个法官最近把他在量刑中的角色比喻成‘公证人’；另一个把新制度下的法官角色比喻成‘会计’。”[⑤]

对于数额标准的局限，有实务部门的同志主张通过提高起刑点解决问题。2009年10月，当时主管全国刑事审判工作的最高人民法院副院长张

---

① 赵秉志：《贪污受贿犯罪定罪量刑标准问题研究》，《中国法学》2015年第1期，第37页。

② 参见翟长玺《贪污罪的法定刑研究》，《河北法学》2002年第1期，第102页。

③ United States Sentencing Commission, Sourcebook of Federal Sentencing Statistics, figure G, 2001, p. 51.

④ "Principles for the Design and Reform of Sentencing Systems", *Federal Sentencing Reporter*, Vol. 17, No. 5, 2005, p. 341.

⑤ Kate Stith & José A. Cabranes, "Judging Under the Federal Sentencing Guidelines", *Northwestern University Law Review*, Vol. 91, No. 4, 1997, p. 1255.

军在中国人民大学法学院作题为“宽严相济刑事政策的司法适用”的演讲时表示，贪污贿赂案件起刑点应随经济发展而调整。该建议立即在公众中引起了巨大反响和激烈争议。① 客观地说，尽管可以通过提高或者降低起刑点等方式克服数额标准存在的一些问题，但其作用显然十分有限。仅仅依靠提高或者降低起刑点，数额标准固有的缺陷与不足，如量刑缺乏灵活性与弹性、使法官成为机械操作的工具等，不仅不会得到解决，相反，还会造成新的问题。“在中国的反腐败斗争形势依然严峻的情况下，不恰当地提高入罪数额，可能会向社会（包括潜在的腐败官员）释放出错误的信号，即小数额的贪贿行为不再以犯罪论处，甚至会得出小数额的贪贿行为是可以理解的和接受的错误结论。同时，中国民众对于腐败有着强烈的反感情绪，提高入罪数额可能会引发民众的质疑：中国到底是要进一步加大惩治腐败犯罪的力度还是相反？”②

不仅是数额，其他一元绝对性量刑标准尽管在性质上有所不同，但所存在的局限是相似的。如以损失、后果等作为绝对量刑标准，也存在忽视其他情节的作用、使法官成为机械的量刑工具等缺陷。总之，一元绝对性量刑标准的确存在不少问题，有必要加以修改。

（二）多元选择性标准存在的问题

正是基于绝对的数额标准的局限，《刑九》才将贪污（受贿）罪的量刑标准修改为数额与情节并列的二元标准。为了论述方便，笔者将这种类型的量刑标准称为多元可选择性量刑标准。所谓多元可选择性量刑标准，是指存在两个或两个以上的量刑标准，司法机关可以选择其中的一个或几个作为量刑标准。这种模式的量刑标准的特点是，量刑标准为两个或以上，且司法机关量刑时可以酌情选择不同的量刑标准。

就刑法分则规定来看，量刑标准可谓多种多样。在刑法分则规定中，常见的量刑标准主要有情节、数额、后果、损失等。对具体犯罪量刑而言，如何确定不同的量刑标准，这些标准之间究竟存在何种关系、是否协调，我国刑法历来不置可否、模糊对待，显得较为随意。有学者就指出，

---

① 事实上，在司法实践中早已有发达地区将贪污受贿罪的定罪量刑标准擅自提高的做法。笔者曾在南方某省发达地区工作过，将贪污受贿罪的定罪量刑标准拔高是该区域某些地方司法机关的惯常做法，有的甚至拔高至数万元之巨。

② 于志刚：《贪污受贿犯罪定罪数额的现实化思考》，《人民检察》2011 年第 12 期，第 81 ~ 82 页。

刑法分则对条文中“情节严重”“情节恶劣”“数额较大”的规定有一定的随意性，有些条文的规定相互之间缺乏协调性。[①] 例如，关于法定刑升格标准，吸收客户资金不入账罪是“数额特别巨大或者造成特别重大损失”，集资诈骗罪是“数额巨大或者有其他严重情节”。不仅如此，即使是同一犯罪量刑标准也会发生变化。例如，刑法修正案和司法解释对盗窃罪等的修改便是如此。

量刑标准的多样与随意，在贪污、受贿罪中表现得尤为明显。根据1979年刑法第155条规定，处5年以上有期徒刑的适用标准是贪污公共财物数额巨大且情节严重，无期徒刑或者死刑的适用标准是贪污公共财物情节特别严重。根据1979刑法第185条规定，法定刑升格的条件是“致使国家或者公民利益遭受严重损失”。根据刑法第383条之（三）规定，贪污罪有两种不同的量刑标准：“情节特别严重”是死刑的量刑标准，数额则是其他刑种和刑度的量刑标准。在《刑九》中，尽管将贪污、受贿罪量刑标准由一元的数额标准修改为二元的数额或情节标准，但也存在同样的问题。无期徒刑或者死刑的量刑标准是“数额特别巨大，并使国家和人民利益遭受特别重大损失”。适用无期徒刑则有两种不同标准，即“数额特别巨大或者有其他特别严重情节”与“数额特别巨大并使国家和人民利益遭受特别重大损失”。《刑九》还在刑法第383条中还增加了一款规定，即“对犯贪污、受贿罪，被判处死刑缓期执行的，人民法院根据犯罪情节等情况可以同时决定在其死刑缓期执行二年期满依法减为无期徒刑后，终身监禁，不得减刑、假释”[②]。不难发现，终身监禁作为《刑九》增设的一种特殊的无期徒刑，其适用标准是“犯罪情节等”。这意味着，终身监禁的适用标准是犯罪情节但又不限于犯罪情节，这显然与贪污、受贿罪的其他量刑标准不同。

量刑标准多样化与可选择化的弊端在于：首先，不同的标准适用不同的法定刑幅度，会让人觉得量刑标准不协调、不一致，影响司法的协调与统一，让人无所适从。其次，当出现多个定罪量刑标准或者其他相关因素时，会直接导致司法在选择适用量刑标准上出现随意与混乱，有损量刑的

① 参见段立文《试析我国刑法分则对犯罪结果和犯罪情节的不同规定》，《中南政法学院学报》1991年第3期，第63页。

② 陈丽平：《重特大贪污犯拟终身监禁》，《法制日报》2015年8月25日第2版。

均衡与一致。“草案除规定‘数额特别巨大，并使国家和人民利益遭受特别重大损失的，处无期徒刑或者死刑，并处没收财产’外，基本上回避了如何处理受贿数额与受贿情节的关系问题。亦即，如果受贿数额较大与受贿情节较重并存、受贿数额巨大与受贿情节严重并存、受贿数额特别巨大与受贿情节特别严重并存，刑法条文如何设计其法定刑，司法实务如何确定其宣告刑。迄今为止，无论是学界还是实务界似乎尚未找到妥当的解决办法。”① 再次，由于数额与情节是量刑的选择标准，无论选择哪个作为定罪量刑标准，都难以消除其所固有的缺陷与不足。只不过相对于单纯的数额标准或者情节标准而言，其缺陷与不足被分摊和稀释了。最后，量刑标准的多元与可选择，会大大增强量刑的灵活性与弹性，相应的，其原则性与刚性会被削弱，会纵容司法自由裁量权的滥用。尽管刑法几经修改，只要其所规定的量刑标准依旧存在多样性与可选择性，就难以在根本上解决问题。由此看来，尽管《刑九》的初衷是试图通过完善贪污受贿罪的量刑标准使量刑更公正，由于并未彻底解决所存在问题，其立法效果将大打折扣。

（三）多元并合性标准存在的问题

除了上述两种基本类型外，还存在多元并合性量刑标准，即规定两个或两个以上量刑标准且要求并合适用作为量刑的依据。例如，1979 年刑法规定犯贪污罪数额巨大且情节严重处 5 年以上有期徒刑，《刑九》规定“数额特别巨大并使国家和人民利益遭受特别重大损失处无期徒刑或者死刑”的量刑标准，均属于将两个量刑标准并合适用作为量刑依据的情形。与一元标准不同的是，多元并合性量刑标准增加了其他量刑标准，因而所考量的因素要多些，能够避免一元标准的某些不足。与多元可选择量刑标准不同的是，多元并合性量刑标准要求两个或两个以上量刑标准同时适用，而不是选择其中之一作为量刑依据。多元并合性量刑标准的缺陷与一元标准存在类似之处，如毕竟两个或几个标准是有限的，因而容易忽视其他量刑因素；受制于量刑标准，法官的主观能动性受到约束，等等。

最后，需要指出的是，在上述多元量刑标准中，有时会将情节与其他量刑因素混合使用，使得它们之间的关系扑朔迷离。例如，《刑九》将数

① 梁根林：《贪污受贿定罪量刑标准的立法完善》，《中国法律评论》2015 年第 2 期，第 165 页。

额和情节作为可选择性标准，1979年刑法就将数额巨大且情节严重作为贪污罪处5年以上有期徒刑的并合标准。这让人不得不产生这样的疑问：情节与其他量刑因素究竟是并列关系还是种属关系？显然，情节与其他量刑因素不是并列关系而是种属关系。量刑情节属于种概念，应当包含所有影响量刑的因素，数额、后果、损失等只是影响量刑的情节之一。“量刑情节是指刑法明文规定或者司法机关酌情确定的定罪事实以外的，体现犯罪严重程度，据以决定对犯罪人是否处刑以及处刑轻重的各种事实情况。”①作为种概念，情节统领其他量刑因素，在整体上发挥加重、减轻与免除刑罚的功能。“然而立法者在确定法定刑时，只是针对某一性质的犯罪之一般情况，而不可能反映该犯罪的一切情况。因此为兼顾具体案件中可能出现的特殊情况，不可避免地要规定可以超越法定刑幅度量刑的一些特殊情况。量刑情节这种变更法定刑的功能包括加重功能、减轻功能与免刑功能。”② 从这一点来看，如《刑九》那样将数额与情节作为犯罪可选择或者并合的量刑标准，等于是将种概念与属概念放在一起选择或者并合运用，这是存在问题的。将属概念与种概念选择或者并合运用不但欠妥，还会造成以下弊端：选择数额或者后果等作为量刑标准，意味着排除了其他量刑因素；而选择情节则可以综合使用除与其并列或者并合的因素以外的其他一切因素，这将会造成决然不同的效果，影响公正量刑。

三　量刑应实行定量与自由裁量并行

定量与自由裁量并行，是指量刑既要以特定的量度为依据，又要允许司法自由裁量，做到定量与自由裁量相结合。定量中的“量”，是指所有可以量化的情形。财物的数额，枪支、弹药、毒品等的数量，是典型的定量因素。除此之外，可以个别化、特定化的因素也属于量化情节，如严重损失、严重后果、入户等。自由裁量，是指司法对所有影响刑罚轻重的因素拥有酌情裁量的权力。通常，特定的量度是由刑法明确规定的，属于法定量刑情节，而没有被刑法规定的影响量刑的因素属于酌定量刑情节，一般司法对之拥有自由裁量权。定量与自由裁量并行的量刑模式又被称为双轨制量刑模式，即法定量刑情节走量刑指南的定量路线，而酌定量刑情节

① 陈兴良：《规范刑法学（上）》，中国人民大学出版社，2008，第337～338页。

② 陈兴良、莫开勤：《论量刑情节》，《法律科学》1995年第2期，第45页。

则走偏离量刑指南的自由裁量路线。①

如前所述，量刑情节的多元化与不确定化会纵容司法自由裁量权，极大地损害量刑的原则性与刚性，影响刑法的安定性与可预测性。量刑情节的绝对化、数据化则很容易会使刑法在评价行为时陷入形式化、机械化的窘境，严重影响刑法适用的灵活性与弹性，不利于贯彻罪刑相适应原则。“实践证明，过于放纵司法自由裁量权以追求量刑个别化以及过于限制司法自由裁量权以实现量化量刑，均不利于量刑公正。”② 量刑双轨制则既设置典型的量化情节，使量刑在一般情形下有原则性、刚性的量刑依据，又允许司法自由裁量，以便在出现其他特别量刑情节时，允许法官酌情自由裁量。这样就能有效避免量化标准与不确定标准的缺陷与不足，使量刑的原则性与灵活性、刚性与弹性得以充分体现，最大程度地实现量刑公正。

量刑需要定量标准，以保持必要的原则性与刚性，只有这样才能使量刑实现应有的均衡与一致。必须承认，许多犯罪的社会危害程度往往是通过数额等量化因素反映出来的。“贪污与其他渎职性犯罪的不同在于它是以占有财物为行为方式的渎职行为，贪污罪中的数额，反映了行为人的行为所造成的物质损失，这直接反映了该项行为的社会危害性。”③ 而且，在一般情况下，这些犯罪会涉及数额等量化因素，如数额之于财产犯罪，数量之于枪支、弹药犯罪和毒品犯罪，因而通过数额等量化因素能够揭示其社会危害程度。如财物数额就能基本反映财产犯罪的社会危害程度，毒品数量也能基本上反映毒品犯罪的社会危害程度。既然特定的量化因素能够揭示犯罪的社会危害性，那么以之作为量刑的一般标准可谓实至名归。再加上量化标准易于司法操作，可以防止滥用司法自由裁量权，能够体现量刑的明确性，因而有助于刑法的安定性与可预测性。此外，由于量化因素的存在，对相同案件或者相似案件只能加以同等或者相似处罚，这是有利于实现量刑均衡与刑法面前人人平等原则的。毕竟，同等犯罪同等惩罚与同等被害同等保护，都是平等的应有之义。④

量刑有赖于司法自由裁量，首先是基于灵活适用酌定量刑情节、实现

① 参见简基松《防范量刑偏差之理路》，《中国法学》2009 年第 6 期，第 93 页。

② 彭文华：《布克案后美国量刑改革的新变化及其启示》，《法律科学》2015 年第 4 期，第 132 页。

③ 董邦俊：《贪污罪的数额解析》，《法学论坛》2006 年第 3 期，第 117 页。

④ 白建军：《同案同判的宪政意义及其实证研究》，《中国法学》2003 年第 3 期，第 133 页。

量刑公正的需要。“自由裁量权是一种强大的工具。它可以是一个滑溜溜的、模糊的概念，但它对实际结果非常重要。自由裁量权能灵活地达成一个公平的结果，使正义得到实现。”① 与定罪相比，量刑需要考虑的情节更多。“与定罪主题相关的判例法相对少些，因为定罪规则相对简单。然而，量刑阶段需要引用的判例法数量巨大，因为量刑判例很少有黑白规则。”②因此，较之定罪，量刑需要酌情考虑的情节更多，不必拘泥于与犯罪事实有关的情节以及刑法规定的量刑情节。否则，将可能影响量刑的价值评价，不利于量刑公正。“如果局限于‘以事实为根据，以法律为准绳’，必将无视诸多价值评价因素的客观存在，导致量刑的价值判断在一定程度上缺失，不利于实现量刑公正。”③ 酌定量刑情节与法定量刑情节一样，对裁量刑罚也发挥直接作用，两者相互配合才能使审判人员做出公正、合理的刑罚裁量。没有法定量刑情节的场合，酌定量刑情节便成为量刑时主要考虑的情节，在某些情况下酌定情节对量刑所起的作用可能会超过某些法定情节。④ 其次，量刑有赖于司法自由裁量权是由其自身特征决定的。量刑要想实现公正，离不开方式与方法、规则与标准等的选择，而不同的选择需要借助司法自由裁量权。“法官对事实认定没有自由裁量权，对法律裁决没有自由裁量权。但是，当需要作任何必要的事实认定和任何必要的法律裁决时，他必须在手段、规则、惩罚和赔偿的不同选项中作出选择，他需要运用自由裁量权。”⑤

量刑双轨制与多元量刑标准模式有所不同：首先，多元可选择性量刑标准虽然设置两个以上的量刑标准，但适用时只能选择其一，不能综合其他情节适用，因而量刑标准具有封闭性。量刑双轨制是将数额等量化情节与其他量刑情节综合起来酌情适用，而不是选择其中之一作为量刑依据，这样能使量刑标准兼具封闭性与开放性，能适应不同情形下对不同犯罪量刑的需要。其次，多元并合性量刑标准设置了两个以上的量刑标准且并合

① Sarah M. R. Cravens, “Judging Discretion: Contexts for Understanding the Role of Judgment”, *University of Miami Law Review*, Vol. 64, No. 3, 2010, p. 948.

② Meredith Hammers, Bifurcated, “Criminal Trials: A New Mandate Without Guidance”, *UMKC Law Review*, Vol. 72, No. 4 (2004), p. 1141.

③ 彭文华：《量刑的价值判断与公正量刑的途径》，《现代法学》2015 年第 2 期，第 106 ~ 107 页。

④ 参见马克昌主编《刑罚通论》，武汉大学出版社，1999，第 362 ~ 363 页。

⑤ Bingham, “The Discretion of the Judge”, *Denning Law Journal*, Vol. 5, No. 1, p. 28.

适用，这在一定程度上也会排除其他情节的适用，因而量刑标准具有一定的封闭性。同时，由于多个量刑标准必须不分场合同时适用，这就很难适应不同情形下对不同犯罪加以区别量刑。量刑双轨制则不然。定量与自由裁量既可以单独运用，也可以综合运用，具体如何运用完全根据现实情况的需要。因此，不同的量刑标准可以适应不同场合，保证量刑能适应形形色色的犯罪需要，且能对不同犯罪酌情作出不同的刑罚裁量。

量刑实行定量与自由裁量并行是美国量刑改革的经验总结。20 世纪前半叶，英美法系国家量刑基本奉行个别化与矫正刑，康复思想大行其道，自由裁量权备受推崇。1932 年美国联邦最高法院就宣称："在每个案件中有必要考虑个别化，要为特殊情境下每位犯罪人提供细心、人道和综合的考虑，这只有在行使广泛的自由裁量权时才可能达到。"① 崇尚自由裁量权的前提，无疑是量刑标准具有可选择性与不确定性，可供法官酌情而定。20 世纪 60 年代以来，刑罚个别化与康复医疗逐渐成为众矢之的，人们要求刑罚改革的呼声越来越强烈。"出于对极度的酌定量刑实践导致的差异和歧视的疑虑，受不断增长的犯罪率和对整个惩罚和矫正康复模式的强烈批评所激发，许多刑事司法专家提出改革以求量刑具有更大的一致性和确定性。"② 1984 年，美国国会通过量刑改革法案，并创立了美国量刑委员会。1987 年，通过对量刑规则和标准予以格式化、数据化，美国颁布了联邦量刑指南。美国量刑指南的鲜明特征是量化与格式化。"量刑表是一个二维网格，纵坐标是现行犯罪的严重性，横坐标是被告人的犯罪历史。指南计算的目的是确定犯罪和犯罪历史的范畴，综合起来便在网格体中产生交叉点。每一个交叉点指明的量刑幅度以月来表示。"③ 量刑时，在考虑犯罪性质、受犯罪行为影响的利益等基础上，将所有影响量刑的情形综合起来，就可以推导出量化、确定的刑罚。然而，量刑指南施行后并没有达到实现量刑均衡与一致的目的，反而引发许多问题。"该指南的更重要的目

① Jelani Jefferson Exum, "Why March to A Uniform Beat? Adding Honesty and Proportionality to the Tune of Federal Sentencing", *Texas Journal on Civil Liberties & Civil Rights*, Vol. 15, No. 2, 2010, p. 145.

② Douglas A. Berman, "Foreword: Beyond Blakely and Booker: Pondering Modern Sentencing Process", *the Journal of Criminal Law & Criminology*, Vol. 95, No. 3, 2005, p. 655.

③ Frank O. Bowman, "the Failure of the Federal Sentencing Guidelines: A Structural Analysis", *Columbia Law Review*, Vol. 105, No. 4, 2005, pp. 1324 - 1325.

标是消除量刑程序、培养司法偏见和造成毫无根据的量刑偏离。”2005 年，在强制施行 19 年后，美国量刑指南被联邦最高法院宣布强制性无效，改为参考施行。量刑指南的强制性失效后，美国量刑改革既没有回到崇尚司法自由裁量权的模式，也没有固守量化模式，而是选择了一种定量与自由裁量并行的中间模式。“短短的几十年来，量刑法官的司法自由裁量权从实际上不受限制，到几乎完全受到约束，再到似乎介于二者之间的状态。”①

量刑实行定量与自由裁量并行也是我国量刑改革的经验总结。早先我国的量刑实践严重依赖于法官自由裁量，这从刑法的相关规定即可得到证实。例如，1979 年刑法就使用了较多的概括性、评估性用语，对司法酌情自由裁量依赖严重。“旧刑法对犯罪构成要件的规定比较简单，多处使用‘等’、‘其他’之类难以限定范围的用语，过多地将‘情节严重’、‘情节恶劣’作为构成要件，对法定刑升格的条件没有具体规定等，这些都是主观主义所赞赏、而为客观主义所反对的。”② 过于依赖司法自由裁量权难免会导致滥用，不利于量刑公正，故 1979 年刑法招致不少诟病。1997 年修改刑法时，为了避免定罪量刑过于依赖司法自由裁量权，对许多量刑情节进行了量化，如对抢劫罪的加重处罚就明确规定了八种具体情节。伴随着刑法的客观化，量刑上也出现了客观主义倾向，其用意应当说是良好的，即避免司法自由裁量权滥用而导致量刑不均衡与不一致。问题在于，侧重客观化也会引起量刑过度追求量化的现象，这在理论界与实务界均有先例。如有学者就提出了电脑量刑③，甚至还主张量刑要精确制导④。山东某基层法院甚至研制出电脑量刑软件系统，只要把被告人的犯罪情节输入电脑，就可以算出应判的刑期。电脑量刑无疑由一个极端走向另一个极端，既不可取也不可行。毕竟，电脑量刑属于典型的运用现代科技进行规则武断的量刑模式，在抹杀量刑个别化差异的同时，也不可能实现量刑公正。事实上，审判制度在本质上没有必要完全排除法官的心证、裁量以及平衡感觉，电脑不可能完全取代人脑，电脑软件只可以在有限的范围内取代法

---

① Jelani Jefferson Exum, “Why March To A Uniform Beat? Adding Honesty and Proportionality to the Tune of Federal Sentencing”, *Texas Journal on Civil Liberties & Civil Rights*, Vol. 15, No. 2, 2010, pp. 148, 150.

② 张明楷：《新刑法与客观主义》，《法学研究》1997 年第 6 期，第 95 页。

③ 赵廷光：《〈电脑辅助量刑系统〉的一般原理》，《中国法学》1993 年第 5 期。

④ 赵廷光：《论量刑精确制导》，《现代法学》2008 年第 4 期，第 89 页。

官的酌情判断、适当限制主观判断的任意性，而不必彻底否定审判主体的自由裁量权。[1] 此后，无论是理论界还是实务界，在对待量刑的态度上逐渐归于理性，量刑避免过度纵容司法自由裁量权与过于量化，崇尚定量与自由裁量并行的双轨制量刑模式得到越来越多人的肯定。

特别值得提出的是，定量与自由裁量并行的双轨制量刑模式得到了我国司法机关的赞同和推广。2014 年，由最高人民法院颁布并在全国全面推行的《关于常见犯罪的量刑指导意见》（以下简称“《指导意见》”）采纳的就是双规制量刑模式：一方面，《指导意见》强调量刑“该宽则宽，当严则严，宽严相济，罚当其罪”，并通过对常见量刑情节以及常见犯罪的量刑采取量化、数据化的方式，限制司法自由裁量权，防止量刑偏差。另一方面，《指导意见》又强调“量刑要客观、全面把握不同时期不同地区的经济社会发展和治安形势的变化，确保刑法任务的实现”，这给法官自由裁量留下了充分余地。《指导意见》还明确规定要“实现惩罚与预防犯罪的目的”“确保裁判法律效果和社会效果的统一”。而强调法律效果与社会效果的统一，意味着量刑时既需要对法定量刑情节适度定量，也应该根据社会需要对酌定量刑情节实行自由裁量，体现的是定量与自由裁量相结合的新型量刑模式。

（苏州大学王健法学院教授　彭文华
山东大学法学院博士研究生　蒋太珂）

① 参见季卫东《电脑量刑辩证观》，《政法论坛》2007 年第 1 期，第 126 页。

第三节

贪污、受贿犯罪后情节适用的规范化

一 问题的提出

贪污、受贿犯罪量刑不均衡现象突出，一方面是由于“固化的数额标准”导致贪污、受贿罪罪刑关系架构失衡，而另一方面，量刑情节尤其是犯罪后情节适用的不规范也是造成贪污、受贿量刑不均衡的一个重要原因。一般而言，犯罪后情节体现了被告人对其罪行的认识程度以及再犯可能性大小，是影响贪污、受贿犯罪量刑的重要事实因素。有的犯罪后情节体现了犯罪人主观恶性或者人身危险性的大小，而有的则可能作为衡量一般人犯罪可能性大小的标志。因此，无论是从刑罚目的性原则的双重要求来看，还是从量刑公正性原则所要求的刑罚与主观恶性相适应来看，犯罪后情节都是量刑时不可避免地应该考虑的因素。①

笔者通过对200例贪污、受贿案件的实证分析，发现犯罪后情节在所有量刑情节适用中占有绝对比重，是影响贪污、受贿罪量刑的关键情节。在100例贪污案件中，有98例包含犯罪后情节，共计200个情节；15例包含其他情节，共计17个情节。另外，在100例受贿案件中，97例含有犯罪后情节，共计208个情节；另有1例包含从犯情节。如表1所示。

自首、立功、坦白、认罪悔罪、退赃退赔等作为法官在量刑时考虑的重要情节事实，不仅广泛存在于贪污受贿犯罪的量刑实践之中，而且对惩处结果的影响较大。《刑法修正案（九）》对贪污、受贿犯罪的法定刑做了大幅度的调整，那么在新的罪刑关系架构下，如何适用这些犯罪后情节才

① 参见邱兴隆、许章润《刑罚学》，中国政法大学出版社，1999，第258页。

能从最大程度上确保贪污、受贿犯罪量刑均衡的实现，是本节研究的重点。

表 1　贪污、受贿量刑情节分析

单位：个

犯罪后情节	自首	坦白	立功	退赃退赔	认罪、悔罪	犯罪后情节总数	犯罪后情节适用比例
贪污案件数	38	30	3	85	44	200	92.17%
受贿案件数	55	34	13	89	17	208	99.52%
其他情节	从犯	初犯	前科			其他情节总数	其他情节适用比例
贪污案件数	6	7	4			17	7.83%
受贿案件数	1	0	0			1	0.48%

二　贪污、受贿常见犯罪后情节及其在适用中存在的问题

（一）贪污、受贿常见犯罪后情节及其适用规则

贪污受贿常见犯罪后情节既包括被告人积极配合刑事司法活动的事实，比如自首、立功、坦白、当庭自愿认罪、退赃退赔以及采取措施消除或者减轻危害后果等，也可能是抗拒抵赖，毁证灭赃，不配合刑事司法活动的事实。相较于被告人对司法活动不配合的行为表现，被告人积极配合的，表明其预防必要性小，对其处罚也相对较轻。

1. 自首

在收集的判决样本中，贪污和受贿罪自首情节的适用率分别为 38% 和 55%，适用比率高。被告人有无自首情节，其量刑结果差别十分明显。判决样本中有这样三起贪污案件：同样是贪污 4 万元的两起案件，且都只有自首情节，其中一起宣告刑为有期徒刑 1 年 6 个月，缓刑 2 年，而另外一起宣告刑则为 3 年，缓刑 3 年。可以看出，自首情节从宽幅度的差异较为明显。再看一起案例，被告人贪污 8 万余元，同样只有自首情节，最终判罚结果为 2 年 6 个月，缓刑 2 年 6 个月，比前述贪污 4 万元判处 3 年的案件轻。

当前，为了更好地体现惩办与宽大相结合的刑事政策，我国刑事司法加大对自首犯的从宽处罚力度。《刑法》第 67 条对自首的认定以及从宽处罚幅度做出原则性的规定："犯罪以后自动投案，如实供述自己的罪行的，

是自首。对于自首的犯罪分子，可以从轻或者减轻处罚。其中，犯罪较轻的，可以免除处罚。”除此之外，两高《关于办理职务犯罪案件认定自首、立功等量刑情节若干问题的意见》《关于办理受贿刑事案件适用法律若干问题的意见》以及最高人民法院《关于常见犯罪的量刑指导意见》[下称《量刑指导意见》（2014）][①] 等司法解释和规范性文件也都对贪污、受贿犯罪案件中自首情节的适用予以细化。

对于具有自首情节的被告人能否从宽以及从宽的幅度，必须进行实质判断。[②] 根据有关自首情节适用的规范性指导意见，自首是否从宽，是从轻、减轻抑或免除处罚，取决于罪行的轻重和自首情节本身：（1）罪行轻重：决定责任刑的有关事实；（2）自首情节：自首的动机、时间、方式、如实供述罪行的程度以及悔罪表现等。

2. 立功

在收集的判决样本中，分别有 3 起贪污案件、13 起受贿案件包含立功情节。我国《刑法》明确了立功作为法定从宽处罚情节的地位和功能。根据《刑法》第 68 条的规定，立功行为具体表现在：（1）揭发他人犯罪行为，查证属实的；（2）提供重要线索，从而得以侦破其他案件等立功表现的。因此，法官在认定被告人是否成立立功情节时，应当围绕这两个实质标准予以判断。立功与自首情节一样，都是多功能从宽处罚情节。一般立功的，可以从轻或者减轻处罚；而对于重大立功的，可以减轻或者免除处罚。那么对于具有立功情节的被告人能否从宽以及从宽的幅度，需要法官依据罪行的轻重，结合立功的大小、次数、内容、来源、效果等，综合判断确定从宽的幅度。[③]

3. 坦白

在收集的判决样本中，有 30 起贪污案包含坦白情节，34 起受贿案

---

① 关于自首情节的适用，《量刑指导意见》（2014）规定：对于自首情节，综合考虑自首的动机、时间、方式、罪行轻重、如实供述罪行的程度以及悔罪表现等情况，可以减少基准刑的 40% 以下；犯罪较轻的，可以减少基准刑的 40% 以上或者依法免除处罚。恶意利用自首规避法律制裁等不足以从宽处罚的除外。

② 参见张明楷《论犯罪后的态度对量刑的影响》，载《法学杂志》2015 年第 2 期。

③ 关于立功情节的适用，《量刑指导意见》（2014）规定：对于立功情节，综合考虑立功的大小、次数、内容、来源、效果以及罪行轻重等情况，确定从宽的幅度。（1）一般立功的，可以减少基准刑的 20% 以下；（2）重大立功的，可以减少基准刑的 20% ~50%；犯罪较轻的，减少基准刑的 50% 以上或者依法免除处罚。

包含坦白情节。长期以来，坦白是以酌定情节形式出现在我国刑事司法实践中的。《刑法修正案（八）》将坦白情节予以法定化，规定：“犯罪嫌疑人虽不具有前两款规定的自首情节，但是如实供述自己罪行的，可以从轻处罚；因其如实供述自己罪行，避免特别严重后果发生的，可以减轻处罚。”

认定坦白的基本条件是犯罪人被动归案后能如实交待已被司法机关掌握的犯罪事实，并伴有认罪、悔罪的诚意。认定坦白情节，应当结合自首关于“如实供述自己罪行”的内涵来认定，且对“如实供述自己罪行”的掌握，不能低于自首对此的要求。这是因为，相对于坦白，自首所反映的被告人的主观恶性更轻。如果对“如实供述自己罪行”的掌握轻于自首，则会出现主观恶性更轻的量刑情节要求更为严格，主观恶性更重的量刑情节却要求更为宽松的问题，从而导致对刑罚适用的失衡。①

关于坦白情节从宽幅度的把握，有学者指出应当根据坦白的早晚、坦白的动机、坦白的彻底性三个方面衡量坦白的程度并决定从宽的幅度。②《量刑指导意见》（2014）则进一步细化为：综合考虑如实供述罪行的阶段、程度、罪行轻重以及悔罪程度等情况，确定从宽的幅度。③

4. 当庭自愿认罪

在收集的判决书样本中，没有出现被告人当庭自愿认罪这样的文字表述。但是，在贪污罪样本中有44例、受贿罪案件中有17例出现认罪、悔罪的表述。“认罪”是指犯罪人出于悔改或者认错的心理而明示或默示承认自己已经做出某种带有犯罪性恶劣行径的行为。“悔罪”意味着被告人对自己犯罪行为的后悔、悔恨，表明被告人以后不愿意再次实施相同的犯罪行为。④ 在我国刑事司法实践中，认罪从宽处罚是一个原则

① 皇甫长城：《从实质意义上认定“坦白”》，载《检察日报》2011年6月1日。

② 蒋明：《量刑情节研究》，中国方正出版社，2004，第181页。

③ 关于坦白情节的适用，《量刑指导意见》（2014）规定：综合考虑如实供述罪行的阶段、程度、罪行轻重以及悔罪程度等情况，确定从宽的幅度。（1）如实供述自己罪行的，可以减少基准刑的20%以下；（2）如实供述司法机关尚未掌握的同种较重罪行的，可以减少基准刑的10%～30%；（3）因如实供述自己罪行，避免特别严重后果发生的，可以减少基准刑的30%～50%。

④ 参见张明楷《论犯罪后的态度对量刑的影响》，载《法学杂志》2015年第2期。

性的规定，无论是自首、坦白还是当庭自愿认罪，均是一种认罪表现。[①]那么，将自首、坦白、当庭自愿认罪再与认罪态度共同适用，是否有重复评价之嫌？同样的，在适用自首、坦白、立功、退赃退赔情节对被告人从宽处罚时，悔罪程度作为重要的衡量因素，已融入这些情节的适用之中，如果再将悔罪态度作为单独的评价因素，也有重复评价之嫌。因此，对于判决书中出现的被告人认罪、悔罪态度，应当作为统领犯罪后情节的一个形式上的表述，不宜再作为独立的从宽处罚事由。当庭自愿认罪作为法官在量刑时酌定考虑的情节，不仅具有诉讼法上的意义，而且具有实体法的重要内容。对此，《量刑指导意见》（2014）明确规定："对于当庭自愿认罪的，根据犯罪的性质、罪行的轻重、认罪程度以及悔罪表现等情况，可以减少基准刑的10%以下。依法认定自首、坦白的除外。"

5. 退赃退赔

在判决样本中，分别有85起贪污案件、89起受贿案件涉及赃款赃物情节事实。可以看出，赃款赃物退还、退赔以及追缴情节事实适用率高，对贪污、受贿量刑的影响较大。

关于退赃退赔从宽处罚的依据，有学者认为，事后积极退赃、赔偿损失与积极挽回损失的行为，既可能使特殊预防必要性减少，也可能使一般预防必要性减少，而对于行为人犯罪后为逃避刑事责任而隐瞒事实、毁灭证据与负案潜逃属于犯罪后的常态，不能成为增加预防刑的情节。[②] 被告人对赃款赃物的态度一方面反映了被告人积极采取措施补救和修复被犯罪所侵害的社会关系，另一方面体现了被告人对刑事司法活动的积极合作态度。

贪污、受贿案件赃款赃物情节根据被告人是否主动参与，可以分为两类：一类是有被告人或其亲友参与，且占据主动地位的诉讼活动模式——退赃退赔，另一类是被告人没有参与或者仅予以配合，由国家司法机关主动进行的诉讼活动模式——追赃。无论是被告人积极参与的退赃退赔，还是没有被告人参与的追赃，赃款赃物的收缴均体现了对犯罪所侵害社会关系的修复效果。在被告人主动参与、积极退赃退赔的情形下，收缴赃款赃

① 参见张阳《论"认罪从宽"处罚幅度的理性设置》，载《公民与法》2009年第4期。

② 参见张明楷《论犯罪后的态度对量刑的影响》，载《法学杂志》2015年第2期。

物的效果取决于被告人对于刑事司法活动的积极合作态度，而在没有被告人参与的情况下，追赃的效果则主要取决于司法机关的追赃力度。因此，在司法适用中应当有所区别。一般认为，被告人积极退赃退赔反映其认罪、悔罪的态度好，对其从宽处罚程度要大于没有被告人参与的追赃。司法实践中出现了只要赃款追回的，都一概视为有退赃表现，而不再细究犯罪分子（或其家属）在赃款追缴过程中的主观态度或者实际作用的现象。这种只问结果不问过程的做法，客观上导致了一些职务犯罪分子被不当从轻处罚。①

关于退赃退赔，被告人态度对量刑的影响主要体现在：（1）退赃退赔程度。赃款赃物是全部、大部分还是部分被退回，影响对被告人的量刑；（2）退赃退赔的时间。一般认为，在刑事诉讼活动中行为人退赃退赔的时间越早，表明认罪、悔罪程度越深，积极配合刑事司法活动的意愿越明显；（3）退赃退赔的主动程度。被告人是基于认罪、悔罪主动退赃还是被动退赃，在量刑时应当有所区分。

关于追赃，影响被告人量刑的主要因素存在于以下两个方面：（1）追回赃款赃物的数额。赃款赃物是否被被告人挥霍殆尽，决定了修复性效果能否实现以及实现的程度。2009 年两高《关于办理职务犯罪案件认定自首、立功等量刑情节若干问题的意见》区分贪污、受贿罪追缴从宽处罚的幅度。其中，贪污案件中赃款赃物全部或者大部分追缴的，一般应当考虑从轻处罚；而对于受贿案件中赃款赃物全部或者大部分追缴的，视具体情况可以酌定从轻处罚；（2）被告人协助追赃的态度。在追赃过程中，被告人是否进行协助以及协助的程度等都是法官在量刑时酌定考虑的因素。两高《关于办理职务犯罪案件认定自首、立功等量刑情节若干问题的意见》同样指出，犯罪分子在办案机关追缴赃款赃物的过程中积极配合的，在量刑时应当与办案机关查办案件过程中依职权追缴赃款赃物有所区别。

（二）贪污、受贿常见犯罪后情节在适用中存在的问题

通过对上述 200 起贪污、受贿判决样本的分析，发现常见犯罪后情节在适用中存在的问题主要集中在这三个方面：情节认定混乱；情节从宽处罚幅度的判断和选择无序；情节竞合时重复评价。

---

① 刘为波：《〈关于办理职务犯罪案件认定自首、立功等量刑情节若干问题的意见〉的理解与适用》，载《人民司法》2009 年第 9 期。

1. 犯罪后情节认定混乱

关于自首、立功、坦白、当庭自愿认罪以及退赃退赔情节的认定，虽然已有相应的法律、司法解释或者规范性指导文件做出明确而细致的规定，但是从贪污、受贿犯罪的判决样本来看，情节认定的混乱仍然是影响犯罪后情节适用的关键问题之一。比如，在个案实践中，不时会产生错误适用法律这样的问题。两高《关于办理职务犯罪案件认定自首、立功等量刑情节若干问题的意见》（以下简称《意见》）规定办案机关采取调查措施期间，被告人如实供述的不能认定为自首。那么，在纪检部门采取调查措施期间已经掌握其犯罪事实的，即便被告人如实供述，也不能认定为具有自首情节。在判决样本中有这样一起案例。被告人牙某为村党支部书记，在协助政府为农户办理最低生活保障金过程中，利用职务便利多次侵吞国家发放给低保户的资金。其中几次侵吞被县纪委调查核实，并将款物返还（该款项已达5000元以上）。法院仍最终认定被告人主动到检察机关投案，如实供述其犯罪事实，并认定全案自首。法官在认定被告人自首过程中并未将已被纪委调查核实部分贪污数额扣除，而是认定全案自首，不符合《意见》的规定。

2. 犯罪后情节从宽幅度的选择和判断无序

认定犯罪后情节之后，法官要综合考量被告人的罪行以及量刑情节，判断被告人预防必要性大小，并进而决定从轻、减轻还是免除处罚。在贪污、受贿犯罪量刑实践中，犯罪后情节从宽幅度适用无序主要体现在以下几个方面：

第一，自首情节适用减轻处罚功能的比率高，在个案中存在不规范现象。

自首情节是一个多功能量刑情节，具有从轻、减轻甚至免除刑罚处罚的功能。在自首情节的适用中，出现了贪污、受贿犯罪案件减免处罚情节的适用优于从轻处罚情节的倒挂现象。换言之，法官适用自首情节量定贪污受贿犯罪刑罚时多数选择了自首的减轻、免除处罚功能。

在贪污罪的判决样本中，存在自首情节的案件共有38个。适用减免刑罚功能的共计20例，占所有自首情节的52.63%。其中，适用减轻功能的18例，占所有自首情节的47.37%，适用免予刑事处罚功能的2例，占比5.26%。如图1所示：

在受贿罪的判决样本中，存在自首情节的案件共有55例。其中，适用

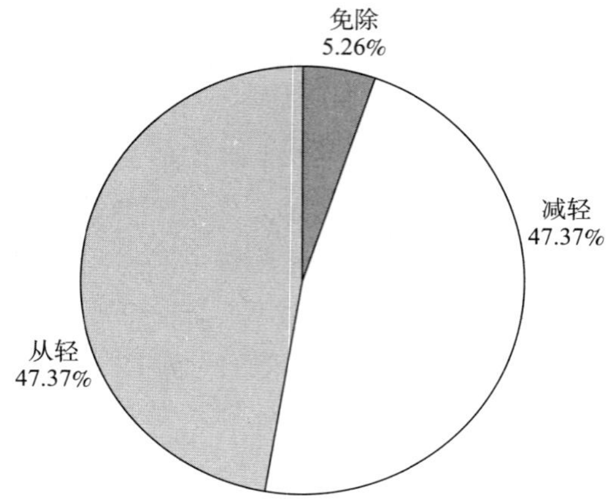

图 1　贪污罪自首情节适用

减免刑罚功能的有 52 例，占所有自首情节的 94. 55%；适用减轻功能的 39 例，占所有自首情节的 70. 91%；适用免予刑事处罚功能的 13 例，占比 23. 64%，如图 2 所示。

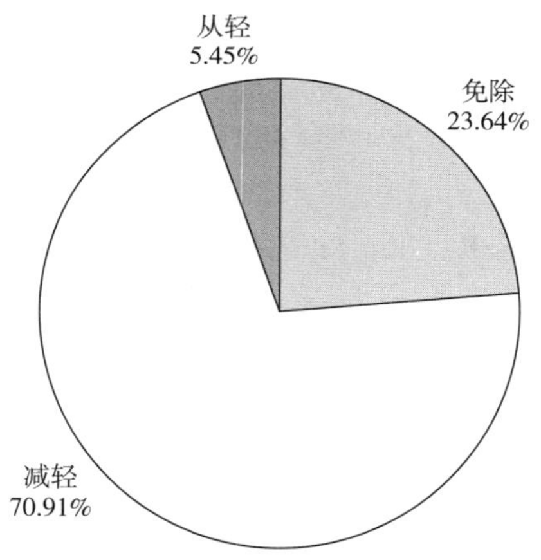

图 2　受贿罪的自首情节适用

此外，在贪污判决样本中存在 1 例适用自首减轻处罚不规范的案件。一般认为，法官在适用量刑情节的减轻处罚功能时，只能在下一个量刑档内确定宣告刑，而不能跨越两个量刑档裁量。但在本案中，法官跨越两个量刑档以下判处刑罚，而且没有在判决书中对从宽处罚理由进行说明，存在不规范之处。

案例一：被告人于某未经审批报备程序，以虚构的名义采用做假账的手段从公司的账外账中支取钱款 56 万（共同贪污，主犯，实得 17 万）。后被告人于某主动向其所在单位投案，如实供述案件主要事实，法院认定为自首并部分退赃，依法减轻处罚。法院最终判处于某 3 年有期徒刑。①

自首从宽，在有些案件中体现为法官对被告人从轻处罚，而在有些案件中则体现为减轻甚至是免除处罚，法官具有较大的自由裁量权。因而，为避免自首情节适用时功能选择上的不规范现象，需要进一步明确自首从轻、减轻以及免除处罚的判断标准。

第二，自首、立功情节叠加适用减轻处罚功能。

在收集的 200 例贪污、受贿案件中，同时存在自首与立功情节的共有 7 例，其中贪污 3 例，受贿 4 例。在这 7 例案件中，有 1 例在适用自首、立功情节时叠加适用了情节的减轻处罚功能。

案例二：2006 年 3 月至 2014 年 4 月，被告人张某担任某高校医学院卫生学校继续教育办公室主任，利用全面负责该进修学院教学管理和该市医药高等专科学校继续教育工作的职务便利，单独或伙同他人采取冒名领取管理费、多开发票金额和虚开发票等手法，侵吞公款共计人民币 256800 余元，个人实得 226000 元。被告人张某具有自首行为，且检举揭发他人犯罪经查证属实，具有立功表现，并考虑到家属已帮助其退赔犯罪所得，有一定的悔罪表现，综合考量后依法减轻处罚。法院最终判处被告人张某犯贪污罪，判处有期徒刑 3 年，缓刑 3 年。②

一般认为，对被告人减轻处罚应当在对应法定刑档的下一个量刑档之内确定宣告刑，并且法官不能因案件中同时存在两个减轻处罚功能情节而对被告人两次减轻处罚或者免除处罚。根据案发时刑法对贪污罪的规定，

---

① 该案例来源于中国裁判文书网，http://www.court.gov.cn/zgcpwsw/bj/bjsdezjrmfy/bjsdcqrmfy/xs/201503/t20150327_7146772.htm，2015 年 5 月 20 日访问。

② 该案例来源于中国裁判文书网，http://www.court.gov.cn/zgcpwsw/sh/shsdyzjrmfy/shspdxqrmfy/xs/201503/t20150316_6922577.htm，2015 年 5 月 20 日访问。

贪污 10 万元以上的判处 10 年以上有期徒刑、无期徒刑或者死刑。该量刑档的下一档是 5 年以上 10 年以下有期徒刑，法官应当在该法定刑档中最终确定宣告刑，而不是在 5 年以下确定宣告刑 3 年，并适用缓刑。

3. 犯罪后情节竞合时重复评价

在贪污、受贿犯罪的判决样本中，存在多个犯罪后情节竞合的情形，自首、坦白、立功、退赃退赔与仅具形式意义的认罪、悔罪情节交织适用，有重复评价之嫌。反省、悔罪虽然不是法定量刑情节，却是减少预防刑的重要情节，法官在裁量预防刑时必须予以重视。[①] 在贪污、受贿犯罪自首、坦白、立功、退赃退赔等情节中，绝大多数被告人伴有认罪、悔罪的态度。若已将被告人认罪、悔罪作为其他犯罪后情节的一部分并决定影响量刑的从宽幅度时，不能再将其作为一个独立的量刑情节适用，否则将是对该情节的重复评价。比如，案例三和案例四即存在适用认罪、悔罪情节无序的现象。

案例三：被告人张某为家电下乡备案销售网点经营负责人，在受国家机关委托从事家电下乡产品信息审核、资金补贴过程中，以非法占有为目的，利用职务之便，采取虚报家电下乡产品信息方式，骗取国家家电下乡补贴资金 54835.43 元，实得 48952.54 元。法院认定被告人张某系初犯，犯罪后认罪态度好，积极退交赃款，且有自首和立功情节，依法减轻处罚，判处有期徒刑 2 年，宣告缓刑 3 年。[②]

案例四：被告人温某于 2005 年底从某市人民医院调至该市某区某医院工作，2006 年 11 月任该院院长助理，2009 年 7 月任副院长，分管医院的设备采购、基建工程、后勤等工作。2006 年至 2011 年期间，被告人温某利用上述职务之便，多次收受医疗器械供应商的贿赂，共计人民币 220000 元。案发后被告人温某自动投案，并如实供述自己的罪行，依法减轻处罚。被告人温某检举揭发他人犯罪事实，经查证属实，有立功表现，依法从轻处罚。被告人温某积极退清全部赃款，认罪、悔罪态度好，酌情从轻处罚。法院最终判处被告人温某有

① 参见张明楷《论犯罪后的态度对量刑的影响》，载《法学杂志》2015 年第 2 期。

② 该案例来源于中国裁判文书网，http://www.court.gov.cn/zgcpwsw/shanxi/sxshzszjrmfy/cgxrmfy/xs/201402/t20140218_352153.htm，2015 年 5 月 20 日访问。

期徒刑5年6个月。[①]

综上，我们认为在自首、坦白、认罪共存的情形中，认罪仅具有形式和程序上的价值和意义，无单独评价之必要。在性质认定上仅需遵循自首与坦白共存时的认定原则和适用方式即可，量刑上则要适当加大其从宽幅度，将量刑情节的价值和意义予以体现。[②] 犯罪后情节在一定程度上表明了被告人对所犯罪行的认识和悔悟程度，无论是自首、坦白、立功还是退赃退赔，均与被告人认罪、悔罪密切相关。上述情节从宽幅度的选择，均受被告人认罪、悔罪程度的影响。因此，对于已经在其他情节中评价过的认罪、悔罪态度，再单独作为一个酌定情节进行评价或者在其他情节事实中重复认定违背量刑情节适用的禁止重复评价原则。

三　贪污、受贿犯罪后情节适用的规范化

贪污、受贿罪量刑不均衡的现象，与自首、立功等量刑情节的认定和适用不够规范、不够严肃紧密相关。我们认为，规范犯罪后情节的适用对于减少量刑情节适用无序，消解被告人职务身份对量刑的不当影响，实现贪污、受贿罪量刑均衡具有十分重要的意义。

（一）准确认定贪污、受贿的犯罪后情节

犯罪后情节的准确认定，是确定被告人从宽幅度的前提。正确认定和处理犯罪后情节，对于准确、有力地打击贪污、受贿犯罪，完善惩治贪污贿赂犯罪体系意义重大。

首先，犯罪后情节成立标准的稳定性和明确性是正确认定贪污、受贿的犯罪后情节的前提。贪污、受贿犯罪后情节的认定，依托于特定的刑事诉讼活动。刑事诉讼活动的灵活性和功利性决定了犯罪后情节在认定上受政策性因素影响较大。对于自首、坦白、立功、退赃退赔等情节所蕴含的内在机理缺少体系性论证，致使不同时期、不同罪名之间，自首、立功等犯罪后情节的成立条件存在较大的差异性，给认定带来困难。可以说，犯

---

① 该案例来源于中国裁判文书网，http://www.court.gov.cn/zgcpwsw/zj/zjsnbszjrmfy/nbsyzqrmfy/xs/201401/t20140129_309087.htm，2015年5月20日访问。

② 黄淑彬、余行飞：《自首、坦白、自愿认罪情节并存时的适用》，载《人民法院报》2009年7月15日。

罪后情节成立条件的稳定性、明确性是法官准确认定贪污、受贿犯罪后情节的重要前提。

其次，准确认定贪污、受贿的犯罪后情节，关键是根据法律和其他规范性指导文件依法、依规认定：（1）自首、立功、坦白属于法定情节，法官在量刑时应当依法准确认定，明确认定以及不认定的理由。（2）对于当庭自愿认罪、退赃退赔，尚属法官在量刑时酌定考虑的情节。法官如何认定并没有明确的法律规定，易于产生认定的泛化。有论者指出，解决酌定量刑情节泛化的问题，不但要以刑罚制度为基本理论对量刑根据进行全面思考，还应从程序规则上进行严格限制，力求实现实体正义和程序公正。[①] 对于退赃退赔和当庭自愿认罪，需要结合司法解释、其他规范性指导文件以及刑事诉讼活动实践予以综合认定。

（二）合理确定适用犯罪后情节的从宽幅度

犯罪后情节体现被告人预防必要性大小，需要确定什么样的刑罚可能或者才能使被告人改善更生，属于对将来的预测，所以法官必须以事实为根据判断犯罪人将来再次犯罪的危险性大小。显然，对影响预防刑的情节的判断，实际上也是对特殊预防必要性大小的判断。[②]

1. 对自首减免处罚功能的合理限制

在本次统计的 200 个样本数据中，自首减轻处罚功能适用率高。法官广泛适用自首的减免刑罚功能，一方面是受域外刑法中自首得减处罚的影响，另一方面则是为弥补刑法对贪污、受贿罪罪刑关系的不合理设定。

美国、日本、韩国等国家的刑法均对被告人自首给予较大的量刑减让，比如《美国量刑指南》规定：“如果被告在犯罪行为暴露之前自愿向当局坦白犯罪事实，承担责任，而且上述犯罪如不自首不大可能被发现时，法院在可适用的指南幅度以下量刑是合理的。”[③] 日本刑法第 42 条第 1 款规定，犯罪未被搜查机关发现前自首者，得减其刑。而韩国对于犯罪后向搜查机关自首的，可以减轻或者免除处罚。对于自首减免处罚，美国、日本、韩国等的确规定了较大的从宽幅度，但是不容忽视的是，上述国家的法律均对自首的成立规定了较为严格的条件，相较我国刑事司法实践宽

① 周金刚：《酌定量刑情节的泛化问题研究》，载《南京大学法律评论》2010 年春季卷。

② 参见张明楷《论犯罪后的态度对量刑的影响》，载《法学杂志》2015 年第 2 期。

③ 转引自周加海《自首制度研究》，中国人民公安大学出版社，2004，第 259 页。

泛认定自首，其从宽幅度与我国刑法规定并不具有明显的可比性。

《刑法修正案（九）》以及配套司法解释的施行，将为自首情节的适用带来新的问题。首先，贪污、受贿的法定刑档调整为3年以下，3年以上10年以下，10年以上有期徒刑、无期徒刑和死刑。法定刑幅度过宽，在数额和情节共同决定的法定刑档中，应当严格把握自首情节减轻处罚功能的适用标准。根据涉案数额或者犯罪情节应在10年以上有期徒刑处刑时，存在自首情节的减轻处罚功能，行为人将在3年以上10年以下处刑，被告人甚至可能面临最低3年有期徒刑的处罚。自首减轻处罚功能的广泛适用极有可能会导致新的罪刑不均。

对此，我们认为应当对自首这一多功能量刑情节的减轻处罚功能进行合理限制，根据实质判断决定是否减轻处罚。具体而言，除了“自动投案”“如实供述”“愿意接受司法机关对犯罪的处理”，仍须具备下列两个实质性条件：（1）被告人自动投案机关须是犯罪案件的搜查机关，以区别于向所在单位、所在社区等组织或单位的投案；（2）被告人自首情节对于案件的侦破、查处具有关键作用。

2. 犯罪后情节竞合时的适用

禁止重复评价原则在量刑中的运用主要体现在以下两个方面：其一，已经用作定罪情节的事实，不能在量刑时再次适用；其二，同一量刑情节事实不能被数次评价。犯罪后情节出现竞合时，既不能简单地通过估堆判断，也不能不加区分地完全依据“同向相加、逆向相减”的规则适用这些犯罪后情节，而是应当分情况处理。具体包括：（1）被告人在参与诉讼活动中同时存在自首、坦白、当庭自愿认罪的，应当对其适用从宽幅度最大的情节；（2）自首与立功竞合适用时，若两情节都适用减轻处罚功能时，适用减轻处罚，另一情节作为从轻处罚的依据；若两情节中一个适用减轻功能，另一个适用从轻功能，适用减轻处罚，另一情节作为从轻处罚的依据，不过相比两个减轻功能，其从轻幅度要小；若两情节都适用从轻处罚功能时，两个情节在法定刑档以上共同决定从轻处罚的幅度；（3）根据被告人合作态度以及认罪、悔罪程度区分退赃退赔和依职权追赃。在该情节的适用中，为了避免对认罪、悔罪的重复评价，可以考虑将两种情节进行复合，分别规定存在自首且积极退赃退赔的从宽幅度，存在自首、追赃情节的从宽幅度、存在坦白、退赃退赔的以及坦白与追赃的从宽幅度等。

（三）完善贪污、受贿量刑案例指导制度

2010 年最高人民法院发布《关于案例指导工作的规定》，确立案例指导制度的法律地位并规定具体的适用细则。截止到 2015 年 11 月，最高人民法院已连续发布了 11 批共计 56 个指导性案例，其中刑事案例有 9 个。这些指导性案例不仅涉及案件的定罪问题，而且涉及量刑问题，对法官量刑活动具有重要的参考实践价值。

从判决书样本来看，贪污受贿个案往往是多个犯罪后情节交织出现，比如除了自首、立功、坦白等情节，可能常常伴随退赃退赔情节。在这种情况下，是否可以考虑在保证实现被告人责任的前提下，以被告人预防必要性大小为出发点，将案件中的所有犯罪后情节进行复合，综合判断考量其预防性大小。为了避免犯罪情节竞合时的重复性评价，实现个案裁判的公正性和科学性，可以选取同时具有多个犯罪后情节的案例作为指导性案例，充分发挥案例指导制度的优势，从而实现贪污、受贿犯罪后情节适用的规范化。

建立和完善案例指导制度，对统一法律适用、减少和避免犯罪后情节适用的随意性、实现司法公正，无疑具有十分重要的现实意义。确保案例指导制度对于贪污、受贿犯罪后情节的规范价值，应促进裁判理由充分、详尽、公开。尤其在《刑法修正案（九）》施行后，新的罪刑关系架构亟须具有普遍性、典型性的案例对以后相类似的案件提供参考和指导，以规范、引导法官在贪污、受贿案件审判中自由裁量权的行使。

（王林林　上海大学法学院讲师，
中国社会科学院法学研究所博士后）

第六章
腐败犯罪的追诉程序

第一节

腐败犯罪案件诉讼程序的改革

一 引言

改革开放特别是进入21世纪以来，我们党深入开展党风廉政建设和反腐败斗争，建立健全惩治和预防腐败体系，在严肃查处腐败案件的同时，更加注重治本，注重预防和制度建设，拓展从源头上防治腐败的工作领域，不断铲除滋生腐败现象的土壤，取得了有目共睹的明显成效。人民群众对此是满意的，国际社会也给予了高度评价。但同时又必须清醒地看到，导致腐败现象滋生蔓延的土壤和条件依然存在，腐败现象在一些部门和领域仍然易发多发，反腐败斗争的形势是严峻的，任务是繁重的。

作为腐败现象最集中、最严重的表现形式，腐败犯罪对党和国家事业发展的危害更大，更为人民群众深恶痛绝，应当坚决予以惩治。惩治腐败犯罪要取得根本的成效，就必须坚持在法治的框架下，以法治思维和法治方式推进。而其中重要的一环，就是应当建立健全腐败犯罪案件诉讼程序。因此，腐败犯罪案件诉讼程序是否科学合理，将会直接影响到中央部署的反腐败格局的落实和反腐败斗争的深入推进。

总的说，我国现行腐败犯罪案件诉讼程序基本上是适应惩治腐败犯罪的实际需要的，但也确实存在一些问题，如现行腐败犯罪案件诉讼程序对于腐败犯罪尤其是渎职型腐败犯罪发现难、立案难、查证难、处理难和追逃难等问题一直缺乏充分、有效的应对，已成为制约惩治腐败犯罪工作深入开展的一大难题，这在一定程度上影响了我国惩治腐败犯罪的力度和效果。诚如有学者所指出的，官员腐败呈现出“前腐后继”的态势，说明我们通过司法程序惩治腐败犯罪行为的正向功能尚未完全、充分、有效地发挥出来，我们在权力的分散配置和制约机制上还存在着漏洞和缺陷。[①] 要从根本上破解我国腐败犯罪的“五难”问题，需要多管齐下、综合施策，而正视我国腐败犯罪案件诉讼程序存在的主要问题，进而对其进行改革和完善则是其中的关键。

二 我国腐败犯罪案件诉讼程序存在的主要问题

腐败犯罪案件诉讼程序包括立案、侦查、起诉、审判和执行等环节，每个环节存在的问题和表现形式不尽相同。限于篇幅，本节着力探讨以下四个方面的重点问题。

（一）关于腐败犯罪证明问题

目前我国有利于腐败犯罪案件事实证明的相关制度还不健全，凸显出证据法治的不足，择其要者：

一是腐败犯罪推定规则尚未建立。由于腐败犯罪特别是贿赂犯罪证据具有易变性、间接证据多、隐蔽性强等特点，行为人主观方面的证明往往是难点。诚如有学者所说，从刑事司法的角度看，国家工作人员的腐败犯罪尤其是贿赂犯罪的侦查取证仍然非常困难，检控十分不易。比如，受贿案件大多表现为“一对一”的证据状态，在司法指控和实际裁判时，经常遇到证据不足、认定事实困难的情况，致使此类犯罪的“黑数”较高。[②] 贿赂犯罪特别是“一对一”的贿赂犯罪，在证明上多依靠证人证言和犯罪人、被告人的供述等言词证据，物证、鉴定结论等书面证明较少，而言词证据具有的易变性造成贿赂犯罪侦查不可预期性增大，即使行贿一方愿意配合侦查机关指认受贿人的犯罪行为，只要犯罪嫌疑人或被告人否认，案件往往会因没有其他证据而无法认定。[③] 因此，针对腐败犯罪的特点，适当降低腐败犯罪案件主观方面构成要素的证明要求，确立推定规则就显得十分必要。而《刑事诉讼法》目前尚未建立腐败犯罪推定规则，不能不说是一大缺憾。

二是污点证人作证豁免制度缺位。所谓污点证人作证豁免制度，是指

---

① 参见游伟《腐败严重突现社会治理结构难题》，载《法制日报》2009 年 10 月 30 日。

② 参见游伟《腐败严重突现社会治理结构难题》，载《法制日报》2009 年 10 月 30 日。

③ 参见谢佳《论贿赂犯罪侦查及相关保障措施》，中国政法大学 2009 届硕士学位论文，第 3 页。

国家为取得某些重要的证据或比较重大案件的证据，或者为追究首恶分子的严重罪行，对同案或其他案件中罪行较轻的罪犯作出承诺，如果他们放弃拒证权而提供某些关键的证据，将不再对其进行刑事追究。① 我国刑事立法没有规定污点证人作证豁免制度，但该制度的内在精神在一些刑事制度中有所体现。如刑法第390第2款规定："行贿人在被追诉前主动交待行贿行为的，可以减轻处罚或者免除处罚。"该条规定与"污点证人作证豁免"的精神是相通的。其实，在鼓励、敦促案件中罪行轻微者积极报告自己或他人犯罪事实，促使腐败犯罪"堡垒"从内部攻破，更好地发挥司法程序控制犯罪的功能和更有效地惩治腐败犯罪方面，确立污点证人作证豁免制度意义重大。对于被司法机关确定为污点证人的罪行轻微者，给予其一定的司法豁免，予以适当从宽处理，让他们积极为检控机关提供实质性配合和帮助，往往能收到迅速查清案件事实、捕获重要案犯和成功侦破腐败犯罪案件的良好效果。正如有学者指出，在鼓励、敦促腐败犯罪参与者主动报告自己或他人犯罪方面，除法律规定的法定从宽外，检控机关许诺减轻处罚或给予适当奖励常常是至关重要的因素。因此，司法实践中具体运用刑事政策时，在法律允许的前提下，应该将那些可能成为侦查、惩治腐败犯罪的潜在的同盟分子争取过来，化消极因素为积极因素。②

三是证人保护制度还不完善。《联合国反腐败公约》第32条就"保护证人、鉴定人和被害人"作了专条规定，指出"各缔约国均应当根据本国法律制度并在其力所能及的范围内采取适当的措施，为就根据本公约确立的犯罪作证的证人和鉴定人并酌情为其亲属及其他与其关系密切者提供有效的保护，使其免遭可能的报复或者恐吓"。《刑事诉讼法》也对证人保护作了规定，特别是这次新修订的《刑事诉讼法》在证据制度改革完善方面亮点纷呈，增加了两条关于证人保护的规定，进一步完善了证人保护制度，确立了证人出庭作证的经济保障制度，并建立了初步的证人（近亲属）拒绝作证特权等。但毋庸讳言，我国刑事证人保护制度仍然存在证人保护主体不尽明确、缺乏对证人财产安全的保护、不同性质的特别保护措施规定在一起不甚妥当等问题，尚未达到《联合国反腐败公约》有关规定

① 参见王以真《外国刑事诉讼法学参考资料》，北京大学出版社，1995，第430页。

② 参见陈正云、刁玉锋《论控制腐败犯罪的刑事立法政策探析》，载《人民检察》2004年第4期。

的要求，仍需要进一步改进和完善。

（二）关于腐败犯罪侦查程序问题

腐败犯罪侦查程序是检察机关开展腐败犯罪查处活动的关键环节，也是刑事诉讼程序的重要内容。腐败犯罪侦查程序存在的问题，概括来说，主要包括以下三个方面：

一是侦查管辖体制尚不健全。这集中表现在腐败犯罪侦查管辖权外部分割现象严重、公安检察管辖互涉案件规定不科学、腐败犯罪侦查地域管辖规定不合理、腐败犯罪侦查级别管辖规定不明确、腐败犯罪侦查指定管辖自由裁量权过大和犯罪嫌疑人管辖异议权缺失等方面。例如，就腐败犯罪侦查管辖权外部分割而言，涉及纪委与检察机关查处腐败案件的协调与衔接配合问题。尽管《刑事诉讼法》明确规定，国家机关工作人员的腐败犯罪案件，由检察机关立案侦查，但是在实践中，许多腐败案件的线索，最初都是由纪委受理和调查的。纪委查办的腐败案件与检察机关查办的腐败案件之间，一直没有严格的界定。我国查处官员腐败案件尤其是省部级以上官员腐败犯罪案件时，如果纪委没有介入，检察机关一般不会立案侦查，事实上形成了由纪委先行立案检查腐败案件（包括腐败犯罪案件）的惯例。这种状况无疑会影响检察机关腐败犯罪侦查权的行使。

二是侦查监督乏力。这主要表现在内部制约乏力和外部监督乏力两个方面。就内部制约来说，由于检察机关“一身两任”，既是腐败犯罪案件的侦查机关，同时也是腐败犯罪案件的诉讼监督机关，反贪部门、反渎部门、侦监部门、公诉部门等同属于一个检察院，由检察长统一领导，内部存在案件沟通和协调渠道，加之检察机关反贪部门的行政级别往往要高于侦查监督部门，[①] 由同一个检察院的侦监部门或公诉部门去监督反贪部门、反渎部门对腐败犯罪案件的侦查，其监督质量和效果存在一定的局限性。就外部监督而言，由于腐败犯罪侦查程序运行的封闭性以及外部监督制约机制不健全等因素的影响，人大、政协、舆论以及其他执法司法机关的监督往往难以奏效，致使实践中腐败犯罪案件侦查的外部监督趋于疲软，效果并不理想。

三是技术侦查措施存在滥用的可能。随着腐败犯罪智能化、组织化发

① 在我国检察体制内，一般由检察机关的领导班子成员兼任反贪局局长，其行政级别要高于侦查监督部门的负责人。

展，采用常规的侦查手段已经难以满足揭露犯罪、证实犯罪、惩治犯罪的实际需要。在这种情况下，为了提高侦查的水平，我国检察机关越来越迫切需要采取某些技术侦查手段。[①] 长期以来，由于现行法律只规定了公安机关、国家安全机关有权采用技术侦查措施，而对于检察机关是否有权采取特殊侦查措施没有作出明确规定。正是如此，在实践中，检察机关实际上很少使用特殊侦查措施，即使侦查重大腐败犯罪案件确需使用特殊侦查手段时，也必须经过严格的批准手续，由公安或者国家安全机关协助实施。2012 年新修订的《刑事诉讼法》赋予了检察机关在重大贪污、贿赂犯罪案件中采取技术侦查措施的权力，并明确规定采取技术侦查措施收集的材料在刑事诉讼中可以作为证据使用。但对于技术侦查措施的运用以及规制等，法条规定较为原则和概括。如《刑事诉讼法》第 148 条规定，"……根据侦查犯罪的需要，经过严格的批准手续，可以采取技术侦查措施"，何谓"根据侦查犯罪的需要"，怎么才算是"严格的批准手续"等，这些仍有待进一步细化和明确。

（三）关于腐败犯罪审判程序问题

腐败犯罪审判程序内容广泛，涉及问题较多，特别是以下两个问题值得重视：

一是腐败犯罪缺席审判制度缺失。现代刑事诉讼基于保障被告人的程序参与权和有效辩护权，一般都赋予被告人在刑事审判中的在场权，不允许对被告人进行缺席审判；只是在少数例外的情形下，才可以进行刑事缺席审判。但在司法实践中，尤其是在腐败犯罪的案件中，腐败分子在实施犯罪行为以后，往往潜逃出境或将腐败犯罪所得转移至境外，以逃避刑事追诉。[②] 由于刑事缺席审判制度的缺失，在犯罪嫌疑人死亡、潜逃或者缺席而无法对其审判的情形下，其腐败犯罪所得的追缴确实会遇到很多麻烦，这不仅难以有效惩治和打击腐败犯罪，不利于国际社会开展腐败犯罪的刑事司法合作。

二是腐败犯罪异地审判未制度化。腐败犯罪官员尤其是腐败犯罪高官

---

① 参见朱立恒《腐败犯罪案件侦查制度所面临的挑战及其应对》，载《政法论坛》2010 年第 3 期。

② 参见李秀娟《〈联合国反腐败公约〉与我国刑事诉讼比较研究》，中国政法大学 2006 届博士学位论文，第 135 页。

往往有一定的社会地位，在一个地方经营多年，有的甚至在重要部门包括公安司法机关安插亲信和培植势力，编织盘根错节的关系网，结成利益共同体，一荣俱荣、一损俱损，构筑一道牢固的保护层。一旦东窗事发，其庞大的关系网便可能发挥作用，使得检察机关查办腐败犯罪案件时，时常会遇到意想不到的困难和阻碍。因而为确保腐败犯罪案件尤其是高官腐败犯罪案件审判的公正，对某些符合条件的腐败犯罪案件异地审判就是必要的，这既是反腐败斗争深入开展的结果和标志，也是反腐败斗争形势发展的现实需要。尽管近年来不少腐败犯罪案件（主要是高官腐败犯罪）的审理采用了异地审判的方式，也取得了非常好的效果，有效地排除了案件查处中的各种干扰和阻力，消除了部分社会公众对审判工作的担忧和误解，但目前腐败犯罪异地审判只是惯例，尚未制度化和规范化，而且在实践操作层面还存在一些问题，如异地审判的标准不明、案件选择随意性较大、耗费较多的司法资源、影响司法效率的提高等等。

（四）关于惩治腐败犯罪国际合作问题

惩治腐败犯罪国际合作中涉及的问题不少，概括来说，主要包括腐败犯罪人员的境外追逃和腐败犯罪外移资产的追回两个方面。

一是腐败犯罪人员境外追逃困难。近年来，随着惩治腐败犯罪力度的持续加大，反腐败国际司法合作的不断深化，以及防范腐败分子外逃、境外缉捕工作机制的健全，我国腐败分子境外追逃工作取得了不少成绩。同时，也不应忽视腐败分子境外追逃中存在的一些问题，如腐败分子缉捕归国难、境外追逃成本高昂、境外追逃技术条件有限、境外追逃经验不丰富等，这已在一定程度上影响了境外追逃的成效。我国腐败犯罪境外追逃中存在的这些问题，从根源上分析，有些是体制机制的问题，有些是国内立法修改和协调的问题，有些是国际司法合作的深化问题，还有些是方法措施问题。其中，腐败犯罪案件诉讼程序不完善也是其中的重要原因。在腐败犯罪人员境外追逃问题上，我国腐败犯罪案件诉讼程序还有很多地方值得改进和完善。

二是腐败犯罪外移资产追回有限。腐败犯罪资产外移具有严重的危害性，表现在经济、政治、社会等多个方面，其不仅增加了受害国打击腐败犯罪、追缴违法所得的难度和成本，助长腐败蔓延趋势，破坏经济发展，而且还会危害社会和谐稳定，损害党和政府在人民群众中的威信，严重影响国家的国际形象。正是如此，最大限度地追回外移腐败犯罪资产，成为各国、各地区反腐败执法机构的共同愿望和迫切要求。尽管近年来我国高度重视追缴和没收腐败犯罪资产，通过建立健全涉案资产追回和返还等工作机制，根据国际公约以及司法协助条约和协定，综合运用直接追回资产、民事诉讼追回资产等多种手段，有效追回了大量涉案的腐败犯罪资产，取得了明显成效，但总的来说，相比于转移到境外的腐败犯罪资产，追回的腐败犯罪资产是相当有限的。这应当说与我国追回外移腐败犯罪资产的程序不健全、不完备存在密切关系。《刑事诉讼法》确立“违法所得没收程序”之前，我国立法未专门针对腐败犯罪资产追回问题进行规定。在腐败犯罪嫌疑人死亡、失踪或者潜逃的情况下，其违法所得或者赃款赃物如何处理呢？从修订前的《刑事诉讼法》的有关规定看，在腐败分子因死亡、失踪或潜逃等不能到案的情况下，不能对其腐败犯罪资产的处置问题依法进行判决。[①]《刑事诉讼法》确立“违法所得没收程序”之后，我国司法机关就可以更加有效地开展在逃腐败犯罪嫌疑人的资产追回工作。应当说，该特别程序的增设，实现了与《联合国反腐败公约》有关资产追回规定的衔接，也是《刑事诉讼法》修正的一大突出亮点。当然，该特别程序也非尽善尽美，其主要的不足之处在于有些条文规定明确性不足，可操作性不强。例如，第280条关于特别程序适用范围的“等重大犯罪”措辞，表述非常模糊，何谓重大犯罪，并不清楚，很难界定其具体适用的案件范围，只能求诸司法实践中个案的具体判决，这无疑降低了法律的明确性，也有违刑法的谦抑性原则。又如，违法所得没收程序的可操作性有待进一步加强，如果犯罪嫌疑人在审判阶段脱逃，要求人民检察院向法院提出没收违法所得的申请，具体如何操作，等等，这些问题都需要进一步研究解决。

三 改革我国腐败犯罪案件诉讼程序的基本路向

腐败犯罪案件诉讼程序的改革完善是一项复杂的系统工程，涉及惩治腐败犯罪的体制机制健全、职能分工优化等内容，应按照腐败犯罪案件诉讼程序改革的目标要求和司法规律，有计划有步骤地推进。我国腐败犯罪案件诉讼程序的改革完善，应着力从以下三个方向推进。

① 参见《关于建议设置刑事诉讼缺席判决程序问题的答复》，载《人民法院报》2010年9月7日。

（一）酌情增设腐败犯罪案件特殊诉讼程序

一个法律制度尽管具备了一种精心制定的包容性规则体系和吸纳挑战机制，它还必须面对更为激烈的社会现实的挑战，这种挑战往往超出其规范能力。[①] 正因为腐败犯罪有一定的特殊性，根据惩治腐败犯罪的实际需要，酌情增设某些特殊诉讼程序，对于提高惩治腐败犯罪的能力，破解当前腐败犯罪发现难、立案难、查证难、处理难、追逃难等问题，具有重要意义。正如有学者指出，为有效减少和最终消除"犯罪黑数"，克服腐败犯罪诉讼程序之种种缺陷，切实履行检察机关腐败犯罪侦查职能，就必须针对检察机关直接受理的腐败犯罪案件的特性，结合司法实际情况，从立法上相应完善腐败犯罪诉讼程序，规定特殊的诉讼制度，为当前开展腐败犯罪侦查工作解决难题，提供方向。[②]

至于具体应增设哪些腐败犯罪案件特殊诉讼程序，则要充分考虑我国腐败犯罪案件程序的实际以及惩治腐败犯罪的客观需要，综合考虑，慎重决定。不过，当前至少应确立或者完善以下腐败犯罪案件的特殊诉讼程序：

一是腐败犯罪证明推定规则。由于腐败犯罪本身的特殊性，司法实践中对腐败犯罪尤其是贿赂犯罪的明知、故意或目的等主观心态的证明难度较大，因此对腐败犯罪主观方面的证明可适当降低控方证明要求，确立推定规则，应当允许控方在特定的情况下进行推定。当然，适用这种推定必须符合一定的条件和遵循相应的推定规则，而且是一种可反驳的推定，要防止推定滥用侵害人权现象的发生。

二是腐败犯罪特殊侦查措施。2012 年新修订的《刑事诉讼法》对腐败犯罪技术侦查措施的规定，相对较为概括和粗放，难以满足我国司法实践的客观需求，仍需要在贯彻实施过程中不断丰富、细化和完善，才能进一步提高检察机关有效应对腐败犯罪形式和方法层出不穷和花样翻新趋势的能力，确保对腐败犯罪的打击力度。此外，对于在腐败犯罪组织内部、社会上发展特情、线人、信息员等秘密侦查措施，也可考虑酌情增设。

三是腐败犯罪缺席审判制度。近年来腐败犯罪资产跨境转移现象十分

---

① 参见〔日〕千叶正士《法律多元：从日本法律文化迈向一般理论》，中国政法大学出版社，1997，第 51 页。

② 参见王祺国、刘周《贪污贿赂犯罪案件诉讼程序的反思与重构》，载《犯罪研究》2008 年第 4 期。

突出，而传统的刑事诉讼制度要求赃款赃物的处理必须随附犯罪嫌疑人、被告人的刑事责任，致使针对腐败犯罪所得不能及时采取没收措施进行处置。2012 年修订的《刑事诉讼法》增设了“违法所得的没收程序”，在一定程度上解决了腐败犯罪资产尤其是转移到境外的腐败犯罪资产的没收问题，其积极意义应予充分肯定。不过，《刑事诉讼法》增设的这一特别程序，并没有涉及刑事缺席审判的问题。笔者认为，确立腐败犯罪缺席审判制度，有助于提高腐败犯罪案件诉讼效率、节约诉讼成本，有利于严厉惩治腐败犯罪，更好地维护司法权威，应当及时增设。此外，人民法院根据《刑事诉讼法》中“违法所得没收程序”作出没收腐败犯罪资产裁定的法律性质等问题，也值得进一步探讨。

以上只是就当前我国亟须确立、完善的特殊诉讼程序进行了粗略的概述，其实远不止这些。总之，增设腐败犯罪案件的特殊诉讼程序，不仅是提高惩治腐败犯罪能力、节约司法资源的客观需要，也是完善我国刑事诉讼制度、顺应国际司法发展趋势的内在要求。

（二）合理吸收《联合国反腐败公约》的有关内容

《联合国反腐败公约》（以下简称《公约》）是联合国历史上通过的第一个用于指导国际反腐败斗争的法律文件，为全球反腐败事业提供了基本的法律指南和行动准则，对于加强各国的反腐败行动、提高反腐败成效、促进国际反腐败合作具有重要意义。《公约》在我国生效后，我国在国际法上有遵守《公约》规定并接受其约束的法律义务。因而参照《公约》的有关规定，积极借鉴和吸纳《公约》的有关内容，从立法和司法两个方面完善腐败犯罪案件诉讼程序，促进我国反腐败刑事法治的发展，就显得非常必要。

《公约》对腐败犯罪案件诉讼程序方面的内容作了大量规定，尤其是针对腐败犯罪的特点设置的特殊诉讼规则和处罚措施、惩治腐败犯罪的国际合作、腐败犯罪资产的追回等方面的规定，集中体现了国际社会惩治腐败犯罪的发展趋势，具有科学性和合理性，应当被我国反腐败的刑事立法和司法吸收。例如，《公约》第 32 条专门就“保护证人、鉴定人和被害人”作了规定，即“一、各缔约国均应当根据本国法律制度并在其力所能及的范围内采取适当的措施，为就根据本公约确立的犯罪作证的证人和鉴定人并酌情为其亲属及其他与其关系密切者提供有效的保护，使其免遭可能的报复或者恐吓。二、在不影响被告人权利包括正当程序权的情况下，本条第一款所述措施可以包括：（一）制定为这种人提供人身保护的程序，例如，在必要和可行的情况下将其转移，并在适当情况下允许不披露或者限制披露有关其身份和下落的资料；（二）规定允许以确保证人和鉴定人安全的方式作证的取证规则，例如允许借助于诸如视听技术之类的通信技术或者其他适当手段提供证言。三、缔约国应当考虑与其他国家订立有关本条第一款所述人员的移管的协定或者安排。四、本条各项规定还应当适用于作为证人的被害人。五、各缔约国均应当在不违背本国法律的情况下，在对罪犯提起刑事诉讼的适当阶段，以不损害被告人权利的方式使被害人的意见和关切得到表达和考虑”。上述《公约》关于保护证人、鉴定人和被害人的规定，构建了腐败犯罪案件中证人、鉴定人和被害人的保护机制，保护措施全面而详细，具有可操作性，值得我国《刑事诉讼法》再修改时参考。又如，关于污点证人作证豁免制度，《公约》第 37 条第 3 款作了规定，即“对于在根据本公约确立的犯罪的侦查或者起诉中提供实质性配合的人，各缔约国均应当考虑根据本国法律的基本原则就允许不予起诉的可能性作出规定”。我国《刑事诉讼法》目前尚未规定污点证人作证豁免制度。根据《刑事诉讼法》的规定，证人是案件当事人以外的知道案件情况并能向司法机关正确表达的自然人，不包括当事人。对于同案犯的供述，则视为犯罪嫌疑人、被告人的供述和辩解。当然，在司法实践中，某些地方的检察机关进行了一定的实践探索，对在腐败犯罪案件侦查或起诉中提供了实质性配合的污点证人作相对不起诉处理。[①] 但在现行刑事法制框架下，这种实践探索的合法性是值得探讨的。因为按照《刑事诉讼法》的有关规定，检察机关要对犯罪嫌疑人作相对不起诉处理，必须符合“犯罪情节轻微”和“依照刑法规定不需要判处刑罚或者免除刑罚”两个条件，而实践中被作不起诉处理的腐败犯罪嫌疑人其犯罪情节往往并不轻微。若能参照《公约》的规定对《刑事诉讼法》进行相应修改，适当扩大相对不起诉的适用范围，规定污点证人作证豁免制度，上述问题就会迎刃而解。除此之外，《公约》中还有不少关于腐败犯罪案件诉讼程序方面的规定，既是各国惩治腐败犯罪经验的总结，也是人类法律文明成果的体

① 如在綦江虹桥垮塌案中，被告人林世元因受贿罪一审时被判处死刑，向林世元行贿的费上利的行为也构成行贿罪，但检察机关考虑到费上利在该案中积极出庭作证，遂对费上利作出相对不起诉决定。

现，为我国腐败犯罪案件诉讼程序立法和司法的完善提供了有益的借鉴。限于篇幅，不再一一赘述。

（三）着力推进腐败犯罪案件诉讼程序改革成果的制度化和规范化

为有效惩治与预防腐败犯罪，近年来，我国检察机关从群众关心的腐败犯罪问题入手，直击腐败犯罪领域的焦点、难点，出台了不少推进腐败犯罪案件诉讼程序改革的举措，并在实践中取得了初步成效。如北京市检察机关积极探索深化惩治腐败犯罪的工作机制，认真总结实践经验，积极推进侦查模式的变革，把深挖犯罪与专业化办案模式、科学配置侦查力量等相结合，逐步形成科学评估和管理深挖线索、统一组织力量侦查破案、集中开展专项活动等一整套的工作机制和规范，不断提高深挖腐败犯罪的针对性、计划性和有效性，有效带动了腐败犯罪侦查工作深入开展。① 目前，亟待制度化和规范化的腐败犯罪案件诉讼程序方面改革的成果，主要有以下几项：

一是职务犯罪提级批捕改革举措。2009 年 9 月 2 日，最高人民检察院印发了《关于省级以下人民检察院立案侦查的案件由上一级人民检察院审查决定逮捕的规定（试行）》（下称《规定》），明确规定“省级以下（不含省级）检察院立案侦查的案件，需要逮捕犯罪嫌疑人的，应当报请上一级检察院审查决定”。职务犯罪案件审查逮捕上提一级，克服了侦查、逮捕在同一院内操作，制约效果不明显的问题，上级检察院对下级检察院报请逮捕的案件进行审查把关，能够更加客观、公正地依法作出决定，及时发现并纠正下级院侦查活动中的违法行为，有效解决了“以捕代侦”和对逮捕标准把关不严的问题，强化了对职务犯罪侦查活动的监督制约。② 上述改革措施实施后，不仅强化了对腐败犯罪案件侦查活动的监督，提高了侦查能力和水平，也更好地平衡了打击犯罪与保障人权之间的关系，犯罪嫌疑人的合法权利进一步得到保障。

二是腐败犯罪侦查一体化机制。当前腐败犯罪手段日趋隐蔽化、智能化、复杂化，犯罪领域跨地区、跨行业特点突出，窝案、串案、案中案明

---

① 参见慕平《在全市检察机关查办与预防职务犯罪工作会议上的讲话》，《首都检察官》2011 年第 1 期。

② 参见赵阳、张亮《职务犯罪批捕提级　一年不捕率近 8%》，载《检察日报》2010 年 9 月 2 日。

显增多，犯罪嫌疑人反侦查能力增强，办案阻力大，传统的办案模式越来越难以适应形势发展的要求，因而在一定区域内对腐败犯罪侦查活动进行统一组织、指挥、协调，有效整合侦查资源，实行腐败犯罪侦查一体化，乃势所必然。例如，北京市检察机关不断完善腐败犯罪办案机制，深化侦查一体化的工作格局，按照“以市院为龙头、分院为骨干、区县院为主体”的工作定位，市检察院充分发挥组织、协调、指挥作用，检察分院在查办腐败犯罪大要案和保证高质量办案方面发挥作用，区县院发挥查办腐败犯罪案件主力军作用，全市上下“一盘棋”，有效整合了侦查资源，提升了整体作战能力。[①] 又如，山西省检察机关积极探索，在腐败犯罪大案要案侦查指挥中心的统一指挥下，发挥整体优势，统一管理案件线索，统一组织侦查活动，统一调度侦查力量和侦查装备，加大了查办贪污贿赂等腐败犯罪案件的力度，整体推进腐败犯罪侦查一体化的进程，逐步形成了纵向指挥有力、横向协作紧密、运转高效有序的侦查工作运行机制，有效地提高了腐败犯罪案件的侦办力度和办案质量。[②]

三是腐败犯罪公诉引导侦查机制。公诉引导侦查是检察机关基于自身的法律监督属性，为完善刑事案件监督机制、提高办案质量而进行的一项刑事司法改革措施，是当前检察理论和实践工作中研究探索的重要问题。[③] 自侦部门、公诉部门在腐败犯罪证据的收集上加强配合，完善沟通，有助于更好地完成追诉腐败犯罪的任务。腐败犯罪公诉引导侦查既是自侦部门、公诉部门相互配合的切入点，也是更好履行法律职责的必然要求。如北京市人民检察院第一分院自2008年初就开始在腐败犯罪案件中实行公诉引导侦查工作，紧紧围绕腐败犯罪证据的全面性、稳定性、体系性、合法性四个方面开展工作，取得了初步成效，对证据规则的认识和把握趋于统一，腐败犯罪案件质量进一步提高，侦查监督的范围和力度进一步增强，该项工作顺利有效地进行。[④] 腐败犯罪公诉引导侦查作为一项制度创新，

---

① 参见慕平《在全市检察机关查办与预防职务犯罪工作会议上的讲话》，《首都检察官》2011年第1期。

② 参见李楠《山西整体推进贪污贿赂犯罪侦查一体化》，载《山西日报》2008年10月29日。

③ 参见胡君等《试论公诉引导侦查》，载《检察日报》2010年9月21日。

④ 参见杨琦《深化公诉引导侦查工作　强化打击职务犯罪合力》，《法律监督论坛》2009年第25期。

还处于发展和完善之中，需要进一步探索和研究，以使这项工作成为长效机制。

四是腐败犯罪异地审判机制。腐败犯罪实行异地审判，既是反腐败斗争深入的结果，也是惩治腐败犯罪形势的需要。诚如有学者所说，异地审判作为法院属地管辖的例外而存在，这一制度设计的初衷便在于排除审判过程中可能遭到的不当干扰，从而更大程度地保证司法的公正，同时，实行异地审判也有利于对审案法官的人身和身份保障。异地审判制度的实行说明了立法者对地方不当干涉司法这一潜流的正视，在实践中也确实起到了它应有的作用。[①] 对于腐败犯罪案件的异地审判，近年来，随着中央反腐败力度的加大，不少地方都在进行探索，一些腐败犯罪高官接连落马，我国对90%以上的高官腐败案件实行了异地审判，形成了一道司法史上罕见的、非常独特的风景线。[②] 实践证明，这些年来对腐败犯罪案件实行异地审判，取得了非常好的效果，有效地排除了案件查处中的各种干扰和阻力，也有效地消除了部分社会公众对审判工作的担忧和误解。虽然我国腐败犯罪案件实行异地审判尚没有法律或司法解释明文规定，但却已经形成了惯例，并正在朝制度化的方向发展。当前，最需要做的是实现对腐败犯罪案件异地审判的制度化，并增加对腐败犯罪案件属人管辖的内容。

一言以蔽之，我国司法机关在实践中推行的关于腐败犯罪案件诉讼程序的有关改革举措，对于解决制约防治腐败犯罪工作发展的深层次问题，充分发挥司法机关的职能作用，更科学有效地防治腐败犯罪，起了非常积极的作用，正在推动腐败犯罪案件诉讼程序改革驶向“核心地带”。对于这些实践证明行之有效的改革举措，完全可以考虑进一步制度化和规范化。

四 结语

时代的变迁、社会的进步和反腐的深入，已经成为我国反腐败刑事法治发展进步最内在的原动力。作为反腐败刑事法治的重要制度基础，腐败犯罪案件诉讼程序是否健全完善，将直接制约我国反腐败刑事法治的发展

① 参见俊昭文《异地审判司法模式折射司法公正缺失》，载《四川法制报》2007年5月22日。

② 参见王继学《高官异地审判：中国司法史上独特的风景线》，载《民主与法制时报》2006年12月31日。

水平，也会从根本上影响我国防治腐败犯罪的成效。立足于我国反腐败的实际情况和国家反腐败新形势、新任务的需要，在对现行腐败犯罪案件诉讼程序进行深刻反思的基础上，以现代刑事法治理念为指导，理性、稳妥地推进腐败犯罪案件诉讼程序的改革创新，才能更好地实现我国反腐败刑事法治的现代化、科学化和国际化，从而助力于我国的反腐倡廉建设。

（北京师范大学刑事法律科学研究院副教授　彭新林）

第二节

检察机关反腐举报保护与救济

一 举报概念及本节的立场

（一）举报的概念

一般认为，举报是指公民或者单位对于国家机关和国家工作人员的违法失职行为向有关国家机关报告的行为。由此可知举报涉及三方主体（举报人、被举报人、举报对向机关）、一个内容（举报内容）。而从法律意义上讲，举报有广义、中义、狭义之分。广义的举报①范围涉及所有人的所有违法犯罪行为，甚至还包括违纪行为，而我国宪法中规定的举报②则限定了违法、失职的主体，即国家机关和国家工作人员，实际限缩了被举报人范围，属于中义的举报。

本节中采狭义的举报概念③，即认为举报是指公民或者单位对于国家机关、国家工作人员在履行职务活动中的违法、犯罪行为，以口头、书面或其他形式向检察机关揭发、检举、控告的行为。狭义的举报概念实际限定了被举报人为国家机关和国家工作人员，举报对向机关为检察机关，举报内容为（国家机关、国家工作人员）在履行职务活动中的违法、犯罪行为。

（二）举报：权利、义务还是工具

关于举报的性质和定位问题一直颇有争议，该问题实际是一个基本问

---

① 广义的举报是指个人或者单位对所有违法行为向有关国家机关报告的行为。参见宁立成《检举权的法理分析》，载《河北法学》2011 年第 1 期，转引自王晓新、刘太宗、江涛、李清《检察举报制度的宪法定位与立法完善》，载《人民检察》2012 年第 10 期。

② 我国宪法中实际使用了“检举”这一用语，但其在法律意义上等同于“举报”。

③ 反腐举报并不是一个严密的概念，在本节中笔者将狭义上的举报等同于反腐举报概念使用。

题，对之的回答实际是其他涉及举报的问题的出发点和基础。关于举报的性质与定位，有三种学说，笔者将之称为：举报权利说、举报义务说、举报工具说。

举报权利说认为，我国宪法第 41 条[①]明确规定了举报是公民的基本权利，是公民监督权的一种表现形式；举报是保障公民依法行使民主权利和实现良好社会秩序诉求的一种途径[②]。

举报义务说认为举报是公民的义务。这种学说是一种传统的观点，一个重要体现就是我国实行了千余年的保甲制度，一甲之内的居民有相互监督、揭发、检举的义务，知情不举者或同罪或连坐受罚。现实中依然有人持这种观点，认为刑事诉讼法第 52 条、第 60 条[③]规定了公民作证的义务，而举报也是作证的一种方式或内容。

举报工具说则是一种检察机关或明或暗持有的观点，其认为举报是发现犯罪（尤其是贪腐犯罪）线索、惩罚犯罪和保障诉讼顺利进行的工具[④]。

实际上举报既是公民的权利，也是公民的义务，从程序上讲还是刑事诉讼中的工具。但是采取何种定位观点，将会影响检察举报制度的现实运行与理论研究，本节采举报权利说，将举报作为公民的基本权利。理由如下。

第一，宪法的明确宣告。宪法作为我国的根本大法，其明确规定了“检举”的权利，无论从词源还是实际内容来看，“检举”和“举报”是具有同样含义的。2014 年修订的《人民检察院举报工作规定》，首次明确了举报人享有的具体权利，包括申请回避、查询结果、申诉复议、请求保护、获得奖励以及法律法规规定的其他权利，这正体现了举报的权利属性。

---

① 我国宪法第 41 条规定，中华人民共和国公民对于任何国家机关和国家工作人员，有提出批评和建议的权利；对于任何国家机关和国家工作人员的违法失职行为，有向有关国家机关提出申诉、控告或者检举的权利，但是不得捏造或者歪曲事实进行诬告陷害。

② 陈卫东、张佳华：《检察机关举报工作中现实问题与对策研究》，《中国人民大学学报》2011 年第 3 期。

③ 刑事诉讼法第 52 条规定，人民法院、人民检察院和公安机关有权向有关单位和个人收集、调取证据。有关单位和个人应当如实提供证据。第 60 条第 1 款规定，凡是知道案件情况的人，都有作证的义务。

④ 陈卫东、张佳华：《检察机关举报工作中现实问题与对策研究》，《中国人民大学学报》2011 年第 3 期。

第二，法治社会的应有之义。在人治社会，统治者出于统治的需要，需要将人们牢牢掌控在手中，以维护政权稳定，因此其规定知情不举连坐等，将举报规定为一种义务。而在法治社会，权利义务相互统一，没有无权利的义务；人人平等，一切权力来源于人民、属于人民，人民作为主人监督政府和国家，举报正是人民行使监督权的表现形式之一。

第三，加强举报工作的现实需要。现实生活中，采取举报义务说、举报工具说无疑会挫伤人民群众举报的积极性，而现实中我国又面临反贪反腐日益严峻的形势，这决定了我们必须采取政策措施保护举报制度，而举报制度的保护基础性工作就是明晰举报的权利定位。

二　检察机关反腐举报现状

（一）举报在检察机关反腐中的作用

我国刑事诉讼法第 18 条规定了职能管辖，其中第 2 款规定，贪污贿赂犯罪，国家工作人员的渎职犯罪，国家机关工作人员利用职权实施的非法拘禁、刑讯逼供、报复陷害、非法搜查的侵犯公民人身权利的犯罪以及侵犯公民民主权利的犯罪，由人民检察院立案侦查……《人民检察院举报工作规定》（2014 年 9 月 30 日最高人民检察院印发）第 2 条[①]规定了与刑诉法完全一致的腐败犯罪案件范围。而在现实司法实践中，举报材料是检察机关赖以立案、侦查的最重要线索。可以说，没有举报和立案，腐败犯罪的司法控制就无从谈起。[②] 就举报与立案关系而言，举报是立案的重要来源。

同时，就职能与权力配备而言，负责立案侦查腐败犯罪案件的检察机关显然比公安机关要薄弱得多，检察机关是法律监督机关，而公安机关在刑事诉讼程序中则是侦查机关。所以在侦查方面，公安机关更为“专业”，检察机关则显“业余”。这也决定了检察机关无法采取类似公安机关主动的“摸底排查”等方式寻找案件线索，其多采取被动的方式，受理公民或

---

① 《人民检察院举报工作规定》（2014 年 9 月 30 日最高人民检察院）第 2 条规定人民检察院依法受理涉嫌贪污贿赂犯罪，国家工作人员的渎职犯罪，国家机关工作人员利用职权实施的非法拘禁、刑讯逼供、报复陷害、非法搜查的侵犯公民人身权利的犯罪以及侵犯公民民主权利的犯罪的举报。

② 朱立恒：《我国腐败案件举报制度的实施困境与出路》，载《时代法学》2010 年 2 月第 8 卷第 1 期。

者单位的举报。这在一定程度上又有助于检察机关节约司法资源，确保侦查活动的顺利进行，提高工作效率。

再者，腐败犯罪具有很强的隐蔽性，其犯罪主体是国家工作人员或国家机关工作人员，处于强势地位，拥有一定职权，通过这样那样的方式掩盖罪行，所以，在没有知情人举报的情况下，检察机关很难发现腐败犯罪的线索。所以，举报线索是发现或揭露腐败犯罪的媒介，是启动初查或立案侦查的依据，是指引初查工作的向导，是侦查工作持续开展的保障。

所以，在腐败案件的侦破过程中，检察机关能否及时发现、获取、评价、利用反映腐败犯罪客观事实的案件线索，将直接决定腐败犯罪行为能否被及时揭露与证实，侦查活动能否顺利实现。举报在我国刑事诉讼过程中虽然不是一项独立的司法程序，只是其中的一个环节，但是举报线索却是我国检察机关对腐败犯罪案件立案、侦查、起诉的基础。

任何犯罪都是在一定时间和空间进行的，不论犯罪分子隐蔽多深，伪装多么巧妙，最终都难以逃出群众的视野。[①] 尤其是在信息时代的今天，各种媒体成为人类各种感官的整体延伸，在现实与虚拟两种时空中，人民群众更是掌握了更多的信息和线索，同时先进技术为信息的掌握和传播带来了极大的便利。因此，在信息时代反腐举报显得尤为重要。

（二）检察机关反腐举报的困境

信息时代在带来先进侦查技术的同时也产生信息爆炸，一方面信息传播速度快、涉及范围广，另一方面信息真伪难辨、良莠不齐。同时，腐败分子借助网络等将腐败信息和线索隐蔽的更深，这给获取有效的腐败案件线索带来更大的不利。现实中，反腐举报也陷入了困境，直接制约和削弱了举报作用的发挥，影响了反腐斗争的顺利进行，甚至引起一系列新的社会问题而激化社会矛盾。

1. 举报线索数量与质量

举报线索总数逐年上升，但存在重复举报和多头举报的现象，以B市某检察院为例，2010~2014年5年间平均重复来信占来信比例约为40%，

---

① 陈光中：《刑事诉讼法学》（新编），中国政法大学出版社，1996，第63页，转引自朱立恒《我国腐败案件举报制度的实施困境与出路》，载《时代法学》2010年2月第8卷第1期。

实为举报资源的浪费。再者，普通百姓难以明确不同机关举报中心的职责和受案范围，于是常出现多头举报、重复举报的现象。同时，举报质量难以保证，举报多不涉及证据，匿名举报多，导致举报线索难以继续深挖，造成成案率较低。

公民举报原则上可以通过信函、电话、传真、网络、当面举报等形式进行，但实际上，举报中心采取的最重要的举报受理方式还是传统的信函方式，电话其次。现实中最为便利的网络并没有得到很好的普及，就北京而言，网络举报也仅是利用市检察院的网络，各检察院并没有自己的举报网络，至于传真举报，更少采用。这实际是举报渠道狭窄的表现，造成举报数量难以大幅度增长，实际妨碍了举报工作的开展。

2. 举报人保护不力

为了保护举报人的合法权益，保证举报制度和举报工作的顺利开展，我国法律明确规定了保障举报人及其近亲属的安全①，然而现实中打击报复举报人的事件却时有发生。据最高人民检察院统计，全国每年发生的证人、举报人致残、致死案件从20世纪90年代每年不足500件上升到现在每年1200多件。② 比如，2008年3月，安徽省阜阳市颍泉区“白宫”办公楼一案的举报人李国福离奇死于监狱医院，经查，其在举报期间并没有受到相应保护，反而任由区检察院带走，后来被拘留、逮捕，最终发生离奇死亡的悲剧。刑法虽然规定了报复陷害罪予以规制，但该罪立案标准较高，不利于保护举报人的合法权益。另外，现实中还存在各种“隐性打击报复”举报人的行为，不仅不构成犯罪，甚至连违法都难以认定，比如解除举报人或其近亲属工作关系，实行歧视性待遇，等等，这些使举报人对自己及亲属的权益心存担忧而不敢或者放弃举报。

3. 举报线索处理与泄密

举报线索不能妥善、及时处理，或者说举报线索的处理情况并不能及时反馈给举报人，导致举报人心存不满，影响其举报积极性。这其中有匿名举报多的原因，但更重要的原因在于检察机关自身，其一，人员配备不

① 《中华人民共和国刑事诉讼法》第109条第3款规定，公安机关、人民检察院或者人民法院应当保障报案人、控告人、举报人及其近亲属的安全。

② 王义杰、王瀚：《保护“时代良心”，高检院亮出新思路》，载《检察日报》2007年9月24日；转引自朱立恒《我国腐败案件举报制度的实施困境与出路》，载《时代法学》2010年2月第8卷第1期。

足，举报中心与控申处两块牌子一套人马，负责处理举报的人员往往不足；其二，举报回复机制运行不畅，没有得到严格的落实；其三，不同职能机关、部门之间的举报工作衔接不畅，存在推诿扯皮现象。司法实践中，举报泄密问题十分突出。有学者指出我国举报泄密现象主要有以下几种情况：一是层层批转的做法造成泄密；二是关系网密切导致泄密；三是举报机构的工作人员不负责任导致泄密，甚至故意泄密；四是制度不严造成泄密。[①] 实际上，造成泄密的最主要原因还是工作人员，关于保密的制度和规定并不在少数，但往往不能贯彻落实；同时工作人员的保密意识也有待提高。

4. 奖励与补偿机制问题

我国《人民检察院举报工作规定》（以下简称《规定》）（2014 年 9 月 30 日最高人民检察院印发）第 8 章规定了举报奖励，涉及奖励的条件、数额等内容，对于规范举报奖励制度具有重要作用，但当前举报奖励工作中依然存在问题。

（1）举报奖励的认知依据不统一。主要有信息有偿使用说、激励说、分化瓦解说、见义勇为说[②]不同观点。认知依据不统一导致在奖励的具体实施中会不当限缩奖励范围，且会带来举报人本人已经死亡，其法定继承人能否继承奖励的疑问。

（2）举报奖励的条件、范围不统一。《规定》第 66 条规定了奖励的条件为：举报线索查证属实，被举报人构成犯罪，但是关于构成犯罪的意见并不统一。另外，根据刑诉法第 173 条第 2 款检察机关作出不起诉决定的情况，以及为检察机关正在查处过程中的案件提供了线索的人仍未纳入奖励范围。

（3）奖励金额少，且执行奖励过程中，精神奖励多而物质奖励少。以

---

① 朱立恒：《我国腐败案件举报制度的实施困境与出路》，载《时代法学》2010 年 2 月第 8 卷第 1 期。

② 信息有偿使用说认为，举报线索本质上是一种举报人独家获得的不为外界广泛了解的信息，将此信息提供给检察机关，使得犯罪行为被查证，是信息被有偿使用；激励说认为举报奖励使举报行为与经济效益挂钩，可以有效激发群众的举报热情；分化瓦解说认为职务犯罪多发在秘密状态下，举报人之所以掌握举报线索，本身就是案件中的同谋者和参与者，为了分化瓦解犯罪分子，物质刺激是重要手段；见义勇为说认为由于举报的对象是违法犯罪分子，举报本身带有见义勇为的性质，应予以大力褒奖，以弘扬正气。参见徐耕《完善检察机关举报奖励制度》，载《新世纪检察》2011 年第 1 期总第 57 期。

B市某检察院为例，自1999～2015年的16年间，共奖励有功人员10次，分别奖励了21个单位和个人，其中向举报人发放物质奖励的只有2次3件，最高个人奖励金额为3000元，最低个人奖励金额为500元，其余8次只对举报人实行精神奖励，分别是向18个举报有功单位发放奖牌或证书。这实际上也反映出举报奖励经费得不到保障，奖励制度不完善、落实不到位等问题。

（4）举报奖励兑现时间拖沓、过程烦琐。《规定》第68条规定“奖励举报有功人员，一般应当在判决或者裁定生效后进行”。举报人向检察院举报后直到最后获得奖励的时间，从开始举报到最终判决生效，要经历立案、侦查、起诉、审判等阶段，从检察院到法院，时间短则几个月，长则一年甚至几年。

（5）颁发奖励时保密工作存在疏忽。有些机关为宣传举报奖励制度，进行公开化颁发奖励方式或者其他保密措施欠缺的方式，导致举报人担心在领取奖励的过程中暴露身份遭到打击报复而不敢领奖。

此外，对举报人在举报活动中支出的交通、住宿、通信、误工费以及因遭受打击报复产生的医疗费用、护理费、生活补助、抚恤金等，法律法规并没有明确规定检察机关等国家机关给予补偿制度，不利于保护举报人的经济利益，也不利于举报工作的进行。

信息时代的今天，一方面，先进的媒介和技术会促进反腐举报的发展和工作开展，另一方面，信息爆炸、信息传播失实、网络舆情难以导向……所有举报的制度缺陷和运行困境面临着被放大的危险，从而使举报制度及其运行面临更大困境，对举报制度的作用的发挥带来更大的损害。因此，对举报的保护，包括对制度、对主体、对权利的保护和救济，是一个无法回避的问题。

三　检察机关反腐举报的保护机制

当前检察机关反腐举报的保护，应构建一套完善的保护机制，其中不仅涉及举报人及其近亲属的保护，还应该包括对举报制度的保护、对举报权利的保护、对被举报人合法权益的保护以及举报奖励及补偿。

（一）举报制度的保护

1. 加强举报宣传

现阶段，依然存在的举报效果不理想、举报质量不高、成案率低等现象，反映出民众对举报制度（包括举报的作用等）不了解、不信任或知之甚少。这就要求我们做好举报宣传工作。第一，加强举报中心与宣传部门的合作，重点做好举报制度的外宣工作，充分发挥宣传部门掌握先进传播媒介、与媒体组织联系密切等宣传优势，对举报中心的受案范围、举报的重要作用、制度设置、程序机制、奖励保护等情况进行详尽宣传；第二，充分利用新闻、广播、电视、报纸、网络、微博等覆盖面广、影响大等优势，通过召开新闻发布会、发表广播电视讲话、开辟专栏、发布微博、开展举报宣传日活动、随案宣传等各种形式，宣传中央关于惩治腐败的指示精神、检察机关在反腐中的作用、人民反腐取得的良好效果等；第三，注重日常宣传，举报中心结合控申处深入群众接待的特点，在接待大厅放置举报宣传材料，供民众获取，并做好电话、网络的宣传及疑难解答工作。通过宣传工作使民众充分认识举报在反腐中的巨大作用，增强群众反腐的信心，提高民众在反腐举报、法律监督中的参与意识，激励群众参与到反腐举报和反腐战争中来，不断推进反腐斗争的纵向发展。

2. 举报的监督与制约

举报制度的保护还面临一个重要的问题，即谁来监督、制约作为举报处理部门的举报中心的权力。这本就是一个两难的选择，为了保密，需要保证举报中心及其工作人员独立行使相关权力，包括阅信、初核等权力。但是绝对的权力容易导致绝对的腐败，因此又要对举报中心的权力进行一定的制约和监督。这就需要三个方面的监督制约工作：一是自身监督，主要是指举报中心工作人员的相互监督，举报线索的处理应由至少两名工作人员达成一致或共同进行，控告申诉检察处对举报中心的领导进行监督；二是平行监督，重点加强纪委监察部门对举报中心的监督，构建合理的两部门之间信件转移制度，并定期进行人员交流轮岗；三是级别监督，上级检察机关定期排查和询问下级举报中心的工作状况，下级举报中心定期向上级检察机关报告和备案。

3. 完善举报保密工作

举报保密是实现全部举报权利的基础。[①] 失去了保密性，举报制度将形同虚设，举报制度的保护离不开保密措施。首先，要严格遵守《人民检

① 王晓新、刘太宗、江涛、李清：《检察举报制度的宪法定位与立法完善》，载《人民检察》2012 年第 10 期。

察院举报工作规定》第59条规定的保密措施，同时尝试新的工作机制，如借鉴美国“犯罪终结者”（Crime Stoppers）计划[①]实行匿名和密码举报、密码奖励方式，开发密码举报和奖励方式；加强保密教育，实行举报线索专人管理制度，同时开发代码，实现举报线索的代码化；再者要加强诉讼阶段和刑罚执行中及完毕后的保密工作，不得透露举报人的个人信息，未经举报人同意不得将举报线索作为证据使用，同时确定举报线索和举报人信息保密期限为永久，及时做好原件的销毁工作。最后，有权必有责，要强化泄密责任追究，将保密责任落实到个人。

（二）举报人保护与被举报人保护

1. 举报人保护

举报人的保护主要是指保护举报人的合法权益不受非法侵害，其中主要是举报人的安全保障。安全保障的范围包括但不限于举报人本人，还应当包括举报人的近亲属。就加强举报人（及其近亲属）安全保障而言，世界范围内有很多优秀的经验值得借鉴，很多国家和地区早已制定了完备的法律法规，《联合国反腐败公约》也规定了相应的证人保护措施。我们应当借鉴相应经验，加强举报人保护相关立法，明确措施和责任，不能笼统地规定保护举报人，也不能仅规定对打击报复行为的惩处，这些过于笼统和模糊，是一种消极保护或者说是一种事后救济措施。我们更应加强的是积极的保护措施或者说事前预防措施，如建立举报人跟踪保护制度、举报人安全住所制度、举报人身份重置制度等，建立这些制度应明确制度适用对象、责任机关和处置程序等[②]。

同时，应当规定对举报人在举报过程中所耗费的通信、交通、餐饮、住宿等必要费用，举报人可凭有效发票到检察机关进行报销。

---

① 1976年该计划诞生于美国新墨西哥州的爱尔博格市，该计划实行的匿名和密码举报方式兼具传统的署名举报和匿名举报的长处，弥补了署名举报容易暴露身份而遭受打击报复和传统的匿名举报无法取得联系的缺点，并具有合法的高保密性。

② 以举报人身份重置制度为例，适用对象应规定为那些经过评估确定的提供查办（或即将查办）大案要案线索的举报人；责任机关涉及申请受理机关、审批机关及执行机关三个机关，在检察举报工作中，重置身份申请的受理机关为检察机关，申请的审核批准机关是省级以上人民检察院，执行机关则是公安机关；程序则主要由举报中心执行，由举报中心代为向本院检察长或检察委员会申请，并层报省级人民检察院决定，不予批准可以向上级检察院申请复核一次，并严格限定申请审批和执行的期限。参见王晓新、刘太宗、江涛、李清《检察举报制度的宪法定位与立法完善》，载《人民检察》2012年第10期。

2. 被举报人的保护

被举报人的保护主要是被举报人的合法权益保障，在现实中还涉及“人肉”搜索等手段的合法性等问题。我国法律规定了尊重和保障人权，犯罪人的人权尚且要保障，被举报人并没有经过法定程序认定犯罪，其依旧是人民中的一分子，他的合法权益依然要受到保护。

被举报人的保护主要涉及的是被举报人的人身权、财产权、名誉权的保护。人身权、财产权保护主要是避免在被举报过程中来自国家机关的非法侵害，要严格证据标准，不能以举报线索代替证据，一定要严格查证达到立案标准、起诉标准。对举报失实的，要及时恢复被举报人的名誉，查明是否诬告诽谤，按相关规定进行处理，或追究相应法律责任，或批评教育，或责令赔礼道歉。

（三）举报权利保护

权利具有三个基本权能，请求、受益和救济。上文中已明确了举报的权利定位，那么其同样具有这三种权能。此处，笔者仅探讨举报权利保护中的请求权能的保护，对于受益权能和救济权能的保护将分别在下文中阐述。

作为举报权利中的请求权能，其指的是举报人在举报过程中请求受理、处理、答复等。受理指的是举报人的举报线索的受理，检察机关（具体是举报中心）对举报线索应当受理，对不属于自己管辖的应当移送相应机关处理。通过充分发挥现代科技的优势，拓宽举报渠道，扩大线索来源，不断改进和完善举报线索受理、流转机制，杜绝不受理举报线索的行为。

受理仅仅是第一步，现实中依然存在举报线索得不到妥善、及时处理，造成线索积压的现象。对此，应提高举报线索的查处效率，一方面要加强检察机关举报中心的建设，完善机构设置和人员配置，真正将举报中心当作专门业务部门来抓，同时注重举报中心工作人员的考核和奖惩；另一方面则是加强举报中心与纪委监察、反贪反渎等部门的联系，畅通线索流转渠道。

有人认为，举报答复是指举报受理机关经核实、审查，采取电话、约谈、书面回函、电子邮件等形式将处理结果告知举报人的行为。[①] 笔者以为，答复应贯穿举报线索受理、处理过程，不仅是处理要回复，受理也应

① 曹阳：《我国举报回复行为的性质初探》，载《学理论》2012 年第 8 期。

回复。现阶段重复举报现象严重的重要原因即是没有做好受理回复，举报人的举报线索如泥牛入海，举报人只好一而再再而三地举报。因此，应当实行举报线索受理告知制度，将检察机关（举报中心）已收到、受理举报线索的情况及时告知举报人。当然，后续的处理情况和办理结果更要及时答复，不能以属于匿名举报，难以查找举报人为由，不答复或者推脱答复责任，做好阳光执法和检务公开工作。同时，加强回复工作也可以有效监督举报中心工作，因此可结合纪委监察监督，实现双层监督。在正常情况下，回复应在收到举报线索、处理举报线索十五日之内进行，逾期，举报人可联系纪检部门进行监督。

（四）举报奖励及补偿

对举报人进行奖励正是举报权中受益权能的体现，这样，对于举报奖励的认知依据应当采信息有偿使用说[①]，经检察机关查证属实的属于举报人举报的案件，都应当给予适当的奖励。同时增加对“积极为检察机关办理中案件提供线索”及“被举报人根据刑诉法第 173 条第 2 款检察机关作出不起诉决定”的举报人给予奖励。同时将举报人获得奖励的时间追溯到其行使举报权利时，这样在举报人本人死亡时亦有权获得举报物质奖励，其法定继承人有权继承。

作为检察机关应充分认识举报奖励的重要性，积极履行对举报人的物质奖励，该奖励的依规定及时奖励，该物质奖励的绝不以精神奖励替代；应向社会公布奖励的条件、标准和数额，鼓励群众积极举报。同时，提高举报奖金的数额，凡举报的线索符合立案的条件并经初查确定立案的就给予奖励，数额以当地情况而定，可在 500 元以上 1000 元以下，或依据高检的规定并参照当地的实际情况确定奖励数额。

设立专门的举报奖励基金，保证举报奖励资金充足。建议举报奖励基金由财政按年度拨出专款给检察机关作为基金的原始积累，收益用于奖励举报人，专款专用。有了专门的基金，举报奖励资金才能落到实处。

再者，举报奖励方法和兑现时间要灵活。第一，被检察机关立案侦查的举报案件，需要追究刑事责任且能够在半年内提起公诉并宣判的，原则上在判决生效后奖励；第二，符合刑诉法规定“情节显著轻微、危害不

① 王晓新、刘太宗、江涛、李清：《检察举报制度的宪法定位与立法完善》，载《人民检察》2012 年第 10 期。

大，不认为是犯罪的”的举报案件，原则上在结案后奖励；符合刑诉法第173条第2款作出不起诉决定的举报案件，原则上是在决定后奖励；第三，为了举报的宣传效果和查处案件的需要，可试行在案件查处过程中，结合证据的查证程度，适时给予举报人一定的物质奖励；第四，在判决和裁定生效后，要将全部奖励金额及时补齐，做到言而有信，提高司法公信力。

就举报补偿而言，涉及的是举报人提出的其在举报过程中的通信、交通、住宿、餐饮等费用，并没有有效发票予以佐证的，检察机关应予以适当补偿。同时，因举报，举报人本人、家庭遭受人为或自然侵害，造成财产损失的，检察机关也可予以适当经济补偿或救助。

四　检察机关反腐举报的救济机制

从某种程度上说，举报权利救济也是举报保护之一，其实质是一种事后保护（或者说是消极保护），但其重要性不容忽视。法谚曰：没有救济就没有权利。实际上，救济正是权利的三大权能之一。此处笔者主要阐述举报人遭受打击报复后的权利救济、举报权利救济和被举报人的合法权益救济。

（一）严厉惩治打击报复举报人的行为

为保障举报人的合法权益，我国应严厉惩处打击报复举报人的行为。我国刑法第254条规定了报复陷害罪，2006年7月26日最高人民检察院《关于渎职侵权犯罪案件立案标准的规定》指出涉嫌下列情形之一的，应予立案：①报复陷害，情节严重，导致控告人、申诉人、批评人、举报人或者其近亲属自杀、自残造成重伤、死亡，或者精神失常的；②致使控告人、申诉人、批评人、举报人或者其近亲属的其他合法权利受到严重损害的；③其他报复陷害应予追究刑事责任的情形。这是严惩打击报复行为的法律依据。但是，上述立案标准过于严格，且“情节严重”“严重损害”“其他”等规定过于模糊，不能够清楚界定，这一方面不利于保护举报人权利，另一方面认定的随意性容易导致权力的滥用。笔者建议，放宽报复陷害罪的立案标准，并实现标准明确化。同时，综合运用党纪政纪等方面的规定，一经发现有报复陷害行为，不管成立犯罪与否，一律双开。

对于隐性打击报复行为同样要予以规制，隐性打击报复行为一直是司法界难以界定和规制的行为，有学者认为，就其界定而言，可以参考美国的立法，确立认定举报行为与报复行为构成因果关系的“促成因素”标准，即只要求举报是促成被举报人打击报复的因素之一，而不要求举报是全部因素。[①] 这实际是在确定举报与举报人人为遭受不利之间因果关系的基础上认定打击报复行为，在认定属于打击报复后，再综合运用党纪政纪和法律手段予以规制。

另外，由于举报行为导致举报人遭受打击报复，造成举报人经济损失的，结合上述因果关系之认定，应向被举报人请求赔偿，被举报人无力赔偿的，应当借鉴被害人救助制度，建立举报人救助制度，以减少和弥补举报人承担的经济损失。举报人救助是一种补充制度，可以纳入被害人救助的制度和程序设计中。

对由于举报导致打击报复进而引发侵权诉讼的，可以考虑由检察机关代为起诉或支持起诉，具体可以借鉴民事诉讼法中规定的公益诉讼的程序设计，这样有利于保护举报人的合法权利，同时对提高检察机关的公信力具有重要作用。

（二）举报处理情况的知情权救济

举报处理情况的知情权是举报权利的应有之义，申言之，举报人应当知道举报线索的处理情况，并进行监督。具体可按以下程序设计进行。

举报人在举报线索发出十五日之内，可以询问检察机关（举报中心）是否收到举报线索，是否受理，并可以提出批评意见。检察机关拒不答复的，可以向纪检部门报告，也可以向检察机关举报中心申请复议。对不受理举报线索，或对线索处理结果有异议的，均可以依法申请复议，要求检察机关及时作出合理说明，及时纠正错误。对复议结果仍有异议的，可以向上级检察院申诉，请求上级检察院监督。

（三）被举报人合法权益救济

当前人权保障已写入宪法、刑法、刑诉法中，犯罪嫌疑人、被告人的合法权益受保护。而被举报人尚未进入刑事诉讼环节，因此被举报人的合法权益不仅受到保护，在遭到不法侵害后，同样也享有被救济的权利。非经法定程序，任何人都不能被认定为犯罪。即使认定犯罪后，被举报人（犯罪人）依然享有基本的权利，且神圣不可侵犯。就其财产权利而言，要严格区分涉案财产和私人财产，禁止以国家暴力非法侵害私人财产。造

① 王晓新、刘太宗、江涛、李清：《检察举报制度的宪法定位与立法完善》，载《人民检察》2012 年第 10 期。

成被举报人私人财产被侵占、罚没等情况的，一定严格追究相关责任人。同样，被举报人也享有举报、控告、申诉的权利。对于徇私枉法、诬告陷害、作伪证、妨害司法等行为不能打着举报保护的幌子予以放任，要严厉查处。

五 反腐举报之人权保障——代结语

反腐举报应当以司法化的思路和正当程序的理念，建立健全反腐举报保护与救济机制。严格将举报中心的业务和工作纳入刑事诉讼法中，以宪法、刑法、刑事诉讼法来规范举报工作，同时注重机制创新，充分保障包括举报人和被举报人两个层面的人权。

公众关注的不仅是公平正义，还有人权保障。在加强反腐斗争和举报人保护时，不能以牺牲被举报人的合法权益为代价，平衡反腐举报与人权保障完全可以在正当程序中得以实现。

（北京市人民检察院第一分院干部
中国社会科学院法学研究所博士研究生　金磊）

第七章
防治腐败犯罪的国际视野

第一节

《联合国反腐败公约》与中国刑事立法的衔接

2000 年 12 月 4 日，第五十五届联合国大会 55/61 号决议提出，设立特设委员会，起草一份预防和打击腐败的综合性国际法律文件。在完成一系列的准备工作后，从 2002 年 2 月开始至 2003 年 10 月，包括中国在内的 107 个国家及 28 个国际组织和非政府组织代表在维也纳就《联合国反腐败公约》（Anti-Corruption Convention）前后进行了 7 轮谈判，终于完成了公约的起草工作。2003 年 10 月 31 日，第五十八届联合国大会通过了《联合国反腐败公约》（以下简称《公约》）。我国第十届全国人大常委会于 2005 年 10 月 27 日通过决定批准了该《公约》。《公约》是联合国历史上通过的第一部指导国际反腐败斗争法律文件，也是迄今为止国际社会关于治理腐败最为完整、全面且兼具全球性、综合性和创新性的一部国际法律文件。[①]《公约》关于腐败犯罪规定之全、调整范围之宽前所未有，将使国际社会反腐败的法律合作出现多方面的突破性进展。[②]

近年来，我国掀起反腐风暴，党和政府惩治腐败犯罪的工作取得明显成效。但是，反腐败的具体措施仍然需要在实践中不断完善，也需要借鉴国外成熟做法和成功经验。《公约》所确立的防治腐败机制，是市场经济条件下各国反腐败经验的总结，能够为我国打击和预防腐败犯罪提供重要参考。通过借鉴《公约》的具体规定，科学界定腐败犯罪的法律成果，结

---

① 王作富、但未丽：《〈联合国反腐败国际公约〉与我国贿赂犯罪之立法完善》，载《法学杂志》2005 年第 4 期。

② 范红旗、邵沙平：《〈联合国反腐败国际公约〉的实施与我国反腐败犯罪法的完善》，载《法学杂志》2004 年第 5 期。

合我国刑法关于腐败犯罪的立法状况和司法实践，研究《公约》与我国刑事立法的衔接问题，对我国建立健全惩治和预防腐败体系有着重要促进作用。

一 《公约》对腐败犯罪的规定

（一）缔约目的与设立宗旨

《公约》缔约的目的在于关注腐败对社会稳定与安全所造成的问题和构成的威胁的严重性。腐败破坏民主体制、价值观、道德观和正义并危害着可持续发展和法治；关注腐败同其他形式的犯罪特别是同有组织犯罪和包括洗钱在内的经济犯罪的联系；关注涉及巨额资产的腐败犯罪；确信腐败已经不再是局部问题，而是一种影响所有社会和经济的跨国现象。因此，开展国际合作预防和控制腐败是至关重要的，并确信需要为有效地预防和打击腐败采取综合性的、多学科的办法，还确信提供技术援助可以在增强国家有效预防和打击腐败的能力方面发挥重要的作用。①

《公约》设立的宗旨包括三个方面：第一，促进和加强各项措施，以便更加高效而有力地预防和打击腐败；第二，促进、便利和支持预防和打击腐败方面的国际合作和技术援助，包括在资产追回方面；第三，提倡廉正、问责制和对公共事务和公共财产的妥善管理。②

（二）《公约》的特点

审慎研读《公约》，可以概括出《公约》具有以下特点。第一，这是目前国际上双边、多边反腐败条约中内容最全面的公约。该公约是在对国际组织和地区组织的各种反腐败公约、决议的有效性和可行性进行全面评估的基础上拟订的，内容广泛。第二，这是一部体现整体和平衡思想的公约。所谓整体，是指公约将反腐败作为一个系统工程来对待，认为腐败不仅表现在公职人员身上，也表现在向公职人员行贿的普通公民身上；不仅在国家机关和公共领域，私营机构也存在腐败问题；不仅表现在国内交往中，也表现在国际交往中，包括国际公共组织官员的腐败。第三，《公约》考虑了不同国家的国情，体现了协商精神。《公约》指出，开展国际合作预防和控制腐败是至关重要的，应当铭记预防和根除腐败是各国的责任，

① 《联合国反腐败公约》（中文本）序言。

② 《联合国反腐败公约》（中文本）第 1 条。

而且各国应当相互合作，同时应当有公共部门以外的个人和团体支持和参与。

（三）《公约》对腐败犯罪主体的规定

《公约》规定腐败犯罪的主体包括：公职人员、外国公职人员和国际公共组织官员。

1. 公职人员

《公约》对“公职人员”进行明确规定：（1）无论是经任命还是经选举而在缔约国中担任立法、行政、行政管理或者司法职务的任何人员，无论长期或是临时、计酬或者不计酬，也无论该人的资历如何；（2）依照缔约国本国法律的定义和在该缔约国相关法律领域中的适用情况，履行公共职能，包括为公共机构或者公营企业履行公共职能或者提供公共服务的任何其他人员；（3）缔约国本国法律中界定为“公职人员”的任何其他人员。但就本公约第二章所载某些具体措施而言，“公职人员”可以指依照缔约国本国法律的定义和在该缔约国相关法律领域中的适用情况，履行公共职能或者提供公共服务的任何人员。[①]

根据《公约》的上述规定，“公职人员”是指履行公共职能或者提供公共服务的人员。至于是临时还是长期、计酬或者不计酬或是按照中国特色的说法在编或者不在编，只要履行公共职能或者提供公共服务的人员都属于公职人员。

2. 外国公职人员

依照《公约》规定，“外国公职人员”系指外国无论是经任命还是经选举而担任立法、行政、行政管理或者司法职务的任何人员，以及为外国，包括为公共机构或者公营企业行使公共职能的任何人员。[②]《公约》扩展规定外国公职人员也可成为腐败犯罪的主体，还包括为公共机构或者公营企业行使公共职能的人员。

3. 国际公共组织官员

依照《公约》规定，“国际公共组织官员”系指国际公务员或者经此种组织授权代表该组织行事的任何人员。[③] 这里只限于国际公共组织官员

① 《联合国反腐败公约》（中文本）第1条。

② 《联合国反腐败公约》（中文本）第2条第2项。

③ 《联合国反腐败公约》（中文本）第2条第3项。

或者经授权代表该组织行事的人员，而非所有工作人员。

（四）《公约》规定的反腐败的五个机制

1. 预防机制

预防是有效遏制腐败的基础。《公约》对预防机制规定了若干措施：一是规定预防性反腐败机构（第6条），制定和执行协调有效的反腐败政策，定期对反腐败的相关法律、措施进行评估以确定是否有效；二是建立以透明、竞争、客观为标准的公共采购制度，维持公共财政管理制度的公开、透明（第9条）；三是简化行政程序，建立公众与国家机关的联系通道（第10条）；四是防止私营部门的腐败，制定私营机构廉洁的标准和程序，防止利益冲突，形成良好的商业惯例（第12条）；五是促进社会参与，开展有助于不容忍腐败的公共宣传活动，在大中小学开展公共教育方案（第13条）；六是打击洗钱活动，制定预防洗钱措施，监控可疑账户，查明账户所有人的身份（第14条）；等等。

2. 刑事定罪和执法机制

《公约》规定的刑事定罪和执法机制包括几个方面：一是刑事定罪方面，将贿赂本国公职人员和贿赂外国公职人员及国际公共组织官员，公职人员贪污、挪用或者以其他类似方式侵犯财产、影响力交易等行为确定为犯罪（第15条、16条、17条、18条）；二是腐败犯罪的制裁方面，除刑事定罪外，还包括取消任职资格、冻结、扣押和没收犯罪所得等制裁措施（第30条、31条），反腐败专门机关还有权采取特殊侦查手段（第31条）；三是保护措施方面，《公约》要求各缔约国应当根据本国法律并在其力所能及的范围内采取适当的措施保护举报人、证人、鉴定人、被害人，包括为证人和鉴定人的亲属及其他与其关系密切者提供有效的保护，对因腐败而受到损害的人员或实体予以赔偿或补偿等（第32条、33条、35条）。

3. 国际合作机制

缔约国应当就打击《公约》规定的犯罪进行国际合作，包括引渡、司法协助、执法合作、联合侦查等（第43条、44条、45条、46条、48条、49条）。《公约》明确规定了缔约国的国际合作义务，并详细阐明了国际合作的领域和方法（第43条）。

4. 资产追回机制

《公约》在第五章专门规定了“资产的追回”。《公约》规定，返还资产是《公约》的一项基本原则，缔约国应当在这方面提供最广泛的合作和协助（第 51 条）。《公约》规定的资产追回机制包括预防和监测犯罪所得的转移、直接追回财产的措施、通过没收事宜的国际合作追回财产、资产的返还和处分等（第 52 ~ 57 条）。应该说，《公约》规定的资产追回机制是本公约最引人关注的焦点之一，有助于追回国有资产，避免国家遭受更大损失。

5. 履约实施和监督机制

《公约》第六章规定"技术援助和信息交流"。《公约》规定了培训和技术援助，有关腐败资料的收集、交流和分析以及缔约国向发展中国家提供财政和技术援助等内容（第 60 条、61 条、62 条）。

《公约》第七章规定"实施机制"。《公约》规定应当设立缔约国会议，以增进缔约国能力和加强缔约国之间的合作，从而实现本公约所列目标并促进和审查本公约的实施（第 63 条）。

二　《刑法修正案（九）》对贪污受贿犯罪的最新立法修改

（一）明确规定贪污受贿犯罪的定罪量刑标准

现行刑法对贪污受贿犯罪的定罪量刑标准规定了具体数额，这样规定是 1988 年全国人大常委会根据当时惩治贪污受贿犯罪的实际需要和司法机关的要求做出的。从实践的情况看，规定数额虽然具体明确，但是此类犯罪情节差别很大，情况复杂，单纯考虑数额，难以全面反映具体各罪的社会危害性。如果对数额规定过死，有时难以根据案件的不同情况做到罪刑相适应，量刑不统一。

根据各方意见，2015 年 11 月施行的《刑法修正案（九）》取消了贪污罪、受贿罪的定罪量刑的单纯的数额标准，代之以"数额较大""数额巨大""数额特别巨大"以及"较重情节""严重情节""特别严重情节"的"数额 + 情节"模式。同时，考虑到反腐斗争的实际需要，对犯贪污受贿罪，在提起公诉前如实供述自己罪行、真诚悔罪、积极退赃，避免、减少损害结果发生，并有法定情形的，可以从宽处理。

然而，《刑法修正案（九）》并未明确规定"数额较大""数额巨大"以及"数额特别巨大"的定罪量刑标准，也未在立法上明确哪些情节属于"较重情节""严重情节""特别严重情节"。司法实践中很多贪污贿赂罪案件因没有明确的定罪量刑标准加以参照而未及时判决，直到 2016 年 3 月 28 日最高人民法院和最高人民检察院出台《关于办理贪污贿赂刑事案件适用法律若干问题的解释》。

最高人民法院、最高人民检察院根据全国人大常委会授权，在充分论证经济社会发展变化和案件实际情况的基础上，综合考量各种因素确定不同职务犯罪的定罪量刑标准，同时考虑“把纪律挺在前面”的反腐败政策要求，通过司法解释对贪污受贿罪的定罪量刑标准做出规定。该司法解释明确了贪污受贿犯罪的具体量刑标准：将两罪“数额较大”的一般标准由1997年刑法确定的5000元调整至3万元，“数额巨大”的一般标准定为20万元以上不满300万元，“数额特别巨大”的一般标准定为300万元以上。司法解释同时规定，贪污、受贿1万元以上不满3万元，同时具有特定情节的，亦应追究刑事责任；数额不满“数额巨大”“数额特别巨大”，但达到起点一半，同时具有特定情节的，亦应认定为“严重情节”或“特别严重情节”，依法从重处罚。贪污受贿数额特别巨大、犯罪情节特别严重、社会影响特别恶劣、给国家和人民利益造成特别重大损失的，保留死刑的适用。

（二）加大对行贿罪的处罚力度

行贿与受贿是对合性犯罪，长期的司法实践表明，行贿犯罪具有“主动性”和对公权力的腐蚀性，行贿犯罪的社会危害性不可低估。在很多贪腐案件中，受贿人与行贿人是利益共同体，而且行贿者往往是始作俑者。由此可见，行贿犯罪的社会危害性不亚于受贿犯罪，因此对于行贿犯罪不能过于宽宥。在外国刑事立法中，行贿与受贿行为是同等处罚的，而且罪名也一样。以意大利刑法为例，根据该国刑法第318条的规定①与第321条的规定②，无论是行贿行为还是受贿行为，罪名都是“贿赂罪”（corruzione），对行贿者的处罚和对受贿者的处罚完全一样。而我国刑法对受贿行为和行贿行为区别对待，不仅罪名不一致，而且量刑标准也不相同。

《刑法修正案（九）》进一步严格对行贿罪从宽处罚的条件，将“行贿人在被追诉前主动交待行贿行为的，可以减轻处罚或者免除处罚”的规定修改为“行贿人在被追诉前主动交待行贿行为的，可以从轻或者减轻处

---

① Luigi Alibrandi, *Codice penale e di procedura penale e leggi complementari*, op. cit., p. 207, Casa Editrice La Tribuna, Piacenza, 2015.

② Luigi Alibrandi, *Codice penale e di procedura penale e leggi complementari*, op. cit., pp. 210－211, Casa Editrice La Tribuna, Piacenza, 2015.

罚。其中，犯罪较轻的，对侦破重大案件起到关键作用的，或者有重大立功表现的，可以减轻或者免除刑罚”。可见，加大对行贿犯罪的处罚力度，限缩对行贿犯罪从宽处罚的条件，无疑会从源头上减少贿赂犯罪。

此外，《刑法修正案（九）》完善行贿犯罪财产刑的规定，为各类行贿犯罪普遍增设了罚金刑。现行刑法对行贿罪并未规定罚金刑，罚金刑作为我国附加刑的一种，其本质就是通过剥夺犯罪分子的金钱，使其受到财产上的惩罚。从犯罪预防的角度，罚金刑对于贪利型犯罪无论从特殊预防还是一般预防来说，均能起到重大作用，而行贿则是一种典型的贪利犯罪。纵观世界各主要国家的刑法，如法国、德国、俄罗斯等均普遍规定了对行贿罪的罚金刑，尤其在欧美国家，行贿罪的罚金刑适用率达到了将近百分之八十。[①]《刑法修正案（九）》对行贿罪增设罚金刑，不仅是顺应世界反腐犯罪刑罚发展趋势，完善了行贿罪的刑罚配置，而且消除了行贿犯罪情节特别严重时直接并处没收财产这一规定的突兀感，使得行贿罪附加刑种的衔接更加有序、合理。此次刑法修正案（九）在行贿罪中增设罚金刑，给人的直观感受是加大了对行贿行为的惩处力度，但笔者以为，增设罚金刑的最大意义在于通过合理配置财产刑，与自由刑实现了更好地互补，从而可以达到更好的刑罚效果。

（三）严密刑事犯罪法网，增设对有影响力的人行贿罪

《刑法修正案（九）》增加规定了对有影响力的人行贿罪，具体是指为谋取不正当利益，向国家工作人员的近亲属或者其他与该国家工作人员关系密切的人，或者向离职的国家工作人员或者其近亲属以及其他与其关系密切的人行贿的行为。本罪是《刑法修正案（九）》新增加的罪名。其具体规定为：为谋取不正当利益，向国家工作人员的近亲属或者其他与该国家工作人员关系密切的人，或者向离职的国家工作人员或者其近亲属以及其他与其关系密切的人行贿的，处三年以下有期徒刑或者拘役，并处罚金；情节严重的，或者使国家利益遭受重大损失的，处三年以上七年以下有期徒刑，并处罚金；情节特别严重的，或者使国家利益遭受特别重大损失的，处七年以上十年以下有期徒刑，并处罚金。

实践中，为谋取不正当利益，而向国家工作人员的近亲属、身边人，

---

① 杨尚文、吴凤：《论〈刑法修正案（九）〉对行贿罪的立法完善》，载《人民法院报》2015年12月2日第6版。

或者向离职的国家工作人员或者其近亲属、身边人行贿的现象客观存在，而且相当普遍、危害严重。将此类行为补充纳入《刑法》规制范围，对于严密刑事法网，彻底堵住行贿者的“生存、活动空间”，十分必要。同时，也有利于与《联合国反腐败公约》第 18 条要求缔约国将“影响力交易”行为入罪的要求进一步对接，更好地履行公约规定的缔约国义务。

（四）规定重特大贪污贿赂犯罪之死缓犯的终身监禁制度

《刑法修正案（九）》其中一项引人注目的修改就是对重特大贪污贿赂犯罪之死缓犯的终身监禁制度。《刑法修正案（九）》通过以前，被判处死刑缓期执行的重特大贪腐犯罪分子往往实际服刑期间过短，引起广大群众强烈不满，也不利于反腐斗争的进行，无法体现刑法特有的威慑力。现在对被判处死刑缓期执行的犯罪分子增加规定了可以终身监禁的措施。

《刑法修正案（九）》第 44 条第 4 款规定，对于犯贪污罪，数额特别巨大，并使国家和人民利益遭受特别重大损失被判处死刑缓期二年执行的，人民法院根据犯罪情节等情况可以同时决定在其死刑缓期执行二年期满依法减为无期徒刑后，终身监禁，不得减刑、假释。应当指出的是，终身监禁不是一个新的刑种，它的对象只是针对贪污受贿被判处死缓的犯罪分子在具体执行中的一个特殊的措施。全国人大法律委员会表示，采取终身监禁的措施，有利于实现罪刑相适应的刑法原则，维护司法公正，防止在司法实践中出现这类罪犯通过减刑等途径服刑期过短的情形，符合宽严相济的刑事政策。①

有学者认为：“针对严重腐败的终身监禁制度是我国反腐刑事法治的一个创新和尝试，有利于限制严重腐败犯罪的死刑适用，尤其是死刑立即执行的适用。这是因为，终身监禁制度的设立提高了自由刑的惩罚力度，有助于缩小死刑与传统无期徒刑之间的惩罚空隙，进而会弱化死刑在严重腐败犯罪治理中的作用。在严格限制和慎重适用死刑政策的推动下，它同时有助于消解民众对严重腐败犯罪适用死刑的渴望，防止轻纵严重的腐败犯罪分子，实现对严重腐败犯罪分子处罚的宽严相济。”②

也有学者持保留意见，认为此次终身监禁的立法非常仓促。我国《刑

① 《“终身监禁”入刑扎牢反腐制度“笼子”》，中国人大网，http://www.npc.gov.cn/npc/xinwen/2015-08/26/content_1944447.htm，2016 年 5 月 11 日访问。

② 赵秉志：《刑法为什么这样改?》，载《光明日报》2015 年 8 月 31 日第 10 版。

法修正案（九）》（草案第二次审议稿）于 2015 年 7 月 6 日开始公开征求意见，此草案尚未纳入终身监禁。但在《刑法修正案（九）》（草案第三次审议稿）进入三审时，有的常委委员和有关部门建议对重特大贪污受贿犯罪规定终身监禁。《刑法修正案（九）》（草案第三次审议稿）第 44 条建议在《刑法》第 383 条增加第 4 款的规定，即“犯第一款罪，有第三项规定情形被判处死刑缓期执行的，人民法院根据犯罪情节等情况可以同时决定在其死刑缓期执行二年期满依法减为无期徒刑后，终身监禁，不得减刑、假释”。法律委员会经同中央政法委等有关部门研究认为，对贪污受贿数额特别巨大、情节特别严重的犯罪分子，特别是其中本应当判处死刑的，根据慎用死刑的刑事政策，对其判处死刑缓期二年执行依法减为无期徒刑后，采取终身监禁的措施，有利于维护司法公正，防止在司法实践中出现这类犯罪通过减刑等途径服刑期过短的情形。[①] 《刑法修正案（九）》草案在进入三审仅仅五天之后，全国人大常委会就通过了规定有终身监禁制度的《刑法修正案（九）》，此次立法过程不得不说有些仓促。

根据我国《立法法》第 29 条的规定：“列入常务委员会会议议程的法律草案，一般应当经过三次常务委员会会议审议后再交付表决。”《立法法》的上述规定，体现了立法的民主性，是为了让全国人大常委会和社会各个方面能够对立法的内容进行更为全面更为充分的讨论，以保证立法的民主性和科学性。但是这次关于终身监禁制度的规定，仅仅经过一次立法审议就通过表决，立法过程显得较为仓促。事实上，终身监禁制度在修法过程中争议很大，对刑法增设这一制度持反对意见者或质疑者不在少数。[②]

笔者认为，对重特大贪腐犯罪分子适用终身监禁，强化了对贪污贿赂犯罪的处罚力度，也是立法者对民众呼声的回应。同时，也为将来废除非暴力犯罪的死刑做了立法铺垫。但是，单独对贪污腐败犯罪规定不得减刑假释的终身监禁，这种立法有急功近利的嫌疑，而且也与刑罚轻缓化的趋向不相符。笔者对终身监禁的适用效果持保留态度，具体理由有如下几个方面。

---

① 王比学、徐隽：《重特大贪污受贿罪犯将终身监禁》，载《人民日报》2015 年 8 月 25 日第 11 版。

② 赵秉志、赵远：《修法特点与缺憾——〈刑法修正案（九）〉简评》，载《求索》2016 年第 1 期。

其一，终身监禁一般应当适用于人身危险性较大、再犯可能性较大的犯罪。不得不提出的是，仅仅针对重特大贪污贿赂犯罪适用，是否范围过窄？而且被判处终身监禁的犯罪分子如果确有悔改表现或是重大立功表现，或是成为老年犯，仍然需要在监狱中服刑，是否与现代法治倡导人文关怀相违背。

其二，对重特大贪腐犯罪分子适用终身监禁是否超越了罪责边界。《刑法修正案（八）》对“被判处死刑缓期执行的累犯以及因故意杀人、强奸、抢劫、绑架、放火、爆炸、投放危险物质或者有组织的暴力性犯罪被判处死刑缓期执行的犯罪分子”规定了可以“限制减刑”。但是对于危害程度明显不及上述暴力性犯罪的重特大贪污贿赂犯却适用终身监禁，显然无法体现罪刑相适应的刑法基本原则。

其三，对于重特大贪腐犯罪分子适用终身监禁根本无法体现特殊预防的刑罚目的。因贪污受贿被判处刑罚的国家工作人员，都会被褫夺公职而仕途终结。其出狱后，根本就无再犯贪污贿赂罪的可能性。而且，与暴力犯罪的性质不同，就此类罪犯所犯罪行而言，也不能得出犯罪主体具有其他犯罪的可能性。因此，对其适用终身监禁不能排除为了迎合民众呼声而浪费有限的司法资源的嫌疑。而且，终身监禁对罪犯的特殊预防是外力强制的物理性预防，并未从根本上矫正犯罪人主观的再犯可能性。加之终身监禁并不以罪犯回归社会为目标，因此，在终身监禁的具体执行中，对罪犯的矫正效果关注极少。对于被判处不可假释的终身监禁的罪犯而言，终身监禁不仅无法激励犯罪人矫正的积极性，更阻碍或限制了犯罪人矫正的动力。

其四，不能因为在实践过程中出现贪污贿赂犯罪分子实际执行刑期过短而否定减刑制度并通过设立终身监禁制度来解决。减刑制度设立的宗旨就在于鼓励罪犯悔改并通过劳动改造使其走上正途，其积极意义不言而喻。对实践中出现的不适当减刑，完全可以通过《刑法》第 301 条规定的“徇私舞弊减刑、假释罪”进行刑法规制。对于罪犯，无论是暴力犯罪的犯罪分子，还是贪腐犯罪的犯罪分子，只要其确有悔改表现，都享有通过减刑、假释提前出狱的权利。不能因为是贪污贿赂犯罪的犯罪分子就对其适用终身监禁制度，这样显然违反了宪法所规定的平等原则。

其五，终身监禁会导致司法资源的不经济。无论是否可以减刑或假释，终身监禁都必然执行相当长的时间，加之罪犯与社会隔离，其对社会的贡献非常有限，这导致执行终身监禁需要更多的国家财政支出，经济成本高于死刑、非终身监禁刑和非监禁刑。

三　我国刑事立法与《公约》规定的比较分析

储槐植教授曾经提出刑法的合理立法模式是“严而不厉”。“严”是指法网严密，刑事责任严格，“厉”是指刑罚苛厉，刑罚过重。[①] 我国刑事立法对腐败犯罪的规定则被有些学者概括为“不严而厉”，即“法网不严密，惩罚过于苛重”。一方面，我国刑事立法对腐败犯罪的规定法网不严密，入罪门槛太高，没有将一部分应该规定为腐败犯罪的行为纳入刑法调整范畴；另一方面，迷信死刑在惩治腐败犯罪中的作用，只会丧失公正和人道。[②] 笔者认为，纵观我国惩治腐败犯罪的立法进程，经历了“法网逐渐严密，刑罚日益苛责”的过程。

（一）“重刑反腐”刑事政策与《公约》对于腐败犯罪的零容忍

不能否认的是，近年来我国的反腐力度空前绝后，效果显著。“老虎”“苍蝇”一起打，反腐效果卓著。然而，一系列负面效应难以消除：其一，过于强调刑事手段反腐，配套制度的构建却势轻力微，难以从本源上防止腐败；其二，以反腐为名扩张刑罚权不具有正当性，会导致有限的司法资源对腐败犯罪治理的低效配置；其三，过分迷信刑法功能，导致社会治理的过度刑法化，某些刑事立法规定过于仓促，实践中的适用效果存疑。

王岐山书记曾经说过，要把坚决惩治腐败、遏制蔓延势头作为工作目标。要加强理想信念教育，使领导干部“不想腐”；强化制度建设和监督管理，使领导干部“不能腐”；坚持有腐必惩、有贪必肃，使领导干部“不敢腐”。概括起来，就是使领导干部不想腐、不能腐、不敢腐。[③] 笔者认为，对腐败犯罪的治理与防范，最为有效的方法是构建预防性制度，使国家公务人员“不想”“不能”“不敢”从事腐败犯罪。

相比较而言，《公约》对腐败犯罪持零容忍的态度，并没有具体规定构成腐败犯罪的具体数额和情节的限制。例如《公约》规定：公职人员为其本人的利益或者其他人员或实体的利益，贪污、挪用或者以其他类似方

---

① 储槐植：《刑事一体化》，法律出版社，2004，第 198 页。

② 贾凌、张勇：《论〈联合国反腐败公约〉与我国腐败犯罪立法的衔接》，载《中国人民公安大学学报》2007 年第 2 期。

③ 《王岐山“三不腐”彰显反腐信心和决心》，中国共产党新闻网，http://cpc.people.com.cn/pinglun/n/2013/1018/c241220－23251857.html，2016 年 5 月 16 日访问。

式侵犯其因职务而受托的任何财产、公共资金、私人资金、公共证券、私人证券或者其他任何贵重物品，构成公职人员贪污、挪用或者以其他类似方式侵犯财产罪。[①] 由此可见，《公约》对腐败犯罪规定得更为严厉，入罪门槛放得很低。

（二）我国刑事立法与《公约》在犯罪构成方面的比较

首先，我国刑事立法对腐败犯罪的犯罪主体的规定不如《公约》规定严密。以受贿罪为例，我国刑法规定的受贿罪的犯罪主体仅限于国家工作人员，包括在国家机关、企业、事业单位、人民团体中从事公务的人员和受上述单位委派到非国有公司、企业、事业单位、社会团体中从事公务的人员以及其他依照法律从事公务的人员。《公约》明确规定贿赂犯罪的主体包括公职人员、外国公职人员和国际公共组织官员。相比较而言，我国刑事立法对腐败犯罪主体的规定不如《公约》规定的范围广泛。

其次，我国刑事立法规定的“贿赂”的范围比《公约》狭窄。我国刑事立法一直规定贿赂的范围是“财物”，包括有形的财物和无形的财产性利益。2016 年 4 月 18 日施行的两高《关于办理贪污贿赂刑事案件适用法律若干问题的解释》第 12 条明确规定，贿赂犯罪中的“财物”，包括货币、物品和财产性利益。财产性利益包括可以折算为货币的物质利益如房屋装修、债务免除等，以及需要支付货币的其他利益如会员服务、旅游等。而根据《公约》第 15 条、16 条和 21 条的规定，贿赂的范围是“不正当好处”。“不正当好处”是个范围广泛的概念，包括财物、财产性利益，也包括非财产性利益，例如性贿赂、安排子女就业、入伍等。由此可见，《公约》对贿赂范围的规定要大于我国刑事立法的相关规定。

再次，我国刑事立法对受贿罪的客观方面要件范围比《公约》狭小。我国刑法规定，受贿罪的客观方面要件包括：利用职务上的便利、索取他人财物或者非法收受他人财物，为他人谋取利益的行为。[②] 虽然这次两高颁布的《关于办理贪污贿赂刑事案件适用法律若干问题的解释》第 13 条对“为他人谋取利益”进行了扩大解释，但仍然要求“非法收受他人财物，为他人谋取利益”的限制条件。而《公约》则规定本国公职人员受贿罪的客观要件为：直接或间接索取或收受贿赂，以作为其在执行公务时的

① 《联合国反腐败公约》（中文本）第 17 条。

② 高铭暄、马克昌主编《刑法学》，北京大学出版社、高等教育出版社，2016，第 629 页。

作为或不作为的条件。可见，我国刑法规定比《公约》多了“为他人谋取利益”的条件限制。

（三）我国刑事立法缺乏《公约》关于预防性措施的规定

我国刑事立法对腐败犯罪都是规定具体的犯罪构成及量刑标准，而缺乏《公约》对腐败犯罪预防机制的规定。例如：《公约》规定专门的预防腐败机构；建立以透明、竞争、客观为标准的公共采购制度；简化行政程序，建立公众与国家机关的联系通道；制定私营机构廉洁的标准和程序；促进社会参与，开展反腐败的公共宣传活动；打击洗钱活动，监控可疑账户，查明账户所有人的身份；等等。

我国刑事立法也在逐渐完善，此次《刑法修正案（九）》第1条规定，对因利用职业便利实施犯罪的，或者违背职业要求的特定义务的犯罪被判处刑罚的，人民法院可以根据犯罪情况和预防再犯罪的需要，禁止其自刑罚执行完毕之日或者假释之日起五年内从事相关职业。不过，我国关于腐败犯罪案件的规定还需要继续完善。

四 我国惩治贪污贿赂犯罪的立法完善建议

2015年8月29日我国《刑法修正案（九）》颁布，2016年4月18日两高颁布的《关于办理贪污贿赂刑事案件适用法律若干问题的解释》开始施行，我国关于惩治贪污贿赂犯罪的刑事法网逐渐完善，日益严密。笔者认为，对于我国惩治贪污贿赂犯罪的刑事立法，还有必要提出一些完善建议以供同仁探讨。

首先，对贪污贿赂犯罪的死刑适用，笔者是持否定态度的。虽然当前政府强势反腐、重刑反腐的势头不减，但就贪污贿赂犯罪的本质而言，仍然属于贪利性犯罪，因此剥夺犯罪人的生命权益与受到侵害的国家工作人员的职务廉洁性之间具有不对等性。相关论文著述讨论较多，在此不再赘述。

其次，对重特大贪污贿赂犯罪之死缓犯的终身监禁制度的规定，笔者赞同赵秉志教授的观点，认为“一方面若对于原本判处死缓的贪污受贿犯罪规定死缓二年期满后减为无期徒刑，不得再减刑和假释进而予以终身监禁，这在一定程度上是加重了对死缓犯的刑罚严厉性；但从另一方面看，若是对本来罪该判处死刑立即执行的特别严重的贪污受贿犯罪适用死缓并最终转化成终身监禁，又有宽大的精神，因而这似可以说是对严重贪污受贿犯罪之处罚融宽严于一体的新举措”。[①] 但是，笔者不赞同在刑法分则对终身监禁做单独规定。笔者认为，不得减刑、假释的终身监禁制度不应当仅仅局限于重特大的贪污贿赂犯罪这一类犯罪。可以在刑法总则中进行专门规定，可采用立法列明的方式规定，而不应当仅仅局限于重特大的贪污贿赂犯罪，对严重暴力犯罪和非致命性暴力犯罪也可适用，其严重程度介于死刑立即执行和死刑缓期二年执行之间，这样就可以弥补目前我国刑罚体系存在的“死刑过重，生刑过轻”的问题，也在一定程度上减少了死刑立即执行的适用。

再次，应当建立公职人员廉洁信息和情报监督制度，加大对公职人员的监督力度。如何有效地约束和监督权力的使用，是预防腐败的最有效途径。标本兼治、内外兼修才是预防腐败的根本之道。建立公职人员廉洁信息和情报监督制度，具体包括如下三个方面。①扩大公职人员财产申报的范围，不应仅限于对公职人员本人及配偶的财产申报，还应当包括其子女、父母及其他亲属等财产的申报，防止其利用子女出国留学或亲属做生意等进行变相洗钱或转移非法财产。②规范公职人员的行为，对其公务外活动进行限制。现在我国已经有类似措施实施，例如对领导干部出国等公务活动进行时间和行程的限制等，这类措施已经起到良好的社会效果。③完善综合治理措施，充分发挥国家机关、社会团体、公私企业、群众组织和公民个人在反腐败斗争中的重要作用，加强国内执法合作，维护公民、法人和其他组织控告、举报和申诉的宪法权利，鼓励和保护举报人的合法权益。

最后，加强与国际组织的协作。腐败犯罪是各个国家都有的常见性犯罪，为有效打击腐败犯罪，许多国际组织都做出了积极努力，例如透明国际，这是个非政府机构、非营利的国际组织。此外，经合组织、世界银行、欧盟、美洲国家组织等，这些国际组织都在其范围内开展预防和打击腐败犯罪的活动。我国应当加强与这些国际组织的合作，了解国际反腐败的动态，积极有效地协作打击腐败犯罪。

（河南大学法学院教授　刘霜）

---

① 赵秉志：《论中国贪污受贿犯罪死刑的立法控制及其废止——以〈刑法修正案（九）〉为视角》，载《现代法学》2016 年第 1 期。

第二节

中国追缴腐败犯罪所得的国际司法协助问题

随着经济全球化进程的深化和科技现代化的不断发展，腐败犯罪越来越呈现出领域扩大化、手段现代化和国际化的特点。打击腐败犯罪，追缴腐败犯罪所得已经非一国之力能实现，世界各国对加强反腐败交流和合作已经达成了共识。中国腐败犯罪所得的净流出国，自身面临着巨大的反腐败压力，同时，中国作为负责任的大国，也承担着提供反腐败国际司法协助的国际义务，为此，“中国重视反腐败领域的国际交流与合作，主张在尊重主权、平等互利、尊重差异、注重实效的原则下，与世界各国、各地区和有关国际组织加强合作，互相借鉴，共同打击腐败行为”。[①] 基于此，中国与一些国家签订了各类司法协助条约、加入了国际上反腐败的重要公约、加入了重要的反腐败国际组织，在法律体系和制度上有了一定的突破。但是，中国在追缴腐败犯罪所得国际司法协助方面仍然存在观念落后、制度缺失等现实问题，这些问题亟待解决。

一　对中国追缴腐败犯罪所得国际司法协助的总体认识与评论

（一）法律体系和机制不断完善

首先，我国积极参加相关反腐败国际公约，缔结相关司法协助协定：我国于2003年、2005年先后加入了《联合国打击跨国有组织犯罪公约》和《联合国反腐败公约》。在加入相关国际公约的同时，我国加强了与其他国家的反腐败国际司法协助合作，截至目前，我国已经与68个国家和地区缔结了106项国际司法协助条约。我国的相关反腐机构，如中央纪律委

① 中华人民共和国国务院新闻办公室：《中国的反腐败和廉政建设》（政府白皮书），2010年12月，http：//www.gov.cn/zwgk/2016－05/25/content_1775173.htm，2016年5月25日访问。

员会、最高人民检察院等与其他国家的相关机构也签订了诸多合作协议。公安部与44个国家和地区的相关机构也建立了65条24小时联络热线，同59个国家和地区的内政警察部门签署了213份合作文件。[①]

其次，为履行公约规定的义务，做好国内法与公约的衔接工作，我国还对有关的国内法进行了修订或颁布了新的法律。如我国于2006年颁布了《反洗钱法》，为遏制洗钱犯罪、防止腐败犯罪所得的转移和追缴提供了相应的法律依据。

再次，为推动反腐败国际交流与合作，更好地履行国际公约和双边协定的义务，我国成立了由24个机关和部门组成的部际协调小组，具体承担国内履约的组织协调工作；2007年成立国家预防腐败局，开展预防腐败的国际合作和技术援助。[②]

此外，我国还积极建立与其他国家之间的合作机制，积极参加反腐败国际会议等交流和合作。我国已经与加拿大建立了司法和执法合作磋商机制，与联合国、欧盟、世界银行、亚洲开发银行、经合组织等国际组织开展了多领域的交流与合作，积极参与二十国集团、亚太经合组织等框架内的反腐败合作机制。而且，我国还参加或发起了一些国际反腐败组织，组织召开了一系列国际反腐败会议。1996年中国和巴基斯坦等国发起成立亚洲监察专员协会。2005年加入亚太经合组织反腐败与提高透明度工作组、亚洲开发银行/经合组织亚太地区反腐败行动计划。2006年我国最高人民检察院发起成立国际反贪局联合会，这是世界上首个以各国、各地区反贪机构为成员的国际组织。近年来，中国还成功举办第七届国际反贪污大会、亚洲监察专员协会第七次会议、第五次亚太地区反腐败会议、国际反贪局联合会首届年会、亚太经合组织反腐败研讨会等国际会议，多次参加全球反腐倡廉论坛、政府改革全球论坛、国际反贪污大会等国际性反腐败会议。[③] 在我国的推动下，2014年11月12日结束的亚太经合组织第二十六届部长级会议通过了《北京反腐败宣言》，成立APEC反腐执法合作网络，旨在推动亚太各国加强追逃追赃等合作，携手打击跨国（境）腐败行为。同年，在澳大利亚布里斯班落幕的二十国集团（G20）领导人第九次

---

① http：//www. gov. cn/zwgk/2016 –05/25/content_1775173. htm，2016年5月25日访问。

② http：//www. gov. cn/zwgk/2016 –05/25/content_1775173. htm，2016年5月25日访问。

③ http：//www. gov. cn/zwgk/2016 –05/25/content_1775173. htm，2016年5月25日访问。

峰会也通过了一份联合公报——关于2015～2016年的反腐行动计划，公报指出，反腐行动将旨在加强相应机构的合作，包括扩大相互间的司法支持，搜寻和返回腐败所得收入，以及严防出现腐败官员的“安全避难所”。

（二）法律体系尚需进一步完善、理念仍显僵化滞后

虽然我国追缴腐败犯罪所得国际协助的法律体系和机制在不断完善，但是也应该看到，我国在国际司法协助的法律体系和观念方面仍然存在较大缺陷，需进一步完善。

1. 缺乏统一的司法协助法律体系

在当今国际社会，很多主权国家为了国家利益的需要，对包括追缴腐败犯罪所得在内的国际刑事司法协助都制定了专门法律予以规范，为开展国际司法协助提供了详细的、统一的法律依据。但是，我国尚未制定司法协助法，导致我国在寻求和提供司法协助方面缺乏具体的规范。虽然从现实的角度考量，我国制定统一的司法协助法暂时存在一定的障碍，但是我国在提供和寻求司法协助的其他规范方面也存在相当大的问题：过于原则，缺乏可操作性，导致我国的司法协助很多都是一事一议，浪费了大量的司法资源，影响了追缴腐败犯罪所得的效率。比如，《中华人民共和国刑事诉讼法》和《引渡法》，前者只有一些原则性规定，过于笼统而缺乏可操作性，后者只规定了引渡这一种国际刑事司法协助的方式。尽管引渡是目前为止适用最频繁、最具重要性的一种司法协助方式，但是当实践中需要请求其他国家给予其他方面的司法协助，如调查取证、查封扣押赃款赃物、在押人员移交等时，就出现了无法可依的情况。有的职能部门通过制订行政法规和其他规范性文件对本部门工作中涉及的协助事项做出规定，造成法规体系混乱和法律效力低下。①

此外，我国加入或签订的协助公约、条约与我国现行国内刑事法律不一致。例如，《联合国反腐败公约》（以下简称《公约》）中规定的各种类型的腐败犯罪，虽然从罪名角度讲大多与我国现行刑法规定的犯罪重合，但是我国刑法在腐败犯罪的构成方面与《联合国反腐败公约》存在很大差异，不论是主体范围还是其他构成要件均比《公约》规定的范围狭窄，不利于对腐败犯罪的惩处和对腐败犯罪所得的追缴。比如，我国刑法规定的受贿罪的犯罪主体为国家机关、国有公司、企业、事业单位、人民团体中

---

① 顾超：《论我国国际刑事司法协助制度的构建思考》，华东政法大学2008年硕士学位论文。

从事公务的人员和受上述单位委派到非国有公司、企业、事业单位、社会团体中从事公务的人员以及其他依照法律从事公务的人员。《公约》规定的贿赂犯罪的主体是公职人员。《公约》第2条规定："公职人员包括：①无论是经任命还是经选举而在缔约国中担任立法、行政、行政管理或者司法职务的任何人员，无论长期或者临时，计酬或者不计酬，也无论该人的资历如何；②依照缔约国本国法律的定义和在该缔约国相关法律领域中的适用情况，履行公共职能，包括为公共机构或者公营企业履行公共职能或者提供公共服务的任何其他人员；③缔约国本国法律中界定为'公职人员'的任何其他人员。"从《公约》和我国刑法受贿罪主体的界定可以发现，《公约》规定的受贿罪的主体范围要比我国刑法规定的受贿罪的主体宽泛，它不仅包括我国刑法上的从事管理性和职权性的人员，还包括我国刑法没有规定的在公共机构从事公共服务的人员。关于贿赂的内容，我国刑法的规定与《公约》的规定相比也较为狭窄。我国刑法规定的贿赂罪的内容仅仅是财物，即只有给予和收受了"财物"的才构成贿赂犯罪，《公约》规定的贿赂罪的内容是不正当好处。不正当好处既包括物质性的利益，也包括其他利益，甚至是非物质性的利益，如提拔受贿人的亲属、为受贿人开展某种活动提供方便、提供性贿赂等。在犯罪行为方面，《公约》规定，凡是提议给予、许诺给予或实际给予不应有好处的，就可构成既遂的贿赂犯罪，而我国现行刑法只有在实际交付了贿赂物后才构成贿赂犯罪。[①]

这些差异在有些情况下阻碍了中国对腐败犯罪所得的追缴，不利于中国的反腐败大局。

2. 理念仍显僵化和滞后

理念的僵化与滞后是一项制度不尽完善的一个重要原因。在对腐败犯罪所得开展国际司法协助予以追缴时，除了法律体系不完善之外，还存在着对主权原则的理解相对僵化的问题。这一问题的存在导致无法完全满足当今国际环境下追缴腐败犯罪所得、打击和预防腐败犯罪的现实需要。

"国家主权是国家最重要的属性，是国家最重要的权利和权力。国家独立自主地处理对内、对外事务的权力就是国家主权。由于这种权力不从

① 陈雷：《联合国反腐败公约与中国反腐败刑事立法》，《中国法律》（中英文版）2006年第4期。

属于任何外来的意志和干预，因此，国家主权在国内是最高的，在国际上是独立的”。[①] 国家主权是现代国际法的基石，在任何国际社会中，只要国家仍然是国际社会的主要主体，国家主权原则就永远是国际社会和国际合作的基本原则。国家主权原则在国际法中已经得到了明确的肯定，《联合国宪章》第 2 条规定的第 1 项原则就是主权原则，即：本组织系基于各会员国主权平等之原则。《联合国反腐败公约》第 4 条即以“保护主权”为标题，明确规定：缔约国在履行其根据本公约所承担的义务时，应当恪守各国主权平等和领土完整原则以及不干涉他国内政原则。

在追缴腐败犯罪所得国际司法协助过程中要坚持主权原则。如何理解主权原则却是个重大问题，不能片面地理解主权原则，要将主权权力本身的绝对性和主权权力的行使区分开来。国家主权权力是主权权力行使的前提条件，主权权力的行使是主权权力的必然。主权权力来自客观事实，主权权力的行使则来自国家的主观意志和国际社会的承认。主权权力对内表现在宪法规定范围内的最高权力和权威，如领土主权、自卫权、独立权和管辖权，对外则表现为独立权和平等权；主权权力的行使对内应遵循合法原则和自然资源合理利用原则，对外应遵循和平原则、平等原则、互不干涉原则、自愿原则以及遵守国际法原则。主权者在行使主权权力时自愿地进行主权让渡、限制和委托以及国际社会对违反国际法义务的国家进行合理地干涉乃至制裁，并不构成对该国主权的侵犯。

我国在鸦片战争后沦为西方列强的殖民地和半殖民地，主权遭受过践踏，因此独立后对国家主权和独立格外珍惜。也正因为如此，中国在国际合作中历来将国家主权原则作为合作的前提和根本要求。这一前提和要求是必需的，也是合理的。但是，在处理具体问题时绝不能僵化地理解国家主权原则，比如在追缴腐败犯罪所得国际司法协助中，中国基于主权原则，认为被转移的腐败犯罪所得系本国的财产，本国对其拥有完全的所有权，因此一贯主张完全返还犯罪所得的原则，否则就是损害了中国的国家主权。

实际上，在相互尊重国家主权原则的前提下，中国在开展追缴腐败犯罪所得的制度设计和合作模式上，以及在追缴腐败犯罪所得的具体案件操作上，的确需要一定的灵活性。比如，在追缴腐败犯罪所得时，有的被请

① 王浩、黄亚英：《国际法》，陕西人民出版社，2001。

求国还要求分享没收的腐败犯罪所得。这些腐败犯罪所得从归属的角度讲无疑是请求国的财产，请求国有权要求全额返还。但现实是：在这个问题上请求国和被请求国之间是可以相互协商的，这样的协商并不违反主权原则，而恰恰是主权原则的体现。因为如前所述，主权原则和主权的行使是两个不同的概念，主权是权利的归属问题，而主权的行使是如何行使这一主权的问题。协商就表明双方之间是相互尊重对方的国家主权的，而请求国同意与被请求国分享腐败犯罪所得恰恰是请求国在行使自己的国家主权。主权，包括国家司法主权的行使当以国家利益最大化为原则，不得机械地行使。因为主权是相对的，在一个以国家为主体的“世界法治秩序”中，这种相对的国家主权其实只是一种权利，而权利是可以交换的。例如，完全是一国国家主权问题的货币升值与否，一国国内的产业政策甚至税收优惠等，都是可以讨论的，可以交易的，WTO 谈判就是这种交易。这不涉及爱不爱国的问题，而是国际关系中的妥协与相互尊重的体现，在法律规则内争取国家的最大利益的行为。[①] 因此，在经济全球化趋势越来越明显的形势下，主权行使过程中的交易必然会越来越明显和频繁，这也就要求在追缴腐败犯罪所得的具体合作中，中国应该坚持原则性和灵活性相结合的原则。

3. 司法协助中的一事不再理原则未能真正确立

一事不再理原则，有时也称为一事不再罚或者称禁止双重危险原则。一事不再理原则是指在国际司法协助过程中，若被告人已经在被请求国被起诉或者定罪量刑，请求国不得依据同一事实和理由再次对同一被告人进行起诉或者审判。对此，相关国际公约或者相当一部分国家的国内法均予以明确规定。如《欧洲刑事诉讼移管公约》第 35 条规定：“已经受到最终刑事判决的人不得因为同一行为在另一缔约国再次受到刑事制裁。”瑞士《国际刑事司法协助法》第 85 条规定：“请求国承诺凡在瑞士被宣判无罪或者执行刑罚者不因同一罪行再次被起诉。”一事不再理原则是一项古老的刑事诉讼原则，据考证，这一刑事诉讼原则来源于伦理原则：无论任何人，均不应该因同一行为重复遭受痛苦。当前，一事不再理原则已经成为人权保障的重要原则之一，协调和平衡了追诉犯罪与保障人权的关系，是防止公权力滥用的有效手段。

---

① http：//jus. znufe. edu. cn/research/rights/201004/19. html，2010 年 4 月 19 日访问。

当前，一事不再理原则已经为国际社会和世界上的绝大多数国家所肯认，我国在与其他国家签订的条约和加入的国际条约中也对此予以了确认，但是我国刑法的规定却有违这一原则："凡在中华人民共和国领域外犯罪，依照本法应当负刑事责任的，虽然经过外国审判，仍然可以依照本法追究，但是在外国已经受过刑罚处罚的，可以免除或者减轻处罚。"这样的规定说明在我国的国际司法协助中，一事不再理原则尚未真正确立，导致我国提出的追缴腐败犯罪所得国际司法协助请求可能遭到拒绝。

（三）相关的制度缺失

正是由于前两个问题的存在，导致中国在追缴腐败犯罪所得的制度建设方面也存在较大的问题，《联合国反腐败公约》及国际反腐败司法实践中的一些制度在我国没有得到确立，直接阻碍了中国有效地追缴腐败犯罪所得。

1. 未确立缺席审判制度

《联合国反腐败公约》确立将腐败犯罪的资产返还作为一项基本原则来规定，对打击腐败、追缴腐败犯罪所得具有重要意义。但是，资产返还是有条件的，条件之一就是基于请求缔约国的生效判决。当然被请求国可以放弃对此条件的要求，但是在国际上和实践中一般很少有国家如此操作。这一规定对我国是十分不利的，因为就我国而言，我国的刑事诉讼制度不允许缺席判决。我国最高人民法院《关于刑事诉讼法若干问题的解释》第 181 条规定："在审判过程中，自诉人或者被告人患精神病或者其他严重疾病，以及案件起诉到人民法院后被告人脱逃，致使案件在较长时间内无法继续审理的，人民法院应当裁定中止审理。"《人民检察院刑事诉讼规则》第 246 条第 3 款规定："对于犯罪嫌疑人在逃的，应当要求公安机关在采取必要措施保证犯罪嫌疑人到案后移送审查起诉。"这些规定意味着在犯罪嫌疑人未到案的情况下不能进行审查起诉，更不能进行缺席审判，即使在其他证据已经确实充分的前提下也不能进行。这一规定成为我国请求返还腐败犯罪所得的具体障碍，因为我国在提出返回请求时无法向被请求国提供生效判决。虽然《联合国反腐败公约》也规定了不经定罪的没收方式，但是这毕竟属于非强制性条款，属于鼓励和倡导的方式。因此，如果追缴腐败犯罪所得的被请求国尚未对不经定罪的没收方式进行承认，我国通过不经定罪的没收方式追缴腐败犯罪所得的请求就会被拒绝。所以应当说，"没有缺席审判制度，可能构成我国根据《联合国反腐败公约》打击犯罪，追缴犯罪所得，要求返还被转移到其他国家的腐败资产的最大障碍”。①

2. 未确立费用补偿和资产分享机制

“资产分享一直是资产追回国际法律合作中的一项重要制度，但是我国至今尚未建立可以与其他国家分享没收所得资产制度。”② 对此，我国应该加以改善。在腐败犯罪所得已经被转移出境外的情况下，腐败犯罪受害国如果想将其追缴回国，势必要通过腐败犯罪所得所在国的协助。腐败犯罪所得的追缴一般要经过三个阶段。一是通过侦查措施，确定腐败犯罪所得的金额、形式以及所在地点等基本信息。二是通过采取强制措施扣押或冻结腐败犯罪所得，以避免腐败犯罪所得被再次转移或者被挥霍。三是最终将腐败犯罪所得追回。追缴腐败犯罪所得未必全部经历前述三个阶段，但是无论经过哪个阶段，由于腐败犯罪所得已经被转移至境外，都需要腐败犯罪所得流经国或者最终所在国的配合和协助。而现实的情况是，除非腐败犯罪所得所在国和腐败犯罪受害国之间存在约定或者所在国存在国际公约确定的义务，一般所在国不愿意提供此类协助。而且，即使其同意提供此类协助，由于在提供协助的过程中必然会动用其本国的司法资源，花费成本，更为重要的是，由于腐败犯罪所得的金额通常都十分巨大，动则成百上千万美元，腐败犯罪所得的所在国将其返还给腐败犯罪受害国的主动性和积极性不强。而且，出于利益和现实形势的考虑，很多被请求国均要求对请求国要求返还的资产进行相应比例的分享。这一要求已经为有关的国际条约所肯认。如 1988 年《联合国禁止非法贩运麻醉药品和谨慎药物公约》《联合国打击跨国有组织犯罪公约》等国际条约均规定了分享制度。有些国家之间的双边条约也对此进行了规定，而且这一制度在相关国家的司法协助实践中也得到了体现。实际上，虽然我国并未确立资产分享制度，但是实践中将腐败犯罪所得全额追回的案例并不多见。

在这种情况下，从现实出发，综合考虑，不能硬性或僵化地要求全部返还腐败犯罪所得，否则被请求国可能会拒绝或者拖延时间，导致追缴腐败犯罪所得的成本加大，最终还是无法全部或者根本无法追回腐败犯罪所得。发展中国家虽然对此认识也很清楚，但是因为涉及的国家利益实在巨

---

① 杨光：《国际刑事司法协助及在我国的实践》，吉林大学 2007 年硕士学位论文。

② 张士金：《资产追回国际法律合作中的资产分享问题研究》，《人民检察》2009 年第 5 期。

大，因此其在《联合国反腐败公约》制定过程中对确立资产分享机制表示强烈反对。最后为解决此问题，《联合国反腐败公约》进行了折中式处理：一方面强调必须按照本公约返还没收的腐败犯罪所得资产；另一方面赋予缔约国可以突破前述资产返还的原则和方式，处置没收所得资产的权力，即在适当的情况下，缔约国还可以特别考虑就所没收财产的最后处分逐案订立协定或者可以共同接受的安排。当然，“这种制度必须以双方协议商谈为基础，需要逐案订立协定或者可以共同接受的安排”。[①] 实际上，在当今的国际环境下，在追缴腐败犯罪所得司法协助时确立资产分享制度是一项无奈但是实际的做法。虽然我国在个别案件的处理上与个别国家分享过腐败犯罪所得，但是作为一项机制，资产分享尚未确立，我国一贯坚持腐败犯罪所得全额返还的原则不利于从实际出发维护国家利益。

3. 未确立承认与执行外国刑事罚没裁决的司法审查制度

对有关刑事司法协助请求进行审查是进行国际司法协助的重要程序。一般来讲，审查包括行政审查和司法审查，二者共同构成了完整的审查机制。但是，就我国目前来讲，除引渡程序外，我国尚未对承认和执行外国刑事罚没裁决进行明确肯认。我国当前的司法协助程序是接到其他国家通过条约或协定规定的方式向我国提出的刑事司法协助请求后，我国的外交机关和司法协助的中央机关作为司法协助的联系和转递机关先进行初步审查，然后转交主管机关进一步审查、办理。最后，再通过与提出请求同样的渠道向请求国通知执行结果。这种程序只是说明我国对外刑事司法协助行为有审查程序，但是国际刑事司法协助严格意义上的行政审查与司法审查相互配合的机制并没有确立。我国法律对司法审查的主体、适用范围、审查的标准等内容均未规定，也没有形成系统的司法实践。可以说我国除引渡外，其他方面的对外刑事司法协助，在审查程序上应属空白。

二　完善中国追缴腐败犯罪所得国际司法协助制度的指导原则

在完善中国追缴腐败犯罪所得国际司法协助的过程中，首先要确立完善过程中的基本原则。这里所说的原则与开展追缴腐败犯罪所得应遵守的基本原则是两个不同的概念，追缴腐败犯罪所得国际司法协助在任何情况下均应遵守主权原则、平等互利原则和人权原则，这是毋庸置疑的，完善

---

① 张士金：《资产追回国际法律合作中的资产分享问题研究》，《人民检察》2009 年第 5 期。

中国的国际司法协助也理应如此。在这方面，国内的理论界和实务界均有较为成熟的论述和建议。本节所说的完善中国追缴腐败犯罪所得国际司法协助过程中要坚持的基本原则是指以下原则。

（一）从实际出发原则

任何制度和机制的确立、改革和完善都要基于一定的现实基础，都不能脱离现实。完善中国追缴腐败犯罪所得国际司法协助也不能脱离中国腐败犯罪和腐败犯罪所得转移的现状。

1. 中国腐败犯罪和腐败犯罪所得转移的现状

中国的腐败犯罪从20世纪80年代以来呈现多发态势，腐败犯罪涉及的金额也从彼时开始越来越高，而且，从20世纪80年代开始，腐败犯罪所得开始逐步被转移出国境，随着经济全球化和科学技术的发展，腐败犯罪所得跨境转移变得越来越普遍。当前，中国到底有多少腐败犯罪嫌疑人外逃、被转移至境外的腐败犯罪所得究竟有多少尚未有准确的统计，但从相关的报道和报告中可见端倪。根据公安部2006年5月公布的数据，我国已陆续缉捕到外逃的经济犯罪嫌疑人320人左右，直接涉案金额近700亿元人民币。而公安机关和有关部门掌握的仍在逃的外逃经济犯罪嫌疑人有800人左右，潜在的经济损失和他们实际非法转移的资金数额，只有将这些人缉捕归案审查以后才能确定。[①] “猎狐2014”是中国公安机关缉捕在逃境外经济犯罪嫌疑人的专项行动。截至12月31日，共抓获外逃经济犯罪人员680名，相当于2013年全年抓获总数的4.5倍。其中，缉捕归案290名，投案自首390名；涉案金额千万元以上的208名；潜逃境外10年以上的117名。

在中央反腐败协调小组的统筹协调下，2015年4～12月底，公安部组织全国公安机关开展了“猎狐2015”专项行动，对外逃经济犯罪嫌疑人以及涉腐败案件外逃人员发起集中缉捕攻势。专项行动期间，全国公安机关共向境外派出50余个工作组，在境外执法机构、我驻外使领馆的大力协助配合下，从66个国家和地区成功抓获各类外逃人员857名，抓获人数再创新高。其中，缉捕归案477名，投案自首366名，异地追诉14名；从抓获逃犯的涉案金额看，千万元以上的212名，其中，超过亿元的58名。从潜

① http：//cpc. people. com. cn/GB/64093/67206/68346/5534628. html2/22，2016年5月25日访问。

逃境外时间看，抓获潜逃5年以上的667名，其中，10年以上的39名，逃跑时间最长的21年。“猎狐2015”专项行动打出了中国境外追逃追赃的声威和气势，极大地震慑了各类外逃人员，维护了法律尊严和人民群众的切身利益，有力地配合了中央反腐败工作，得到了社会各界普遍赞誉。[①]据中国社会科学院一份调研资料披露：自20世纪90年代以来，腐败犯罪外逃及失踪人员达16000~18000人，这些人员携带的腐败犯罪所得达到人民币8000亿元。[②] 如：江苏戴某案。据江苏省南京市人民检察院2001年7月立案侦查，中国经济开发信托投资公司上海营业部总经理戴某涉嫌与他人共同贪污、挪用公款1100万元，案发后戴某潜逃境外。2001年9月，南京市人民检察院以涉嫌贪污罪对戴某批准逮捕。2002年1月，国际刑警组织对其发布红色通报。2015年4月，戴某被中央纪委公布为“天网”行动全球通缉“百名红通”重点在逃人员。上海公安机关根据红色通报信息资料排查发现，一名叫DAI GEOFFREY的外籍男子与戴某高度相似，经研判极有可能系同一人。2015年4月25日，在公安部“猎狐行动”办公室指挥调度下，上海、安徽、江苏公安机关通力协作，在合肥市将戴某成功抓获。戴某系“百名红通”在逃人员公布后落网的首名在逃人员。天津庞某、安某案。据天津市河西区人民检察院2014年12月30日立案侦查，犯罪嫌疑人庞某为使自己控制的公司获得更大的经济利益，在其企业与天津某国有企业合作开发地产过程中，向该国有企业党委书记、董事长王某等人行贿80万美元；犯罪嫌疑人安某为感谢王某的关照，并希望与其搞好关系，先后送给王某人民币合计315万元。王某被立案调查后，2014年11月、12月，安某、庞某先后逃往老挝。2015年3月，公安部“猎狐行动”派出工作组赴老挝开展缉捕。在工作组的强大压力之下，3月25日，庞某、安某被迫向工作组自首。3月28日，工作组将庞某、安某押解回国。[③]

2. 当前中国腐败犯罪及腐败犯罪所得转移的特点

从上述引用可以总结出当前中国腐败犯罪及腐败犯罪所得转移的特点。

---

① http：//http：//special. cpd. com. cn/n24947551/n24947788/c27306263/content. html，2016年5月25日访问。

② http：//ishare. iask. sina. com. cn/f/16288004. html，2016年5月25日访问。

③ http：//special. cpd. com. cn/n28640785/n28640799/c31886238/content. html，2016年5月25日访问。

一是腐败犯罪的主体呈现级别高、外逃多的特点。以前腐败犯罪外逃主体多为一般工作人员，但是近年来，高级别的干部也逐渐加入外逃贪官的行列。除上文列举的人员外，众多省部级厅局级领导干部也都加入了外逃贪官队伍中。

二是转移的金额呈现巨额化的特点。从整体上来看，被转移至境外的腐败犯罪所得正呈现出逐年增加的特点，已经从前几年的几十亿元上升到成百上千亿元；从个案上来看，腐败犯罪转移的犯罪所得也呈现出逐年增长的态势，腐败犯罪所得已从过去的几万元、几十万元发展到现在的几百万元、上千万元，甚至上亿元。据统计逾七成出逃贪官涉案金额过千万元。中国银行广东省开平支行原三任行长许超凡、余振东、许国俊等人涉案4.83亿美元。[①]

三是中国追缴腐败犯罪所得的成效有待提高。通过努力，中国已经追回了部分被转移的腐败犯罪所得。虽然尚未有准确统计，但从公开的追缴案例和报道推算，与被转移的腐败犯罪所得和尚未追回的腐败犯罪所得相比较，追回的腐败犯罪所得占的比例仍然很低，成效不高。这在某种程度上促使腐败犯罪人员继续将腐败犯罪所得转移至境外。

从上述中国腐败犯罪和腐败犯罪所得转移与追缴的实际情况和特点来看，加强完善中国追缴腐败犯罪所得工作已经刻不容缓。中国追缴腐败犯罪所得、完善中国追缴腐败犯罪所得国际司法协助一定不能脱离中国当前的腐败犯罪和腐败犯罪所得转移的现实形势。

3. 从实际出发的具体要求

一是要处理好实践与理论指导相结合的关系。一项机制或者体制的确立或者完善是理论和实践相结合的产物，光有实践没有理论指导不行，因为理论是对实践经验的概括和总结，具有相对普遍的指导意义；光有理论也不行，理论要和实践结合起来才能发挥作用。在中国的反腐败、追缴腐败犯罪所得国际合作机制的完善过程中一定要遵循从实际出发的原则，不能简单地照搬理论，轻易地否定或肯定开展追缴腐败犯罪所得国际司法协助的国际经验和教训。当前，往往有人不顾中国腐败问题和腐败资产转移的严重性，片面地从理论上理解和坚持国家主权原则，简单地否定确立缺席审判制度和承认外国法院刑事判决制度，不利于中国开展反腐败工作。

---

① 陈雷：《结合“两许”案看中美反腐败司法合作》，《检察日报》2006年2月27日。

二是要处理好现时性与前瞻性之间的关系。追缴腐败犯罪所得国际司法协助是一个实际问题，但需要注意的是，这一问题并不能在短期内解决，而是一个长期存在的问题。随着社会的发展和时间的推移，腐败犯罪和腐败犯罪所得的转移必然会出现新的特点和情况，这就需要开展反腐败工作、追缴腐败犯罪所得与之相适应。因此解决实际问题，不仅包括今天的，还包括将来的；法律和机制既是对现实社会关系的规范，也是对未来社会关系发展方向的预见和引导。“客观地说，我们所制定的一些法律和机制，就存在偏重于解决现在的问题而对解决将来的问题不够重视的情况”。①

三是要处理好立足本国与吸收借鉴外国有益经验之间的关系。法律要从实践经验中总结出来，实践经验不仅包括本国的经验，也包括国外的经验。注重学习国外先进的法律文化已经成为我们立法的一条重要原则。实践中我们对国外的经验不够重视，例如，中国的反腐败机制在与《联合国反腐败公约》对接方面还存在较大问题，《公约》规定的很多机制还未能在我国确立。此外，在发达国家已经实行多年的，并被证明颇为有效的缺席审判机制、承认和执行外国罚没判决机制、收益分享机制，我国并未作为一项制度吸收和借鉴，这为我国请求和提供追缴腐败犯罪所得国际司法协助增加了诸多障碍。

（二）国家利益原则

国家利益在国际关系中起着重要的作用，表现为：国家利益是国家制定和实施对外政策的基本依据，是国家调整对外政策和对外行为的基本着眼点，是解释和证明国家对外政策合理性的工具。以国家利益作为研究国家对外政策和对外行为的视角，有助于我们认识国家对外政策和行为的动因。反过来，亦有助于我们充分认识国家利益在指导国家对外政策和对外行为的确定上所发挥的极其重要的作用。② 打击腐败、追缴腐败犯罪所得需要主权国家之间相互协助，虽然这种协助主要是从司法角度提供和界定的，但司法协助本身也是主权国家的对外行为，也要受到国家对外政策的制约，而在当今国际社会，主权国家的对外行为无不以国家利益为根本出发点和落脚点。因此，中国在追缴腐败犯罪所得司法协助过程中一定要遵

① http：//www.chinacourt.org/html/article/200311/06/89191.shtml，2010 年 4 月 25 日访问。

② http：//www.chinacourt.org/html/article/200311/06/89191.shtml，2016 年 5 月 25 日访问。

循国家利益原则，在完善追缴腐败犯罪所得国际司法协助各项机制时也要遵循这一原则。

但是，中国追缴腐败犯罪所得国际司法协助往往只是从个案和个案的司法协助考量，而没有透过司法协助的最终目的——追求和维护国家利益考量。即使考虑了国家利益，也大多是机械地理解国家利益。比如，作为一项原则，中国一直坚持腐败犯罪所得应全额返还，尚未确立腐败资产的分享机制。实践中，有人认为腐败犯罪所得本来就是中国的财产，不予以全额追缴就损害了国家利益。腐败犯罪所得跨境转移本身就是对中国国家利益的损害，如果不予以追回就不足以打击和预防腐败，中国的国家利益就不能得到恢复和维护。从这个角度讲，追缴腐败犯罪所得的确是在维护国家利益。但从实际效果上来讲，腐败犯罪所得全额返还的实效并不是很好，全额返还有可能导致司法协助的被请求国以各种理由拖延或拒绝提供协助，反倒使腐败犯罪所得不能及时有效地追回，损害国家利益。因此，中国在追缴腐败犯罪所得过程中合理地协调现实利益和长远利益，即从长远角度看追求全额返还，从现实角度讲，在全额返还腐败犯罪所得存在现实困难的情况下，认同或者确立腐败资产的分享机制，最大限度地追缴腐败犯罪所得是当前维护中国国家利益的现实选择。

三　我国追缴腐败犯罪所得法律制度的完善

（一）对相关实体法进行修订

第一，修改贿赂犯罪的构成要件。笔者认为可以考虑取消贿赂犯罪中“为他人谋取利益”这一条件限制，更有效地打击腐败犯罪。彻底不再对贿赂犯罪规定数额底线。[①] 增加对“利用影响力受贿罪”的打击力度。

---

① 2015年11月施行的《刑法修正案（九）》取消了贪污罪、受贿罪的定罪量刑的数额标准，代之以“数额较大”“数额巨大”“数额特别巨大”，以及“较重情节”“严重情节”“特别严重情节”。对此，最高人民法院、最高人民检察院根据全国人大常委会授权，在充分论证经济社会发展变化和案件实际情况的基础上，同时考虑“把纪律挺在前面”的反腐败政策要求，通过司法解释对两罪的定罪量刑标准作出规定，将两罪“数额较大”的一般标准由1997年刑法确定的5000元调整至3万元，“数额巨大”的一般标准定为20万元以上不满300万元，“数额特别巨大”的一般标准定为300万元以上。司法解释同时规定，贪污、受贿1万元以上不满3万元，同时具有特定情节的，亦应追究刑事责任；数额不满“数额巨大”“数额特别巨大”，但达到起点一半，同时具有特定情节的，亦应认定为“严重情节”或“特别严重情节”，依法从重处罚。

第二，修改挪用公款罪。我国刑法第 384 条第 1 款规定了挪用公款罪。笔者认为此条此款规定并不利于我们打击犯罪，而且还极有可能被某些犯罪分子钻空子。我们的刑法必须以最直接、简单，同时也是最严厉的条款规定：公款就是不可挪用的，只有严格规定才有可能杜绝那些妄图对公款有所企图的犯罪分子，起到震慑和打击犯罪的目的。

第三，在贪污贿赂犯罪中取消死刑。死刑不引渡是国际上的一项通行原则，该原则主要是基于对人的生命权的尊重和保护，也是一种人权保护的体现。由于巨贪们卷走了巨额资金，其往往达到了我国刑法中的死刑的量刑标准，所以当我国对他国提出引渡要求的时候往往被拒绝。虽然我国加入了《联合国反腐败公约》，但是由于我国国内法与公约及其他成员国法律不一致，导致了我国反腐败犯罪的行动往往难以与国际社会衔接，无法达到有效打击犯罪的目的，所以单从这一点上来说，早日废除贪污贿赂犯罪中的死刑也是我国打击腐败犯罪的必然选择。①

（二）确立民事没收制度

目前还没有建立民事没收制度，在我国现行立法的语境中，所谓的没收一般是指刑法或者行政法中的没收。我国刑法第 64 条规定："犯罪分子犯罪所得的一切财物，应当予以追缴或者责令退赔；对被害人的合法财产，应当及时返还；违禁品和供犯罪所用的本人财物，应当予以没收。没收的财物和罚金，一律上缴国库，不得挪用和自行处理。"通过与《联合国反腐败公约》的比较我们可以发现，我国刑法中的没收与《公约》中的没收并不是同一个意思，在《公约》中没收的对象只包括非法所得，不包括合法财产；其概念类似于我国刑法中的追缴。民事没收制度的缺失，给我国追缴腐败资产带来了诸多困难。首先，我国的刑事司法领域不存在缺席审判制度。我国 2012 年新修订的刑事诉讼法专门增设了违法所得特别没

---

① 在死刑适用方面，司法解释明确规定，死刑立即执行适用于犯罪数额特别巨大，犯罪情节特别严重，社会影响特别恶劣，造成损失特别重大的贪污、受贿犯罪分子。对于符合死刑立即执行条件但同时具有法定从宽等处罚情节，不是必须立即执行的，可以判处死刑缓期二年执行。针对《刑法修正案（九）》新增加的贪污罪、受贿罪判处死缓减为无期徒刑后终身监禁的规定，该司法解释明确了终身监禁适用的情形，即判处死刑立即执行过重，判处一般死缓又偏轻的重大贪污受贿罪犯，可以决定终身监禁。同时，凡决定终身监禁的，在一审、二审作出死缓裁判的同时应当一并作出终身监禁的决定，而不能等到死缓执行期间届满再视情况而定。终身监禁一经作出应无条件执行，不得减刑、假释。

收程序，在一定程度上弥补了刑事缺席审判制度缺失的不足，但还需细化，规定发生贪官逃匿、死亡等情形时，可独立适用该程序。其次，2012年刑事诉讼法中的违法所得没收程序并不完美，还存在可以改进之处。例如，根据最高人民法院《关于适用〈中华人民共和国刑事诉讼法〉的解释》第516条之规定，违法所得特别没收程序只有在“案件事实清楚，证据确实、充分”的情况下，才能作出没收裁定（采取和刑事诉讼定罪量刑程序相同的证明标准）。但是与普通刑事诉讼程序不同，违法所得特别没收程序所针对的是财产，目的是确认该财产是否属于“违法所得及其他涉案财产”，本质上属于民事诉讼的确权之诉，而非刑事诉讼程序。[①] 所以我国目前的立法现状对大量外逃贪官简直就是束手无策，既不能对其审判，也无法没收其财产，这也是造成我国贪官大量外逃的原因之一。如何突破这种困境？在我们很难对刑事法律做出较大改动的情况下，建立民事没收制度是我国应切实考虑的一个重要问题。

从当前中国腐败犯罪的现实情况来看，中国应当参考美国等国的模式，建立类似于美国式的完全独立于人的民事没收程序。美国的民事没收制度独立于刑事对腐败犯罪行为人的诉讼程序和审判结果，只要能够证明有关财产属于腐败犯罪所得就可以进行扣押、冻结和没收。我国应该借鉴美国的成功经验，在犯罪嫌疑人尚未查清或者死亡、逃脱等情况下由人民法院根据公诉机关的请求，直接对腐败犯罪所得进行没收。

（三）明确特定情况下的举证责任倒置机制

鉴于前文已经论证了《公约》规定的特殊情况下的举证责任倒置的现实意义，作为《公约》的缔约国，无论是从我国追缴腐败犯罪所得的现实出发还是从与《公约》接轨的角度出发，我国均应充分吸收和借鉴《公约》规定的举证责任倒置机制。

首先，在我国借鉴举证责任倒置时必须要严格限制其适用的范围。第一，适用罪名的范围。按照《公约》，举证责任倒置适用于冻结、扣押和没收腐败犯罪所得时的证明问题，这也就是说适用的前提是犯罪所得必须是与腐败犯罪有关的。《公约》之所以如此规定乃是考虑到了腐败犯罪和追缴腐败犯罪所得的现实难度，这是《公约》规定举证责任倒置的前提和基础，其他犯罪未必具备举证责任倒置的现实基础。因此，我国规定举证

---

① 张磊：《腐败犯罪境外追逃追赃的反思与对策》，《当代法学》2015年第3期，第71页。

责任倒置也只能适用于腐败犯罪，不能将举证责任倒置无限制地扩大到其他犯罪。第二，举证责任倒置只能适用于腐败犯罪涉及的财产的合法性问题，不能任意扩大。《公约》规定的举证责任倒置仅要求罪犯证明与腐败犯罪相关的财产的合法性问题，并不涉及犯罪构成等确定罪与非罪的问题，否则“就有可能出现被告之所以定罪，乃是因为其举证技术拙劣，而非事实上确实有罪的不合理局面，严重违反审判的公平正义性”。① 特别是在我国公权力滥用比较常见、私权利保护尚不完善的情况下，更应该严格限制举证责任的适用范围，不能将证明构成犯罪与否的责任强加在被控方身上。因此，在我国规定举证责任倒置时，必须明确举证责任倒置不能适用于定罪（我国刑法规定的巨额财产来源不明罪除外），只能适用于与犯罪相关的拟冻结、扣押和没收的财产的合法性问题。第三，必须是控方已经证明被控方构成了腐败犯罪的情况下才能要求被控方就财产来源的合法性问题进行举证。也就是说控方必须启动了刑事诉讼程序，并且证明被控方已经构成了刑事犯罪；否则虽然构成了腐败行为，但尚未构成腐败犯罪，也不能适用举证责任倒置。

其次，我国引进举证责任倒置时应适当降低证明人的证明标准。在英美等西方国家，对案件的证明程度因案件的性质而不同。在民事案件中，只要能够达到优势证据程度即可，而刑事诉讼中的证明标准则需要达到排除一切合理怀疑的程度。这也就是美国的棒球明星辛普森为什么在刑事上未被定罪但在民事上却被判决赔偿的原因。一般来讲，追缴腐败犯罪所得都是在刑事诉讼程序中进行的，那么是否要求被控方在证明所持财产合法性时要达到排除一切合理怀疑的程度呢？我国目前尚无证明标准的法律规定，但实践中存在民事诉讼和刑事诉讼证明标准的区分，民事诉讼的证明标准要明显低于刑事诉讼中的证明标准。笔者认为若要求民事诉讼的证明程度达到刑事诉讼中的证明程度实在是过于严苛。因为刑事诉讼中的被告人毕竟不同于公诉机关，其所掌握的资源有限，搜集证据的权力和手段均受到限制，且对于证据的分析和判断能力也较弱。因此，从保护人权的角度来讲，我国不应采用刑事诉讼中的排除一切合理怀疑的证明标准，而应当适当降低证明人的证明标准，比如可以考虑采用民事诉讼中的优势证据的盖然性标准。

---

① 黄东雄：《刑事诉讼法论》，三民书局，1990，第377页。

再次，要确立对举证人的权利救助机制。由于举证人并非专业的法律人士，其对法律的理解和运用与公诉机关相比肯定处于下风，因此，为了避免对举证人的权利造成侵害，可以考虑适用救助程序，在举证人就举证责任倒置事项未聘请律师的情况下为其指定律师。

最后，举证责任的分配必须由我国刑法或者刑事诉讼法来规定。在我国打击腐败犯罪、追缴腐败犯罪所得的过程中，我国最高人民法院和最高人民检察院以及公安部等司法机关制定和公布的相关解释、意见和规定发挥着重要作用，但这些规范性文件毕竟不是法律，其效力在学界存在很大的争议，而且在人权保护方面也饱受诟病。举证责任的分配关乎举证人的重大权利，如果我国仍然通过两高或者公安部的规范性文件来对举证责任进行规定，有可能在国际上不被承认，这就会为追缴腐败犯罪所得增加不必要的难度。而且，不论是检察机关、审判机关还是侦查机关，他们都是刑事诉讼程序的相关主体，特别是侦查机关和检察机关在很大程度上处于和举证人相对立的地位，由这些机关的规范性文件来对举证责任的分配进行规定是非常不合适的，无法排除这些机关在其中的利益和偏见。举证责任的分配涉及人权保护，由刑法或者刑诉法来规定理所当然，刑诉法和刑法是由全国人大常委会或者全国人大来制定或修改，是真正的立法者制定的法律，会避免部门利益的偏私。

（四）确立资产分享机制

因为在追缴腐败犯罪所得的国际司法协助过程中，资产所在国（被请求国）往往要承担大量的追缴工作，而这些工作是需要成本的，但是即使支付报酬，这种办法也是一种多赢的方式。笔者认为，就我国目前反腐工作的实际而言，我国应该转变观念，改变僵化地坚持腐败犯罪所得归我国所有，应全部返还，否则就是对国家主权的侵犯，是侵害国家利益的行为的观念，而应该从现实的国家利益出发，尽可能地、最大限度地追缴腐败犯罪所得。在转变观念的同时，我国应该通过加入国际条约和国内立法的方式，正式明文确定资产分享机制，这样，既可以向可能为我国提供司法协助的国家做出宣示，以激励其协助的积极性，也可以为我国在为其他国家提供协助时提出分享要求提供依据。

在确定腐败犯罪所得分享比例时，我国可以借鉴美国的做法，即根据案件的性质和自身所提供的协助的重要程度确定利益分享比例。这样做虽然不能达到全部追回腐败资产的目的，但是完全可以打破我国目前一分也无法追回的困境。二者相比，显然支付一定报酬的方式还是可取的。如前所述，美国在确定资产分享比例时一般会根据其在协助追缴过程中所起的作用将该比例分为三个档次：一般协助的分享比例在40%以下、主要协助的分享比例在40%～50%、重大协助的分享比例在50%～80%。应该说美国的分享比例还是非常高的，考虑到我国的实际，笔者认为可以按如下标准确定我国在追缴腐败资产时的利益分享比例：一般协助的分享比例为20%以下、主要协助的分享比例为20%～40%、重大协助的分享比例为40%～50%。按照这个分享比例，我国8000亿元的外逃资金即使按最高比例计算，也可以追回将近4000亿元，这已经是一个相当可观的数字了。

（五）确立承认和执行外国刑事判决制度

我国应该尽早确立承认和执行外国刑事判决制度。但是，采取何种立法模式确立承认和执行外国刑事判决制度却值得考虑。

按照国内学者的归纳，目前各国一般采取三种不同的立法模式对承认和执行外国刑事判决进行调整：①纳入本国刑事诉讼法典中调整，所谓法典式；②采用专门立法加以调整，所谓专门立法式；③以法典与专门立法相结合的方式进行调整，所谓结合式。[①]

如前述，法典式一般是在本国的刑事诉讼法中规定承认和执行外国刑事判决，即将其视为本国刑事诉讼制度的一个内容加以规定，而不是将其置于国际刑事司法协助专门法内加以调整和规范。意大利是法典式立法模式的典型代表，意大利1998年《刑事诉讼法典》通过第十一编第四章“外国刑事判决的效力、意大利刑事判决的域外执行”来规范和调整承认和执行外国刑事判决。该法典第四章对意大利承认和执行外国刑事判决的原则、条件、程序以及一些具体的操作规则进行了明确的规定。由此可见，意大利所采取的立法模式是法典式。专门式立法模式是指在专门的国际司法合作法律中对承认和执行外国司法判决进行规定和调整。采用该种模式的国家也有很多，德国和瑞士都采用该模式。德国制定了专门的《刑事司法协助法》，该法对德国承认和执行外国刑事判决进行了明确规定。该法第四部分“为执行外国判决而提供的协助”对承认和执行外国刑事判决的条件、原则和程序做出了详细规定。而且，德国的规定明确了承认和执行外国刑事判决不仅包括承认和执行关于自由刑的判决，也包括承认和执行关于

---

① 黄风、凌岩、王秀梅：《国际刑法学》，中国人民大学出版社，2007，第342页。

财产刑的判决。瑞士也通过专门的《联邦国际刑事协助法》对承认和执行外国刑事判决进行调整，而且其规定非常详细。其一，使用了一整编的篇幅对承认和执行外国刑事判决进行规定。其二，在本编中划分不同的章节对承认和执行外国刑事判决的不同内容进行规定。第五编第一章规定了承认和执行外国刑事判决的原则和条件；第二章规定了承认和执行外国刑事判决的程序，包括请求程序、审查程序和执行程序。[①] 所谓结合式的立法模式是指既有法典对承认和执行外国刑事判决进行规定，同时还有专门法对承认和执行外国刑事判决进行调整。加拿大采用的就是这种结合式的立法模式。

笔者认为，我国应采取所谓的法典式，即在刑事诉讼法中确立承认和执行外国刑事判决制度。

（六）确立承认与执行外国刑事罚没裁决的司法审查制度

当前，作为发展中国家，中国的腐败犯罪非常严重，被转移的资产数额巨大，其他国家转移至中国的腐败犯罪资产金额还比较低，目前主要是我国向其他国家申请承认和执行我国的刑事判决。但是，承认和执行外国刑事判决大多基于互惠原则，如果其他国家存在这一制度，而我国却不存在这一制度，将会影响我国申请其他国家承认和执行我国刑事判决的效果。而且，随着经济全球化的发展，中国在将来可能也会成为其他国家腐败犯罪所得的转移目的地国。因此，在确立承认和执行我国刑事判决——包括刑事罚没裁决——的同时，我国还应确立对外国刑事罚没裁决的司法审查制度，这是中国开展追缴腐败犯罪所得国际司法协助的迫切要求。

考虑到司法审查的严肃性和权威性，建议将司法审查权由最高人民法院行使，必要时可由最高人民法院授权各省、自治区、直辖市高级人民法院行使。[②] 至于最高人民法院决定由哪个部门具体负责审查外国刑事罚没裁决应作出规定。最高人民法院在接到外国对等机关的请求或者本国其他机关转送的承认和执行请求后，将该请求分派给相应部门进行审查，根据前述条件，作出承认和执行外国刑事罚没裁决与否的裁定，并转至相关机关进行执行。

（七）确立法院裁决制度

“根据我国现行的法律制度，对在逃的或者失踪的犯罪嫌疑人不可能

① 黄风、凌岩、王秀梅：《国际刑法学》，中国人民大学出版社，2007，第 343 页。

② http：//www. criminallawbnu. cn/criminal/info/showpage. asp?pkid = 16258，2016 年 5 月 25 日访问。

提起公诉，更不可能进行缺席审判；根据刑事诉讼法的规定‘附带民事诉讼应当同刑事案件一并审判’，使得法院也不可能针对在逃者或者失踪者的财产作出没收、返还或者赔偿损失的裁决”。[①] 虽然我国公安机关或检察机关以及某些行政机关，如海关和税务机关，可以作出没收的决定，但此项决定并非多数国家要求的关于没收和返还的司法裁决，所以这些没收决定有可能在司法审查的过程中被认定违法而被撤销，进而导致被请求国拒绝我国在此方面的国际司法协助请求。而且，如果犯罪分子将被转移的资金存入银行或者使用被转移的犯罪收益购置不动产，在我国司法机关不能对有关财产正式作出没收裁决的情况下，即使被请求国已根据请求对有关的财物采取了冻结或查封措施，外国司法机关也难以仅仅凭借我国司法机关提出的返还请求而“在其法律允许的范围内”对受到特殊法律保护的银行存款实行扣划或者对不动产实行没收和拍卖。[②] 因此，建立法院裁决制度是当前追缴腐败犯罪所得的迫切要求。

（八）设立追缴专项基金

我国的腐败犯罪呈高发态势，被转移至境外的腐败犯罪所得的金额巨大。而且，从追缴腐败犯罪所得国际司法实践来看，其追缴的期限动则几个月甚至几年，办案人员的交通、食宿等费用要远远超过在国内办案的支出，所耗费的司法资源，包括经济成本均较高，这无疑加重了案件办理任务本来就较重、经费较为紧张的司法机关的负担。而且，请求和进行国际司法协助的经费须按照各办案机关内部的财务制度进行申请和审批，这一程序性要求可能会导致相关机关不能及时迅速地请求和开展追缴腐败犯罪所得国际司法协助，影响追缴的成效。

基于上述因素，腐败犯罪所得追缴专项基金的建立是十分必要的。专项基金的建立可以保证办案机关经费充足，可以加快与被请求国追缴腐败犯罪所得司法协助的进程。

结　论

腐败犯罪是人类社会政治和经济发展的毒瘤，腐败破坏民主体制和价

---

① 黄风：《关于追缴犯罪所得的国际司法合作若干问题研究》，《政治与法律》2002 年第 5 期。

② 黄风：《关于追缴犯罪所得的国际司法合作若干问题研究》，《政治与法律》2002 年第 5 期。

值观、道德观和正义，并危害可持续发展和法治。随着经济全球化和科学技术的进步，腐败犯罪逐渐呈现犯罪嫌疑人外逃、腐败犯罪所得跨境转移的特点，而腐败犯罪所得跨境转移又表现出技术和手段的复杂性、过程的隐蔽性等特点。上述特点导致单一国家依靠自身力量打击腐败和追缴腐败犯罪所得的成效越来越弱。在此背景下，各主权国家加强了追缴腐败犯罪所得方面的国际合作，《联合国反腐败公约》即为各国合作的结果。《公约》为追缴腐败犯罪所得、大集合预防腐败确立了基本原则和一系列行之有效的制度。同时，世界各国在打击腐败犯罪的过程中也积累了较为丰富的经验。

中国作为发展中国家，基本上属于腐败犯罪所得的流出国，打击腐败犯罪、追缴腐败犯罪所得的任务十分繁重。虽然近年来中国在追缴腐败犯罪所得方面取得了一定成绩，但由于理念和制度滞后，中国未能确立对追缴腐败犯罪所得来说至关重要的相关制度。因此，为打击腐败，中国应及时更新理念，在借鉴国际社会和发达国家实践经验的基础上，结合中国的实际，确立司法裁决制度、承认和执行外国刑事罚没裁决审查制度、缺席审判制度，并设立专门的基金来推进对腐败犯罪所得的追缴。

（大连海洋大学法学院、海警学院教授　裴兆斌）

第三节

全球跨国商业贿赂规制制度化进程及其动因

本节所称“跨国商业贿赂”[①]，是指一国（或独立司法地区）的公民或企业实体在国际贸易往来中对外国公职人员实施贿赂的行为。其行为通常发生在受贿方所在地，行贿方通常（虽然并非总是）具有获取或保持商业机会的目的。跨国商业贿赂在世界范围内一度是一项享受税收抵扣政策的合法商业行为。从20世纪后半叶起，其合法性逐渐在全世界范围内遭到否定。现今，在全世界绝大多数国家跨国商业贿赂已经成为一种受到刑法谴责的犯罪行为。

本节所称“全球跨国商业贿赂规制制度化”，是指自1977年起至今，世界主要工业国家立法预防和禁止跨国商业贿赂的发展过程。在人类文明的早期，各国法律便各自将国民的受贿行为和行贿行为规定为犯罪。然而将国民在国际贸易往来中对外国公职人员行贿（即本节所称“跨国商业贿赂”）规定为犯罪，却是一个不折不扣的当代话题。1977年美国出台《反海外贿赂法》[②]，于人类历史上首次将本国国民和法人向外国公职人员行贿的行为犯罪化。在美国的敦促下，西方工业国家于1997年以世界经济合作

---

① 根据《世界经贸组织反跨国商业贿赂公约》第1条的定义，指“任何人，无论是直接地还是通过中间方，故意地向外国公职人员或者为外国公职人员或第三方提议给予、承诺给予或事实上给予不当的金钱或其他利益，以期该外国公职人员在履行其职责中采取行动或不行动，进而在国际商业活动中获得或保留其业务或其它不当利益的行为”。参见OECD, *Convention on Combating Bribery of Foreign Public Officials in International Business Transactions* (OECD Paris, December 17, 1997), http://www.oecd.org/document/21/0,3746,en_2649_37447_2017813_1_1_1_37447,00.html, last visited on May 24, 2013。

② Foreign Corrupt Practices Act of 1977, Pub. L. 95 - 213, 91 Stat. 1494 (1977), http://www.justice.gov/criminal/fraud/fcpa/docs/fcpa-english.pdf, last visited on December 29, 2013.

与发展组织（以下简称 OECD）为平台，签订了《关于反对在国际商务活动中贿赂外国公务人员行为的公约》（以下简称《OECD 公约》）[①]，并在各自法律体系内将跨国商业贿赂行为犯罪化。至此，跨国商业贿赂规制从美国单边行动上升为一个国际法律事项。[②] 21 世纪以来，OECD 反贿赂工作小组先后吸收包括俄罗斯在内的六个国家加入公约，并与中国、印度等多个亚洲新兴经济实体保持密切联系，OECD 跨国商业贿赂规制联合行动在全球的覆盖范围进一步扩大。

美国《反海外贿赂法》和《OECD 公约》的成立，为西方法学界提出了两个重要的研究课题。首先，《反海外贿赂法》开创性地将国民在海外向外国官员行贿的行为规定为犯罪，增加了美国企业在海外市场竞争的法律成本，一度被认为违反了法律应当保护国民利益的原则；同时《反海外贿赂法》打破了以受贿方规制为主、行贿方规制为辅的反腐败传统，注重行贿方的单边规制，使一起贿赂案件中，在受贿方逍遥法外的情况下，行贿方却遭到刑法的严厉处罚；再则《反海外贿赂法》将刑法的触角延伸到了国民的境外行为，将法律适用的属人原则常规化，与国际习惯法的属地原则本位思想相冲突。因此，《反海外贿赂法》的合理性在美国从一开始便饱受争议。20 世纪 90 年代以后，随着全球经济一体化、全球利益等概念的深入人心和《OECD 公约》的签订，美国对跨国商业贿赂的规制逐渐为主要发达国家所接受，西方学界的关注重心便开始向《OECD 公约》防控跨国商业贿赂的实际效果转移，转而开始讨论规制跨国商业贿赂的技术性措施、区域合作、国际联合行动的“囚徒困境”“搭便车”等问题。

自 1977 年美国推出《反海外贿赂法》至今，跨国商业贿赂规制一直

---

① OECD, *Convention on Combating Bribery of Foreign Public Officials in International Business Transactions* (OECD Paris, December 17, 1997), available at: http: //www. oecd. org/document/21/0, 3746, en_2649_37447_2017813_1_1_1_37447, 00. html , last visited on May 24, 2013.

② 20 世纪 90 年代起，主要西方工业国家开始响应美国的反贿赂倡议，并通过欧盟、美洲国家组织、世界经济合作组织、联合国等平台订立了一系列的包含有反跨国商业贿赂条款的公约、协定。在这些国际条约之中，1997 年订立、1999 年生效的《OECD 公约》是最具有影响力和执行强制力的国际法律文件，同时其也是迄今为止唯一着重强调对跨国商业贿赂进行行贿方规制的国际法律文件。为此，西方学界普遍将《OECD 公约》的建立视为全球反跨国商业贿赂联合行动成立的里程碑事件。我国目前尚不是该公约缔约国，但我国是该公约执行机构——OECD 反贿赂工作小组的重要合作伙伴。

是西方国家一个重要的国际法律议题。然而在西方学界围绕着该话题项下各理论争点的学术论证进行得如火如荼之时，我国学者却并未参与该学术话题。即便2011年我国《刑法修正案（八）》增设了“对外国公职人员、国际公共组织官员行贿罪”，从立法的层面与国际标准接壤，学界似乎也更热衷于讨论修正案其他新增罪名，而对“对外国公职人员、国际公共组织官员行贿罪”鲜有涉猎。[①] 这种现象产生的原因一方面在于规制跨国商业贿赂问题并非我国本土经济文化的产物，而是基于国际政治外交的“舶来品”，在我国缺乏天然的关注度；另一方面在于在“冷战”后的国际政治经济基本格局之下，我国学术研究对西方议题向来参与度不高，国内学界对其讨论甚少便不足为奇。

然而值得注意的是，我国在该问题上与西方的政策和思想认识上的壁垒自21世纪以来开始逐渐消融。我国于2003年签署了《联合国反腐败公约》，该《公约》第16条包含了要求各缔约国立法将贿赂外国公职人员或者国际公共组织官员的行为规定为犯罪的内容。[②] 中国作为对外贸易大国，自21世纪初年开始便是西方国家在该领域内积极争取的对象。近年来我国对外贸易发展之迅速可谓举世罕见，出口产业所占据的全球份额更是从1998年的3%一举增长到了2014年的10.9%。[③] 西方诸国通过我国参与的各个国际组织（如联合国、世贸组织、G20、世界银行组织等），频繁与中国政府磋商跨国商业贿赂规制问题。我国《刑法修正案（八）》新增了“对外国公职人员、国际公共组织官员行贿罪”，便和这一历史背景密切相关。此外，随着互联网的发展，跨国商业贿赂的问题逐渐走进公众舆情。2008年美国和德国对西门子公司实施跨国商业贿赂的联合调查[④]以及2013年我国对英国的葛兰素史克公司在中国行贿问题的调查，[⑤] 都一度在网络

① 2013年3月香港廉政公署举办了两地有关腐败防治的学术研讨会，内地逾百名反腐败专家和学者出席了该会议。大家就腐败防治多方面问题展开了热烈的讨论，然而几乎无人（除一位香港学者外）论及跨国商业贿赂规制的问题。

② “United Nations Convention against Corruption”, 2003, Article 16, http://www.unodc.org/unodc/en/treaties/CAC/index.html, last visited on March 5, 2014.

③ *OECD Economic Outlook*, Volume 2012/2, p. 251.

④ 参见《德国西门子行贿年预算逾4千万美元，受贿官员遍五洲》，美国中文网，http://www.sinovision.net/portal.php?mod=view&aid=64797，2014年3月3日访问。

⑤ 参见《葛兰素史克在华涉嫌经济犯罪》，新浪网，http://finance.sina.com.cn/focus/glsk-btc/，2014年3月3日访问。

社交平台掀起轩然大波。越来越多的媒体和个人关注跨国商业贿赂的规制问题。随着跨国商业贿赂规制的问题逐渐从世界各国走向中国政府，再从官方走向民间，且在新的历史背景下，我国倡导建设的亚投行、“一带一路”都将涉及国际金融监管问题，我国在跨国商业贿赂规制问题上与主要工业国家深化合作乃大势所趋。

跨国商业贿赂规制作为一个新兴的反腐败话题和国际法话题，我国的实务工作者和学者都需要对其有更深入和全面的了解。一方面，我们需要弥补长达十余年的“信息鸿沟”，即应从立法实践层面对20世纪70年代至今全球跨国商业贿赂的法制化进程有一个知识性的掌握；另一方面，鉴于跨国商业贿赂规制问题自身丰富的理论容量，以及我国和西方学界在该问题上的“学术鸿沟”，我们还需要对西方在该领域内的学术研究成果及其理论空白有系统性的了解和客观的评析。

为此，本节拟对全球层面上跨国商业贿赂相关法律制度的起源、发展的动态过程做一个系统的解析，并对西方学界的主要学术观点进行评议。技术上，本节将西方国家自《反海外贿赂法》出台至今的全制度化过程的历史背景分为三个阶段进行研究——“前《反海外贿赂法》时期”（1977年前）、“美国单边行动时期”（1977～1997年）、“后公约时期”（1999年至今）。这样处理的原因在于这三个历史时期的分界点是《反海外贿赂法》和《OECD公约》这两个里程碑法律文件，其隔开的这三个历史时段酝酿了参与规制跨国商业贿赂的国家数量上的三次飞跃，而每一次飞跃都对应着相关国家实实在在的战略决策，因此它提供了一个很好的观察角度。与之相对应，本节第一部分研究“前《反海外贿赂法》时期”美国的政治经济背景，分析20世纪70年代美国在无任何外力干扰的情况下自主推出《反海外贿赂法》规制美国公司在海外行贿行为的根本原因。第二部分分析美国出台《反海外贿赂法》后到《OECD公约》建立之间的国际政治经济背景，以探析20世纪90年代《OECD公约》产生的动态过程和美国所扮演的角色。第三部分分析21世纪初以后，即“后公约时期”《OECD公约》在全球范围内进一步推广到外围国家的动态过程。第四部分在第一、二、三部分的论述之上揭示全球跨国商业贿赂规制法制化进程的原动力，认为相比国家主体的理性选择，历史的路径依赖能更好地从宏观层面解释跨国商业贿赂规制的制度化动态过程。从历史的视角看，不同政治力量在既定历史轨迹上出于自利性目的的博弈，可能产生利他性的决策结果，这是非历史的、静态的经济研究方法所无法解释的。

一　《反海外贿赂法》的划时代意义及产生背景分析

本部分着重分析 20 世纪 70 年代，美国在无任何外力干扰的情况下，主动推出《反海外贿赂法》禁止美国公民和法人在海外行贿行为的立法过程和根本原因。美国于 1977 年推出的《反海外贿赂法》，旨在双管齐下（严格的会计条款和严厉的刑事责任）杜绝美国公民和法人在国际贸易中向外国公职人员实施贿赂的行为，成为人类历史上第一个专门规定跨国商业贿赂刑事责任的法律文件。① 从打击腐败行为、促进国际市场公平竞争的角度来看，《反海外贿赂法》具有很强的历史进步意义。但由于在当时美国是全世界唯一实施该法律手段的国家，《反海外贿赂法》禁止跨国商业贿赂的行为事实上增加了美国公司在国际贸易中的法律成本，是一种“单边缴械”的行为，② 其自诞生之初便一直为美国商界和部分学者所诟病。在《反海外贿赂法》的规制手段被推广到其他国家之前（20 世纪 90 年代），针对《反海外贿赂法》的质疑和批评基本上是围绕着《反海外贿赂法》对美国海外商业利益的消极影响展开的。也正因为如此，其后所有的学术研究，无论支持《反海外贿赂法》抑或反对之，都始终绕不开这个话题。本部分首先回顾美国立法禁止跨国商业贿赂的历史过程，随后对西方学者对《反海外贿赂法》的主要学术观点进行批判性的评议，最后笔者对《反海外贿赂法》产生的因果链提出自己的观点。

（一）历史回顾：美国非法化跨国商业贿赂的渐进过程

历史上，美国政府对跨国商业贿赂并非突然变脸，而是经历了一个渐进式的过程。回顾《反海外贿赂法》产生前的历史背景不难看出，跨国商业贿赂行为在美国的法律地位经历了一个从 1958 年前的“合法”，到随后 20 年间的“待定”，再至 1977 年以后的“非法”的三阶段发展过程。美国政府态度转变的全过程有两个标志性事件，一是美国 1958 年废除针对跨国商业贿赂的税收抵扣政策，并将跨国商业贿赂贴上了“不道德”“不妥当”等标签；

---

① Foreign Corrupt Practices Act of 1977, Pub. L. 95 - 213, 91 Stat. 1494 (1977), http://www.justice.gov/criminal/fraud/fcpa/docs/fcpa-english.pdf, last visited on December 29, 2013.

② William Magnuson, “International Corporate Bribery and Unilateral Enforcement”, *Columbia Journal of Transnational Law*, 2013, 51: 360 - 417 at 379.

二是美国1977年出台《反海外贿赂法》将跨国商业贿赂行为犯罪化。

1. 废除税收抵扣政策

和其他工业化国家类似，美国一度将跨国商业贿赂视为可以享受税收抵扣的合法商业支出，变相鼓励商业贿赂行为。美国1939年的国内税收法第23部分（a）（1）确认了该项抵扣政策。[①] 其1954年修改后的国内税收法第162部分（a）（3）条款保留了该项政策。[②] 1958年，美国正式废除了相关税收抵扣政策，和欧洲主要工业国家相比，提前了长达几十年之久。1958年，美国修订了1954年版的国内税收法，在新的法律文本中将跨国商业贿赂规定为“不当支出”，并表示：“给予外国官员或雇员的任何费用开支，如果该项支出在美国法律项下不为法律所允许，将不得享受任何税收抵扣政策。”[③]

税收抵扣条款的废除，标志着美国官方不再公开支持本国公司和国民在海外市场的商业贿赂行为。然而与此同时，其将跨国商业贿赂表达为“不当支付”而非“不法支付”，且同时规定了新的税收抵扣政策不具有溯及力，说明了美国仍然对跨国商业贿赂行为保持着相对宽容的态度。

2. 《反海外贿赂法》的出台和跨国商业贿赂的犯罪化

1971年的“水门事件”及其余波拉开了美国将跨国商业贿赂犯罪化的序幕。在20世纪70年代初期，美国对尼克松总统竞选团队的问题资金进行了调查，曝光了一系列通过公司假账掩盖商业贿赂的行为。[④] 随后美国证券交易委员会（SEC）采取了一系列的措施，要求受其监管的上市公司主动披露通过假账掩盖对外和对内的行贿资金的行为。结果显示约有超过400家公司在一年内曾经支付数额合计超过4亿美元的贿赂。[⑤] 从美国证券

---

① Internal Revenue Code of 1939, approved February 10, 1939, http: //www. constitution. org/uslaw/sal/053_itax. pdf, last visited on January 21, 2014.

② Internal Revenue Code of 1954, Public Law 591-Chapter 736, approved August 16, 1954, http: //www. constitution. org/uslaw/sal/068A_itax. pdf, last visited on 29, December, 2013.

③ Technical Amendments Act of 1958, Public Law 85 - 866, STAT 72, approved September 2, 1958, http: //www. gpo. gov/fdsys/pkg/STATUTE - 72/pdf/STATUTE - 72 - Pg1606. pdf , last visited on 29, December, 2013.

④ 有关跨国商业贿赂问题被披露出来的历史背景资料，参见 Mike Koehler, “The Story of the Foreign Corrupt Practices Act”, *Ohio State Law Journal*, 2012, 73 (5): 929 - 1013 at 932 - 934.

⑤ Paul D. Carrington, “Enforcing International Corrupt Practices Law”, *Michigan Journal of International Law*, 2009, 32 (129): 129 - 164 at 132.

交易委员会的视角来看，这不仅仅意味着公司不诚信行为的普遍存在，也意味着相关上市公司在海外市场的实际竞争力存在问题。在当时的美国，立法禁止上市公司通过假账行为以挽救股民对美国商界声誉的信任已经无可争议。

真正的争议集中于如何处理这些公司假账所试图掩盖的跨国商业贿赂行为。由于"水门事件"以及随后证券交易委员会所披露的一系列假账案件已经将跨国商业贿赂普遍存在这一事实公之于众，美国政府已经不可能如之前二十余年那样再对其法律地位采取一个模棱两可的态度。其任何作为或不作为都标志着他们的倾向性选择，美国政府必须就此做出抉择。当时执政的福特总统重点关注的是公司假账问题对股东利益和公司治理方面的不利影响，而对假账所努力掩饰的跨国商业贿赂问题不甚关切。为了保护股东利益和维护公众的知情权，美国证券交易委员会和福特政府打算（且仅仅打算）禁止通过假账掩盖跨国商业贿赂的行为，而搁置有关跨国商业贿赂问题的争议。这从 1976 年证券交易委员会的一项报告中可见一斑："委员会认为，关于是否应该出台法案禁止对外国官员的不当支付关系到国际商贸利益，美国法律域外适用的合理性，以及该项法律可能对国际关系造成的影响。是一项综合的战略性问题。"① 然而美国国会的意见却与总统的意见相左，其主张全面禁止任何形式（国内和国外）的商业贿赂，而非仅仅处理假账问题。1976 年 3 月 5 日，副国务卿 Robert S. Ingersoll 也在会议上主张用最严厉的法律禁止各种类型的公司腐败行为，无论国际还是国内。② 出于对贿赂行为不道德性的非难，国会否决了福特总统的法律提案。③ 有关跨国商业贿赂问题的协商自此陷入僵局。

1977 年，卡特总统上台并明确表示支持国会的立场。随后卡特总统提出了相关法律议案，其中不仅包含有针对假账问题的严格的会计条款，同

---

① Seymour J. Rubin, "United States: Report of the Securities and Exchange Commission on Questionable and Illegal Corporate Payments and Practices", *International Legal Materials*, 1976, 15 (3): 618 - 633 at 627, http://www.jstor.org/stable/20691582, last visited on January 21, 2014.

② U. S., "Statement of Deputy Secretary of State on Corrupt Practices including US Multinationals Abroad", 15 I. L. M. 469 (1976).

③ Mark Pieth, "Introduction", Mark Pieth et al (eds.), *The OECD Convention on Bribery: A Commentary*, (New York: Cambridge Press, 2007), p. 7.

时也将跨国商业贿赂问题规定为犯罪。该项法案在国会获得全票通过。[①] 这即是后来举世闻名的 FCPA——《反海外贿赂法》。《反海外贿赂法》[78dd－1（a），78dd－2（a），§78dd－2］不仅禁止了上市公司在海外行贿，也对非上市企业作出了相应的规定，禁止任何企业和个人为获得或保持商业利益的目的向外国官员、政党和候选人支付或承诺支付金钱、馈赠礼品等贿赂行为。[②]

《反海外贿赂法》的出台在全球反腐败历史上是一个具有划时代意义的事件。其乃人类历史上首次将跨国商业贿赂行为规定为刑事犯罪。同时，《反海外贿赂法》也创造性地在独立于受贿方责任的情况下，通过约束行贿方行为来打击腐败，并将法律适用的属人原则这项例外的国际惯例常规化。

卡特总统在签署 FCPA 时将跨国商业贿赂定性为一项道德上可责、经济上不效率的行为。他在签署《反海外贿赂法》的声明里表示："在我竞选总统时，我曾反复强调我们需要通过严厉的法律来治理商业贿赂问题。S305 法案（《反海外贿赂法》）实现了这一构想。我和国会都认为贿赂行为在道德方面的可谴责性，以及市场竞争上的不必要性。公务人员和公司之间的腐败行为破坏政府的廉洁性和稳定性，同时也影响我国和其他国家的关系。近期所揭露的一系列海外贿赂行为侵蚀着我们基本的社会体制。"[③]

与此同时，卡特总统也表达了他对美国单边通过《反海外贿赂法》规制跨国商业贿赂行为对美国海外利益可能造成的负面影响的忧虑——事实上，这种忧虑曾是福特总统拒绝将跨国商业贿赂行为犯罪化的主要原因。因此卡特总统推崇其他国家采取相应的措施规制跨国商业贿赂行为，并认为"只有在其他国家也采取类似措施时，美国 FCPA 才可能取得真正意义

---

① Mark Pieth, "Introduction", Mark Pieth et al (eds.), *The OECD Convention on Bribery: A Commentary*, (New York: Cambridge Press, 2007), p. 7.

② Foreign Corrupt Practices Act of 1977, Pub. L. 95 - 213, 91 Stat. 1494 (1977), http://www.justice.gov/criminal/fraud/fcpa/docs/fcpa-english.pdf , last visited on December 29, 2013.

③ President Statement on Signing the Foreign Corrupt Practices Act and Investment Disclosure Bill, Public Papers 2157 (20 December, 1977), http://www.presidency.ucsb.edu/ws/?pid=7036, last visited on 29 December, 2013.

上的成功”。[①]

3.《反海外贿赂法》给美国带来的新问题

从表面上看，《反海外贿赂法》的产生是美国国会对美国政府的胜利，或者是美国政权更迭的结果。而更深层次上来说，它是美国在对跨国商业贿赂的道德可责性，以及单边推行《反海外贿赂法》对美国海外市场利益的潜在不利影响有着充分认识后，所做出的一项决策。跨国商业贿赂行为的非道德性在当时虽然并未渗入大众价值观，但鉴于社会对一般腐败行为的深恶痛绝，跨国商业贿赂一旦进入大众讨论，所经之处皆是对其一片谴责。然而就在美国商界、学界和官员认可跨国商业贿赂在道德上的可谴责性的同时，他们中的大部分人也认识到美国单边规制跨国商业贿赂将约束美国公司在海外市场的商业行为，从而使其处于不利地位。因此当时美国国会和政府（或者说福特政府和卡特政府）的核心分歧，在于单边规制的潜在负面影响是否足以使美国对跨国商业贿赂继续保持放任的态度。

尽管《反海外贿赂法》的出台已经表明了美国政府给予了这个问题否定答案，然而美国对单边推行《反海外贿赂法》可能对美国海外商业利益造成的负面影响的忧虑并未结束。在实践领域，美国需要采取措施尽量控制该单边行动对美国海外利益所带来的不利影响。在理论层面，精英阶层和普通公众需要理解和认知《反海外贿赂法》的性质和意义。因此，在接下来的二十多年中，美国政府的中心任务便是敦促其他国家采取类似跨国商业贿赂规制行动；而美国学者的中心任务便是解释、论证《反海外贿赂法》的正当性和合理性。

（二）美国多边化《反海外贿赂法》所做的努力及失败原因分析

如前所述，美国十分清楚《反海外贿赂法》可能对其海外商业利益带来负面影响，其并未打算长期单边执行该法律。在其出台《反海外贿赂法》以希解决本国公司在海外商业活动中的行贿问题之时，其同时采取多种渠道试图将《反海外贿赂法》规制跨国商业贿赂的手段推广到其他国家，以削弱单边规制跨国商业贿赂可能带来的经济上的副作用。

---

① President Statement on Signing the Foreign Corrupt Practices Act and Investment Disclosure Bill, Public Papers 2157（20 December, 1977）, http://www.presidency.ucsb.edu/ws/?pid=7036, last visited on 29 December, 2013.

一方面，美国力图通过贸易谈判的方式来敦促其他国家采取类似措施。1975 年 11 月 12 日，美国的参议院决议第 265 项表示美国必须立刻在日内瓦多边贸易谈判框架之下和其他政府谈判，促使他们采取适当的措施，以在国际层面上消除跨国商业贿赂问题。①

另一方面，美国也力图寻求政府间组织诸如美洲国家组织（OAS）、联合国、经合组织、国际商会的支持，从而运用相应的平台来推广跨国商业贿赂的规制。由于跨国商业贿赂的不法性本质上违背了这些组织的基本宗旨，因此反跨国商业贿赂的倡议很快得到了相应组织的认同。1975 年 7 月 10 日，美洲国家组织（OAS）颁布了一项针对跨国企业商业行为的永久委员会决议［CP/RES. 154（167/75）］，表示将用最严厉的手段规制跨国企业的任何行贿行为或不法支出，任何公职人员或私人主体索求和接受不当支付的行为，以及其他任何违背法律和道德的行为。② 1975 年 12 月 15 日，联合国（UN）的联合国大会颁布一项决议［Resolution 3514（XXX）］声讨各类腐败行为，跨国商业贿赂亦在其中。③ 同时，联合国在另一项决议［Resolution 3513（XXX）］中强调任何国家都有义务建立和完善相应的法律，采取相应的措施反对腐败行为，并号召各国就该问题进行通力合作。④ 同样的，1976 年，世界经合组织（OECD）颁布了《跨国企业行为准则》，其中包括反对跨国商业贿赂的条款。其总则部分明确表示，企业不得直接或间接地向任何公职人员支付贿赂或其他不法款项。⑤ 国际商会（ICC）积极回应了美国的倡议，并颁布了一项反对勒索和贿赂的行为准则。其倡导政府、政府间组织和商业团体合作打击国际商业贸易中的欺诈

---

① "The Activities of American Multinational Corporations Abroad: Hearings Before the Subcommission on International Economic Policy of the H. Comm. on International Relations", 94th Cong. 2 (1975) at 278.

② OAS, "Permanent Council Resolution on the Behavior of Transnational Enterprises", *International Legal Materials*, Vol. 14, No. 5, September 1975, 1326 - 1328.

③ "United Nations Declaration against Corruption and Bribery in International Commercial Transactions" A/RES/51/191, 86TH plenary meeting, 16 December 1996, http://www.un.org/documents/ga/res/51/a51r191.htm , last visited on January 21, 2014.

④ Seymour J. Rubin, "United States: Report of the Securities and Exchange Commission on Questionable and Illegal Corporate Payments and Practices", *International Legal Materials*, 1976, 15 (3): 618 - 633 at 618.

⑤ OECD, "International Investment and Multinational Enterprises: Review of the 1976 Declaration and Decisions", Paris, 1979.

勒索和贿赂行为。[①]

然而美国在20世纪七八十年代为推广跨国商业贿赂规制而做出的努力并未取得成效。写进商贸条约的反商业贿赂条款基本上沦为没有执行力的道德宣示，实乃“一纸空文”。[②] 尽管联合国认为美国的反腐败倡议“受到了诸国代表团的一致赞赏和欢迎”，且这些代表团“一致同意需要在反腐败领域有所行动”，[③] 但因为各国之间存在着诸多无法调和的意见分歧，最终使美国试图通过建立国际条约将规制跨国商业行动多边化的构想未能实现。[④]

西方学者普遍的观点认为，欧洲国家拒绝立法禁止跨国商业贿赂主要出于商业利益考虑。对于美国而言，“水门事件”及其后续事件所引起的美国国内风波侧面反映了其证券市场的发展和公众对知情权的需求的提高。在美国的经济的发展需要更透明的会计制度和更良好的公司治理时，这种新经济需求正挤压着商业贿赂这一必须秘密进行的行为的生存空间。《反海外贿赂法》正是在这样的社会结构之中应运而生的。然而对于其他国家而言，他们并不具有这样的社会条件和内因性需求。因此除了美国的游说外，他们并不具有采取行动以改变一个既有体制的动力。此外，如前所述，海外经济利益对于美国和其他工业化国家而言，是国家利益的重要组成部分。[⑤] 当美国这个强劲的竞争对手通过出台《反海外贿赂法》禁止跨国商业贿赂的方式自缚手脚时，其他国家没有理由紧随其后。相反，他们可能宁愿坐享美国单边行为给他们带来的竞争优势。

除经济考量外，其他国家还存在着认知方面的障碍。尽管政治腐败一向被认为是人类社会的公敌，当时社会对商业贿赂的道德可责性却普遍持

---

① The Rules were amended at least in 1996, 1999 and 2005, http://www.giaccentre.org/documents/ICCRulesof Conduct. 2005. pdf, last visited on 13 June 2013.

② Mark Pieth, "Introduction", Mark Pieth et al (eds.), *The OECD Convention on Bribery: A Commentary*, (New York: Cambridge Press, 2007), p. 9.

③ Seymour J. Rubin, "United States: Report of the Securities and Exchange Commission on Questionable and Illegal Corporate Payments and Practices", *International Legal Materials*, 1976, 15 (3): 618 – 633 at 620.

④ Mark Pieth, "International Efforts to Combat Corruption", Conference Paper at 9th International Anti-Corruption Conference (IACC), p. 2, 10 – 15 October 1999, Durban, South Africa.

⑤ Steven R. Salbu, "Bribery in the Global Market: a Critical Analysis of the Foreign Corrupt Practices Act", *Washington and Lee Law Review*, 1997, 54: 229 – 287 at 262.

保留态度。一种流行的观点认为商业贿赂是经济的润滑剂，具有其存在的合理性。[①] 跨国商业贿赂，因其跨国性质，更是远在国家检控机关的视野之外。此外当时诸如全球化、全球经济一体化这些对理解跨国商业贿赂的经济破坏性至关重要的概念，在全世界范围内尚未普及。美国甚至很难说服其他国家将跨国商业贿赂视为一项非道德的行为。与此相反，规制跨国商业贿赂意味着刑事法律的域外适用，其他国家多对此并不认同。在当时的欧洲诸国，一种流行的观点认为《反海外贿赂法》的实施是美国帝国主义和文化侵略的表现，其破坏了交易国的商业氛围，是不道德的。[②] 1975年6月5日，在美国的第一次听证会上，美国国务院的一位代表就曾认为规制跨国商业贿赂将会在监管美国公司的同时，将外国官员置于美国的监控之中，这必将在海外受到广泛的抵制。规制跨国商业贿赂必然导致美国刑法的域外适用，极有可能被其他国家视为美国强权干涉他国内政的表现。[③] 这种将《反海外贿赂法》的域外适用视为道德帝国主义和文化侵略的观点本身是经不起仔细推敲的。毕竟纵观全世界，虽然许多发展中国家尚未有效地治理腐败，但基本上都有相关法律明令禁止腐败行为。然而相关的争议却有力地说明了除了经济考虑，欧洲国家对美国的反腐败倡议的保留态度还存在着思想认知上的分歧。[④]

鉴于上述经济考虑和认知分歧的存在，欧洲国家拒绝采纳美国关于建立规制跨国商业贿赂的全球行动的倡议便在情理之中。对当时的欧洲国家而言，采纳美国的倡议意味着他们将为着一个他们并不完全认同的目的而对国内反腐败法律进行大规模的调整。尽管美国在20世纪七八十年代大力游说，对于欧洲国家而言，美国的倡议既不具有利益方面的诱惑力，也不

---

① Kenneth W. Abbott and Duncan Snidal, “Values and Interests: International Legalizationin the Fight against Corruption”, *Journal of Legal Studies*, 2002, 31: 141 - 178 at 158 - 160.

② Steven R. Salbu, “Bribery in the Global Market: a Critical Analysis of the Foreign Corrupt Practices Act”, *Washington and Lee Law Review*, 1997, 54: 229 - 287 at 261 - 280; 不同观点参见 Philip M. Nichols, “The Myth of Anti-Bribery Laws as Transnational Intrusion”, *Cornell International Law Journal*, 2000, 33: 627 - 655。

③ “The Activities of American Multinational Corporations Abroad”, hearings before the Subcommittee on International Economic Policy of the Committee on International Relations, House of Representatives, 94th Congress, 1st Session, 5 June 1975, http://catalog.hathitrust.org/Record/011340574 p.24, last visited on 14 June 2013.

④ Steven R. Salbu, “Bribery in the Global Market: a Critical Analysis of the Foreign Corrupt Practices Act”, *Washington and Lee Law Review*, 1997, 54: 229 - 287 at 275 - 280.

具有价值方面的说服力。

在未能招纳欧洲同盟伙伴的情形下，美国执行《反海外贿赂法》的行为变成了实实在在的单边行动。尽管美国国内普遍认同跨国商业贿赂是不道德的商业行为，但鉴于单边执行《反海外贿赂法》在经济方面存在着显著的副作用，美国国内对《反海外贿赂法》的合理性存在着严重的分歧。自 20 世纪 70 年代至 21 世纪初，就该问题的争议在美国一直未能停息。

（三）西方学界关于《反海外贿赂法》的主要学术观点及其局限性

西方学术著作对《反海外贿赂法》的研究可谓汗牛充栋。然而这些学术著作并未对美国出台《反海外贿赂法》的社会背景进行深度挖掘，而常常转而研究美国的立法动机。受国际关系理论中结构现实主义思潮的影响（强调国家在国际政治中的中心地位、经济理性和权力意识），这些学者在他们的分析逻辑中常常有意识或无意识地将国家拟人化，赋予了其如意图、道德感受、经济理性等自然人人格，并强调国家主体独立决策的自由意志。同时强调国家的经济理性，预设其会严格依照自身利益最大化的行为逻辑做出立法决策。①

关于《反海外贿赂法》的早期学术讨论主要是建立在道德价值和物质利益二元对立的关系上分析《反海外贿赂法》究竟是美国道德主义抑或利益驱动的结果，并进而给其立法决策贴上“非理性”和“理性”的标签。② 一些学者主张“价值驱动说”，认为美国等出台《反海外贿赂法》将跨国商业贿赂犯罪化的行为是道德主义的结果。在这个共同认知的基础上，其中一部分人认为道德正确性本身足以构成美国规制跨国商业贿赂的理由，对

① 这种赋予国家人格的政治心理学现象称为“国家拟人化”。它能很好地帮助公众、决策者和知识分子理解和把握国际政治的复杂性，因此不失为一种有效的认知模式。国际关系理论中的结构现实主义将国家假设为“国家行为人”，即体现了这种认知模式在学术界的普遍性。参见 Kathleen M. McGraw and Thomas M. Dolan，“Personifying the State：Consequences for Attitude Formation”，*Political Psychology*，2007，28（3）：299－326；A. Wendt，*Social Theory of International Politics*（Cambridge：Cambridge University Press，1999）；“The state as person in international theory”，*Review of International Studies*，2004，30：289－316 at 289。

② Kevin E. Davis，“Self-Interest and Altruism in the Deterrence of Transnational Bribery”，*American Law and Economics Review*，2002，4（2）：314－340；“Why does the United States Regulate Foreign Bribery：Moralism，Self-Interest，or Altruism?”，*NYU Annual Survey of American Law*，2012，67：497－511.

《反海外贿赂法》持支持态度，并主张将其推广到其他国家；[①] 另一部分人则认为不应将跨国商业贿赂行为的道德可谴责性和其刑法上的可责性混为一谈，立法决策还应考虑操作成本和机会成本，并着重强调单边规制跨国商业贿赂行为给美国海外经济利益带来的危害，指摘《反海外贿赂法》等为泛道德主义的结果，或曰"价值观"的胜利。[②]

另一些学者主张"利益驱动说"，则倾向于在推定《反海外贿赂法》是美国理性决策的前提下讨论美国出台该项法律的动机。[③] 如上所述，历

---

① Philip M. Nichols, "Outlawing Transnational Bribery through the World Trade Organization", *Law and Policy in International Business*, 1997, 28: 305 - 381; Philip M., Nichols, "Regulating Transnational Bribery in Times of Globalization and Fragmentation", *The Yale Journal of International Law*, 1999, 24: 257 - 303; Peter M., German, "To Bribe or Not to Bribe—a Less than Ethical Dilemma, Resolved?", *Journal of Financial Crime*, 2002, 9 (3): 249 - 258; Peter Johnstoneand George Brown, "International Controls of Corruption: Recent Responses from the USA and the UK", *Journal of Financial Crime*, 2004, 11 (3): 217 - 248; Hung-En Sung, "Between Demand and Supply: Bribery in International Trade", *Crime, Law & Social Change*, 2005, 24: 111 - 131; Leslie Holmes, "Good Guys, Bad Guys: Transnational Corporations, Rational Choice Theory and Power Crime", *Crime Law Social Change*, 2009, 51: 383 - 397; Christopher Baughnet al, "Bribery in International Business Transactions", *Journal of Business Ethics*, 2010, 92: 15 - 32.

② "Evading an Edict: Grumman Board Finds Payoffs Continued Despite Board's Policy", *Wall Street Journal*, February 28, 1979; Jack G. Kaikatiand Wayne A. Label, "American Bribery Legislation: An Obstacle to International Marketing", *Journal of Marketing*, 1980, 44 (4): 38 - 43; U. S. Department of Justice, Press Release, "FCPA and Related Enforcement Actions", pp. 10 - 11, http://www.justice.gov/criminal/fraud/fcpa/cases/2012.html, last visited on Apr. 7, 2012; U. S. General Accounting Office, "Report to the Congress, Impact of Foreign Corrupt Practices Act on U. S. Business" AFMD - 81 - 34, 4 March, 1981; Suk H. Kim "On Repealing the Foreign Corrupt Practices Act: Survey and Assessment", *Columbia Journal of World Business*, 1981, 16 (3): 16 - 21; Paul J. Beck and Michael W. Maher, "Competition, Regulation and Bribery", *Managerial and Decision Economics*, 1989, 10: 1 - 12; Steven R. Salbu, "Bribery in the Global Market: a Critical Analysis of the Foreign Corrupt Practices Act", *Washington and Lee Law Review*, 1997, 54: 229 - 287 at 275 - 280; Bruce Zagarisand Shaila Lakhani Ohri, "The Emergence of an International Enforcement Regime on Transnational Corruption in the Americas", *Georgetown Journal of International Law*, 1999, 30: 53 - 93.

③ Philip M. Nichols, "Regulating Transnational Bribery in Times of Globalization and Fragmentation", *The Yale Journal of International Law*, 1999, 24: 257 - 303; Kenneth W. Abbott and Duncan Snidal, "Values and Interests: International Legalization in the Fight against Corruption", *Journal of Legal Studies*, 2002, 31: 141 - 178 at 162; Mark Pieth, "Introduction", Mark Pieth et al (eds.), *The OECD Convention on Bribery: A Commentary*, (New York: Cambridge Press, 2007), p. 8; David T. Johnson, "Keeping Foreign Corruption out of the United States", *The DISAM Journal of International Security Assistance Management*, 2010, 32 (1): 94 - 98.

史资料已显示美国决策者在出台《反海外贿赂法》之前，便对《反海外贿赂法》的单边规制行为所可能带来的经济方面的负面影响有着清晰的认识。因此《反海外贿赂法》不可能出自纯粹的道德主义并以牺牲美国利益为代价来服务于全球利益。事实上，美国出台《反海外贿赂法》更多的是出于国内因素的考虑。历史还表明在美国非法化跨国商业贿赂的整个逻辑之中，其对单边推行《反海外贿赂法》可能带来的负面效应的认识并不构成是否出台《反海外贿赂法》的决定因素，而是作为一个客观现实，提醒着相关政府部门要采取相应的预防措施以应对单边推行《反海外贿赂法》可能带来的负面效应。这意味着美国推广《反海外贿赂法》所做出的努力旨在应对已成定局的、呼之欲出的《反海外贿赂法》的负面外部性，而非是左右美国是否出台《反海外贿赂法》的最终决定。由此，《反海外贿赂法》的出台并不是一个利他主义或利己主义之间的二元选择题，而是一个关于如何理解《反海外贿赂法》和美国利益的一致性的问题。

这一类的学术观点基本上建立在一个国际关系理论中的政治现实主义中一个经典的假设之上，即国家行为本质上是理性自利的，从而假定《反海外贿赂法》的出台本身是符合美国的国家利益的。这是他们论证的逻辑出发点。① 他们否认跨国商业贿赂的道德可责性，或《反海外贿赂法》单边规制的经济负面影响，是认可或否定《反海外贿赂法》的合理性的唯一理由。他们试图调和而非强调法律规制腐败和保护本国经济利益这一对相冲突的义务。一些学者将美国出台《反海外贿赂法》解释为美国平衡诸项互相冲突的国家利益的结果，在这个折中的过程中，决策者牺牲了跨国商业贿赂带来的短期商业利益以顾全更重要、更根本的国家利益。他们认为，尽管跨国商业贿赂可以在短期内给美国企业带来经济利益，但如果美国政府一味纵容，可能导致美国公司过于依赖通过贿赂而非通过实力来获得商业合同，长久之下必将造成美国公司真正竞争力的下降。② 这个观点也得到了美国官员的认可。③ 此外，跨国商业贿赂的泛滥可能影响到美国

① Robert O. Keohane, *International Institutions and State Power*, (Boulder: Westview Press, 1989), p. 40.

② MarkPieth, "Introduction", Mark Pieth et al (eds.), *The OECD Convention on Bribery: A Commentary*, (New York: Cambridge Press, 2007), p. 8.

③ David T. Johnson, "Keeping Foreign Corruption out of the United States", *The DISAM Journal of International Security Assistance Management*, 2010, 32 (1): 94 - 98.

的其他利益（如国防利益）。《反海外贿赂法》的出台正是为了解决这些问题。还有观点认为美国出台《反海外贿赂法》旨在宣示一种反对商业腐败的态度和决心，从而弥补因“水门事件”及证券交易委员会披露项目而遭受损害的商业声誉。[①] 从根本上说，这些观点都强调美国出台 FCPA 是出于美国国家利益整体性的考虑。即便从短期来看，《反海外贿赂法》的执行和美国的商业利益背道而驰，但它有利于美国整体利益的长期发展。

“利益驱动说”的解释方法将《反海外贿赂法》解释为美国平衡诸多相互冲突的国家利益的结果具有启示性的意义。一方面，其有效地将《反海外贿赂法》合理化、理性化，使人们更好地理解和接受规制跨国商业贿赂的行为。同时这种解释方法也指出了当时所流行的，以跨国商业贿赂带来的海外商业利益作为批评《反海外贿赂法》的依据的观点的片面性。其旗帜鲜明地指出了《反海外贿赂法》的合理性应当被放在一个更为综合、更为丰富的历史背景下考量。

“价值驱动说”和“利益驱动说”的争论构成了早年围绕着《反海外贿赂法》的观念分歧的主要内容。尽管美国学术界长期就美国出台《反海外贿赂法》究竟是出于道德动机还是出于理性动机，以及《反海外贿赂法》究竟是明智之举还是错误的决定争议不止，但这种争议本身只是更加说明了国际政治现实主义和理性选择理论主宰着该领域的学术研究，以至任何争议都绕不开这个话题。

然而这种建立在道德价值和物质利益的二元对立基础之上的解释方法存在着方法论上的局限性。透过“国家理性选择”的面纱看待跨国商业贿赂相关的制度发展，相关立法活动被预设为国家在特定信息环境下自由意志和理性选择的结果，学术研究将不得不依赖于法律文本、政治家论调和我们的先验知识来推测立法者的动机。这个过程简化了国内立法机制的复杂性，并完全回避了考虑特定社会环境之下，既有社会体制对决策者经济理性的限制（例如美国国会不可能制定经济利益最大化却明显违背民主价值的法律）；也回避了讨论各参与协商的利益主体之间的利益主张的异质特征（例如美国政府和美国国会可能对跨国商业贿赂的道德属性和经济属性各有看重）和它们的互动关系（例如美国政府和国会在立法问题上可以

① Thomas McSorley, “Foreign Corrupt Practices Act”, *American Criminal Law Review*, 2011, 48: 749 - 781 at 750.

相互制约）；同时也忽略了在各利益主体的反复磋商过程之中，信息环境始终不停地演进发展（例如在美国国会和政府僵持的过程之中，跨国商业贿赂的道德可责性在人们的观念中不断强化），不断地改变着各利益相关方的决策选项。总而言之，理性选择的解释方法简化处理了《反海外贿赂法》产生的动态性和复杂性。

无论是“价值驱动说”还是“利益驱动说”，这种简单化的解释方法的优势在于对《反海外贿赂法》的自身价值做出评定，这在立法初期、人们在理解《反海外贿赂法》普遍存在认知障碍的时候，具有重要的现实意义。然而这个过程采用了太多推测性的说理，未能对整个体制化进程做一个客观的、连贯的、充分的解释说明，以至于其本身结论是不精确的，很难服务于连续的、累进式的学术研究，尤其是后来的实证研究。学术研究具有路径依赖的特性，人们常常要依靠已经建立的知识体系来发现和理解新的事实和现象。因此人们不仅仅需要立足于眼前的、单独的问题，还需要一种具有可持续性的解释方法来连贯地、累进地解释这些现象在客观环境中的发展变化。随着20世纪九十年代国际反跨国商业贿赂合作的风云涌动，人们不仅仅需要了解法律的自身价值，还需要预测他们的实际运作和效果，以及在一个更长的时间段和更广阔的地域视野内，这些法律在各国的执行情况。假定《反海外贿赂法》和美国利益的一致性，进而将《反海外贿赂法》解释成美国平衡相互冲突的国家利益的结果，将美国国内立法决策的全过程简化为一个线性的、数学计算题式的平衡冲突利益的过程，国内各政治势力之间的冲突、妥协这些在《反海外贿赂法》的协商过程中的重要环节被模糊处理了。这种解释方法在能够有效地说服人们相信《反海外贿赂法》存在的合理性的同时，却因其过于概念化和缺乏精确性而不具有预测《反海外贿赂法》在客观环境中生存和发展的能力。

（四）《反海外贿赂法》的真正动因：利益相关方的“协调博弈”和法律的道德边界

要了解美国为什么会在没有任何外力干扰的情况下自行推出《反海外贿赂法》“自缚手脚”，我们应当研究决策者在具体历史背景下的所思所为，而非简单地将国家拟人化，赋予其僵化的理性选择行为模式，再推测其行为动机。

为此我们不仅仅要强调美国所看重的围绕着跨国商业贿赂规制问题的各种国家利益（如经济利益、商业信誉等），还应强调（而非回避）一个事实，即各国内政治力量围绕着跨国商业贿赂规制问题的诉求各有不同。在现代民主国家，公民或政府部门都拥有各自的表达利益诉求并实现这些利益诉求的渠道。立法活动在处理像跨国商业贿赂规制这样拥有较多利益相关者的议题时，其实质上并不是一个给各项国家利益赋值、比较并最终选择保护最重要的国家利益这样的模式，而更倾向于一个立法者试图通过谈判和协商来协调这些分散的利益诉求，并最终达到一个高度一致的方案。[①] 很多时候，这些利益诉求虽然形式各异，但并非不可协调。因此，最终的决策方案常常不是像理性选择理论所预测的那样体现了某一种“优等”的国家利益，而是通过谈判和妥协而使各利益相关方的诉求能够达到一个平衡。在这个过程中，各利益相关方的利益诉求并非一成不变，而是随着情势的变化而妥协和调整，从而在现实的基础上尽可能最大化地实现自己的期待。[②]

那么在“水门事件”和证券交易委员会披露项目的背景下，美国国内各政治力量的利益诉求是如何分散，又是如何为《反海外贿赂法》所调和的呢？在“水门事件”及其后续美国跨国公司通过假账蓄意掩盖跨国商业贿赂的行为披露给公众之后，所有的利益相关者都拥有自己的回应性态度，且这些看法各不相同。对证券交易委员会来说，因其职责使命是加强公司治理并为大众投资者代言，其对公司假账这种损害公信力和公民知情权的不诚信行为十分关注，相形之下对被掩盖的跨国商业贿赂行为的非道德性并不甚在意。[③] 与其指责相应，它仅仅主张立法确保公司在海外的任何支付行为如实披露给投资者。[④] 对于国防部门而言，其着重关注美国公司在海外军火贸易中的腐败行为可能对美国的国防利益造成损害，因此主

---

① William Magnuson, “International Corporate Bribery and Unilateral Enforcement”, *Columbia Journal of Transnational Law*, 2013, 51: 360 - 417 at 368.

② Robert B. Ahdieh, “The Visible Hand: Coordination Functions of the Regulatory State”, *Minnesota Law Review*, 2010, 95: 578 - 649 at 579 - 585; William Magnuson, “International Corporate Bribery and Unilateral Enforcement”, *Columbia Journal of Transnational Law*, 2013, 51: 360 - 417 at 366 - 369.

③ 美国证券交易委员会曾经于 1976 年表示，跨国商业贿赂的问题关系到国家和国际利益，因此委员会对其不做评议。Seymour J. Rubin, “United States: Report of the Securities and Exchange Commission on Questionable and Illegal Corporate Payments and Practices”, *International Legal Materials*, 1976, 15 (3): 618 - 633 at 623。

④ Mike Koehler, “The Story of the Foreign Corrupt Practices Act”, *Ohio State Law Journal*, 2012, 73 (5): 929 - 1013 at 961 - 964.

张采取适当措施防止公司企业的海外行为影响美国外交政策和国家安全。[①]而对于国务院这个致力于保护抽象的美国国家利益的机构而言，它相比其他政府机构更加看重单边规制跨国商业贿赂可能给美国经济利益带来的负面影响，而同时又很担忧美国政府对跨国商业贿赂问题如果持续放任，而这些案件随后被昭告天下的话，可能影响友邦的声誉，从而影响美国的国际政治关系。[②] 因此，相形之下国务院的态度也更加举棋不定。[③] 此外，对于其他政府部门（税务部门）虽然历史没有给予太多记载，但我们也可以想象它们也会有着要求公司诚信和透明账务的内在需求。尽管上述列举简化了美国围绕着跨国商业贿赂规制议题的利益相关者结构的复杂性，以及每一个利益相关者所关注利益的复杂性，但其大体上演示了利益相关者及其诉求的多元化现象。因此，1975 年 6 月至 1977 年 9 月，美国各政府部门之间反复磋商和交换意见，并制定了 20 余个草案以希图妥善解决相关问题。[④] 如纽约律师协会所言，“美国今年从未有任何公司行为如公司海外贿赂问题般地引起如此广泛的讨论——无论在私人还是公共领域”。[⑤]

从理论上说，如果要采用适当的措施来调和分散的国内诉求，决策者需要首先明确这些分散的诉求之间的“互通性”（interoperability）。这种互通性，如 Ahdieh 教授所言，指的是不同事物之间的可协调性。[⑥] 在本节项下，上述各分散利益诉求的共同内核便在于确保美国政府部门对海外行为

---

① Mark Pieth, “Introduction”, Mark Pieth et al (eds.), *The OECD Convention on Bribery: A Commentary*, (New York: Cambridge Press, 2007), p. 8; and Mike Koehler, “The Story of the Foreign Corrupt Practices Act”, *Ohio State Law Journal*, 2012, 73 (5): 929 – 1013 at 969 – 971.

② Statement of Rep. Stephen J. Solarz, “American Multinational Corporations Abroad”, 94 Cong. 2 (1975), at 4.

③ Mike Koehler, “The Story of the Foreign Corrupt Practices Act”, *Ohio State Law Journal*, 2012, 73 (5): 929 – 1013 at 964 – 969.

④ Declaration of Prof. Michael J. Koehler in Support of Defendants' Motion to Dismiss Counts One Through Ten of the Indictment at 9, United States v. Carson, No. SACR 09 – 0007 – JVS (C. D. Cal. Sept. 20, 2011).

⑤ The Association of the Bar of the City of New York Report, “Unlawful Corporate Payments Act of 1977: Hearings before the Subcomm. Of Consumer Prot. and Fin. of the H. Comm. on Interstate and Foreign Commerce”, 95th Congress 63 (1977).

⑥ Robert B. Ahdieh, “The Visible Hand: Coordination Functions of the Regulatory State”, *Minnesota Law Review*, 2010, 95: 578 – 649 at 590 – 591.

的监管及公众的知情权。为着这个目的，立法禁止公司假账的行为既是必要的、又是充分的条件。一旦公司假账行为得到遏制，美国政府和公民便可以掌握公司海外行为的相关信息，并及时应对任何可能产生的负面影响。因此，1976 年福特总统向国会提交了一项仅仅禁止公司假账行为的法案。

有关美国的立法活动的“协调利益诉求”的故事到这里就结束了。然而整个故事却并没有结束。立法活动除了要最大程度地调和不同的利益诉求，还有一项更根本的价值，即体现并守护社会普遍认可的价值观念体系。其肩负着定义“善”与“恶”并指引公民为“善”的责任。法律的这种指引功能决定了它必须严格坚守道德上的正确性。任何立法的底线便是其不能明示地（或者说可以推论地）违背社会已经确立的道德价值体系——如果说出于利益折中的考虑，其可以消极地不去组织和倡导社会隐而未显的共同价值观念的话。有关这个逻辑的一个例证便是，我们看到早在美国出台《反海外贿赂法》明令禁止跨国商业贿赂之前，其便已经于 1958 年取消了对跨国商业贿赂的税收抵扣这一明确鼓励跨国商业贿赂的政策。

对当时的美国而言，尽管跨国商业贿赂的道德可谴责性尚不是一个公共价值观念，然而如前所述，早在 1958 年美国废除针对跨国商业贿赂的税收抵扣政策时便已经将其明确列为一项“不妥当”“非道德”的行为。此外，在 1975 ~ 1977 年长达两年的激烈讨论中，各政府部门虽然对是否应当立法禁止跨国商业贿赂有所分歧，但跨国商业贿赂的道德可责性却在这场争议中日益被普及和强化，并逐渐演变为一项公共观念。新出台的法律无论如何，也不能再明示或默示地鼓励或纵容跨国商业贿赂的行为。

那么在新的背景下，为什么美国继续对跨国商业贿赂持放任态度将会意味着一种鼓励或纵容呢？人们大约会认为美国早在 20 世纪 50 年代便宣示了跨国商业贿赂的不道德性，却在随后的二十年间并未有任何动作，1977 年的时候，它也不必采取任何新的举动。但事实上时代背景已经不同了。“水门事件”及其后续公司假账问题，连带着跨国商业贿赂问题推向了公众视野。由于公司假账行为和商业贿赂行为之间的密切联系，且当时各方面要求禁止假账的需求已经非常明显，对于立法者而言，已经没有让跨国商业贿赂的法律地位“待定”这个选项。其无论积极立法禁止跨国商业贿赂，或是不作为的放任，都是对跨国商业贿赂法律地位的一种官方宣示。因此福特总统的仅仅禁止假账的草案注定会被国会驳回。①

值得注意的是，这里强调法律的指示性功能及其道德相关性，和目前学界存在的、认为《反海外贿赂法》是道德主义的产物的论调是有本质的区别的。全面禁止公司假账和跨国商业贿赂并非参与协商的各政府部门的初衷，却是他们最终不得已的选择。他们一度面临着一个困境，即立法禁止跨国商业贿赂对美国海外商业利益的副作用是可以预期的，但同样可以预期的是，如果不这样做，则对整个既有社会存在着更强烈的破坏力。在这个过程中美国政府并没有主动地要牺牲美国的海外商业利益以成全道德主义或者其他"优等"国家利益。它所做的只不过是在既有社会规范所设定的行为框架内做出最好的选择而已。

整体上说，导致《反海外贿赂法》最终产生的全过程中有三个不可忽略的要素：其一，是偶然的"水门事件"及其后续的证券交易委员会披露项目揭示了一个法律议题，招来了各方的意见表达，以及协调各方诉求的必要性；其二，社会的立法机制决定了相关立法过程必须经历各政治力量之间往复的协商、争议和妥协，并最终达成一个基本的共识；其三，最终的法律方案是既有社会价值观念的框架对"共识"的重新表达。

在更深层意义上，《反海外贿赂法》是当时美国的政治经济背景的必然产物。现代公司制度的发展要求更科学的公司管理，并将公司行为置于公众监督之中。其对公司管理透明化的需求客观上将挤压跨国商业贿赂这项只能隐秘发生的公司行为的生存空间。例如，一旦公司假账行为被法律禁止，美国公司行贿的行为也将随之曝光。届时无论外国官员还是美国公司和政府都将处于难堪的境地，从而导致更多的经济上、道德上和外交上的问题。因此，跨国商业贿赂在一个拥有稳定价值观念和新的经济诉求的现代社会被边缘化了。在美国这个全球经济的一号大国，《反海外贿赂法》

① 参见 Kenneth W. Abbott and Duncan Snidal, "Values and Interests: International Legalization in the Fight against Corruption", *Journal of Legal Studies*, 2001, 31: 141 - 178 at 162; Mike Koehler, "The Story of the Foreign Corrupt Practices Act", *Ohio State Law Journal*, 2012, 73 (5): 929 - 1013 at 938 - 950.

不过是蓄势待发。这才是美国在20世纪70年代主动推出《反海外贿赂法》规制美国公司行为的根本动因。

二 《OECD公约》的建立："美国诱导型"的国际立法

该部分研究美国出台《反海外贿赂法》（1977年）后的历史背景以探求1997年西方主要工业国家成立《OECD公约》的根本动因。由于美国推出了《反海外贿赂法》却未能成功说服其他国家和它保持一致，《反海外贿赂法》在美国海外商业利益方面的负面影响引起了更多的关注。[①] 自20世纪80年代后期起，美国政府开始新的一轮行动以试图将《反海外贿赂法》多边化，该战略在20世纪90年代取得了显著成效，并在1997年达成《OECD公约》时达到顶峰。

《反海外贿赂法》是美国国情的产物。与之不同，《OECD公约》的产生却与美国的外交战略密切关联。正如我们要理解《反海外贿赂法》绕不开讨论杜绝公司腐败的必要性和规制跨国商业贿赂的经济负面效应之间的矛盾性一样，要了解《OECD公约》产生的根本动力，绕不开讨论美国在这个过程中扮演的角色。

（一）历史回顾：美国在《OECD公约》建立中所扮演的角色

1. 美国大力倡导建立《OECD公约》的原因（20世纪80年代）

自20世纪80年代起，美国国内对《反海外贿赂法》在商业贸易方面的副作用的批评之声日趋强烈。流行的观点认为美国规制跨国商业贿赂的做法给美国经济造成了严重的损害。[②] 援引克林顿总统在1998年的一次讲话内容，在《OECD公约》出台之前，美国单边执行《反海外贿赂法》的

---

① James R. Jr. Hines, "Forbidden Payment: Foreign Bribery and American Business After 1977", 1995; Steven R. Salbu, "Bribery in the Global Market: a Critical Analysis of the Foreign Corrupt Practices Act", *Washington and Lee Law Review*, 1997, 54: 229 - 287 at 261 - 270; Michael Copeland and Robert F. Scott, "Efforts to Combat Transnational Bribery: Problems with and Alternatives to the Foreign Corrupt Practices Act", *Journal of Security Administration*, 1999, 22 (1): 41 - 57; Roberto Ramos, "Banning US Foreign Bribery: Do US Firms Win?", January 2012.

② Paul J. Beck, Michael W. Maher and Adrain E. Tschoegl, "The Impact of the Foreign Corrupt Practices Act on US Exports", *Managerial and Decision Economics*, 1991, 12: 295 - 303; James R. Jr. Hines, "Forbidden Payment: Foreign Bribery and American Business After 1977", 1995: 1 - 2; Roberto Ramos, "Banning US Foreign Bribery: Do US Firms Win?", 2012, at 4; Abhay M. Nadipuram, "Is the OECD the Answer? It's Only Part of the Solution", *The Journal of Corporation Law*, 2013, 38 (3): 636 - 657.

做法给美国造成了每年约300亿美元的经济损失。[①] 当然，也有学者通过实证研究说明《反海外贿赂法》事实上并未真正地给美国经济带来损害。[②] 然而无论如何，不绝于耳的质疑之声都敦促着美国政府再次面对单边规制跨国商业贿赂问题所带来的不利影响。

美国学界曾经展开了一场关于《反海外贿赂法》存废问题的大讨论。一般来说，有两种途径可以应对单边规制跨国商业贿赂的负面影响：废除《反海外贿赂法》或者将其多边化。鉴于美国试图促成相关领域的国际合作的计划一度遭遇失败，由此美国国内有很高的呼声要求废除《反海外贿赂法》。[③] 然而出于种种原因，废除《反海外贿赂法》的构想是不现实的。第一，《反海外贿赂法》是美国国情的产物，是决策者对其在经济方面的副作用有着清醒的预见性的情形下产生的。美国真正的利益诉求在于将《反海外贿赂法》多边化，而非废除之。第二，美国也不可能通过扬言废除《反海外贿赂法》达到促成其他国家妥协的目的。在当时美国之外的国际环境中，鲜有人真正相信打击跨国商业贿赂的必要性和正当性，因此无论是美国出台《反海外贿赂法》还是随后废除《反海外贿赂法》，都不可能给其他国家的战略决策造成实际影响。[④] 第三，由于“制度黏性”的存在，在20世纪80年代废除《反海外贿赂法》

---

① William J. Clinton, "Statement on signing the International Anti-Bribery and Fair-Competition Act of 1998", *Weekly Compilation of Presidential Documents*, 1998, 34 (46): 2290.

② B. Richman, "Can We Prevent Questionable Foreign Payments?", *Business Horizons*, 1979: 14 - 19; John L. Graham, "The Foreign Corrupt Practices Act: a New Perspective", *Journal of International Business Studies*, 1984, 15 (3): 107 - 121; Paul J. Beck, Michael W. Maher and Adrain E. Tschoegl, "The Impact of the Foreign Corrupt Practices Act on US Exports", *Managerial and Decision Economics*, 1991, 12: 295 - 303; J. David Richardson, *Sizing up US Export Disincentives*, Washington D. C.: Institute for International Economics, 1991.

③ Copeland 曾表示“如果没有条约生效，我们也不应当再继续执行该法律使我们的商业处于不利地位……这（反跨国商业贿赂）不是一场美国单方行动可以打赢的战役……” Michael Copeland and Jr. Robert F. Scott., "Efforts to Combat Transnational Bribery: Problems with and Alternatives to the Foreign Corrupt Practices Act" (1999), *Journal of Security Administration*, 22 (1): 41 - 57 at 50, 51; Tarullo 教授也注意到：“美国商界要求对《反海外贿赂法》做出实质性修改或将之废除，以平衡美国在国际市场上的竞争地位。” Daniel K. Tarullo, "The limits of Institutional Design: Implementing the OECD Anti-Bribery Convention" (2004), *Virginia Journal of International Law*, 44 (3), 665 - 710 at 674。

④ William Magnuson, "International Corporate Bribery and Unilateral Enforcement", *Columbia Journal of Transnational Law*, 2013, 51: 360 - 417 at 392.

将使美国付出高昂的代价。① "制度黏性"的本意是指在一个制度环境中建立一种新的制度之时，这种新制度适应新的环境并发挥作用的能力。② 而在本节项下，其意指新制度和制度环境之间的互动性和兼容性。在当时，《反海外贿赂法》已经正式生效多年，美国国内已经据其展开了多项针对跨国商业贿赂的调查并结案。③ 废除跨国商业贿赂将使美国很难对这些既成案件有所交代。

由于废除《反海外贿赂法》几不可能，美国便另谋出路，采取了一定措施试图缓解执行《反海外贿赂法》的副作用。④ 一方面，美国在执行《反海外贿赂法》时，采取了有所保留的态度。由于执行《反海外贿赂法》的主要负责部门是证券交易委员会和司法部，他们可以自由裁量执行的力度，从而控制强力执行《反海外贿赂法》可能带来的负面效果。⑤ 另一方面，1988 年，美国的《综合对外贸易和竞争力法案》出台并修改了《反海外贿赂法》中关于跨国商业贿赂的定罪标准。在确立行为人主观意志时，1977 年版规定行为人"知道或应当知道"（相关行为）即为犯罪。1988 年版将其修改为"实际上明知"。同时，1988 年版也增加了两项有利于被告人的积极抗辩事由。⑥

然而这种缓解《反海外贿赂法》的副作用的做法并非治本之策。对美国而言，将《反海外贿赂法》多边化仍旧是其走出单边行动困境的根本出路。⑦ 鉴于此，1988 年的修正案也敦促美国总统与 OECD 其他成员国谈判以促成

---

① Kenneth W. Abbott and Duncan Snidal, "Values and Interests: International Legalization in the Fight against Corruption", *Journal of Legal Studies*, 2002, 31: 141 - 178 at 161.

② William Magnuson, "International Corporate Bribery and Unilateral Enforcement", *Columbia Journal of Transnational Law*, 2013, 51: 360 - 417 at 392.

③ US Department of Justice, Press Release, "FCPA and Related Enforcement Actions", available at: http://www.justice.gov/criminal/fraud/fcpa/cases/2012.html, last visited on Apr. 7, 2012.

④ William Magnuson, "International Corporate Bribery and Unilateral Enforcement", *Columbia Journal of Transnational Law*, 2013, 51: 360 - 417 at 384 - 385.

⑤ Paul D. Carrington, "Enforcing International Corrupt Practices Law", *Michigan Journal of International Law*, 2009, 32 (129): 129 - 164 at 134; Thomas McSorley, "Foreign Corrupt Practices Act", *American Criminal Law Review*, 2011, 48: 749 - 781 at 751; U.S. Department of Justice, Press Release, "FCPA and Related Enforcement Actions", available at: http://www.justice.gov/criminal/fraud/fcpa/cases/2012.html, last visited on Apr. 7, 2012.

⑥ Omnibus Trade and Competitiveness Act of 1988, Public Law 100 - 418, 102 Stat. 1107, 1415 - 25.

⑦ William Magnuson, "International Corporate Bribery and Unilateral Enforcement", *Columbia Journal of Transnational Law*, 2013, 51: 360 - 417 at 386.

相关领域的国际条约。美国亟须启动新一轮的谈判工作。

2. 美国所采用的战略手段（20 世纪 90 年代）

克林顿总统 1993 年执政后，美国政府开始新一轮的、更紧锣密鼓的谈判工作以试图建立一个反对跨国商业贿赂的全球联合行动。[①] 目前的学术著作通常将克林顿政府所采取的措施归纳为“利益战略”和“价值战略”两个类别。前者指的是美国通过双边或多边贸易条约或者其他渠道，强制推行反跨国商业贿赂条款，其作用原理在于美国利用其经济影响力给予其他国家一定的物质激励或惩处措施，从而改变其他国家的决策。后者指的是美国运用其在国际事务中的话语权宣传跨国商业贿赂的“恶”，从而对其他国家进行道德游说。当然，这种“利益”和“价值”的二元区分的作用是有限的。在国际事务中，二者常常是互通的，任何具体的国家战略几乎都同时涵盖了两方面的内容。[②]

（1）通过贸易条约兜售反商业贿赂条款。从 20 世纪 70 年代起，美国便开始通过双边或多边贸易条约的渠道来兜售反跨国商业贿赂条款。[③] 进入 20 世纪 90 年代后，这种手段变得更加激进。其他政府如果拒绝接受反贿赂条款，甚至可能被定性为贸易政策障碍而招致美国的贸易制裁。[④]

美国该种手段的原理在于美国作为世界上最强大的经济实体，能够运用其在国际经济事务中的影响力来向其谈判对象“兜售”反贿赂条款。一方面，可以将其理解为一种“单边支付”战略，即在谈判双边或多边条约

① Kenneth W. Abbott and Duncan Snidal, “Values and Interests: International Legalization in the Fight against Corruption”, *Journal of Legal Studies*, 2002, 31: 141 – 178 at 162; William Magnuson, “International Corporate Bribery and Unilateral Enforcement”, *Columbia Journal of Transnational Law*, 2013, 51: 360 – 417 at 386.

② Kenneth W. Abbott and Duncan Snidal, “Values and Interests: International Legalization in the Fight against Corruption”, *Journal of Legal Studies*, 2002, 31: 141 – 178 at 142 – 147.

③ 此类成效的案例可参见 The *North American Free Trade Agreement* (NAFTA). The NAFTA was established between the U. S., Canada and Mexico and entered into force on 1 January 1994. As Boris Kozolchyk summarizes, this treaty reflected the requirement of non-corruption business activities. “Governmental contracts, grants, concessions or franchises are, on the whole, adjudicated not on the basis of family or friendly connections or bribery, but on the basis of a publicly advertised, lowest-bidder basis”. Boris Kozolchyk, “NAFTA in the Grand and Small Scheme of Things”, 3 May 1994, available at: http://www.iatp.org/files/NAFTA_in_the_Grand_and_Small_Scheme_of_Things.htm, last visited on 16 June 2013.

④ Daniel K. Tarullo, “The limits of Institutional Design: Implementing the OECD Anti-Bribery Convention”, *Virginia Journal of International Law*, 2004, 44 (3), 665 – 710 at 678.

的过程中，预期获益（或获益较多）的国家可以支付一定对价以弥补预期受损（或获益较少）的国家以促成条约的达成。[①] 另一方面，也可以将其理解为一种“以牙还牙”战略，即在国际关系中，守约方可以通过单方报复、私力救济的方式来处罚失信者。[②] 总的来说，美国的该战略手段试图通过这种方式来改变其他国家的利益结构，从而改变其他国家的反贿赂政策，其遵循着理性选择理论的基本逻辑。

美国通过贸易协定推广反贿赂条款的方法切实可行，却收效甚微。由于跨国商业贿赂具有多面性特征，真正对其进行规制需要国家政权的介入，以及跨国家政府部门和非政府机构（如检察部门、商务部门、会计审计机构）等的通力协作。美国的经济影响力或许可以使其通过贸易渠道向那些和其有密切经济依存性的国家“兜售”反商业贿赂条款，但这种方式很难促成高层级、全方位的立法活动。

（2）“公民外交”战略寻求民意支持。美国的另一项重要措施便是利用欧洲境内的反腐败舆情寻求建立反跨国商业贿赂公约的民意支持。Tarullo 教授将这种战略称为“公民外交”,[③] 而 Abbott 和 Snidal 教授则称之为“价值战略”。[④] 关于美国如何利用 20 世纪 90 年代欧洲境内的几起政治腐败案件向欧洲公民大肆宣传，激起反腐败民愤的故事，学者们已经有过几个版本的描述。[⑤] 本质上其是一个美国如何利用（欧洲）公众对腐败的天然敌意来对欧洲政府施压，从而瓦解他们抵制反腐败战略倡议的决心。

---

① Bard Harstad, “Do side payments help? Collective decisions and strategic delegation”, *Journal of the European Economic Association*, 2008, 6 (2 -3): 468 -477.

② Manfred Milinski, “Tit-for-tat” in sticklebacks and the evolution of cooperation”, *Nature*, 1987, 325 (29): 433 -435; Kennon M. Sheldon, “Learning the Lessons of Tit-for-Tat: Even Competitors Can Get the Message”, *Journal of Personality and Social Psychology*, 1999, 77 (6): 1245 -1253.

③ Daniel K. Tarullo, “The limits of Institutional Design: Implementing the OECD Anti-Bribery Convention”, *Virginia Journal of International Law*, 2004, 44 (3), 665 -710 at 679.

④ Kenneth W. Abbott and Duncan Snidal, “Values and Interests: International Legalization in the Fight against Corruption”, *Journal of Legal Studies*, 2002, 31: 141 -178 at 163 -173.

⑤ Kenneth W. Abbott and Duncan Snidal, “Values and Interests: International Legalization in the Fight against Corruption”, *Journal of Legal Studies*, 2002, 31: 141 - 178 at 164; Daniel K. Tarullo, “The limits of Institutional Design: Implementing the OECD Anti-Bribery Convention”, *Virginia Journal of International Law*, 2004, 44 (3), 665 -710 at 678; William Magnuson, “International Corporate Bribery and Unilateral Enforcement”, *Columbia Journal of Transnational Law*, 2013, 51: 360 -417 at 387.

20 世纪 90 年代早期，欧洲境内揭发了几起腐败丑闻，从而使对腐败行为的民怨日益增长。欧洲媒体越来越倾向于向美国立场靠近，呼吁采取更严厉的措施控制腐败。内部日益增长的反腐败声音渐渐汇集成一股新的压力，迫使欧洲政府做出抉择。对于当时的欧洲政府而言，美国的“外忧”和民怨的“内患”逐渐蚕食着其抵制立法禁止跨国商业贿赂的意志。如 Tarullo 教授所言，“公众外交”政策有效地改变了欧洲政府在反跨国商业贿赂问题上的一向的消极立场。①

“公众外交”发挥作用有两个关键要素。一方面，客观上政治决策者可能会从理性的角度考虑反腐败政策对经济利益等造成的影响，然而公众舆论却常常会站在道德正确的一边。对于普通公民而言，跨国商业贿赂的经济利益相关性遥远而模糊，因此他们会更倾向于美国关于打击反跨国商业贿赂这样一种明显具有道德瑕疵的行为。另一方面，对欧洲政府而言，其不仅仅需要努力使国家在国际贸易中的物质利益获得最大化，同时还需要对其公民的价值需求作出回应。

（3）以国际组织为平台进行道德游说。除了对欧洲政府直接或间接施压，美国还通过国际组织对欧洲国家等进行道德游说。如前所述，欧洲国家长期抵制美国的反（跨国商业）贿赂倡议，不仅出于利益的考量，还存在着意识形态方面的障碍，以致其很难理解这项倡议的合理性。在 20 世纪 90 年代之前，商业腐败的非道德性和经济无效率性在学界并不是一个普遍的观点。鉴于此，美国在运作其经济杠杆之时，同时也运用其国际事务中的话语权来试图推行一场观念变革。

尽管在 20 世纪 90 年代初期跨国商业贿赂的消极影响并没有得到普遍的认同，但此时的国际政治环境和经济环境已经在悄然待命，酝酿着一场思想变革。普遍的观点认为“冷战”后期苏联的解体促进了国际市场的开拓和民主价值在世界范围内的传播。频繁的商业贸易往来也使全球化的概念得到进一步的传播。在这个背景之下，国际合作（而非对抗）逐步成为国家谋求自身发展的主要方式。政府间组织和非政府组织这些旨在代表国际社会整体利益的机构不断兴起和发展，在国际事务中扮演着日益独立和重要的角色。从“全球利益”的角度看，商业腐败的非道德性和经济无效

① Daniel K. Tarullo, “The limits of Institutional Design: Implementing the OECD Anti-Bribery Convention”, *Virginia Journal of International Law*, 2004, 44 (3), 665 - 710 at 679.

性便不言自明。1993 年，“透明国际”——一个旨在消除全球范围内各种腐败的民间组织成立，并自 1995 年起开始发表包括 200 余个国家和地区在列的“清廉指数”（CPI），对各国腐败指数进行排行。[①] 此外，经合组织也努力向各私营企业游说公司道德的意义和国际市场中完全自由竞争的重要性。[②] 国际银行组织如世界银行、货币基金组织等也开始出台更加严格的借贷政策以杜绝腐败行为的发生。[③]

在人们对商业腐败的态度转变之后，跨国商业贿赂的“恶”便不证自明。一方面，美国关于反跨国商业贿赂的倡议得到了政府间组织和非政府组织的一致支持。联合国先后出台联合国大会决议，敦促成员国采取有效、切实的措施打击各种形式的腐败、贿赂以及国际商业贸易中的相关不法行为。另一方面，在政府间组织不断强调规制国内腐败的必要性的同时，也侧面说明了国家对自己公司在海外的行为的规制责任。如 Tarullo 教授所言，一些发展中国家的政治领袖曾经在国际场合批评欧洲政府疏于规制其下跨国企业在这些国家的行为，从而破坏了这些国家的经济发展和政治廉洁。[④] 在这样的一个国际氛围中，欧洲国家再无理由拒绝美国的反跨国商业贿赂倡议。对于他们中的大多数而言，和美国之间谈判的议题不再是否要立法禁止跨国商业贿赂行为，而是如何禁止，何时禁止。

3. 美国所取得的成绩：《OECD 公约》及其他国际公约（20 世纪 90 年代）

在美国该轮的战略中，美国拟定通过 OECD 来组建一个反跨国商业贿赂的国际联盟。[⑤] Pieth 教授总结了美国选定 OECD 作为组建平台的几个原因。第一，OECD 是最能有效消除《反海外贿赂法》单边执行在美国海外商贸方面的副作用的地方。由于经合组织涵盖了美国在国际市场上的主要竞争者，在这个平台组建一个反跨国商业贿赂联盟能够有效地敦促美国的

---

① Transparency International's Bribe Payers Survey 1999, http://www.transparency.org/content/download/2850/17712, last visited on April 2, 2012.

② MarkPieth, “Introduction”, Mark Pieth et al. (eds.), *The OECD Convention on Bribery: A Commentary*, (New York: Cambridge Press, 2007), pp. 6, 16.

③ World Bank, *Private Capital Flows to Developing Countries: The Road to Financial Integration* (London: Oxford University Press, 1997); IMF, *World Economic Outlook*, 1997.

④ Daniel K. Tarullo, “The limits of Institutional Design: Implementing the OECD Anti-Bribery Convention”, *Virginia Journal of International Law*, 2004, 44 (3), 665–710 at 679.

⑤ Mark Pieth, “Introduction”, Mark Pieth et al. (eds.), *The OECD Convention on Bribery: A Commentary* (New York: Cambridge Press, 2007), p. 9.

竞争者们规制跨国商业贿赂。这是消除《反海外贿赂法》单边行动的副作用的最为有效的途径。[①] 第二，相比其他国际组织而言，经合组织的成员最可能具有经济利益方面的动力去规制跨国商业贿赂。1998 年，世界总出口业的 75% 的份额由经合组织成员国占有。对于他们而言，更有可能将进口国的腐败视为一种商业障碍和额外成本，也最可能有意愿通过组建一个联合行动来消除这些额外成本。[②] 第三，同时，美国也对 OECD 的同行评审机制这项享誉甚高的监督执行措施保障各国切实履行公约义务的功能寄予厚望。[③]

经过几年的谈判协商，1994 年，经合组织理事会出台了《关于跨国商业贿赂的建议》（简称《1994 年建议》）。[④] 这份文件正式要求成员国将跨国商业贿赂行为犯罪化。作为一份仅仅适用于成员国的工作文件，《1994 年建议》的法律约束力是有限的，但是其足以表明一个全球范围内的反跨国商业贿赂联合行动呼之欲出。此后，OECD 内部的其他机构如财政事务委员会等，纷纷出台特别文件来支持《1994 年建议》。1996 年，经合组织出台了《关于针对跨国商业贿赂的税收抵扣问题的建议》（简称《1996 年建议》），[⑤] 自美国于 1958 年废除针对跨国商业贿赂的税收抵扣政策以来，针对跨国商业贿赂的税收抵扣问题终于在全世界范围内得以解决。随后，欧盟和美洲国家组织在该问题上也取得了一些进展。1996 年 9 月 27 日，欧盟（EU）颁布了《保护欧洲共同体金融利益公约》的第一个议定书，此乃欧洲首次关注跨国商业贿赂问题。1997 年 5 月 26 日，欧盟出台了

---

① William J. , Clinton, "Statement on signing the International Anti-Bribery and Fair-Competition Act of 1998", *Weekly Compilation of Presidential Documents*, 1998, 34 (46): 2290.

② Mark Pieth, "International Efforts to Combat Corruption", Conference Paper at 9th International Anti-Corruption Conference (IACC), p. 3, 10 - 15 October 1999, Durban, South Africa.

③ William J. Clinton, "Statement on signing the International Anti-Bribery and Fair-Competition Act of 1998", *Weekly Compilation of Presidential Documents*, 1998, 34 (46): 2290; MarkPieth, "Introduction", Mark Pieth et al. (eds.), *The OECD Convention on Bribery: A Commentary* (New York: Cambridge Press, 2007), pp. 9 - 10.

④ OECD, "Recommendation of the Council on Bribery in International Business Transactions" (OECD Paris, 1994), http: //www. anticorruzione. it/Portals/altocommissario/Documents/Atti% 20internazionali/raccomandazione% 2094% 2075% 20su% 20corruzione% 20transazioni% 20commerciali% 20internazionali. pdf, last visited on April 23, 2012.

⑤ OECD, "1996 Recommendation of the OECD Council on the Tax Deductibility of Bribes for Foreign Public Officials", http: //www. oecd. org/document/38/0, 3746, en _ 2649 _ 37447 _ 42220454_1_1_1_37447, 00. html, last visited on April 3, 2012.

《反腐败公约》，要求在成员国范围内禁止商业往来中的行贿和受贿行为。[①] 1996 年 3 月，美洲国家组织的 21 个成员针对跨国腐败的问题签订了《美洲反腐败公约》。[②]

1997 年 12 月 17 日，《经合组织公约》的文本最终确定。1999 年 2 月 15 日，该公约正式生效。在 21 世纪初期，所有签署国——29 个 OECD 成员国和 5 个非成员国批准了该公约并将公约义务纳入了国内法律体系。

（二）学界关于《OECD 公约》的主要学术观点及其局限性

鉴于美国在促成《OECD 公约》过程中所扮演的重要角色，其战略决策的作用原理是理解促成公约建立的动因的关键。学界沿用他们解释《反海外贿赂法》成立的逻辑，用“价值驱动说”和“利益驱动说”来解释美国战略是如何导致欧洲国家的态度转变的。[③]

“利益驱动说”将欧洲国家的态度转变视为欧洲国家对美国战略所提供的激励性因素/抑制性因素的理性反应。在理性选择理论的框架之下，西方学界对于欧洲国家的态度转变主要有两种解释。第一种解释本质上强调美国的贸易制裁改变了欧洲国家的利益结构，从而迫使其态度发生转变。欧洲国家对美国的反贿赂倡议的“屈从”是一种战术性考虑，其旨在解除来自美国的外交压力。在这个逻辑下可以推论，欧洲国家同意建立反跨国商业贿赂公约并不必然意味着他们打算认真执行这个公约。如 Tarullo 教授所称：“这些解释中没有任何迹象显示这些（欧洲）政府真正打算通过该公约来解决海外贿赂问题。”[④] 第二种解释则强调美国的劝导有效地说

① EU, “The first Protocol to the Convention on the Protection of the European Communities Financial Interests”, No. C 313, 23 October 1996, p. 2, http://www.publications.parliament.uk/pa/cm200708/cmselect/cmeuleg/16-xvi/1609.htm, last visited on 18 June 2013; Convention against Corruption, No. C 195, 25 June 1997, http://europa.eu/legislation_summaries/fight_against_fraud/fight_against_corruption/l33027_en.htm, last visited on 18 June 2013.

② OAS, Inter-American Convention against Corruption, March 29, 1996, S. TREATY DOC. NO. 105-39, 35 I. L. M. 724 (entered into force by the United States on October 29, 2000).

③ 无论“利益驱动说”还是“价值驱动说”都有一些推崇者。更多的时候，学者将两种说法一并而谈。Kenneth W. Abbott and Duncan Snidal, “Values and Interests: International Legalization in the Fight against Corruption”, *Journal of Legal Studies*, 2002, 31: 141-178; Daniel K. Tarullo, “The Limits of Institutional Design: Implementing the OECD Anti-Bribery Convention”, *Virginia Journal of International Law*, 2004, 44 (3): 665-710。

④ Daniel K. Tarullo, “The Limits of Institutional Design: Implementing the OECD Anti-Bribery Convention”, *Virginia Journal of International Law*, 2004, 44 (3): 665-710 at 680.

服了欧洲国家，使欧洲国家意识到了跨国商业贿赂对他们本身长远经济发展的负面影响。欧洲国家为着追求自由竞争和公平的国际市场的战略性目的，自愿建立反跨国商业贿赂公约。该反跨国商业贿赂联盟的本质是一个制造共同利益的“公共品博弈”。[①] 在这种逻辑之下可以推论，相关国家签订公约的动机和他们执行公约的动机至少在他们签订公约之时是同一的。尽管这两种解释途径对公约的执行前景做出了不同的预测，但他们在认定欧洲国家是出于自利性而参与建立公约这一点上是一致的。

“价值驱动说”则认为欧洲国家是出于对一种普遍的道德价值，即跨国商业贿赂的道德可谴责性而签订公约。美国的价值战略成功地说服了欧洲国家，使其执政者意识到了跨国商业贿赂的非道德性。他们签订公约并立法禁止跨国商业贿赂是出于价值观的考虑，而非自利性目的。至于美国在其中的角色，这种理论认为是美国的道德游说，而非其经济杠杆发挥了作用。

将欧洲政府态度转变背后的动机分为“利益驱动说”和“价值驱动说”的二元对立有助于我们从两方面理解促成公约达成的相关变量。然而由于“利益”和“价值”的界限十分模糊，这种二分法的解释功能是有限的。在国际事务中，要真正将利益驱动型的目的和价值驱动型的目的区分开来是很困难的。国家主体的价值追求，如果做广义的理解的话，也可以理解成一种非物质利益，或者一种预期物质利益。例如，对公平和自由竞争的追求既可以被解释为一种道德价值，也可以被解释成一种有利于长远经济利益的市场机制。Abbott 教授和 Snidal 教授为着分析的明确性的目的将价值和利益并置来研究国际立法。然而他们同时也强调价值考虑可以理解成一种利益。[②] 此外，本节项下一个典型的例子是美国的“公民外交”战略。“公民外交”战略的胜利未必是价值观相对于自利性追求的胜利。欧洲政府对公众反腐败情绪的让步仍然是一种可以用理性选择理论解释的利益最大化的行为模式。[③] 正是由于价值和利益这两个概念之间的这种互

---

① Rachel Brewster, “Stepping Stone or Stumbling Block: Incrementalism and National Climate Change Legislation”, *Yale Law & Policy Review*, 2010, 28: 245 - 312 at 310.

② Kenneth W. Abbott and Duncan Snidal, “Values and Interests: International Legalization in the Fight against Corruption”, *Journal of Legal Studies*, 2002, 31: 141 - 178 at 143.

③ Kenneth W. Abbott and Duncan Snidal, “Values and Interests: International Legalization in the Fight against Corruption”, *Journal of Legal Studies*, 2002, 31: 141 - 178 at 143.

通性，建立在其基础之上的二元解释并不能真正帮助我们认识美国的战略和欧洲态度转变之间的逻辑关系。

目前研究成果中这种二元解释方法再一次反映了理性选择理论这种假定“利益结构变动引起国家决策变动”的研究传统在西方学术界的重要地位。不难看到，将欧洲国家战略的转变解释成消除美国压力的理性选择使欧洲国家创建公约的动机和他们执行公约的动机分解开来。在这种逻辑之中，任何后期执行公约上的不力都是可以预见的，因为这些国家从一开始便没有真正的执行公约的动力。而将欧洲国家的战略转变解释成追求一种共同利益（如海外市场的自由、公平竞争）而做出的理性选择，假定了这些国家立法禁止跨国商业贿赂的目的是为了消除跨国商业贿赂，因此任何不尽如人意的公约执行状态便可能是“囚徒困境”“搭便车”等合作结构性问题的结果。微观经济学和国际关系学等学科关于合作问题的解释和处方则可以被引用来解决反跨国商业贿赂联盟中的执行问题。此外，在理性选择的研究传统之下，出于单纯的利他主义或道德主义的目的而做出的决策很难永续经营。因此少数学者将欧洲战略转变解释成他们出于道德主义和利他主义而做出的决策之后，也将顺理成章地解释任何执行不力的问题。

西方学界目前流行的这种理性选择理论解释方法认定美国战略政策和欧洲政府立场转变之间存在着直接的因果关系，其再一次简化了美国和欧洲政府之间的动态互动关系，并完全没有顾及其他国际组织扮演的角色，以及当时国际政治环境、经济环境的影响。特别值得一提的是，公约是经过美国和欧洲国家之间一系列的磋商和妥协方才达成的。除非双方之间达成一个统一的立场，这场谈判便不能取得真正意义上的成功。这种螺旋式的互动关系表明各谈判主体不仅要主动地对每一个特定信息环境里的激励性/抑制性因素做出回应，还必须被动地受他们在此前谈判中的先行决策的约束，还存在着一个“路径依赖”的问题。从整体上看，国家主体试图将各自利益最大化的愿望可能始终是一致的，但他们在每一个时期的最佳决策却并非一致。在这个认识基础之上，关于美国战略政策和欧洲态度转变之间存在直接的因果关系的假设，使我们关于公约建立的真正动因的研究偏离了其原本的轨道。

（三）《OECD 公约》达成的真正动因：美国推倒的“多米诺骨牌”

要理解美国在公约谈判中的作用应关注两点：其一，欧洲政府在一系列谈判中态度的逐渐改变的历史轨迹；第二，欧洲政府在每一个谈判回合中的最佳策略是如何受到当时的信息环境和他们的先行决策的限制的。

为此不妨将公约的建立和《反海外贿赂法》的出台做一个对照分析。

首先，在美国，是“水门事件”和其后证券交易委员会的披露项目将跨国商业贿赂问题带入了公众视野，并激发了国内政治力量的具体不同利益诉求——这是商谈任何法律救济的前提条件。在公约建立的过程中，是美国外缘地将跨国商业贿赂这个议题带到了各国际论坛之中。美国激进的政治战略和经济战略使欧洲国家“被迫”加入了这场谈判，并围绕着跨国商业贿赂的法律地位问题拥有了各自的利益诉求。

其次，在《反海外贿赂法》出台的案例中，美国早在1958年便废除了跨国商业贿赂的税收抵扣政策，并将其定义为一种“不道德”或“不妥当”的行为。在20世纪70年代各政府机构在“水门事件”之后关于跨国商业贿赂的法律地位的讨论之中，虽然各方对是否应当立法禁止跨国商业贿赂各有主张，但基本上众口一词地认为这种行为是不道德的。在这个过程之中，跨国商业贿赂的道德可责性这种原本并不普及的价值观，逐渐得到确立和强化。同样的，在美国和欧洲国家的谈判和互动之中，各国接受了美国通过贸易条约推广反跨国商业贿赂条约的做法。这种做法虽然政治影响力和法律约束力都十分有限，但却是相关政府对跨国商业贿赂的不法性的官方确认。这种道德观念在当时国际反腐败的思潮中得以不断强化和推广。欧洲政府再无理由彻底拒绝美国关于建立反跨国商业贿赂公约的倡议。而他们一旦进入这样的协商和谈判便再也无法回到起初的位置。[①] 这时问题的核心便不再是是否要建立一个反跨国商业贿赂的公约，而是如何建立以及何时建立。

之后各国之间的一场“协调博弈”便拉开了序幕。观察欧洲政府在当时的历史背景下曾经试图达成的却最终未能达成的协议，比关注他们最终达成的成果更有利于我们了解公约得以达成的真正动因。历史上，欧洲政府曾经起草过一份协议，其中建议各国只禁止本国公司在其他成员国进行

① Peter J. Boettke, Cristopher J. Coyne, and Peter T. Leeson, “Institutional Stickiness and the New Development Economics”, *The American Journal of Economics and Sociology*, 2008, 67 (2): 331 - 357 at 332; Kenneth W. Abbott and Duncan Snidal, “Values and Interests: International Legalization in the Fight against Corruption”, *Journal of Legal Studies*, 2002, 31: 141 - 178 at 167 - 168.

商业贿赂的行为，而不涉及这些公司在非成员国的行为。[①] 这意味着如果相关进口国未立法禁止其公司在其他国家行贿的行为，这些国家也不会禁止他们的公司在相应国家行贿。例如，一个德国公司若对一个加拿大官员行贿，其在德国法律项下将被视为非法；而该德国公司若对一个印度官员行贿，其在德国法律项下将不会受到处罚。本质上说，这个方案倡导根据行为发生地的法律来确认行贿行为本身的法律性质。其说明在欧洲政府的观念之中，跨国商业贿赂是一种影响行贿发生国，而非影响行贿输出国或者行贿公司的国际竞争者利益的行为。他们禁止跨国商业贿赂是一种利他主义的行为，因此他们只打算将这种好处以互惠的方式提供给那些同样提供这种好处的国家。

对欧洲国家而言，这是协调各方利益的最佳方案。首先，这个方案有望平衡各国在国际市场的竞争地位，从而解除美国施加给欧洲国家的外交压力。其次，这种做法可以宣示一种打击跨国商业贿赂的态度，有望平息欧洲国家高涨的反腐败国内情绪。最后，这种方法禁止各国公司到其他成员国进行商业贿赂的行为，有望斩断向各成员国“输入腐败”的一个渠道。同时，由于其并不禁止各国公司在非成员国——那些通常意义上被认为更加腐败的发展中国家——行贿的行为，成员国不用消耗过多司法资源，且以各自的商业利益为代价对抗非成员国的“腐败文化”。

然而这个草案注定将被否决。与《反海外贿赂法》出台的经历如出一辙，立法不仅承担着协调各成员利益诉求的功能，还指示性地为“正确的行为”和“错误的行为”定义。而基本的道德准则便是其不能明示或默示地违背社会公认的道德价值。对普通公众而言，国家将跨国商业贿赂行为非法化的行为表示着跨国商业贿赂是一项为道德和法律双重非难的行为。这项草拟的公约根据跨国商业贿赂的行为地予以其附条件性地禁止，其违背了法治的基本精神。因此，最终的结果是《OECD 公约》完全禁止了成员国公司和公民在全世界范围内的一切跨国商业贿赂行为。[②]

由此可见，《OECD 公约》的成立是一个由美国牵头、欧洲主要国家

① Kenneth W. Abbott and Duncan Snidal, “Values and Interests: International Legalization in the Fight against Corruption”, *Journal of Legal Studies*, 2002, 31: 141 - 178 at 168.

② Kenneth W. Abbott and Duncan Snidal, “Values and Interests: International Legalization in the Fight against Corruption”, *Journal of Legal Studies*, 2002, 31: 141 - 178 at 167, 168.

和一些其他国家参与其中的国际立法活动。在这个联合行动中，美国并非一手缔造了公约并将其强加给其他国家，其更像一个社会活动家，将跨国商业贿赂规制的议题带到国际论坛之中，并在20世纪90年代初期的意识形态氛围中，不断催化着跨国商业贿赂的道德、法律双重可谴责性这种原本隐而不显的社会价值逐渐向国际公共价值转化。一旦价值观的龙头得以开启，其便引发了多米诺骨牌效应，使谈判中的各代表方无法再退回到原来的位置。鉴于这整个连锁反应的过程是由美国发起的，却并非美国一手缔造的，其立法模式和美国内因生成的《反海外贿赂法》的原动力上存在着差别，是一种“外因诱发型”的立法模式。

三　“后公约时期”的反贿赂联盟：OECD主导下的进一步扩张

该部分研究在“后公约时期”（1999年《OECD公约》生效以后），其吸纳新成员并加强与非成员国家合作的动态过程。由于既有成员国在国际政治和经济事务中的强大影响力，以及反对跨国商业贿赂的价值观在世界范围内的普及，既有成员国和非成员国的互动结构相对简单，基本上可以为理性选择模式所解释。

1997年《OECD公约》的建立意味着当时占据全球出口经济3/4份额的34个国家将立法禁止跨国商业贿赂行为。[①] 为了进一步扩大该反跨国商业贿赂联盟的范围，OECD反贿赂工作小组从未停止努力从余下的国家中吸纳新的联盟伙伴。公约第13条规定公约向任何OECD成员或者任何OECD反贿赂工作小组的成员开放。除公约第13条外，OECD相关的努力可以追溯到其1994年发表的《1994年建议》中。该建议书正文明确表示鼓励各OECD成员国与非成员国就规制跨国商业贿赂事项加强合作和联系。《1996年建议》中也包含有类似条款。2004年11月，OECD更是就此进行了一次专项调查。

（一）历史回顾：OECD为扩大反贿赂联盟而做的努力（1999年之后）

1. OECD为招募新成员而做的努力

1997年，《OECD公约》共由当时全部29个OECD成员国和5个非成员国（斯洛伐克共和国、智利、阿根廷、巴西、保加利亚）签订而成。截

① OECD Economic Outlook, Volume 2012/2, available at: http: //www. oecd. org/eco/economicoutlook. htm, last visited on January 17, 2013.

至2013年，其他6个国家——斯洛文尼亚、爱沙尼亚、南非、以色列、俄罗斯、哥伦比亚也先后加入了公约。由于这6个国家加入公约的时机和动机和第一代缔约国有所区别，因此笔者将他们标记为第二代缔约国。

OECD采用的主要手段是将加入公约作为批准加入OECD组织的准入条件。斯洛文尼亚是21世纪第一个加入公约的新成员。其于2000年向OECD反贿赂小组提交了申请，于2001年加入公约，并于2010年成为OECD的正式成员。爱沙尼亚是第二个新成员。其2004年加入公约，并于2010年加入OECD。南非于2007年加入该公约。以色列于2008年正式提交申请，并于2009年加入公约，2010年加入OECD。俄罗斯于2009年提交申请，并于2012年加入公约，2013年加入OECD。哥伦比亚于2011年递交申请，并于2013年正式成为公约成员国。[①]

由于第二代缔约国中的大多数国家来自欧盟或美洲国家组织，这两个地区联盟都已经有了自己的反跨国商业贿赂公约，且这些国家与第一代缔约国有着密切的政治依存关系和经济依存关系。因此相对第二代缔约国而言，第一代缔约国拥有足够的实力将反跨国商业贿赂条款推广到这些国家。正因为如此，第一代和第二代缔约国都主要由传统公约国家以及其他欧盟成员、美洲国家组织成员组成。然而对于那些和既有成员国在政治和经济上联系相对疏远和独立的国家，尤其是新兴亚洲经济实体，OECD反贿赂小组主要采用的方法是加强和他们在该领域的合作和联系。

2. OECD为加强与非成员国联系而做出的努力

OECD反贿赂工作小组始终积极地和非缔约国保持联系，以试图将其反腐败标准推广到一个更大的平台上。2007年5月，当OECD理事会开始和俄罗斯等5个国家谈判他们加入OECD组织的事项之时，其组建了一个“增进交流”的项目，以其和中国、印度、印度尼西亚、南非、巴西等国加强交流，并寻求适当的时机将这些国家吸纳进公约。[②]

---

① 有关第二代缔约国加入公约的详细情况参见 OECD Country Phase - 1 Reports，http：//www. oecd. org/daf/anti-bribery/countryreportsontheimplementationoftheoecdanti-briberyconvention. htm，last visited on January 17，2014；For a review of OECD members and Partners 参见 OECD，Members and Partners，available at：http：//www. oecd. org/about/membersandpartners/，last visited on May 29，2013。

② OECD，“Working Group on Bribery：2010 Annual Report”（OECD Paris，2011），http：//www. oecd. org/dataoecd/47/39/47637707. pdf ，last visited on Apr. 5，2012.

由于和这些国家之间的经济政治依存性相对较弱，传统的通过欧盟或美洲国家组织的集体压力推广反贿赂条款的方法并不可行。然而，由于全球经济一体化的加速，缔约国和非缔约国常常都处在同一个巨大的国际网络之中。随着越来越多的国际组织开始展开反腐败联合行动，全球反腐败合作的深度和广度都得以扩大。这使既有缔约国通过各种国际场合（如G20、UN、WTO）对非缔约国施加“软压力”成为可能。

这种软压力的一个典型案例便是G20。G20是全球经济合作的一个主要平台。其由欧盟和其他19个国家组成。这其中，16个国家是OECD组织的成员和公约的缔约国。因此他们可以也有能力通过G20的平台来向非缔约国“推销”公约精神。2010年，G20出台了一项“反腐败行动计划”（Anti-Corruption Action Plan），要求所有G20成员国采取适当的措施打击跨国商业贿赂问题，并和OECD反贿赂小组保持密切联系。[①] 这个计划的一个直接后果便是2011年我国《刑法修正案（八）》中新增了“对外国公职人员、国际公共组织官员行贿罪”罪名，禁止了跨国商业贿赂行为。至此中国的法律体系也将跨国商业贿赂视为一项可以追究刑事责任的行为，正式与国际接轨。

（二）“后公约时期”：缔约国的大国政治和非缔约国的理性选择

2000年以后反跨国商业贿赂联盟的扩张更像是OECD平台之上的第一代缔约国强大的政治影响力和经济影响力的结果。在第一代缔约国缔结了公约之后，其和政府间组织、非政府组织、世界金融组织等密切联系，形成了一个巨大的国际反腐败网络，从意识形态上和物质利益上双向地挤压着异见者的生存空间。一方面，他们通过道德劝说的方式不断传播跨国商业贿赂的道德和法律双方面的可谴责性，加强全球反商业贿赂合作的意义已经在全世界范围内达成了共识。另一方面，公约的既有缔约国，和政府间组织、非政府组织、国际金融组织等结合起来，在国际经济事务中拥有很大的影响力，轻而易举地改变非缔约国的利益结构，从而向非缔约国“推销”公约的反贿赂准则。尽管目前还有相当数量的国家仍然不受公约管辖，但我们有理由相信公约的覆盖范围在不久的将来还会持续扩张。

同时，对于非缔约国而言，他们加入公约或者说接受公约标准并非出

---

① G20 Anti-Corruption Action Plan, http://www.oecd.org/g20/topics/anti-corruption/G20_Anti-Corruption_Action_Plan.pdf, last visited on January 17, 2014.

自国内的需求，而是他们在国际舞台上与其他成员对话所必须遵循的准则。通常而言，这些国家尚未能够有效地控制国内腐败，他们对跨国商业贿赂的破坏性效应的直观感受并不如这些已经有效控制国内腐败且在国际市场中活跃了一个多世纪的传统工业国家那般强烈。他们接受公约标准更像是纯粹的外交考虑的结果。和 1977 年在美国本土自主产生的《反海外贿赂法》，以及 1997 年这种美国诱导、其他工业国参与而促成的《OECD 公约》相比较，21 世纪初以后反跨国商业贿赂规制合作圈的扩张主要是外力所致。本质上说，理性选择理论已足以有效地诠释这一阶段的体制化发展情形。

四 跨国商业贿赂规制的制度演进："路径依赖" 锁定的理性选择

前文已经勾勒出了跨国商业贿赂规制的全球行动核心制度在三个历史阶段的发展情况。总体上说，该制度化进程的驱动力可以概括为三种模式。其一，内因生成模式。该模式主要用以描述 20 世纪 70 年代，美国在毫无历史经验可循，亦无外力干涉的情况下制定《反海外贿赂法》的动态过程。其二，外部诱导模式。该模式主要用以描述 20 世纪 90 年代，在美国的大力推动、其他国家的联合参与之下，在 OECD 的平台之上缔结《OECD 公约》的动态过程。其三，外部主导模式。该模式主要用以描述 21 世纪以来的"后公约时期"，公约的既有缔约国通过 OECD 这个平台运用其政治影响力和经济影响力将公约的精神和部分条款进一步推广到其他国家的动态过程。和其他类型化分析相似，本节的分类方法亦存在不精确之处。例如，部分时间上隶属于第一代缔约国的国家参与缔结公约的行为，可能完全是出于外交考量的结果。但整体上而言，我们可以大致用内生型、外生型以及它们的中间状态来标记这三个阶段的制度建设的主要动力。

现在我们是时候着手处理本节的中心问题：主宰《反海外贿赂法》产生到"后公约时期"发展这整个制度化动态过程的基本原理是什么？是国家在特定时期的主动选择，还是历史发展的必然结果？

如开篇所言，本节回顾整个制度化动态演进过程的目的并非为了讲述一个关于各缔约国如何参与跨国商业贿赂规制全球行动的故事，而在于寻求一种新的诠释方法，一种使我们不仅立足眼前理解世界各国（包括中国）参与立法的社会动力，还可以用一种累进式的姿态理解下一阶段的主题——公约在全球的执行效果，甚至涉及各国规制国内腐败的效果。目前西方学界立足于理性选择理论的标准化解释方法，通过定义国家行为逻辑的方式来推测各国加入该跨国商业贿赂规制全球行动的真实动机，也沿用这种办法来解释现阶段各国执行公约的情况。前文中笔者已经指出了这种标准化解释方法的功能局限性。然而由于这种解释逻辑已经植根于一些学者、实务工作者和普通公众的思维方式之中，我们不能轻易将其推翻，而必须更深入地洞察这种解释方法表象下的基本逻辑在解释本节主题上的结构性缺陷。因此，下文笔者拟萃取本节论题背后深层的基本原理，并将其和标准化的以单个国家为本位的理性选择理论方法做一个对照分析。

（一）“制度路径依赖”和本节主题的相关性

三个阶段制度发展的历史故事已经表明，跨国商业贿赂规制全球联盟的制度演进过程不仅仅是主权国家自由意志和逐利属性的结果，更是其自由意志和逐利属性受到既定的社会制度和其先行行为限制的结果，其呈现的是一个“制度路径依赖”的过程。

“路径依赖”意味着“历史是相关的”，如 Page 教授所言，其强调的是“目前和未来的状态、行动和决定取决于先前的状态、行动和决定的路径”。[①] 就本节主题而言，其着重强调社会业已建立的价值体系（如对一般腐败行为的谴责）和社会政治结构（如美国国会和政府的关系），以及美国和欧洲国家、国际组织等国际关系等因素决定着它们互动的模式，重塑着它们的利益期待，在这个过程中既有社会制度得以发展（如对一般腐败的谴责发展为对跨国商业贿赂的谴责），并逐渐驱动着正式制度的产生（如《反海外贿赂法》和《OECD 公约》的立法决策）。其强调一个社会的既有制度设定会产生一种惯性的力量，从而将任何新的制度安排锁定在一个既定的范畴和轨迹之中。如果说理性选择理论演示了具有自由意志的行为主体是如何在特定信息环境下寻求利益最大化的基本逻辑，本节旨在强调行为主体在特定信息环境下寻求利益最大化的自由意志被锁定在由既有体制所决定的轨道之中，从而产生出偏离各主体利益最大化的结果。[②] 和

① Scott E. Page, “Path Dependence”, *Quarterly Journal of Political Science*, 2006, (1): 87 – 115 at 88.

② Douglass C. North, *Institutions*, *Institutional Change*, *and Economic Performance* (Cambridge: Cambridge University Press, 1990).

理性选择理论通过定义主体的行为逻辑来研究其决策不同，本节强调制度变迁的“历史性”，主张整个制度发展的过程不是由行为主体的自由意志决定的，而是在一个行为主体的自由意志始终受限的历史背景下产生的。

（二）驱动各阶段制度发展的关键变量

在“路径依赖”的原理主宰着整个过程中不同主体之间互动的基本轨迹时，另一系列社会变量则决定着每一个具体阶段各主体互动的内容和原理。下面将简单分析这些变量是如何在整个制度化进程的每个具体阶段扮演其自身的角色的。

1. 公开讨论的“启动器”

任何一场关于规制跨国商业贿赂的正式讨论的逻辑起点便是，某件事或某个人将该议题带到立法机关的谈判桌上。这个过程可以独立于任何政治力量的刻意安排而发生，例如在美国，是“水门事件”和其后的证券交易委员会披露项目将跨国商业贿赂的法律地位问题带入了大众视野和官方讨论；这个过程也可以是特定政治力量的刻意安排，例如20世纪90年代各主要工业国之间关于是否需要建立公约的讨论便是由美国政府牵头发起的。而“后公约时期”的故事则更加直截了当。OECD反贿赂工作小组主动地发起了一场场和非缔约国就立法禁止跨国商业贿赂问题的谈判。上文中我们对“内因生成”“外部诱导”“外部主导”三种立法模式的分类，就是以该“启动器”的属性为标准的。

无论故事如何开局，一旦该议题进入公众讨论的范围，其便被锁进了一个由该社区现有社会制度所决定的轨迹之中。就跨国商业贿赂的法律地位而言，一旦进入公众视野，其自然意义上的不道德性和不法性便不证自明。这个观念在各利益集团和政府机构探讨是否要立法禁止跨国商业贿赂的过程中得到不断强化和巩固。结果跨国商业贿赂的非道德性从社会的一项隐性价值逐渐演变为一项显性价值。同样的故事也发生在公约的缔结过程之中。20世纪90年代，美国积极安排了一场有关是否应建立跨国商业贿赂联合行动的讨论。尽管一开始关于跨国商业贿赂的“恶”在全球范围内尚未得到普遍认可，但人类历史上对一般腐败行为的憎恶，以及全球化、全球利益这些概念的不断普及，跨国商业贿赂的“恶”注定将从美国的单边价值转化为一个全世界的公共价值。

2. 异质的利益诉求和法律的调和功能

一场关于是否需要立法禁止跨国商业贿赂的讨论一旦正式开启，所有利益相关者都将产生各自的利益诉求并将力图最大程度地实现该利益诉求。这时便产生了将这些不同政治力量的利益诉求协调到一个平衡点的必要性。

如前所述，《反海外贿赂法》的产生和《OECD 公约》的建立的过程中一个重要的步骤便是将各利益关联方的诉求协调到一个大家都可以接受的平衡点。这种协调功能使本节的论点与传统理性选择解释方法的中心论点明确区分开来。传统的理性选择解释方法将国家拟人化，并推定一个社会范围之内所存在的各种利益诉求在该社会范围内拥有各自的固定值，国家主体或国际组织可以通过数学公式的加减运作来平衡这些互相冲突的利益，从而计算出一个最佳方案，其强调的是“利益折抵”。而本节则强调在不同的利益主体眼中，不同的利益主张拥有不同的价值。例如，在《反海外贿赂法》的产生过程中，跨国商业贿赂的道德可责性在代表投资者的证券交易委员会的眼里和在代表普通公众的国会眼里是不同的。正因为如此，协调者（如美国立法者或 OECD）客观上不能通过折抵这些利益诉求的方式来计算出最佳方案，而必须通过鼓励各方谈判、妥协的方式来协调各个相互冲突的利益诉求，其强调的是“利益协调”。当然笔者在这里并非要否定在这个过程中折抵冲突利益的做法的存在。事实上，冲突利益的平衡折抵恰恰很好地说明了“后公约时期”的体制化过程。笔者的本意旨在说明折抵冲突利益的适用性是附条件的。其仅仅适用于利益结构相对简单，以及协调者对整个过程具有主导权的过程。因此，利益折抵冲突说仅仅适用于整个体制化过程中非主流、非重点的部分。

此外，相比“利益折抵说”而言，“利益协调说”能够更好地解释各政治主体连续博弈的长篇故事。本质上，理性选择的可适用性局限于一个既定的信息环境。在可得的信息和各主体将自身利益最大化的愿望为常数的情况下，每个主体针对特定事项的最佳决策是唯一的、确定的。然而在一个连续博弈的长篇故事之中，各主体可得的信息在不断改变，其利益结构也随之发生着变化。尽管各主体将自身利益最大化的愿望是连续的，但他们在各博弈周期内的最佳决策却是非连续的。因此，各主体利益诉求的最佳平衡点处在不断变化之中。一个典型的例子便是公约的谈判。美国和欧洲国家在 20 世纪 70 年代和 20 世纪 80 年代的谈判先后宣告失败。失败的主要原因便在于当时欧洲国家的利益诉求和美国的利益诉求完全无法协调一致。而在 20 世纪 90 年代以后，新的经济目标、国内舆论风向使跨国商业贿赂的“恶”作为一种价值观在欧洲逐渐普及，改变了他们的信息环境，重塑了他们在每一场谈判中的最佳决策。相应的，欧洲国家就建立跨国商业贿赂规制联合行动议题上的立场不断改变，逐渐向美国立场靠拢。

3. 法律的指引功能及其道德边界

此外，法律的指引功能界定了立法活动的道德边界。法律作为最重要的一种社会制度，一定程度上承担着界定和鼓励道德正确行为的责任。因此，立法活动必须严格坚守道德正确性的底线，绝不能明示地或默示地鼓励不容于社会既有价值观的行为。所有协调和体现各方利益诉求的立法方案必须经得起这个道德底线的检验。在必要的情况下，立法活动将牺牲各方利益诉求的最佳平衡方案以保证其道德正确性。

此刻我们已经清楚一点，全球反跨国商业贿赂联盟的制度化进程，从《反海外贿赂法》的产生到“后公约时期”的制度发展，是在既有体制和法律自身价值的框架之下产生的。在这个逻辑过程之中，即便各自利性政治力量严格遵循理性选择原则，在一个不断发展进化的信息背景下连续博弈，可能产生看似利他性的结果。传统的理性选择理论完全忽略了各参与谈判的政治力量利益诉求的异质性，以及各主体决策的信息环境的变化性，因此不能充分地解释全球反跨国商业贿赂联盟的体制化的动态进程。

结 语

本节从国际层面介绍了全球跨国商业贿赂规制制度的起源、发展及其背后的社会动力，在这个过程中也对西方学界普遍的学术观点做了批判性的评议。本节认为西方学界普遍存在的、建立在政治现实主义和理性选择理论基础上的“价值驱动说”和“利益驱动说”，因其结构简单而便于人们理解相关立法的性质和价值，但却失之精确，既不能充分诠释制度化动态过程，也不能服务于下一阶段的新的学术目的。事实上，如果我们不密切关注具体历史背景下各政治力量的铰接式互动关系，便不可能真正理解全球反跨国商业贿赂联盟的制度化起源和演进的动态过程。

我们的集体社会生活具有路径依赖和进化发展的特征，我们的学术研究亦是如此。因此，我们有必要不断地将我们的思维方式从非历史的、静态的、立足于特定信息环境的经济研究方法中解放出来，从而能够以一种渐进的方式理解全球反跨国商业贿赂联盟在相继的阶段上的发展变化情况，给予这个处于进化发展中的历史事件准确的、连续的解释。在宏观层面，是社会历史背景的继承性和发展性，而非国家主体的永恒不变的利益最大化行为模式，为我们对全球反跨国商业贿赂联盟在不同阶段上的认知和研究提供一个更好的连接点。

（北京大学国际关系学院助理教授　刘莲莲）

第四节

美国《反海外腐败法》适用案例分析

一 引言

贿赂犯罪是近年来我国立法机关与司法机关的重点惩治对象。从近年来曝光的重大贿赂犯罪案件来看，如法国的赛诺菲公司、英国的阿斯利康公司和葛兰素史克公司、比利时的优时比公司等医药企业在华贿赂案，预防贿赂犯罪的重点应在于预防法人贿赂犯罪。与个人贿赂犯罪相比，法人贿赂犯罪具有范围广、时间长、隐蔽性高等特点。我们目前尚无专门的反腐或者打击贿赂的立法，在如何有效预防与惩治法人贿赂犯罪方面，缺少全局性的思路，过于注重权力机关的职能，而且拘囿于传统刑法理论的束缚。这也是刑事制裁难以对法人贿赂行为形成有效威慑的原因之一。因此，在预防法人贿赂犯罪方面，我们需要改变思路，站在政策的高度重新思考。

美国的《反海外腐败法》（Foreign Corrupt Practices Act，FCPA）（也有译为《反海外贿赂法》）与英国的 2010 年《贿赂罪法》（Bribery Act 2010）被誉为史上最严厉的处罚法人贿赂犯罪的立法。“法律的生命在于实施”。因此，我们不能仅从静态的规定，而应该从动态的过程，来判断这两部法律是不是最严厉的，是否能够对法人形成有力的威慑。虽然《贿赂罪法》因为实施时间较短，目前难以对其实施效果与特点进行评估，但是《反海外腐败法》已经实施三十余年，累积了大量的案例。从这些案例中，我们可以总结出执法的特点，以及可以供我们借鉴的经验。

二 《反海外腐败法》的立法背景与内容

制定于 1977 年的《反海外腐败法》的目的主要在于限制美国公司和

个人贿赂国外政府官员的行为，并对在美国上市的公司的财会制度作出相关规定。[①] 在 FCPA 制定之前，对美国公司的对外行贿行为，国内也有相关法律规定，最典型的有：1934 年《美国证券交易法》（Securities Exchange Act of 1934）规定上市公司要对投资者负责，不能利用贿赂政府官员的行为，提高业绩，误导投资者；《邮政电信反欺诈法》（Mail and Wire Fraud Acts）规定禁止使用邮政、州际、国际长途电信等手段进行行贿等不法行为；《国内税收法》（Internal revenue Code）禁止公司报税时从会计账目中扣减对外国官方的非法支付；《虚假陈述法》（False Statements Act）对向美国官方或官方代理人作出虚假陈述的任何自然人和公司处以刑事处罚。

1977 年，震惊中外的"水门事件"发生后，美国高官和大企业主管这些传统上受人尊重的上层阶层的诚信度遭到社会质疑。社会要求加强对政府官员和大企业行为的监督。传媒界借机掀起揭开黑幕运动。各种官方调查也随之展开。根据证券交易委员会 1977 年的报告，400 多家公司在海外存在非法的或有问题的交易。这些公司承认，自己曾经向外国政府官员、政客和政治团体支付了高达 30 亿美元的巨款。款项用途从行贿高官以达到非法目的到支付以保证基本办公的所谓"方便费用"不一。这种严重情况引起美国民众的担心。同年，美国国会以绝对优势通过 FCPA，旨在遏止对外国官僚行贿的行为，重建公众对美国商业系统的信心。

正是在这样的历史背景下，FCPA 作为第一部完全针对美国本国公司向海外政府机构的贿赂行为的法律得以颁布。迄今为止，《反海外腐败法》已经历经 1988 年、1994 年、1998 年三次修改。[②] 1988 年修正案为修改幅度最大的。当时，美国实施 FCPA 后，美国公司难以继续贿赂海外政府官员。这种情况的一个必然结果就是美国公司在海外市场上处于竞争劣势，尤其是对于那些可以把行贿计入商业成本取得税收利益的公司而言，后果

---

① 关于《反海外腐败法》的详细内容，参见卢建平、张旭辉编著《美国〈反海外腐败法〉解读》，中国方正出版社，2007；Criminal Division of the U. S. DOJ and the Enforcement Division of the U. S. SEC（2013），*A Resource Guide to the U. S. Foreign Corrupt Practices Act*。

② 关于《反海外腐败法》以及历次修正案的内容，参见美国证券监理委员会官方网站：http：//www. sec. gov/spotlight/fcpa. shtml. last visited on August 26，2015。

更甚。针对这种情况，美国一方面寻求国际支持，希望将 FCPA 国际化；另一方面，也在立法上进行了一些调整，以令法律更加适应国际市场的情况。

1988 年修正案正体现了这些要求。该修正案正式要求美国总统采取行动，促成其他国家出台与 FCPA 类似的法律，并扩大该法的适用对象范围。同时，该修正案排除了一些所谓的“润滑费”的非法性（所谓“润滑费”就是用以促进外国政府机构加快履行日常政府活动的小额支出）。除此之外，修正案还规定，如果行贿行为在行贿地被认为合法，那么这一点可以构成对违反 FCPA 指控的积极抗辩。所谓积极抗辩，是指具有实质内容的抗辩理由，而不是仅仅反驳指控。1988 年后，美国继续致力于将 FCPA 的范围扩大，加强国际影响。虽然 1994 年修正案只调整了法律的个别词语，但 1998 年修正案却将 FCPA 的管辖范围进一步扩大，将外国企业或自然人在美国境内实施的、违反 FCPA 的行为也列入该法管辖范围。

《反海外腐败法》主要包括两部分内容：处罚贿赂行为的规定与处罚违反会计准则的规定。根据该法的规定，向外国政府官员行贿以取得或者保留某种业务的行为属违法，构成这一违法行为的积极要件包括以下几点。

（1）主体要件。《反海外腐败法》可能适用于任何个人、公司、官员、董事、雇员、企业代理人或者任何代表公司行事的股东。如果个人或公司命令、授权或协助他人违反相关贿赂条款，该个人或公司将受到惩罚。美国在界定向外国官员行贿行为的司法管辖权时，取决于该违法者是发行人（是一个在美国注册或者需定期向 SEC 提交报告的法人）、国内利益相关者、外国自然人还是外国公司。其中，国内利益相关者，指美国公民、美国国民或者定居在美国的自然人，或者任何依美国法律成立、主营地设在美国的总公司、合伙制公司、协会、联合股份公司、信托、未合并组织或独资企业。

发行人和国内利益相关者依照属地管辖原则或者属人管辖原则，可由《反海外腐败法》追究责任。对于发生在美国境内的行为，如果发行人和国内利益相关者以美国邮件或者其他方式邮寄、转移向外国官员支付的贿赂，该发行人或国内利益相关者要对此行为负责。转移手段或方式包括电话、传真、有线支付或者州际、国际旅行支付。此外，发行人和国内利益相关者也可能对在美国境外发生的行贿受贿行为负责。因此，美国公司或自然人可能对经授权在海外的员工或代理人用国外银行账户进行的行贿行为负责，哪怕并没有在美国境内的人员参与该行为。

最后，如果海外子公司被授权、指示或者控制而从事的活动引起争议，美国的母公司可能承担法律责任。同样，如果被海外子公司雇佣或者代表海外子公司行事，美国的公民、居民、国内利益相关者也可能承担法律责任。

（2）主观要件。即行为人在支付或者授权支付贿赂之际在主观上存在行贿故意，该支付必须企图导致受贿人为行贿人或其他任何人滥用职权、谋取利益。但是，《反海外腐败法》并不要求行贿行为的目的得逞，提供或者承诺行贿即构成违法行为。《海外反腐败法》禁止任何行贿企图，无论是打算利用外国官员的官方身份影响行为或决定、促使官员做或不做任何违反其法定义务的行为、获取不正当利益，还是诱导外国官员利用其影响力来影响任何行为或决定。同时，行为人在主观上应存在为帮助企业获取或者保留、指导某项业务的目的。“获取或保留业务”是司法部的广义概括，不仅仅指奖励、获得或者延长某项合约。应当指出的是，这一业务本身并不需要得到外国政府或外国政府部门的许可才能获得或保留。

（3）客观要件。即实施了支付、提供、承诺支付或授权第三方支付或提供金钱或任何有价值的事物的行为。应该指出的是，《反海外腐败法》禁止通过中介机构行贿。在知道全部或部分款项将直接或间接地支付给外国官员的情况下，付款给第三方的行为非法。“知道”包括故意无视或者蓄意漠视。

构成《反海外腐败法》规定的贿赂行为的消极要件包括：①该行为在外国是由成文法律规定为合法的；②该行为的产生，是为了宣传展示产品或者为了履行与该外国政府之间的合同；③为加速“日常政府行为”而支付的“方便费用”的行为包括：取得许可、执照或其他官方证件；处理政府文件，如签证和工作通知单；提供警察保护；邮件接送；与履行合同有关的列表检查、电信服务；水电服务；装卸货物；保鲜；越境运输等。

《反海外腐败法》对贿赂行为不但规定了刑事处罚，而且规定了民事处罚；不但规定了财产刑，而且规定了资格刑。根据该法的规定，对实施贿赂行为者，可处以最高 200 万美元的刑事罚金；自然人则会被处以最高 10 万美元刑事罚金和 5 年以下监禁。[①] 而且，根据选择性罚款法的规定，刑事罚金的数额可能会高出更多。实际罚金可能会是通过行贿所获得利益的两倍。虽然只有司法部（Department of Justice，DOJ）可以对涉事企业与个人提出刑事追诉，但是司法部与美国证券交易委员会（Securities and Exchange Commission，SEC）都有权进行民事制裁。对于实施贿赂行为的公司、商业组织以及个人，每一项违法行为的最高罚金为 1.6 万美元。[②]

此外，受损害的个人也可以根据《不正当敛财及不正当犯罪组织法》，或者其他联邦和州的法律，对违法者提起民事诉讼。因为违法者的非法行为而丧失了交易机会的竞争对手，可以提起民事诉讼。而且，违法者可能面临禁止参与与联邦的交易活动、剥夺出口权、禁止进行股票交易等处罚。

三 《反海外腐败法》的适用案例与经验

（一）近年案例的简要分析

自《反海外腐败法》制定以来，DOJ 和 SEC 已经处理了数以百计的案件。为了总结《反海外腐败法》近年的实施特点与效果，这里选取 SEC 公布的 2011 年迄今处理完毕（包括达成处理协议、决定不起诉或者缓起诉等各种情形）的 32 个案件进行分析。[③]

在这 32 个案件中，共涉及 36 名违法行为人，包括 28 个商业组织与 8 名自然人。案件所涉的贿赂行为实施地，既包括英国、法国、意大利、德国等西方发达国家，也包括尼日利亚、泰国、印度尼西亚等发展中国家。尤其应当指出的是，在这 32 个案件中，有 9 个案件的实施地包括中国。贿

① 对于违反会计准则的公司与其他商业组织，最高可处以 2500 万美元的刑事罚金；对个人，最高可处以 500 万美元的刑事罚金与 20 年以下监禁。

② 对于违反会计准则者，SEC 处以民事制裁的最高额为：（1）因违法行为所获得收益；（2）具体的数额限制。后者确定的基础是违法行为的严重性，对于个人在 7500 美元至 15 万美元之间；对于商业组织在 7.5 万美元至 72.5 万美元之间。

③ The Enforcement Division of the U. S. SEC, *Summaries of FCPA Cases*, available at https: //www. sec. gov/spotlight/fcpa/fcpa-cases. shtml. last visite on Jaunary 17, 2015.

赂行为的持续时间，在 1 年以下的案件有 8 个，在 1 年以上 5 年以下的案件有 15 个，在 5 年以上的案件有 9 个，最长的达 20 年。

在这 32 个案件中，行为人自我向 SEC 披露违法行为的有 9 个，承认指控的有 13 个，既不承认也不否认但自愿接受 SEC 处罚的有 10 个。在与 SEC 达成处理协议的同时，与 DOJ 达成刑事协议的案件有 12 个，其中，行为人缓起诉或者不起诉案件有 4 个。

在处理完毕的案件中，所有的违法行为人当然都被命令交出非法所得，并支付审判前非法所得可能产生的利息。但是，违法行为人被处以民事罚金的案件只有 14 个，其中，数额在 100 万美元以下的有 5 个案件，在 100 万至 1000 万美元之间的有 8 个，在 1000 万美元以上的只有一个，为 1.45 亿美元。

尤其应该指出的是，在这 32 个案件中，几乎所有的组织行为人都被要求与 SEC 就合规计划（FCPA Compliance Programs）进行合作，在一定的期间内向 SEC 报告合规计划的实施情况，甚至被要求任命独立的合规计划顾问或者监督员审查其向 SEC 提交的合规计划实施报告。

从上述分析来看，《反海外腐败法》至少在如下几个方面是成功的。

第一，剥夺犯罪收益。在 SEC 所处理的案件中，所有的违法行为人不但交出了犯罪收益，而且必须要支付从取得日期到审理日期之间的利息。在与 SEC 合作不充分的场合大多还被处以民事罚金。同时，还要面临刑事罚金。这些损失加起来，远远超过犯罪收益。

第二，降低执法成本。在 SEC 近年所处理的 32 个案件中，自我披露违法行为的有 9 个案件，占 28%，承认指控的有 13 个案件，占 41%，既不承认也不否认但自愿接受处罚（这其实是变相承认指控）的有 10 个，占 31%，后两者加起来高达 72%。由于 SEC 所调查的案件都是在国外发生的违法行为，违法范围广，时间跨度长，在调查之际，不但面临着管辖权冲突与程序障碍，而且要投入大量的人力物力。违法行为人自愿披露案件，或者通过内部调查之后，向 SEC 汇报事实、提供内部资料，这使得 SEC 的调查投入与难度都大大下降。同时，违法行为人承认指控，或者自愿接受 SEC 的处罚，在法院审查阶段，由于不存在争议，也减少了司法成本。

第三，矫正违法行为。如上所述，几乎所有的企业行为人都被要求与 SEC 就合规计划进行合作，在一定的期间内向 SEC 报告合规计划的实施情况，这其实是一种持续性的矫正行为，并且在内部控制缺失或者严重不充分的场合，要求当事企业任命独立的顾问或者监督员审查其向 SEC 提交的报告。这在实质上，是对违法企业的持续矫正。从近 10 年来的案例来看，几乎没有被 SEC 重复处罚的违法企业。

（二）经验分析

从案件处理情况来看，《反海外腐败法》的立法与实践在如下几方面有着比较好的经验。

民事制裁与刑事处罚共存，即对于同一违法行为，民事制裁与刑事处罚并不互相排斥，不同的执法机关可以同时采取行动。这也是我们在许多案件中看到，违法行为人就同一违法行为，同时要向数个执法机关缴纳罚金的原因所在。例如在 2013 年的 Weatherford International 行贿案中，该公司与 SEC 达成协议，向 SEC 缴纳包括近 200 万美元罚金在内的 6561.2 万美元，向美国司法部支付 8700 万美元刑事罚金，并且向其他三个部门支付 1 亿美元的罚金。这样做的可取之处在于：提高处罚概率、增加违法成本、扩大知情范围、加强执法监督。

法人处罚与个人责任独立。传统上，刑法都是针对自然人规定的。直到 18 世纪，才随着工业革命的展开，将法人纳入了处罚的范围。在 20 世纪 90 年代之前，无论是英美国家还是大陆国家都以自然人刑事责任为基础，来追究法人的刑事责任。在 20 世纪 90 年代之后，随着澳大利亚、英国等国家在刑法中规定了组织责任论，个人责任与法人责任开始逐步分离。这种分离不但体现在法人责任不再以个人责任为基础，而且体现在二者的判断基础是不同的，可以通过独立的程序追究。在 SEC 处理的案件中我们也可以看到这种情况。例如，在 2012 年的 Mark A. Jackson，Noble，James J. Ruehlen，Noble 与 Thomas F. O'Rourke Noble 中，这三名被告人所在 Noble 石油公司已经与 SEC 达成协议，以 800 万美元的代价，结束刑事与民事调查。

外部制裁与内部控制并重。如上所述，《反海外腐败法》被誉为史上最严厉的反腐立法之一。但是，该法既有严厉的一面，也有宽容的一面，体现在其加强外部制裁的同时，注重提高企业的内部控制。一方面，在上述 32 个案件中，违法行为人被处以民事罚金的案件只有 14 个，而其他案件，都是因为自我披露违法事实、在 SEC 调查之际积极合作，而没有被处以民事罚金；另一方面，我们也看到，在几乎所有的案件中，SEC 都会指出内部控制的重要性，通过要求当事企业在一定的期间内向 SEC 报告合规计划的实施情况，或者任命独立的合规计划顾问或者监督员审查其向 SEC 提交的合规计划实施报告，督促当事企业加强内部控制。

四　《反海外腐败法》的理论问题与反思

（一）理论问题

从法学理论与我国惩治法人腐败犯罪的实践而言，SEC 处理的案件给我们提出了如下几个问题。

是否违反禁止双重危险的原则？在上述 SEC 处理的案件中，不但民事制裁与刑事处罚共存，而且不同的行政机关，也可以同时对同一行为进行处罚，所以在这里可能提出的一个问题是：是否违反了禁止双重危险的原则？禁止双重危险的基本含义是一个人不能因同一行为或同一罪名受到两次或多次审判或处罚。禁止双重危险的原则主要适用于刑事诉讼，就对同一行为同时进行民事、行政以及刑事制裁是否违反该原则的问题，从国家权力行使的统一性而言，确实有不妥当之处。但是，从违法多元性而言，对同一行为施以多种不同性质的制裁不应为法律所禁止。其实，在中国也存在这种现象，比如司法机关在对违法企业进行刑事制裁的同时，行政机关吊销其营业执照或者生产经营许可证。

二元体系是否可行？如上所述，SEC 处理的案件，体现出了法人责任—个人责任二元体系的趋势，那么，这种体系是否可行？从责任主义的角度出发，仅仅根据企业自身预防违法行为、内部控制的努力，以及企业的经营活动与组织管理是否符合法律规定来认定企业的责任，当然是存在问题的，因为责任主义强调的就是行为人的主观认识；但是从刑事政策的角度出发，二元体系是可行的。一方面，对个人责任的追究依然遵循传统刑法原则，以个人的故意、过失，以及客观行为为基础；另一方面，以企业本身预防违法行为的努力以及经营组织活动为基础追究其责任，能够降低证明的难度、提高认定的概率，从政策的角度而言是完全有益的。将二者分开处理，恰恰能够减少法人处罚与传统法学理论的冲突。

企业意愿应否考虑？从国家的角度而言，发现企业犯罪的途径主要有两个，一是通过偶然的事故，二是通过日常检查。但是，被动地等待事故发生显然不是明智之举，因为国家惩罚企业犯罪的目的并不在于处罚，而在于通过处罚预防企业犯罪，减少社会危害，而事故的发生就意味着危害已经实际产生；通过日常检查发现企业犯罪意味着从潜在的犯罪嫌疑人手中获取证据，而且日常检查通常是在与企业进行必要的联系之后才进行，通过此方法发现企业犯罪的难度之大可想而知。所以，对于预防企业犯罪、减少社会危害而言，企业本身的预防意志必不可少。而且如上所述，企业合作也是减少执法成本、降低执法难度的重要途径。

企业意愿是否现实？从 SEC 处理的案件来看，企业意愿是现实的：在 32 个案件中，自我披露违法行为的有 9 个案件，占 28%，承认指控的有 13 个案件，占 41%，这两个比例都是比较高的。企业愿意自我防范的原因也比较实际。从企业的角度而言，犯罪行为不但给社会带来危害，同样也给企业本身带来危害，例如 2001 年发生在美国的安然财务造假案中，不但众多投资者的利益受到损害，举世闻名的安然公司也成为历史；2008 年发生在我国的“三鹿”案中，在众多消费者的生命权、健康权受到侵害的同时，一个具有数十年历史的大型企业同样步入了末路。所以对于国家和企业而言，主动预防违法行为无疑是双赢的选择。此外，在现代社会，企业一旦被发现实施了违法行为，就可能面临严重的处罚，而企业合规计划，在保证企业严格按照法律规则开展业务的同时，能够让雇员相信依法行为，对于企业而言，对于企业的每一个雇员而言，都是有利的选择。① 而且如上所述，在许多国家，企业合规计划的有效实施，能够减轻甚至免除企业的处罚。

（二）理论反思

腐败犯罪是我国近年来刑事法治领域的重点问题之一，对单位贿赂犯罪也加大了处罚的力度。但是，从立法来看，我们主要是在扩大单位犯罪的范围与提高处罚的力度，在宏观理论上并没有做出实质性的改变。从《反海外腐败法》的实践来看，在打击单位贿赂犯罪的问题上，我们在如下几方面需要进行反思。

---

① David Axelrod, “Corporate Compliance Programs in the Aftermath of Sarbanes-Oxley,” *Program of the Ad Hoc Committee on Corporate Compliance*, ABA Business Section Spring Meeting, Los Angeles, CA Friday, April 4, 2003, pp. 2 - 3.

单位犯罪与传统理论。我们的传统刑法理论是不认同单位犯罪的，这也是在1987年《海关法》将单位规定为走私罪的犯罪主体之际，反对单位犯罪的观点还是占据主流的原因。的确，从严格的责任主义的立场出发，单位刑事责任是难以成立的，这或许也是德国尚未在刑法典中承认法人是犯罪主体，并不通过刑事诉讼程序追究法人责任的原因。从产生背景来看，组织责任主要是刑事政策选择与实证主义哲学的产物。[①] 因此，是否应该根据传统刑法理论来解释单位犯罪及其刑事责任，是我们现在应该思考的问题。

单位责任与个人责任。关于单位责任与个人责任的关系，现在尚没有明确的立法或者司法文件说明。但是，司法实践基本上将单位刑事责任的判断基础归结于个人刑事责任，以确定具体行为人的责任为追究单位刑事责任的前提，无论是双罚制还是单罚制中，都要处罚单位犯罪直接负责的主管人员或者其他直接责任人员。这里，有两个问题我们应该予以回答：其一，找不到具体负责的个人怎么办？其二，处罚个人能够改变整个单位的状况吗？或许，将法人责任与个人责任分开，建立一个法人—个人的二元理论体系，是一种明智的选择。当然，将法人责任与个人责任分开，也就意味着要改变二者的判断基础与认定过程。

预防腐败贿赂犯罪是谁的责任？如上所述，SEC在加强制裁涉事法人的同时，督促它们完善、提高自己的合规计划，并定期报告实施情况。这在一定意义上，是将预防腐败贿赂犯罪的责任向法人分散。与此同时，SEC与相关司法机关采取相应的措施，以确保这种责任分散是有意义的，例如，将法人自身的预防措施及其有效实施做出违法与责任判断的基础要素、规定并保证举报人的合法权益等。所以，这里我们也要问自己一个问题：预防腐败贿赂犯罪是谁的责任？国家机关当然不能置身事外，但是在社会情况日趋复杂、社会管理日渐困难的情况下，公众参与也是必不可少的。[②]

---

① Zhenjie Zhou, *Corporate Crime in China: History and Contemporary Debates* (London: Routledge Press, 2014), pp. 91 - 100.

② Manacorda, S. and Centonze, G. F., *Preventing Corporate Corruption* (New York: Springer, 2014).

在许多国家都扩大处罚范围的情况下，我们是否也应该有所回应？现在包括英国、美国、意大利、俄罗斯、澳大利亚在内的许多国家都在通过将法人责任客观化，加大对法人的处罚力度，并且逐步扩大管辖范围。[①] 例如，根据《反海外腐败法》，外国企业在美国上市，即使违法行为不在美国境内实施，SEC 也有管辖权。在上述 32 个案件中，有些公司并非在美国注册，贿赂行为也是由其分公司在美国境外实施，但是依然受到了 SEC 的调查与制裁。目前，走出国门的中国企业与走进国门的外国企业都越来越多，在这种情况下，我们是否也需要对国家的立法趋势有所回应？

五 结语

以美国的《反海外腐败法》为代表的许多国外立法，在惩治法人贿赂犯罪方面，体现出了法人责任客观化的倾向，即将法人责任的判断建立在法人是否尽职地采取了预防贿赂行为的措施、是否合理地履行了法律规定的相关义务；在预防贿赂犯罪方面，体现出分散预防责任的趋势，加重法人自我预防的责任；在管辖权方面，呈现出扩大化的趋势，将处罚的触角尽量延伸。[②] 在这些表层现象的背后，是从刑事政策而非传统刑法理论来解释法人责任，以及将法人责任与个人责任分开处理的尝试。

虽然我国刑法在总则中规定了单位刑事责任，但是从宏观上看，我们对如何预防法人贿赂犯罪尚无整体的思路，对于法人贿赂犯罪的跨国化、隐蔽性、长期化等特点并没有做出有针对性的回应，在法人贿赂犯罪处罚方面的规定也比较单一，对于国外已经长期采用，而且被证明是预防法人贿赂犯罪、提高法人经营能力的有效措施的法人缓刑制度、社区矫正、合规计划等具体实践并没有给予充分的注意。这些应该成为我们以后研究的重点。

---

① Zhenjie Zhou, *Corporate Crime in China: History and Contemporary Debates* (London: Routledge Press, 2014); Gruner, R. S., *Corporate Criminal Liability and Its Prevention* (New York: Law Journal Press, 2013).

② 参见周振杰《比较法视野中的单位犯罪》，中国人民公安大学出版社，2012，第 13 页。

附录一 美国证券交易委员会处理完毕的FCPA案件分析（2010～2015年）

	处理时间	违法行为人	犯罪行为与时间	犯罪行为地	是否自我披露	是否认罪	处理结果	其他
1	2015	BNY Mellon	2010～2011年，向高官家属提供有偿职位	中东国家	否	否	交出830万美元非法所得，支付150万美元审前利息，与500万美元罚金	被要求与SEC合作进行调查
2	2015	Garcia	2009～2013年，接受回扣	美国	否	是	交出8.5965万美元回扣，支付6430美元利息，被剥夺从业资格	
3	2015	Mead Johnson Nutrition Company	五年间持续行贿	中国	否	不承认，不否认	交出777万美元非法所得，支付126万美元审前利息，与300万美元罚金	
4	2015	BHP Billition	2008年，支付60位政府官员及其家属北京奥运会费用	中国	否	不承认，不否认	总共支付2500万美元	在一年内向SEC报告反腐合规计划情况
5	2015	FLIR System Inc.	支付环球旅游费用	中东国家	否	不承认，不否认	交出753.5万美元非法所得，支付97.0584万美元审前利息，与100万美元罚金	在2年内向SEC报告合规计划实施情况
6	2015	Goodyear Tire and Rubber Company	四年间在非洲国家大肆行贿	非洲	否	不承认，不否认	交出1412万美元非法所得，支付210万美元审前利息	在3年内向SEC汇报整改情况
7	2015	PBSJ	行贿	卡塔尔	是	是	交出303万美元非法所得，支付37.5万美元罚金	达成缓起诉协议，在2年内整改

续表

	处理时间	违法行为人	犯罪行为与时间	犯罪行为地	是否自我披露	是否认罪	处理结果	其他
8	2014	Avon	2004～2008年，以旅行、礼品以及娱乐等方式行贿	中国	是	是	交出非法所得5285万美元，支付1451万美元审前利息；缴纳6764.8万美元刑事罚金	在18个月内接受独立合规审查，及其后18个月报告合规计划情况
9	2014	Bruker	行贿	中国、捷克、美国、挪威、瑞典、法国、意大利、德国、瑞士	是	不承认，不否认	交出171万美元非法所得，支付31万美元审前利息，37.5万美元罚金	
10	2014	Two FLIR Employees	行贿	中东国家	否	不承认，不否认	分别支付5万美元与2万美元罚金	
11	2014	Bio-rad Labs	五年间持续行贿	俄罗斯、越南、泰国	否	否	支付4070万美元非法所得与审前利息，1435万美元刑事罚金	在2年内向SEC报告合规计划实施情况
12	2014	Layne Christiensen Company	2005～2010年行贿	非洲国家	是	是	交出389万美元非法所得，支付85.9万美元审前利息	在2年内向SEC汇报合规计划实施情况
13	2014	Smith and Wesson	2007～2010年行贿	巴基斯坦、印尼、土耳其、尼泊尔等国家	否	不承认，不否认	交出10万美元非法所得，支付2.1万美元审前利息，缴纳支付190万美元罚金	在2年内向SEC汇报合规计划实施情况
14	2014	Hewlett-Pachard	2000～2010年行贿	波兰、俄罗斯、墨西哥	否	否	交出2900万美元非法所得，支付500万美元审前利息，742万美元刑事罚金	

续表

	处理时间	违法行为人	犯罪行为与时间	犯罪行为地	是否自我披露	是否认罪	处理结果	其他
15	2014	Alcoa	1989～2009年行贿	巴林	否	否	交出1.75亿美元非法所得，支付2.09亿美元刑事罚金	
16	2013	ADM	2002～2008年	德国、乌克兰	否	是	交出3334万美元非法所得，支付312.5万美元审前利息	在3年内向SEC报告合规计划实施情况
17	2013	Weatherford International	2002～2011年，行贿	中东与非洲	否	是	向SEC交出6561.2万美元钱款，包括187.5万美元的罚金，向美国司法部支付8700万美元刑事罚金，向其他三个部门支付1亿美元	在18个月内接受合规监督，并在其后18个月内向SEC汇报合规计划实施情况
18	2013	Stryker Corporation	2006年，2007年	墨西哥、希腊、波兰	否	不承认，不否认	交出750万美元非法所得，支付228万美元审前利息，与350万美元罚金	
19	2013	Diebold	2005～2010年	中国、俄罗斯、印度尼西亚等国家	否	否	交出2290万美元非法所得以及利息，缴纳2520万美元刑事罚金	任命独立的合规监督员
20	2013	Total S. A.	1995年	伊朗	否	否	交出1.53亿美元非法所得，缴纳2.452亿美元罚金（缓起诉）	任命独立的合规顾问审查合规报告
21	2013	Ralph Lauren	2005～2009年	阿根廷	是	是	交出70万美元非法所得与利息，缴纳88.2万美元刑事罚金（不起诉）	

续表

	处理时间	违法行为人	犯罪行为与时间	犯罪行为地	是否自我披露	是否认罪	处理结果	其他
22	2013	Parker Drilling Company	2004 年	尼日利亚	否	否	交出 305 万美元非法所得，支付 104 万美元利息，缴纳 1176 万美元刑事罚金（缓起诉）	
23	2013	PHILIPS	1999～2007 年	波兰	是	是	交出 312 万美元非法所得，支付 139 万美元利息	
24	2012	Eli Lilly	五年间持续行贿	俄罗斯、中国、巴西、波兰	否	不承认，不否认	交出 1395 万美元非法所得，支付 674 万美元利息，870 万美元罚金	任命独立的合规官员审查合规报告
25	2012	ALLIAN SE	2001～2008 年	印尼等	否	不承认，不否认	交出 531 万美元非法所得，支付 176 万美元利息，与 531 万美元罚金	承诺不再犯罪
26	2012	Tyco	2006～2009 年	德国、中国、土耳其等国	是	是	交出 1056 万美元非法所得，支付 256 万美元利息，缴纳 1368 万美元刑事罚金（不起诉）	承诺不再违反 FCPA
27	2012	Oracle	2005～2007 年	印度	是	是	支付 200 万美元罚金	承诺不再违反 FCPA
28	2012	PFIZER	2001～2009 年	巴伐利亚、中国、克罗地亚、捷克、意大利、俄罗斯等国家	是	是	交出 1603 万美元非法所得，支付 1030 万美元利息	在两年内向 FCPA 报告合规计划实施情况，并承诺不再违反 FCPA

续表

	处理时间	违法行为人	犯罪行为与时间	犯罪行为地	是否自我披露	是否认罪	处理结果	其他
29	2012	Orthofix International	2003～2010年	墨西哥	否	否	交出498万美元非法所得，支付24.2万美元利息，缴纳222万美元刑事罚金	承诺不再违反FCPA，在2年内向SEC报告合规计划实施情况
30	2012	Biolet	2000～2008年	中国	否	否	交出443万美元非法所得，支付114万美元利息，缴纳1728万美元刑事罚金	任命独立的合规顾问审查合规报告，承诺永不违反FCPA
31	2012	Garth R. Peterson	2004～2007年	中国	否	是	交出25万美元非法收入，以及当时价值340万美元的上海地产，禁止从事证券行业；司法部门继续刑事指控	
32	2012	Mark A. Jackson, Noble		尼日利亚	否	是	个人罚金	
		James J. Ruehlen, Noble		尼日利亚	否	否		
		Thomas F. O'Rourke Noble		尼日利亚	否	不承认，不否认		

（北京师范大学刑事法律科学研究院教授　周振杰）

第八章

腐败犯罪研究的多维视角

第一节

反腐败刑事政策的演变与发展

一　我国古代的反腐败思想与刑事政策

在中国数千年的历史中，封建王朝的兴亡更替在中国大地上反复上演。一个王朝的鼎盛与辉煌，转瞬之间就化为历史陈迹。表面上看，有的王朝是被人民起义推翻的，有的是被外族入侵灭亡的，但是，认真研究每个朝代由兴而衰直至最后灭亡的过程，我们不难发现，腐败是其中不可忽略的一个重要内因。在王朝更迭的历史进程中，有一条潜伏的规律仿佛一只看不见的手在操纵着，那就是“廉则兴，贪则衰”。管不住腐败，政权就有危亡之虞；遏制了腐败，国家就能长治久安。

（一）我国古代的反腐败思想

贪腐现象几乎是与人类社会相伴相生的，古代的执政者、思想家对此关注颇多。比如，在我国古代思想最为活跃的时期之一——春秋战国时期，政治家、思想家们关于“廉政”问题提出过诸多深刻的见解。齐相晏婴云：“廉者，政之本也。”① 晏婴还曾与齐景公专门讨论过“廉政”问题，这是我国历史上可考的“廉政”一词最早出现的记录。针对齐景公提出的如何实施廉政的问题，晏婴对曰：“其行水也。美哉水乎清清，其浊无雩途，其清无不洒除，是以长久也。”② 晏婴用水的清浊比喻廉政的程度，他指出，廉政能持久的关键在于各级官吏能够做到坚持官员的道德底线，出淤泥而不染。此外，先秦诸子百家对廉政问题也多有论述。如孔子曰：“身正，不令而行；其身不正，虽令不从。”③ 孟子曰：“可以去取，可

① 《晏子春秋·内篇杂下》第十四。

② 《晏子春秋·内篇问下》第四。

③ 《论语·子路》。

以无取，取伤廉。”① 不得不提的是，这个时期廉政的思想中最引人瞩目的成就还数法家的廉政文化学说。法家既主张从制度上设官分职、加强监督，防止腐败的缠身，也主张从道德的层面对包括君主在内的各级官僚进行教育。如法家的集大成者韩非子说：“所谓廉者，必生死之命也，轻恬资财也。所谓直者，义必公正，心不偏党也。”法家的另一代表人物管子认为：“国有四维”，即礼、义、廉、耻。他还说：“欲民之有廉，则小廉不可不修也。小廉不修于国，而求百姓之行大廉，不可得也。”卜宪群教授就此评价：“法家的廉政文化思想较之以前具有更强的可操作性，不仅春秋战国之际列国的廉政制度、廉政教育乃至官吏的廉政行为的深层次价值观念在法家思想中大都可以寻到踪迹，而且整个封建时代的廉政文化也都无法回避法家所奠定的基础。”②

（二）我国古代惩治贪污贿赂的法律制度

在我国古代，历朝历代的统治者都清楚地认识到吏治的重要性，因此每个朝代在其立法中都或多或少规定了对贪污贿赂行为的惩处。

先秦时期，奴隶制国家尚处在人类阶级社会的早期，法律部门较少，条文规定不足，而且民刑不分，有关贪污贿赂犯罪的法律正处于萌芽阶段，对贪污、贿赂侵犯公私财物的行为杂而不分，缺乏系统。《左传·昭公十四年》引《夏书》：“昏墨贼杀，皋陶之刑也。”所谓墨，根据《左传》，春秋时期晋国叔向的解释是“贪以败官为墨”，即贪污受贿。可见，在夏朝，把“墨”罪与杀人越货等犯罪相并列，属于要重罚的犯罪。《尚书》载，殷汤制官刑，把“殉于货色”即贪求财物美色列入可导致亡国败身的“三风十愆”之中，并告诫，如“臣下不匡，其刑墨”。商王盘庚宣告“不肩好货”，即不任用贪求财宝的人，劝勉臣下“无总于货宝”，要勤于职守，获取民心。西周继承和发展了商代的法治思想，《尚书·吕刑》规定了“五过之疵，惟官，惟反，惟内，惟货，惟来，其罪惟均”。其中，“惟货”是指贪赃枉法；“惟来”是指求情请托。春秋战国时期，开始出现成文法，这段时期反贪污、惩治贪官的立法比夏、商、西周更为完善。据《晋书·刑法志》载，中国封建社会第一部系统法典《法经·杂篇》中规定了“六禁”，其中，“金禁”就是有关官吏贪污受贿的禁令。“丞相受

① 《孟子·离娄下》。

② 卜宪群：《中国历史上的腐败与反腐败》，鹭江出版社，2014，第25页。

金，左右伏诛，犀首以下受金，则诛；金自镒以下，则罚不诛也”。另外，还有“淫侈逾制”的规定，就是指生活腐化，消费水平超过了与自己身份相当的水平，也要受到惩罚和制裁。

秦汉至魏晋南北朝时期，关于贪污罪的立法与司法较之前有较大发展。秦朝关于职务犯罪的法律条文散列于“六律”之中，云梦秦简“语书”及“为吏之道”中，反复告诫官吏要“廉洁”。秦律对吏治更加重视，秦始皇吸取了韩非“明主治吏不治民”的主张，对官吏犯贪污、受贿等经济犯罪规定了极其苛细的刑事责任，追究官吏在司法、行政、经济管理和征赋徭役等方面的“脏罪”和失职行为的责任，其中包括贪污罪、受贿罪、失刑罪、保举连坐、职务连坐和失期罪等，甚至对官吏犯罪“知不举”者也要处以严刑。汉代法律对“监临”和“主守”的犯罪规定要区别用刑，且后者重于前者。汉律对官吏借职务之便窃取国家财产的监守自盗行为，“赃值十金者弃市”；对官吏向下级索贿的行为专设了“恐猲取财”罪，严重的可以判处死刑；接受下级的“饮食馈遗”也要免官，对官吏变相掠夺财物的，如借钱给百姓而“取息过律”要免官；对部属贱买贵卖的“皆以坐赃为盗，没入赃具官、吏迁徒免罢”。[①] 魏晋南北朝时，出现了专门惩罚官吏违法等行为的《违制律》，惩处官吏贪赃枉法的《偿赃律》。当时称受贿为“受赇”，犯受赇枉法罪者要处以弃市等刑。对监守自盗行为处罚更严，晋律规定：“主守盗五匹，大辟，”而一般的盗窃“四十匹大辟”。北魏监临官收受部属财物的也加重处罚，收受“羊一只酒一斛者，罪至大辟”，送礼者也要以从坐论。[②]

作为封建社会鼎盛时期的唐朝，其惩治贪污贿赂的法律也相对比较成熟，被视为集以往封建法律之大成的《唐律疏议》，其中关于惩治官吏腐败的内容全面而完备。《唐律》规定了“六脏”（受财枉法、受财不枉法、受所监临财物、强盗、窃盗、坐赃）之罪及其惩处。唐代对贪污罪施以重罚，并作了量化规定：官吏受财枉法，一尺杖一百，一匹加一等，至十五匹即处绞刑；不枉法，一尺杖九十，一匹加一等，至三十匹加役流；受所监临财物，一尺笞四十，一匹加一等，八尺徒一年，八匹加一等，至五十匹流两千里；行贿者减监临罪五等，索取财物者加一等，以职权强行索取

① 《历代刑法考·汉律摭遗》。

② 《九朝律考·晋律考》。

者，准枉法论；出使官吏，如在出使地接受馈送及乞取者，以受所监临财物论罪；借贷所监临财物者，坐赃论；家人受所属吏民馈送及借贷、役使、经商牟利等，减官人罪二等论处，官人知情与之同罪，不知情减家人罪五等；执法官吏犯赃，从重处罚。[①] 另外，从帝王的诏令中也可以看出隋、唐两朝对惩治贪官的力度。如隋文帝时规定主典官偷边粮一升以上即处死，家口没官为奴；并告诫官吏不要利用职务之便经商牟利。武则天的《改元光宅诏》则正式明确以法律的形式规定官吏枉法受财、监临主守自盗同“十恶”等常赦不免之罪一样，都不在赦免之列。唐肃宗时，为加强惩贪的效果，在《即位敕》中进一步规定：官吏贪赃枉法者，将受到“终身不齿”“永不叙用”的处罚。

宋律基本上沿用唐律，对贪污的处罚总体上要比唐律宽一些。如唐律中“受财枉法”十五匹绞，《宋刑统》附敕加至二十匹绞[②]。但是宋律要比唐律的规定更加细密深入，如关于惩处馈赠的规定就有：官吏“出巡于所辖并于办处，越等级例外受供给馈送者，以自盗论”；官吏“非法妄以犒设为名，辄馈送及受之者，并以坐赃论，即兵官因按教而经由州军，辄以馈送，推折钱物受之者，罪亦加之”；官吏“子弟及随行亲属门客，于所部干论骚扰，收受馈送及非处饮宴者，杖八十，知情容纵与同罪，不知者减三等”；官吏“因生日辄受所属庆贺之礼，及与之者，各徒一年，诗颂减一等，所受赃重者，坐赃论”。[③]

元朝的行政监察制度极为发达，独具特色，开全国性监察制度的先河。元成宗重视吏治，制定了赃罪十二章，但在种族歧视观念的影响下，整部法律体现了轻典治吏的精神。

明代对贪贿犯罪的处罚最为严厉，刑罚残酷苛厉远超前朝，可谓重典治吏的典型。明初朱元璋主张“重强贪吏，置之严典”，在这一思想指导下，《大明律》沿用了唐律“六脏”的规定而略有改动。“明六脏”为：监守盗、常人盗、受财枉法、受财不枉法、窃盗和坐赃。《大明律》规定犯枉法赃，官“八十贯，绞”；吏“一百二十贯，绞”。犯不枉法赃至一百二十贯，“杖一百，流三千里”。若是执法御史及督抚这类的“风宪官”犯

① 《唐律疏议·卷十一》。

② 《宋刑统·职制律》。

③ 《庆元条法事类·职制门六》。

赃，加二等治罪。犯赃官吏，官除名，吏罢役，永不叙用。朱元璋还创设了“剥皮实草”之刑，以震慑贪官污吏。

清代继承了明律有关的惩贪条款，并且在以后又陆续修纂了许多附例，使反贪惩腐的法律更加系统和完整。例如明律的“监守盗”“官吏受财”附例不足十条，清律则有二十余条。“清六赃”的规定与“明六赃”基本相同，但加重了处罚。明律“监守盗”“枉法赃”所犯斩绞均是杂犯死罪，可免死改徒，清律“枉法赃”则改为实犯绞，“监守盗”三犯亦绞。

（三）我国古代反腐败刑事政策的启示

如前所述，我国古代历朝历代关于惩治贪贿的法律规定虽然有所差异，但强调从严治吏则是一以贯之的政策立场。“廉则兴，贪则衰”——我国古代这一朴素的廉政意识为当代的廉政建设奠定了思想基础。梳理我国古代的反腐败思想和刑事政策以及相关法律规范，吸取古代反腐败的经验与教训，取其精华、去其糟粕，对我国当代廉政法律制度的建设具有一定的警示和参考意义。然而，我们也注意到，从总体上看，“中国古代的权力腐败并没有因为廉政法制的加强而得到抑制或有所减轻”。有学者认为，中国古代历史就是一部“贪污史”，并指出“纵观历朝贪污史录，愈接近近代，贪污现象亦愈普遍，贪污技巧亦愈周密，而与惩治贪污刑典的宽严似无何等重大关系”①。我们知道，我国古代从未出现过真正意义上的法治，历朝历代只偏重于惩贪法律的制定，忽视了预防性的制度和廉政法规的建设，一些实践中行之有效的廉政措施不能及时地予以法制化。因此，古代的廉政法制建设从总体上说是不成功的。古代历朝的反贪立法总体来看的一个共同点就是，惩罚有余而预防不足。与现代的立法相比，古代对贪官污吏的刑罚不可谓不重，贪腐案件死刑适用之频繁和执行方式之残酷都远超现代，然而，都未能终止贪腐现象的恶性循环，可见，仅靠重刑并不能实现吏治清明的目的，更何况，重刑亦是有极限的，刑罚的威慑是有其边际效应的。与其他犯罪现象一样，腐败犯罪的发生也是复杂的，是多种因素综合作用的结果，腐败犯罪的普遍发生就如同河流泛滥，如果不从源头和上游着手，而只是被动地在下游堵截，则事倍功半、收效甚微。

---

① 王亚南：《中国官僚政治研究》，中国社会科学出版社，1981，第119页。

二 新中国成立初期我国反腐败斗争的历史思考

“唐之乱，贿赂充塞于天下为之耳”。[①] 一个国家的兴亡除了国家制度、统治阶级、经济制度等因素的影响外，腐败问题往往也是政权兴衰的重要因素之一。中国共产党在20世纪40年代末成为中国的执政党时，深知这一历史教训。新中国成立前夕，毛泽东同志就清醒地预见到由于党的历史即将发生根本性变化而对党的队伍可能带来的影响。他把夺取全国政权比作“进京赶考”，在党的七届二中全会上号召“务必使同志们继续地保持谦虚、谨慎、不骄、不躁的作风，务必使同志们继续地保持艰苦奋斗的作风”，告诫全党要注意抵御资产阶级“用糖衣裹着的炮弹”的攻击。新中国成立伊始，中国共产党为经受住执政的考验，针对在全国党政机关中发生的腐败问题，在全国范围内展开了反腐败斗争。重新回顾这场斗争，总结其经验、教训，对于促进我国当前全面反腐败斗争的深入开展，具有十分重要的意义。

（一）新中国成立初期反腐败斗争概述

对于执政环境的改变这一实际情况的转化，中国共产党很早就注意制定法规条例作为治理腐败的主要依据与保障。《共同纲领》第18条规定：“中华人民共和国的一切国家机关，必须厉行廉洁的、朴素的、为人民服务的革命工作作风，严惩贪污，禁止浪费，反对脱离人民群众的官僚主义作风。”1952年3月6日，中共中央制定了《关于处理贪污浪费问题的若干规定》；接着又批准了中央节约检查委员会《关于处理贪污、浪费及克服官僚主义错误的若干决定》，在该决定中提出了对贪污、浪费及官僚主义实行“严肃与宽大相结合、改造与惩治相结合”的处理方针；同年3月28日颁布了《中央节约检查委员会关于追缴贪污分子赃款赃物的规定》，依据贪污情况的不同对追缴赃款赃物作了详细的规定。1952年4月21日，中央政府颁布了《中华人民共和国惩治贪污条例》，这是新中国成立以来我国刑事立法领域的第一部重要法律条例，其第1条就对贪污罪作出了明确的界定：“一切国家机构、企业、学校及附属机构的工作人员，凡侵吞、盗窃、骗取、套取国家财物，强索他人财物，收受贿赂以及其他假公济私违法取利之行为，均为贪污罪。”此条例对贪污腐化、行贿受贿等罪行，

---

① （清）王夫之：《读通鉴论》卷二十六。

根据不同情况分别规定了明确的处理办法。新中国成立初期为了反腐败而出台的一系列政治文件以及法律法规都对腐败案件处理的方针和原则作了明确规定，这为反腐败斗争的开展奠定了法律基础。

与此同时，在思想领域也开展了反腐败思想教育。1949 年，新民主主义革命胜利后，大批党员由战场上的指挥员变成国家机关的领导干部，由农村进入城市，置身于资产阶级“糖衣炮弹”充斥的环境。中国共产党及时清楚地认识到了党面临着执政后被资产阶级腐蚀的考验。针对这种情况，为了肃清思想上的混乱局面，中国共产党在新中国成立初期便开展了整风运动。1950 年 5 月 1 日，中共中央发出《关于在全党全军开展整风运动的指示》，6 月上旬，中共七届三中全会就整风工作作了具体部署。全党整风运动自 1950 年下半年开始，经分批整训，于同年底结束。整风的重点是各级领导机关和干部。整风的主要任务是提高干部和一般党员的思想水平和政治水平，克服工作中所犯的错误，克服以功臣自居的骄傲自满情绪，克服官僚主义、命令主义，改善党和人民的关系。整风的主要方式是阅读指定文件，总结工作，查找问题，分析情况，开展批评和自我批评。1951 年 2 月，中共中央开展了以整顿全党基层组织为中心的整党运动，以解决党的基层组织中存在的思想不纯、组织不纯和作风不纯的问题。在“三反”运动中对全体党员进行的八项教育，使党员干部受到了深刻的反腐倡廉思想教育。在党外，也于 1951 年秋开展了学习和思想改造运动。

“水能载舟，亦能覆舟”①。对于人民群众在推动历史进程中的巨大作用，中国共产党有非常清醒的认识，因而始终坚持以群众路线为其根本工作路线，在新中国成立初期的反腐败斗争中也贯彻了这一路线。1950 年 8 月，政务院发出《关于加强人民通讯员和人民检举接待室的指示》，要求各地必须推广培养人民监察通讯员和建立人民检举接待室组织，针对群众来信的处理工作，中央办公厅指出，各中央局、省委、地委要设立处理人民来信的机构或指定专人负责，并建立起登记、研究、转办、检查、留案等必要的制度。为了鼓励群众积极参与反腐败斗争，1950 年 4 月 19 日，党中央发出《关于在报纸刊物上开展批评与自我批评的决定》，要求：“在一切公开的场合，在人民群众中，特别在报纸刊物上展开对于我们工作中一切错误和缺点的批评与自我批评。”这些措施使党内外广大群众提高了

① 《荀子·哀公》篇。

觉悟，消除了顾虑，纷纷行动起来揭发、检举贪污违法行为，成为当时反腐败斗争的巨大动力来源。

在此期间，查处了大量贪污案件，其中最为典型的是刘青山、张子善案。1952 年 10 月，“三反”运动结束。据统计，全国县以上党政机关（军队除外）参加运动的总人数为 383.6 万人，共查出贪污分子和犯贪污错误者 120.3 万人，其中党员 19.6 万人。全国被贪污的赃款赃物合计 6 万亿元。全国共有 42 人被处决，9 人被判处死缓，67 人被判处无期徒刑。①

（二）新中国成立初期我国反腐败斗争的启示

新中国成立初期的反腐败斗争是中国共产党在取得执政地位伊始，对如何防止执政党腐化变质、如何保持共产党人廉洁作风的一次探索。不仅对巩固中国共产党的执政地位和形成当时良好的社会风尚发挥了重要作用，而且也为中国共产党的党风廉政建设积累了经验。首先，新中国成立初期，中国共产党将反腐倡廉这一问题作为执政党的重大政治任务来抓，给予了高度的重视，政策上的肯定为反腐败斗争成果的取得奠定了基础。其次，当时反腐败斗争的指导思想反映了系统治理的理念，初步构建了一个集依法惩治、教育预防、社会监督等多方面环节的反腐体系。最后，具有社会反腐的观念，在反腐败斗争中重视群众的参与。

新中国成立初期的反腐败斗争取得了显著的成果，但是，也出现了一些问题，如存在着斗争扩大化、政策执行过程中出现“过火”等现象。“三反”运动中全国被打出的“老虎”［贪污 1000 万元（旧币——编者注）以上］最多时达 29.2 万多人，其中多半是把小贪污、公私不分、失职、浪费算成了“老虎”，或因赃物折价过高成了“老虎”，有的甚至完全打错了；很多地方发生“逼供信”偏向，有少数人因肉刑逼供而致残。②这些教训应当引起重视。腐败无疑是关系执政党地位的问题，从执政党的角度而言，将反腐败上升为一个政治问题对于加强反腐力度、保障其执政地位是有利的，但是，从另一个方面来看，这样也很容易将腐败和反腐败问题扩大化成为一个完全的政治问题，从而导致一些负面效果。从方式上

① 《中国共产党怎样解决作风建设问题》，来源：人民网 - 理论频道，http：//theory.people.com.cn/n/2014/0603/c385524 - 25097430.html，2015 年 6 月 30 日访问。

② 《中国共产党怎样解决作风建设问题》，来源：人民网 - 理论频道，http：//theory.people.com.cn/n/2014/0603/c385524 - 25097430.html，2015 年 6 月 30 日访问。

来说，政治运动式的反腐不应成为反腐败的模式，反腐败应当常态化、法律化，弱化腐败与反腐败的政治色彩，而强化其法律色彩，构建和完善反腐败的法律体系，在法律的框架内来思考反腐败的策略和具体问题。

三　当前我国的腐败形势与反腐败刑事政策的完善

（一）当前我国腐败形势的判断

根据“透明国际”公布的报告：2010 年中国内地廉洁指数为 3.5，世界排名第 78 位；2011 年中国内地廉洁指数为 3.6，世界排名第 75 位；2012 年中国内地廉洁指数为 39，世界排名第 80 位；2013 年中国内地廉洁指数为 40，世界排名第 80 位；2014 年中国内地廉洁指数为 36，世界排名第 100 位。[①] 从我国内地近年来的廉洁指数得分来看，我国的腐败问题仍然非常严重。2014 年底，我国外交部发言人华春莹在例行记者会上针对“透明国际”发布的 2014 年全球“清廉印象指数”报告曾评论称，“2014 年中国‘清廉印象指数’评分和排名与中国反腐败取得举世瞩目成就的现实情况完全相背、严重不符。中国反腐败工作取得的明显成效自有人民群众的公正评价，不以‘透明国际’的‘清廉印象指数’为标准”[②]。言虽如此，“透明国际”作为国际上研究腐败与反腐败问题的知名的非政府组织，其在同一指标体系（其指标体系的主观性当然值得探讨）下对世界各国腐败状况的评价，虽不能说完全客观，但对于我们认识和评价我国的腐败状况还是具有一定的参考价值的。

2012 年 11 月 14 日中共中央纪律检查委员会向党的第十八次全国代表大会的工作报告中指出，“五年来，党风廉政建设和反腐败斗争深入开展，惩治和预防腐败体系基本框架初步形成，反腐倡廉建设科学化水平不断提高，一些领域消极腐败现象滋生蔓延的势头得到遏制，人民群众对反腐倡廉取得的成效给予肯定”。同时也指出，“当前，腐败现象在一些地方和部门仍然易发多发，有的案件涉案金额巨大、涉及人员众多，特别是高级干

① 2010～2014 年透明国际报告的来源依次为：https：//www. transparency. org/cpi2010/results；https：//www. transparency. org/cpi2011/results；https：//www. transparency. org/cpi2012/results；https：//www. transparency. org/cpi2013/results；https：//www. transparen-cy. org/cpi2014/results；2015 年 6 月 28 日访问。

② 《2014 年 12 月 3 日外交部发言人华春莹主持例行记者会》，http：//www. fmprc. gov. cn/mfa_chn/fyrbt_602243/t1216342. shtml，2015 年 6 月 27 日访问。

部中发生的腐败案件影响恶劣；腐败行为更加复杂化、隐蔽化，监督机制和预防腐败手段还不健全，揭露和查处难度加大；一些领导干部利用职权或职务影响，为配偶、子女、其他亲属和身边工作人员谋取非法利益问题突出；少数领导干部理想信念动摇，宗旨意识淡薄，缺乏艰苦奋斗精神，严重脱离群众，形式主义、官僚主义和铺张浪费问题比较严重；个别领导干部无视党纪国法，甚至严重违法乱纪。反腐倡廉工作还存在一些薄弱环节"①。2015 年 1 月，中央纪委研究室主任苗庆旺做客中纪委官网访谈时，谈及当前的反腐形势时指出，目前，有的地方政治生态恶化，干部被"围猎"，权钱交易、权色交易等腐败问题不断发生。在五次全会上，习近平总书记和王岐山同志都对当前反腐败斗争形势进行了分析，概括起来就是四个字：严峻、复杂。特别是腐败和反腐败呈胶着状态，我们在实现不敢腐、不能腐、不想腐上还没有取得压倒性胜利，腐败活动减少了但并没有绝迹，反腐败体制机制健全了但还不够完善，思想教育加强了但思想防线还没有筑牢，减少腐败存量、遏制腐败增量、重构政治生态的工作艰巨繁重。②

可见，无论是国际组织还是国内反腐部门，在对当前我国腐败形势的判断上尽管表述不同，但是存在着共同之处，即都认为我国当前的腐败形势仍然严峻，不容乐观，反腐败斗争仍然任重道远。

（二）我国反腐败刑事政策的完善

从古至今，反腐败始终是社会治理的重要内容。回顾我国反腐败刑事政策的发展演变以及在此过程中的经验和教训，笔者认为，在巩固目前已经取得的反腐败成果的基础上，我国的反腐败刑事政策还需要适当进行合理化调整和完善。

首先，确立"系统治理"的反腐思维。腐败现象的成因是复杂的，人性的贪婪、道德观念的淡薄、社会转型期的社会失范、制度的不足、监督的缺失……诸多论著里对此进行过很详尽的探讨。既然如此，对腐败犯罪的治理政策也要避免简单化、单一化，而应有系统治理的观念。纵观我国历史上对腐败问题的治理，无论是古代封建社会，还是新中国成立初期，

① 《中共中央纪律检查委员会向党的第十八次全国代表大会的工作报告》，http：//cpc. people. com. cn/n/2012/1119/c64387 - 19626455 - 1. html，2015 年 6 月 10 日访问。

② 《中纪委：腐败和反腐呈胶着状态》，http：//news. sina. com. cn/c/2015 - 01 - 17/015931410245. shtml，2015 年 6 月 22 日访问。

反腐败能够取得一定成效，都有赖于“系统治理”的反腐思维，即从思想教育、监督制约、法律惩治三个方面完整地、多层次地、多维度地治理腐败问题。仅仅依靠其中某一个方面，都是无法实现廉政目标的，必须多管齐下、“软硬兼施”。除了层次、手段的多样化，系统治理还包括参与主体的多元化，即在腐败治理中采取以国家为主导、以社会参与为辅的治理模式，构建严密而高效的腐败犯罪治理体系。

其次，惩治与防范并举，加强腐败的预防工作。近几年的反腐斗争中查处了诸多党员干部，他们受到严厉惩罚固然是罪有应得、大快人心的，但从另一方面来讲，大批党员干部锒铛入狱，这无论是对其个人还是对党组织来说，都是可悲可叹之事。汉代的桓宽在《盐铁论校注》中指出：“法能刑人，而不能使人廉；能杀人，而不能使人仁。”刑罚的威慑功能毕竟是有限的。就犯罪治理而言，事前预防比事后惩罚无疑具有更高的价值。《联合国反腐败公约》第5条第2款规定：“各缔约国均应当努力制定和促进各种预防腐败的有效做法。”作为《联合国反腐败公约》的缔约国，我国应根据国情，制订预防腐败的具体计划和措施。其一是加强预防职务犯罪的相关立法。为了与《联合国反腐败公约》第5条的预防理念相衔接，更有效地推进预防工作，建议从立法上赋予检察机关“预防权”，作为检察机关法律监督权的延伸。通过立法明确将检察机关对执法机关的监督扩大到“三机关”、事业单位和企业，把对刑事诉讼过程的监督延伸到国家公务活动中的预防性监督，并明确规定检察机关及其工作人员的职责权限和活动规则。[①] 此外，笔者认为，预防性法规制定得越详细具体，可操作性越强。在制定预防性法规条款时，应将法规制定得尽可能细化，尽可能规范化、制度化，只有这样，才能起到预防腐败的实效。其二是健全预防职务犯罪的机构。要落实《联合国反腐败公约》第6条的精神，健全职务犯罪的预防机构，加强预防职务犯罪机构的专业化建设。一是建立一套规范的运作程序，使预防工作的组织、方法步骤、权限等均有严密的规范，并有一套规范、完善的监督体系。二是加强领导，配齐、配强人员，保障必需的经费、物质条件和技术装备，确保预防工作政令通畅，通过健全和完善检察机关内部相互联动、资源共享、分工负责的预防工作协调指挥机制，使预防工作体现出高度的专业性。三是贯彻《联合国反腐败公

① 章其彦：《检察机关预防职务犯罪工作机制探讨》，载《经济与法》2008年第7期。

约》的精神，在预防工作中形成专家化、专业化队伍模式。此外，在预防工作中还要注意开展与其他国家和地区的交流、学习，促进预防人员了解国际规则，促进反腐败的国际合作。

最后，在腐败犯罪案件的查处中，贯彻好宽严相济的刑事政策。贯彻宽严相济的刑事政策，最为关键的是正确把握“宽”与“严”的标准。从腐败犯罪的性质与特点来分析，犯罪手段、犯罪的后果、认罪态度、退赃等都是要考虑的因素。比如，区分被动受贿与主动索贿，对主动索贿的要从严处理；对在腐败犯罪中严重损害国家利益与公共利益的，予以从严处罚；对于积极认罪并退赃的，在量刑上适当从宽。此外，还有一个值得讨论的问题，就是行贿人与受贿人在处罚上的宽与严。在《刑法修正案（九）》的讨论过程中，有论者批评现行刑法“重受贿、轻行贿”，主张对行贿者与受贿者同等处罚。对此，笔者不能苟同。行贿者是受贿犯意的勾起者，似乎是贿赂犯罪的“恶之源”，但是，受贿犯罪的发生归根到底还是受贿者面对诱惑，违背了自己的职责和应有的操守，以财物诱惑他人犯罪固然可责，但被诱惑者失了定力、慨然用职责权力拱手相换才是可罚的关键。因此，反腐败刑事政策的重点理应是受贿行为，而不是行贿行为。腐败犯罪不属于临时起意一类的犯罪，其动机的形成与贪贿行为的实施，都是行为人经过考虑的结果。换言之，腐败犯罪的行为人是“理性人”，犯罪经济学上所研究的犯罪成本—犯罪收益理论完全可以适用于对腐败犯罪的分析。因此，反腐败刑事政策实际上就是国家与这些“理性人”的博弈。“重受贿、轻行贿”的政策有利于从行贿人一方打开缺口，掌握关键证据，从而侦破贿赂案件，同时，从另一个角度，这也增加了受贿人的犯罪成本，因为他随时可能遭到对方（行贿人）的“背叛”或“出卖”，这是他实施犯罪时要考量的。倘若对双方同等处罚，则可能促成他们成为利益共同体，建立攻守同盟，这无疑会加大贿赂案件侦破的难度。因此，无论是从贿赂犯罪发生的关键环节还是从刑事政策博弈的角度来讲，“重受贿、轻行贿”的政策是具有其合理性的。当然，这里的“轻”是与受贿相比较而言的，并不等同于放纵。

（北京师范大学刑事法律科学研究院副教授　郭理蓉

北京师范大学刑事法律科学研究院硕士研究生　韩笑）

第二节

刑法教义学视阈内外的贿赂犯罪法益

在我国，关于贿赂犯罪法益问题的讨论历来卷帙浩繁，尤其是本土传统理论与域外经验相互碰撞、交织时，我国的传统通说受到挑战，[①] 而近年形成的新通说则遇到了新的质疑，所以该问题至今仍是一个众说纷纭的话题。近年来，无论从刑事政策学还是刑法教义学的角度来看，新的反腐形势都对贿赂犯罪法益问题的研究提出了新的要求。然而法益理论具有明显的抽象性，不论是在我国还是在大陆法系先进国家，对此问题的探讨多局限于刑法教义学纯理论的建构与纯文本的研究，而脱离了社会实态的观点聚讼，不免有文字游戏之嫌。所以法益的研究必须面向真实的社会存在，不能仅仅依靠规范文本的研究、推演来完成，对我国这样一个经历着经济高速发展、价值观在发生快速变化的社会更是如此。本节将分别从刑法教义学内、外两个视角，借助中、德比较研究方法以及经济学等其他学科的研究成果，对贿赂犯罪的法益进行两次“筛选”，并试图批判性地重构贿赂犯罪的法益。

一　对中、德刑法中若干代表性论点的类型化梳理

目前我国多数文献对贿赂犯罪法益的梳理建立在罗马法源头（不可收买性立场）与日耳曼法源头（职务公正性立场）的区分之上。但无论是我国还是德国的代表性论点实际上都或多或少体现了两极之间折中的立场，以立法源头划分的做法不完全合适。本节尝试从法益的核心保护内容出发，对代表性论点进行类型化的重新梳理。

---

① 参见马克昌主编，吴振兴、莫洪宪执行主编《百罪通论（下）》，北京大学出版社，2014，第 1168 页。

（一）以国家管理活动、官员职务行为为核心建构的法益

20世纪80年代，我国刑法学者曾提出受贿罪（及其他贿赂犯罪）侵犯的客体是“国家机关正常的管理活动”，[①] 该说曾在我国居于通说地位。[②] 其论据主要在于：国家工作人员经受不住行为人物质或其他利益的引诱和收买，知法犯法，就妨害了国家机关和企业事业单位在对内对外活动中实现自己的职能和任务，甚至“改变了这些部门为人民服务的性质和社会主义的经营方向”。[③] 换言之，贿赂犯罪的本质是行贿者以某种好处换取受贿者不依法行使权力、履行义务，从而为自己换取更大的利益。[④] 这一理解实际将受贿罪视为渎职罪的一种，与1979年刑法典的规定是相适应的。

1997年刑法修订后，贪污贿赂罪与渎职罪分属于不同的章，“国家机关正常管理活动说”的实定法根基开始动摇。多数学者开始主张“职务活动廉洁性说”，[⑤] 认为廉洁奉公、禁止受贿是国家和人民对国家工作人员的基本要求，受贿行为则“背离了为政清廉的义务，损害了党和政府在人民群众中严明公正的形象，败坏了社会风气，危害了社会主义经济的发展和国家的长治久安”，[⑥] 此说已成为我国新通说。鉴于此处“廉洁性”是明确针对职务行为的，且提倡者并没有明确区分“背离为政清廉义务”与“妨碍了国家机关对内对外职能的行使”，[⑦] 可见职务活动“廉洁性”与国家机

① 雷鹰：《谈谈受贿罪》，载《法学研究》1982年第5期；罗平：《论贿赂罪》，载《辽宁大学学报（哲社版）》1985年第1期；高铭暄主编《刑法学》，北京大学出版社，1989，第703页；陈立：《受贿罪若干问题新探》，载《厦门大学学报（哲社版）》1989年第3期。

② 参见马克昌主编，吴振兴、莫洪宪执行主编《百罪通论（下）》，北京大学出版社，2014，第1168页。

③ 参见高铭暄主编《中国刑法学》，中国人民大学出版社，1989，第589页；雷鹰：《谈谈受贿罪》，载《法学研究》1982年第5期；罗平：《论贿赂罪》，载《辽宁大学学报（哲社版）》1985年第1期。

④ 参见杨春洗、刘生荣、李卫红《对贪污罪、受贿罪几个问题的探讨》，载《法学论坛》1990年第1期。

⑤ 赵秉志主编《当代刑法学》，中国政法大学出版社，2009，第731页；高铭暄、马克昌主编《刑法学》，北京大学出版社，2012，第607页；王作富主编《刑法分则实务研究》，中国方正出版社，2013，第1619页；马克昌主编，吴振兴、莫洪宪执行主编《百罪通论（下）》，北京大学出版社，2014，第1169页。类似观点无须一一列举。

⑥ 马克昌主编，吴振兴、莫洪宪执行主编《百罪通论（下）》，北京大学出版社，2014，第1169页

⑦ 高铭暄、马克昌主编《刑法学》，北京大学出版社，2012，第608页。

关管理活动的“正常性”并没有本质区别。如果国家工作人员的职务行为是廉洁的，则国家机关管理活动自然也是正常的。因此，这种理解下的“职务活动廉洁性说”实际就是“国家机关正常管理活动说”适应修订后刑法的一个变体。另有学者明确提出，“廉洁性”指的就是职务活动的不可收买性，[①] 那么这个意义上的“职务活动廉洁性说”与“职务行为不可收买性说”是同一事物的异名，笔者将其作为另一类型分析。

我国学者黎宏先生主张受贿罪的保护法益为“国家工作人员职务行为的公正性”。[②] 此处“职务行为的公正性”的要义为“客观公正地为所有的人民服务”，这与（新）通说主张的“职务活动的廉洁性”本身并没有本质区别，尤其当此说将对“公正性”的侵犯理解为一种“可能对公正性产生影响”的状态时更是如此，只是在用语上较后者精确一些，法律性更强而政治意味减弱。笔者将此说归入本类型。

另有学者提出多重客体说，认为受贿罪的客体同时包括国家机关正常管理活动和公务人员职务行为的廉洁性。[③] 基于以上理解，这里所谓“双重客体”在整体上实际并不具有真实的双重性，在贿赂犯罪领域并不存在侵犯了“国家机关正常管理活动”而尚未侵犯“职务活动廉洁性”的行为，反之亦然。此说的本质仍在于“职务活动廉洁性”说。

在德国亦存在相似的观点。如有学者认为受贿罪的保护法益是整体性的国家活动（Staatstaetigkeit），任何违法的职务行为，都将使“整体性国家活动”受到损害。[④] 可见这一概念与“国家机关正常管理活动说”并无二致。与“职务活动廉洁性说”相似的观点就更多了。早在20世纪30年代，德国魏玛共和国帝国法院在其刑事判决书（RGSt 72，174）中就指出，贿赂犯罪所侵犯的是“职务活动的纯粹性”（Reinhaltung）。[⑤] 20世纪70年代，德国《刑法施行法》（EGStGB）草案中明确将贿赂犯罪的法益解释为“公务的纯洁性”（Lauterkeit）。[⑥] 且在该草案中并未严格区分“公务

① 刘艳红主编《刑法学（下）》，北京大学出版社，2014，第408页。

② 黎宏：《刑法学》，法律出版社，2012，第950～951页。

③ 高铭暄等主编《中华法学大辞典·刑法学卷》，中国检察出版社，1996，第539～540页。

④ H. Wagner, Die Rechtsprechung zu den Straftaten im Amt seit 1975— Teil 1, JZ 1987, 594, 599.

⑤ T. Friedhoff, Die straflose Vorteilsannahme, 2012, S. 18.

⑥ M. Korte/Muechner Kommentar StGB (2014), §331 Rn. 3 - 4; *sieheauch* BT-Drucks. 13/5584.

的纯洁性”与“公务的不可收买性”，两个概念被任意连用，似乎保护了“公务的纯洁性”这一法益，也就等同于避免了职务行为的被收买性以及公职人员的偏私性。[①]

之所以将“国家正常管理活动”或“整体性国家行为”与“职务活动廉洁性”或“公务行为纯洁性”视为同一类法益，是因为在贿赂犯罪领域，前者与后者具有逻辑一致性，两者只是侧重点有所不同，但当造成了后者的损害时，必然导致前者的损害，反之亦然。

（二）以制度、原则为核心建构的法益

此类观点的核心在于，某类保障廉政的制度或原则本身，即是贿赂犯罪的保护法益。

我国学者赵长青先生认为，受贿罪的侵犯客体是公务人员廉洁制度，因为受贿犯罪的核心是公务人员违背了应遵守的廉洁义务，侵犯了廉洁制度，“破坏了廉洁奉公这个为政之本”，对廉政制度的侵犯最能体现受贿罪的本质特征，[②] 是为“公务人员廉洁制度说”。当然，因为该说与类型一中“职务活动廉洁性说”均涉及“廉洁”二字，两者存在一定相似之处，但二者的区别应是明确的。所谓廉政制度，是抽象的体制性存在，是国家和人民对所有公务人员的一种系统性的要求；而职务行为则是具体人员针对某一事项做出的行为；侵害廉洁制度的行为不一定总是体现在具体的职务行为上。本节不采纳将二者统归于“廉洁性”说的分类方式。类似的观点还有“正常廉政管理秩序说”[③] 等。

我国学者张明楷先生认为，我国通说中的“廉洁性”含义不甚明确，无法区分是纯洁性立场还是不可收买性立场，因此应将受贿罪的保护法益明确为“国家工作人员职务行为的不可收买性”，也即公务人员职务行为与财物的“不可交换性”，主要理由在于公务人员的宗旨就是为国民服务，职务行为既然已经取得了法定的报酬，则不能再从公民或其他单位收取报酬，这是杜绝权力滥用的基本措施。[④] 这实际上与19世纪德国学者 Binding 所提出的“公务行为无酬原则”（Grundsatz der Unentgeltlichkeit）基本是一

---

① BT-Drucks. 7/550（S. 269）.

② 参见赵长青《经济犯罪研究》，四川大学出版社，1997，第563～564页。

③ 参见黄铁文《浅谈新时期受贿罪客体的新探讨》，载《法制与经济》2012年第12期。

④ 张明楷：《刑法学》，法律出版社，2011，第1063页；张明楷：《法益初论》，中国政法大学出版社，2003，第627～630页。

致的，贿赂犯罪正是对这一原则的破坏，[①] 所以此说也是以原则为核心建构法益的。但此说与通说（廉洁性说）是否存在真实的差异？从语源来看，“廉”字的本义有五，其中唯一相关的第三义为“不苟取”，[②] 指的就是“不可收买性”而不是“行为纯洁性”。这样看来此说与通说的区分似乎是多余的。但是前文已提到，支持通说的学者往往仍以妨碍职务行为、违背“履行职务的基本要求”甚至“对所在单位工作秩序、工作纪律造成严重破坏”[③]，也即职务行为的纯洁性来解释对廉洁性的侵害，这就反过来确证了通说与此说的差异性。

值得注意的是，由于语感与用词习惯的细微差异，中国（及日本）学者与德国学者所用的“不可收买性”（unkaeuflichkeit）一词的所指并不相同。前者偏向于抽象的原则，后者侧重于公务行为未（能）被收买的具体状态。这一点可以从日、德学者对受贿罪立法源头的区分看出端倪。日本学者认为，罗马法立法立场保护的是“职务的不可收买性”，无论职务的合法与否，接受贿赂者皆应处罚；而日耳曼法的立法立场保护的是“职务行为的纯粹性”，只处罚基于不公正履职而获得报酬的行为。[④] 而德国学者则认为，日耳曼法的立法立场恰恰处罚的是职务行为的收买（Erkaufung）或可收买性（kaeuflichkeit）。[⑤] 这并不说明两国学者对受贿罪的历史立法源头有实质分歧，而是说明德语中的“不可收买性”在这里就等同于日语（及中文）中的“纯粹性”（即日耳曼法立场），都是指的具体行为的状态，而不是抽象的原则。至于日语（及中文）中指向抽象原则的“行为不可收买性”（即罗马法立场），在德语中采用了另外的表达方式，即“公务的无酬性”。[⑥] 因此，本节的分类已充分考虑到了语言习惯造成的不对应现象。有德国学者将“公务的不可收买性”与“公务的纯洁性”完全混为一

---

① H. Henkel, Die Bestechlichkeit von Ermessensbeamten, JZ 1960, 507, 508；另可参见马克昌主编，吴振兴、莫洪宪执行主编《百罪通论（下）》，北京大学出版社，2014，第 1167 页。

② 参见王力主编《王力古汉语字典》，中华书局，2000，第 278 页。

③ 参见王作富、刘树德《刑法分则专题研究》，中国人民大学出版社，2013，第 397 页；贾宇主编《刑法学》，中国政法大学出版社，2011，第 538 页。

④ 〔日〕冨谷至：《儀禮と刑罰のはざま—賄賂罪の變遷》，《東洋史研究》（2007），66（2），222 頁。

⑤ R. Maurach/F. - C. Schroeder/M. Maiwald, Strafrecht BT2, 2005, S. 339.

⑥ A. Kaufmann, Entscheidung Straf-und Strafprozessrecht, JZ 1959, 375, 377.

谈，[①] 在德语语境下是可以理解的，但本节不采。

在德国，“公务无酬原则说”在理论和实务部门曾影响较大。学者 Henkel 赞同 Binding 的公务无酬原则，指出凡侵犯该原则者都违反了对于国家的忠实义务，并且损害了针对吏治的一般信赖。[②] 其他类似的观点还包括德国学者 Wagner 所提出的“国家财政支出制度说”，意即公务人员因公务只能接受法律所允许的薪酬，此即国家财政支出制度，来自私人的酬劳没有法律依据，因此侵害了这一制度。[③] 由此可见，所谓“国家财政支出制度说”与“无酬原则说”“不可收买性说”的内涵仍是大同小异的。

（三）以国家意志为核心建构的法益

德国学者 Kaufmann 认为，受贿罪唯一需要保护的法益就是国家意志未受不法行为所篡改的状态，当然这将无法解释德国刑法为何采纳了罗马法立场，也处罚一般性的为公务而接受礼物的行为——毕竟这样的行为本身尚不具有伦理可谴责性，但他认为这样的行为带来了伪造国家意志的危险，足以被刑法规范所禁止，[④] 此即“国家意志不受伪造说”。换言之，官员因贿赂而产生的行为意志与他奉公守法时产生的行为意志是不同的，后者才符合国家的意志，前者则是被篡改的。[⑤]

（四）以信赖为核心建构的法益

此类观点在德国有望成为通说。德国学者 Schroeder 认为，任何为公职而接受礼物的行为都损害了国之公器的威望，也损害了公众对官员裁处公正性的信赖，因此损害了国家行为所应该具有并保障的那种价值，[⑥] 此即“信赖说”。该说的适应性是几种法益理论中相对较强的，不但可以涵盖违法或不违法的职务行为，对接受利益行为与职务行为之间的关联性也没有特别的要求，只要官员通过该行为向外界发出了行贿者准备将这名官员拉进其“阵营”的信号，即构成对法益的侵犯。[⑦] 在德国，所谓“喂养”型腐败（Anfuettern）广受社会关注，指的是行贿人开始时并不以利益交换为

---

① L. Kuhlen/Schoenke-Schroeder-Kommentar StGB（2014），§331 Rn. 10.

② H. Henkel（Fn. 19），508.

③ H. Wagner，Amtsverbrechen，1975，S. 271.

④ A. Kaufmann（Fn. 24），377.

⑤ B. Heinrich，Der Amtstraegerbegriff im Strafrecht，2001，S. 244－245.

⑥ H. Schroeder，Das Rechtsgut der Bestechungsdelikte und die Bestechlichkeit des Ermessensbeamten，GA 1961，289，292.

⑦ T. Friedhoff（Fn. 13），S. 20.

直接目的，而以培养感情、取得信任为目的，给予受贿人以各种小恩小惠，然后逐渐升级，最终达到控制后者为前者牟利的过程。[①] 根据“信赖说”，这种行为的入罪显然是没有争议的。

值得注意的是，信赖本身是一个较为抽象的概念，以其作为法益，需要补全信赖的内容。多数学者认为这里的信赖是对官员裁处（或行政行为）公正性的信赖；[②] 其他学者则将其表述为对职务行为不受收买性、纯洁性或是对行政完整性（Integritaet）的信赖。[③] 但无论如何，对某种事物的信赖与该事物本身是两个不同的法益，对公正性的信赖并不等于公正性本身。[④] 既然本类观点认为贿赂犯罪的法益是信赖，这就与制度原则类法益、职务行为类法益等自然地划清了界限。正因为如此，破坏对职务行为公正性的信赖所需要的条件与破坏职务行为的公正性本身是完全不同的，前者的着眼点在于行为人向公民清楚地宣示了利益给予方与接受方的关系超出了一般社会容许的范围，也即让民众形成了职务行为可被收买的印象；而后者则要求实际进行不公正的职务行为。[⑤] 近年来，我国学者亦开始有主张此说者。[⑥]

（五）混合类型的法益

为了防止在归纳贿赂犯罪的法益时出现挂一漏万的情况，有人将多种类型的法益说混合起来，组成一个复合（komplexes）法益。这种情况以实务部门或法条解释所持观点居多，例如德国联邦法院通常认为，贿赂犯罪的法益既是针对职务行为的公正性与不被收买性的信赖，也是针对职务行为纯洁性的信赖，但有时又直接认为职务行为的纯洁性本身就

---

① B. Bannenberg, Korruption in Deutschland, in: V. von Nell u. a. (Hrsg.): Korruption, 2003, S. 121.

② Siehe z. B. H. Schroeder (Fn. 30), 292 f.; U. Kindhaeuser, Voraussetzungen strafbarer Korruption in Staat, Wirtschaft und Gesellschaf, ZIS 2011, 461, 465.

③ J. Graupe, Die Systematik und das Rechtsgut der Bestechungsdelikte (Diss.), 1988, S. 99; L. Kuhlen (Fn. 25), Rn. 9.

④ 因此公正性说也不等于信赖说。相反的观点参见李邦友、黄悦《受贿罪法益新论》，载《武汉理工大学学报（哲社版）》2013 年第 2 期。

⑤ T. Friedhoff (Fn. 13), S. 20；亦参见张明楷《刑法学》，法律出版社，2011，第 1059 页。

⑥ 王春福：《受贿罪法益之展开》，载《人民检察》2009 年第 21 期；郑泽善：《受贿罪的保护法益及贿赂之范围》，载《兰州学刊》2011 年第 12 期；周光权：《刑法各论》，中国人民大学出版社，2008，第 492 ~ 493 页。

是保护法益。[1] Lackner/Kuehl 版《刑法典条文解释》认为贿赂犯罪的法益既是对国家功能承担者不被收买的信赖，同时也是对国家决策的公正性的信赖，并以此来保障国家意志不受伪造，职务行为的纯洁性不受侵犯，使得国家行为的权威性不受动摇。[2] 复杂到如此程度的“复合法益”，实际上已将前述各种理解都包含进去了，虽不至造成遗漏，但并不清楚其中各组成部分的相互关系如何。

我国学者所主张的复合客体（法益）论，一般是贿赂犯罪领域中的某个客体与贿赂犯罪领域外的另一客体的复合，例如有学者认为，受贿罪的客体是国家机关正常管理活动与社会主义经济管理;[3] 有学者认为，受贿罪的客体是国家机关正常管理活动与公私财物的所有权。[4] 至于这类复杂客体说能否与我国刑法通说理论相符，目前存在一些质疑。[5]

二　刑法教义学的视角：现代法益理论对贿赂犯罪侵犯客体的第一次筛选

法益概念具有“体系内在”（systemimmanent）与“体系超越”（systemtranszendent）两大功能，其中前者主要以目的论方式解释刑法规范及规范体系构造，其中法益是解释构成要件的方向性依据。[6] 无论在我国还是德国，在刑法教义学框架内对贿赂犯罪保护客体的探讨，传统上都是建立在法益的体系内在功能之上的。

值得注意的是，法益并不是“法条之益”，法益的功能不全在于为实定法体系“作注解”，因为即便立法者可以恣意挑选法益或决定法益内容，一旦决定之后，他就必须依照法益的体系内在功能，在逻辑的框架内应用与解释法益及相关刑法规范。换言之，立法者即便可以恣意一次（在挑选

---

① M. Korte（Fn. 14），Rn. 5.

② K. Lackner/Lackner-Kuehl-Kommentar StGB（2014），§331 Rn. 1.

③ 参见刘立宪、奎娜《对当前受贿罪若干问题的再认识》，载《法学》1985 年第 4 期。

④ 参见高宏《论受贿罪的犯罪构成》，载《法律科学》1984 年第 3 期。

⑤ 参见马克昌主编，吴振兴、莫洪宪执行主编《百罪通论（下）》，北京大学出版社，2014，第 1168～1169 页。

⑥ A. Baratta, Jenseits der Strafe, in: Festschrift fuer Arthur Kaufmann, 1993, S. 393；W. Hassemer, Theorie und Soziologie des Verbrechens, 1973, S. 19 ff.；S. E. Kareklas, Die Lehrevom Rechtsgut und das Umweltstrafrecht（Diss.），1990, S. 86－87；亦参见张明楷《刑法分则的解释原理》，中国人民大学出版社，2004，第 137 页。

法益时)，也不能恣意两次（在运用法益时)。正因为如此，当在刑法教义学框架内发现某些困局的时候，可以跳出“体系内在”功能的圈子，选择更加广阔的视角。

（一）利用法益“体系内在”功能对代表性论点进行筛选的努力

1. 针对管理活动、职务行为说的批判及这种批判的困局

针对“国家机关正常管理活动说”的批判进行得最早，结论也最为一致。但仔细审视会发现批判的理由并非没有可商榷之处。如有学者指责这个概念不够具体、准确，内涵不清，难以对受贿罪构成要件的解释起到指导作用。① 然而，与很多并没有被以相同理由批判的客体论相比，“国家机关的正常管理活动”已是一个内涵、外延相对清楚的概念了。在我国，国家机关已有明确定义，其正常管理活动也有相对明确的法律法规标准。固然对“正常”二字作进一步的解释仍有必要，但该词至少并不比“廉洁”“信赖”等用语更模糊。况且，对构成要件的解释起指导作用也并不是检验法益的唯一标准，因为这显然不是在所有情况下都能实现的。在自然犯领域外，不具有直观性的法益越来越多见，很多情况下人们并不真正指望仅从法益概念就能得到构成要件适用的具体问题的答案，反而是依据构成要件的推演结果，去推敲一个罪名的保护法益。那么当一个法益本身是由构成要件的细节反推得来时，再用它去验证构成要件的解释，就可能面临逻辑问题。②

一种更详细的反驳理由认为，此说意味着“国家机关的正常活动受到破坏是受贿罪的结果，于是一方面只有当索取、收受财物的国家工作人员认识到这种结果并且希望或者放任这种结果发生时，才成立受贿罪；另一方面，只有当受贿行为客观上破坏了国家机关正常的管理活动时，才成立受贿既遂。但是，受贿罪的主观要件并不包括上述内容，受贿罪的既遂标准也不是国家机关的正常管理活动受到破坏”。③ 但这种观点可能混淆了“法益侵害”与“犯罪结果”这两个性质不同的概念，④ 因而也有值得商

---

① 参见马克昌主编，吴振兴、莫洪宪执行主编《百罪通论（下)》，北京大学出版社，2014，第1169页；张明楷：《刑法学》，法律出版社，2011，第1062页。

② G. Fiolka，Das Rechtsgut Band 1，2006，S. 37－38.

③ 张明楷：《刑法学》，法律出版社，2011，第1062页。

④ Xiong Qi，Strafrechtlicher Umgang mit Produktgefahren in der VR China，in G. Freund u. a. (Hrsg.)：Strafrechtliche Verantwortlichkeit fuer Produktgefahren，2015，S. 28－29.

榷之处。如果国家机关正常活动是受贿罪的法益，那么只能说明“机关活动受到破坏”确实是法益侵害，但并不是该罪的构成要件结果，因为构成要件结果是一个在时间与空间上与行为相分离的效果状态，[①] 这并不是所有的犯罪都需要有的。事实上，只要认为受贿罪是个行为犯[②]或抽象危险犯[③]，其既遂标准就可不依赖于国家机关正常管理活动的破坏而存在。至于受贿罪的主观要件与国家机关正常活动的关系，如果从一般刑法理论的通说上理解，会发现这两者并不属于同一层面的话题。主观方面构成要件在范围上只需要与客观方面构成要件相一致，而如果受贿罪的法益是国家机关正常活动，则该罪的客观方面自然已经包含并完整体现了对国家机关正常活动的破坏，因此行为人在犯罪故意方面所要知晓及希望或放任的事实，仅仅是本罪客观方面的构成要件事实，而不需要具体到本罪的保护法益的内涵在学理上的确定。从这个意义来说，无论受贿罪的法益具体被确定为什么，行为人主观故意的认识与意志因素都只需要与构成本罪客观方面的情状发生关联，这即足以说明行为人知晓并希望或放任本罪的保护客体可能受到侵害的事实了。[④]

还有观点认为，“对那些接受贿赂并未为他人谋取什么利益的，很难说侵犯了国家机关的正常活动”。[⑤] 但支持“国家机关正常管理活动说”的阵营很早就对此做出了回应：即使这种（贪赃而不枉法的）行为有时可能并不影响公务行为合法、正当的执行，“也会改变公务行为的性质，从而败坏国家机关或企事业在人民心目中的威信和人民对公务人员依法执行公务的信赖，同样也就破坏了国家机关或企事业的正常活动”。[⑥] 当然，这实际上将“正常”二字做了广义理解，将“信赖”元素融入其中，已成为狭义“国家机关正常活动说”与“信赖说”的杂糅。然而，如前文所述，因为顾及法益说的解释力问题，很多复合理论中的法益最终都成了包罗万象的概念，要么把关键的词义进行大规模扩张，要么为关键的语词罗列、填

① C. Roxin, Strafrecht AT, 2006, Rn. 10/102ff.

② So z. B. G. Heine/Schoenke-Schroeder-Kommentar StGB (2010), § 332 Rn. 1.

③ So z. B. C. Sowada/Leipziger Kommentar StGB (2009), § 331 Rn. 39 f., § 332 Rn. 1.

④ A. Henn, Der subjektive Tatbestand der Straftat Teil 1, JA 2008, 699, 702.

⑤ 马克昌主编，吴振兴、莫洪宪执行主编《百罪通论（下）》，北京大学出版社，2014，第1169页。

⑥ 陈立：《受贿罪若干问题新探》，载《厦门大学学报（哲社版）》1989年第3期。

充很多定语或补语。考虑到我国的通说观点"职务行为廉洁性说"虽然在语法上仍以廉洁性修饰行为，以行为为中心词，因而同样会遇到"贪赃不枉法行为"解释力较弱的问题，[①] 但实际最后也通过对"廉洁性"（及其扩张词义）的强调而试图消解该问题，[②] 那么，通过强调国家机关活动的"正常性"来消解同一性质的质疑，不也是可以接受的吗？

在德国法方面，主要反驳观点认为"职务活动的纯粹性"过于宽泛、笼统，并不是贿赂犯罪所特别保护的法益，该法益无法区分贿赂犯罪与渎职以及其他与公务有关的犯罪。[③] 然而这一反驳也存在值得商榷之处。上文已对宽泛性的指责做出了回应，兹不赘述。至于法益对罪名的区分能力，这显然不是对任何法益都适用的硬性要求。按照德国刑法，即便处于不同章节的犯罪，其保护法益完全一样者也屡见不鲜，例如放火罪（属于危害公共犯罪一章）与故意杀人罪（属于针对生命的犯罪一章）的保护法益都是（个体）生命，[④] 按此说法，生命也成了一个不具有区分功能的宽泛型法益，这显然是不成立的。不过，在另一方面，德国现行立法思想并不偏向罗马法或日耳曼法源头的任何一方，而是两者之间的杂糅，既然这样，"贪贿而不违法"的行为当然也要处罚，而"职务活动纯粹性说"似乎与此并不相符，[⑤] 这似乎留下了一处把柄。然而，这种看法很可能仍然过分执着于实害犯形态，而没有认识到如果将受贿罪视为危险犯，这个指责也不一定站得住脚[⑥]。

2. 针对无酬（不可收买）原则说的批判及这种批判的困局

我国学者针对"无酬原则说"（即不可收买性说）的批判主要有两点。一是认为此说无法解释斡旋受贿行为，因为此时不是职务行为，而是斡旋

① 参见张明楷《刑法学》，法律出版社，2011，第1063页。

② 参见马克昌主编，吴振兴、莫洪宪执行主编《百罪通论（下）》，北京大学出版社，2014，第1169页。这里作者试图以"党和政府在人民群众中严明公正的形象"（以法律话语来说即是"信赖利益"）来填充对"廉洁性"的理解，这与以"信赖"填充对国家机关活动"正常性"的理解并无本质区别。另参见黎宏《刑法学》，法律出版社，2012，第951页。这里作者以"可能对职务行为的公正性产生影响"替换了对"公正性"的本来理解。

③ J. Graupe（Fn. 34），S. 95.

④ H. Radtke/Muenchner-Kommentar StGB（2014），§306a Rn. 4.

⑤ K. Geppert，Amtsdelikte，Jura 1981，42，46.

⑥ D. Doelling，Betrug und Bestechlichkeit，JuS 1981，570，574.

行为成为收买的对象。[①] 然而，既然贿赂是斡旋行为的对价，而更重要的是，斡旋受贿的犯罪主体仍然被限定为国家工作人员，那么只能认为斡旋行为仍是广义的职务行为，[②] 在这个意义上，不可收买性说并无不妥之处。二是认为此说与“职务公正性说”并没有实质区别，因为当人们追问为什么不可以以权换利时，终极的答案将仍是“因为可能会引起不公正的职务行为”。[③] 笔者赞同这种思路，但在细节上尚存在两点疑问：第一，既然在实定法框架内，法益的体系内在功能主要是为了解释构成要件，而不可收买性说的法益概念（在多数情况下）已足以合理解释受贿罪的构成要件，那么即已完成其主要使命，这时有什么必要进行下一步的追问？第二，这种追问到哪一级为止？如果可以由“为什么权力不可收买”追问至“因为可能引起不公正职务行为”，那么似乎找不到理由不继续追问“为什么不公正职务行为必须通过刑罚来禁止”。既然没有合适的理由认为第一种追问是真正“终极”的，那么这种寻根究底的追问最后必然会涉及法益在实定法之外的本质问题，而这并非法益的体系内在功能可以解答的。这恰好说明，在实定法的体系内兜圈子无助于解释某些带有“终极性”色彩的问题。

在德国法方面，针对“无酬原则说”（即不可收买性说）的技术层面的批判，主要集中在该原则本身并不妥当之上。德国学者 Schroeder 很早就指出，既然存在着不领取国家固定薪酬，而是从具体公务收费中获取酬劳的所谓“支付官员”（Gebuehrenbeamten）制度，即已说明公务活动可以是有偿的，而且这一制度与依法治国原则并不冲突。[④] 因此公务活动“无酬原则”被很多学者认为是一个伪原则。然而这样的指责并不准确。即使德国的支付官员制度使公务活动在一定范围内有偿化，但这仍是建立在严格法律制度上的法定有偿，[⑤] 因此问题的实质并不是公务活动的有偿或无偿，而是这种有偿是否合法。换言之，刑法禁止的是针对公务的不合法有偿

---

① 郑泽善：《受贿罪的保护法益及贿赂之范围》，载《兰州学刊》2011 年第 12 期。

② 参见张明楷《刑法学》，法律出版社，2011，第 1073 ~ 1074 页，尤其是第 1074 页注释 51。

③ 黎宏：《刑法学》，法律出版社，2012，第 951 ~ 952 页。

④ H. Schroeder（Fn. 30），289 – 290.

⑤ OLG Karlsruhe 31. 08. 2006，12 U60/06；H. Buchberger，Missdeutete Begriffe，Schiedsamtszeitung，1969，136a.

性，而不是合法有偿性。[1]

因此，将贿赂犯罪的法益从“无酬原则”修正为“合法酬劳原则”，似乎足以避免逻辑问题。事实上前述学者 Wagner 所提倡的“国家财政支出制度说”就是这样做的。然而，刑法为何要在贿赂犯罪中将如此具体的原则或制度作为法益加以保护？酬劳的法定性与贿赂犯罪的联系是本质问题吗？接受无法律根据的利益在任何情况下都侵害贿赂犯罪的法益吗？[2] 刑法其实并未将该原则作为其本身加以保护，换言之，“无酬原则”也好，“支出制度”也好，本身只是一个直接保护目标，其身后还隐藏着更深层次的价值。[3] 然而，这个本质的价值究竟是什么，答案可谓五花八门。有学者认为是“公正的职务行为”，[4] 有学者认为是“公务的纯洁性”及社会大众对这种纯洁性的“信赖”，[5] 至今也没有形成统一的观点。这再次说明，无论是中国法还是德国法，仅凭实定法的框架都无法彻底解决该问题。

3. 针对国家意志说的批判及这种批判的困局

因为与罗马法源立场不易兼容，此说的缺陷看起来非常明显，除非将重心放在伪造国家意志的“危险”而不是“实害”上。但这种自圆其说的努力的最大问题在于，其名义上将法益视为国家意志的不可伪造性，实质上将法益理解为公职行为的不可收买性甚或国民对此的信赖；但这种人为的杂糅是不成功的。从逻辑上来说，将不可收买性或国民信赖仍安插在国家意志不可伪造的名下是不妥当的，因为这已经是两类性质不同的事物了，强行统合在一个概念下的理由是不充分的。例如，一个内心准备枉法行政的人在接受礼物时已惹起国家意志篡改的危险（有向内的风险），但不一定引起国民信赖的动摇（无向外的风险）；相反，当一个接受礼物的行为可能引起国民疑虑时（有向外的风险），不一定表明当事者已准备枉法行政（无向内的风险）。[6]

虽然笔者并不持国家意志伪造说，但对此的批判同样存在一定的问

---

① H. Schroeder（Fn. 30），290；siehe auch H. Wagner（Fn. 27），S. 233.

② U. Kindhaeuser（Fn. 33），463.

③ C. Sowada（Fn. 50），Rn. 30.

④ H. Schroeder（Fn. 30），290；D. Doelling（Fn. 59），S. 574.

⑤ B. Heinrich（Fn. 29），S. 243.

⑥ *Dazu auch* B. Heinrich（Fn. 29），S. 245 – 246.

题，因为国家意志伪造说完全可以主张只需要行为人惹起向内或向外风险中的任何一项，即视为有篡改国家意志之风险，换言之，将向外风险视为国家意志伪造的实害，将向内的风险视为国家意志伪造的危险，则该说统一于两个性质相异的事物之间的选择关系。而难以从德国立法者的态度中找到理由来反对将贿赂犯罪视为危险犯，[①] 所以这种批判又陷入了僵局。

更重要的是，"国家的意志"在很大程度上是个政治概念，而刑法教义学主要是用来解决具体案件定罪量刑，实现个案正义的理论。固然不需要将所有的法益都具体化，也有相对抽象的法益存在，但这种抽象的背后应该有实态物的根基，完全没有具体实态物根基的抽象是不可取的。然而，在贿赂案件中，"国家意志"这一政治概念在构成要件层面的具体化则是一桩难题，因为贿赂犯罪毕竟不是危害国家安全的犯罪，并不直接危害国家法益。更何况在社会现实生活中，作为公民权利集合体的国家一旦形成，就与具体的公民权利产生了相对独立性，国家权力的运行与扩张并不总有利于公民的幸福，[②] 所以笼统的"国家意志"不应该成为贿赂犯罪的（最终）保护法益。

4. 针对信赖说的批判及这种批判的困局

在德国，信赖说（以及以信赖说为根基的混合说）是目前较有力的学说。因为"信赖"具有较强的抽象性，在与各种充当信赖对象的要素搭配后，该说具有较广泛的适应能力。但有学者提出，依照此说，在接受不法利益时，行为人内心是否保留不枉法行政的打算是完全无关紧要的，但这本应是关系到犯罪是否成立的重大事项，并不是无关紧要的。[③] 其中蕴藏的更深一步的逻辑则是：既然以信赖作为法益，则意味着惹起国民不信赖的"印象"的行为即可处罚，而假如一个行为人虽然有贪赃行为却最终没有枉法时，固然已经无可挽回地给公众留下了不信赖的印象，但最终这个印象难道不是一个"错误"吗？刑法连民众错误的印象也需要保护吗？所以德国学者 Ransiek 指出，国家并没有什么站得住脚的理由动用刑罚去制裁一个惹起了公众"错误印象"的人，错误的印象需要被纠正，而不是用

① Z. B. BT-Drucks. 7/550, S. 270.

② 参见何荣功《"重刑"反腐与刑法理性》，载《法学》2014 年第 12 期。

③ B. Heinrich (Fn. 29), S. 251.

刑罚来加以维护。①

虽然这种批判在逻辑上很有说服力，但其困局在于，它从根本上否认了以罗马法立场为源头的立法主义，也就是说从根本上就不认可无酬原则以及对它的信赖。而无论是德国还是我国，贿赂犯罪的刑事立法都是兼采罗马与日耳曼法源的，根据罗马法立场，即便惹起民众错误的印象（例如行为人收受财物后虚假承诺为他人谋取利益，但实际既无这样的打算，也无这样的行为），行为人也应该为此“埋单”。② 最终，这种批判上升成为一个刑事政策学的问题：到底是罗马法立场太苛刻，应该被现代刑法理念所淘汰，还是批判者太宽松，以至违背了实定法规范的应有之义？这显然超出了法益的体系内在功能所能回答的范畴。

混合类型的法益理论几乎完全由以上核心法益叠加形成，所以以上的分析也可适用，不再赘述。

（三）精神化法益观的循环逻辑链条以及集体法益理论的迷思

1. 循环推导的逻辑链条

从实定法规范体系的视角来看，除少数有较明显缺陷的学说外——当然这种缺陷的理据性仍可商榷——学说之间的聚讼至少在短期内不可能得到统一。不但中德两国的各种学说存在一些问题，而且对其进行的批判自身也存在问题。除上文分析的各种细节问题的复杂性之外，这种现象与贿赂犯罪的法益被认为是“集体法益”也有相当大的关系。

一般而言，个人法益与普通公民的生活实态具有更直接、更紧密的联系，而集体法益则不然，其较容易被各种抽象概念填塞，在极端情况下可能脱离社会现实，从而更可能被任意加以解释。对于贿赂犯罪而言，集体法益被过分地抽象、拔高，可能带来以下两方面后果。

第一，在实然的层面，对于贿赂犯罪法益“是什么”的问题，各种回答之间的差异可能被一个抽象的概念“消解”，具体又包括两种模式。其一为“统摄型”，假设某罪的法益原有 A、B、C 三说，现确定其法益为 X，X 的内容较为抽象，既包括 A 又包括 B 与 C，这样 A、B、C 三学说的提倡者都不能对其提出指责，X 成为通说的概率就增大了。为了使 X 具有较高的统摄性，它最好是集体法益，且不那么具体。在贿赂犯罪领域正在发生

---

① A. Ransiek, Strafrecht und Korruption, StV8/96, 446, 450.

② 参见张明楷《刑法学》，法律出版社，2011，第 1068～1069 页。

这样的过程：虽然人们尝试对什么是贿赂犯罪的法益给出各种答案，但只要出现一个更加宏大的概念（如上文的各种混合类型说）用逻辑自洽的方式把这些答案都统合在一起，就能形成一种新的包罗万象的法益说。其二为“互指型”，假设某罪法益原有A、B两说，现在A说认为该法益同时也是B，B说认为该法益同时也是A，这样两说的本质差异也就消弭了。例如，虽然将受贿罪法益视为“职务行为不可收买性”，但又将这种“不可收买性”解释为包括“公民对职务行为不可收买性的信赖”，这就是一种试图消弭信赖说与不可收买性说之间差异的努力。[①] 但为了让A法益看起来也能兼容B，将其设定为抽象色彩越浓越好，其结果通常就得到一个较为空泛的集体法益，其缺陷在于大而无当，看似什么都能囊括，却什么都没有解释清楚。以具体哪种模式炮制出来的法益，即使可以满足其“体系内在”的功能，也很难说对刑法边界的划分有什么实质的批判意义，这样一来，刑罚的预防功能就与法益的抽象程度渐行渐远了。[②] 换言之，有关个罪保护法益的学说越是在各种论战中立于不败之地，可能对司法实践就越无用。

第二，在应然层面，对于贿赂犯罪保护客体的本质“应该是什么”以及“为什么”应采此说而不是彼说的问题，抽象的集体法益概念尤其不能令人满意地加以回答。相反，因其特有的构造方式，集体法益更容易成为立法者扩张处罚权的工具，[③] 能更方便地为处罚规范找到合法化依据。

从法益概念史来看，20世纪20~30年代在欧洲兴盛的目的论法益说，正是这种思路的先驱。德国学者Honig认为，立法者动用刑罚的标准来自抽象的集体价值，例如“流传已久的民族观念以及植根于民族意识中的文化”，所以在其看来，法益不外乎是一种被用来探求具体法条的意义与目的的命令综合体（Synthese）。[④] 据此，刑法保护的就是某种集体性质的抽象价值，而法益就是探求这种价值所用的目的论工具。德国学者Gallas将该理论视为法益概念的“精神化”（Vergeistigung），[⑤] 清楚地揭示了这种学

① 参见张明楷《刑法学》，法律出版社，2011，第628页。

② W. Hassemer, Symbolisches Strafrecht und Rechtsgueterschutz, NStZ 1989, 553, 557.

③ W. Hassemer（Fn. 77），557 f.

④ R. Honig, Die Einwilligung des Verletzten, 1919, S. 93 – 94.

⑤ W. Gallas, in: G. Dahm u. a.（Hrsg.）Festschrift fuerGleispach, 1936, S. 57.

说因过分抽象化导致法益丧失实质内容的特点。在这种情况下，立法者只需要将想要处罚（或保护）的事物上升（或篡改）为“抽象集体价值”就行了。这实际上是一条危险的“循环论证”之路，这种空洞的概念结构曾在很大程度上方便纳粹主义者将自己所需要的任何东西往刑法规范中填塞。①

某些以“制度”为核心建构的法益（客体）学说，恰好体现了这种思路：正因为国家廉政制度就是国家用来防止贿赂的制度，如果将廉政制度视为法益，则完全等于将防止贿赂的制度视为法益。这就在逻辑上出现了循环。换言之，对于立法者而言，如果需要防止事物X的出现，只需要设立一个刑事规范禁止X，然后宣布本罪的法益是Y，且Y就是X的禁止状态，那么这整个逻辑链条固然是自洽的，但也是空洞无力的，它无法说服除了立法者之外的任何人。而廉政制度就可以成为这样的Y，所禁止的贿赂就是X；以同样的逻辑也可以说公职行为的无酬性/不可收买性就是这样的Y，它所禁止的有偿性就是X。推而广之，假设一个国家打算用刑法禁止互联网，也可以宣称相关罪名的法益Y就是X（互联网）的被禁状态。这样的法益就算可以“指导犯罪构成要件的解释”，仍是经不起考验的。德国学者Roxin也强调，人们打着集体法益的旗号让刑法规范去保护一些模棱两可的概念，但实际上人们并不能从中真的找到对个人法益的保护，那么这种情况就叫作“伪法益”(Scheinrechtsgueter)。② 这也正是前文列举的贿赂犯罪法益学说聚讼的局限性所在。

这个循环推导逻辑结构的关键，在于其中的法益（Y）必须是抽象的集体法益，只有这样，Y才能做到与立法者所要达到的X禁止状态全等。换言之，Y必须是一个没有独立存在价值、完全依附于规范本身的事物，而这个事物显然不可能由个人法益充任，只可能由集体法益充任。例如，依照之前的逻辑，我们不可能将故意杀人罪代入这样的逻辑链条：立法者设立了刑事规范禁止故意杀人（X），然后宣布本罪的法益是Y；但他并不能同时宣布Y全等于X的禁止状态，因为社会常识告诉我们，故意杀人之所以被禁，并不仅是出于立法者的愿望，而是尚有其他的原因，这个原因和个人有关，无法被一个宏大的集体价值之类的词所统摄。

① W. Hassemer (Fn. 43), S. 49.

② C. Roxin (Fn. 48), Rn. 2/10.

2. 集体法益理论与贿赂犯罪

当然，并不是所有的集体法益都有这样的痼疾，否则现行刑法体系将只剩下保护个人法益的刑法规范与无法被合法化的刑法规范这两类了。这显然是不现实的。以德国为例，除“法兰克福学派”的学者以外，其他学者仍在以各自不同的理据与方式支持“集体法益”概念在现代刑法体系中的存在性。[①] 那么，集体法益如何才能避免上文所提到的“没有独立存在价值”的境地呢？不同的学说给出了各自的回答，有必要对现代集体法益理论的脉络略加梳理。

一方面，一元论的法益观认为法益只有一个真正的本源，要么来自个人，要么来自集体。其中前者为个人主义一元法益观（personale Rechtsgutslehre），后者为国家主义一元法益观，唯目前后者的影响力已远小于前者，兹从略。前者认为，个人法益，如生命、健康、财产等，是毫无疑问值得动用刑法保护的法益；而社会公众的利益（即传统所谓国家法益与社会法益）只有在“间接用来保护个人利益”的情况下才值得动用刑法加以保护；更重要的是，此说认为公众法益是由个人法益所“导出”（Ableitung）的。[②] 换言之，现代刑法的世界里并不存在没有个人法益作为根基的公共法益。

但是，此论并没有清晰地回答这种“导出”关系的本质究竟为何，集体法益这一概念究竟能否“独立”存在，以及其与个人法益的关系如何。根据德国学者 Hassemer 的论述，在个人主义一元论的框架下，至少可以观察到两种不同的处理模式。[③]

第一，某罪名通常被认为是保护集体法益的，然而该法益其实是虚假的；真正受保护的是地道的个人法益。如环境犯罪，人们通常认为其保护的法益是“清洁的环境”“自然生态”这样的抽象法益（集体法益），而实际则是普通的生命权与健康权等个人法益。在这种模式中，“导出”关系排挤掉了集体法益的存在性：“清洁的环境”是从人的生命权与健康权中导出的，其本身并没有独立存在的必要与价值。因此，通常所谓的集体

① 参见钟宏彬《法益理论的宪法基础》，台湾政治大学 2009 年硕士论文，第 173 ~ 184 页。

② W. Hassemer/Alternativkommentar StGB（1990），vor §1，Rn. 275 – 279.

③ W. Hassemer（Fn. 84），Rn. 277 – 280.

法益不过就是个人法益保护的前置化状态,[①] 所谓集体法益的实害犯，就等于个人法益的危险犯。相反，如果无法满足这种导出关系，则该集体法益不能与人产生“建构性关联”，应视为并不存在，如所谓“日耳曼种族的纯净”。[②]

第二，一般公认某罪名所保护的集体法益，在一元论中也被认为是存在的，但与通常的表述略有区别。如伪证罪的保护法益确与司法有关，伪造文书罪的保护法益确与法交往安全有关，但与传统说法不一样的是，在一元论中这两个法益需要和个人法益联系起来才有效：前者保护的应该是“参与法交往的全体公民”以及对证据完整性有兴趣者；后者保护的则是“存在于为相关人员按规定提供真实情况的任务之下的法交往安全”。这种情况下，“导出”关系没有排挤掉集体法益的独立存在性。所以，在一元论的视角下有一点是清楚的：贿赂犯罪的法益一定要和真实而具体受害的个人法益有关，但其是否独立存在，仍没有定论。此处姑且将第二种处理模式称为“准个人法益”。

另外，二元论的法益观则认为法益有两个互不隶属的本源，因此个人法益与集体法益原本就是各自独立存在的。更重要的是，此论从根本上认为由个人利益去“推导”集体利益是一条错误的道路，所谓“推导”关系既不必要，也不存在。如一元论者认为“环境法益”本身是不存在的，应该还原为个人利益才有意义；二元论者则认为这样的理解忽视了人类是一个整体的事实，整体的人类存续（不能等同于具体个人的生命）才是相关的法益，因此“环境法益”不但存在，而且与个人法益所解决问题的重心完全不同：工业革命与人口爆炸使得现代社会的保护重心偏向于无法分配给个人的整体环境。[③] 另一位代表性的批判者认为，当一个法益可以被所有人非排他性利用时，即为集体法益，例如贿赂犯罪的法益就是如此，它无法被精确还原为具体个人的具体利益。[④] 可以看出，这种（新）二元论仍然以个人法益为终极价值依归,[⑤] 只是认为在某种社会变革条件下，仅

---

① W. Hassemer（Fn. 77）, 557.

② 参见钟宏彬《法益理论的宪法基础》，台湾政治大学2009年硕士论文，第177页。

③ B. Schuenemann, Geistige Situation der deutschenStrafrechtswissenschaft, GA 1995, 201, 206 - 207.

④ L. Kuhlen, Umweltstrafrecht, ZStW 105（1993）, 697, 704.

⑤ 参见钟宏彬《法益理论的宪法基础》，台湾政治大学2009年硕士论文，第188页。

保护个人法益是不足的。因此，即使根据二元论，完全依附于政府部门利益的空洞的集体法益也是不可接受的。[①] 限于篇幅，在此不对一元论与二元论之争进行过多评价，但无论何者，对（被认可的）集体法益的要求则是共同的，即需要与某种实在的个人利益发生关联，至于这种关联是“导出”还是并存关系，能否导致集体法益被“排挤”掉，则是另一回事。

因此，可以对上文列举的几类法益说进行一次筛选：以国家管理活动、廉政制度与原则以及国家意志为核心建构的法益说是令人不满意的，因为其在很大程度上就是立法者的禁止性规范的同义反复。留待进一步思考的则是信赖说。

三 刑法教义学之外的视角：社会实态对贿赂犯罪侵犯客体的第二次筛选

利用法益的“体系超越”功能才能在国家所要求的服从权（即实定刑法规范）之外的世界为贿赂犯罪的保护法益寻找一个独立、有说服力的位置。正因为此功能要求从刑事政策学的视角对现行法规范体系进行批判性的审视，所以对贿赂犯罪的法益进行第二次筛选，需要将观察视角转换至社会实态。

（一）贿赂犯罪的社会实态

从近期一项在中部城市进行的实证调研[②]可以看出，我国“官商勾结”现象的高发区、频发区，无一例外都是权力集中的社会领域。调研显示，违纪的高级官员的职权范围涉及房地产，拆迁，国企的收购、重组、股权交易，能源，矿产，土地转让，工程建设领域者，涉“官商勾结”的比例均在10%以上。而中低层官员中，职权范围涉及工程建设、维修、造价审计、房地产开发、企业改制、项目资金申报和审批、经营权、土地评估、征地拆迁、土地开发领域者，涉“官商勾结”的比例均在5%以上。至于裁量空间较小、设租能力相对较弱的领域，如资金周转、交通、合作开发等，被卷入贿赂案件的可能性均不到2%。由此可见，贿赂关系是一种典型的权力敏感型关系。由于缺乏有效的权力制约与监督机制，代理人（a-

---

① L. Kuhlen（Fn. 89），705.

② 对此次实证调查数据的详细解读，参见熊琦、莫洪宪《“反腐新常态”下官商勾结的法律治理》，载《江西社会科学》2015年第5期。

gent）会自发地倾向于背离委托人（principal）的利益，转而与客户（client）私下勾结，这是经济学与社会学所观察到的社会现实。[①] 如将代理人视为官员，委托人视为国家，就构成了典型的行贿受贿过程。类似的情况在德国也可观察到。[②]

从社会的角度来看，作为理性经济人（homo oeconomicus），“商”之所以会主动输送利益，冒着各种风险寻求贿赂“官”的机会，其动机当然是牟利，一旦官员手中权力不复存在，即使行贿，其预期利益也不足以抵消成本，行为的驱动力也就消失了。所以，贿赂犯罪的根本成因在于不受监管且具备设租能力的公权力。

（二）经济学视角对贿赂犯罪法益学说的“挑战”

既然贿赂犯罪的决定性因素在于公权力的不受制约性，而社会政治条件在短期内又难以得到迅速改变，那么当一国政治条件显著不利于经济发展时，在有的学者看来，贿赂行为因为客观上绕过不合理的政治架构，降低社会政治的不利条件所带来的低效率，[③] 反而可能在一定程度上促进经济的增长。[④]

这种“贿赂无害论”的观点，出自经济学上的“功能主义”（functionalism）立场。从功利分析出发，功能主义者认为，贿赂并非绝对负面的概念，其对经济、社会发展的意义不能一概而论，在不同的政治经济条件下，贿赂可能促进也可能阻碍社会发展。[⑤] 特别是在经济活动主要由政府掌控的情况下，只有当政府管制的效率较高时，管制才能真正促进经济发展，而历史证明政府管制的经济效率并不高，[⑥] 这就给贿赂行为留下了正当化的可能性——通过行贿而绕过了政府管制的商人，实际上给社会带来了效率更高的服务。从社会管理的角度来说，僵化的体制会严重束缚生

---

① S. Ross, “The Economic Theory of Agency: The Principal's Problem”, *Decision Making under Uncertainty*, 1973, 63 (2): 138.

② B. Bannenberg (Fn. 32), S. 121.

③ *Cf.* H. Bayley, “The Effects of Corruption in a Developing Nation”, *Western Political Quarterly*, vol. 19, 1966, p. 726 f.

④ *Cf. e. g.* A. Wedeman, *Double Paradox: Rapid Growth and Rising Corruption in China*, Wedeman. Ithaca, (NY, and London: Cornell University Press, 2012), p. 15f.

⑤ *See e. g.* J. Nye, Corruption and Political Development, *American Political Science Review*, vol. 61, 1967, p. 427.

⑥ H. Bayley, supra note 95, at 727.

产力的发展，而这时适度的贿赂不但能够抵消这种束缚作用，解放生产力，也意味着社会管理的真实渠道变得更加丰富，具有了一定竞争性。[①]

沿着这条道路走下去，人们会发现有关贿赂犯罪保护法益的学说，似乎受到严重的“挑战”。基于对实定法体系的批判，法益概念的“体系超越”功能要求立法者只动用刑罚处罚严重威胁社会的存续与发展的行为，否则这种处罚将丧失实质合法性。据此，法益理论也包含了“利益衡量”（Abwaegungsdogmatik）的分析模式，[②] 这与经济学中的“功能主义”立场在逻辑上是同构的。而根据“功能主义”的立场，既然贿赂行为对经济发展有益无害，那么将难以解释对这样的行为予以刑事处罚的必要性。换言之，从社会图景来看，贿赂犯罪的法益是否真实存在，又成了一个值得怀疑的问题。

当然，并不是所有的法益学说都建立在这种功利分析之上，其他类型的法益理论往往诟病功利的计算模式会忽视人类尊严、社会多样性、平等原则之类重要但却无法被量化分析的基本价值。[③] 然而，即便要将这类宏大的词语用在本节的论题之上，也会面临另一个问题：贿赂行为是否真的侵犯了人类的基本尊严，是否阻碍了社会平等，从而侵犯了无法进行功利计算的人类社会基本价值？

“功能主义”的立场恰恰从反面回答了这个问题：正因为贿赂腐败行为实际上打破了官僚对经济的垄断性掌控，因而是促进而不是阻碍了社会平等；又因为增进社会经济平等的行为本质上使得经济活动的参与者不必去讨好某一个居于垄断地位的经营者，实际上也维护了人们的尊严。如果承认这一点，则处罚贿赂行为的依据似乎只剩下了道德传统对这种行为的厌恶，但现代法治理论的立论根基之一即是严格区分道德问题与法律问题。立法者并不能根据人们的主观好恶去处罚一个实际上并无社会危害性的行为，即便这个行为几乎被所有正直的人厌恶。换言之，社会禁忌不是法益，道德观与历史传统也不能（直接）成为法益。[④]

当然，综观全局，笔者并不认同“贿赂无害论”的功能主义立场，原因在于功能主义立场的逻辑起点是存在问题的，虽然不排除该理论的某些

---

① H. Bayley, supra note 95, at 729 f.

② W. Hassemer (Fn. 84), Rn. 250 f.

③ W. Hassemer (Fn. 84), Rn. 250.

④ K. Amelung, Rechtsgueterschutz und Schutz der Gesellschaft, 1972, S. 370 – 372.

引申论点可能局部符合社会现实。

首先，功能主义立场的逻辑起点的有效性，应该限制在政府对经济存在高度严苛的管制且效率极低的情况下，在目前的世界上，这种情况并不多见，只会发生在朝鲜等少数国家。对于我国目前已成功建立起社会主义市场经济体制的状况而言，这已经基本成为过去式。换言之，人们不惜以违法行为来换取必要经济发展的需求，总体上已不那么迫切。在这种情况下，动用行贿手段去满足权力设租行为，从而达到某种经济目的的行为的合法性，就大打折扣了，因为只要某个市场是开放的，至少在理论上，通过合理的市场竞争行为也能达到相同的经济效果。

其次，即便用功利主义的思路去分析问题，当人们认为贿赂行为具有某些促进经济发展的可能性时，不能忽视这种“促进”是用巨大的隐形代价换来的，此即为贿赂犯罪的“溢出效应”（spillovereffect）。[①] 在贿赂关系中公职人员一方通常具有领导者地位，其腐败行为会为其追随者带来长远的不利影响，这种不利影响将会一层一层往下继续“溢出”，从而导致整个社会受害，而这将使得“促进经济型”腐败从总体上得不偿失。

再次，从法秩序、法安宁的角度来看，当行为人试图以行贿的方式规避某种经济管制，即使被勉强视为一种“对抗恶法”的准自力救济措施，也并不因此而天然具备合法性。因为从社会角度来看，如果人人都能依照自己对正义的理解而采取违法的“规避”或“救济”措施，则整个社会的法秩序安全将处于不堪设想之境地。根据处理自然法与实定法冲突的“拉德布鲁赫”公式（Radbruch-Formel），只有故意地追求不法的实定法，或者体现出令人难以忍受的不法性的实定法，才应让位于自然法。[②] 而贿赂行为尚不足以满足这样的条件。

近年的实证研究表明，我国的腐败现象确实以“腐败程度上升1%使经济增速下降0.4%～0.6%”的比例关系在阻碍经济发展。[③] 总之，基于

---

① S. Werner, “New Directions in the Study of Administrative Corruption”, *Public Administration Review*, vol. 43, 1983, p. 149 f.

② U. Neumann, Naturrecht und PositivismusimDenkenGustav Radbruchs, in: AktuelleProbleme des Naturrechts, 2007, S. 19 ff.

③ 参见陈刚、李树、尹希果《腐败与中国经济增长——实证主义的视角》，载《经济社会体制比较》2008年第3期；参见宁优俊《腐败与经济增长双高之谜》，载《中国市场》2011年第5期。

功能主义立场的“贿赂行为无害论”是笔者所不能赞同的，但其部分结论——尤其是关于行贿受贿在一定程度上可以避免不必要的经济管制带来的低效的结论——对本节的分析具有一定意义：正因为我国在当前已不是一个经济高度僵化的计划经济国家，腐败无害论的根基与逻辑起点才被证伪；那么反过来，如果我国经济发展不能朝着正确的大方向深化改革继续前进，则腐败现象又可能成为经济生活的“润滑剂”而重新开始具有合法性，这当然是一个“双输”的局面，是人们所不愿意看到的。

总之，如果认为刑法教义学之外的视角——对社会、经济实态的观察——有助于进一步筛选贿赂犯罪的法益，那么这种作用主要体现在，它能将贿赂犯罪的不法本质中纯道德观念方面的因素剔除出去：腐败行为之所以应该被处罚，不是因为它触怒了人们的价值观，而是因为这样的行为实实在在影响到了每个人的利益。实际上，刑法教义学内外的视角在这个问题上得到了统一。腐败现象当然在一定程度上是个道德问题，但这恰恰不是法益问题所要过多考虑的。动用刑罚权去引领道德风尚，通常会得到令人尴尬的结果。根据一项演化生物学与博弈理论的研究，只有当建立起对执法者完全有效的严厉监督，同时使每个公民体会到真正平等的权利感时，才能实现完全杜绝腐败现象。① 然而这套系统会自发地强化人类在推行强制规范方面“无尽的欲望”，水至清则无鱼，推行过分纯净的道德观，反而会拖累社会经济的发展。②

四　综合视角下的再审视

综合刑法教义学内外的视角可知，一方面，贿赂犯罪的法益需要保持一定的逻辑价值，在逻辑上不依附于具体的实定法规范；另一方面，该法益应与个人在社会生存、经济发展方面的利益产生直接而真实的关联。

前文已根据相应的标准筛除了若干在中德两国通行的学说，而“信赖”仍然被认为是一个与个人利益结合得非常紧密的集体法益，与每一个

① A. Ubeda, E. Duenez-Guzman, “Power and Corruption”, *Evolution*, Vol. 65, No. 4 (2011), p. 1129.

② *Cf.* S. Sadedin, Natural Police, Aeon Magazine, http: //aeon. co/magazine/society/game-theorys-cure-for-corruption-make-us-all-cops/ (1st, July 2015).

社会成员的生活具有真实的关联,[①] 所以被认为是贿赂犯罪真实侵犯的客体。然而，如何证明信赖不是一个空泛的抽象概念呢？德国学者 Hefendehl 试图将“累加犯”（Kumulationsdelikt）概念应用到贿赂犯罪上来解决这个问题。单独来看，行贿、受贿行为通常只是当事人“自私自利”（egoistisch）性质的交易，并不是有意去侵害法益的行为。然而当这样的事情层出不穷地累积后，一旦越过了某个“阈值”（Schwelle），社会信赖会突然崩溃。[②] 而公信力一旦崩溃，无论政府如何补救都是很难重建的，此即历史学上所谓“塔西佗陷阱”（Tacitus Trap）。所以为了防止这种情况出现，只能对每一笔有损行政威望的行为都加以处罚，这就是“信赖”与生活实态的关联。

虽然有一定道理，然而笔者对此立场仍不完全认可。累加犯的要义是，如果人人皆做同样的事会导致严重后果，所以要未雨绸缪地禁止单个行为。但这种严重后果毕竟不是由具体案件的行为人一人所导致的，因为担心引起他人的模仿而处罚此人，这与罪责原则之间是否完全契合，还值得进一步讨论。另外，我国刑法的一个重要特点就是对犯罪进行定量考虑，所以刑法明确为受贿罪的成立规定了数额与情节标准，《刑法修正案（九）》草案拟将具体数额去掉，但定量门槛仍然存在。在这种情况下，更难认为累加犯与我国通行的刑法理念是契合的。建立于此之上的“信赖”与我国刑事司法生态的联系，也就值得商榷了。事实上，即使是不以定量思维为特征的德国刑法，也并不完全认可这种联系。德国学者 Kargl 正确地指出，任何行政行为背后都有广义的“信赖”存在，这一法益概念根本无法区分犯罪与行政违纪，而且会导致实际处罚的是官员的行为不当（unkorrekten Verhaltensweise）。[③] 这显然与贿赂犯罪所要求的处罚范围不是一回事，因为这成了另外一个罪名——普通法（common-law）中的“公职人员行为不当罪”。[④]

更重要的是，主张“信赖”成为有独立意义的法益的学者，真的在日

---

① R. Hefendehl, KollektiveRechtsgueterimStrafrecht, 2002, S. 321 - 323。当然该作者并未直接赞同信赖说，而是支持国家行政功能说，但又认为信赖构成了行政功能的外部条件。

② R. Hefendehl（Fn. 108）, S. 322.

③ W. Kargl, Ueber die Bekaempfung des Anscheins der Kriminalitet bei der Vorteilsannahme, ZStW 114（2002）, 763, 782.

④ *See e. g.* Shum Kwok Sher v. HKSAR FACC1/2002（2002）5 HKCFAR 381.

常生活中对行政权力有如此程度的确信吗？面对反腐工作发展新形势，中央提出要加强对权力运行的制约和监督，“把权力关进制度的笼子里”。从宏观上说，这不正是对（不受制约的）权力的“不信赖”吗？在某种意义上说，对公权力的不信赖正是现代法治社会进步的体现。而不惜动用刑罚去保护对于本来需要加以警惕的事物的信赖，岂非有南辕北辙之嫌？更何况当一个国家的管制政策极不利于经济时（如朝鲜式计划经济），对这种政策仍可存在“信赖”，而就“信赖”这一法益来说，贿赂朝鲜官员与贿赂一个正常国家的官员没有丝毫差别，似乎社会危害性是等同的，但这很可能是荒谬的。由此足以看出“信赖说”在真实社会生活面前的虚弱。

五　结论

综合全文的论述，贿赂犯罪的法益应该朝着个人法益或准个人法益的方向去寻找，只有当确认贿赂犯罪不法本质就是侵犯普通公民实在的个人权益时，相关刑法规范才具有真实而独立的价值。从这个意义上来说，之前列举的各类学说只在一种意义上是正确的：它们正确地指出了贿赂犯罪法益的“中间形态”,[①] 但没有往前更深入地推进一步。贿赂犯罪确实损害了公务的正常进行，篡改了国家意志，也破坏了廉政制度与公务的无酬原则，并因此也破坏了对以上所有这些的信赖。但在这些背后，是贿赂犯罪对国家与公民之间“契约”的破坏，换言之，公民将权利集中于国家是为了换取对个人自由的保障，但在贿赂犯罪中，国家的这一承诺被“背叛”了，所以贿赂犯罪归根结底还是侵犯了“通过宪法保障的个人权利（的许可条件）”。[②] 如解释得更详细，贿赂犯罪的法益就是因贿赂行为而被排挤的个人所拥有的，国家本应保障的参与社会交往活动的自由。个人法益，不管是生命、健康还是财产，本质都是自由[③]，所以这样也解决了贿赂犯罪的（个人）法益到底是生命、健康还是财产的难题[④]——既然这三者拥有相同的本质，没有必要对这个问题笼统地给出答案。

最后，除了上文已经进行的分析之外，个人法益说或准个人法益说尚

---

① *Dazu siehe* U. Kindhaeuser, Gefaehrdung als Straftat, 1989, S. 280 f.

② W. Kargl (Fn. 110), 789 – 790.

③ M. Marx, Zur Definition des Begriffs Rechtsgut, 1972, S. 57, 60.

④ L. Kuhlen (Fn. 89), 704.

有两处优势值得强调。一是此说能有效解释“不得已型”的行贿行为真实的社会危害性。如坚持认为贿赂犯罪的法益是集体法益，即使发生“不得已”的情况，也因为集体法益对个人法益的优势地位，难以在现有的刑法学理论框架内找到合理的解释方法将其出罪或轻罪化；而如果将贿赂犯罪的法益视为个人法益，则可以认为在这种情况下是国家违反对公民的承诺在先，从而使得这种行为带有一定自力救济性质，其实质的违法性（危害性）的降低也容易得到解释。① 二是只有此说才能从根本上解释国家行政行为的正确性与“腐败无害论”之间的关系：当国家的经济政策在正确的方向上运行时，贿赂犯罪必将有损于经济发展，因为它侵犯的是其他参与社会交往的竞争者的自由；但如果国家的经济政策走向错误的道路，则贿赂犯罪可能体现出较强的自救性质，在一定程度上挽救了法益，对经济有促进作用。当然，后一种情况是典型的国家与个人“双输”的局面。故此，对（准）个人法益说的提倡，更能从根本上促使国家实行正确的政策，保障经济与社会的发展。

（武汉大学法学院副教授　熊琦）

① 废除行贿罪的观点参见姜涛《废除行贿罪之思考》，载《法商研究》2015 年第 3 期。本节并不主张行贿罪的完全废除，但支持对行贿罪有条件出罪或轻罪化。

第三节

单位行贿犯罪案件的情况分析及预防对策

近年来，随着我国市场经济发展的突飞猛进，单位行贿犯罪滋生蔓延，不仅成为腐败的重要源头，严重破坏了国家工作人员职务活动的廉洁性，而且也破坏了公平竞争的市场经济秩序，具有双重的社会危害性，不得不引起重视。随着检察机关对商业贿赂、工程建设领域突出问题的专项治理等工作的开展与深入，反贪部门在办理贿赂案件的过程中发现，单位行贿犯罪案件的比例呈现出递增趋势，随着市场竞争越来越激烈和国有企业改制的不断推进，个人行贿犯罪正在向单位行贿犯罪扩散，单位行贿犯罪表现出令人担忧的发展趋势。

一　单位行贿犯罪案件的特点

（一）发案单位的所有者与实际经营者高度重合

在单位行贿犯罪的案件中，很多发案单位均为中小型民营企业，企业形式以有限责任公司为主，这些公司呈现出注册资本少、股东人数少、股权集中等特点。有的公司虽然股东数量符合相关法律的规定，但除了实际经营者以外的股东或者没有实际出资只是挂个名，或者只占有极少量的股份，均不参与公司的日常经营活动。公司的所有者与公司的经营者高度重合，导致股东之间缺乏基本的制约，公司的日常管理和经营决策完全取决于实际经营者的“一言堂”。

（二）向多人行贿及多次行贿现象严重

一是从查办案件来看，行贿单位谋利的直接指向性在弱化，从传统上的为了一时一事之利而行贿逐渐向长期感情投资转化。有的企业甚至将经营中获得的大部分利润均用于向国有企业的相关人员行贿，一段时期内企业只赚取微薄的利润，其目的正是希望借助贿赂向相关国有企业工作人员进行长期感情投资，为今后的承揽业务、工程中标等开道铺路，这种“放长线钓大鱼”的观念，成为行贿单位多次行贿的原动力。二是多数发案单位均存在向多名国家工作人员行贿的情况，有些企业在承揽工程的过程中，在招投标、工程施工、竣工验收、尾款结算等各个环节均对相关的国家工作人员一一予以贿赂拉拢，腐化了整个系统的多名国家工作人员。

（三）贿赂形式多样、手段隐蔽较难发现

随着社会经济的发展和查处贿赂犯罪力度的不断加大，行贿单位进行贿赂的形式不断翻新，手段更加隐蔽。一是行贿单位已经不再局限于向相关的国家工作人员赠送现金、购物卡等财物，而是采取了提供旅游、培训等更加隐蔽的手段行贿，还有的企业为了在业务上获得关照，以借款为名义向相关的国家工作人员进行贿赂，加大了检察机关查办此类案件的难度。二是单位行贿犯罪多采取“一对一”的方式进行，行贿方与受贿方结为利益共同体，甚至订下攻守同盟，对抗检察机关的查处。三是在行贿行为完成后，行贿单位通常会将行贿资金列入或变相转化为管理费用，再利用一些发票冲账，使得行贿资金在财务账上较难发现。

（四）单位行贿犯罪发生的领域相对集中，环节相对分散

单位行贿犯罪在工程建设、医疗卫生、采购经销等领域出现较为集中，而在发案环节上则有扩散的趋势。出现上述现象，一是与近年来检察机关深入推进商业贿赂、工程建设领域突出问题专项治理等工作有一定的关系，随着检察机关在相关领域查处力度的增大，该领域内的职务犯罪案件集中被检察机关发现并查处。二是这些发案集中的行业领域多年来的无序发展与恶性竞争也令行业自身演变出一套潜规则，导致这些行业领域成为滋生贿赂犯罪的温床。三是国有单位为了防止发生腐败现象，在内部细分审批权，将曾经一个部门、一位领导的权力拆分给多个部门、多位领导分管，以形成相互制约，然而一些企业为了谋取不正当利益，对于经手其业务的各个部门的领导均一一予以拉拢腐蚀，导致发案环节趋向分散。

二　单位行贿犯罪案件的发案原因分析

（一）我国市场经济制度建设尚不完善

随着《中华人民共和国公司法》《中华人民共和国合伙企业法》等相关法律法规的修订，我国设立企业的门槛已逐步降低，在促进市场自由和竞争激烈的同时，也引发了一些相关的问题。在市场主体尚不成熟和市场秩序尚未完全建立的情况下，自由的竞争成为一些企业铤而走险，迈向万劫不复之路的诱因。

一方面，市场主体尚不成熟，企业内部管理制度不尽完善。一是我院办理的单位行贿案件中，发案单位普遍存在内部监管缺失等情形。有的公司虽然依照我国《公司法》的相关规定，设立有股东会、董事会、监事会等机构，看似符合现代企业的法人治理结构，但由于股东均为自家亲属，由股东会产生的董事和监事也都选任的是股东的亲信，使得公司在实际运营中仍是家族式企业的经营模式。公司在重大事项的决策中，股东会和董事会的决策规则、程序流于形式，监事会的监管更是形同虚设，最终起决定作用的仍然是一两个大股东的个人意志，公司内部监督与制约严重缺位。二是发案单位的财务管理制度不尽完善，财务监管不能发挥作用。有的企业是由丈夫主管业务经营，由妻子负责管理财务，这种岗位安排的必然结果就是财务监管不能真正发挥作用，给企业的管理造成一定混乱的同时，还导致业务负责人手中经常能够持有企业的大量现金，为了寻求业务而对国家工作人员大肆进行贿赂。三是发案单位的会计账目混乱，无法反映企业真实运营情况。一些企业的相关人员在行贿后又利用无关的发票，甚至是购买的虚假发票，进行报销冲账，以掩盖其犯罪行为。四是发案单位的资金规模比较小，对资金结算周期的依赖性高。由于相关法律法规的修改，设立有限责任公司等所需要的资金进一步减少，降低了企业设立的成本，但企业在实际经营过程中所需要的资金远远超过其流动资金，加之民营中小企业从金融机构贷款的现实困难，一些企业对资金回笼的速度具有非常强的依赖性。因此，有的企业在承揽到项目工程后，按照行业潜规则先垫付资金完成了相关工程的建设，之后却被拖延付款，为了顺利结算工程款而不得不对国有企业相关工作人员行贿。

另一方面，市场秩序尚未完全建立，企业外部生存环境不尽理想。一是我国在20世纪末开始形成的市场经济远不完美，反映在国有部门在资源配置过程中处于主导地位上，市场的力量虽然一度得到强化，但随着国有企业改革进一步受阻，经济领域出现国进民退的情况，使得民营中小企业的生存空间被挤压，在市场竞争中处于弱势地位。二是市场管理秩序不健全，行业潜规则盛行。单位行贿犯罪频发于行业技术壁垒较低的行业，其行业特点是专业性不强、技术垄断优势不明显，企业易于进入市场参与竞争，却因为行业门槛低，导致竞争激烈，从而难以使投资获得较高的回报率。发案单位往往是在市场竞争中缺少核心竞争力的中小型民营企业，在激烈的市场竞争中因为经济利益的驱动而选择铤而走险，突破合法经营的底线，在承揽业务的过程中，将贿赂作为提高其自身市场竞争力的有力手段甚至是唯一的手段。在一些工程建设领域的招投标过程中，存在托标、围标等非正常参与竞争的情形，数个拥有资质的投标人之间暗中约定，一致抬高或压低投标报价进行托标，使某个利益相关者中标，从而排挤其他竞争者，谋取利益。与此同时，通过金钱腐蚀招标人及招标代理机构，使得投标人的串通行为得到招标人及招标代理机构的默许和支持。三是市场经济主体不规范，一些不符合法律规定资格或不享有相应资质的企业亦通过各种途径规避法律的限制，参与到市场竞争之中。在工程建设领域的招投标过程中，大量存在着没有施工资质的企业借助挂靠等方式，利用具有相关资质的企业的名义进行投标的情况，招标人及招标代理机构在收取贿赂后，对此也视而不见，放任没有资质的企业参与投标，甚至促使其最终中标，这不仅破坏了公平的市场竞争秩序，也为施工质量埋下了隐患。四是作为市场主体的企业无视公平的市场竞争秩序，以牟取暴利作为企业的唯一诉求。由于我国近年来经济发展上的突飞猛进，一些行业和领域在一定时期内确实存在着不尽合理的暴利，这也在一定程度上刺激了发案单位为谋取不当利益铤而走险。有的发案单位在被查处之前，已经通过权钱交易挣得了丰厚的利润，这使得企业经营者错误地认为在经营过程中可以用钱开路、用钱办事，并将贿赂犯罪作为一种低成本高收益的经营手段。

（二）我国关于单位行贿犯罪的法律规定存在缺陷

单位行贿犯罪是20世纪80年代以后在我国出现并蔓延的一种新的犯罪形式。1979年刑法中没有涉及单位行贿犯罪的问题，直到1988年全国人大常委会出台《全国人民代表大会常务委员会关于惩治贪污罪贿赂罪的补充规定》，才对单位行贿罪作出了规定，1997年刑法对此作了进一步的明确。单位犯罪一般是公司、企业、事业单位、机关、团体为本单位谋取非法利益或者以单位名义为本单位全体成员或多数成员谋取非法利益，由单位的决策机构按照单位的决策程序决定，由直接责任人员具体实施的，且刑法有明文规定的犯罪。[①] 按照我国现行刑法的规定，对单位犯罪的，

① 张明楷：《刑法学》（第三版），法律出版社，2009，第131页。

除了处罚单位以外，还要对单位直接负责的主管人员和其他直接责任人员判处刑罚，即双罚制。双罚制分为两种情况：（1）对单位判处罚金，对直接负责的主管人员和其他直接责任人员规定的法定刑，与自然人犯罪的法定刑相同；（2）对单位判处罚金，对直接负责的主管人员和其他直接责任人员规定了较自然人犯罪轻的法定刑[①]。单位行贿犯罪就属于上述第二种情况，我国刑法第 393 条关于单位行贿罪的法定刑就轻于刑法第 390 条行贿罪的法定刑。[②]

我国对单位贿赂犯罪采取了从宽的立法精神，是有其历史根源的。我国在刑法中规定单位贿赂犯罪，最早出现在《全国人民代表大会常务委员会关于惩治贪污罪贿赂罪的补充规定》（以下简称《补充规定》）中，全国人大常务委员会秘书长、法制工作委员会主任王汉斌就该《补充规定》（草案）向全国人大常务委员会所作的说明的第 6 部分明确表达了当时立法的思想：第一，对单位贿赂犯罪的处罚，明显地轻于对个人贿赂犯罪的处罚；第二，《补充规定》第 9 条中规定的单位行贿罪的主体“企业事业单位、机关、团体”，仅指全民所有制企业事业单位和国家机关、团体，而不包括其他企业事业单位；第三，由于全民所有制单位行贿都有“为公”的因素，所以从轻处罚；非全民所有制单位的行贿行为，按照个人的行贿行为处理，即重于单位行贿罪。上述规定的精神符合当时国家对全民所有制单位特殊保护的历史背景，具有一定的合理性。[③] 在后来刑法的修改中，虽然单位行贿罪犯罪主体的范围扩大到了所有的公司、企业、事业单位、机关、团体，即突破了以所有制形式进行区分的标准，使得“为公”因素不复存在，但是对于单位犯行贿罪处罚要轻于个人行贿犯罪的立法原则依然被坚持了下来。

剔除“为公”因素之外，单位犯罪的本质应该理解为一种法人犯罪，

---

① 张明楷：《刑法学》（第三版），法律出版社，2009，第 132 ~ 133 页。

② 我国刑法第 390 条对行贿罪的法定刑规定了“五年以下有期徒刑或者拘役”“因行贿谋取不正当利益，情节严重的，或者使国家利益遭受重大损失的，处五年以上十年以下有期徒刑”“情节特别严重的，处十年以上有期徒刑或者无期徒刑，可以并处没收财产”共三个档次的法定刑，而第 393 条单位行贿犯罪的法定刑中，对于直接负责的主管人员和其他直接责任人员仅规定了“五年以下有期徒刑或者拘役”这一档法定刑，即无论情节是否严重或是否造成国家利益的重大损失，对于直接负责的主管人员和其他直接负责人员的刑罚都要在五年以下有期徒刑的范围内予以考量。

③ 张智辉：《单位贿赂犯罪之检讨》，载《政法论坛》2007 年第 6 期。

即具有一定目的的社团或财团的组织体所进行的犯罪。法人是一种抽象的实在，具有区别于其成员个人利益的团体利益，具有自己的组织，其法人意志是由法人的机关实现的，[①] 这些正是法人犯罪与自然人犯罪的本质区别。然而，由于我国市场经济主体的不规范与市场经济秩序欠完善等原因，我国市场中存在大量的单位虽然名义上拥有独立法人资格，但实际经营过程中与无法人资格的个体经营者无本质区别，发案单位的经营者向国家工作人员行贿虽然名义上是为了单位的利益，但实际上单位的经营与财产完全由其个人控制，在内部监管缺失与外部监管不到位的情况下，单位的财产与其个人的财产发生混同，经营者行贿所希冀获得的不正当利益实际上仍然是个人利益而非单位的团体利益，这样的情况下其行为的社会危害性与个人行贿者无本质的区别，认定其为单位行贿犯罪就不符合罪刑相适应的原则，对于单位行贿犯罪处罚的畸轻，不仅导致法律上与个人行贿犯罪处罚不平衡，也构成对贿赂犯罪打击力度的削弱。

（三）对国家工作人员行使权力的监督乏力

当前，一些国家工作人员手中掌握着人民赋予的权力，在缺乏监督的情况下，大肆滥用手中的权力，进行权钱交易和权力寻租，以手中的职权谋取私利，严重损害了国家工作人员职务行为的廉洁性，败坏了党和政府的声誉，恶化了党风、政风和社会风气。在一些高度垄断行业及购销领域，经济资源由领导者、具体操办人掌控，导致权力过分集中在少数人手中，而对其行使权力又缺乏有效的监督，导致权力得不到有效制约。对重点环节、重点部位的权力行使监督不到位，监督主体作用发挥不够，监督的整体效能不高，权力运行缺乏监督制约等都给权力寻租者、行贿者提供了可乘之机。

（四）工商、税务、审计等部门对市场主体的监管不到位

工商、税务、审计等部门对管辖范围内的相关单位监管不到位，对发案单位存在的抽逃注册资金、虚报营业收入、使用虚假发票入账等一般违法行为无法在第一时间发现并予以查处，造成发案单位的经营者在单位内部缺乏制约、单位外部监管无效的情况下，肆意违规、违法经营，为其日后的犯罪行为埋下了祸根。发案单位的财务账册在制作与保管上均十分混乱，违规报销、以发票冲账等违反财经纪律的情形时有发生，甚至有些单

① 姚辉编著《民法学原理与案例教程》，中国人民大学出版社，2007，第109～110页。

位存在购买伪造的发票进行冲账的情况，而这些情况在检察机关介入调查前，均未被有关机关发现并得到相应的处理。

（五）对行贿犯罪的危害性认识不足

一是无论是社会一般民众还是一些单位的经营者对单位行贿犯罪的危害性都存在错误的认识，普遍的认识是受贿类的犯罪对社会的危害性更大，也更应当给予严厉的处罚，而行贿类的犯罪则多少带有些无奈的成分，甚至有些人对行贿者表现出同情。然而，没有行贿就没有受贿，我们要治理腐败犯罪，建设法治国家，就要严厉打击各种腐败犯罪行为，对于单位实施的行贿犯罪行为也不例外。绝不可因为种种理由而对之放纵不管或者一味从轻处理。二是检察机关目前的执法工作更注重于打击受贿者，而严惩行贿者的力度不够，这存在一些现实的原因，比如贿赂类案件对口供的严重依赖性、自侦部门目前技术侦查手段受到一定限制等，这些因素都使得检察机关在对既是证人又是犯罪嫌疑人的行贿者的处理上更加谨慎，这在一定程度上促使行贿者存在一种只要到案后积极与检察机关配合，就可以逃避刑事处罚的侥幸心理。

三　单位行贿犯罪的预防对策研究

（一）创造良好的市场经济环境，以情景预防遏制单位行贿犯罪的发展趋势

现阶段，单位行贿犯罪活动的猖獗有其深刻而复杂的历史、社会及经济原因，同时也受到犯罪行为人的思想认识、道德修养等心理因素的影响。要遏制单位行贿犯罪的发展势头，仅依靠传统的二元主义犯罪预防思维与策略显然存在很大的局限性，故有必要引入情景预防模式来减少和避免单位行贿犯罪的发生。情景预防是通过控制环境，进而增加犯罪难度、减少犯罪回报，达到犯罪预防的目的，[①] 具体到单位行贿犯罪，情景预防模式主要就是通过净化市场经济环境，创立良好的自由竞争秩序，使科技成为第一生产力，让创新成为核心竞争力，以良性的市场竞争驱逐权钱交易。

情景预防模式可以采取以下措施改善相关行业的市场经济环境，预防

---

① 孟庆平、郭小锋：《论职务犯罪的情景预防》，载《山西省政法管理干部学院学报》2009年第6期。

单位行贿犯罪的发生。一是减少单位行贿犯罪发生的机会，可以通过减少行政审批事项、落实政府采购制度等措施，减少权力寻租的生存空间，既要防止权力过分干预经济活动，又要防止权力过多参与经济活动。二是提高单位行贿犯罪的风险，即通过市场自发的行业协会、社会中介组织等机构对相关的单位进行监督与管理，多渠道、多维度地对企业进行监管，增加其被发现的概率。三是减少单位行贿犯罪的回报，可以通过加大对单位行贿犯罪惩处的落实，使犯罪的成本高于犯罪带来的回报，抑制行为人进行犯罪的欲望。

通过犯罪情景预防，转变固有的犯罪预防思路，以良好的商业氛围和有序的竞争环境挤压贿赂犯罪的生存空间，充分发挥市场环境的作用，降低犯罪发生的概率，营造“没有行贿，就没有受贿”的良好社会大发展局面，促进社会管理创新，维护社会公平正义。

（二）完善单位行贿犯罪相关的法律、法规，使单位行贿犯罪真正做到刑罚相适应

当前，行贿类犯罪日趋复杂化、隐蔽化、智能化，呈现形式多样、诱惑力大、腐蚀性强等特点，一些行贿人在市场竞争、社会生活中为谋取不正当利益，挖空心思寻找机会，通过各种手段和方式拉拢腐蚀国家工作人员，不仅直接赠送金钱和贵重物品，还采取了低价出让房产、委托理财等更加隐蔽的行贿手段，与此同时，随着经济的发展，行贿的数额也越来越大，动辄数十万元甚至上百万元。从检察机关的办案实践看，一些国家干部最终走上受贿犯罪的道路，与行贿人的长期拉拢腐蚀和巨额金钱的诱惑存在着很大的联系。行贿不仅是一种丑恶的社会现象，更是严重的违法犯罪行为，其对市场经济秩序与社会公平正义的破坏力，并不比受贿行为弱，除索贿的情况以外，行贿往往比受贿更具有主动性，行贿者因贿赂行为所获得的收益也往往超出受贿者，从这个角度出发，行贿是诱发受贿犯罪、滋生腐败的直接根源。

行贿犯罪与受贿犯罪是对向犯，即以存在二人以上相互对向的行为为要件的犯罪。① 单位行贿等行贿类犯罪与受贿犯罪是相辅相成的，没有行贿人或行贿单位的行贿行为也就没有国家工作人员的受贿行为。要从根本上解决贿赂犯罪的问题，遏制单位行贿犯罪的发展，不能仅依靠严惩受贿

① 张明楷：《刑法学》（第三版），法律出版社，2009，第312页。

犯罪，还必须完善与单位行贿犯罪相关的法律法规，保障单位行贿等行贿类犯罪罪责相适应。一是重视对罚金附加刑的使用并拓展其适用范围。刑罚应尽量符合犯罪的本性，这条原则进一步密切了犯罪与刑罚之间的重要连接，这种相似性特别有利于人们把犯罪动机同刑罚的报应进行对比。① 单位行贿犯罪的本质是贪利性犯罪，其犯罪的原动力就是谋取不正当的经济利益，那么对单位行贿犯罪的处罚，最适当的方式就是财产刑。我国《刑法》第 393 条规定了对犯罪单位判处罚金，并对其直接负责的主管人员和其他直接责任人员判处五年以下有期徒刑或者拘役的法定刑，据此，对于单位行贿犯罪的犯罪单位理应判处一定数额的罚金，其数额按照犯罪情节决定。然而，《刑法》对于单位行贿犯罪的直接责任人员只规定了自由刑。实际上对于单位行贿犯罪的直接责任人员而言，其犯罪目的依然是贪利，单位进行行贿谋取非法利益之后，直接责任人员往往都是直接受益者，甚至是最大的受益者，因此对相关的法律法规进行完善，对单位行贿犯罪的直接责任人员附加判处一定的罚金，会使刑罚与犯罪的本性更加匹配，预防单位行贿犯罪的效果会更好。二是正确适用并发展非刑罚处罚方法。非刑罚处罚，是指对免除刑罚处罚的犯罪人，给予刑罚以外的实体上的处罚，包括训诫、责令具结悔过、责令赔礼道歉、责令赔偿损失、行政处罚与行政处分等。② 目前在司法实践中，对如实供述行贿事实的行贿人往往处罚较轻，大部分被减轻处罚甚至免除处罚，这样的处理方式有其存在的现实原因，但对单位行贿犯罪的直接责任人及犯罪单位的放纵不利于遏制单位行贿犯罪的发展。正如意大利刑法学家贝卡利亚所说“对于犯罪最强有力的约束力量不是刑法的严酷性，而是刑罚的必定性”③。即使由于司法实践中的原因需要对某些单位行贿犯罪的责任人及犯罪单位免除处罚，亦不代表不可以给予刑罚以外的处罚，对免除刑罚处罚但需要给予非刑罚处罚的，仍然应当给予一定的非刑罚处罚。三是拓展对不构成刑事犯罪的行贿人及相关单位行政责任的追究。单位行贿犯罪不仅触犯刑法，在其被纳入刑法视野之前即已经严重违反了相关的行政法律法规，故对经过司法审查不构成犯罪，但确实存在贿赂行为的单位及个人，依然应当适用

---

① 〔意〕贝卡利亚：《论犯罪与刑罚》，黄风译，中国大百科全书出版社，1993，第 57 页。

② 张明楷：《刑法学》（第二版），法律出版社，2003，第 483～485 页。

③ 〔意〕贝卡利亚：《论犯罪与刑罚》，黄风译，中国大百科全书出版社，1993，第 59 页。

相关的行政法律进行处理。我国的《反不正当竞争法》《关于禁止商业贿赂行为的暂行规定》等法律法规中即明确规定了贿赂行为的行政责任,[①] 据此，即使行贿人及相关单位行为的危害性尚未达到犯罪的程度，亦得以行政法律法规对其行为给予处罚，预防其向更深层次的单位犯罪行为堕落。

（三）整合现有资源，构建多维度的权力监督体系

一是充分利用中介组织、行业协会等社会组织对企业的监督作用。中介组织、行业协会等对市场中的企业信息的掌握往往比政府部门更加及时，加之其本身的设置目的往往就包含对市场进行管理的成分，故由其对市场中的企业进行动态监督能及时有效地发现企业出现的异常变化，从而为发现单位行贿等犯罪提供线索。二是拓展检察机关行贿犯罪档案查询系统的适用范围。北京市检察机关自 2006 年底开通行贿犯罪档案查询系统以来，通过开通查询热线服务平台、统一全市查询结果告知函等方式，为相关企业参加工程建设、政府采购等活动提供行贿犯罪档案查询服务，促进了社会诚信体系的建设，有利于净化社会风气，同时也在无形中给予违法经营者压力，促使其通过合法、公平的竞争手段进行经营。检察机关应当从推进行贿犯罪档案查询纳入廉洁准入管理、推进行贿犯罪档案查询系统全国联网、健全行贿犯罪档案查询的管理和反馈机制、加大对涉及行贿犯罪档案查询违法犯罪行为的打击力度等方面，进一步拓展行贿犯罪档案查询系统的适用范围，挖掘其预防犯罪的积极作用。三是由检察机关牵头，联合工商行政管理机关、税务机关、审计机关等部门共同打击单位行贿犯罪，在日常注意保持各部门之间的沟通与联系，形成信息共享，在联合执法时注重相互之间的协调配合，共同遏制单位行贿犯罪的发生。四是有步骤地开放新闻媒体的采访报道，借助媒体监督的力量完善单位行贿犯罪的预防体系构建。

（四）加强对国家工作人员的法制教育，在非公领域开展预防职务犯罪法律宣传

一方面，打击单位行贿犯罪，铲除腐败现象，是一个复杂而艰巨的系

---

① 《中华人民共和国反不正当竞争法》第 22 条“经营者采用财物或者其他手段进行贿赂以销售或者购买商品，构成犯罪的，依法追究刑事责任；不构成犯罪的，监督检查部门可以根据情节处以一万元以上二十万元以下的罚款，有违法所得的，予以没收”。

统工程。要铲除单位行贿的腐败现象，必须从根本上铲除和杜绝腐败现象产生的根源，道德的力量是预防和控制单位行贿犯罪的重要基础，因此要加强企事业单位、机关、社会团体主要领导人的职业道德教育和法制教育，[①] 要用道德修养教育和法制警示教育从正反两方面对国家工作人员进行教育，在国家工作人员中形成不敢受贿、不愿受贿、不屑受贿的良好风气。

另一方面，在非公领域开展预防职务犯罪工作也是很必要的，而且也是亟须有相应的规章制度来监督执行的。在涉嫌单位行贿案件的犯罪嫌疑人中有些具有硕士及以上学历，这些犯罪嫌疑人在其专业领域属于高素质人才，但由于其法律素质较低，对贿赂犯罪的性质和后果的认识均存在模糊不清的情形，在经营过程中没有合法经营、良性竞争的意识，为其日后走向犯罪道路埋下了伏笔。因此，可以通过由检察机关主导，以相关行业的自律组织、行业协会为依托，有针对性地对非公领域的企业经营者进行法律宣传教育，并且联合地方工商和税务部门，定期定量免费为登记开办公司的人员开班讲授职务犯罪法律培训班。督促企业组织员工参加定期法律培训，制定员工法律守则，并将其作为员工岗前培训的重要内容，强化员工法律意识，促进企业坚持合法经营的理念。

（北京市石景山区人民检察院公诉一处处长　李鹏宇
北京市石景山区人民检察院反贪局干警　陈安杨）

① 郭立新、黄明儒主编《刑法分则适用典型疑难问题新释新解》（第 2 版），中国检察出版社，2009，第 842 ~ 843 页。

第四节

反腐败的理论依据及其对高校反腐败的启示

高校腐败是指在高校中掌握公共权力者在行使公共权力的过程中脱离相关规范并且致使公共利益遭受侵害的行为。近年来，以基建、招生、后勤以及科研等领域为重灾区的高校腐败呈现出高发态势，引起社会广泛关注。[①] 高校腐败危害深远，高校反腐败势在必行。整体而言，高校反腐败属于国家反腐败的一个有机组成部分，因此高校反腐败与各领域反腐败的理论依据原则上是一致的。但是，高校腐败既有与其他领域腐败相同的一些特征，也有因高校自身特点而表现出的一些规律，[②] 因而有必要对之进行独立研究。总体而言，不同学者对反腐败理论依据的内容在理解上有所差异、侧重点也有所不同。如胡杨认为反腐败的理论依据主要包括委托代理理论、寻租理论、治理理论和制度预防理论；[③] 任建明认为惩治腐败的主要理论依据包括寻租理论、委托代理理论、反腐败战略理论和机制设计理论等；[④] 林元新则主要从寻租理论、委托代理理论和期望效用理论来分

---

① 据统计，自十八大以来仅中纪委网站“纪律审查”模块公布的重大高校腐败案件就已经有几十起。近期，又有福建农林大学原党委副书记翁善波、重庆师范大学副校长陈久奎、黑龙江省政法管理干部学院院长林春贵、河南教育学院党委书记刘金海等若干人被立案调查。而媒体披露的一般是具有较高行政级别人员的高校腐败案件，相对而言，高校中级别相对较低人员的腐败情况也较为严重，因此可以认为高校腐败态势目前仍不容乐观。具体可参见中纪委监察部网站，http://www.ccdi.gov.cn/jlsc/，2015年8月31日访问。

② 曲雁：《高校腐败的变化趋势及其预防机制研究》，《广州大学学报（社会科学版）》2014年第8期。

③ 胡杨：《反腐败导论》，中共中央党校出版社，2011，第59页。

④ 任建明、杜治洲：《腐败与反腐败：理论、模型和方法》，清华大学出版社，2009，第83页。

析高校腐败现象频发的原因和机理。[①] 这对研究高校反腐败都有其意义。笔者认为，反腐败的理论依据主要包括：利益冲突理论、寻租理论、委托代理理论和破窗理论。下面笔者将对这些理论依据以及由其引发的对高校反腐败的启示进行阐述，以期为高校反腐败综合机制的建设提供一定的理论支撑和现实建议。

一　利益冲突理论及对高校反腐败的启示

（一）利益冲突理论

利益冲突是指国家公职人员在履行职责的过程中，受到相关利益因素影响而产生的私人利益与公共利益相冲突的情境和行为。从执政伦理的角度看，国家公职人员应该恪尽职守，全心全意为人民服务，面对利益冲突时以公共利益为先而不得借机谋取私人利益。但实际上，公私利益的冲突、损公肥私的现象，无论是在公权部门的上层，还是在公权部门的基层，都可能发生。[②]

在我国，2000 年 1 月，中央纪委第四次全会正式提出“利益冲突”的概念。2010 年 1 月，胡锦涛总书记在第十七届中央纪委第五次会议上指出，要建立健全防止利益冲突制度，形成有效预防腐败的长效机制。2013 年十八届三中全会通过的《中共中央关于全面深化改革若干重大问题的决定》中指出，健全反腐倡廉法规制度体系，完善防止利益冲突等方面的法律法规。由此可见，以利益冲突理论来分析腐败已成为一种主流观点。

（二）利益冲突理论对腐败的解读

利益冲突理论的提出建立在两个重要假定基础之上。

其一是人有追逐私利的天性，也就是人性恶的假定。对此英国学者休谟曾言，在设计任何政府体制和确定该体制中的制约机制、监控机构的时候，都要把每个成员设想为他的一切作为都是为了谋求私利的无赖之徒。[③] 这即是著名的“无赖假设”。因为在利益面前，自私和人性是不可分离的，这是我们的组织和结构中所固有而不可能根除的，所以在面对利益冲突的

---

① 林元新：《多视角下高校腐败现象的理论透视与治理对策》，《福州大学学报（哲学社会科学版）》2011 年第 5 期。

② 朱前星、陈果：《国外防止利益冲突的制度设计及其启示》，《中共中央党校学报》2012 年第 1 期。

③ 〔英〕休谟：《人性论》，《休谟政治论文选》，商务印书馆，1993，第 27 页。

情境时，我们没有办法要求掌握公共权力者在思想和行为上均能够自觉保持公共利益的优先性。而在面对利益冲突的情境时，若坚守公共利益的优先性，则能够保证公共权力按照既定的规范运行，但若选择了私人利益的优先性，就会导致为了谋取私人利益而不合规范的运用公共权力，即导致腐败的发生。而基于人性恶的假定，掌握公共权力者天然具有滥用公共权力的本性，因此仅仅依靠道德伦理的约束是不能够真正预防腐败的，对掌握公共权力者应该实行“有罪推定”，即先假定其可能滥用自身所掌握的公共权力，并在此基础上通过相应制度的设计和执行来对其运用公共权力的过程进行限制和监督。

其二是腐败能够被预防的假定。即在事后惩罚与事前预防二者之间，反腐败不仅要依靠事后的惩罚，更需要重视事前的预防。基于这种假定，有学者认为，站在防止利益冲突的视角，廉政法律制度体系在立法上必须体现一个基本的立法理念，即以防止国家公职人员私人利益与公共利益的冲突为核心，以预防性规定多于并且优先于惩罚性规定为保障，倡导形成公职人员理性认识和务实解决具体利益冲突问题的行为导向。[①] 也就是说更要注重从预防的角度对腐败进行治理，严查严惩之外要更注重严防。

关于利益冲突与腐败的关系，现在一般认为利益冲突的产生是腐败产生的重要基础和根源。如学者聂资鲁指出，腐败就其实质而言是公共权力的私利化和异化。而利益冲突则是公共权力私利化和异化的基础性表现形式和根源。[②] 学者庄德水认为，我国公共生活中的许多腐败现象、不正之风、官僚主义、政策决策失败、政策执行不力等问题的背后都有一个共同的根源即利益冲突，换言之，利益冲突在先，以上问题在后。[③] 所以，可以用利益冲突理论对高校腐败进行解读，即高校腐败主体在行使公共权力的过程中面对利益冲突的情境时不合规范的借助公共权力来谋取私人利益而侵害公共利益。

关于防止利益冲突制度的构建，从实践层面观察，当今世界许多国家和地区的反腐败制度体系实际上就是以防治利益冲突为核心来构建的。当

① 唐晓清、杨绍华：《防止利益冲突制度：国际社会廉政建设的经验及启示》，《当代世界与社会主义》2011 年第 2 期。

② 聂资鲁：《防止公职人员利益冲突立法的理论与实践》，《中国法学》2013 年第 6 期。

③ 庄德水：《利益冲突视角下的腐败与反腐败》，《广东行政学院学报》2009 年第 6 期。

下国外防止利益冲突的制度设计主要有：财产申报制度，政治运行公开化制度，利益回避制度，廉政惩处制度，离职后的行为限制制度等。[①] 这对我们治理高校腐败具有一定的借鉴意义。

（三）利益冲突理论对我国高校反腐败的启示

研究利益冲突理论的目的即是通过防止利益冲突制度的构建来有效预防和处理产生利益冲突的情境，消灭腐败产生的前提条件。利益冲突理论对高校反腐败的启示主要有以下几点。

第一，高校腐败主体虽然相对而言多为拥有较高学历的人员，但是不能据此判定这一群体均有较高的政治觉悟和道德水准，不宜给予过高的廉政期待。要基于人性恶的假定，将高校中掌握行政权力的人员视为潜在腐败群体，并以此为认识前提构建高校反腐败机制。而高校作为我国惩治和预防腐败体系中的重要组成部分，如何在借鉴国外先进经验的基础上展开具体适用研究、建立行之有效的防止高校利益冲突机制，就成为当前高校党风廉政建设和反腐败工作中一个亟待解决的重要命题。

第二，在高校行政权力的运行过程中，应通过制度完善和加强监督等途径严格规范高校公职人员的行为。防止其行政身份所代表的公共利益与其私人身份所代表的私人利益之间出现冲突，消除导致利益冲突的环境，并合理预计出现利益冲突情境时如何使掌握公共权力的人员自觉保持公共利益的优先性。具体而言，我国高校中公共权力行使的复杂性决定了发生利益冲突情境的多样性，在诸如招生、干部选拔、人员调配、学术评议、科研项目申报、考核奖励等易发生利益冲突的领域，应加强相关信息公开，以公开促进监督，防止公共利益和私人利益之间发生勾兑。而且，基于这些领域容易存在如裙带关系、经济利益、私人感情等可能对公共利益产生影响的私人利益，还要完善相关领域涉及公共权力事项的回避机制和禁止机制。此外，还可以借鉴域外防止利益冲突的实践经验，完善从业限制机制、投资利益申报机制以及离职后行为限制机制等一系列举措来防止利益冲突的发生。

第三，腐败能够被预防，高校腐败同样如此。高校反腐败要在惩防结合的前提下，更加注重预防的作用。高校防止利益冲突的重点应该放在利

---

① 朱前星、陈果：《国外防止利益冲突的制度设计及其启示》，《中共中央党校学报》2012年第1期。

益冲突情境的事前消除，即不断压缩代表私人利益一方的腐败想象空间，加强对公共权力行使的监督，阻断以权谋私的通道。对此，应设立专门化的高校利益冲突评估组织，对高校利益冲突现状进行评估、监控和惩戒。此外，通过官员财产申报防止利益冲突，是世界上若干国家和地区治理腐败的经验。[①] 因此，在高校反腐败中为了防止利益冲突的发生，可以探索完善实施高校公职人员的财产申报制度。此外，相关职能部门也应通过加强廉政教育、完善监督等方式加强对高校腐败的预防。

二　寻租理论及对高校反腐败的启示

（一）寻租理论

从经济发展和社会福利的角度看，人们在现实生活中所从事的追求自身经济利益的行为整体上可以分为两大类：即生产性活动和非生产性活动。生产性活动是指具有生产性的、有助于增进社会福利的经济活动，如从事正当的公平交易活动、制造活动和研究开发活动等；非生产性活动是指不仅不能够增加社会福利而且还有损社会福利的活动，如偷税漏税行为、盗窃行为等。在当代经济发展的过程中，最为普遍且可能造成严重后果的非生产性活动，是那些涉及权力与金钱交易——个人或者利益集团为了谋取私利而对政府决策或者政府官员施加影响——的活动。经济学家将为了维护既得的经济利益，设法取得或维持垄断利益，或是对既得利益进行再分配的非生产性活动，称为寻租活动或者直接非生产性寻利活动。[②] 因此可以认为，寻租理论是指对通过在某一行业获得垄断地位或维持垄断地位来获得垄断利润的一种非生产性寻租活动进行研究而形成的理论。

寻租理论作为一个理论概念是由美国经济学家克鲁格于 1974 年在《寻租社会的政治经济学》一文中最先正式提出的，但是早在 1967 年美国公共选择理论的主要代表人物之一塔洛克在《关于税、垄断和偷窃的福利成本》一文中就对其进行过详细论述。此外，研究寻租理论的著名学者布坎南还因为对寻租理论研究的卓越贡献而获得 1986 年度的诺贝尔经济学奖。到 20 世纪 80 年代后期，寻租理论的影响从经济学领域扩展到政治学、

---

① 肖金明：《通过完善官员财产申报制度治理腐败》，《甘肃社会科学》2014 年第 5 期。

② 邹薇：《寻租与腐败：理论分析和对策》，《武汉大学学报（哲学社会科学版）》2007 年第 2 期。

社会学和行政管理学等其他领域，影响力进一步扩大，并逐渐成为西方社会学科中解读腐败的重要理论之一。在同一时期，我国著名的经济学家吴敬琏率先在《经济社会体制比较》杂志上对西方寻租理论进行了较为系统的论述，第一次把寻租理论引入中国。[①] 此后，逐渐有学者用寻租理论来解读我国的市场机制与腐败状况。

寻租理论中所称的“租”并非我们日常生活中所指的租金，其指的是“经济租”，即一种生产要素的所有者获得的收入中，超过这种要素的机会成本的剩余。在社会经济处于总体均衡状态时，每种生产要素在各个产业部门中的使用和配置都达到使其机会成本和要素收入相等的状态。如果某个产业中要素收入高于其他产业的要素收入，这个产业中就存在着该要素的经济租。在市场经济中，如果某一产业的生产要素存在经济租，并且要素的所有者采取垄断措施来阻止经济租金消失，那么这种活动就称为寻租活动。[②] 而由于相对于成本而言寻租的收益要高很多，在固定成本相对稳定的情况下，其所获得的收益会呈现递增趋势，这就导致大量的个人或者利益集团通过寻租活动来牟利，而且寻租活动一般会产生连环效应，一项寻租活动的发生会一连串地引起其他更多的寻租活动。寻租的追逐会转移财富、裂化资源配置，造成社会资源浪费，导致腐败猖獗。[③] 因此，用寻租理论来解读当下世界特别是发展中国家较为严重的腐败现状就成为现阶段国际上的通行做法。

（二）寻租理论对腐败的解读

寻租理论对腐败的解读主要包括以下内容：（1）政府干预经济，形成创租。寻租理论中，政府不仅是传统经济学意义上的调控者，同样被赋予了经济人的含义。政府对经济的过度干预，必然导致相关市场资源的价格扭曲，并进一步形成垄断市场，而垄断市场无疑意味着额外利润的产生，这些额外利润即是腐败的动机所在。（2）市场经济体制不完善，在租金的消散过程中又产生新的寻租空间。由于在市场经济建设初期，各种体制还不完善，存在很多缺陷和真空，所以政府对市场的管制实际上无法完全放

① 吴敬琏：《“寻租”理论与我国经济中的某些消极现象》，《经济社会体制比较》1988 年第 5 期。

② 胡杨：《反腐败导论》，中共中央党校出版社，2011，第 65 页。

③ 任建明、杜治洲：《腐败与反腐败：理论、模型和方法》，清华大学出版社，2009，第 85 页。

开。但是政府的管制无疑在一定程度上属于创租行为，而且所产出的租金在政府管制无法放开的情况下还会继续存在甚至增长，为了减少租金的产出便需要创建租金消散机制。而租金通过准入或准出制度在消散的具体过程中，则可能由于消散途径的不规范和暗箱操作等导致稀缺资源在分配过程中又因为新的寻租空间的产生而导致新的腐败。（3）市场信息的不对称提供了寻租土壤，为公共权力和市场信息之间的利益交换创造了机会。市场信息不对称会促使经济特权与垄断权力的形成，从而进一步形成不公平竞争。因此，在信息不对称的情况下，信息强势的一方就可以利用自身的优势来损害信息弱势的一方并从中牟取利益。而各种信息的获取与公共权力是直接相关的，因此在信息获取的过程中伴随着对利益的追逐就会产生公共权力和其他利益的交换，也就意味着腐败的产生。

虽然用寻租理论来解读腐败是常见且有效的做法，寻租行为和腐败也有很多共同点，但严格而言，寻租行为并不完全等同于腐败。首先，二者之间的共同点包括以下几个方面：（1）寻租和腐败均以公共权力和利益交换为中心。寻租行为是寻租者通过游说、行贿或者其他利益交换的手段来疏通关系，使掌握公共权力者给予其某种特权，并用获取的特权来寻求不当的非生产性利益。而腐败行为以权力换取利益，并运用其掌握的公共权力为除委托人外的他人提供特权或者其他资源来助其牟取不当利益，因而具有寻租结构。所以，不管是寻租还是腐败，都围绕着公共权力这个中心，二者都显著地寄生于公共权力之中。（2）寻租和腐败在后果上均可导致市场的扭曲。由于公共权力的过度干预和不当介入，寻租主体或腐败主体在运用其所支配的特权的过程中就会妨碍市场的公平竞争，为少数有特权的人获得额外利润、进行不平等竞争创造机会。（3）寻租和腐败均是一个负和博弈过程。寻租活动对社会的危害，主要表现在对社会稀缺资源的非生产性消耗，而腐败行为也满足寻租活动中非生产性消耗的特点。在出现寻租的情形下，任何一个寻租者都可花费较小的寻租代价，为自己获取较大的垄断利益。所以不论经济状况，不论是否自愿，每个利益集团、政党和经济主体都不断地卷入寻租活动中，不断消耗原本可用于生产性活动的资源，以致所有各方均遭到福利损失。[①]

---

① 邹薇：《寻租与腐败：理论分析和对策》，《武汉大学学报（哲学社会科学版）》2007 年第 2 期。

虽然腐败与寻租有很多共同点，但是不能将二者等同看待。二者在内涵、寻求的目标、合法性等方面均有不同，但最大的不同则体现在主体方面。相比而言，腐败的主体是掌握公共权力的人员，寻租活动的主体则是通过非正当手段寻求“租金”和保持既得利益的人员，两者的相互勾结就是腐败产生的过程，腐败的严重与否则取决于既有的政治制度对这种勾结的监督和限制。因此腐败和寻租二者之间有一个交集但不是完全重合的。而且，腐败均是违反相关规范的，包括政策和法律法规等，而寻租则不一定均违反相关规范，其兼具符合规范和违背规范两种情况。所以说，寻租与腐败之间不能直接画等号，二者之间有交集也有区别。

当下，高校中以贪污受贿、挪用侵占等为主要表现形式的寻租行为大肆泛滥，从寻租理论的视角来看这有主观和客观两方面的原因。一方面，制度变迁过程中出现的“制度缺陷”为高校寻租活动的滋生提供了空间，这是导致其泛滥的客观因素；另一方面高校体制改革的重复性博弈所形成的过渡性制度安排的非均衡性和不稳定性，增大了腐败主体对未来预期的不确定性和风险，从而诱发了其投机动机，这是造成高校寻租活动盛行的主观原因。① 而且，由于政府的干预、信息不对称、制度不健全以及当事人道德水平不高及法律意识淡薄等原因，教育领域的寻租具有复杂性、专业性、属人性以及负外部性等特征。②

（三）寻租理论对我国高校反腐败的启示

研究寻租理论与腐败的关系以及寻租活动盛行的目的就是通过研究来寻求治理腐败的正确思路，寻租理论对高校反腐败的启示可从以下几个方面阐述。

第一，高校权力运行过程中应逐步减少行政干预，减少寻租空间。如前所述，政府对市场施加过多的行政干预会导致垄断和额外利润的产生，人们在追逐额外利润的过程中不可避免地产生诱发腐败的动机。因此，减少行政干预、加快高校职能转变是预防高校腐败的有效思路之一，这就要求在法律和制度层面明确政府、市场和高校之间的关系，通过促进高校自

---

① 周云波：《寻租理论与我国体制转轨过程中的非法寻租问题》，《南开经济研究》2004 年第 3 期。

② 韩喜平、曲海龙：《教育领域寻租特征、原因及其治理》，《东北师大学报（哲学社会科学版）》2014 年第 4 期。

主权的落实、逐步实行大学去行政化等方式，减少高校领域“租金创造”的可能性。

第二，逐步完善高校管理体制、建立健全高校相关制度。对于稀缺资源的分配模式，逐步以市场分配取代行政分配，避免租金消散过程中出现新的寻租空间，铲除滋生腐败的温床，减少利益分配过程中的腐败。这就要求我们要注意高校自身制度的建设完善，通过制度来尽量减少高校利益分配过程中可能产生的寻租空间。比如西方一些国家，政府在对公务员的管理中会采取5年一轮换甚至3年一轮换的方式，以此对因在某个部门长期掌权而出现的权力寻租行为进行规避，我们也可在借鉴的基础上探索实行高校重点岗位的轮岗制度。

第三，提升高校权力运行的透明度，实行阳光办学，铲除由于信息不对称而产生的腐败土壤。正是由于信息的不公开透明，才使信息优势者在市场经济中凭借其优势获得垄断地位或者牟取不当利益。因此，提升经济活动的透明度，促进信息的公开、平等享有，就有利于预防腐败的发生。对于高校反腐败而言，这就要求应逐步提升高校办学透明度，促进校务公开，推进阳光治校，避免寻求信息过程中的利益交换，同时为各界监督提供可能。具体而言，应切实提升职称评定、奖项评比、招生、基建等容易发生寻租活动领域的透明度，并且通过确立财务、教务、学务公开等制度弱化和消除相关领域信息不充分和不对称的情况。此外，透明度的提升还要求高校在治理过程中应该通过强化民主决策机制和决策责任追究制度的建设来防止权力集中并提升惩治力度，以增加寻租成本的方式进一步抑制寻租活动的发生。

三 委托代理理论及对高校反腐败的启示

（一）委托代理理论

20世纪六七十年代，委托代理理论起源于经济学领域对企业内部关于信息不对称以及激励问题的研究。因为在经济领域中委托代理关系事实上广泛存在，只要企业的所有者不能亲自管理企业而将企业委托给代理人代为管理，就会形成简单的双方委托代理关系。委托代理是因产权的所有权与管理权分离而产生的社会关系。委托代理关系广泛存在于社会政治生活中，主权在民和社会契约思想是委托代理关系的源泉。[①] 因此在经济学家

① 谷志军：《委托代理矛盾、问责承诺与决策问责》，《江海学刊》2015年第1期。

看来，委托代理关系就是人们为适应经济活动的变化而产生的一种契约关系。在此种契约关系下，委托人希望设计一种理想的契约机制，保证代理人能够采取适当行动，以同时实现代理人和委托人的效用最大化。[①] 随着研究的深入，对此理论的研究后来逐步发展到政治学、社会学等相关领域，并运用于对人类行为和社会现象的分析之中。

首先要予以说明的是，委托代理理论建立在三个基本假设的基础上。该三个假设是：经济人假设、委托人与代理人二者之间存在利益冲突的假设以及代理人相对于委托人具有信息优势的假设。其中，经济人假设为该理论的核心。

西方古典经济学中的“经济人”假设，认为人具有完全的理性，可以做出让自己利益最大化的选择。在委托代理关系中，委托人和代理人都是经济人，都希望通过此关系实现自身利益的最大化。委托人与代理人二者之间存在利益冲突的假设，认为委托人与代理人均为经济人，在委托代理关系中都想实现自身利益最大化。委托人提供给代理人报酬让其代理相关事务，委托人只注重结果的好坏而不注重具体的过程，代理人获取报酬代为管理相关事务，其既要注重结果的好坏又要注重在具体的代理过程中尽量降低成本，以实现自身的利益最大化，这就存在利用委托人赋予的资源管理权来为自己牟取私利并且损害委托人利益的可能，导致代理问题的产生，因此，委托人与代理人之间就会存在利益冲突。为了在二者之间实现某种平衡，委托人就必须建立一套理想的契约机制来规范和约束代理人的行为，以降低代理成本、减少代理问题的发生，更好地满足自身利益。代理人相对于委托人具有信息优势的假设，认为代理人在执行代理任务的具体过程中，其对代理资源的运用、对代理事项的处理等过程相对于委托人而言在信息上具有优势，这就导致委托人对代理人在代理过程中的努力程度以及付出的成本等事项难以准确掌握。正是由于这种代理过程中的不透明，代理人为了实现自身利益的最大化，完全可能利用自身的信息优势通过虚构代理成本、私吞代理资源以及降低努力程度等手段牟取私利，而这个过程无疑会损害委托人的利益。由于代理问题的存在，委托人就必须建立一套有效的制衡机制来规范、约束并激励代理人的行为，以降低代理成

① 胡杨：《反腐败导论》，中共中央党校出版社，2011，第61页。

本，提高代理效率，更好地满足自身利益。①

虽然委托代理理论在发展过程中内容逐渐丰富，已由传统的双边委托代理理论发展出多代理人理论、共同代理理论和多任务代理理论等，但是其基本的分析逻辑是相一致的，委托代理理论的核心内容即是解决在利益冲突和信息不对称情况下所产生的代理问题。

（二）委托代理理论对腐败的解读

用委托代理理论解读腐败，也是一种较为通行的做法。

首先，委托人是国家（或者说是全体公民），代理人是具体掌握和运用公共权力者。在实施代理的过程中，国家作为委托人支付报酬，掌握公共权力的人员作为代理人提供服务、代为行使公共权力并获得报酬。而事实上，代理人（掌握公共权力者）具有公职人员和利益个体的双重角色，因此其并非单纯作为人们理想中的公共利益的天然维护者的角色出现，其并非天生的道德人，而同样是受自身利益驱动的经济人，同样希望实现自身利益的最大化，这种身份上的矛盾容易使之模糊两种角色间的界限。而由于委托人与代理人各自追求自身利益最大化，在双方契约存在缺陷、双方所掌握的信息不对称、激励不相容等条件下，契约的内在缺陷为代理人拥有大量的自由裁量权提供了可能，从而使代理人能够在利用其具备符合法律规定的信息优势的基础上，在经济人身份的驱使下，为了牟取私利而做出损害委托人利益的行为。但是此种行为因为是在自由裁量权的限度以内，并非必然违背法律，因而导致机会主义盛行，代理人趁机牟取个人私利，扩大代理成本，滥用委托人的授权，最终导致委托代理机制失灵、腐败日益多发。

因此从公共权力委托代理关系的视角出发，可以认为腐败是作为理性经济人的政府官员在特定制度环境下，利用公共权力获取未经委托人同意的个人私利的行为。② 通过运用委托代理理论对腐败进行解读，可以认为“经济人”的存在，是政府官员滥用公共权力、产生腐败的深层诱因，而委托代理关系中所有权和管理权的分离，公共决策与具体决策人的私人利益间的矛盾及其中存在的激励不相容问题，则增强了政府官

① 刘有贵、蒋年云：《委托代理理论述评》，《学术界》2006 年第 1 期。

② 倪星：《公共权力委托——代理视角下的官员腐败研究》，《中山大学学报（社会科学版）》2009 年第 6 期。

员的腐败动机。[①] 所以，从委托代理理论的角度出发，解决腐败问题的关键在于对代理人的制约与激励。一方面，针对委托人和代理人均追求利益最大化的经济人身份，以及双方实际信息不对称的现实，逐步完善双方的契约，弱化代理人的信息优势，加强委托人对代理人的监督力度；另一方面，要建立合理的激励机制，使双方签订的契约能够实现激励相容，充分有效地激励代理人的行为、提升其努力程度，使之代理过程既能实现代理人的效用最大化，又能满足委托人的效用最大化，最终实现双赢。

而政府与高校之间的关系同样符合委托代理理论的模型。事实上二者之间存在着两级的委托代理关系，第一级是公众将公共事务委托给政府代理，并通过纳税等方式向政府支付报酬。第二级是政府将高校内部事务委托给高校的管理者，并向管理者支付报酬。有学者也基于委托代理理论，探求政府与高校的治理关系，并指出：基于委托代理理论，探求政府与高校的治理关系，就是要理顺政府怎么办高等教育、管理高等教育，高校怎么依据法律法规和宏观政策自主办学等关系。[②] 所以说，政府与高校或者说公众与高校之间的关系可以用委托代理关系来概括，而且，同样可以用此理论对高校腐败进行解读。

（三）委托代理理论对我国高校反腐败的启示

在对委托代理理论及其对腐败的解读进行论述后，我们认为，委托代理理论对我国高校反腐败的启示主要包括以下两点。

第一，应逐步削弱高校在代理过程中存在的信息优势。高校的管理者作为经济人，是以自身的利益最大化为目标的。在政府与高校管理者之间的契约存在缺陷的情况下，由于高校管理者作为行政权力的实际运用者相对政府这一委托人而言具有信息优势，政府对其代理行为难以实现真正的监管和制约，从而可能导致代理失灵，从而为高校腐败埋下诱因。从此角度而言，应逐步完善政府与高校之间的契约，即通过逐步落实高校自主权，减少行政干预，促进高校校务透明等方式削弱高校在代理过程中存在

---

① 任建明、杜治洲：《腐败与反腐败：理论、模型和方法》，清华大学出版社，2009，第91页。

② 李建奇：《基于委托代理理论的政府与公立高校关系研究》，《高等教育研究》2011年第7期。

的信息优势，加强政府对高校代理过程的监管和制约。

第二，应逐步完善政府与高校管理者之间的激励相容机制。在政府与高校管理者的委托代理关系中，政府作为委托者与高校管理者之间通常难以形成激励相容的局面，导致双方的契约存在成本不对等的问题。因为从现实情况而言，高校管理者的待遇一般比社会中处于同一层次的从业人员要低一些，况且即使在同一高校内部，不同部门的管理者之间的收入也有一定差距，这使得政府与高校管理者之间的激励机制并不完备，从而增强了后者的腐败动机。因此，预防高校腐败的发生还应健全对高校管理者的激励机制，通过制度安排，实现有能力者多劳多得，并且使高校管理者追求个人利益的行为正好与实现高校利益最大化的目标相吻合，从而有效地解决个人利益与集体利益之间的矛盾冲突。此外，对腐败分子应加大惩处力度，增加腐败成本，使其在面对利益冲突的局面时，能从经济人的角色出发，理性权衡利弊得失，自觉避免走向腐败。

四　破窗理论及对高校反腐败的启示

（一）破窗理论

“破窗理论”首次正式提出，源于1982年美国预防犯罪学家乔治·凯林和詹姆斯·威尔逊在美国《大西洋月刊》杂志发表的题为《“破窗”——警察与邻里安全》的文章。该文以破窗为喻，形象地说明了无序的环境与人们的反常行为以及某些类型的犯罪之间的关系。即如果一个公共建筑物的一扇窗户被打破了并且没有及时得到修理，很快该建筑物的其他窗户也会被打破；因为坏的窗户没有被及时修理表明没有人在管理它，受此暗示的影响，人们就会认为继续打破其他更多的窗户也不会有什么不良的后果。事实上我国古人也注意到这一现象，只是在具体阐述时有所不同。中国古语有云：小节不拘，则大节不保；小恶不治，则终成大祸。荀子也曾说过：蓬生麻中不扶自直，白沙在涅与之俱黑。

因此，“破窗理论”实际上暗含一种隐喻：社区中出现的扰乱公共秩序、轻微犯罪等现象就像被打破而未被修理的窗户，如果得不到及时整治，就容易给人造成社区治安无人关心的印象，对人的反常行为和违法犯罪具有强烈的暗示性，同时会增加人们对犯罪的恐惧并且进一步导致社会控制力的削弱，而潜在的犯罪者又会利用这一机会进行违法犯罪活动，从而引起更加严重的无序状态。因此，如果一旦出现破窗，必须立即修复，防止破坏蔓延和治安恶化。

（二）破窗理论对腐败的解读

近来，有学者将破窗理论用于对我国当下腐败状况以及某些犯罪的预防和治理之中，我们认为这是一种比较好的思路，有较大的借鉴意义。首先，破窗与腐败有很多共同点，二者在许多重要方面可以兼容。破窗和腐败都体现了事物性质从量变到质变的发展变化，都体现了先例对后继者的潜在心理暗示作用和后继者对先例行为的观察学习。[①] 一方面，很多重大的腐败犯罪都是源于某些小的腐败行为，比如日常的请客吃饭、过节送礼等，并在小的腐败行为不被重视和处理的情况下逐步发展，从滥用权力谋求蝇头小利逐步到公开敛财卖官鬻爵，导致严重腐败的发生。另一方面，一些官员贪污腐败的行为没有被发现或者被依法惩处，就会给其他尚未腐败的官员以“腐败是可行的”这样一种心理暗示。这种环境和心理暗示的影响，会引起更多原本廉洁的人效仿，导致不贪变为小贪，小贪变为大贪。

因此，对破窗理论进行研究，尤其是如何防止破窗出现以及破窗出现后如何及时弥补，对腐败预防具有一定的启示作用。如有学者就指出：破窗理论的核心价值在于启示执法机关和相关机构等注意改善那些具有诱导犯罪和有利于犯罪实施的外部环境，通过切断特定的环境与某些犯罪之间的激发性链条，来有效地防控某些在特定环境中容易发生的犯罪或利用特定的环境进行的犯罪。[②] 因此，对付破窗的有效策略就是从小抓起，防微杜渐，营造纯净的外部环境，消除微小违法行为的暗示作用和引诱作用，也就是实施“零容忍”。零容忍政策是破窗理论基础上衍生的对策，就是将问题消灭在萌芽状态。既要对仅打破第一块玻璃的人给予一定的否定性评价，还要在一天、一个星期、最短的时间内修复这些破损的窗户。[③] 换言之，即对不良习惯和不道德行为以及其他的轻微违规行为等采取决不容忍、坚决打击的态度，对之予以彻底清除。唯有如此，方可将不良行为扼杀在萌芽状态，从而避免姑息养奸，以防止事物发生质变，真正做到“防

---

① 杨爱华、李小红：《破窗理论与反腐败“零度容忍”预惩机制》，《中国行政管理》2006年第4期。

② 李本森：《破窗理论与美国的犯罪控制》，《中国社会科学》2010年第5期。

③ 王秀梅：《论贿赂犯罪的破窗理论与零容忍惩治对策》，《法学评论》2009年第4期。

微杜渐”。[①] 而腐败现象实际上也在受客观规律的支配，不正之风和消极腐败现象一旦成为强势，就会改变环境，必然影响和裹挟一些原本善良的人随波逐流，扭曲价值观，对党纪国法失去敬畏，将廉耻之心抛诸脑后。因此，无论哪扇窗子破了，都要及时修理。同理，制止以权谋私的歪风邪气，查处违纪违法案件，也不能抓此放彼搞选择性处理。[②]

（三）破窗理论对我国高校反腐败的启示

具体到高校反腐败当中，破窗理论可以给我们以下启示。

第一，注重预防，防止第一扇窗户被打破。正如何家弘教授所言：“反腐败，严惩不如严查，严查不如严防。”[③] 因此，要切实加强高校腐败高发领域的预防工作。而且，预防对象不仅仅针对高校领导级别人员的重大腐败，同时要从基层公职人员入手，从小的腐败抓起，防微杜渐，消除隐患。

第二，及时惩治，消除心理暗示和引诱。根据破窗理论可知，社会当中是否存在大量的轻微违法犯罪行为也会成为人们判断社会秩序安全状况、政府执法能力的一个重要信息符号。[④] 而且，虽然一些轻微违法行为与严重犯罪之间没有必然的因果联系，但是因为它们一般多发生在我们身边且数目庞大，因此就容易成为公众判断整体犯罪风险的重要信息依据。所以，当第一扇破窗不可避免的出现，即出现微小的高校腐败苗头时，就要对之及时处理，彻底惩治，以消除对周边的暗示和引诱作用，使高校公职人员产生“莫伸手、伸手必被捉”的敬畏心理。

第三，对高校腐败坚持“零容忍”态度。实践证明，反腐败必须坚持零容忍态度。[⑤] 因此，对高校腐败的治理，同样应坚持“零容忍”态度。对腐败做到零容忍，就要做到有腐必反、有贪必肃。坚持“四不”：不因恶小而“以观后效”，不因初犯而“下不为例”，不因位高而“保留情

---

① 杨爱华、李小红：《破窗理论与反腐败“零度容忍”预惩机制》，《中国行政管理》2006年第4期。

② 方工：《“破窗理论”与良好廉政环境的营造》，《检察日报》2012年1月31日第7版。

③ 何家弘：《反腐败：在严惩、严查与严防之间》，《人民检察》2009年第7期。

④ 伍德志：《论破窗效应及其在犯罪治理中的应用》，《安徽大学学报（哲学社会科学版）》2015年第2期。

⑤ 《中国行政管理》编辑部：《坚持以零容忍态度惩治腐败》，《中国行政管理》2014年第2期。

面”，不因面广而“法不责众”。[①] 要“老虎”“苍蝇”一起打，既要下力气治理高校腐败犯罪，又要时刻关注高校里发生的各种各样相对微小的腐败行为；既要对惯常性高校腐败严加治理，又要对偶发性腐败保持警惕，对高校腐败形成高压态势。

上述四种反腐败理论依据（利益冲突理论、寻租理论、委托代理理论以及破窗理论）对我们治理高校腐败有着明显的启示作用，对我们探索有效的高校反腐之路也有重要的借鉴意义。但是，涉及具体而复杂的实践问题时，只有简单和纯粹的理论是不够的，还需要我们在理论指导下，针对存在的现实问题，进行细致分析和求证，并在大量具体研究的基础上，通过理论与实践的有机结合，探索出合理有效的高校反腐败策略，构建出行之有效的高校反腐败的综合机制。

（湖南大学法学院教授　段启俊
湖南大学法学院硕士研究生　郑洋）

① 黄先耀：《以零容忍态度惩治腐败》，《求是》2014 年第 4 期。

附　录

《中华人民共和国刑法修正案（九）》完善惩治腐败犯罪相关条文摘录

来源：新华网 2015 年 08 月 30 日

新华社北京 8 月 29 日电

中华人民共和国刑法修正案（九）

（2015 年 8 月 29 日第十二届全国人民代表大会常务委员会第十六次会议通过）

一、在刑法第三十七条后增加一条，作为第三十七条之一："因利用职业便利实施犯罪，或者实施违背职业要求的特定义务的犯罪被判处刑罚的，人民法院可以根据犯罪情况和预防再犯罪的需要，禁止其自刑罚执行完毕之日或者假释之日起从事相关职业，期限为三年至五年。"

"被禁止从事相关职业的人违反人民法院依照前款规定作出的决定的，由公安机关依法给予处罚；情节严重的，依照本法第三百一十三条的规定定罪处罚。

"其他法律、行政法规对其从事相关职业另有禁止或者限制性规定的，从其规定。"

二、将刑法第五十条第一款修改为："判处死刑缓期执行的，在死刑缓期执行期间，如果没有故意犯罪，二年期满以后，减为无期徒刑；如果确有重大立功表现，二年期满以后，减为二十五年有期徒刑；如果故意犯罪，情节恶劣的，报请最高人民法院核准后执行死刑；对于故意犯罪未执行死刑的，死刑缓期执行的期间重新计算，并报最高人民法院备案。"

三、将刑法第五十三条修改为："罚金在判决指定的期限内一次或者分期缴纳。期满不缴纳的，强制缴纳。对于不能全部缴纳罚金的，人民法院在任何时候发现被执行人有可以执行的财产，应当随时追缴。"

"由于遭遇不能抗拒的灾祸等原因缴纳确实有困难的，经人民法院裁定，可以延期缴纳、酌情减少或者免除。"

四、在刑法第六十九条中增加一款作为第二款："数罪中有判处有期徒刑和拘役的，执行有期徒刑。数罪中有判处有期徒刑和管制，或者拘役和管制的，有期徒刑、拘役执行完毕后，管制仍须执行。"

原第二款作为第三款。

……

十、将刑法第一百六十四条第一款修改为："为谋取不正当利益，给予公司、企业或者其他单位的工作人员以财物，数额较大的，处三年以下有期徒刑或者拘役，并处罚金；数额巨大的，处三年以上十年以下有期徒刑，并处罚金。"

……

四十四、将刑法第三百八十三条修改为："对犯贪污罪的，根据情节轻重，分别依照下列规定处罚：

（一）贪污数额较大或者有其他较重情节的，处三年以下有期徒刑或者拘役，并处罚金。

（二）贪污数额巨大或者有其他严重情节的，处三年以上十年以下有期徒刑，并处罚金或者没收财产。

（三）贪污数额特别巨大或者有其他特别严重情节的，处十年以上有期徒刑或者无期徒刑，并处罚金或者没收财产；数额特别巨大，并使国家和人民利益遭受特别重大损失的，处无期徒刑或者死刑，并处没收财产。

对多次贪污未经处理的，按照累计贪污数额处罚。

犯第一款罪，在提起公诉前如实供述自己罪行、真诚悔罪、积极退赃，避免、减少损害结果的发生，有第一项规定情形的，可以从轻、减轻或者免除处罚；有第二项、第三项规定情形的，可以从轻处罚。

犯第一款罪，有第三项规定情形被判处死刑缓期执行的，人民法院根据犯罪情节等情况可以同时决定在其死刑缓期执行二年期满依法减为无期徒刑后，终身监禁，不得减刑、假释。"

四十五、将刑法第三百九十条修改为："对犯行贿罪的，处五年以下有期徒刑或者拘役，并处罚金；因行贿谋取不正当利益，情节严重的，或者使国家利益遭受重大损失的，处五年以上十年以下有期徒刑，并处罚金；情节特别严重的，或者使国家利益遭受特别重大损失的，处十年以上有期徒刑或者无期徒刑，并处罚金或者没收财产。

行贿人在被追诉前主动交待行贿行为的，可以从轻或者减轻处罚。其中，犯罪较轻的，对侦破重大案件起关键作用的，或者有重大立功表现的，可以减轻或者免除处罚。”

四十六、在刑法第三百九十条后增加一条，作为第三百九十条之一：“为谋取不正当利益，向国家工作人员的近亲属或者其他与该国家工作人员关系密切的人，或者向离职的国家工作人员或者其近亲属以及其他与其关系密切的人行贿的，处三年以下有期徒刑或者拘役，并处罚金；情节严重的，或者使国家利益遭受重大损失的，处三年以上七年以下有期徒刑，并处罚金；情节特别严重的，或者使国家利益遭受特别重大损失的，处七年以上十年以下有期徒刑，并处罚金。

单位犯前款罪的，对单位判处罚金，并对其直接负责的主管人员和其他直接责任人员，处三年以下有期徒刑或者拘役，并处罚金。”

四十七、将刑法第三百九十一条第一款修改为：“为谋取不正当利益，给予国家机关、国有公司、企业、事业单位、人民团体以财物的，或者在经济往来中，违反国家规定，给予各种名义的回扣、手续费的，处三年以下有期徒刑或者拘役，并处罚金。”

四十八、将刑法第三百九十二条第一款修改为：“向国家工作人员介绍贿赂，情节严重的，处三年以下有期徒刑或者拘役，并处罚金。”

四十九、将刑法第三百九十三条修改为：“单位为谋取不正当利益而行贿，或者违反国家规定，给予国家工作人员以回扣、手续费，情节严重的，对单位判处罚金，并对其直接负责的主管人员和其他直接责任人员，处五年以下有期徒刑或者拘役，并处罚金。因行贿取得的违法所得归个人所有的，依照本法第三百八十九条、第三百九十条的规定定罪处罚。”

……

五十二、本修正案自 2015 年 11 月 1 日起施行。

最高人民法院关于《中华人民共和国刑法修正案（九）》时间效力问题的解释

《最高人民法院关于〈中华人民共和国刑法修正案（九）〉时间效力问题的解释》已于 2015 年 10 月 19 日最高人民法院审判委员会第 1664 次会议通过，现予公布，自 2015 年 11 月 1 日起施行。

最高人民法院

2015 年 10 月 29 日

法释〔2015〕19 号

最高人民法院关于《中华人民共和国刑法修正案（九）》时间效力问题的解释

（2015 年 10 月 19 日最高人民法院审判委员会第 1664 次会议通过）

为正确适用《中华人民共和国刑法修正案（九）》，根据《中华人民共和国刑法》第十二条规定，现就人民法院 2015 年 11 月 1 日以后审理的刑事案件，具体适用修正前后刑法的有关问题规定如下：

……

第八条 对于2015年10月31日以前实施贪污、受贿行为，罪行极其严重，根据修正前刑法判处死刑缓期执行不能体现罪刑相适应原则，而根据修正后刑法判处死刑缓期执行同时决定在其死刑缓期执行二年期满依法减为无期徒刑后，终身监禁，不得减刑、假释可以罚当其罪的，适用修正后刑法第三百八十三条第四款的规定。根据修正前刑法判处死刑缓期执行足以罚当其罪的，不适用修正后刑法第三百八十三条第四款的规定。

第九条 本解释自2015年11月1日起施行。

《最高人民法院　最高人民检察院关于执行〈中华人民共和国刑法〉确定罪名的补充规定（六）》相关条文摘录

《最高人民法院、最高人民检察院关于执行〈中华人民共和国刑法〉确定罪名的补充规定（六）》已于2015年10月19日由最高人民法院审判委员会第1664次会议、2015年10月21日由最高人民检察院第十二届检察委员会第42次会议通过，现予公布，自2015年11月1日起施行。

最高人民法院　最高人民检察院

2015年10月30日

法释〔2015〕20号

最高人民法院 最高人民检察院关于执行《中华人民共和国刑法》确定罪名的补充规定（六）

（2015年10月19日最高人民法院审判委员会第1664次会议、2015年10月21日最高人民检察院第十二届检察委员会第42次会议通过）

根据《中华人民共和国刑法修正案（九）》（以下简称《刑法修正案（九）》）和《全国人民代表大会常务委员会关于修改部分法律的决定》的

有关规定，现对最高人民法院《关于执行〈中华人民共和国刑法〉确定罪名的规定》、最高人民检察院《关于适用刑法分则规定的犯罪的罪名的意见》作如下补充、修改：

刑法条文	罪名
……	……
第三百九十条之一 （《刑法修正案（九）》第四十六条）	对有影响力的人行贿罪
……	……

本规定自2015年11月1日起施行。

最高人民法院　最高人民检察院关于办理贪污贿赂刑事案件适用法律若干问题的解释

（2016 年 3 月 28 日由最高人民法院审判委员会第 1680 次会议、
2016 年 3 月 25 日由最高人民检察院第十二届检察
委员会第 50 次会议通过，自 2016 年
4 月 18 日起施行）

法释〔2016〕9 号

中华人民共和国最高人民法院
中华人民共和国最高人民检察院
公　告

《最高人民法院、最高人民检察院关于办理贪污贿赂刑事案件适用法律若干问题的解释》已于 2016 年 3 月 28 日由最高人民法院审判委员会第 1680 次会议、2016 年 3 月 25 日由最高人民检察院第十二届检察委员会第 50 次会议通过，现予公布，自 2016 年 4 月 18 日起施行。

最高人民法院 最高人民检察院
2016 年 4 月 18 日

为依法惩治贪污贿赂犯罪活动，根据刑法有关规定，现就办理贪污贿赂刑事案件适用法律的若干问题解释如下：

第一条　贪污或者受贿数额在三万元以上不满二十万元的，应当认定

为刑法第三百八十三条第一款规定的“数额较大”，依法判处三年以下有期徒刑或者拘役，并处罚金。

贪污数额在一万元以上不满三万元，具有下列情形之一的，应当认定为刑法第三百八十三条第一款规定的“其他较重情节”，依法判处三年以下有期徒刑或者拘役，并处罚金：

（一）贪污救灾、抢险、防汛、优抚、扶贫、移民、救济、防疫、社会捐助等特定款物的；

（二）曾因贪污、受贿、挪用公款受过党纪、行政处分的；

（三）曾因故意犯罪受过刑事追究的；

（四）赃款赃物用于非法活动的；

（五）拒不交待赃款赃物去向或者拒不配合追缴工作，致使无法追缴的；

（六）造成恶劣影响或者其他严重后果的。

受贿数额在一万元以上不满三万元，具有前款第二项至第六项规定的情形之一，或者具有下列情形之一的，应当认定为刑法第三百八十三条第一款规定的“其他较重情节”，依法判处三年以下有期徒刑或者拘役，并处罚金：

（一）多次索贿的；

（二）为他人谋取不正当利益，致使公共财产、国家和人民利益遭受损失的；

（三）为他人谋取职务提拔、调整的。

第二条　贪污或者受贿数额在二十万元以上不满三百万元的，应当认定为刑法第三百八十三条第一款规定的“数额巨大”，依法判处三年以上十年以下有期徒刑，并处罚金或者没收财产。

贪污数额在十万元以上不满二十万元，具有本解释第一条第二款规定的情形之一的，应当认定为刑法第三百八十三条第一款规定的“其他严重情节”，依法判处三年以上十年以下有期徒刑，并处罚金或者没收财产。

受贿数额在十万元以上不满二十万元，具有本解释第一条第三款规定的情形之一的，应当认定为刑法第三百八十三条第一款规定的“其他严重情节”，依法判处三年以上十年以下有期徒刑，并处罚金或者没收财产。

第三条　贪污或者受贿数额在三百万元以上的，应当认定为刑法第三百八十三条第一款规定的“数额特别巨大”，依法判处十年以上有期徒刑、无期徒刑或者死刑，并处罚金或者没收财产。

贪污数额在一百五十万元以上不满三百万元，具有本解释第一条第二款规定的情形之一的，应当认定为刑法第三百八十三条第一款规定的“其他特别严重情节”，依法判处十年以上有期徒刑、无期徒刑或者死刑，并处罚金或者没收财产。

受贿数额在一百五十万元以上不满三百万元，具有本解释第一条第三款规定的情形之一的，应当认定为刑法第三百八十三条第一款规定的“其他特别严重情节”，依法判处十年以上有期徒刑、无期徒刑或者死刑，并处罚金或者没收财产。

第四条　贪污、受贿数额特别巨大，犯罪情节特别严重、社会影响特别恶劣、给国家和人民利益造成特别重大损失的，可以判处死刑。

符合前款规定的情形，但具有自首，立功，如实供述自己罪行、真诚悔罪、积极退赃，或者避免、减少损害结果的发生等情节，不是必须立即执行的，可以判处死刑缓期二年执行。

符合第一款规定情形的，根据犯罪情节等情况可以判处死刑缓期二年执行，同时裁判决定在其死刑缓期执行二年期满依法减为无期徒刑后，终身监禁，不得减刑、假释。

第五条　挪用公款归个人使用，进行非法活动，数额在三万元以上的，应当依照刑法第三百八十四条的规定以挪用公款罪追究刑事责任；数额在三百万元以上的，应当认定为刑法第三百八十四条第一款规定的“数额巨大”。具有下列情形之一的，应当认定为刑法第三百八十四条第一款规定的“情节严重”：

（一）挪用公款数额在一百万元以上的；

（二）挪用救灾、抢险、防汛、优抚、扶贫、移民、救济特定款物，数额在五十万元以上不满一百万元的；

（三）挪用公款不退还，数额在五十万元以上不满一百万元的；

（四）其他严重的情节。

第六条　挪用公款归个人使用，进行营利活动或者超过三个月未还，数额在五万元以上的，应当认定为刑法第三百八十四条第一款规定的“数额较大”；数额在五百万元以上的，应当认定为刑法第三百八十四条第一款规定的“数额巨大”。具有下列情形之一的，应当认定为刑法第三百八十四条第一款规定的“情节严重”：

（一）挪用公款数额在二百万元以上的；

（二）挪用救灾、抢险、防汛、优抚、扶贫、移民、救济特定款物，数额在一百万元以上不满二百万元的；

（三）挪用公款不退还，数额在一百万元以上不满二百万元的；

（四）其他严重的情节。

第七条　为谋取不正当利益，向国家工作人员行贿，数额在三万元以上的，应当依照刑法第三百九十条的规定以行贿罪追究刑事责任。

行贿数额在一万元以上不满三万元，具有下列情形之一的，应当依照刑法第三百九十条的规定以行贿罪追究刑事责任：

（一）向三人以上行贿的；

（二）将违法所得用于行贿的；

（三）通过行贿谋取职务提拔、调整的；

（四）向负有食品、药品、安全生产、环境保护等监督管理职责的国家工作人员行贿，实施非法活动的；

（五）向司法工作人员行贿，影响司法公正的；

（六）造成经济损失数额在五十万元以上不满一百万元的。

第八条　犯行贿罪，具有下列情形之一的，应当认定为刑法第三百九十条第一款规定的“情节严重”：

（一）行贿数额在一百万元以上不满五百万元的；

（二）行贿数额在五十万元以上不满一百万元，并具有本解释第七条第二款第一项至第五项规定的情形之一的；

（三）其他严重的情节。

为谋取不正当利益，向国家工作人员行贿，造成经济损失数额在一百万元以上不满五百万元的，应当认定为刑法第三百九十条第一款规定的“使国家利益遭受重大损失”。

第九条　犯行贿罪，具有下列情形之一的，应当认定为刑法第三百九十条第一款规定的“情节特别严重”：

（一）行贿数额在五百万元以上的；

（二）行贿数额在二百五十万元以上不满五百万元，并具有本解释第七条第二款第一项至第五项规定的情形之一的；

（三）其他特别严重的情节。

为谋取不正当利益，向国家工作人员行贿，造成经济损失数额在五百万元以上的，应当认定为刑法第三百九十条第一款规定的“使国家利益遭受特别重大损失”。

第十条　刑法第三百八十八条之一规定的利用影响力受贿罪的定罪量刑适用标准，参照本解释关于受贿罪的规定执行。

刑法第三百九十条之一规定的对有影响力的人行贿罪的定罪量刑适用标准，参照本解释关于行贿罪的规定执行。

单位对有影响力的人行贿数额在二十万元以上的，应当依照刑法第三百九十条之一的规定以对有影响力的人行贿罪追究刑事责任。

第十一条　刑法第一百六十三条规定的非国家工作人员受贿罪、第二百七十一条规定的职务侵占罪中的“数额较大”“数额巨大”的数额起点，按照本解释关于受贿罪、贪污罪相对应的数额标准规定的二倍、五倍执行。

刑法第二百七十二条规定的挪用资金罪中的“数额较大”“数额巨大”以及“进行非法活动”情形的数额起点，按照本解释关于挪用公款罪“数额较大”“情节严重”以及“进行非法活动”的数额标准规定的二倍执行。

刑法第一百六十四条第一款规定的对非国家工作人员行贿罪中的“数额较大”“数额巨大”的数额起点，按照本解释第七条、第八条第一款关于行贿罪的数额标准规定的二倍执行。

第十二条　贿赂犯罪中的“财物”，包括货币、物品和财产性利益。财产性利益包括可以折算为货币的物质利益如房屋装修、债务免除等，以及需要支付货币的其他利益如会员服务、旅游等。后者的犯罪数额，以实际支付或者应当支付的数额计算。

第十三条　具有下列情形之一的，应当认定为“为他人谋取利益”，构成犯罪的，应当依照刑法关于受贿犯罪的规定定罪处罚：

（一）实际或者承诺为他人谋取利益的；

（二）明知他人有具体请托事项的；

（三）履职时未被请托，但事后基于该履职事由收受他人财物的。

国家工作人员索取、收受具有上下级关系的下属或者具有行政管理关系的被管理人员的财物价值三万元以上，可能影响职权行使的，视为承诺为他人谋取利益。

第十四条　根据行贿犯罪的事实、情节，可能被判处三年有期徒刑以下刑罚的，可以认定为刑法第三百九十条第二款规定的“犯罪较轻”。

根据犯罪的事实、情节，已经或者可能被判处十年有期徒刑以上刑罚的，或者案件在本省、自治区、直辖市或者全国范围内有较大影响的，可以认定为刑法第三百九十条第二款规定的“重大案件”。

具有下列情形之一的，可以认定为刑法第三百九十条第二款规定的“对侦破重大案件起关键作用”：

（一）主动交待办案机关未掌握的重大案件线索的；

（二）主动交待的犯罪线索不属于重大案件的线索，但该线索对于重大案件侦破有重要作用的；

（三）主动交待行贿事实，对于重大案件的证据收集有重要作用的；

（四）主动交待行贿事实，对于重大案件的追逃、追赃有重要作用的。

第十五条　对多次受贿未经处理的，累计计算受贿数额。

国家工作人员利用职务上的便利为请托人谋取利益前后多次收受请托人财物，受请托之前收受的财物数额在一万元以上的，应当一并计入受贿数额。

第十六条　国家工作人员出于贪污、受贿的故意，非法占有公共财物、收受他人财物之后，将赃款赃物用于单位公务支出或者社会捐赠的，不影响贪污罪、受贿罪的认定，但量刑时可以酌情考虑。

特定关系人索取、收受他人财物，国家工作人员知道后未退还或者上交的，应当认定国家工作人员具有受贿故意。

第十七条　国家工作人员利用职务上的便利，收受他人财物，为他人谋取利益，同时构成受贿罪和刑法分则第三章第三节、第九章规定的渎职犯罪的，除刑法另有规定外，以受贿罪和渎职犯罪数罪并罚。

第十八条　贪污贿赂犯罪分子违法所得的一切财物，应当依照刑法第六十四条的规定予以追缴或者责令退赔，对被害人的合法财产应当及时返还。对尚未追缴到案或者尚未足额退赔的违法所得，应当继续追缴或者责令退赔。

第十九条　对贪污罪、受贿罪判处三年以下有期徒刑或者拘役的，应当并处十万元以上五十万元以下的罚金；判处三年以上十年以下有期徒刑的，应当并处二十万元以上犯罪数额二倍以下的罚金或者没收财产；判处十年以上有期徒刑或者无期徒刑的，应当并处五十万元以上犯罪数额二倍以下的罚金或者没收财产。

对刑法规定并处罚金的其他贪污贿赂犯罪，应当在十万元以上犯罪数额二倍以下判处罚金。

第二十条　本解释自 2016 年 4 月 18 日起施行。最高人民法院、最高人民检察院此前发布的司法解释与本解释不一致的，以本解释为准。

图书在版编目（CIP）数据

反腐败的刑事法治保障 / 刘仁文主编. -- 北京 :
社会科学文献出版社, 2016.10
ISBN 978-7-5097-9548-4

Ⅰ.①反… Ⅱ.①刘… Ⅲ.①反腐倡廉-刑法-研究
-中国 Ⅳ.①D924.04②D630.9

中国版本图书馆 CIP 数据核字（2016）第 186335 号

反腐败的刑事法治保障

主　　编 / 刘仁文

出 版 人 / 谢寿光
项目统筹 / 刘骁军
责任编辑 / 赵瑞红　易　卉　关晶焱

出　　版 / 社会科学文献出版社 · 学术资源建设办公室（010）59367161
地址：北京市北三环中路甲 29 号院华龙大厦　邮编：100029
网址：www.ssap.com.cn
发　　行 / 市场营销中心（010）59367081　59367018
印　　装 / 三河市尚艺印装有限公司

规　　格 / 开　本：787mm × 1092mm　1/16
印　张：32.5　字　数：535 千字
版　　次 / 2016 年 10 月第 1 版　2016 年 10 月第 1 次印刷
书　　号 / ISBN 978-7-5097-9548-4
定　　价 / 138.00 元

本书如有印装质量问题，请与读者服务中心（010-59367028）联系